20세기 이야기

1960년대

20세기 이야기 _1960년대

피와 맞바꾼 종잣돈(國內) I 인간 달에 서다(國外)

1판 1쇄 발행일 2012년 12월 10일

지은이 김정형
발행인 한숙희
발행처 답다출판
출판등록 제2012-000343호(2012년 11월 1일)
주소 135-875 서울시 강남구 선릉로94길 7 현죽빌딩 7층
전화 02)733-9389 I **팩스** 02)6280-9387
전자우편 dabda12@naver.com

편집디자인 나모에디트(02-2263-3309)
용지 동남지류유통(02-2274-0223)
인쇄 상지사 P&B(031-955-3636)

ISBN 978-89-98451-06-6 04900
ISBN 978-89-98451-10-3(세트)

20세기 이야기

1960년대

피와 맞바꾼 종잣돈(國內)
인간 달에 서다(國外)

답다

[일러두기]

1. 외래어 표기는 '외래어 표기법'에 따르되 일부 외래어는 관행을 따랐다. 예를 들어 '에르빈 로멜', '메릴린 먼로', '마틴 루서', '니키타 흐루쇼프'가 외래어 표기법상으로는 맞지만 오랫동안 익숙하게 사용해온 '롬멜', '마릴린', '루터', '흐루시초프'로 표기했다.
2. 중국의 지명과 인명은 중국어 원음(마오쩌둥, 베이징) 대신 한국어 원음(모택동, 북경)으로 표기했다.
3. 사진은 조선일보, 동아일보, 연합뉴스로부터 제공받았다. 사진 중에는 저작권자를 확인하려 했으나 확인하지 못한 일부 사진도 있다.

| 발간에 부쳐 |

무한질주 20세기 발자취와 대한민국의 뚝심 추적史

20세기는 무한질주의 시대였습니다. 과학과 기술이 비약적으로 발전하고, 이를 바탕으로 한 신제품이 쏟아져 나왔습니다. 컨베이어 벨트로 상징되는 대량생산 덕에 인류는 유사 이래 처음 물질적 풍요의 시대를 경험했습니다. 불치병은 치료되고 수명은 연장되었습니다. 농업생산력도 폭발적으로 증가해 세계 대부분의 나라에서 기아가 사라졌습니다. 항공기의 발달로 세계는 지구촌이 되고 인터넷과 휴대폰의 대량 보급으로 인류는 이웃이 되었습니다.

문제는 인간의 무지와 탐욕, 야만과 광기였습니다. 여기에 과학과 기술의 옷이 입혀지면서 대량학살이 자행되었습니다. 20세기 전반기에 겪은 두 차례의 세계대전은 인류를 죽음의 구렁텅이로 몰아넣었습니다. 20세기 후반기에는 미소 냉전과 이로 인한 국지전, 민족과 종교의 이름으로 가해지는 무차별적인 학살, 독재자들의 만행, 악덕 자본가의 탐욕, 환경오염으로 인한 자연파괴 등으로 인류는 혼돈의 시대를 살아야 했습니다.

다행인 것은 이런 와중에도 새로운 문화가 꽃을 피우고 생활수준은 나아졌으며 민주주의가 세계 곳곳에서 자리를 잡아갔습니다.

마치 롤러코스터처럼 세계가 광기와 이성의 시대를 오르내리고 있을 때 대한민국은 어땠을까요. 20세기 초, 대한민국은 적자생존과 약육강식이 지배하는 제국주의 세계에 내던져진 한 점의 고깃덩어리에 불과했습니다. 결국 아가리를 벌리고 발톱을 세운 일본 제국주의의 먹잇감이 되고 말았습니다. 그렇게 질곡의 시대를 살아야 했던 대한민국이 비로소 명패를 내걸고 존재를 인정받은 것은 1948년입니다. 하지만 곧 전 세계를 짓누른 미소 냉전의 틈바구니 속에서 또다시 민족의 비극 6·25를 경험해야 했습니다. 모든 것은 재가 되었습니다. 우리는 그 참혹한 현실 앞에서 망연자실했습니다.

그러나 우리 국민은 참으로 위대했습니다. 끈질긴 생명력으로 다시 일어서고 가난과 폐허로부터 벗어났습니다. 도저히 따라가지 못할 것 같은 선진국과의 격차를 근소하게 좁히고 코리아의 존재를 세계에 각인시켰습니다. 정치적으로는 민주주의를 완벽하게 정착시키고 경제적으로는 절대가난에서 벗어나 물질적 성취를 이뤄냈습니다. 식민지를 경험한 국가 중 '산업화'와 '민주화'를 모두 이룬 대표적인 모범 국가로 발돋움한 것입니다.

하지만 오늘이 있기까지 남북 대치와 개발 독재로 인한 인권 유린, 자본의 논리로 인한 노동자·농민의 희생이 잇따랐습니다. 민주화를 이룬 뒤에도 사회 양극화와 이념적 대립이 계속 우리 사회 전반을 짓누르고 있습니다. 압축 성장에 따른 정신적 황폐화와 상대적 박탈감, 속물 자본주의 근성도 끈질기게 우리 주변을 배회하고 있습니다.

이 책은 이런 20세기 100년(정확히는 101년)의 이야기입니다. 20세기 국내외에서 일어난 중요하고 의미가 있는 과학, 산업, 정치, 경제, 전쟁, 문화, 예술, 스포츠, 학문, 언론 등을 망라했습니다. 의미가 있는지? 후세에 영향을 미쳤는지? 선구적 업적인지? 새로운 흐름인지? 등을 수록의 기준으로 삼았습니다.

20세기 100년을 10년 단위로 구분해 총 10권으로 구성했습니다. 첫 결과물은 1960년대와 1970년대 두 권이고, 나머지 책은 단계적으로 발간할 예정입니다. 각 권의 연도마다 국내와 국외를 함께 수록했습니다. 국내와 국외를 별권(別卷)으로 하지 않은 이유는 당초 이 책을 쓰려 한 취지를 살리기 위해서입니다.

자료를 찾고 원고를 정리하면서 가장 궁금했던 것은 100년 동안의 세계적인 대격변 속에서 대한민국이 어떤 과정을 거쳐 오늘에 이르렀을까 하는 의문이었습니다. 궁금증을 풀려면 국내와 국외에서 비슷한 시기에 일어난 문제를 함께 소개해야 거시적이고 상대적인 관점에서 온전한 비교가 가능하다고 판단했습니다.

현재 우리 사회는 진보와 보수 간에 도그마, 합리화, 독선, 진영 논리 등에 매몰되어 있습니다. 끊임없이 계속되는 사회적인 갈등과 극단적인 이념 대립은 심각한 수준에 이르렀습니다. 이미 사멸되고 박제화되었어야 할 종북 세력까지 안간힘을 쓰며 우리 사회의 갈등을 부채질하고 있습니다.

그런데도 대한민국은 중심이 흔들리지 않고 꿋꿋하게 버티고 있습니다. 이것은 멸사봉공의 마음가짐으로 국가와 국민을 우선한 선대의 희생과 당대 사람들의 용기가 있었기에 가능했습니다. 일제하에서는 독립운동가, 해방 후에는 6·25 참전용사, 개발 독재 시절에는 산업화의 두 주역인 근로자와 기업가, 민주화를 열망하는 시민과 운동가 등이 오늘을 있게 한 주역들이었습니다.

그중에서도 특히 근로자의 근면과 기업가의 리더십은 오늘의 대한민국을 있게 한 원동력이었습니다. 기업가는 더 많은 부를 쌓고 싶어서 근로

자는 더 나은 삶을 위해서 함께 기업을 키워갔습니다. 이 과정에서 다수 근로자의 노력과 희생이 발판이 되어 살아남은 기업은 대기업으로 성장하고 국가는 이들 대기업 덕에 경제 규모를 키워 유엔 사무총장을 배출하는 등 지구촌의 중요한 멤버로 자리를 잡았습니다. 이런 점에서 대한민국의 중심이 흔들리지 않을 수 있었던 결정적인 이유를 꼽으라면 근로자의 땀, 기업의 성장, 국가 경제 규모의 확대 등을 들고 싶습니다.

이 책은 진보 보수 어느 한쪽의 입장에 서기보다 양쪽 모두를 긍정하는 입장을 취했습니다. 양쪽의 생각을 가급적 균형 있게 소개하려 했습니다. '사회가 건강하려면 보수와 진보라는 두 날개로 날아야 한다'는 주장에 전적으로 공감하고, 두 입장 모두 우리 사회를 지탱하는 소중한 두 축이라고 믿고 있기 때문입니다. 그렇다고 우리 사회의 건강성을 해치는 일부 보수의 '부패'와 '탐욕', 일부 진보의 '경박'과 '독선'까지 용인하는 것은 아닙니다. 빛과 그림자는 늘 함께하는 것인데도 이 같은 사실을 애써 외면한 채 어느 한쪽 면만을 지나치게 강조하거나 부각시키려는 외눈박이에 대해서도 경계합니다.

이 책이 국내 위주의 정치·사회적인 책으로 오해하는 독자가 있을지 모르겠습니다. 사실 이 책에는 정치·사회 외적인 내용들이 훨씬 더 많습니다. 세계 문제도 국내 문제 못지않게 풍부하고 다양합니다. 총론적인 역사서도 아닙니다. 하나하나가 과학사이고 문화사이고 경제사이고 생활사입니다.

풍부하지만 부실하고 잘못된 정보가 인터넷에 넘쳐나는 현실도 책을 쓰게 된 동기 가운데 하나였습니다. 물론 인터넷에는 뛰어난 고수들이 많습니다. 하지만 그들의 고급 정보를 일일이 찾는 게 쉽지 않습니다. 장시간 인터넷을 뒤져야 겨우 찾을 수 있기 때문입니다.

원고를 쓰면서 가장 신경을 쓴 부분은 '정확한 사실'이었습니다. 물론 사실이라는 것도 때로는 그것을 바라보는 사람의 관점과 해석에 따라 달리 보인다는 것을 모르지는 않습니다. 우리 사회는 아직도 자신의 입맛대로 해석하거나 특정한 의도를 갖고 사실을 취사선택하는 경향이 강합니다. 우리가 마지막 보루로 기대고 싶어하는 '상식'의 기준과 개념 역시 사람에 따라 각기 다르게 인식되는 것도 사실입니다. 따라서 이 책에서 가끔 드러나는 필자의 생각을 긍정하거나 부정하는 것은 전적으로 독자의 몫입니다.

또 하나 걱정되는 것은 혹시 있을지 모르는 오류입니다. 원고를 쓸 때부터 꼼꼼히 확인하고 몇몇 지인이 원고를 읽어주긴 했지만 그래도 작업이 방대하고 기간이 오래 걸려 어떤 오류가 어디서 튀어나올지 몰라 내심 걱정스럽습니다.

이 책은 독창적이거나 학문적인 저술이 아닙니다. 기존의 저술들을 수집·정리·소개한 것입니다. 그런 점에서 국내외의 많은 학자, 기자, 작가들이야말로 이 책의 진정한 저자입니다. 저는 대표 저자로 이름을 올렸을 뿐입니다. 그들의 책과 논문, 기사를 일일이 소개하는 것이 예의겠으나 책의 분량이 너무 늘어난다는 것을 핑계로 부득이 제외했음을 양해 바랍니다.

국내에 이런 종류의 책이 없고, 20세기를 총체적으로 이해하는 데 도움이 될 수 있겠다는 지인들의 권고에 고무되어 감히 이 책을 세상에 내놓았습니다. 관심과 격려, 질정을 바랍니다.

2012년 12월 1일

김정형 _ 대표 저자

차례

20세기 이야기 _1960년대

피와 맞바꾼 종잣돈(國內) | 인간 달에 서다(國外)

1960년

3·15부정선거와 마산 시위

4·19혁명

_ *4·19혁명 후 사회 혼란*

허정 과도정부와 내각제 개헌

제2공화국 출범… 윤보선 대통령과 장면 총리

_ *장면 총리*

_ *윤보선 대통령*

민주당 신·구파 분쟁과 신민당 창당

최인훈 소설 '광장' 발표

김기영 감독 영화 '하녀' 개봉

존 F. 케네디 대통령 당선

_ *재클린 부비어 케네디 오나시스*

미 FDA 경구 피임약 '에노비드' 승인

아베베 비킬라 로마 올림픽 마라톤 우승

콩고의 독립과 내전

_ *제국주의 국가들의 아프리카 식민지 통치 방식*

제인 구달, 침팬지의 육식과 도구 사용 관찰

아이작 스턴 '카네기홀' 회장 취임

지구 궤도비행에서 최초로 생환한 소련 우주견

오귀스트 피카르 세계 최저 심해 잠수에 성공

미·일 신안보조약 반대 투쟁

3·15부정선거와 마산 시위

부정선거를 규탄하는 시위가 잇따르면서 철옹성 같던 자유당 정권의 권세가 흔들리기 시작했다.

1960년 3월 15일은 제4대 대통령과 제5대 부통령을 선출하는 선거일이었다. 자유당 정부는 4년 전 정·부통령 선거 때 신익희(1894~1956)의 갑작스러운 죽음으로 이승만(1875~1965)이 다시 대통령에 당선되기는 했어도 부통령 자리는 20여만 표 차이로 민주당의 장면(1899~1966)에게 내주어 절치부심해왔다.

2년 전 민의원 선거 때도 자유당은 민주당의 79석보다 훨씬 많은 126석을 차지했으나 도시 지역에서는 참패했다. 당시 민의원 선거에서는 전국 27개 도시의 62개 선거구에서 42석을 차지한 민주당에 비해 14석밖에 얻지 못했다. 특히 서울의 16개 선거구에서는 단 1석만 차지했을 뿐 1석은 무소속에, 14석은 민주당에 빼앗기는 대참패를 기록했다. 자유당은 이런 선거 결과를 교훈 삼아 2년 전부터 선거 준비에 만전을 기했다.

자유당 정부가 국가보안법과 지방자치법 개정 등의 제도적 정비를 통해 언론에 재갈을 물리고 행정력을 총동원할 수 있는 근거를 마련한 것은 1958년이었다. 선거 1년 전인 1959년 1월엔 외곽 세력인 반공청년단을 조직하고 3월엔 최인규를 내무장관으로 임명했다. 장면 부통령과 가깝던 야당지 경향신문은 1959년 4월에 폐간시켰다.

선거가 임박하자 최인규 장관은 도지사, 시장, 경찰서장 등 전국의 기관장들에게 미리 일괄사표를 받으면서 "법은 나중이니 우선 당선시켜놓고 보아야 한다. 콩밥을 먹어도 내가 먹고 징역을 가도 내가 간다"며 적극적인 선거 개입을 지시했다. 기업으로부터도 막대한 선거자금을 챙겨 부

3·15선거 벽보

정선거에 사용할 실탄을 확보했다.

선거전이 시작되고 경찰과 반공청년단, 심지어 깡패까지 동원해가며 야당의 선거 유세를 방해하고 있던 1960년 2월 15일 갑자기 민주당의 대통령 후보 조병옥(1894~1960) 박사가 신병 치료차 건너간 미국에서 타계했다는 소식이 전해졌다. 4년 전 신익희의 급서도 그랬지만 3·15선거 1개월 전 조병옥의 죽음도 결과적으로는 이승만 대통령의 장기집권이 가능토록 한 운명적 사건이었다.

관심은 자연스럽게 대통령 선거보다는 부통령 선거로 모아졌다. 이 대통령이 85세로 고령이었기 때문에 유고 시를 감안하면 부통령은 준대통령 자리나 다름없었다. 자유당 정부는 4년 전 장면이 부통령에 당선되었을 때부터 대통령 유고 시 정권이 민주당으로 넘어갈까 봐 노심초사하며 4년간을 보냈다. 자유당 정부는 어떻게든 이기붕(1896~1960)을 부통령으로 만들어야 했으나 현직의 장면 부통령은 여전히 버거운 상대였다. 장면을 끌어내릴 수 있는 가장 현실적인 방법은 부정선거를 더욱 노골화하는 것이었다.

투표함과 투표용지 통째로 바꿔치기해

선거 당일 새벽에 약 40%에 달하는 것으로 추산되는, 주소지에 살고 있지 않거나 돈을 받았거나 미리 기권했거나 선거명부에 허위 기재되었거나 하는 유령 유권자들의 지지표를 만들어 미리 투표함에 투입하는 방식을 썼다. 또 투표소 안팎으로 무장경찰과 완장부대를 배치해 유권자들에게 위압감을 느끼도록 하고 유권자를 3인조, 5인조, 9인조씩 조를 짜

조장이 조원들의 기표를 확인한 뒤 투표함에 넣도록 했다. 그것도 여의치 않을 경우 투표함과 투표용지를 통째로 바꿔치기하도록 했다. 이렇게 치러진 선거 결과는 불을 보듯 뻔했다.

그러나 선거 당일인 3월 15일 밤, 전국 곳곳에서 부정선거를 규탄하는 시위가 잇따르면서 철옹성 같던 자유당 정권의 권세도 흔들리기 시작했다. 그날 시위의 주역은 마산이었다. 오후 3시 30분쯤 민주당 마산지부당 간부 20여 명이 머리에 수건을 두르고 길거리에서 "공명 선거"를 외치다가 6명이 경찰에 연행된 것이 마산 시위의 발단이었다.

주변에서 이를 지켜보던 수천 명의 군중이 가세해 확산되기 시작한 시위는 그날 밤 12시가 되어서야 경찰의 강제 해산으로 막을 내렸다. 하지만 이 과정에서 경찰의 발포로 7명(민주당 주장 16명)이 죽고 8명이 행방불명되었으며 120여 명이 다쳤다.

민주당은 '선거 무효'를 선언했다. 그러나 중앙선관위는 '선거 무효 선언은 법적인 근거가 없다'며 3월 16일 개표 결과를 발표했다. 이승만은 총투표자 수의 92%인 951만 2,793표, 이기붕은 78%인 822만 587표를 얻어 정·부통령에 당선되었다. 장면은 184만 4,257표(17%)를 얻은 것으로 발표되었다. 선거 3일 뒤인 3월 18일 자유당 정부는 마산 시위의 책임을 물어 최인규 장관을 경질해 사태를 무마하려 했다.

자칫 그냥 가라앉을 수 있었던 부정선거에 대한 분노가 다시 폭발한 것은 선거 후 27일이 지난 4월 11일이었다. 선거 당일 마산 시위에서 행방불명되었던 17세 소년 김주열이 오른쪽 눈에 최루탄이 박힌 참혹한 시체로 마산 앞바다 위에 떠오른 것이다. 김주열은 마산상고 입학시험을 치르기 위해 전북 남원을 떠나 마산 할머니 집에 머무르고 있었다. 시위가 있던 날 김주열은 저녁을 먹다 말고 나간 후 소식이 끊겼다. 마산상고 합격통지서는 그가 행방불명된 후 날아왔다.

제2의 마산 시위가 다시 격렬해진 가운데 4월 12일자 부산일보에 참혹한 모습의 김주열 사진이 실리고 이를 다른 신문들이 전재하면서 "부정선거 다시 하라"는 함성이 전국으로 퍼져나갔다.

4·19혁명

갑자기 "타당탕" 하는 요란한 총소리와 함께 시위대가 쓰러지기 시작했다.

3·15부정선거를 규탄하는 시위로 전국이 들끓고 있던 1960년 4월 18일 낮 12시 50분경 3,000여 명의 고려대 학생이 "민주 역적을 몰아내자"며 교정 문을 박차고 나왔다. 경찰의 진압으로 안암동 로터리 입구와 대광고 앞 등에서 학생 90여 명이 연행되었다. 경찰의 제지로 뿔뿔이 흩어진 학생들은 신설동과 종로를 거쳐 오후 2시 30분경 국회의사당(현 태평로 서울시의회 건물) 앞에 다시 집결했다. 시위대는 1,000여 명으로 줄어들었으나 그곳에 운집한 시민 1만여 명의 열렬한 호응을 받으며 연좌농성에 들어갔다.

홍진기 내무부 장관이 유진오 고려대 총장에게 전화를 걸어 해산을 권유해 줄 것을 부탁하자 유진오 총장은 "연행된 학생들을 풀어주면 해산을 권유해 보겠다"며 오후 4시 학생들에게 다가가 해산을 종용했다. 하지만 학생들은 동료 학생들이 석방될 때까지 해산할 수 없다고 버텼다. 유진오 총장은 오후 6시에 연행 학생들이 전원 석방된 것을 확인한 후 그들 중 두 학생을 차에 태우고 돌아와 다시 해산을 설득했다.

고려대생들이 유진오 총장과 선배 이철승 의원의 설득으로 연좌 데모를 푼 것은 오후 6시 40분쯤이었다. 학생들은 경찰 백차와 보도 차량들의 선도를 받으며 질서정연하게 귀교 길에 올랐다. 많은 시민과 고교생들도 그 뒤를 따라갔다. 학생들이 종로4가 천일백화점(현 광장시장) 앞에 다다른 7시 20분쯤, 갑자기 어둠 속에서 100여 명의 깡패들이 나타나더니 쇠갈고리, 쇠망치, 쇠사슬 등을 휘두르며 테러를 가했다. 갑작스

4·19혁명 시위대를 진압하는 경찰

런 야습에 1명이 숨지고 학생 40여 명과 기자 6명이 피를 흘리며 현장에 쓰러졌다. 이 날의 폭력 장면은 4월 19일자 조선일보 사회면에 '폭력이 휩쓴 서울의 야음(夜陰)'이란 제목의 기사와 함께 사진으로 생생하게 보도되었다. 괴한들의 정체는 유지광이 지휘하는 반공청년단과 조직 깡패들로 밝혀졌다. 동대문경찰서가 폭력배 8명을 연행하자 경무대 경호책임자 곽영주로부터 '애국 청년'들을 당장 풀어주라는 호통이 내려왔다. 폭력배들은 다음날 모두 풀려났다.

4월 19일 아침, 분노한 대학생들이 거리로 쏟아져 나왔다. 고등학생들도 곳곳에서 눈에 띄었다. 10시 30분경 서울대 학생들이 국회의사당 앞에 집결하고 뒤이어 동국대와 성균관대 학생들이 모여들었다. 오후 1시 무렵 국회의사당 앞은 서울 곳곳에서 몰려온 수만 명의 학생과 시민들로 인산인해를 이뤘다. 일부 시위대는 경무대(현재의 청와대)와 서대문의 이기붕 국회의장 집으로 몰려갔다. 시위대는 12시 30분경 중앙청 앞의 1차 저지선을 뚫었다. 오후 1시 5분경 시위대의 선두는 효자동 전차 종점까지 진출했다.

폭력이 휩쓴 서울의 야음(夜陰)

시위대가 소방차 3대를 몰고 경무대 부근까지 접근했던 오후 1시 40분

쯤, 갑자기 "타당탕" 하는 요란한 총소리와 함께 시위대가 쓰러지기 시작했다. 경찰의 무차별 발포로 경무대 앞에서만 21명이 죽고, 120여 명이 다쳤다. 분노한 시민들은 반공회관 본부와 서울신문사를 불태우고 경찰서를 습격했다. 시위 군중에게 맞아 죽은 경찰도 있었다. 이기붕의 '서대문 경무대'로 몰려간 시위대는 이기붕 일가가 빠져나간 집 안에서 가구와 집기를 빼내 불에 태우고 캐딜락 차에는 페인트로 '역적 이기붕 차'라고 칠하고는 서울 시내로 몰고 다녔다. 가까스로 집을 빠져나온 이기붕 일가는 돈암동 비서집을 거쳐 4월 20일 새벽 경기 포천의 강영훈 6군단장을 찾아가 그곳에서 하룻밤을 잔 뒤 21일 서대문 집으로 돌아갔다.

4월 19일 오후 3시경 정부는 오후 1시로 소급하여 서울 일대에 경비계엄을 선포하고 육군참모총장 송요찬을 계엄사령관에 임명했다. 오후 4시 30분에는 역시 유혈사태가 빚어진 부산, 대구, 광주, 대전 4개 도시에 경비계엄을 선포하고 오후 5시를 기해 서울과 부산 등 5개 도시의 경비계엄을 비상계엄으로 확대했다. 송요찬 계엄사령관의 발표에 따르면 '피의 화요일'로 불린 4월 19일의 시위로 경찰 3명을 포함해 서울 94명, 부산 11명, 광주 6명 등 모두 111명이 목숨을 잃고 560여 명이 다쳤다.

4월 21일 국무위원 전원이 유혈사태의 책임을 지고 총사퇴했다. 장면 부통령은 22일 사임했다. 4월 24일 이기붕이 "모든 공직에서 물러나겠다"는 성명을 내고, 이승만 대통령도 "자유당 총재직에서 사퇴한 뒤 초당적으로 인사를 개편한다"고 발표했다. 하지만 그것만으로 성난 민심을 돌리지는 못했다.

4월 25일 오후 서울대 교수회관에서는 27개 대학 258명의 교수가 모여 이승만 대통령과 여야 국회의원들, 대법관 등의 사임과 재선거 실시를 요구하는 14개 항의 시국선언문을 발표했다. 그리고 오후 5시 30분경 400여 명의 교수가 '학생들의 피에 보답하라', '이 대통령은 즉시 물러나라',

'부정선거 다시 하라'는 등의 플래카드와 태극기를 앞세우고 국회의사당 앞까지 거리행진을 벌였다.

10만여 명의 시민도 다시 시내로 나와 통행금지 시간을 무시하며 늦은 밤까지 격렬한 데모를 벌였다. 성난 군중은 1개월 전 마산 시위 진압에 책임을 지고 물러난 최인규 전 내무장관과 이기붕, 정치깡패 임화수와 이정재 집에 몰려가 불을 질렀다. 일부 시위대는 서울의 탑골공원에 서 있던 이승만의 동상을 파괴하고 동상의 목에 줄을 걸어 끌고 다녔다.

"국민이 원해? 국민이 원한다면 물러나야지"

4월 26일 아침 8시 10분쯤, 시민·학생 대표 5명이 경무대를 방문해 이승만 대통령을 면담했다. 대표들이 대통령의 하야를 권유하자 이 대통령은 "국민이 원해? 국민이 원한다면 물러나야지"라고 되뇌었다. 시민 대표들이 경무대를 빠져나가고 10시가 되었을 즈음, 라디오에서 이 대통령의 하야 성명이 발표되었다. "국민이 원한다면 대통령직을 사임하겠다", "3·15 정·부통령 선거에 많은 부정이 있었다 하니 선거를 다시 하도록 하겠다"는 등 4개 항으로 된 성명이었다. 제1공화국이 막을 내리고 11년 4개월에 걸친 이 대통령의 장기집권이 종지부를 찍는 순간이었다.

거리에는 이 대통령의 하야를 환영하는 만세의 물결이 넘쳐났다. 이 대통령은 4월 27일 국회에 정식 사임서를 제출하고 4월 28일 오전 '관1호' 차를 타고 경무대를 떠나 이화장 사저로 향했다. 연도의 시민들은 기꺼이 박수로 맞아주었다.

이 대통령의 하야가 있기까지 전국에서 서울 104명, 부산 19명, 광주 8명 등 186명이 죽고 1,000여 명이 다쳤다. 초·중학생이 19명, 고등학생이 36명이나 될 정도로 어린 학생들의 희생도 컸다. 이 대통령이 경무대를 떠나던 4월 28일 아침 5시 40분, 세종로 1번지 소재 경무대 제36호 관사에서는 5발의 총소리가 들렸다. 이기붕 일가 4명이 권총 자살로 비참한 최후를 맞은 것이다.

이기붕의 아들이며 이 대통령의 양자 이강석은 먼저 이기붕과 박마리아, 동생 이강욱의 머리에 권총으로 각각 1발을 쏘고는 자신도 배와 머리에 총을 쏘아 목숨을 끊었다. 당시 연세대 2학년생이었던 이강욱은 3·15 부정선거가 있기 전 "아버지가 당선되면 나라가 망하고 낙선되면 집안이 망한다"며 시위에 참여하려다 경호경찰에게 저지당했던 가슴이 뜨거운 청년이었다.

5월 29일 오전 8시 50분, 이승만은 부인 프란체스카만 동반하고 CAT 전세기편으로 허정 과도정부 수반의 배웅을 받으며 김포공항을 떠나 하와이로 망명길에 올랐다. 1965년 7월 19일 이국 땅에서 눈을 감을 때까지 고국으로 돌아오지 못했다.

4·19혁명 후 사회 혼란

4·19혁명 후 감춰진 것은 드러나고 억눌린 것은 폭발했다. 이승만 독재정권을 무너뜨린 학생과 시민들은 가슴에 품어온 불만과 욕구를 한꺼번에 분출했다. 한 통계에 따르면 4·19부터 5·16까지 13개월 동안 1,835회의 데모가 일어나고 길거리로 쏟아져 나온 인파만 95만 명에 달했다. 가히 '데모로 해가 뜨고 데모로 해가 지는' 나라였다. 데모는 으레 난동으로 변했고 사회질서는 파괴된 채 그대로 방치되었다.

초등학생은 교사의 전근을 반대한다며 데모했고 경찰은 국회의원이 따귀를 때렸다며 항의데모를 벌였다. 논산훈련소 신병들은 장교가 자신들을 머슴처럼 부린다며 데모를 벌이려다 저지당하는가 하면 데모를 반대하는 데모도 있었다. 그렇다고 행정력과 경찰력의 권위가 땅에 떨어진 마당에 허정 과도정부든 장면 정부든 이를 제어할 능력이 없었다. 이 때문에 오늘날까지도 제2공화국의 장면 정부는 무능하고 혼란한 정부의 대명사로 각인되어 있다.

그러나 다른 목소리도 있다. 장면 총리부터가 할 말이 많았다. 회고록에서도 언급했듯 "억눌렸던 국민에게 자유를 허락하면 쌓여 있는 울분을 마음껏 발산하고 나서야 무절제한 자유가 어떤 폐해를 가져오는가를 깨달을 것"이라는 게 장면의 판단이었다. 장면 정부가 기대했던 것은 타율과 통제가 아니라 자율과 시간이었다. 그러나 그런 시기가 도래하기도 전에 맞은 군부 쿠데타로 장면이 기대했던 민주사회가 공염불이 되고 말았다는 것이다.

먼저 전국을 충격에 빠뜨린 것은 허정 과도정부 때인 1960년 5월 11일 경남 거창군 신원면에서 일어난, 70여 명의 주민이 면장을 불태워 죽인 처참한 사건이었다. 1951년 거창양민학살 때 군경과 함께 통비분자를 심사했던 면장에 대한 분노를 속으로 삭여온 주민들이 9년 만에 가한 보복 사건이었다. 이 사건을 계기로 거창양민학살 사건의 진상을 파헤쳐 달라는 요구가 빗발쳤다. 국회특별조사위가 직접 조사에 나선 결과 최종 학살자 수가 710명이 넘는 것으로 집계되었다.

장면 정부 때 충격적인 사건은 1960년 10월 11일에 발생한 4월 혁명 부상자 60여 명의 국회의사당 난입이었다. 3일 전 10월 8일에 내려진 법원의 판결이 원인이었다. 4·19 발포 사건 등 6대 사건으로 구속된 48명 중 검찰이 사형을 구형한 9명에 대해 서울지법이 1명에게만 사형을 선고하고 나머지 사람들에 대해서는 징역형을 선고한 게 시민과 학생들을 격분시킨 것이다.

감춰진 것은 드러나고 억눌린 것은 폭발해

국회는 10월 13일 경과조치법으로 '민주 반역자에 대한 형사사건 임시

처리법'을 서둘러 통과시켰다. 특별입법이 제정될 때까지 재판을 중단하고, 관련 피고인들에게는 구속 기간을 제한하지 않으며, 재판에서 석방되더라도 즉시 재구속한다는 그야말로 혁명기에나 있을 법한 과격한 법안이었다. 임시처리법의 통과 후 핫 이슈는 소급입법을 제정하기 위한 개헌 논의였다. 장면은 보복을 목적으로 한 소급입법을 인정할 수 없다며 거부했지만 장면이 속한 민주당의 다수가 개헌에 찬성하고 있어 딱히 저지할 방도가 없었다.

결국 3·15부정선거 원흉과 부정축재자를 처벌하기 위한 특별법 제정을 규정한 개헌안은 1960년 10월 17일에 발의되어 200명 중 191명이 찬성한 민의원(11.23)과 52명 중 44명이 찬성한 참의원(11.28)의 의결을 거쳐 11월 29일 공포되었다. 개헌의 목적이 특별법의 제정이었던 만큼 개헌 후 4개의 특별법이 제정되었다. 이로써 3·15부정선거와 관련된 사람들을 처단할 수 있는 법적인 기반이 마련되었다.

4월 혁명 후 우리 사회를 가장 혼란에 빠뜨린 세력은 혁신계였다. 이들은 1960년의 7·29총선을 계기로 원내 진입을 노렸지만 사회대중당 4명, 한국사회당 1명만이 원내에 진출하자 돌파구를 원외의 통일 논의에서 찾았다. 혁신계와 급진 학생세력이 통일지상주의를 내세워 공격적으로 나왔지만 장면 정부가 할 수 있는 일이라곤 소극적이고 방어적인 대응뿐이었다. 사회에 좌경화 물결이 넘치고 데모가 일상화되는 양상을 보이자 장면 정권은 '데모규제법'과 '반공임시특별법'의 입법화를 추진했다. 그러나 경찰과 관료조직이 위축된 상황에서 정부가 혁신 진영의 반대를 뚫고 법 제정을 관철하기는 어려웠다.

이런 와중에 1961년 3월 22일 혁신계가 주도한 '반민주 악법 성토 대강연회'가 열렸다. 강연회 후에는 "남북회담", "김일성 만세", "장면 내각 퇴진" 등의 구호를 외치며 밤늦게까지 시내를 활보하고 다니는 시위대들로 인해 서울시 전역이 몸살을 앓았다. 횃불을 들었다고 해서 '횃불 데모'로 불린 그날 밤의 시위는 데모가 아니라 광란이었다.

1961년 4·19 1주년 때도 학생들은 시국선언문을 발표하고 "현 정부는 물러가라"고 직격탄을 날렸다. 5월 13일에는 5,000명 정도의 군중이 서울운동장에서 '남북학생회담 환영 민족통일 촉진 궐기대회'를 열고 판문점에서 남북학생회담을 갖자며 "가자 북으로! 오라 남으로!"를 외쳤다. 정부는 판문점으로 가는 학생은 전원 체포하겠다고 엄포를 놓았으나 학생과 정부가 진검승부를 하기도 전에 군부 쿠데타에 눌려 한 시대를 접어야 했다.

허정 과도정부와 내각제 개헌

폭발하는 시민들의 요구와 욕구를 해소해 주기에는 4개월이 너무 짧았다.

이승만(1875~1965)과 자유당 정부의 운명이 황혼을 맞고 있던 1960년 4월 25일, 하루 뒤면 하야할 이승만 대통령이 허정(1896~1988) 전 서울시장을 불러 외무장관을 맡아줄 것을 요청했다. 3일 전인 4월 22일 장면(1899~1966) 부통령이 이승만 대통령의 사임을 촉구한 뒤 사임한 터라 이 대통령이 하야할 경우 부통령이 없는 상황에서 국무위원 순서상 외무장관인 허정이 대통령 권한대행의 역할을 수행하도록 하기 위한 포석이었다.

사실상 몰락한 자유당 의원들 역시 독자적인 세력을 갖고 있지 않은 허정이 국정을 맡는 것에 반대하지 않았다. 허정을 수반으로 한 과도정부는 4월 26일 이 대통령이 하야를 발표하고 4월 27일 대통령직 사임서가 국회에서 수리된 후 성립되었다. 4·19 후의 혼란스러운 상황을 수습할 중

허정 과도정부 수반

차대한 역할이 허정에게 주어진 것이다. 허정은 1919년 3·1운동에 참가하고 상해 임시정부에 참여한 뒤 프랑스와 미국을 거쳐 1932년 귀국했다가 '흥업구락부사건'(1938)과 '조선어학회사건'(1942) 등으로 고문을 당했던 독립운동가였다.

1945년 해방 후에는 한민당 창당에 참여하고 1948년 제헌의원으로 선출되어 헌법기초위원을 맡았던 우리 헌정사의 산 증인이기도 했다. 대한민국 정부수립 후에는 1948년 9월 교통부 장관과 1951년 9월 국무총리 서리를 역임한 후 부산정치파동 직전인 1952년 4월 총리 서리를 사임하고 야인으로 물러났다. 1957년 12월 다시 이 대통령의 부름을 받고 서울시장에 기용되었으나 1960년에 치러질 3·15부정선거에 비협조적인 것에 불만을 품은 자유당 측과의 알력으로 1959년 6월 사임했다. 이 때문에 3·15와 4·19의 비난으로부터 비껴가 4·19의 뒷수습을 맡게 된 것이다.

허정은 대통령 권한대행으로 마련한 첫 기자회견에서 "3개월 이내에 새로운 정부를 수립하겠다"며 내각책임제 개헌 의지를 천명했다. 당시 내각제 개헌은 자유당 정권을 무너뜨린 시민·학생 모두의 희망이었다. 국회 의석 가운데 3분의 2가 넘는 자유당 의원들도 내각책임제가 되어야 그나마 살아남을 여지가 있다는 계산을 하며 내각제 개헌에 찬성했다.

내각제 개헌 안착시켰으나 전반적으로 시간 부족해

내각책임제는 야당인 민주당의 오랜 강령이기도 했으나 막상 이승만 정권이 붕괴된 뒤에는 신·구파 간에 미묘한 차이를 보였다. 3·15 정·부통령 선거 전, 민주당의 대통령 후보이자 구파의 구심점이었던 조병옥이 미국에서 타계하는 바람에 뚜렷한 대통령 후보를 갖지 못한 구파는 내각책임제에 적극적이었던 반면, 걸출한 대통령 후보(장면)가 있는 신파는 정·부통령 선거를 다시 치러 새 정부를 구성한 뒤 개헌하자는 주장을 폈다.

그러나 워낙 많은 국민이 내각책임제를 원하고 있어 신파도 국민의 뜻을 거스르지 못하고 개헌에 동참했다. 개헌은 국회가 4월 29일 민주·자유 양당 대표 4명씩과 무소속 1명으로 내각책임제 개헌특위 기초위원회를 구성하면서 시동이 걸렸다.

개헌특위가 국회에 개헌안을 제출한 것은 5월 11일이었다. 전문 103조로 된 제1공화국의 헌법 중 무려 52개 조항을 고친 개헌안은 6월 15일 211명의 의원 중 찬성 208표, 반대 3표의 압도적인 지지로 본회의를 통과했다. 그리고 같은 날 오후 4시 10분 허정 과도정부가 새 헌법을 공포함으로써 1960년 6월 16일 0시를 기해 제2공화국이 탄생했다.

허정 과도정부는 7월 29일 치러질 총선에 앞서 창군 이래 처음으로 전 각료가 배석한 가운데 7월 17일 군의 정치 불개입과 엄정 중립을 서약하는 군의 헌법준수 선서식을 중앙청에서 열어 만일에 있을 군의 헌법 부정을 사전에 차단하는 노력을 기울였다. 개정 헌법에 따라 치러진 7월 29일의 총선 결과 제5대 민의원과 초대 참의원이 선출되었다. 허정은 장면 총리가 국회에서 총리 인준을 받은 8월 19일 과도내각의 소임을 다하고 물러났다.

허정은 개헌 말고도 과도정부로서의 역할에 충실했다. 5월 2일 첫 국무회의를 열고 4·19 후 혼란 상태의 정국 수습과 경제위기 타개책을 내놓았다. 부정선거 관련자 엄중 처벌 및 경제사범 엄단, 경제적 민주화 지향, 중소기업 육성의 재정적 뒷받침, 악질 세무관리 엄단 등도 함께 추진하려는 의욕을 보였으나 조직적 권력이 없던 과도정부의 한계와 마구 분출하는 시민·학생들의 요구와 욕구를 해소해 주기에는 너무 짧은 4개월의 시간적 제약 때문에 무엇 하나 결실을 보지 못한 채 임기를 끝내야 했다.

그럼에도 사심 없이 국정을 수습하기 위해 애를 쓰고 내각제 개헌을 무리 없이 안착시켰다는 점에서 그의 공로는 평가받아야 한다. 5·16쿠데타 후인 1963년, 민정 출범을 위한 대통령 선거 과정에서 다수 야당 지도자들의 추대로 국민의당 대통령 후보로 지명되었으나 박정희 후보를 이기려면 야당 후보를 단일화해야 한다는 국민 여론과 자신이 윤보선 대통령보다 국민적 인기가 적다는 것을 알고는 선선히 사퇴하는 용기를 보여주어 국민으로부터 존경을 한몸에 받았다.

제2공화국 출범… 윤보선 대통령과 장면 총리

문제는 민주당 내 신·구파가 우열을 가리지 못할 정도로 팽팽한 의석 분포를 이룬 데 있었다.

4·19혁명으로 자유당 정권이 무너진 뒤 정권을 담당할 정치세력으로는 야당인 민주당이 유일했다. 민심도 이를 인정해 1960년 7월 29일의 민·참의원 선거에서 민주당에 압도적인 승리를 안겨주었다. 국민은 민의원 233석 중 175석, 참의원 58석 중 31석을 민주당에 몰아주었다. 49석의 무소속 의원 상당수도 민주당 공천 탈락자이고 이들 중 다수가 국회 개원과 동시에 민주당에 재입당했기 때문에 민주당의 위세는 하늘을 찌를 듯했다.

문제는 민주당 내 양대 파벌인 신·구파가 우열을 가리지 못할 정도로 팽팽한 의석 분포를 이룬 데 있었다. 민주당이 7·29총선에서 80% 가까운 의석을 독점했다고는 하나 이는 신·구파를 합친 숫자이기 때문에 신파건 구파건 단독으로는 안정세력이 될 수 없었다. 1955년 창당 때부터 파벌정치를 해온 신·구파는 총선 후에도 당선자 대회를 따로 여는 등 치열한 집권경쟁을 벌였다.

장면 총리(왼쪽)와 윤보선 대통령

양측은 내각책임제하에서 국정을 실질적으로 책임지는 국무총리를 차지하려고 암투에 들어갔다. 그 즈음 민주당 지도층의 면면을 보면 신파는 장면(1899~1966)을 구심점으로 하고 있었고 구파는 조병옥(1894~1960) 서거 후 마땅한 리더가 없었으나 윤보선(1897~1990)과 김도연(1894~1967)이 조병옥의 역할을 대신하고 있었다. 그러나 윤보선과 김도연은 국민적 인기로 볼 때 장면의 맞수가 되지 못했다.

장면은 1956년의 정·부통령 선거에서 부통령으로 당선된 적이 있고 1960년의 3·15 정·부통령 선거 때도 자유당의 부정 때문에 비록 부통령에 당선되진 못했지만 국민에게 큰 지지를 받았던 민주당의 대표 주자였다. 그런데도 구파는 과욕을 부렸다. 윤보선을 대통령, 김도연을 총리로 밀어 두 자리 모두 차지하겠다는 계산을 한 것이다.

과욕을 부린 이유는 민·참의원 의장단이 구파의 뜻대로 선출된데다 구파 내 세력이 윤보선과 김도연으로 양분되어 있어 이들 양쪽을 함께 배려해야 했기 때문이다. 구파와 달리 신파는 내각책임제에서 명목상의 자리인 대통령은 윤보선에게 양보하고 국무총리 자리만 차지하기로 계획을 세웠다. 따라서 윤보선의 대통령 당선은 사실상 확정된 것이나 다름없었다.

신·구파의 갈등으로 출발부터 순탄치 않아

8월 8일 제2공화국의 첫 국회가 개원하고 8월 12일 민·참의원 합동회의에서 윤보선은 208표(재석 259명)를 얻어 대통령에 무난히 당선되었다.

다음 관심은 윤보선 대통령이 누구를 총리로 지명하고 그 후보가 과연 국회 인준을 받을 것인가에 쏠렸다. 신파와 국민 다수는 당연히 지명도가 높은 장면을 국무총리로 지명할 것이라고 예상했다. 구파 내에서도 일부 의원은 정치 도의를 내세워 구파를 국무총리로 지명하는 것에 반대했다.

그런데도 윤보선은 8월 16일 김도연을 총리로 지명하는 무리수를 두었다. 결국 김도연은 8월 17일의 총리 인준 투표에서 정족수보다 3표가 부족해 인준을 받지 못했다. 윤보선은 어쩔 수 없이 장면을 지명했고 장면은 8월 19일 투표에서 총투표수 225석 중 가 117, 부 107, 기권 1로 총리 인준을 받았다.

윤보선의 무리수는 그렇지 않아도 골이 깊던 신·구파 간의 갈등을 더욱 부채질했다. 장면이 총리로 선출되자 8월 20일 구파는 민·참의원 합동총회를 열어 별도의 교섭단체로 등록할 것을 결의했다. 분당의 길을 선택한 것이다. 신·구파 간의 2라운드 암투는 8월 21일에 재개되었다. 이번엔 신파가 조각을 하면서 역공을 가했다.

장면은 8월 21일 윤보선 대통령, 곽상훈 민의원 의장, 유진산(구파) 의원과 청와대에서 4자 회담을 열어 신파에서 5명, 구파에서 5명, 무소속 2명으로 내각을 구성하기로 합의했다. 구파는 이튿날 총회에서 7시간의 격론 끝에 장면 내각에 참여하기로 의견을 모았다. 그러나 구파 모임을 마친 김도연과 유진산이 자정 가까운 시각에 구파 각료 명단을 들고 장면을 찾아갔을 때 장면은 "구파가 별도의 원내교섭단체를 포기해야 내각으로 받아들이겠다"는 새로운 조건을 내걸었다. 구파는 장면의 조건을 받아들이지 않았고 이 때문에 신·구파 연립내각 구상은 조각을 하기도 전에 깨졌다.

8월 23일 장면은 신파 10명, 구파 1명(구파 분당에 반대한 정헌주 의원), 무소속 2명으로 구성된 내각을 발표했다. 이로써 신·구파는 더 이상 화합

할 수 없는 지경에 이르렀다. 이처럼 신·구파 간의 갈등으로 장면 내각은 출발부터 순탄치 않았다. 내각제하에서 대통령은 당적을 떠나 국내 정치에 초연해야 했는데도 윤보선이 구파의 지도자처럼 행세하며 장면 총리와 팽팽한 긴장관계를 유지한 것도 국정에 방해 요인으로 작용했다. 장면 정부 역시 8개월 23일의 집권기간 동안 무려 세 차례나 개각을 단행해 국정의 안정을 스스로 포기하는 악수를 거듭했다.

장면 총리

장면(1899~1966)은 서울에서 태어났다. 부친은 평양 출신의 독실한 가톨릭 신자로 인천 해관 관리로 근무하며 돈을 벌어 6명의 자식을 해외에 유학시켰다. 장면은 1917년 수원농림학교를 졸업하고 메리놀 외방전교회의 지원으로 1920년 미국으로 유학을 떠나 맨해튼대를 졸업했다. 귀국 후 평양의 메리놀센터 하우스의 어학교수와 평양천주교 청년회장 등으로 활동하다가 1931년 동성상업학교 교사로 부임하고 1936년 교장으로 취임했다.

해방 후에는 미 군정의 자문기관인 '민주의원'과 '남조선 과도정부 입법의원'을 역임하고 1948년 5월 제헌의원(서울 종로을)으로 당선되었다. 신생국 대한민국이 그에게 내린 첫 소명은 1948년 9월 21일에 개회되는 제3차 유엔총회에서 대한민국의 존재를 승인받는 것이었다.

장면을 수석대표로 한 9명의 대표단이 1948년 9월 9일 김포공항을 출발해 뉴욕을 거쳐 배편으로 파리에 도착했을 때는 총회가 개회되기 하루 전이었다. 장면은 70여 일간 각국 대표를 만나 대한민국 승인의 타당성을 설명하고 설득했다. 그 결과 12월 12일 '대한민국 정부가 선거가 가능한 지역의 유일한 합법정부'라는 결의안이 찬성 48, 반대 6, 기권 1로 통과되었다.

그가 초대 주미대사로 임명되었다는 소식을 접한 것은 귀국길에 들른 미국에서였다. 무에서 유를 창조하는 주미대사 업무는 대미 관계에만 국한되지 않았다. 유엔 대표부의 임무와 역할까지 겸하는 막중한 책무를 수행해야 했다. 주미대사 업무를 본궤도에 올려놓고 잠시 숨을 돌리고 있을 때 6·25가 터졌다. 장면은 유엔의 군사적 지원을 끌어내기 위해 혼신의 노력을 기울였다.

장면은 6·25전쟁이 한창이던 1950년 11월 23일 이승만 대통령에 의해 느닷없이 제2대 국무총리에 지명되었다. 당시 대내외적인 정치 위기에 놓여 있던 이승만 대통령에게 장면만 한 구원투수는 없었다. 미국과의 빈번한 충돌, 정권 연장을 둘러싼 국회와의 갈등, 이승만의 독재화 경향에 반발하는 반이승만 세력의 확산 등 당시 이승만은 사면초가에 몰려 있었다. 이런 이승만에게 유엔 승인 외교와 주미대사로서의 뚜렷한 업적을 남긴 장면이야말로 그를 정치적 위기에서 구해줄 적임자였다.

1951년 1월 28일 귀국한 장면이 총리로서 우선 해야 할 일은 상극 관계인 이승만과 국회를 융화·조정하는 일이었다. 그러나 국민방위군사건, 거창 양민학살사건 등 악재가 잇따라 터지면서 노력은 수포로 돌아갔다. 장면은 1952년 4월 사임했다. 그 무렵 국회는 대통령 직선제로 개헌하려는 이승만 대신 장면을 대통령으로 옹립해 내각책임제를 추진할 생각을 하고 있었다. 미국도 같은 생각이었다. 그러나 이승만이 1952년 5월 부산정치파동을 일으켜 대통령직선제를 담은 발췌개헌안을 통과시키면서 계획은 물거품이 되었고 이승만과 국회는 더욱 대립으로 치달았다.

시대는 장면의 노력과 별개로 흘러가

부산정치파동 후 3년간 정치와 담을 쌓고 지내던 장면은 1955년 9월 출범한 민주당의 최고위원으로 정계에 복귀했다. 1956년의 직선제 정·부통령 선거에서 자유당의 이기붕을 누르고 부통령에 당선되었다. 국민의 투표로 검증받은 권력 서열 제2인자가 된 것이다. 장면의 당선은 고령인 이승만 대통령의 유고 시 대통령 자리를 승계할 수 있다는 점에서 자유당을 긴장시켰다. 바로 이 점 때문에 그는 부통령에 취임한 지 두 달도 안 된 9월 28일 명동 시공관에서 권총에 피격되기도 했다.

부통령으로 재직한 4년은 자신의 회고록에서 '죄수 아닌 죄수'라고 표현했던 것처럼 구박과 설움의 세월이었다. 이 대통령은 강력한 정적으로 떠오른 장면을 견제하느라 상식 밖의 행동을 예사로 했다. 8월 15일의 정·부통령 취임식에서는 내외 귀빈을 전부 소개하면서도 정작 그날의 또 다른 주인공인 장면은 무시하는가 하면 남산 국회의사당 기공식때는 부통령 자리를 마련하지 않아 장면의 발걸음을 되돌리도록 했다.

장면은 1960년 3월 15일의 정·부통령 선거에 부통령 후보로 출마했으나 이번에는 이기붕의 조직적인 부정선거로 낙선했다. 1960년 4·19 후 제2공화국의 첫 총리가 된 장면은 2공화국의 극심한 혼란이 자정에 의해 수그러들 때까지 인내하며 자신에게 주어진 역할에 최선을 다했다. 그러나 시대는 그의 노력과 별개로 흘러갔다. 자유당 시대가 반공으로 날이 새고 반공으로 날이 저물었다면 민주당 시대는 데모로 날이 새고 데모로 날이 저물었다. 데모를 그만하자는 데모까지 등장할 정도였다.

결국 1961년 5·16쿠데타가 일어났고 자신들의 거사를 합리화시키려는 군사정부의 대대적인 선전으로 장면 정부는 무능하고 부패한 정권의 대명사로 각인되었다. 5·16 직후 수녀원에 몸을 숨겼다가 나타난 장면은 5월 18일 정오 마지막 국무회의를 주재해, 쿠데타 당일 장도영 총장 명의로 선포된 비상계엄령을 추인하고 내각 총사퇴를 결의함으로써 사실상 군사정부를 사후 승인하는 악역을 맡았다.

군사정권에 의해 한동안 가택에 연금되었다가 1962년 7월 '이주당 사건'의 배후자라는 혐의를 받았다. '이주당 사건'은 민주당 인사들이 일부

군 출신과 짜고 군사정권을 전복하려 했다는 소위 반혁명 음모사건의 하나로 발표되었다. 장면은 8월 28일 법정구속되었다가 최종심에서 징역 3년에 집행유예 5년을 선고받고 보석으로 풀려났다. 한동안 칩거하다가 1966년 향년 67세로 생을 마감했다.

윤보선 대통령 윤보선(1897~1990)은 금전적인 측면에서만 본다면 행운을 타고난 인물이다. 영국 스코틀랜드의 에든버러대를 졸업하고 수년 동안 유럽 대륙을 여행하며 견문을 넓힐 수 있었던 것도 순전히 부유한 집안 덕분이었다. 1932년 십수 년 만에 귀국해서도 친일이나 부일 행동을 하지 않고 해방이 될 때까지 안국동의 99칸 집에서 큰 불편 없이 지낼 수 있었던 것도 경제적으로 풍족했기 때문에 가능한 일이었다.

덕분에 해방 후에는 친일 시비에서 자유로울 수 있었고 청렴한 공직자나 정치인의 이미지를 유지할 수 있었다. 1960년대에 두 번이나 대통령 선거에 출마하고 1970년대에 옹골찬 민주주의 투사로 버틸 때에도 집안의 경제력은 여러모로 큰 도움이 되었다.

윤보선은 충남 아산에서 태어나 대대로 벼슬을 해온 집안 덕분에 남부럽지 않게 어린 시절을 보냈다. 8살 때 서울로 올라와 초등학교 과정을 마치고 일본으로 유학을 떠나 2년 만에 서울로 돌아왔다. 20살 때 상해로 떠나 1919년 대한민국 임시정부가 수립될 때 최연소 의정원 의원으로 활동했다. 1921년 6월 유럽으로 유학을 떠나 에든버러대에서 고고학 학사와 석사과정을 마치고 유럽 대륙을 주유하며 세월을 보내다 1932년 귀국했다.

해방 후 한국민주당 창당에 관여했던 윤보선의 정치적 멘토는 이승만 대통령이었다. 1948년 5월 고향인 충남 아산에서 제헌의원 선거에 출마했다가 고배를 마시긴 했지만 상해 임정 때 알게 된 이승만에게 발탁되어 이승만 국회의장의 비서실장(1948.5)을 거쳐 초대 서울시장(1948.12)과 상공부 장관(1949.6)의 중책을 맡았다. 그러다가 대한적십자사 총재로 재직하던 6·25전쟁 때 국민방위군사건의 처참한 광경을 보고했는데도 이 대통령이 오히려 역정을 내는 것에 실망한 뒤로는 이 대통령과 인연을 끊었다.

1954년 5월 제3대 국회의원 선거 때 비로소 서울 종로에서 당선되고 1955년 통합야당인 민주당 창당에 참여했다. 1960년 4·19혁명 후인 8월 12일 민·참의원 합동회의에서 대통령에 선출되었으나 1961년의 5·16쿠데타 후 10개월 동안 식물 대통령으로 지내다가 군사정부가 기성 정치인의 정치활동을 금지하는 정치활동정화법을 제정한 것에 반발해 1962년 3월 22일 대통령직을 사임했다.

"선거에는 이기고 개표에는 졌다"

1963년 10월 제5대 대통령 선거에서 박정희에게 15만 표 차로 석패하자 선거 결과를 '정치 연극'으로 몰아붙이며 "선거에는 이기고 개표에는 졌다", "나는 정신적 대통령"이라고 주장했다. 이후 윤보선의 삶은 전형적인 강성 야당 지도자의 모습이었다. 1964년 3월, 한일협정이 국회에서 비준된다면 의원직을 내놓겠다고 한 경고는 사실상 대한민국 국회에서의 '의원직 사퇴' 투쟁의 시발이었다. 월남 파병도 반대하며 길거리로 나서는 등 가시밭길을 자청했다. 1967년의 대통령 선거에서 박정희와 재격돌했다가 120만 표 차로 패배한 후에는 대통령에 대한 꿈을 접었다.

1970년대의 윤보선은 정치인이 아니라 반독재 민주화 투쟁의 선봉에 선 투사였다. 그의 안국동 집은 살림집이 아니라 민주인사들의 집결장이었다. 1974년 7월 민청학련의 배후조종 혐의로 기소되고 1976년 3월 김대중, 함석헌, 문익환 등과 함께 명동성당에서 3·1민주구국선언을 발표해 긴급조치 9호 위반 혐의로 입건되었다.

1978년 2월에도 '3·1민주선언'을 발표하는 등 민주화운동을 활발히 펼쳤으나 1979년 11월의 'YWCA 위장결혼사건'을 마지막으로 민주화 투쟁에는 더 이상 나서지 않았다. 사람들은 유신 정권의 연장선에서 수립된 5공화국의 전두환 정권에 대해 침묵하는 것을 의아하게 생각했으나 윤보선은 근 20년간 외길로 걸어온 '민주 투쟁'의 길에서 내려가고자 했다. 80대 중반인 그에게 계속 민주화 투쟁을 요구하는 것도 무리였다.

민주당 신·구파 분쟁과 신민당 창당

구파는 우국지사적 기질에 보수적이며 배타적, 신파는 현실을 중시하고 조직적이며 권력지향적이었다.

민주당은 1954년 11월의 사사오입 개헌에 반대하는 반이승만 세력이 결집해 1955년 9월에 창당한 통합야당이었다. 그러나 이승만의 전횡에 반대한다는 것을 빼고는 이념적 공통 기반이 없어 창당 후에도 파벌 간에 의견 충돌이 잦았다. 주로 한민당과 민국당에 뿌리를 둔 신익희·조병옥·김도연·윤보선·유진산 등 전통 야당 정치인들과, 과거 이승만을 위해 일했으나 부산정치파동을 전후해 그로부터 소외된 장면·박순천·곽상훈 등의 관료 출신, 원내자유당 계열, 자유당 탈당파 의원 등 간에 갈등이 심했다.

전자는 본래부터 야당이었다는 의미에서 구파로 불렸고, 후자는 새로 야당에 가담했다는 뜻에서 신파로 분류되었다. 신·구파 의원들은 성향에서도 차이를 보여 구파는 우국지사적 기질에 보수적이며 배타적이었고, 신파는 일제 강점기에 서울이나 해외에서 공부한 관료·법관·금융인 등의 테크노크라트로 현실을 중시하고 조직적이었으며 권력지향적이었다. 이처럼 많은 차이점 때문에 대립하고 갈등하면서도 이승만의 독재에 맞선다는 대의가 우선했던 터라 이승만 정부 때는 '분당'이라는 최악의 상황만은 피할 수 있었다. 그러나 4·19 후 야당에서 여당으로 바뀌면서 상황이 달라졌다.

대립은 1960년의 7·29총선을 전후해 극단적으로 표출되었다. 내각책임제하에서는 민의원을 많이 당선시킨 쪽이 정국의 주도권을 잡는 데 유리했기 때문에 신파는 중앙당에, 구파는 삼각동 전업회관에 선거 지휘본부를 차려놓고 치열한 경쟁을 벌였다. 공식적인 당 후보는 공천심사위원회에서 선정했으나 신파 따로 구파 따로 공천하는 경우도 있었다. 심지어 신파의 우두머리격인 장면이 출마한 용산갑구, 구파의 리더 윤보선과 김도연의 종로갑구와 서대문갑구에도 자파 후보를 내세웠다. 이들이 다른 후보의 지원유세에 나서지 못하도록 발목을 잡으려는 의도였다. 공식적으로 민주당은 신파 113명, 구파 108명, 중도파 8명을 공천했다.

이런 과정을 거쳐 치러진 1960년의 7·29총선은 예상대로 민주당의 압승으로 끝났다. 그러나 그것은 신구파의 본격적인 세력 싸움의 신호탄이기도 했다. 신구파가 처음으로 표 대결을 벌인 것은 8월 3일의 민의원 부의장 선출이었다. 이 대결은 구파가 지지한 서민호 의원이 신파에서 민 이재형(무소속) 의원을 눌러 구파의 승리로 끝났다. 이어진 총리 선출에서는 구파의 윤보선 대통령이 같은 구파의 김도연을 지명했다가 실패한 뒤에야 신파의 장면을 지명하고, 총리가 된 장면 역시 구파 의원들을 제외한 채 내각을 구성하는 바람에 양측 간 갈등의 골은 더욱 깊어졌다.

7·29총선은 신·구파 간 세력 싸움의 신호탄

그러자 구파 중 다수가 '구파동지회'를 결성한 뒤, 1960년 8월 31일 원내교섭단체로 등록함으로써 사실상의 별거에 들어갔다. 장면은 9월 2일 구파의 교섭단체 등록은 사실상 분당행위라고 비난하면서도 한편으로는 "장관 5석을 주겠다"며 구파를 끌어안는 개각을 추진했다. 구파가 "입각은 단순히 파견이며 지도부가 소환하면 언제라도 그만 둔다"는 조건을 달아 입각을 수용하자 장면은 첫 조각 20일 만인 9월 12일 구파 5명을 포함한 개각을 단행했다.

그래도 분당을 향한 '구파동지회'의 움직임은 멈추지 않았다. 구파는 민의원 65명, 참의원 17명으로부터 분당에 동참하겠다는 서명을 받아냈다. 구파 지도자 김도연은 9월 22일 정식으로 분당을 선언했다. 그러자 원내교섭단체 등록을 미루던 신파도 '민주당'이라는 이름으로 9월 23일 원내교섭단체로 등록했다. 공식적으로 이혼을 선언한 것이다. 이에 따라 9월 23일 현재 민의원의 교섭단체별 의원수는 민주당 신파 95명, 구파동지회 86명, 무소속 모임인 민정구락부 41명, 완전 무소속 9명 등이었다.

분당이 현실로 나타나자 구파 내에서 신·구파 화합을 이루려는 30여 명의 '합작파' 의원들이 등장했으나 구파의 주력은 여전히 분당을 원했다. 결국 11월 8일 구파 의원들이 신당 발기준비대회를 열고 1961년 2월 20일 65명이 참여한 신민당을 정식 출범시켰다. 20여 명의 구파 의원은 민주당에 잔류했다.

신민당의 위원장(당수)엔 김도연이, 당의 실질적인 살림을 맡는 간사장엔 유진산이 뽑혔다. 민주당은 구파 탈당 후 124석을 유지하며 안정을 찾는 듯했으나 또 다른 갈등 요인이 민주당에 잠복하고 있었다. '당 내 당'으로 시시비비를 가리겠다며 1960년 8월 25일 결성한 '소장동지회'가 그것이었다.

모두 36명이 참여하고 대표격인 총무는 이철승, 대변인은 김재순이 맡았다. 소장동지회는 1961년 1월 24일 '신풍회'로 이름을 바꿔 정식으로 정파의 모습을 띠었고, 이틀 뒤에는 구파가 뛰쳐나가 만든 신민당과 무소속의 소장파도 합세해 '청조회'를 만들었다.

당시 신민당과 신풍회로 인해 장면 정부가 얼마나 괴롭힘을 당했는지는 1961년 5·16쿠데타가 발생한 지 두 달여 지난 시기에 있었던 신상초 의원의 발언에서 알 수 있다. 신상초는 장면 정부를 무너뜨린 주범으로 '3신(新)'을 꼽았는데 '3신'이란 이름에 '신(新)'자가 들어간 세 가지, 곧 '정부를 무조건 두들겨 팬 신문, 민주당 구파가 떨어져나가 만든 신민당, 그리고 신풍회였다.

최인훈 소설 '광장' 발표

이념의 틀을 벗어나 남북의 체제를 같은 무게로 평가했다는 점에서 낯선 충격을 던져주었다.

최인훈(1936~)의 소설 '광장'은 국내 문인이나 평론가들이 늘 첫손가락으로 꼽는 전후 최고의 소설이다. '광장' 이후 최인훈에게 '전후 최고의 작가'라는 찬사가 쏟아질 만큼 '광장'이 우리 문학사에서 차지하는 비중은 크다. '광장'이 원고지 600장 분량의 중편소설로 발표된 것은 '새벽'지 1960년 10월호에서였다.

6·25전쟁 후 반공소설류가 이데올로기 문학의 정형처럼 굳어 있던 시절에 발표된 '광장'은 문단으로부터 "한국문학 사상 최초로 분단의 문제를 이데올로기적 갈등의 문제로 다룬 기념비적인 작품"이라는 평가를 받았다. 북한의 공산주의 이념과 남한의 자유민주주의 이념에 대해 냉철한 균형감각을 유지하면서 깊이 있는 비판과 성찰을 보여주었다는 평가도 쏟아졌다.

'광장'은 6·25 후 북한의 석방포로를 싣고 인도로 향하는 타고르호에 탄 이명준이라는 한 젊은이의 회상으로 시작된다. 해방 후 대학에서 철학

최인훈(1936~)

을 전공하던 이명준은 해방 직후 월북한 아버지가 대남방송 시간에 나왔다는 이유로 경찰서에 불려가 고문을 당하게 되자 남한에는 개인의 자유와 인간적 존엄성을 짓밟는 어두운 밀실만 있을 뿐 사회적 정의가 구현되는 푸른 광장이 없다고 생각한다. 떠밀리듯 아버지를 찾아 북으로 올라갔으나 인민의 공화국을 표방하는 그곳 역시 푸른 광장은 없고 잿빛 광장만 있었다.

실망한 이명준은 북에서 국립극장 발레리나인 은혜를 만나 그들만의 광장을 꿈꾸지만 은혜는 모스크바로 공연을 떠나고 그 사이 6·25전쟁이 터져 이명준은 인민군으로 낙동강 전선에 투입된다. 전쟁에 회의하던 이명준은 그곳에서 간호병으로 나온 은혜를 우연히 다시 만나 절망적인 사랑을 불태우지만 은혜는 전사하고 명준은 포로가 된다.

수용소에 갇혔다가 석방될 무렵 남한과 북한 둘 중 하나를 선택해야 할 입장에 서게 되었을 때 자유주의 남한과 사회주의 북한 모두에 실망한 명준은 제3국인 중립국을 선택하고 인도로 가는 배에 오른다. 뱃머리에서 긴 회상에 잠기던 명준은 자기가 참으로 오랫동안 '이데올로기'라는 잣대에 홀려 있었음을 비로소 깨닫고 바다로 뛰어든다.

소설사의 측면에서 보자면 1960년은 '광장'의 해

소설은 이처럼 이전까지의 갇힌 이념의 틀을 벗어나 남과 북의 체제를 같은 무게로 평가했다는 점에서 4·19를 막 경험한 당시 청년들에게 낯선 충격을 던져주었다. 분단 이후 최초로 남북을 동시에 작품의 무대로 삼았다는 점, 분열된 이데올로기의 비극이 첨예하게 묘사되었다는 점 이외에도 소설이 보여준 눈부신 지적 문체, 지성미 넘치는 철학적 사고, 극명한 체제분석 등은 당시의 독자들에게 센세이셔널한 화제를 불러일으켰다. 평론가 김현은 "정치사적 측면에서 보자면 1960년은 학생들의 해였지만 소설사의 측면에서 보자면 '광장'의 해였다"며 '광장'의 가치를 높게 평가했다.

'광장'은 1961년 3월 원고지 200장가량이 추가된 단행본(정향사)으로 발간되고 이후에도 계속 문장을 다듬는 개작 과정을 거쳐 신흥출판사(1965), 민음사(1973) 등에서 출판되었다. 개작에 대해 작가는 "내가 살아 있는 동안 글자 한 자라도 다듬어서 미래 독자들에게 주는 것이 내 의무", "이명준의 선택이야 당시 독자들과 공유하는 역사적 약속이니까 수정 불가능하지만 수사학적 표현은 계속 고칠 것"이라며 개작할 뜻이 있음을 공언했다.

최인훈은 1936년 두만강변의 국경도시 함북 회령에서 태어나 6·25 때 피란민으로 아수라장을 이룬 원산항에서 해군 함정을 타고 월남했다. 이 때의 경험은 오랫동안 작가에게 피란민 의식을 심어주었다. 전쟁 후 서울대 법대에 입학했으나 법과 문학의 갈림길에서 4학년 때 중퇴하고 문학을 평생의 업으로 받아들였다.

1958년 장교로 입대해 군 복무 중이던 1959년 'GREY 구락부 전말기'로 '자유문학'을 통해 데뷔했다. '광장'이 발표될 때도 그는 군인 신분이었다. 이후 '회색인'(1963), '소설가 구보씨의 일일'(1969) 등을 발표하고 1970년대 들어서는 희곡 '어디서 무엇이 되어 만나랴'(1970), '옛날 옛적에 훠어이 훠이'(1976), '봄이 오면 산에 들에'(1977) 등을 발표하며 연극을 새 장르로 선택했다. 1994년 발표된 4,500장짜리 대작 '화두'는 작가 자신의 내면의식을 두루 건드린 정신적 자화상이라는 평가를 들었다.

김기영 감독 영화 '하녀' 개봉

인간 내면에 도사린 마성과 성적 억압의 심리를 드러내는 표현주의 영상화법을 구사했다.

김기영(1919~1998) 감독은 신상옥, 유현목 감독 등과 함께 1960년대 한국 영화의 르네상스를 주도한 중심 축이었다. 독특하고 기이한 영화들을 워낙 많이 감독해 "한국 컬트영화의 창시자", "충무로의 기인" 등으로 불렸다. 그런데도 "최고의 예술감독"이라는 평을 받은 유현목과 "최고의 흥행감독"으로 꼽힌 신상옥에 가려 제대로 평가를 받지 못했다. 그것은 김기영의 외골수 성격과 불운하던 시대에 기인한 바가 크다.

김기영은 서울에서 태어나 평양고보를 졸업하고 1940년 일본으로 건너가 영화와 연극에 매료되어 돌아왔다. 1946년 입학한 서울대 치과대 시절에는 대학의 연극운동에 매진하고 1950년 대학을 졸업한 뒤에는 대학병원의 레지던트로 일했다. 그러다가 맞은 6·25전쟁 중 미군 공보원에서 제작하는 '대한뉴스'에 참여하면서 영화와 첫 인연을 맺었다.

1955년 '주검의 상자'로 영화계에 데뷔한 그는 초기에는 '초설'(1958), '10대의 반항'(1959) 등을 통해 이탈리아 네오 리얼리즘 분위기가 나는 사실주의 경향을 보였다. 그러나 1960년 11월 3일 서울 명보극장에서 개봉된 '하녀'를 계기로 영화 기법에 큰 변화를 드러냈다. 그동안의 사실주의를 접고 인간 내면에 도사린 마성과 성적 억압의 심리를 드러내 보이는 표현주의 영상화법을 구사하기 시작한 것이다.

김기영이 제작·각본·감독·편집 등 1인 4역을 한 '하녀'는 음악교사인 가장(김진규)과 가정부(이은심) 사이에 벌어진 불륜으로 인해 가정이 파탄 나는 과정을 그린 영화다. 아내(주증녀)가 친정에 가고 없는 틈을 타 가정부가 가장을 유혹해 육체 관계를 맺고 임신을 하자 이 사실을 알게 된 아내는 가정부를 낙태하도록 한다. 포악해진 가정부는 가장의 아들(안성기)

을 계단에서 떨어뜨려 숨지게 한다. 결국 가장과 가정부는 함께 약을 먹고 동반자살하는데 가정부는 계단 위에서 죽고 가장은 아내 곁에서 죽는다는 내용이다. 그런데 '하녀'를 본 일부 여성 관객이 영화를 보다가 "저년 죽여라"라고 소란을 피울 만큼 충격적이었다.

김기영(1919~1998)

이후 김기영은 '현해탄은 알고 있다'(1961), '고려장'(1963) 등의 영화를 연출하며 흥행영화, 멜로영화, 전쟁영화, 괴기영화를 넘나들었다. 1971년과 1972년 각각 '화녀'와 '충녀'를 제작·각본·감독해 이른바 하녀·화녀·충녀 시리즈를 완성했다.

김기영은 '화녀'로 청룡영화제 감독상을 차지했고, '화녀'를 통해 영화계에 데뷔한 윤여정은 청룡영화제 여우주연상과 대종상 신인상을 거머쥐었다. 윤여정은 1972년 '충녀'에도 출연하고 2010년 '하녀'의 리메이크 영화인 '하녀'(감독 임상수)에도 출연해 김기영 감독과의 인연을 이어갔다. '화녀'는 관객 23만여 명을 끌어들여 1971년 최고의 흥행작으로 기록되었다.

자기 스타일을 고집한 작가주의적 감독

김기영은 '화녀'의 제작진과 배역들을 그대로 동원한 '충녀'에서도 괴기한 묘사와 관능적인 정사 장면으로 관객을 사로잡았다. '충녀' 역시 16만여 명의 관객을 동원하는 선전으로 김기영에게 백상예술대상 감독상을 안겨주었다. '충녀' 개봉 후 김기영은 한국 영화 사상 가장 불행했던 유신시대를 맞았다. 영화법이 바뀌고 영화사가 20개로 통폐합되는 등 영화산업이 독과점구조로 재편되자 제작자 겸 감독이었던 김기영의 입지가 현저히 좁아진 것이다. 결국 김기영도 한정된 외화 수입을 따낼 수 있는 문예영화를 권장하는 당시의 영화사 분위기에 맞춰 문예영화 위주로 찍을 수밖에 없었다.

김기영의 작품은 '육체의 약속'(1975), '이어도'(1977), '죽어도 좋은 경험'(1995)까지 모두 34편이다. 이 중 '하녀'를 비롯 8편은 직접 제작하고 '하녀', '화녀', '충녀' 등 15편은 직접 각본을 썼다. 김기영의 영화에는 거의 예외 없이 왜곡된 성적 충동, 소유욕, 질투, 동반자살, 살인, 사도마조히즘 등이 등장한다. 또한 김기영의 영화를 설명할 때 가장 많이 동원되는 표현 가운데 하나가 "그로테스크하다"는 것이고 괴이한 효과를 살리기 위해 빠지지 않는 것이 쥐와 무당이다.

김기영의 영화 제목에는 유난히도 여자를 의미하는 단어들이 많이 등장한다. '하녀', '화녀', '충녀'는 물론 '여성전선'(1957), '여여여'(1968), '미녀 홍낭자'(1969), '살인나비를 쫓는 여자'(1978), '수녀'(1979) 등 온통 여자 일색이다. 조감독도 거의 두지 않고 자기 스타일을 지나치게 고집한 작가주의적 감독이다 보니 미술, 조명, 편집에도 일일이 관여하고 포스터 제작, 주제곡, 소품까지 자급자족하는 식으로 영화를 만들었다.

특히 형식을 싫어하고 비타협적이어서 영화인 단체나 모임에 얼굴을 내밀지 않고 철저하게 아웃사이더로 일관했다. 이런 개인적인 성격에 유신정치가 야기한 한국 영화의 암흑기까지 겹쳐 그의 이름은 서서히 영화계와 대중으로부터 잊히는 존재가 되었다.

1980년대 이후 별다른 후속작을 내지 못한 채 망각 속으로 잊혀 가던 김기영이 "시대를 앞서간 감독"으로 재발견된 것은 1997년 제2회 부산국제영화제가 기획한 '김기영 회고전'이 계기가 되었다. 이후 김기영에 대한 재평가가 활발하게 일어났으나 1998년 2월 5일 명륜동 집에 일어난 불로 치과의사인 부인과 함께 질식사하는 너무나도 영화적인 죽음을 맞았다. 사고 전날까지도 신작 '악녀'(가제)의 시나리오를 손질했다고 한다.

존 F. 케네디 대통령 당선

라디오 청취자는 닉슨에게 후한 점수를 매겼지만 감성과 이미지를 요구하는 TV에서는 케네디가 우세했다.

1960년 9월 26일, 미 대통령 선거에 출마한 존 F. 케네디(1917~1963)와 리처드 닉슨(1913~1994) 후보 간의 미 대선 사상 첫 TV 토론이 벌어졌다. 두 사람은 공통점이 많았다. 일본과의 태평양전쟁에 장교로 참전하고 정당은 달랐지만 1946년 같은 해 하원의원에 당선되어 교육노동위원회에 배치되었다. 상원의원 진출 시기도 1950년(닉슨)과 1952년(케네디)으로 비슷했고, 상원 사무실은 복도를 사이에 두고 마주 보고 있었다.

하지만 집안 배경과 생활수준에서는 너무 큰 차이가 났다. 케네디는 이른바 '가진 자'의 집안에서 태어난 반면 닉슨은 '가진 자'들로부터 배척을 받았다. 닉슨은 매일 밤 부인과 두 딸이 있는 집으로 퇴근했으나 케네디는 난봉꾼 총각 생활로 밤마다 바빴다. 하원 시절, 케네디가 두드러진 활동이 없었던 반면 닉슨은 반공주의자로 맹활약했다. 특히 비미활동조사위원회 위원으로 국무부 관리 앨저 히스의 간첩 행위를 조사해 이름을 날렸다.

TV토론이 시작되기 전, 다수 미국인이 승리를 점친 쪽은 닉슨이었다. 지난 8년간 아이젠하워 정권의 부통령으로 얼굴이 많이 알려진데다 정치판에서 잔뼈가 굵은 베테랑이었기 때문이다. 그에 비하면 케네디 상원의원은 전국적인 지명도가 닉슨에 한참 못 미쳤다. 아일랜드계에 가톨릭이라는 결정적인 약점도 안고 있었다.

그러나 막상 토론이 시작되자 사람들의 시선을 끈 것은 케네디였다. 40대 후반인데도 늙고 초췌해 보이는 닉슨과는 달리 4살 아래의 케네디는 생기 있는 얼굴에 젊음이 넘쳐흘렀다. 더구나 케네디는 화면에 뚜렷하

존 F. 케네디(1917~1963)

게 부각되는 짙은 색 양복을 입고 시청자를 똑바로 응시하며 자신에 찬 목소리로 유권자들을 설득해 나간 반면 닉슨은 옆 얼굴만 드러낸 채 "나 역시(me too)"를 연발했다. 닉슨의 얼굴은 고통을 당한 사람처럼 창백해 보였고 무성한 턱수염은 얼굴에 어두운 그늘을 만들었다.

600만 명의 라디오 청취자는 나름대로의 논리를 내세워 토론을 끌고 간 닉슨에게 후한 점수를 매겼지만 감성과 이미지를 요구하는 TV에서만은 단연 케네디가 우세했다. 결국 선거일까지 워싱턴, 뉴욕 등에서 열린 총 4회의 TV토론은 케네디를 위한 무대가 되고 말았다. 토론을 시청한 사람 중 43%는 케네디가 이겼다고 했고 29%는 비겼다고 했으며 23%만이 닉슨이 이겼다는 반응을 보였다. 토론 후에 실시된 여론조사에서는 케네디가 49 대 46으로 앞선 것으로 나타났다.

케네디는 결국 1960년 11월 8일 치러진 선거에서 닉슨을 누르고 제35대 대통령에 당선되었다. 아일랜드계로도 가톨릭으로도 미 최초의 당선이었고, 부통령 자격으로 대통령직을 승계한 시어도어 루스벨트를 제외하면 미 역사상 최연소였다. 선거 결과도 20세기 선거 중 가장 박빙의 승부(49.7% 대 49.5%)로 기록되었다.

꿈과 희망을 심어준 대통령

케네디는 탁월한 두뇌의 소유자도 아니고 강한 의지력을 갖춘 인물도 아니었다. 정계 입문에서 대통령이 되기까지 정치적 성장과정이 백만장자 아버지 조지프 패트릭 케네디의 금권을 앞세운 적극적 개입에 의한 것이라는 세간의 평도 근거가 없지는 않았다. 그렇더라도 케네디는 대통령에 당선되었고 짧은 기간이나마 미국인들에게 희망과 꿈을 심어준 대통령으로 기억되고 있다.

케네디에게 질병은 운명이었다. 동생 로버트 케네디가 "형은 인생의 절반을 병에 시달렸다"고 할 정도로 어려서부터 각종 질병에 시달렸다. 그래도 훗날의 큰 꿈을 위해 태평양전쟁 때는 병약한 신체를 감춘 채 초계정 지휘관으로 남태평양에서 활약하며 국가에 대한 의무를 다했다. 자신의 초계함이 일본의 구축함과 충돌해 부상했을 때는 부상한 병사들을 구출해 훈장을 받았다.

1946년 하원의원, 1952년 상원의원에 당선되어 정치가로서의 입지를 굳히며 목표를 향해 걸어갔다. 36세이던 1953년 재클린 부비어(24세)와 결혼해 화제를 불러일으키고, 1957년 '용기 있는 사람들'이란 책을 써 퓰리처상을 받는 문재를 보였다. 그리고 처음 도전한 대통령 선거에서 승리했다.

케네디는 6,883만 명이 투표한 선거에서 겨우 11만 표만 앞선 간발의 승리라는 것을 의식해, 1961년 1월 20일의 취임에 앞서 닉슨을 찾아갔고 참신한 정책 아이디어를 그러모았다. 취임 후에는 계속 뉴스를 만들어 국민에게 다가갔다. 백악관 기자회견은 웬만하면 생중계했고, 기자회견은 늘 재치와 임기응변으로 넘쳤다. 비록 쿠바 침공 실패로 국제적인 망신을 사긴 했지만 미국적 이상을 실현할 젊고 용기 있는 지도자의 이미지를 부각시켰다.

1963년 11월 암살될 때까지 불과 2년 10개월 동안의 짧은 기간이었지만 케네디는 핵전쟁을 무릅쓰고 쿠바 미사일 위기를 극복하는 용기를 보여주었다. 1963년 7월 소련과 부분 핵실험 금지조약을 성사시키고 인종간 갈등이라는 심각한 상황에서도 늘 희망과 낙관적인 비전을 제시했다. 그 덕에 오늘날까지도 케네디는 남북전쟁을 승리로 이끈 링컨, 미국을 대공황의 수렁에서 건져낸 프랭클린 루스벨트, 미국인에게 자신감을 찾아 준 레이건에 결코 뒤지지 않는 존경과 추앙을 받고 있다.

물론 케네디가 실제 추진한 정책이나 남긴 업적보다는 케네디가 풍기는 독특한 이미지와 극적인 죽음이 그를 신화화했다는 지적도 있다. 실제로 케네디에게는 다른 대통령들에 견줄 만하거나 혹은 내세울 만한 업적이 없다. 획기적인 입법 성과도 없었고, 흑인 인권 신장에도 과감하지 못했다. 쿠바 미사일 위기를 넘겼다고는 하지만 쿠바 문제는 결말을 짓지 못했고 베트남 내전에는 더 깊이 개입하는 실수를 저질렀다. "미국 역사상 가장 과대평가된 저명인사"라는 말이 나오는 것도 이 때문이다.

개인사에서도 병적일 정도로 복잡한 여자관계와 난잡한 약물 복용도 심각한 문제였다. 척추질환, 에디슨병 등의 진료기록은 일체 비밀에 부쳐졌고 재클린과의 결혼생활은 행복한 부부로 포장되었다. 그런데도 케네디의 인기는 지금까지 식지 않고 있다. 참신하고 믿을 만한 지도자란 확신을 각인시키고 비전과 용기를 심어주었기 때문이다.

결국 케네디는 무엇을 이룬 대통령으로 기억되는 게 아니라 미국인에게 꿈과 희망을 심어준 대통령으로 기억되고 있는 것이다. 그들에게 케네디의 죽음은 바로 꿈과 희망의 죽음이었다.

재클린 부비어 케네디 오나시스

1953년 9월 12일 한 쌍의 청춘남녀가 평생을 기약했다. 신부는 조지 워싱턴대를 졸업하고 워싱턴 타임스 헤럴드의 사진기자로 활동하던 명문가 출신의 24세 여기자 재클린 부비어(1929~1994)였고, 신랑은 잘생기고 촉망받는 36세의 존 F. 케네디 상원의원이었다. 1961년 1월 퍼스트 레이디로 백악관에 입성할 때 재클린의 나이는 미 역사상 최연소인 32세였다.

케네디가 그랬듯 이 젊고 우아하고 아름다운 여성도 국민들로부터 사랑을 받았다. 세련된 매너와 패션 감각은 늘 화제를 불러일으켰다. 딱딱한 정장 대신 자신의 스타일에 맞춰 세련되게 옷을 입는 이 젊은 영부인의 모습은 변화를 갈망하던 미국인에게 신선한 충격이었다.

재클린 케네디(1929~1994)

두 사람은 누가 보아도 세상에서 가장 축복받은 부부처럼 보였고, 역대 어느 대통령 부부보다 국민들의 사랑을 받았다. 그러나 마릴린 먼로와 염문을 뿌리는 등 케네디의 병적인 외도에 재클린은 늘 상처받고 고통스러워했다. 그래도 그녀는 퍼스트 레이디로서 품위를 잃지 않으려고 노력했다. 부부는 자신들이 왜 완벽하게 연기를 해야 하는지에 공감하고 있었다. 그러던 중 1963년 11월 케네디가 세상을 떠났다. 그 후 재클린은 시동생 로버트 케네디, 영화배우 윌리엄 홀든과도 사랑을 나눴다. 시동생 로버트와의 관계는 1968년 6월 로버트의 피살로 끝이 났다.

로버트 사후 1968년 8월 재클린이 그리스 선박왕 아리스토텔레스 오나시스의 유람선을 탔다는 소식이 들리는가 싶더니 1968년 10월 오나시스와 재혼한다는 구체적인 사실까지 들려왔다. 재클린을 흠모하던 미국인들은 망연자실하고 말도 못할 상실감과 분노를 느끼며 경악했다. 오나시스는 돈은 많았지만 온갖 부정한 방법으로 돈을 모으고, 당대 최고의 오페라 가수 마리아 칼라스와의 열애 등 잦은 스캔들로 평판이 좋지 않았다. 더구나 60대의 고령자였다.

세상은 62세와 39세라는 나이 차에 돈 많은 재벌과 퍼스트 레이디 출신 여인의 결합을 따가운 시선으로 바라보았다. 언론도 "돈 때문에 결혼한 것", "사랑스러운 재키가 '용감한 해적'의 품속으로 사라졌다"며 악의에 찬 기사로 두 사람의 결합을 비난했다. 순탄치 않았던 오나시스와의 결혼

생활도 7년 후 오나시스가 사망함으로써 끝이 났다.

다시 뉴욕으로 돌아온 재클린이 은둔하며 살 것이라는 세상의 예상은 보기 좋게 빗나갔다. 잡지를 발간하고 베스트셀러를 내는 등 누구보다 뛰어난 워킹우먼으로 살았다. 1994년 백악관의 안주인, 세계 최고 부호의 아내, 뛰어난 사업가의 명성을 뒤로한 채 생을 마감했다.

미 FDA 경구 피임약 '에노비드' 승인

여성 스스로 임신을 결정하고, 원하지 않는 임신의 공포로부터 벗어날 수 있게 된 것이다.

1960년 5월 9일, 마침내 인류사에 새로운 이정표가 세워졌다. 미 FDA(식품의약국)가 경구 피임약 '에노비드'를 승인함으로써 여성 스스로 임신을 결정하고, 원하지 않는 임신의 공포로부터 벗어날 수 있게 된 것이다. 경구 피임약은 세계 각국 학자들의 오랜 노력의 산물이지만 그중에서도 마거릿 생어(1879~1966)와 그레고리 핀커스(1903~1967)는 빼놓을 수 없는 일등 공로자였다.

생어는 1916년 미 최초의 '산아제한 클리닉'을 열고 1936년 "환자의 생명을 구할 목적으로 의사들이 피임약을 처방할 수 있다"는 연방법원의 판결을 끌어낸 '미국 산아제한 운동의 대모'였다. 그녀가 이런 결실을 보기 전, 미국에서는 의사라도 수태 조절 정보를 공표하지 못하게 되어 있었다. 피임과 낙태에 관한 내용도 음란물로 간주되어 이

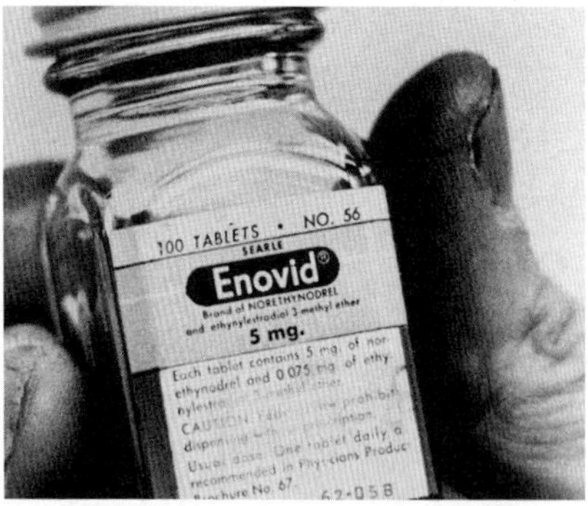

경구 피임약 '에노비드'

런 내용이 적힌 출판물을 배포하면 외설죄로 처벌을 받았다. 그러다 보니 가난한 여성들은 피임 정보를 얻지 못했고 이 때문에 원치 않는 임신을 하게 되어 불법으로 낙태 수술을 받다가 목숨을 잃는 경우가 다반사였다.

생어의 노력 덕에 의사가 피임약을 처방할 수 있게 되긴 했어도 당시 의사가 환자에게 제공할 수 있는 피임 기구라곤 콘돔과 페서리뿐이었다. 그런 상황에서 생어가 목표로 한 것은 간편하고 안전한 여성용 피임약이었다. 신약 개발을 위한 자금은 여권 신장의 강력한 지지자 캐서린 매코믹 부인으로부터 지원을 받았다. 그녀는 전도유망했던 사업가 남편이 죽은 후 남편의 유산 중 일부를 피임약 개발에 제공했다.

생어가 신약 개발을 의뢰한 인물은 그레고리 핀커스였다. 미국으로 이주한 러시아계 유대인 부모에게서 태어난 핀커스는 코넬대를 졸업하고 하버드대에서 박사학위를 취득한 후 하버드대 교수로 활동하던 생식생물학 분야의 선구자였다. 1930년대에 야생 토끼의 난세포를 체외수정시키고 세포분열을 통해 이 난자들을 성장시켰으나 이 때문에 여론으로부터 "프랑켄슈타인을 만드는 박사"로 불리며 호된 비난을 받았다. 결국 핀커스는 하버드대를 떠나 1944년 자신이 설립한 우스터 실험생물학재단에서 연구를 계속했다.

일등 공로자는 마거릿 생어와 그레고리 핀커스

1951년 생어를 만난 핀커스가 구상한 것은 입으로 먹을 수 있는 경구 피임약이었다. 당시 임신과 관계있는 호르몬에 대한 연구는 전 세계적으로 상당한 수준에 올라 있었다. 1921년 오스트리아의 한 연구진은 임신한 쥐에서 난소를 떼어다가 임신을 하지 않은 쥐에게 이식했는데 난소에 있는 어떤 것이 이 쥐의 배란을 막는 것을 확인했다. 1928년 미 로체스터대의 한 연구팀은 이 신비스러운 분비물이 난자를 배출한 여포에서 분비

된다는 것을 알아낸 후 '프로게스테론'이라고 명명했다.

독일의 생화학자 아돌프 부테난트는 1929년 임신한 여성의 소변에서 여성의 성 발달과 기능에 중요한 호르몬인 '에스트로겐'에서 '에스트론'을 분리하고, 1934년 여성의 생식 주기에 중요한 역할을 하는 호르몬인 '프로게스테론'을 분리하는 데 성공했다. 여성 호르몬의 분리 성공 후, 여성 호르몬인 에스트로겐은 월경 장애와 난소 발육부전에, 임신 호르몬인 프로게스테론은 유산 방지와 월경 장애를 해결하는 약으로 개발되었다. 1937년에는 미 펜실베이니아대의 한 연구진이 프로게스테론을 동물에 주사하면 배란이 억제된다는 사실을 밝혀냈다.

문제는 주사를 이용한 투입 방법과 프로게스테론의 가격이 비싸다는 점이었다. 따라서 프로게스테론을 풍부하고 저렴하게 확보할 수만 있다면 피임약으로 개발하는 것은 큰 문제가 되지 않았다. 프로게스테론을 대량으로 생산하는 연구는 펜실베이니아대의 러셀 마커라는 괴팍한 천재 교수가 선두주자였다.

그는 '사포제닌'이라는 식물성 물질을 프로게스테론으로 전환시키는 효과적인 방법을 알아낸 뒤 사포제닌이 풍부한 식물을 구하는 데 온갖 노력을 기울였다. 그 결과 멕시코의 열대 우림에서 이 요구조건에 맞는 백합과 식물인 '얌'을 발견하고 1943년 얌에서 추출한 사포제닌으로 다량의 합성 프로게스테론을 생산하는 데 성공했다.

마커는 동업자와 함께 대량의 프로게스테론을 생산하는 '신텍스'라는 회사를 창업했으나 동업자와 심하게 다툰 뒤 회사를 그만두고 과학계를 떠났다. 이 때문에 프로게스테론 대량 생산은 한동안 비밀에 부쳐졌으나 다행히 1951년 여름 신텍스의 연구원인 칼 제라시가 복용 가능하며 자연산 호르몬보다 8배나 강력한 프로게스테론 유사체를 합성하는 데 성공하고 '노어신드론'이라고 명명함으로써 다시 상용화의 길이 열렸다.

한편 칼 제라시와 별개로 1952년 G.D.썰사(社)의 프랭크 콜튼도 노어신드론과 비슷한 기능을 하는, 프로게스테론과 에스트로겐을 혼합한 합성물질 '노어시노드렐'을 만들어내는 데 성공했다. 그러나 칼 제라시와 프랭크 콜튼은 자신들의 연구 결과가 먹는 피임약으로 사용될 수 있다는 사실을 알지는 못했다.

당초 용도는 생리불순과 불임 치료제

핀커스는 두 회사의 연구 결과를 토대로 1952년 산부인과 의사 존 로크와 함께 동물을 대상으로 충분한 실험을 한 결과 효과가 있다는 것을 알게 되었다. 두 사람은 1954년 '에노비드'로 명명된 콜튼의 노어시노드렐을 복용할 50명의 여성 지원자를 선정했다. 기대했던 대로 노어시노드렐은 소량으로도 여성의 배란을 막는 것으로 확인되었다.

핀커스와 로크는 좀 더 많은 여성에게 이 경구 피임약을 시험할 생각으로 푸에르토리코를 임상실험의 후보지로 선정했다. 1956년 푸에르토리코의 보건소를 통해 임상실험이 시작되자 푸에르토리코의 가톨릭계가 신의 뜻을 거역한다며 그들을 비난했다. 하지만 대책 없이 아이들이 늘어나는 것을 원치 않던 많은 여성은 임상실험에 응했고, 핀커스와 로크는 임상실험 중 노어시노드렐에 '메스트라놀'이라고 하는 또 다른 화학약품을 조금 섞으면 더 효과가 있다는 것을 알아냈다.

에노비드는 1957년 미 FDA의 승인을 받았다. 용도는 피임약이 아니라 생리불순과 불임 치료제였다. 그러던 중 에노비드가 피임에도 효과가 있다는 사실이 곧 의학계에 알려지면서 아직 피임약으로 정식 승인을 받지 않았는데도 50만 명 이상의 여성이 에노비드를 복용했다. 물론 겉으로는 생리불순 치료를 위한 처방이었다. 핀커스와 로크는 1959년 말까지 1,200명의 부인을 상대로 임상실험을 한 결과 노어시노드렐이 경구 피임약으로 효과적이라는 사실을 확인해 1960년 다시 FDA에 경구 피임약 용도로 에노비드의 승인을 요청하고 승인받았다.

에노비드는 시판과 함께 구토와 가슴 통증 등의 부작용, 심지어는 심장마비와 뇌졸중을 일으킨다는 보고가 있었으나 90% 이상의 피임률을 기록해 여성들에게는 대환영을 받았다. 그래도 한동안 일부 주에서는 불법으로 취급했으나 1965년 미 대법원이 피임약의 판매를 방해해서는 안 된다고 판결함으로써 미국의 모든 주에서 피임약이 합법화되었다.

아베베 비킬라 로마 올림픽 마라톤 우승

올림픽 마라톤 사상 첫 아프리카 흑인의 우승이었고 이후 마라톤계를 평정할 검은 돌풍의 서막이었다.

로마 올림픽의 마라톤 경기가 열린 것은 1960년 9월 10일 밤이었다. 그런데 모든 백인 선수들을 제치고 로마의 콘스탄틴 개선문에 제일 먼저 들어선 것은 검은 피부에 깡마른 체구의 한 사내였다. 더구나 사내는 맨발이었다. 6·25 참전용사를 거쳐 에티오피아 황실 근위병으로 근무하고 있는 아베베 비킬라(1932~1973)는 이렇게 혜성과 같이 등장했다.

그날 그가 마라톤에서 세운 2시간 15분 16초 2는 기존의 세계 기록을 5분이나 앞당긴 세계 최고기록이었다. 올림픽 마라톤 사상 첫 아프리카 흑인의 우승이었고 이후 세계 마라톤계를 평정할 검은 돌풍의 서막이었다. 지구력만이 중시되던 마라톤에 '스피드'라는 개념을 도입한 최초의 사례이기도 했다. 무엇보다 그의 맨발 우승 후 마라톤이 국제적인 인기 종목으로 부상하고 아프리카 선수들이 세계 육상 무대의 중장거리를 휩쓸기 시작했다는 점에서 각별한 의미가 있는 우승이었다.

완주 후 "왜 맨발로 달렸는가"라는 물음에 아베베는 "맨발로 뛰는 것이 훨씬 편하다"며 "당장이라도 다시 한 번 뛰라면 또 달릴 수 있다"고 큰소리를 쳤다. 또한 "내 조국 에티오피아가 항상 단호하고 영웅적으로 시련을 이겨냈다는 사실을 세계에 알리고 싶다"고 말했다. 그의 말에는 로마 올림픽의 주최국인 이탈리아가 24년 전인 1936년부터 5년간 자신의 조국 에티오피아를 강제 점령한 사실을 상기시키는 의미심장한 뜻이 담겨 있었다.

아베베 비킬라(1932~1973)

에티오피아 국민들은 과거 이탈리아의 무솔리니에게 당했던 치욕을 아베베가 이탈리아에서 맨발로 설욕했다며 환호하고 기뻐했다. 1960년은 아프리카 국가들이 다투어 독립을 쟁취하던 이른바 '아프리카의 해'였던 터라 검은 대륙 전체가 열광하며 축하해 주었다. 한 신문은 "에티오피아를 점령한 것은 무솔리니의 대군단이었지만 로마를 정복한 것은 셀라시에 황제의 근위대에서 온 단 1명의 병사였다"고 보도했다.

아베베는 해발 3,000m의 고지대에서 태어나 초원에서 소를 몰며 심장과 다리 근육을 키웠다. 황제를 호위하던 친위대 하사관으로 근무하고 있을 때, 골절상으로 출전이 어렵게 된 동료를 대신해 로마 올림픽에 참가하게 되었다. 발에 맞는 운동화가 없어 맨발인 채로 출발선에 섰을 때 69명의 선수 중 이 무명의 아프리카 선수를 주목하는 사람은 아무도 없었다. 언론도 마찬가지였다. 주최 측까지 이름을 두 번이나 정정할 정도로 출전 선수 중 가장 낯선 인물이었다. 그런 그가 가장 먼저 결승 테이프를 끊었으니 모두가 놀라워하는 것은 당연한 반응이었다.

'영원한 스포츠맨' 이미지 각인시켜

아베베는 1964년 10월 21일 도쿄 올림픽에서도 자신의 최고기록이자 세계 최고기록을 3분이나 앞당긴 세계 신기록(2시간 12분 11초 2)을 세워 올림픽 마라톤을 2연패하는 최초의 선수가 되었다. 도쿄 올림픽 때는 맨발은 아니었지만 대회 출전을 불과 40일 앞두고 맹장수술을 받았던 사실이 알려지면서 다시 한 번 세계 마라톤계를 놀라게 했다.

아베베는 도쿄 올림픽 때도 경기 후 "앞으로 35km를 더 달릴 수 있다"고 큰소리치며 맨손체조와 사이클링으로 몸을 푸는 여유를 보였다. 그가 귀국하자 셀라시에 황제가 하사관에서 중위로 특진시켜 주고 폴크스바겐 승용차를 하사하며 우승을 축하해 주었다.

아베베는 1966년까지 각종 마라톤 대회에 출전하고 대부분 우승했다. 하지만 잇단 다리 부상으로 1967년 유일하게 출전한 마라톤 대회에서 중도 기권하게 되자 사실상 은퇴한 상태로 지냈다. 아베베는 1968년 멕시코시티 올림픽에도 출전해 생애 3번째 금메달을 노렸으나 17km 지점에서 또다시 중도 포기해 실패로 돌아갔다. 아베베의 금메달 꿈은 그의 에티오피아 동료가 달성함으로써 에티오피아는 '올림픽 마라톤 3연패'라는 전무후무한 금자탑을 쌓았다.

아베베가 평생 마라톤에 출전한 횟수는 모두 15차례였다. 그중 1위로 골인한 레이스는 무려 12번이나 되었다. 1967년과 1968년의 기권을 빼면 그가 우승하지 못한 유일한 레이스는 5위로 골인한 1963년의 보스턴 마라톤뿐이었다. 그가 마지막으로 우승한 레이스는 1966년 10월 30일 서울과 인천을 왕복하며 2시간 17분 4초의 기록을 세운 동아마라톤이었다.

1969년 3월 23일 아베베는 5년 전 셀라시에 황제가 하사한 자동차를 타고 귀가하던 중 빗길에 차가 미끄러지는 사고를 당했다. 이 때문에 목이 부러지고 척추가 손상되어 하반신이 마비되는 불구의 몸이 되었다. 될 수도 걸을 수도 없었다. 그런데도 그해 7월 영국에서 열린 장애인올림픽에 양궁선수로 출전해 손가락 대신 손목으로 활을 당겨 9위로 입상하는 초인적인 모습을 보여주었다.

1970년 7월 영국에서 열린 장애인올림픽에는 양궁과 탁구선수로 출전했다. 양궁은 1회전에서 탈락하고 탁구는 두세 차례만 이겼을 뿐 전반적으로 성적이 좋지 않았으나 최선을 다하는 '영원한 스포츠맨' 이미지를 다시 한 번 세계에 각인시켜 주었다. 1973년 10월 25일 교통사고 후유증을 극복하지 못하고 41세 나이로 세상을 떠났을 때 장례식장에는 수만 명의 조문객이 몰려와 그의 도전정신과 불굴의 의지를 기렸다.

콩고의 독립과 내전

피 묻은 돈은 레오폴드 국왕의 궁전과 기념비를 짓는 데 쓰였다.

1871년 11월, 1년간의 오지 탐험 끝에 수년 동안 바깥 세상과 단절되어 있던 데이비드 리빙스턴을 찾아내 불굴의 모험가로 유명해진 헨리 모턴 스탠리(1841~1904)라는 사람이 있었다. 그는 '뉴욕 헤럴드'지 등에서 활동한 언론인이기도 했다. 한편 영화 '지옥의 묵시록'(1979)에는, 입으로는 바이런의 시구를 읊으면서 손으로는 사람의 목을 태연히 자르는 이중적 인물 커츠 대령(말런 브랜도 분)이 등장한다.

그런데 전혀 상반된 이미지의 스탠리와 커츠 대령은 별개의 인물이 아니라 동일한 인물이다. 조셉 콘래드가 헨리 스탠리를 소재로 쓴 소설 '어둠의 심연'(1899)을 프랜시스 포드 코폴라 감독이 베트남전에 맞게 각색한 영화가 '지옥의 묵시록'이기 때문이다. 백과사전에는 스탠리가 '벨기에 국왕 레오폴드 2세의 후원을 얻어 1877~1884년 콩고 지방을 탐험해 콩

콩고민주공화국

고 자유국의 기초를 닦은 사람'으로 기록되어 있다. 실제로 레오폴드 2세는 스탠리를 통해 1885년 2월 아프리카에 '콩고 자유국'을 선포했다.

당시 콩고 지역은 콩고강을 끼고 동서로 나뉘어 있었다. 프랑스와 벨기에는 1885년 콩고조약을 맺어 콩고강을 중심으로 동쪽은 벨기에령, 서쪽은 프랑스령으로 분리했다. 국제 사회는 이후 벨기에령인 동쪽을 '레오폴드빌 콩고'(콩고민주공화국), 프랑스령인 서쪽을 '브라자빌 콩고'(콩고공화국)로 구별했다.

'레오폴드빌'에서 레오폴드는 레오폴드 2세이고, '브라자빌'의 브라자는 1880년에 콩고강 서쪽으로 들어와 프랑스 국기를 꽂은 프랑스 해군 장교 피에르 브라자의 이름이다. 두 콩고 중 벨기에령인 콩고민주공화국은 남북한을 합친 것의 10배가 넘고, 프랑스령인 콩고공화국은 한반도의 1.5배 정도 된다. 그런데 두 콩고 중 벨기에령 콩고는 야만과 광기가 지배하는 죽음의 땅이 되었다. 레오폴드 국왕 대신 콩고를 통치한 스탠리가 '공포의 독재자'였기 때문이다.

스탠리는 용병의 총칼을 앞세워 원주민을 광산과 고무공장으로 내몰아 벨기에의 80배에 이르는 거대한 영토를 레오폴드의 사유지로 만들었다. 용병들은 원주민들이 할당량을 채우지 못하면 손발을 잘랐다. 이렇게 벌어들인 피 묻은 돈은 레오폴드 국왕의 궁전과 기념비를 짓는 데 쓰였다. 일부는 국왕의 콜걸 치마 속에 뿌려졌다. 그런데도 콩고의 실상을 알지 못하는 유럽의 언론들은 "사재를 털어 아프리카에 공익사업을 펼치는 계몽군주"로 레오폴드를 칭송했다.

그러다가 콩고의 실상이 뒤늦게 세상에 알려지자 거센 항의가 쏟아졌다. 조셉 콘래드는 "인류 양심의 역사를 손상시킨 가장 비열한 착취 쟁탈전"이라는 말로 그 참상을 표현했다. 영국의 추리소설가 코난 도일은 "역사상 최대 범죄"라며 레오폴드를 규탄했다. 미국 작가 마크 트웨인은 훗날 "노예노동으로 목숨을 잃은 콩고인이 500만에서 800만 명에 이른다"고 기록했다. 결국 레오폴드는 1908년 콩고를 사유지에서 벨기에령으로 바꾸어 비난을 피해갔다.

"인류 양심의 역사를 손상시킨 비열한 착취 쟁탈전"

이후 벨기에는 온정주의와 이윤을 동시에 추구하는 방식으로 콩고를 지배했다. 콩고인들의 노동력을 착취하는 대가로 일자리, 교회, 사회구제 시설, 주택, 보건시설, 학교 등을 제공했다. 콩고인들의 생활도 일부나마 개선되었다. 2차대전 후에는 산업 생산량은 물론 문자 해독률과 생활 여건이 다른 아프리카 국가들보다 높아졌다. 그러나 학교 교육은 초급 단계에 그쳐 영국이나 프랑스의 식민지처럼 엘리트가 양성되지는 않았다. 대학은커녕 고등학교에 진학하는 콩고인도 거의 없었고, 2만여 명의 군인 중 콩고 장교는 단 한 명도 없었다.

검은 아프리카에 독립의 바람이 불기 시작한 것은 1950년대 후반이었다. 콩고도 예외가 아니었다. 두 콩고 중 먼저 독립한 곳은 벨기에령인 '레오폴드빌 콩고'(콩고민주공화국)였다. 이곳이 1960년 6월 먼저 독립했고 프랑스령 '브라자빌 콩고(콩고공화국)'는 같은 해 8월 독립했다. 하지만 벨기에령 콩고민주공화국은 다른 아프리카 국가와 달리 폭동, 유혈, 내란으로 얼룩져 또다시 죽음의 땅이 되었다.

1958년 10월 급진적인 청년 파트리스 루뭄바(1925~1961)가 콩고 최초의 전국 규모 정당인 '콩고국민운동당'을 창당하고, 훗날 대통령이 될 조세프 카사부부가 바콩고족을 중심으로 '아바코당'을 결성하자 이 정당들을 중심으로 독립이 진행되었다. 하지만 벨기에 정부가 독립을 허용하겠다고 해놓고도 시기를 분명하게 밝히지 않아 폭동이 그치질 않았다. 결국 1960년 초 벨기에는 콩고의 장래를 결정하기 위한 브뤼셀 회의를 소집했다. 카사부부와 루뭄바도 참석한 브뤼셀 회의에서 '5월 총선, 6월 30일 독립'이라는 독립 일정이 확정되었다.

총선 결과 루뭄바의 콩고국민운동당은 제1당, 카사부부의 아바코당은 제2당이 되어 루뭄바와 카사부부는 각각 연립 정부의 총리와 대통령이 되었다. 그러나 연립 정부는 루뭄바를 지지하는 민족주의 세력과 카사부부를 지지하는 지방분리주의 세력으로 나뉘어 분쟁이 일어났다.

한편 이들과 세력 균형을 이루는 또 한 사람이 있었다. 광물 자원이 풍부한 카탕가주의 모이세 촘베였다. 촘베는 벨기에의 지원을 받아 부족과 지역 이해를 우선하는 느슨한 형태의 연방 국가를 구성하기로 카사부부와 합의했다. 하지만 루뭄바는 촘베와 카사부부의 분리주의를 반대하며 강력한 중앙정부를 추구했다.

이 같은 정세 속에서 1960년 6월 30일 콩고민주공화국이 독립했으나 곧 군대가 반란을 일으켜 1차 붕괴위기를 맞았다. 살인과 강간, 방화 사건들이 유럽과 미국 신문들의 머리기사를 장식하자 벨기에 군대가 잔류 벨기에인과 유럽인들을 구하기 위해 콩고로 공수되었다.

루뭄바는 아프리카 민족주의 상징적 인물

벨기에 군대의 재등장은 이미 발화점에 이른 콩고 사태에 기름을 부은 격이었다. 이 와중에 7월 11일 촘베가 백인 자본가들과 용병의 지지를 바탕으로 카탕가주의 독립을 선언해 사태를 더욱 복잡하게 만들었다. 루뭄바가 콩고의 영토를 보전하기 위해 유엔에 개입을 호소하자 주로 아프리카 군인들로 구성된 유엔 평화유지군이 7월 14일 콩고에 파견되었다. 외국 자본이 촘베의 카탕가주 정권이 온전하기를 바라는 가운데 루뭄바가 소련에 지원을 요청하겠다며 위험한 줄타기를 하자 서방 측은 카탕가의 촘베 정권에 대한 은밀한 지원을 공개적인 지지로 전환했다.

파트리스 루뭄바(1925~1961)

루뭄바를 아프리카의 피델 카스트로로 인식한 미국은 루뭄바를 제거하기 위해 은밀한 작전을 펼쳤다. 9월 5일 카사부부 대통령이 미국과 벨기에의 기대에 부응하여 루뭄바를 해임했으나 루뭄바는 오히려 카사부부를 해임하며 맞섰다. 이처럼 혼란스러운 상황은 9월 12일 육군 대령 모부투가 쿠데타를 일으켜 루뭄바를 가택 연금하고 자신이 정권을 장악함으로써 일거에 해결되었다.

모부투는 2개월 뒤 대통령 권한을 카사부부에게 이양하고 자신은 총사령관으로 실질적인 권력자가 되었다. 루뭄바는 1961년 1월 촘베에게 넘겨져 1월 17일 처형되었다. 이후 루뭄바는 아프리카 민족주의의 강력한 상징으로 추앙받았다.

루뭄바가 살해되었다는 소식이 알려지자 세계 곳곳에서 소요 사태가 일어났다. 1961년 2월에는 성난 흑인들이 유엔본부 총회장까지 밀고 들어가 시위를 벌였다. 다그 함마르셸드 유엔 사무총장은 촘베를 만나기 위해 비행기를 타고 가다 1961년 9월 18일 추락사했다. 유엔군은 1962년 12월 촘베의 군대를 제압하고 카탕가주를 중앙정부에 완전히 복속시켰다. 그래도 콩고는 분리주의 운동이 여전하고 절대강자가 없는 혼란스러운 상황이 계속되었다.

그러다가 1965년 12월 모부투가 카사부부에 대한 무혈 쿠데타를 일으켜 대통령에 취임함으로써 콩고 사태는 일단락되었다. 모부투의 등장으로 콩고의 대규모 반란은 막을 내렸고 모부투는 분리주의자들을 제압했다. 콩고는 일시적으로 평화를 누렸지만 한편으로는 민주주의를 확립하려던 노력도 사라졌다. 모부투의 등장이 신생 아프리카에 만연할 군부통치 시대의 서막이었기 때문이다.

모부투는 식민 통치의 잔재를 씻어버리기 위한 노력의 일환으로 1971년 국명을 콩고민주공화국에서 '자이르'(콩고강의 현지 이름)로 고치고 수도 이름 레오폴드빌은 킨샤사로 개명했다. 그러나 자이르는 32년간 독재와 부정축재를 일삼으며 집권해온 모부투를 쫓아낸 후 1997년 다시 '콩고민주공화국'으로 이름을 바꿔 오늘에 이르고 있다.

제국주의 국가들의 아프리카 식민지 통치 방식

아시아에서 시작된 식민지 해방의 바람이 아프리카 북부를 지나 사하라 남쪽으로 강하게 분 것은 2차대전 후였다. 독립의 바람은 아시아·아프리카의 민족주의 운동이 정점을 이뤘던 1955년 4월의 인도네시아 반둥회의에서 먼저 불어왔다. 에티오피아, 수단, 골드코스트(가나) 등 아프리카 국가들이 대거 대표를 보내 민족주의 세례를 받고 와 1956년에 수단, 튀니지, 모로코가, 1957년에 사하라 남쪽 최초로 골드코스트가 독립한 것이다. 1960년에는 카메룬을 필두로 콩고, 토고, 세네갈, 말리 등 무려 17개국이 독립했다.

그러나 독립의 과정은 순탄하지 않았다. 1940년대 아시아 국가들이 독립할 때 겪었던 폭동과 탄압, 투옥과 항쟁 등이 그대로 재연되었다. 또한 식민 종주국이 어느 나라인가에 따라서도 독립 달성의 과정이 달랐다.

영국의 식민통치 방식은 사회경제적 수탈을 목적으로 한 간접통치 방식이었다. 식민지의 행정관리는 대부분 피지배 토착인을 고용해 '분할과 통치'의 분열정책을 취했다. 식민지의 행정관리 충원을 위해 피지배 토착민에 대해 약간의 고등교육을 실시했다. 직접적 독립운동이 아닌 한 민족보존운동이나 민족문화운동에 대해서는 대체로 방관적 자세를 취했다.

처음에는 총독 밑에 행정심의회와 입법심의회를 설치해 관선 백인들이 통치하다가 다음에는 민간 백인과 아프리카인으로, 또 그 다음에는 관선이 아닌 선거에 의한 선출의원을 일부 활용하다 마지막에는 백인과 아프리카인의 비율이 역전된 선출의원 중심으로 통치했다.

프랑스의 통치방식은 직접 지배에 의한 동화정책이었다. 프랑스 문화를 식민지에 보급하여 개화시킴으로써 프랑스 사회에 동화·흡수시켜 가는 방식이었다. 따라서 식민지 행정관리는 대부분 프랑스인을 고용하고 말단 행정직의 일부만 토착민을 채용했다.

식민지 토착민의 민족보존운동에는 방관적이었으나 민족종교와 관련된 민족문화운동에 대해서는 교육을 통해 이를 통제하고 가톨릭과 프랑스식 문화체계를 이식했다. 아프리카인들 가운데 프랑스어를 알고 프랑스 문명을 몸에 익힌 일부 사람들(동화민)에게는 프랑스 시민권을 부여하고 프랑스 본국 의회에 진출할 수 있는 기회를 주었으며 나중에는 이들 일부 엘리트들로 하여금 독립 교섭을 하게 했다.

독립 후에도 경제 자립에는 실패해

벨기에의 통치방식은 처음에는 스탠리 때문에 폭압적이었으나 이것이 세계적으로 비난을 받자 1910년대 이후에는 온정주의 방식으로 전환했다. 아프리카인은 어린애라는 생각에 입각해 계속 어린애로 두고자 하는 방식이었다.

영국과 프랑스처럼 입법심의회나 지방의회를 두지 않고 모든 것을 본국의 식민지 담당부서에서 결정했다. 지방행정도 말단에 이르기까지 벨기에인이 운영했다. 경제적으로는 복지후생시설 등에 각별히 신경을 썼으나 정치적 참여는 일절 인정하지 않아 벨기에령에서는 2차대전 후 민족주의 운동이 다른 지역보다 늦은 1950년대 후반에 일어났다.

네덜란드형은 간접지배를 원칙으로 했으나 영국형 간접지배와는 차이가 있었다. 식민지 토착민의 민족구성, 민족전통, 민족관습, 민족문화에 대해서는 가능한 한 침해하지 않고 그대로 보존시켜 전과 다름없이 생활하게 하면서 사회·경제적 수탈은 극대화했다.

영국 식민지의 경우는 비교적 초기부터 아프리카인을 정치에 참여시켰기 때문에 독립 후의 정치 운영이 벨기에령에 비해 부드러웠다. 프랑스 식민지의 경우는 동화정책에 의해 프랑스와의 일체화가 추진되어 독립 후에도 영국 식민지에 비해 본국과의 유대가 긴밀했다.

그럼에도 프랑스는 2차대전 후 전후 부흥과 인도차이나 사태로 정신이 없어 아프리카 독립에 신경을 쓰지 못했다. 프랑스는 1954년 인도차이나에서 손을 뗀 뒤 1955년 튀니지에 자치권을 부여하고 1956년 모로코에 완전 독립을 부여했다. 알제리만은 8년간의 갈등 끝에 1962년 독립을 허용했다. 아프리카는 독립 후 한결같이 경제 자립에는 실패해 지금까지도 경제적 어려움에서 벗어나지 못하고 있다.

제인 구달, 침팬지의 육식과 도구 사용 관찰

"도구를 다시 정의하거나 인간을 다시 정의하지 않는다면 침팬지를 인간으로 받아들여야겠군"

1960년까지, 침팬지는 초식만 하고 도구를 사용할 줄 모르는 존재로 알려져 있었다. 그러나 이제 침팬지가 육식을 한다든지 도구를 사용한다든지 하는 사실은 상식에 속한다. 이 새로운 사실을 처음 밝혀낸

이가 당시 20대의 영국 여성 제인 구달(1934~)이다.

제인 구달(1934~)

구달은 학창 시절 공부에 흥미가 없고 가정 형편도 넉넉지 않아 고등학교만 졸업하고 대학에는 진학하지 못했다. 대신 들어간 곳이 비서학원이었는데 그곳에서 그녀의 운명에 결정적인 영향을 미칠 한 친구를 만나게 된다. 당시 친구 아버지는 아프리카 케냐에서 농장을 경영하고 있었고 구달은 친구를 통해 케냐를 방문하게 되었다.

구달은 1956년 케냐로 가 그곳에서 루이스 리키(1903~1972)를 만나 개인비서로 취직했다. 리키는 '진잔트로푸스'와 '호모 하빌리스'라고 명명된 인류의 흔적을 아프리카에서 찾아낸 세계적인 인류학자였다. 당시 리키는 현존하는 생물 가운데 인류와 가장 가까운 침팬지, 고릴라, 오랑우탄 등의 대형 유인원에 관한 현장 연구가 필요하다고 생각했다. 리키가 구달에게 침팬지 연구를 맡기려 하자 주변 사람들이 이상하다는 반응을 보였다. 고교 졸업이 전부이고 경험도 없는 구달에게 침팬지 연구를 맡기는 것을 못마땅하게 생각한 것이다.

하지만 리키는 주위의 우려를 일축하고 물심양면으로 구달을 후원했다. 리키는 구달 말고도 물리치료사 출신의 다이앤 포시(1932~1985), 대학원생이던 비루테 골디카스(1946~) 등 여성들을 몇 해 간격으로 고릴라와 오랑우탄 연구자로 선정할 만큼 여성의 연구 태도를 신뢰했다. 세 여성은 리키의 애제자라는 점을 빼면 많은 점에서 달랐다. 눈부신 금발에 조용하고 유순한 구달이 비교적 무리 없이 연구를 진행한 반면 포시는 위험을 무릅쓰고 연구에 임한 활동가였다.

포시는 르완다의 3,000m 고도에 설치한 캠프에 살고 있는 고릴라 '디지트'가 1977년 손과 목이 잘려나간 채 무참하게 살해되자 밀렵꾼으로부터 고릴라의 생명을 지키다가 1985년 손도끼에 휘둘린 참혹한 모습으로 살해된 채 발견되어 관련 학계를 경악케 했다. 오랑우탄을 연구하는 골디카스는 관찰 8년 만에 오랑우탄이 도구를 사용한다는 사실을 처음 발견하고 아예 원주민 남자와 결혼해 보르네오 섬의 국립공원에 정착했다.

침팬지 연구 장소로 실험실이 아닌 밀림 선택해

구달이 침팬지를 본격적으로 연구하기 위해 아프리카 탄자니아의 침팬지 보호구역에 도착한 것은 1960년 7월 16일이었다. 그녀가 침팬지를 처음 연구한 학자는 아니었지만 그 전의 연구자들은 모두가 남성이었고 수개월 정도의 단기 연구가 대부분이었다.

구달은 침팬지를 연구하기 위한 연구 장소로 실험실이 아닌 밀림을 선택했다. 당시만 해도 침팬지와 거리를 두고 관찰하는 것이 일반적이었기 때문에 구달이 텐트에서 생활하며 침팬지에게 다가서는 방법으로 그들의 습속과 행동을 파악하려 한 것은 학계의 규범과 완전히 다른 방식이었다.

구달은 관찰 대상인 침팬지에게 번호를 붙이는 기존의 방식과 달리 플로, 데이비드, 골리앗, 맥그리거 등의 이름을 붙였다. 또한 숨지 않고 자신의 모습을 그대로 드러내 침팬지들이 구달의 모습에 익숙해지도록 했다. 그 뒤 침팬지에게 가까이 접근하고 털을 골라주는 등의 신체 접촉을 통해 침팬지의 신뢰를 얻으려 애썼다.

그렇게 침팬지 관찰에 나선 지 석 달째가 되는 1960년 10월 30일 한 수컷 침팬지가 고기를 먹는 모습이 구달의 눈에 들어왔다. 침팬지는 채식만 한다는 학계의 통념을 뒤엎는 이런 모습을 구달은 세 차례에 걸쳐 상세히 관찰했다. 1주일 뒤에는 침팬지가 흰개미를 잡아먹는 모습도 관찰했다. 침팬지가 연한 나뭇가지를 구멍에 쑤셔넣는 방법으로 흰개미를 잡아먹는다는 사실을 확인한 것이다. 이는 침팬지가 단순히 도구를 사용할 뿐 아니라 직접 제작하기도 한다는 놀라운 발견이었다.

이 소식을 들은 리키는 "'도구'를 다시 정의하거나 '인간'을 다시 정의하지 않는다면 우리는 이제 침팬지를 인간으로 받아들여야겠군"이라는 명언을 남겼다. 구달은 자신이 발견한 침팬지의 습성을 촬영하기 위해 그곳을 찾아온 내셔널지오그래픽 사진작가와 1964년 결혼하고 고졸 학력인데도 1965년 케임브리지대에서 동물행동학 전공으로 박사학위를 받았다.

구달은 1967년 아들을 낳자 자신의 침팬지 플로를 통해 배운 '어머니의 역할'에 충실하기 위해 연구보다는 육아에 치중했다. 이 때문에 페미니즘 진영으로부터 비판을 받기도 했다. 구달은 1975년 충격적인 사실을 알게 되었다. 침팬지 사이에 동족 살해의 사례가 처음으로 관찰되었던 것이다. 이는 침팬지도 충분히 잔인해질 수 있으며 인간 못지않게 어두운 본성을 지니고 있다는 사실의 재발견이었다.

1980년대 이후 구달은 열성적인 환경운동가로 세계적인 명성을 얻었다. 1995년 영국 왕실로부터 국가훈장을 받고 2002년 유엔으로부터 평화의 대사로 위촉되었으며 지금은 세계 환경보존을 위해 전 세계를 순방하고 있다.

아이작 스턴 '카네기홀' 회장 취임

단순한 CEO가 아니라 그야말로 문화 권력을 행사할 수 있는 막강한 자리였다.

20세기에 뛰어난 바이올리니스트는 많다. 하지만 아이작 스턴(1920~2001)처럼 발군의 바이올리니스트로 활동하면서 세계의 정치·문화 활동에 적극적으로 참여하고, 제자를 발탁하고 양성한 음악가는

아이작 스턴(1920~2001)

없다. 그는 세계 음악계에 막강한 영향력을 행사했던 '음악계의 지존'이었다. 자타가 공인하는 세계 음악계의 '슈퍼 파워'였으며 '세계 음악계의 막후 실력자'였다.

스턴은 우크라이나에서 유대인으로 태어나 생후 14개월 때 부모의 품에 안겨 미국 샌프란시스코로 이주했다. 음악가로는 늦은 나이인 8살 때 바이올린을 배우고 16살 때인 1936년 2월 샌프란시스코 심포니와 협연함으로써 바이올리니스트로 데뷔했다. 1937년 뉴욕 무대에 진출하고 1943년 뉴욕의 카네기홀에서 첫 공연을 펼쳤다. 이후 연주 테크닉, 곡 해석 능력, 개성적인 톤의 요소 간 균형을 유지할 수 있는 몇 안 되는 연주자로 평가받으며 100여 장의 음반을 발표했다.

2차대전 때는 세계 각지를 돌아다니며 연주회를 꾸몄고 1951년 냉전체제하에서 미국인 음악가로는 처음 소련을 방문해 음악 외교관의 역할을 수행했다. 1979년 외국 문화의 유입이 금지되고 있던 중국에서도 음악회를 개최했다. 중국에서의 활동은 '모택동에서 모차르트까지-중국의 아이작 스턴'이라는 다큐멘터리로 제작되어 1981년 다큐부문 아카데미상에 뽑혔다. 히틀러의 유대인 학살에 항의하는 뜻에서 독일의 지휘자 푸르트벵글러나 카라얀과는 한 번도 협연하지 않았으며 1971년 유대인을 소재로 한 영화 '지붕 위의 바이올린'에서 바이올린을 연주했다.

스턴의 '슈퍼 파워'를 확인시켜준 대표적 사건은 카네기홀 구출운동이었다. 내용은 이렇다. 1891년 뉴욕 맨해튼에 개관한 카네기홀이 1925년 "건물을 개조하거나 공연장 이외의 목적에 사용하지 않는다"는 조건으로 뉴욕의 부동산 재벌에게 매각되었다. 1935년 이 부동산 재벌이 세상을 떠난 뒤 경영이 어려워지자 아들이 뉴욕필에 카네기홀 인수를 제안했다.

하지만 뉴욕필은 신축 중이던 링컨센터로 옮겨갈 계획이 있어 제의를 받아들이지 않았다. 결국 카네기홀은 1955년 부동산 개발업자에게 넘어갔고 개발업자는 홀을 헐어 그 자리에 50층짜리 오피스빌딩을 지으려 했다. 그때 스턴이 카네기홀 구출운동의 전면에 나선 것이다.

스턴은 카네기홀 앞에서 항의집회를 주도하고, 카네기 홀을 재매입하는 데 필요한 모금운동을 5년 동안 펼쳤다. 전 세계 음악인들에게 편지로 호소하고, 첼리스트 파블로 카잘스, 지휘자 브루노 발터 등 유명 음악가들로부터도 서명을 받았다. 뉴욕주의회에는 특별 청원을 하고 카네기홀 시민위원회를 발족했다.

연주와 경영을 넘어서 교육으로까지 활동 영역 뻗쳐

스턴의 이런 노력의 결과로 카네기홀은 1960년 뉴욕시에 매각되었고 뉴욕시는 카네기홀을 운영하는 '카네기홀 회사'를 출범시켜 스턴에게 회장 자리를 맡겼다. 스턴은 2001년 죽는 날까지 그 자리를 지켰다. 카네기홀을 살려보려고 맡은 자리이긴 하지만 결과적으로 회장 자리는 단순한 CEO가 아니라 그야말로 문화 권력을 행사할 수 있는 막강한 자리였다. 스턴은 자선콘서트 시리즈로 발전기금을 모으고 1만 5,000여 계좌에 이르는 기업과 개인을 후원자로 끌어들였다. 카네기홀은 이런 스턴의 공적을 인정해 1997년 1월 홀의 대연주장을 '아이작 스턴 오디토리엄'으로 명명했다.

아이작 스턴의 활동 영역은 연주와 예술경영을 넘어서 교육 분야로까지 뻗쳤다. 그는 제자를 직접 가르치지 않았다. 대신 연주자를 발굴하고 키우는 방식으로 재능 있는 제자를 뒷받침했다. '아메리칸·이스라엘 문화재단'을 통해서도 이스라엘의 음악 영재들을 미국에 데려와 교육시키고 무대에 등장시켰다. 이츠하크 펄먼, 핀커스 주커만, 길 샤함 등이 그의 도움을 받아 크게 빛을 발한 유대인 연주자들이다.

정경화는 그의 유대인 편애 때문에 피해를 본 음악가로 알려져 있다. 1967년 뉴욕에서 레벤트리트 콩쿠르가 열렸을 때 심사위원 대다수가 정경화를 단독우승으로 밀었으나 스턴이 주커만을 미는 바람에 정경화와 주커만이 공동우승자가 되었다는 설 때문이다.

스턴은 유대인뿐만 아니라 요요마, 미도리, 초량 린, 지안 왕 등 동양인 주자를 길러낸 것으로 유명하다. 세계 최대 클래식 음악인 매니지먼트사인 'ICM'에 자신의 여비서 출신 유대인을 회장으로 앉혀 지속적으로 '스턴 패밀리'를 관리한 것도 스턴이 영향력을 확대하는 데 일조했다는 분석이다. 이처럼 카네기홀을 무기로 연주자건, 지휘자건, 매니지먼트건, 음악단체건 당대 음악계에 깊숙이 개입하다 보니 '정치적'이라는 비판도 적지 않았다.

지구 궤도비행에서 최초로 생환한 소련 우주견

인류의 우주탐험 성공은 죽음으로 인간에게 경고신호를 보내준 동물들의 희생이 발판이 되었다.

우주에서 생명을 유지하는 방법을 연구하기 위해 미국이 주로 동원한 동물은 원숭이나 침팬지였다. 소련은 예기치 않은 상황에서는 개가 원숭이보다 잘 적응한다는 파블로프의 이론에 따라 개를 실험에 투입했다. 우주 탐험의 첫 테이프를 끊은 동물은 파리였다. 1947년 미국은 2차대전 직후 나치 독일에서 입수한 V-2로켓에 파리를 실어 대기권으로 발사했다. 물론 파리는 죽었다.

그 다음 우주를 경험한 동물은 1948년 6월 11일 미국이 V-2로켓에 실어 쏘아 올린 붉은털원숭이 '알버트1'이었다. 그러나 '알버트1'은 자료가 남아 있지 않아 정확한 실상은 알려지지 않고 있다. 6월 14일 역시 붉은 털원숭이 '알버트2'가 V−2로켓에 실려 132km 상공까지 날아갔으나 낙하산이 펴지지 않아 귀환에는 실패했다.

소련은 세계 최초의 인공위성 스푸트니크 1호를 1957년 10월 4일 지구궤도에 쏘아올리는 데 성공하고 같은 해 11월 3일 '라이카'라는 개를 태운 스푸트니크 2호를 지구궤도에 안착시킴으로써 우주 탐험에 관한 한 미국에 앞서나갔다.

당초 소련은 라이카를 비롯 스트렐카, 벨카, 리시치카 등 9마리를 우주견 후보로 선발했다. 개들도 인간처럼 여압복에 산소 흡입 마스크를 포함한 괴상한 모양의 우주장비로 무장하고 모의비행 테스트를 받게 했다. 이런 과정을 거쳐 선발된 라이카는 지름 1.7m, 길이 2.2m의 산소가 든 밀폐된 원형 통 속에 앉아 우주로 발사되었다.

당시 소련은 라이카가 지구궤도에 진입했다가 우주에서 104분마다 지구를 돌며 호흡률, 심장박동 및 생리반응 등의 자료를 계속 지구로 보내다가 발사 일주일 후 자동장치에 의해 약물주사를 맞고 죽었다고 발표했다. 하지만 이 발표는 수십 년이 지난 2002년 거짓으로 밝혀졌다. 가속도와 고온을 견디지 못하고 로켓이 발사된 지 몇 시간 만에 죽었다는 사실이 드러난 것이다. 그래도 라이카의 이름은 소련의 우주개발 기념비에 새겨져 있고, 우표로도 발매되었다. 2007년에는 라이카를 기념하는 동상까지 세워졌다.

실수하면 체벌을 받는다고 가르쳐

미국은 1958년 1월 미국 최초의 인공위성 '익스플로러 1호'를 발사하는 데 성공, 구겨진 자존심을 뒤늦게나마 만회했다. 이후 미·소 양국의 관심사는 우주로 날아갈 생명체의 생환에 모아졌다. 생존의 가능성을 먼저 확인시켜준 것은 1959년 5월 28일 미국의 주피터 로켓에 실려 하늘로 날아간 붉은털원숭이 '에이블'과 다람쥐원숭이 '베이커'였다.

원숭이들은 480km 상공까지 비행하고 9분간의 무중력 상태를 경험한 후 지구로 돌아와 '우주에서 생환한 최초의 원숭이'로 기록되었다. '최초의 동물'이라고 단정하지 못하는 것은 1948년 8월에 발사된 생쥐 몇 마리가 살아 돌아온 적이 있다고 NASA가 애매하게 발표한 바 있기 때문이다. 에이블은 며칠 뒤인 6월 1일 죽었지만, 베이커는 1984년까지 장수했다.

미국은 앨런 셰퍼드 중령을 태워 1961년 5월 발사될 미 최초의 유인 우주비행(탄도비행)의 성공을 위해 '햄'이라는 수컷 침팬지를 선발했다. 햄은 실수하면 체벌을 받는다는 원칙에 따라 훈련을 받았다. 신호대로 역할을 못하면 발바닥에 약한 전기 충격이 가해지는 벌을 받았고 역할을 잘하면 맛있는 먹을거리를 받았다.

햄은 1961년 1월 13일 머큐리 레드스톤 로켓에 태워져 253km 높이까지 올라가 16.5분의 비행 중 6.6분 동안 무중력 상태를 경험함으로써 '우주로 나간 최초의 영장류'가 되었다. 붉은털원숭이(에이블)와 다람쥐원숭이(베이커)는 영장류가 아니기 때문이다. 햄은 지구로 귀환할 때까지 거의 실수 없이 제 역할을 해냈다. 구명선에 오를 때 햄은 활기찬 모습이었고 사과 한 개와 오렌지 반 개를 신나게 받아먹었다.

라이카, 에이블, 베이커, 햄이 영웅인 것은 분명하지만 '동물의 유리 가가린'은 아니었다. 궤도비행에서 살아 돌아와야 진정한 영웅인데 라이카는 궤도비행 중 죽었고, 에이블과 베이커, 햄은 살아 돌아오긴 했지만 탄도비행이었기 때문이다. 탄도란 발사된 탄환이 공중으로 날아가 목적물에 이르기까지의 길이나 곡선을 뜻하고, 궤도란 물체가 일정한 법칙에 따라 운동할 때 그리는 경로를 의미한다. 가가린은 1961년 4월 인류 최초로 우주비행에 성공한 소련의 우주비행사다.

'동물의 유리 가가린'은 스트렐카와 벨카

동물 가운데 궤도비행 성공의 첫 영광은 1960년 8월 19일 스푸트니크 5호를 타고 지구 궤도를 17바퀴나 일주하는 데 성공한 '스트렐카'와 '벨카'라는 소련 우주견이 차지했다. 이 두 마리의 개를 주인공으로 한 영화가 '스페이스 독—벨카와 스트렐카'(2010)다. 스푸트니크 5호에 함께 실린 토끼 2마리, 새끼쥐 40마리, 성체 쥐 2마리, 파리 등도 대부분 살아 돌아왔다. 궤도비행에서 이뤄진 라이카의 죽음과 두 마리 우주견의 생환은 가가린의 성공의 밑거름이 되었다.

1962년 2월 20일 미 최초의 궤도비행에 성공해 진정한 미 최초의 우주비행사로 각광을 받은 존 글렌의 앞길을 준비해준 동물은 '에노스'라는 침팬지였다. '에노스'는 1961년 11월 29일 머큐리 아틀라스 로켓을 타고 지구를 2바퀴 도는 궤도비행을 하고 살아 돌아왔다. 1969년 7월에 발사된 아폴로 11호의 성공을 위해서는 '보니'라는 원숭이가 실험에 사용되었다. 우주비행사들과 언론의 반대를 무릅쓰고 NASA는 보니의 머리와 두 눈 등에 24개의 센서를 부착했다.

보니는 1969년 6월 말 궤도로 보내졌고, 30일 동안 장기체류할 예정이었다. 그러나 학습한 대로 버튼을 누르지 않아 결국 9일 만에 캡슐에 실려 낙하산을 타고 돌아왔다. 하지만 구조 비행기가 발견하지 못해 바다 위를 떠다니다가 하와이 근처에서 헬리콥터에 의해 구조되었다. 9일 내내 먹지도 마시지도 못해 결국 12시간 만에 죽었다.

스트렐카(왼쪽)와 벨카

이후에도 미·소 간 동물실험은 계속 진행되었고 실험에 사용된 동물들도 점점 다양해졌다. 1972년 포켓생쥐가 아폴로 17호에 실려 12일 동안 동반여행을 했고, 1973년 7월에는 거미가 처음으로 인간과 함께 우주에 발사되어 우주에서 거미집을 지었다. 버들붕어도 우주실험에 참가했다. 1985년 챌린저호에는 48마리나 되는 쥐와 4마리의 벵골원숭이 등이 실렸으며 실험장비의 절반이 동물실험에 이용되어 그야말로 우주동물원이 되었다. 1994년 컬럼비아호에는 우주 멀미에 강한 송사리 4마리가 우주 신혼여행을 떠나 산란에 성공하여 8마리의 아기 송사리가 우주에서 태어나는 쾌거를 이뤄냈다.

오귀스트 피카르 세계 최저 심해 잠수에 성공

피카르는 기구에서 힌트를 얻어 심해 잠수정을 준비했다.

오귀스트 피카르(1884~1962)는 인류 최초로 기구를 이용해 성층권까지 올라간 모험가다. 또한 자신이 만든 잠수정으로 아들을 지구에서 가장 깊은 바다에 잠수시켜 심해 탐험에도 신기원을 열었다. 스위스에서 태어나 벨기에에서 물리학자로 활동한 피카르가 자신의 오랜 꿈을 이룬 것은 47살이던 1931년이었다.

그가 벨기에 국립과학재단(FNRS)의 도움을 받아 만든 무게 16t, 높이 45m, 지름 30m의 기구(FNRS 1)에 공기가 새지 않는 곤돌라를 매달아 조수와 함께 독일 남부 아우크스부르크에서 하늘로 날아오른 것은 1931년 5월 27일 오전 4시였다.

본격적으로 어려움이 닥친 것은 세계 최초로 성층권에 진입했을 때였다. 곤돌라에 절반씩 칠한 검정색과 흰색 중 검정 쪽이 태양을 향하는 바람에 밖은 영하 50도인데도 곤돌라 안은 영상 35도로 올라가 예상치 못한 위기를 맞은 것이다. 흰 벽을 태양 쪽으로 돌리려고 했으나 모터가 돌지 않아 실내 온도는 영상 40도를 넘어서고, 물은 고갈되었다. 목이 마르고 어지러웠으나 끝까지 버틴 덕에 태양이 머리 위로 올라서서야 비로소 실내 온도가 내려가 위기를 피할 수 있었다.

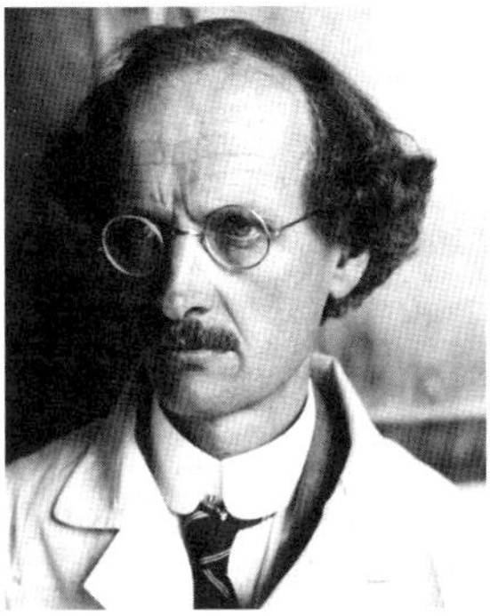
오귀스트 피카르(1884~1962)

위기는 이뿐만이 아니었다. 1만 5,785m 상공에까지 오른 후 하강하려고 수소를 빼려 할 때 기낭에 연결된 밧줄이 엉켜 배기 밸브가 열리지 않았던 것이다. 지상에서는 '대모험가 하늘에서 사라지다'라고 대서특필한 신문 호외가 도시마다 뿌려졌다. 다행히 밤이 되어 기온이 내려가서야 하늘로 날아오른 지 16시간 만에 알프스 산록의 티롤 빙하 위에 착륙했다. 1932년 8월 18일에는 기구를 개량해 1만 6,940m의 신기록을 세웠고 총 27번의 비행으로 최고 2만 3,000m 상공에까지 올라갔다.

피카르는 기구에서 힌트를 얻어 심해 잠수정을 준비했다. 바닷속으로 내려갈 때는 밸러스트(추)를 싣고, 올라올 때는 추를 버리는 원리를 활용했다. 공기보다 가벼운 헬륨이나 수소를 기낭에 채우는 기구와 달리, 잠수정에는 물보다 가벼운 가솔린을 채웠다. 이렇게 만들어진 무인 잠수정 FNRS 2호가 1,380m 바닷속까지 내려가는 데 성공한 것은 1948년이었다. FNRS 2호는 쇠줄에 매달린 잠수정과 달리 전후좌우로 이동했다는 점에서 당시로서는 획기적이었다.

피카르는 1953년 FNRS 2호를 개량한 '트리에스테'를 만들어 9월 30일 아들 자크 피카르와 함께 3,150m까지 내려갔다. 그러나 1954년 프랑스의 조르주 오우와 피에르 윌름을 태운 잠수정이 아프리카의 다카르 앞바다에서 4,050m까지 잠수하는 신기록을 세우자 피카르는 그들 도전자의 의욕을 일거에 잠재울 생각으로 지구에서 가장 깊은 바다를 잠수하는 계획을 세웠다. 오늘날은 마리아나 해구 남쪽 끝에 있는 1만 1,034m의 비티아즈 해연이 가장 깊은 곳으로 알려져 있지만 당시에 가장 깊은 곳으로 알려진 바다는 괌 남쪽 350㎞ 떨어진, 마리아나 해구의 챌린저 해연(1만 916m)이었다.

미지의 바닷속에 인간의 발길 닿아

피카르는 자신이 만든 '트리에스테 2호'에 아들 자크 피카르와 미 해군 대위 도널드 월시를 태워 잠수 실험을 반복하며 그날을 준비했다. 1960년 1월 23일 오전 8시 23분, 마침내 아들과 미 해군을 태운 트리에스테 2호가 물속으로 가라앉기 시작했다. 자체 동력으로 이동하는 현대식 잠수정이 아니라 모선에 예인되어 단순한 부력 조절로 하강과 상승만 하는 잠수정이었지만 바닷속 1,100기압을 이겨내야 하는 최첨단 잠수정이었다.

한때 잠수정이 멈춰서고 바깥쪽 창틀이 수압으로 부서졌지만 잠수정은 큰 사고 없이 계속 내려갔다. 4시간 43분이 지난 오후 1시 6분, 마침내 잠수정이 바닷속 상아빛 부드러운 흙 위에 살포시 내려앉았다. 세계에서 가장 깊은 곳, 그때까지 어느 누구도 접근하지 못했던 미지의 바닷속에 마침내 인간의 발길이 닿은 것이다.

사방은 텅 빈 채 어둠과 정적으로 깔려 있었다. 순간 잠수정 옆으로 30cm 크기의 넙치 한 마리가 지나갔다. 심해에도 두 눈과 단단한 등뼈를 가진 생물이 사는지 수천 년간 품어온 의문이 풀리는 순간이었다. 20분 정도 지나 추를 떨구자 흙먼지가 일면서 트리에스테 2호가 위로 올라가기 시작했다. 그리고 3시간 30분이 지난 오후 4시 56분, 트리에스테 2호가 가뿐히 수면 위로 솟구침으로써 인류는 또 하나의 신기원을 이뤄냈다.

오귀스트 피카르의 집안은 모험가 집안이었다. 미국 시카고대 교수였던 그의 쌍둥이 형제 장 피카르는 1933년 시카고박람회를 기념해 세계에서 가장 큰 기구를 제작하고, 높은 고도에서 김이 서리지 않는 창문 등을 개발했다. 이 기술은 2차대전 당시 미군 폭격기에 적용되었다.

장 피카르의 부인 지넷은 1934년 여성으로는 처음 기구비행 자격증을 따고 1만 7,550m 상공까지 올라가 성층권에 이른 첫 번째 여성이 되었다. 모험가 집안의 꿈은 2세, 3세로 이어졌다. 오귀스트 피카르의 손자인 베르트랑은 1999년 3월 열기구를 타고 사상 처음 지구를 횡단하는 데 성공했다. 장 피카르의 아들인 도널드는 열기구를 이용해 영국 해협을 넘은 첫 번째 기구 비행자였고, 미국기구협회의 전신인 미국기구클럽을 창립했다.

미·일 신안보조약 반대 투쟁

주권을 현저하게 제약하는 기존의 안보조약을 쌍무적이며 대등한 방향으로 개정하고자 했다.

1951년 9월에 체결된 '미·일 안보조약'은 미국이 일본 내에 미군을 주둔시킬 권리는 갖고 있으면서도 미군의 일본방위 의무는 명확하게 규정하지 않아 일본인에게는 불평등조약으로 인식되었다. 1957년 12월 출범한 기시 노부스케 내각도 이런 사실을 잘 알고 있어 출범과 함께 안보조약 개정에 팔을 걷어붙였다. 기시 내각은 일방적이고 일본의 주권을 현저하게 제약하는 기존의 안보조약을 쌍무적이며 대등한 방향으로 개정하고자 했다.

미국에 유리한 일방적인 조항 수정, 재일 미군의 이동·배치에 대한 사전협의제 도입, 미군이 일본 내의 내란에 개입할 수 있는 조항 삭제, 조약 기한의 명시 등을 골자로 한 개정안의 취지는 미군의 일본 주둔을 계속

신안보조약 반대 시위

허용하되 미국의 일본 방위 의무를 명확히 하고 재일 미군이 공격받을 경우 일본도 이에 공동으로 대처한다는 것이었다.

미국 역시 세계 전략 수정의 하나로 안보조약 개정을 고려하고 있었기 때문에 개정 작업은 순조로워 보였다. 그러나 좌파를 비롯한 진보 측은 자칫하면 일본이 미국과 공산권 국가와의 분쟁에 휘말려들 가능성이 높다며 조약 자체를 반대했다. 일본의 의사와 상관없이 냉전의 한가운데로 빨려들어 미국의 모든 군사적 모험에 가담하지 않을 수 없다는 게 반대 이유였다.

조직적인 반대운동은 1959년 3월 각종 정당 및 노동단체, 농민단체, 학생단체 등 134개 진보단체가 모여 '안보개정 저지 국민회의'를 발족하면서 본격화되었다. 11월 27일에는 그때까지 전개된 투쟁 가운데 최대 규모인 300만 명이 참가하는 시위를 벌여 세를 과시했다.

그러나 미·일 양국 정부는 이에 아랑곳하지 않고 1960년 1월 19일 '미일 상호협력 및 안전보장조약' 이른바 '미일 신안보조약'에 서명했다. 조약은 극동의 평화와 안전에 대한 위협에 대해 미일 양국이 협의(제4조)하고 일본의 안전보장과 극동 내에서의 국제평화 유지에 기여하기 위해 일본 내 시설과 영토 사용을 미군에 허용(제6조)하며 미일 공동작전의 전개 및 군비증강을 새로운 의무로 부과했다.

국민회의가 우려한 대로 조약에는 일본의 거부권에 관한 규정이 없었다. 일본이 미국의 전쟁에 말려드는 것을 피할 수 있는 억제 장치도 분명치 않았다. 또한 미일 군사동맹을 강화하고 군비증강을 적극적으로 추진

한다고 조약에 명시함으로써 일본을 '냉전시대 반공의 교두보'로 삼으려는 미국의 의도가 분명해 보였다. 그래도 1960년 2월 5일 기시 내각이 신안보조약을 국회에 제출하자 진보 측은 강하게 반발했다.

반전 평화와 민주주의 기치를 드높인 거대한 민중운동

조약 비준이 늦어질수록 좋을 게 없다고 판단한 기시 내각은 6월 19일에 있을 아이젠하워 대통령의 방일 전까지 조약 비준을 끝내겠다는 계획을 잡고, 중의원과 참의원 모두의 의결을 거치지 않고 중의원의 의결만 있으면 1개월 후 참의원에서 자동 승인되는 방법을 선택했다.

5월 19일 밤 11시 기시 내각은 500여 명의 경찰을 동원해 사회당 의원들을 힘으로 밀어내고 개회 후 십수 분 만에 아무런 심의도 없이 신안보조약을 날치기로 통과시켰다. 그러자 일반 시민까지 투쟁에 참여했다. 6월 4일 안보조약 개정저지를 위한 제1차 투쟁 때는 전국에서 560만 명이 참가하는 대규모 집회가 벌어졌고 6월 10일에는 아이젠하워 대통령 방일을 위해 일본에 온 미국의 대통령 비서가 공항에서 포위되었다가 구출되는 일도 있었다.

6월 15일의 제2차 투쟁 때는 전국에서 580만 명이 참가하고 10만 명의 시위대가 국회 주변을 에워쌌다. 8,000여 명의 전학련(전일본학생 자치총연합)이 국회의사당 진입을 시도하는 가운데 우익 단체가 주부 시위대를 습격해 80여 명이 다치는 최초의 유혈사태가 벌어졌다. 이 과정에서 도쿄대학의 여학생도 숨졌다. 이튿날까지 계속된 전학련과 경찰의 충돌에서도 589명이나 다쳤다. 결국 아이젠하워 대통령의 방일은 연기되었다.

참의원의 자동 승인이 있기까지 국회의사당 주변은 연일 초긴장 상태의 연속이었다. 시위의 절정은 자동 승인을 하루 앞둔 6월 18일이었다. 그날 밤 33만 명이 국회의사당 주변에 모여 마지막 투쟁에 몸을 던졌으나 시계추가 자동승인 시간인 6월 19일 0시를 가리키면서 모든 투쟁은 수포로 돌아갔고 시위대 얼굴에는 통한의 눈물이 흘러내렸다.

신안보조약은 6월 23일 미일 간의 비준서 교환식과 함께 발효되었고 기시 총리도 퇴진을 선택했다. 오늘날 신안보조약 반대투쟁은 비록 조약의 조인과 비준을 저지하지는 못했지만 반전 평화와 민주주의 기치를 드높인 거대한 민중운동으로 평가받고 있다.

1961년

5·16쿠데타

_ 4·19와 5·16

중앙정보부 창설

장도영 반혁명 음모사건

민족일보 폐간과 조용수 사형

유현목 감독 영화 '오발탄' 개봉

이희승 '국어대사전' 출간

KBS TV 개국

_ 국내 첫 TV 방송국 '코캐드'

김중업 설계 프랑스 대사관 건물 완공

표준시 127도 30분에서 135도로 변경

유리 가가린 인류 최초 우주비행 성공

_ 발렌티나 테레시코바

동독 베를린 장벽 설치

미셸 푸코 '광기의 역사' 출간

프란츠 파농 '대지의 저주받은 자들' 출간

E.H.카 '역사란 무엇인가' 출간

5·16쿠데타

서울 시민 10명 중 4명은 쿠데타에 찬성, 2명은 찬성하나 시기상조, 4명은 반대했다.

5·16은 쿠데타이면서도 혁명이다. 군이 총칼을 앞세워 정권을 잡았다는 점에서는 부인할 수 없는 '쿠데타'이지만 기존의 질서를 뿌리채 바꾸어놓고 수천 년의 가난을 십수 년 만에 몰아내는 출발점이 되었다는 점에서는 '혁명'이었다. 혼란스러웠던 자유당 정권 말기, 혁명을 꿈꾸던 두 세력이 있었다. 10만 명의 대학생과 60만 명의 군대를 지휘하고 있는 군 장교들이었다. 두 집단은 해방 후 민주주의 교육과 미국식 조직 관리를 배운 신한국인이었다.

군에서 쿠데타에 가장 적극적이었던 그룹은 박정희 소장과 육사 8기였다. 박정희가 최초로 쿠데타를 모의했던 시기는 1960년 1월경이었다. 그러나 쿠데타는 1960년 5월 8일의 거사 예정일을 앞두고 일어난 4·19혁명으로 인해 무산되었다. 4·19혁명에서 새로운 변화의 가능성을 간파한 박정희는 5월 초 송요찬 참모총장에게 용퇴를 건의하는 편지를 보냈다. 본격적으로 시대상황에 뛰어들겠다는 신호탄이자 역사의 주역이 되겠다는 결단이었다. 5월 8일에는 박정희의 조카사위 김종필 중령을 비롯 김형욱 등 8명의 육사 8기 장교들이 정군(整軍)을 요구하는 연판장을 돌리려다 발각되었다. 박정희의 입김이 작용하지 않은 별개의 움직임이었으나 송요찬 총장은 박정희 소장을 내사하게 하고 김종필 등 5명을 국가반란 음모 혐의로 구속했다.

송요찬은 군 내부의 혼란을 이런 방식으로 잠재우려 했지만 대세는 이미 그의 편이 아니었다. 결국 송요찬은 젊은 장교들의 정군 운동에 휘말

쿠데타 당일 서울시청 앞의 박종규, 박정희, 차지철(왼쪽부터)

려 참모총장직에서 물러났다. 박정희 역시 광주 1관구 사령관(7월), 육군 작전참모부장(9월), 대구 2군 부사령관(12월) 등을 전전했고 김종필은 13년간의 군 생활을 접었다.

정군 운동은 선배들에 비해 진급이 늦었던 육사 8기생들의 불만에서 비롯되었다. 육사 8기는 대한민국 정부가 수립되고 처음 배출된 정규 육군사관학교라는 자부심이 컸다. 육사 8기와 더불어 변혁을 꿈꾼 또 다른 그룹은 대령급의 육사 5기였다. 그 시점에서 육사 8기, 5기와 박정희의 의기투합은 한국 사회의 지각변동을 예고하는 것이었다.

변경된 거사 예정일은 1961년 4월 19일이었다. 4·19혁명 1주년 기념일에 격렬한 학생시위가 벌어질 것이고, 수도권 부대가 진압부대로 동원될 때 이 부대를 쿠데타군으로 이용한다는 시나리오였다. 그러나 거사는 격렬한 시위가 없어 불발로 끝났다.

쿠데타는 공공연한 비밀

당시 장교들 사이에 쿠데타는 공공연한 비밀이었다. 그런데도 장교들은 신고는커녕 속으로 성공을 바랐다. 미군도 한국군 내에 쿠데타 모의가 진행되고 있다는 사실을 대충은 짐작하고 있었다. 그래서 박정희를 예편시키거나 체포하라고 했지만 당시 장도영 참모총장은 증거가 없다며 행동을 취하지 않았다. 심지어 장면 총리와 국방부 장관이 장도영에게 쿠데타 모의가 진행 중이라고 귀띔을 해주어도 장도영은 "박정희 소장에 대한 모략"이라며 방패막이를 자처하기까지 했다. 이러한 장도영의 행동은 훗날 쿠데타 사전 인지설이나 동참설의 근거가 되었다.

4월 19일의 거사 실패 후 다음 거사일은 5월 16일 새벽 3시로 결정되었다. 최종 계획은 이랬다. 한강다리를 건널 선두 부대인 공수단은 장면 총리가 머물고 있는 반도호텔의 총리실, 해병여단은 내무부와 치안국, 33사단은 KBS 방송국과 중앙전화국, 30사단은 중앙청·청와대·형무소 등을 점거하고 북쪽에서 의정부~미아리를 거쳐 서울로 진입할 6군단 포병단은 육군본부 광장에 집결하기로 했다. 그러나 거사를 몇 시간 앞둔 5월 15일 늦은 밤, 30사단에서 기밀이 누설되는 바람에 계획에 차질이 생겼다. 그런데도 박정희는 그날 밤 신당동 자택을 떠나 영등포의 제6관구를 거쳐 해병여단과 공수단이 주둔하고 있는 김포로 갔다.

그날 밤 장도영 총장은 30사단이 출동하려 한다는 보고를 받고 서울 소공동 506방첩대에서 30사단과 33사단, 공수단에 전화를 걸어 부대를 움직이지 말도록 명령을 내렸다. 이 때문에 30사단과 33사단은 쿠데타에 가담하지 않고 있다가 16일 새벽에야 쿠데타군에 합류했다.

공수단도 잠시 주춤하는 모습을 보였으나 김포까지 내려온 박정희의 독려로 해병여단의 뒤를 따라 서울로 출동했다. 해병여단과 공수단은 당초 계획보다 한강 인도교에 늦게 도착했다. 다리 위에는 장도영 총장의 명령을 받고 출동한 헌병 2개 중대 병력 50여 명이 군 트럭과 바리케이드로 앞을 가로막고 있었다. 헌병과 해병여단 간에 교전이 벌어졌고 저지선은 새벽 4시 15분경 뚫렸다.

쿠데타군은 거침없이 시내로 돌입했다. 6군단 포병단은 3시 30분경부터 육군본부에 주둔하고 있었다. 박정희가 남산 KBS 방송국으로 달려가고 잠시 후인 5시 3분쯤 "은인자중하던 군부는 드디어 금조 미명을 기해 일제히 행동을 개시하여 국가의 행정·입법·사법의 3권을 완전히 장악하고 군사혁명위원회를 조직하였습니다…"로 시작되는 박종세 아나운서의 목소리가 방송 전파를 타고 전국으로 퍼져나갔다.

'반공을 국시로 한다' 등 6개 항의 혁명공약 발표

군사혁명의 성공을 대내외에 선포한 쿠데타군은 '반공을 국시로 한다'는 등 6개 항의 혁명공약을 발표했다. 국민이야 내막을 몰랐지만 놀라운 사실은 쿠데타를 저지하려 했던 장도영 총장이 군사혁명위 의장으로 이름이 올라 있다는 점이었다. 쿠데타군이 세를 과시하기 위한 일종의 명의 도용이었다.

쿠데타 세력이 서울의 주요 시설물을 대부분 장악한 오전 7시쯤, 박정희는 육군본부에서 장도영을 만나 정식으로 동참을 요청했으나 거부당했다. 그래도 이미 우위를 점한 쿠데타 세력들은 아랑곳하지 않고 오전 9시를 기해 장도영 의장 명의로 계엄포고문과 포고문 제1호를 또 발표했다. 그래도 쿠데타 세력은 여전히 불안감을 떨치지 못했다. 장면 총리가 새벽 2시에 장도영 총장의 전화 연락을 받고 혜화동 가르멜수녀원으로 숨는 바람에 장면 총리를 체포해 혁명 인준을 받으려던 당초 계획에 차질이 생겼기 때문이다.

박정희는 장도영의 동참에 미련을 버리지 않았다. 혁명 전까지 장도영과 박정희는 인간적으로 끈끈한 관계였다. 쿠데타를 모의할 때부터 박정희는 사람 좋은 장도영을 바람막이로 활용할 생각을 갖고 있었다. 1961년 2월 장도영이 참모총장이 될 때에도 힘을 보탰다. 쿠데타 세력은 쿠데타 전 박정희가 장도영에게 혁명계획서를 전달했다는 사실을 떠올리며 장도영을 끌어들이는 데 별 어려움이 없을 것으로 내다보았다.

그러나 훗날 장도영은 "박정희가 전달한 혁명계획서는 4·19혁명 1주년 소요에 대비하기 위한 작전계획서였을 뿐 5·16혁명 계획서가 아니었다"라고 주장했다. 거사 당일 자신이 30사단, 33사단, 공수단에 출동금지 명령을 내린 것이 이를 반증한다는 것이다.

오전 10시 30분 박정희가 국방장관, 3군 참모총장 등과 함께 청와대에 들어갔을 때 윤보선 대통령의 입에서 흘러나온 말은 "올 것이 왔구나"였다. 박정희는 첫 만남에서 윤보선의 지지성명을 받아내는 데는 실패했으나 윤보선이 적극적으로 쿠데타를 진압할 의사가 없음을 확인할 수 있었다.

매그루더 미8군 사령관과 마셜 그린 대사는 오전 10시 18분 "한국의 합헌적인 정부를 지지한다"며 작전지휘권을 가진 미군의 허가 없이 작전 지역을 이탈한 쿠데타군의 원대 복귀 촉구 성명을 냈다. 11시 30분경 윤보선 대통령에게는 "군 통수권을 가진 대통령이 병력 동원에 동의해 달라"고 요청했다. 그러나 윤보선은 "우리 국군이 일선에서 동원되는 것에 동의할 수 없다"며 거부했다. 장도영은 하루 내내 줄타기를 하다가 오후 4시 40분쯤 군사혁명위 의장직을 수락했다.

윤보선의 편지는 사실상 진압 금지 명령

5월 16일 밤을 뜬눈으로 세운 박정희에게 5월 17일은 여전히 혼돈과 불안의 날이었다. 휘하에 20개 사단을 거느리고 있는 이한림 제1군 사령관이 건재하는 한 마음을 놓을 수 없었기 때문이다. 그러나 5월 17일 윤보선 대통령이 이한림 장군을 포함해 5명의 군단장 앞으로 "사태를 수습하는 데 불상사가 파생하거나 희생이 발생해서는 안 된다"라는 내용의 편지를 보내면서 중대한 고비를 넘길 수 있었다. 윤보선의 편지는 사실상 진압 금지 명령이나 다름없었다.

여기에 쿠데타군을 인정하지 않던 매그루더 사령관이 본국 정부의 지시를 받고 하루 만에 입을 다무는 일이 벌어져 쿠데타군을 고무시켰다. 워싱턴 시각으로 5월 16일 정오(한국은 5월 17일) 미 국무부 대변인이 정례 브리핑에서 "한국에서 벌어지고 있는 유동적인 상황을 주시하고 있다"

면서 "매그루더와 그린의 성명은 그들의 직무 범위 안에서 이루어진 것일 뿐"이라고 해명했다.

미국의 유보적인 태도는 16일 밤 10시 45분(워싱턴 시각) 미 국무부가 주한 미국 대사관에 보낸 훈령에서도 명확하게 드러났다. "미 정부는 사태가 명확해질 때까지 조심스러운 관망의 자세를 취하기로 했다… 끝장났을지도 모를 이 내각의 운명과 미국이 공공연히 동일시되는 어떤 행동도 자제해야 한다." 박정희에 대한 매그루더의 견제가 단 하루 만에 뒤바뀌는 순간이었다.

마지막 걸림돌은 이한림 1군 사령관이었다. 이한림은 적법한 진압 명령이 내려오면 진압에 나설 가능성이 높은 인물이었다. 그런데도 그가 움직이지 못한 것은 그에게 진압 명령을 내릴 수 있는 세 사람 즉 장면 총리, 윤보선 대통령, 매그루더 미8군 사령관의 주저와 포기 때문이었다. 결국 이한림은 결단을 내리지 못하고 사태 추이만을 살피다가 5월 18일 새벽 제1군 내 쿠데타 장교들에게 체포되어 서울로 압송되었다. 이로써 박정희의 쿠데타는 5월 18일 성공의 문턱을 확실하게 넘을 수 있었다.

장면 총리는 장도영 혁명위 의장과 윤보선 대통령으로부터 안전을 보장하겠다는 약속을 받고 피신 55시간 만인 5월 18일 정오에 나타나 마지막 국무회의를 열고는 쿠데타 당일 장도영 총장 명의로 선포된 비상계엄령을 추인하고 내각 총사퇴를 결의했다. 이로써 제2공화국의 장면 정권은 역사 속으로 사라졌다.

고려조의 무신통치가 끝난 이후 수백 년 동안 지속되어온 민간 우위의 정치 문화 질서도 종지부를 찍었다. 당시 미8군의 방첩대가 거리에 나온 구경꾼들을 상대로 여론조사한 결과에 따르면 10명 중 4명꼴로 쿠데타를 지지하고 2명은 지지는 하지만 시기가 빠르다고 답했으며 4명은 반대한 것으로 나타났다. 서울 시민의 60%가 쿠데타에 찬성하는 것으로 나타난 것이다. 5월 18일 미 국무부가 "미국은 신정권을 승인할 것"이라는 요지의 성명을 발표했다. 쿠데타가 마침내 성공하는 순간이었다.

4·19와 5·16

박정희 정권을 비판하는 측은 4·19를 5·16과 분리시키는 데 역점을 두어왔다. 이들에게 4·19는 이승만 정부라는 악에 대한 선의 구현이며, 5·16은 이 숭고한 4·19를 좌절시킨 악이요 원흉이었다. 그러나 당시 상당수의 지식인과 대학생들은 4·19와 5·16은 연속적이라는 데 인식을 같이했다. 4·19는 자유당을 극복하고자 했고, 5·16은 민주당을 극복하고자 했다는 것이다. 실제로 4·19와 5·16은 각각 이승만의 자유당과 장면의 민주당에 맞서 싸우며 대안을 찾으려 했다는 공통점을 갖고 있었다.

4·19로 이승만 정권을 무너뜨렸던 학생과 시민들이 그로부터 불과 1년 후 5·16이 일어났을 때 아무런 저항을 하지 않았던 것은 단지 군인들의 총칼이 두려워서가 아니었다. 지식인, 정치인, 학생 할 것 없이 5·16을 근대화를 위한 불가피한 과정으로 은연중에 받아들였기 때문이다.

두 움직임은 당시 한국 사회에서 근대적 힘을 대변한 두 세력의 서로 다른 정치적 대응이었다. 그러나 학생의 대안은 무력과 조직력이 없어 실현될 수 없었던 반면 군인의 대안은 둘 모두를 가졌기 때문에 실현될 수 있었다. 또 학생의 행동이 즉흥적이고 비체계적이고 자연발생적이었던 반면 군인의 행동은 비교적 계획적이고 체계적이었다.

5·16이 일어났을 때 4·19 세력들은 한동안 5·16을 긍정하는 입장을 취했다. 자유당 정부와 민주당 정부를 같은 정치적 실체로 인식하고 4·19와 5·16을 동지적 관점에서 본 것이다. 5·16 직후 서울대 총학생회는 "4·19와 5·16은 동일한 목표를 갖는다"면서 "5·16은 민족주의적 군사혁명"이라고 환영한 것에서 알 수 있듯 혁명 초기 학생들은 5·16을 긍

정적으로 바라보았다. 고려대 총학생회도 1962년 4·19 제2주년 학생선언문에서 "4월 혁명과 5월 혁명은 조국 재건이라는 근본 이념에서부터 혁명과업 완수의 도상에서 일치되어 있다"고 분명히 밝히고 있다.

함석헌은 '5·16을 어떻게 볼까?'라는 글에서 "학생이 잎이라면 군인은 꽃"이라며 4·19와 5·16의 연속적 성격을 표명했다. 열매를 맺기 위해 꽃이 필요하다는 입장이었지만 다만 "꽃은 떨어져야 열매를 맺는다"며 군이 주도한 5·16은 "그 사명을 다하고 잊혀야 한다"는 점을 강조했다.

장준하 역시 그가 주도한 '사상계'를 통해 5·16을 지지했다. 5·16쿠데타 직후에 나온 사상계 6월호 권두언은 "4·19혁명이…민주주의 혁명이었다면 5·16혁명은 부패·무능·무질서와 공산주의의 책동을 타파하고 국가의 진로를 바로잡으려는 민족주의적 군사혁명"이라며 "4·19혁명의 부정이 아니라 계승 연장되어야 하는 것"이라고 했다.

이처럼 5·16은 시작부터 4·19 세력의 환영을 받았고, 4·19를 계승한다는 점도 분명히 했다. 4·19 정신을 헌법에 명기한 것은 민주당의 제2공화국 헌법이 아니라 박정희 군사정부의 제3공화국 헌법이었다. 결국 5·16 후 한동안은 4·19 세력도 5·16에 공감했던 것으로 보인다. 그러나 박정희의 독재정치가 본격화하면서 4·19와 5·16은 서로를 배척하는 관계로 바뀌었다.

중앙정보부 창설

한국 현대사에 어두운 그늘을 남기며 무소불위의 권한을 행사했다.

5·16쿠데타의 성공 여부가 아직 불투명하던 1961년 5월 18일, 쿠데타 감행의 주역인 김종필 예비역 중령이 육사 8기 동기생들을

서울 정동의 하남호텔로 불러 모아 중앙정보부 설치를 논의했다. 김종필이 구상한 조직은 미국의 CIA와 일본의 내각조사실을 절충한 국가 정보기관이었다.

중앙정보부 창설의 주역 김종필

이들은 5월 21일 제2공화국 때 장면 총리의 직속으로 있던 중앙정보위원회의 이후락 실장으로부터 중앙정보위의 업무 일체를 인수하는 것으로 업무를 시작했다. 중앙정보위는 자유당 시절이던 1959년 1월 이후락 소장이 김정렬 국방장관의 지시를 받아 창설한 일종의 정보기관으로, 미국의 CIA가 넘겨주는 방대한 양의 정보 문서 정리를 주요 임무로 했다. 중앙정보위는 이후락의 군번(10079)에서 딴 '79부대'로 불리며 장면 정부 때까지 존속했으나 경찰과 군의 여러 정보기관을 통합·조정하는 국가정보기관으로서의 기능까지는 수행하지 못했다.

김종필을 비롯한 육사 8기들은 안정적인 권력 장악을 위해 중앙정보부를 구상하고 창설의 실무를 떠맡았으나 그들은 군인이었지 법률 전문가가 아니었다. 그래서 투입된 인물이 과거 박정희 사단장 아래서 법무참모로 활동했던 신직수 법무관이었다. 신직수는 그때 중앙정보부법의 골격을 짠 것을 인연으로 중앙정보부 법률고문이 되고 1973년 12월부터 3년간 중앙정보부장으로 활동했다.

중앙정보부 요원들은 군의 방첩대, 정보국, 첩보부대, 헌병대, 경찰 등의 수사기관에서 불러들인 사람들로 채워졌다. 요직은 김종필의 입김이 크게 작용했다. 김종필은 5월 28일쯤 중앙정보부 창설안을 박정희 국가재건최고회의 부의장에게 가져가 장도영 의장의 결재를 요청했다. 그러나 장도영 의장이 결재를 보류하자 김종필은 장도영이 자기 사람을 심으려 한다고 의심했다.

법적 절차를 밟기도 전에 사실상 초대 중앙정보부장으로 활동하던 김종필은 이미 활동을 시작한 중앙정보부 요원들을 동원하여 6월 1일 장도영의 측근이자 육사 5기인 김일환 대령 등 3명을 구속했다. 장도영도 6월 6일 국방장관, 육군참모총장직을 내놓고 국가재건최고회의 의장과 내각 수반직만 수행하는 것으로 발표되었다. 사실상 실권은 모두 빼앗기고 실권이 없는 자리만 차지하게 된 것이다.

사실상 '정부 안의 또 다른 정부'

장도영이 이처럼 허수아비 신세로 전락한 가운데 국가재건최고회의는 6월 10일 중앙정보부법을 법률 제619조로 공포해 중앙정보부를 국가재건최고회의 직속으로 정식 발족시켰다. 중앙정보부법은 전문이 9조로 된 아주 짧은 법안이긴 했지만 무소불위의 권한을 담고 있었다.

형식적으로는 북한 및 해외 관련 정보 업무를 다루기 위해 만들어진 것처럼 보였으나 실제로는 국내외 정보사항 및 범죄수사, 군을 포함한 정부의 정보 수사활동을 조정·감독하는 역할을 수행함으로써 박정희를 제외하고는 사실상 최고 권력기관으로 군림했다. 그러나 중앙정보부를 창설하는 과정에서 드러난 김종필의 독주와 주요 보직을 사실상 독차지한 육사 8기의 전횡에 육사 5기가 반발하면서 혁명주체 간에 서로 등을 지는 사태로까지 발전했다.

이는 7월 3일 국가재건최고회의 의장직 박탈로 불만을 품고 있던 장도영 중장과 육사 5기가 연합하는 빌미가 되어 1961년 7월 '장도영 반혁명 음모사건'으로 발전되었고 결국 장도영 등 서북(평안도·황해도) 출신의 군인들과 육사 5기는 혁명의 중심세력에서 밀려났다.

1963년 3월에도 중앙정보부는 또 다른 반혁명 음모사건 발표를 통해 같은 혁명 주체세력 중 김동하 전 해병소장을 주축으로 한 동북(함경도) 출신의 군인세력까지 제거함으로써 군 내의 불만세력을 모두 거세했다. 두 번의 반혁명 음모사건을 통해 장군 40명을 포함 약 2,000명의 장교가 쿠데타에 비우호적인 인물로 분류되어 예편하는 수모를 당했다.

1962년 들어 중앙정보부는 일상적인 정보·수사업무 외에도 민정 이양에 대한 준비작업, 헌법 개정, 공화당 창설 등을 주도해 단순한 정보기관이 아니라 사실상 '정부 안의 또 다른 정부'로 군림했다. 하지만 증권파동 등 '4대 의혹사건'을 주도했다가 여론으로부터 호된 비판을 받자 이를 기화로 군과 최고위원이 김종필의 독주에 대해 반발하면서 김종필은 1963년 2월, 8개월 동안 외유를 떠나야 했다.

1963년 12월 17일 박정희 의장이 대통령에 취임한 뒤로는 역대 부장들의 과도한 충성 경쟁으로 중앙정보부는 3공화국 내내 인권 탄압, 정치 사찰, 용공 조작 시비가 끊이질 않아 정작 중요한 대북 안보나 해외활동 기능까지 평가절하되었다.

김종필 이후 김형욱, 김계원, 이후락, 김재규 등으로 이어지는 '남산의 부장'들은 한국 현대사에 어두운 그늘을 남기며 무소불위의 권력을 행사했다. 중앙정보부는 5공화국이 등장한 후인 1981년 1월, '국가안전기획부'로 이름을 바꾸어 이미지 변신을 시도했으나 사찰과 조작 등은 여전해 오명을 벗지 못했다. 1998년 김대중 대통령 때 다시 '국가정보원'으로 이름을 바꾸고 원훈(院訓)은 '음지에서 일하고 양지를 지향한다'에서 '정보는 국력이다'로, 청사는 1995년 남산·이문동 시대를 마감하고 내곡동 신청사로 옮겼으나 이번에는 '햇볕정책'과 '대북 퍼주기'에 이용되었다는 비판이 제기되었다.

장도영 반혁명 음모사건

장도영의 실각은 군사혁명의 주체가 아니라는 점에서 예정된 수순이었다.

1961년 7월 3일 오후 4시 35분, 라디오에서 긴급뉴스가 흘러나왔다. 국가재건최고회의 의장이자 내각수반인 장도영(1923~2012) 중장이 44일 만에 사임하고, 박정희(1917~1979) 소장과 송요찬 국방장관이 각각 최고회의 의장과 내각수반에 임명되었다는 뉴스였다. 장도영은 그날 새벽 이미 가택연금에 들어가고 40여 명의 측근도 7월 2일 밤부터 7월 3일 새벽까지 중앙정보부에 의해 구속된 상태였지만 국민들은 이런 사실까지 알지는 못했다.

국민들은 7월 9일 국가재건최고회의가 발표한 "장도영 중장 등 44명의 장교와 민간인들이 정부 전복 음모를 꾸미려 했다"는 이른바 '장도영 반혁명 음모사건'을 접하고서야 혁명군 내부에 권력다툼이 있었음을 알게 되었다. 장도영의 실각은 그가 혁명의 주체가 아니라는 점에서 예정된 수순이었지만 이런 내막을 알 리 없는 국민들은 놀라움을 감추지 못했다.

5·16쿠데타 당시 육군 참모총장이었던 장도영은 헌병 2개 중대를 투입해 한강다리 위에서 쿠데타군과 총격전을 벌이도록 한 장본인이었기 때문에 애당초 혁명 세력과 같은 배를 탈 수는 없었다. 그러나 박정희는 순조로운 권력 장악을 위해 장도영이 필요하다고 판단했다. 더구나 장도영은 1948년 여순반란사건 때 군대에서 쫓겨난 박정희의 누명을 벗겨주고 보직을 주었던 은인이기도 했다. 비록 박정희보다 6살이 적었지만 군 생활 중 모두 5번이나 박정희의 상관이 되어 박정희의 보호막이 되어준 것도 장도영이었다.

이런 인연에 박정희의 설득, 여기에 이미 대세가 기울었다는 판단으로 장도영은 쿠데타 당일인 5월 16일 오후 확실한 소신 없이 쿠데타 진영에 몸을 맡겼다. 그리고 쿠데타 수일 만에 계엄사령관, 국가재건최고회의 의장, 내각 수반, 국방부 장관 등 요직을 모두 차지해 명실상부 실권을 장악한 쿠데타 정부의 일인자가 되었다.

쿠데타 당일 서울시청 앞의 장도영

문제는 이 모든 것들이 전리품이 아니라 줄타기의 산물이라는 데 있었다. 쿠데타 후 정치 사회 전반이 안정궤도에 오를수록 장도영의 필요성도 점차 감소되는 것이 당연한 이치였으나 장도영은 그걸 깨닫지 못했다. 사회 분위기가 차츰 안정되고 들떠 있던 민심이 제자리를 잡아가면서 쿠데타 주체들 내부에서 장도영의 위상이 현안으로 부상했다.

그 무렵 김종필(1926~)을 중심으로 한 육사 8기가 독주하자 함께 쿠데타를 주도한 5기와 8기 사이에 권력투쟁의 조짐이 보였다. 박정희의 신뢰를 받고 있는 육사 8기가 장도영에 대해 거부감을 품은 것과 달리, 육사 5기는 장도영 측에 심정적으로 동조했다. 결국 쿠데타 세력은 박정희·육사 8기, 장도영·육사 5기로 나뉘어 대립하는 양상을 보였다.

결국 권력 핵심에서 물러나고 역사 전면에서 퇴장

육사 8기는 혁명 직후부터 장도영에 불만이 많았다. 나이는 1~3세, 군 경력은 2년밖에 차이가 나지 않는데도 계급은 중령과 중장으로 한참 벌어져 있었다. 쿠데타 감행 전, 장도영을 쿠데타 지도자로 추대하려고 했을 때 장도영이 확답을 하지 않고 애를 먹였다고 생각한 육사 8기들은 쿠데타 후까지 태도를 분명히 하지 않는 장도영을 처단해야 한다는 데 이심전심으로 마음을 같이했다.

그때마다 박정희가 그들을 달래며 했던 말은 "혁명에도 의리가 있다"였다. 그래도 김종필은 무임승차한 장도영이 자신의 분수도 모르고 권한을 행사하려 한다며 중앙정보부장이 되고부터 장도영 거세를 준비했다. 첫 작업은 장도영으로부터 군 통솔권을 빼앗는 일이었다. 그 점에 대해서는 박정희도 생각이 같았다.

박정희와 김종필은 국가재건비상조치법을 공포(6.6)해 장도영으로부터 군과 관련된 계엄사령관과 국방장관, 육군 참모총장직을 빼앗았다. 장도영에게 남은 것은 명목상의 권한인 국가재건최고회의 의장과 내각수반뿐이었다. 이때 장도영에게 접근한 것이 육사 5기였다. 그중에서도 6군단 포병단을 이끌고 혁명에 동참했다가 혁명 후 육군 헌병감으로 활동하고 있는 문재준 대령과 반김종필에 동조한 박치옥 공수단장이 적극적이었다.

김종필로부터 중앙정보부장 직책을 빼앗기로 뜻을 모은 육사 5기는 최악의 경우 박정희 소장마저 제거한다는 계획을 세우고 7월 3일을 D-데이로 잡았다. 그러나 이들의 움직임을 사전에 포착한 김종필 중정부장은 박정희의 양해하에 선제공격을 가했다. 자칫 무방비 상태에서 당할 수도 있다는 판단 때문이었다. 이것이 7월 9일에 발표된 '장도영 반혁명 음모사건'의 배경이었다. 이로써 장도영과 육사 5기는 자연스럽게 권력 핵심에서 물러나고 역사 전면에서 퇴장하는 불운의 주인공이 되었다.

장도영은 '장도영 반혁명사건' 재판 도중인 11월 2일 법정 구속되어 1962년 1월 10일 혁명재판소 1심에서 무기징역을 선고받았다. 5월 2일 박정희 의장의 형 면제로 풀려나고 그해 8월 미국으로 정치적 망명길에 올랐다. 미시간대에서 정치학 박사학위를 받고 이후 20여 년 동안 위스콘신대, 웨스턴 미시간주립대에서 정치학 교수 등을 역임했다. 도미 후 5·16에 대해 줄곧 부정적 입장을 밝혔으나 2011년 한 인터뷰에서는 "(박정희·김종필에 대해)서운한 건 없다"고 했다.

민족일보 폐간과 조용수 사형

너무 앞선 진보적 가치로 시대를 선도하다가 5·16쿠데타 세력의 철퇴를 맞았다.

4·19혁명 후 언론의 자유가 만개했다. 누구든 신문을 만들 수 있었고 새롭게 선보인 신문만 380여 종이 되었다. 1961년 2월 13일에 창간된 민족일보도 그런 분위기 속에서 탄생했다. 그러나 민족일보는 4개월도 안 되어 간판을 내려야 하는 비운의 신문이 되었고, 발행인 겸 사장 조용수(1930~1961)는 31세의 젊은 나이에 불귀의 객이 되고 말았다.

연희전문을 다니던 조용수가 일본으로 건너간 것은 6·25전쟁이 한창이던 1951년이었다. 메이지대를 졸업하고 우익 단체인 재일 거류민단의 기관지와 교포신문에서 활동했으나 1959년 2월에 있은 조봉암의 사형 선고를 계기로 삶에 중대 변화가 일어났다. 조용수는 이승만 정부와 코드가 맞는 민단 소속이면서도 조봉암 구명위원회에 참여했다. 그래도 조봉암은 1959년 7월 사형에 처해졌고 조용수는 일본 내 지방으로 좌천되었다.

그 무렵 조용수는 그의 운명을 바꿔놓을 한 사람을 만나게 된다. 조봉암의 비서를 지냈던 이영근이었다. 그는 조봉암의 진보당 사건에 연루되어 투옥되었다가 병보석으로 풀려난 틈을 타 일본으로 망명해 통일조선신문을 만들며 반이승만 운동을 벌이고 있었다.

이영근의 평화통일운동은 조용수에게 조국의 분단 문제를 되돌아보게 하는 계기가 되었다. 그래도 아직은 마음이 민단 쪽에 있어 당시 재일교포 사회의 최대 이슈였던 재일동포 북송 반대 투쟁에 참여했다. 1959년 12월 11일 조용수를 비롯한 민단계 청

민족일보 재판. 왼쪽부터 조용수, 송지영, 이종률, 안신규

년 500여 명은 북송작업이 이뤄지고 있는 동경 신주쿠역 구내 철로에 누워 반대시위를 벌였다. 조용수의 시위 장면은 국내의 '대한뉴스'에 상영되기도 했다.

조용수는 4·19혁명 후인 1960년 6월 귀국해 혁신 정당인 사회대중당 후보로 경북 청송에서 출마했다가 낙선하자 다시 일본으로 돌아갔다. 1960년 12월 다시 국내로 돌아와 1961년 2월 13일 조동필, 송지영, 이건호 등 당대의 쟁쟁한 혁신계 인사들로 필진을 꾸린 민족일보를 창간했다.

진보적 논조로 다른 신문과의 차별화에 성공

민족일보는 창간호부터 과감한 논조와 신선한 편집으로 폭발적인 인기를 얻었다. 소외계층에 대한 관심과 진보적 논조로 다른 신문과의 차별화에 성공했다. 창간 1개월 만에 기록한 발행부수 3만 5,000부는 당시 유력지들의 발행부수가 5만 부이던 점을 감안하면 놀라운 판매부수였다.

당시의 핫이슈는 한미 경제협정이었다. 혁신계 측은 "미국이 원조의 대가로 원조사업을 감시하고 감독할 수 있도록 한 한미경제협정은 주권국가로서 치욕이자 굴욕"이라며 반미 시위를 벌였다. 민족일보도 협정이 자주경제를 해치는 부당한 것이라며 장면 정권을 향해 연일 맹공을 가했다.

당시는 또 다양한 통일론이 봇물 터지듯 쏟아져나올 때였다. 통일론은 2가지로 요약되었다. 북한의 실체를 인정하고 통일 협상의 상대로 인정하자는 것과 외세의 간섭을 받지 않고 우리 민족 스스로 자주적으로 통일하자는 것이었다.

1961년 4월 서울대 민족통일연맹(민통련)이 제안한, 통일문제 논의를 위한 남북한 학생회담은 각계에 커다란 반향을 불러일으켰다. 5월 13일 민족자주통일중앙협회(민자통)가 주관한 서울운동장 궐기대회에서는 그 유명한 "가자 북으로! 오라 남으로!"라는 구호가 등장했다. 민족일보도 통일론에 적극 호응하며 맞장구를 쳤다. 민족일보는 이렇듯 평화통일론과 남북협상론을 기치로 내걸고 시대를 선도했으나 결국 너무 앞서가는 바람에 '반공'을 혁명공약 제1호로 내세운 쿠데타 세력으로부터 철퇴를 맞았다.

조용수는 5·16쿠데타가 발발하고 이틀이 지난 1961년 5월 18일 12명의 관련자들과 함께 구속되었다. 민족일보는 5월 19일 지령 92호를 끝으로 폐간되었다. 혁명 검찰부는 "조용수가 일본 거주 대남간첩 이영근으로부터 두 차례에 걸쳐 4,650만 환과 3,810만 환을 공작금으로 받아 선거에 출마하는 한편 민족일보를 창간해 북한의 주장을 대변하는 언론활동을 벌였다"고 발표했다.

억울함과 미안함 유언으로 남겨

재판은 7월 29일 시작되었다. 자금이 이영근으로부터 조용수에게 전해진 것은 사실이었다. 그러나 이영근이 간첩이라는 사실과 이영근의 자금이 조총련계 자금이라는 어떤 증거도 없었는데도 재판은 이영근을 간첩으로 몰아갔다. 훗날 이영근이 일본에서 발행하던 신문의 국내 지사가 버젓이 한국에 설치되고 1990년 이영근이 사망했을 때 우리 정부가 이영근에게 국민훈장 무궁화장을 추서한 사실이 밝혀진 데서 알 수 있듯 이영근의 간첩혐의는 앞뒤가 맞지 않았다.

검찰은 민족일보의 논지도 문제를 삼았다. 북한의 지령을 받아 평화통일론을 선전하는 데 앞장서고 남북한 교류와 학생회담 개최를 찬동함으로써 북한의 활동을 고무·동조했다는 것이다. 5·16쿠데타 후 제정된 '특수범죄자 처벌에 관한 특례법'을 3년 6개월까지나 소급 적용한 것도 재판의 정당성을 의심받았다. 조용수는 송지영, 안신규 등과 함께 1심(8.28)과 상고심(10.31)에서 사형을 선고받았다. 다른 민족일보 관련자들은 5~10

년의 징역형을 선고받거나 무죄로 풀려났다.

조용수는 1961년 12월 21일 박정희 국가재건최고회의 의장이 형집행 확정서에 서명한 그날 오후 형장의 이슬로 사라졌다. 송지영, 안신규는 무기징역으로 감형되었다. 조용수는 경무대 앞 발포사건과 관련된 곽영주(경무대 경찰서장), 최인규(내무장관), 정치깡패 임화수, 사회당 조직부장 최백근 등과 함께 사형에 처해졌다. 31세의 짧은 생애를 접으면서 민족을 위해서 할 일을 못하고 가는 '억울함'과 신문사를 운영하느라 친구에게 빌린 돈을 갚지 못한 '미안함'을 유언으로 남겼다.

조용수에게 무죄가 선고된 것은 47년이 지나서였다. 2007년 4월 그의 동생 조용준이 재심을 요청하자 서울중앙지법이 2008년 1월 16일 조용수의 무죄를 선고한 것이다. 재판부는 "중립화 통일론, 남북 학생회담 지지 등 당시 민족일보가 보도한 기사들이 북한을 찬양했다고 볼 수 없다"며 "전체 기사 내용을 하나의 성격으로 규정해 신문사 대표에게 책임을 전가시키는 것은 위험한 일"이라고 판결했다. 다만 특수범죄처벌법이 위헌이라는 주장에 대해서는 "1962년 헌법 개정으로 특별법 위헌 여부를 판단할 수 없게 된 만큼 법 자체를 위헌으로 판단하지는 않는다"고 덧붙였다.

유현목 감독 영화 '오발탄' 개봉

복합적인 주제의 복선, 이것을 리얼하게 살린 뛰어난 연출이 있었기에 불후의 명작이 될 수 있었다.

전 세계 영화 전문가들이 최고로 꼽는 영화는 미국의 '시민 케인'(1941)이다. 그렇다면 한국의 영화 전문가들이 꼽는 한국 최고의 걸작 영화는 무엇일까? 그것은 유현목(1925~2009) 감독의 '오발탄'이다. 1959년 한 편의 소설이 유현목의 가슴을 쳤다. 전쟁 후 궁핍하던 한국 사회의 비극적 모습을 가장 리얼하고 탁월하게 묘사했다는 이범선의 단편 소설 '오발탄'이었다.

작품에서 풍겨 나오는 절망감에 공감한 유현목은 영화를 만들기로 하고 제작자를 찾아나섰다. 하지만 "주제가 무거워 흥행이 안 될 것"이라며 선뜻 나서는 이가 없었다. 우여곡절 끝에 한국 최초의 조명기사 김성춘이 사재를 털어 제작비를 대겠다고 나선 덕에 영화는 1959년 촬영에 들어갈 수 있었다. 스태프와 출연진도 최소 개런티로 출연하겠다며 영화 완성에 십시일반 도왔다.

그래도 제작비는 늘 부족해 필름이 생기면 찍고 떨어지면 쉬기를 반복했다. 촬영이 한창 진행 중이던 1960년 4·19혁명이 일어나 당시의 사회 현실에 맞게 시나리오를 다시 손본 것이 다행이라면 다행이었다. 그렇게 촬영된 영화 '오발탄'은 1961년 4월 13일 서울 국제극장에서 개봉되었다.

무대는 북에서 피란 내려온 사람들이 모여 사는 서울의 해방촌이었다. 영화는 심한 치통에 시달리면서도 박봉 때문에 병원조차 갈 수 없는 월급쟁이 철호와 그 가족을 하나하나 묘사하는 것으로 시작된다. 노모는 전쟁이 터지던 날 폭격의 충격으로 실어증에 걸려 비행기 소리만 들리면 "가자, 가자!"를 외쳐댔고, 아내는 영양실조에 만삭이었다. 상이군인 출신의 동생 영호는 사회에 적응하지 못하는 깡패였고 여동생 명숙은 미군들에게 몸을 팔았다.

철호는 이런 현실에서도 아등바등 살아보려 했으나 동생 영호가 은행 강도를 하다 경찰에 붙잡혀가고 아내는 아기를 낳다 죽는 등 모든 문제가 한꺼번에 터져 벼랑 끝으로 내몰렸다. 철호는 어느 날 온갖 고통을 암시하는 충치들을 한꺼번에 뽑아버리고 택시를 잡아탔으나 어디로 가야 할지를 몰랐다. 실성한 모친이 있는 집, 동생이 잡혀 있는 경찰서, 아니면 죽은 아내가 있는 병원 중 어디로 가야 할지 몰라 횡설수설하자 택시운전사가 "어쩌다 오발탄 같은 손님이 걸렸군. 자기 갈 곳도 모르는…"이라며 불만을 터뜨렸다.

"어쩌다 오발탄 같은 손님이 걸렸군. 자기 갈 곳도 모르는…"

내용상으로만 보면 '오발탄'도 다른 궁핍한 시대의 문학과 별반 다르지 않았다. 그러나 소설에는 작가 이범선이 깔아놓은 복합적인 주제의 복선이 있었고, 영화에는 이를 리얼하게 살린 유현목의 뛰어난 연출이 있었기에 영화는 불후의 명작이 될 수 있었다.

주인공 철호는 작품의 초반부터 '갈 곳 없는 사람'으로 묘사되었다. 집에 가봐야 그를 기다리고 있는 것은 암울한 현실뿐이며 고향인 이북에도 가지 못한다. 정신이상의 어머니는 이데올로기 대립의 비극을 대표했고, 미군의 위안부 노릇을 하는 여동생 명숙은 전후 사회의 현실적 비극과 가치관의 붕괴를 암시했다. 무장강도로 전락한 남동생 영호는 당시 젊은이들의 뿌리 깊은 좌절과 분노와 파멸을 상징했다. 따라서 소설과 영화는 전쟁과 분단과 빈곤, 그리고 부정과 부패와 타락에 시달려야 했던 그 시대 한국인들의 자화상이었다.

영화는 사실적인 영상, 논리정연한 전개, 상징적인 영상미학으로도 도드라졌지만 배우들의 열연도 돋보였다. 김진규 특유의 고뇌에 찬 표정과 중후한 연기는 주인공 철호의 이미지를 완벽하게 살려냈고 영호역의 최무룡도 좌절과 분노 속에서 절규하는 당시 젊은이의 모습을 리얼하게 연기했다.

영화가 개봉되고 한 달 후에 일어난 5·16쿠데타는 '오발탄'에 큰 시련을 안겨주었다. 내용이 너무 어둡고 극중 노모(엄앵란)가 내뱉었던 "가자, 가자!"가 북한을 연상케 한다는 이유로 군사정권이 상영을 전면 중단시킨 것이다. 상영금지는 27개월이나 계속되다가 미 샌프란시스코 국제영화제가 '오발탄'의 출품을 요청한 덕에 1963년 8월 23일, 상영금지 딱지를 뗄 수 있었다.

유현목(1925~2009)

유현목은 이만희 감독의 '7인의 여포로'(1965)로도 곤욕을 치렀다. 북한 인민군에게 붙잡힌 국군 간호장교 포로 7명의 이야기를 다룬 '7인의 여포로'에서 북한군이 국군보다 더 좋은 옷차림을 하고 있고 또 국군이 바보스럽게 묘사되어 북한이 더 우월한 체제로 보이게 했다는 이유로 이만희가 1965년 2월 반공법 위반 혐의로 구속 기소되자 흥분한 유현목이 "우리나라의 국시는 반공이 아니라 자유"라며 이만희 감독을 옹호한 게 문제가 된 것이다.

'사회적 리얼리즘의 거장'으로 불려

정부는 국시 관련 발언을 트집 잡아 1966년 1월 유현목을 반공법 위반으로 기소했다. 이것만으로는 유현목을 엮어 넣을 수 없다고 판단했는지 1965년 7월 개봉한 영화 '춘몽'에 여배우의 뒷모습 전라 장면이 나온다며 외설죄까지 적용했다. 1심에서 반공법은 무죄를, 외설은 벌금 3만 원의 처벌을 받았다. 외설 부분은 2심에서 기소유예 처분을 받았다.

유현목은 황해도 사리원에서 태어나 휘문중학을 졸업하고 1946년 동국대 국문학과에 입학했다. 영화에 관심이 생겨 1947년 임운학 감독의 16㎜ 무성영화 '홍차기의 일생'에 조감독으로 참여했다. 이후 정창화 감독의 '최후의 유혹' 시나리오를 쓰고 조감독으로 활동했다. 이규환 감독의 '춘향전' 조감독으로도 참여하는 등 7년 동안 조감독 생활을 이어갔다.

1956년 1월 15일 국도극장에서 개봉한 '교차로'를 통해 감독으로 데뷔한 후 '영상파·예술파 감독', '사회적 리얼리즘의 거장'으로 불리며 김기영, 신상옥 감독과 함께 1960~1970년대 한국영화의 황금기를 대표했다. 1995년 작 '엄마와 별과 말미잘'까지 43편의 극영화와 1편의 기록영화를 만들었다.

당시의 제작 풍토에서는 과작이긴 하지만 '오발탄'을 비롯해 '잃어버린 청춘'(1957), '아낌없이 주련다'(1962), '김약국의 딸들'(1963), '잉여인간'(1964), '카인의 후예'(1964), '순교자'(1965), '장마'(1979), '사람의 아들'(1980) 등 영화 학도들에겐 교과서와 같은 작품들을 다수 연출했다. 대종상 감독상을 9차례나 받고 다른 영화 관련 상도 수차례 수상했다. 1976년부터 1990년까지는 동국대 연극영화학과 교수로 활동하며 후학을 가르쳤다.

유현목의 작품 바닥에는 늘 고뇌에서 벗어나려는 인간의 어두운 내면 세계가 깔려 있다. 그래서 영화는 진지하고 무겁고 어둡다. 영화계는 이런 유현목에게 '장의차'라는 별명을 붙여주었다.

이희승 '국어대사전' 출간

일석이라는 그의 호처럼 이희승은 야무지고 단단하고 치밀하며 옹골졌다.

이희승(1896~1989)은 90여 평생을 우리말 연구에 몸 바쳐온 국어학계의 태두였으며 한길만을 묵묵히 걸어간 '5척 단신의 거인'이었다. 시인 정지용이 붙여주어 더욱 유명해진 이희승의 호는 '일석(一石)'이다. 그의 호처럼 이희승은 야무지고 단단하고 치밀하며 옹골졌다. 그는 만학도였다. 29세 때인 1925년 경성제국대 예과에 입학해 34세 때인 1930년에서야 대학을 졸업했으니 멀리 10여 년을 돌아간 셈이다.

이희승은 경기도 광주에서 태어났다. 1908년 초 결혼을 하고 그해 4월 한성외국어학교 영어부에 입학했으나 1910년 8월의 한일합방으로 인해 한성외국어학교가 폐교되어 3학년으로 졸업 아닌 졸업을 하게 되었다. 경성고보(경기고) 2학년에 편입했으나 일본어를 모르는 학생들에 대한 차별 대우가 싫어 3학년 1학기 때 자퇴하고 1912년 양정의숙에 입학했다. 그 후 가세가 기울어 가족을 따라 낙향하는 바람에 정규 공부는 중단되었다.

이희승(1896~1989)

고향에서 주시경의 '국어문법'을 5~6회 읽고는 "이런 학문도 있구나" 하는 경이를 맛보며 우리말 연구에 관심을 두었다. 1916년 중앙학교 3학년에 편입하고 1918년 졸업했으나 상급학교로 진학할 형편이 여의치 않아 시골 학교 교원과 토지조사국 임시고용원을 거쳐 경성방직 사무원으로 근무했다.

그는 주경야독으로 1925년 경성제국대 예과에 입학하고 1930년 3월 법문학부 조선어문학과를 졸업했다. 1930년 4월 경성사범학교에서 학생들을 가르치면서 조선어학회에도 가입해 맞춤법 통일안 제정위원과 수정위원·정리위원으로 활동했다. 1932년 4월 이화여전 교수로 부임한 뒤에도 맞춤법 통일안을 마련하기 위한 노력을 게을리하지 않았다.

조선어학회는 1933년 10월 '한글 맞춤법 통일안'을 제정한 뒤 다시 표준말 제정의 필요성을 느껴 조선어 표준어 사정위원회를 두었다. 이희승은 이때에도 사정위원·수정위원 등으로 참여해 표준말 제정에 힘을 보탰다. 1940년 4월 도쿄제국대 대학원으로 유학을 떠나 2년 동안 언어학을 공부하고 1942년 4월 이화여전으로 돌아왔으나 그해 10월 1일 조선어학회 사건으로 체포되어 혹독한 고문을 받았다. 이극로(6년), 최현배(4년), 정인승(2년), 정태진(2년) 등과 더불어 2년 6개월을 선고받고 투옥 중 해방 후인 1945년 8월 17일 함흥형무소에서 풀려났다.

최현배와 함께 국어학계의 양대 산맥 이뤄

해방 후 교과서 편찬에 힘써 '한글 첫걸음', '초등 국어교본', '중등 국어교본' 등 7종의 교과서와 공민교과서를 내고 백낙준, 이상백, 이병도 등과 함께 서울대 설립 작업을 벌여 1946년 10월 서울대 문리대 교수로 부임했다. 이후 그는 옥중 동지로 연세대에서 교편을 잡고 있던 최현배와 함께 국어학계의 양대 산맥을 이뤘다.

그러나 1949년 9월 조선어학회의 이름이 한글학회로 바뀌고 최현배가 이사장으로 취임한 뒤 한글학회의 노선이 점차 한글 전용으로 바뀌면서 이희승은 한자 혼용 학자들과 함께 1969년 5월 어문교육연구회를 조직하고 초대 회장으로 추대되어 한자 혼용의 선두에 섰다. 1970년대에 이르러 한글 전용을 주장하는 한글학회와 한자 혼용을 주장하는 어문교육연구회 사이에는 많은 의견 차이가 생기고 이 차이는 곧 이희승과 한글학회의 대립으로 이어졌다.

이희승에게 1950년의 6·25는 또 하나의 시련이었다. 피란을 떠나지 못했으나 치질이 심해 겨우 납북은 피했다. 그러나 9·28서울수복 하루 전날 그가 오랫동안 수집해온 각종 연구 자료와 희귀본들이 불에 타 한 줌의 재가 되는 바람에 한동안 연구를 진행하지 못했다. 소실 자료 중에는 '한글운동의 선구자'로 불린 그의 스승 주시경의 일기도 있었다.

1960년 4·19 때는 교수단 데모단을 이끌고 나와 이승만 정권에 마지막 경종을 울리고 1963년부터 2년간 동아일보 사장을 지냈다. 유신체제 아래서는 민주회복국민회의 고문으로 독재와 결연히 맞섰다. 1971년 단국대 부설 동양학연구소 소장으로 취임할 때 단국대가 저명한 원로학자에 대한 예우로 대학에서 가장 많은 봉급을 책정했더니 "분수에 넘치는 돈은 못 받는다"며 화를 냈다는, 그래서 결국 입씨름 끝에 원래 액수의 3분의 1로 줄여 받았다는 유명한 일화가 있다.

이희승의 국어학에 대한 업적 중에는 1955년 8월에 간행된 '국어학 개설'도 있다. 책에는 이희승이 1925년 국어학 학문의 길로 들어선 이래 30년 동안 갈고 닦은 학문의 정수가 오롯이 담겨 있어 우리 국어학을 한 단계 발전시켰다는 평가를 받고 있다. 1933년 완성한 조선어학회의 '한글 맞춤법 통일안'을 알기 쉽게 풀이한 '한글 맞춤법 통일안 강의'(1946년 초판 간행)는 이희승이 가장 애착을 갖는 저서다.

23만여 개의 어휘 수를 자랑하는 '국어대사전'은 1961년 12월 28일 출판되었다. 이 '국어대사전'은 국어사전이면서 각종 전문 사전의 구실까지 겸할 수 있도록 엮은 것이 특징이다. 어휘의 상당부분이 외래어나 한자어라는 비판이 없진 않지만 오늘날의 국어사전 대부분은 이희승의 이런 편찬 방식을 따르고 있다.

이희승은 문인으로서도 일가를 이뤘다. 수필집으로 '벙어리 냉가슴'(1956.6), '먹추의 말참견'(1962.2), '소경의 잠꼬대'(1975.6)가 있고 시집으로는 '심장의 파편'(1961.5), '박꽃'(1971.5) 등이 있다. 그의 명수필 '딸깍발이'가 그려낸 깨끗하고 지조 있는 '남산골 샌님'의 모습은 바로 이희승 자신의 모습이기도 했다.

KBS TV 개국

쿠데타의 당위성을 설명하는 등 대국민 홍보를 위해 군사작전을 전개하듯 TV 방송을 준비했다.

우리나라 최초의 TV 방송국은 1956년 5월 12일 처음 전파를 쏘아올린 '코캐드(KORCAD)'다. 코캐드는 시험방송을 거쳐 6월 16일 본격적으로 방송을 시작했으나 TV 수상기의 보급률 저조와 협소한 광고시장 등으로 인한 누적 적자를 감당하지 못해 1957년 5월 한국일보 사장

1976년 10월까지 사용된 KBS 남산 사옥 모습

장기영에게 운영권이 넘어갔다.

장기영은 회사명을 '대한방송(DBC)'으로 바꾸고 TV 붐을 일으켜보려 했으나 그 역시 불어나는 적자에 애를 먹다가 설상가상으로 1959년 2월 2일에 일어난 화재로 방송국이 잿더미가 되는 바람에 방송을 접어야 했다.

TV 방송이 다시 안방극장을 찾아간 것은 1961년 12월 31일이었다. 민간 주도의 코캐드와 달리 이번 TV 방송의 주체는 5·16쿠데타 세력이었다. 군사정부는 쿠데타의 당위성을 설명하는 등 정권 유지를 위한 대국민 홍보용으로 TV만 한 것이 없다고 판단해 마치 군사작전을 전개하듯 TV 방송국 설립을 준비했다.

8월에는 국영 TV 설립계획을 발표하고 10월에는 체신부로부터 무선국 설치 허가(호출부호 HLCK)를 받아 서울 남산에서 스튜디오 기공식을 거행했다. 방송장비는 미국 RCA사로부터 일괄 구매했다. 11월에는 공보부에서 공모한 홍두표, 강현두, 김재형 등 제1기 11명의 요원이 배속되고 12월 10일에는 미국에서 방송기자재가 도착해 사실상 모든 준비를 마쳤다.

서울중앙방송국으로 명명된 방송국에서 애국가로 시작하는 첫 실험 전파가 쏘아올려진 것은 1961년 12월 24일 오후 6시였다. 이후 일주일 동안 시험방송을 거쳐 공식적인 개국 일자는 12월 31일 오후 9시로 확정되었다. 박정희 최고회의 의장과 송요찬 내각수반이 참여한 가운데 시작된 KBS 개국실황 중계방송은 임택근 아나운서가 진행했다. 역사적인 첫 아나운스먼트는 "시청자 여러분 안녕하십니까. 여기는 KBS 텔레비전 방송입니다. 지금 이 순간부터 KBS 텔레비전의 첫 전파가 발사되는 역사적인 순간입니다"였다.

공식 방송은 이렇게 시작했으나 해외에서 들여온 카메라가 1대밖에 없어 며칠 동안은 불규칙적으로 방송하다가 1962년 1월 5일부터 하루 4시간 주 30시간의 정규방송을 시작했다. 그래도 여전히 녹화기가 마련되지 않아 모든 프로그램은 생방송으로 제작되었다. 초기에 외화의 편성 비중이 높았던 것도 이런 이유 때문이었다.

초기에는 실수와 해프닝의 연속

생방송을 하는 데 가장 어려운 건 드라마였다. 1962년 1월 26일 방송된 첫 드라마는 유치진 원작, 차범석 각색의 드라마 '나도 인간이 되련다'로 최상현, 나옥주, 백성희 등이 출연했다. KBS는 1962년 한 해 동안 총 9편의 드라마를 방영했으나 생방송으로 제작하다 보니 문제가 한두 가지가 아니었다.

생방송인데도 카메라가 달랑 2대에 불과해 실수와 해프닝의 연속이었다. 잠자는 장면에서 출연자가 진짜로 잠이 들 때도 있었고 대사를 잊어버려 적당히 얼버무린 때도 있었다. 연기 도중 예기치 않은 사고로 세트가 무너지는가 하면 연기자가 졸다가 마지막 대사를 하는 바람에 다른 출연자들이 대사를 끼워 맞추는 해프닝도 있었다. 연기자를 확보하는 것도 시급한 현안이었다. 26명의 제1기 공채 탤런트는 1962년 1월에, 16명의 제2기는 5월에 선발했다. 김혜자, 정혜선, 오현경, 박주아, 최정훈, 박병훈 등이 당시 선발된 제1기였다.

1961년 9월 현재 1만 3,000대에 불과한 TV 수상기를 보급하는 것도 중요한 과제였다. 군사정권은 1962년 1월과 2월 두 차례에 걸쳐 총 2만 대의 TV를 미국과 일본에서 면세로 긴급 도입하고 월부로 판매해 TV 붐을 일으켰다. 이후 정부는 금성사에 TV 국내 생산을 권고하고 금성사가 이를 준비했으나 1963년 외환위기가 시작되고 전력 사정이 좋지 않다는 이유로 TV 생산을 반대하는 목소리가 높아져 TV 생산계획은 미뤄졌다.

반대 여론이 뜸해질 무렵 금성사가 1965년 9월 일본의 히타치제작소와 기술도입 계약을 체결하고 정부가 1965년 말 조건부 허용을 내린 끝에 1966년 8월 1일 우리나라 최초의 흑백TV가 세상에 나왔다. 진공관식 19인치 1호 제품이라는 뜻이 담긴 'VD-191'은 1968년까지 4만여 대가 생산된 뒤 단종되었다.

KBS의 개국에 이어 TBC(1964.12.7)와 MBC(1969.8.8)가 각각 개국하면서 우리나라도 본격적인 TV 시대를 맞았다. KBS는 1976년 10월까지 남산 사옥에서 방송을 송출하다가 1976년 11월 1일 여의도 새 방송 종합청사에서 방송 자동송출을 시작했다. 1980년에는 전두환 신군부의 언론 통폐합에 따라 민영방송이던 TBC는 KBS에 흡수 통합되어 KBS2가 되고, MBC는 KBS의 주식 70% 강제 인수로 공영방송이 되면서 민영시대가 막을 내렸다. 국내 처음 컬러TV 방송이 시작된 날은 1980년 12월 1일로, 오전 10시 30분 수출의 날 기념식을 실황중계하는 것으로 컬러TV 시대를 열었다.

국내 첫 TV 방송국 '코캐드'

우리나라 최초로 TV 방송이 시작된 것은 1956년 5월 12일 오후 7시 30분이었다. 세계 15번째였고, 아시아에서는 필리핀, 일본, 태국에 이어 4번째였다. 서울 종로구 관철동 296번지의 동일빌딩 3층이 한국 최초 TV 방송의 산실이라면 산파는 미국 RCA 한국대리점을 경영하고 있던 황태영이었다. 그는 1954년 공보처의 의뢰로 KBS 라디오 기자재 도입차 미국에 갔다가 TV에 매료되어 RCA와 합작으로 '코캐드(KORCAD)'라는 TV 방송국을 설립했다.

사장은 조지프 밀러라는 미국인이었으나 방송 개국과 운영은 황태영이 총괄했다. 코캐드의 설립은 결과적으로 한국 최초의 TV 방송국이라는 데 역사적 의미가 크지만 사실은 RCA사 TV 제품의 한국 내 판매가 설립의 주요 목적이었다.

TV 방송의 성공 없이 TV 수상기가 팔릴 수 없다는 점에서 양자의 관계는 상호 의존적이긴 하지만 그래도 어떻게 하면 TV 수상기를 한 대라도 더 팔 수 있을까에 설립의 1차 목적이 있었던 것이다.

채널 9로 시작한 코캐드의 호출부호는 'HLKZ'였다. 'HL××'은 1947년 9월 미국 애틀랜타에서 열린 국제무선통신회의에서 한국에 할당한 호출부호로, 그전까지는 일본의 호출부호 'JO××'를 사용했다. 이때 이후 라디오든 TV든 국내 방송의 모든 호출부호는 'HL××'을 사용하고 일제 때 라디오 방송국으로 개국한 경성중앙방송국(해방 후 서울중앙방송)의 호출부호도 'JODK'에서 'HLKA'로 바뀌었다.

이는 해방 후 2년여 만에 실현한 전파 주권의 획득이자 우리 방송이 국제적으로 인정을 받은 첫 통과의례라는 점에서 의미가 컸다. 코캐드의 출력은 0.1㎾였고, 영상주파수는 186~192㎒였으며, 서울을 중심으로 반경 16~24km를 가시청 지역으로 두었다.

개국 당일 첫 방송 프로그램은 성경린이 지휘하고 국악원이 연주한 연례악 '만파정식지곡(취타)'이었다. 뒤이어 국악 합주곡 '수제천'이 연주되고 민속무용단의 '승무'가 방송전파를 탔다. 박시춘이 지휘하는 악단 연주에 맞추어 현인, 남인수, 백설희 등 인기가수 등의 노래까지 2시간 동안 진행되다가 9시 30분에 끝이 났다.

서울 관철동의 코캐드 건물

세계적으로는 15번째, 아시아에서는 4번째

첫 방송 당시 전국의 TV 보급 대수는 300대에도 미치지 못했다. 쌀 한 가마니가 1만 8,000환이던 시절에 24인치 37만 환, 21인치 28만 환의 보증금을 내고 TV 수상기를 빌린 뒤 매월 3,000환(소형은 2,000환)씩 수신료를 지불해야 겨우 TV를 볼 수 있어 웬만한 재력가가 아니면 TV 수상기를 설치할 수 없었다.

그래서 고안해 낸 것이 시내 요소요소에 TV 수상기를 설치해 호기심을 자극하는 마케팅이었다. 개국 후 3일간 계속된 시험방송 때 광화문 사거리, 파고다공원, 단성사 앞, 동소문로터리 등 30여 곳에 TV 수상기가 설치되자 TV 수상기 앞에는 매일 수백 명의 시민이 모여 이 새로운 문명에 신기함과 놀라움을 감추지 못했다.

3일간의 시험방송에 이어 본격적으로 방송이 시작된 것은 6월 16일 오후 8시였다. 이날부터 격일로 하루 2시간씩 저녁에 정규방송을 실시하다가 11월 1일부터는 금요일을 제외하고 매일 2시간씩 TV를 방송했다. 그러나 창설 당시의 예상과는 달리 TV 수상기의 보급률 저조, TV 광고에 대한 인식 부족과 협소한 광고시장 등으로 코캐드는 누적 적자를 감당하지 못하고 1957년 5월 6일 한국일보 사장 장기영에게 운영권을 넘겼다.

장기영은 회사명을 '대한방송(DBC)'으로 바꾸고 생방송 등의 다양한 시도로 TV 붐을 일으켜보려 했으나 그 역시 불어나는 적자에 애를 먹었다. 설상가상으로 1959년 2월 2일 새벽에 일어난 원인 모를 화재로 방송국이 잿더미로 변하는 바람에 더 이상 방송을 할 수 없었다. 그렇다고 방송을 중단할 수는 없어 1959년 3월 1일부터는 AFKN-TV(1957년 9월 개국)를 통해 매일 밤 30분씩 우리말 방송을 하다가 1961년 10월 15일을 기해 영원히 문을 닫았다.

김중업 설계 프랑스 대사관 건물 완공

서양 건축의 한국적 수용과 한국 전통 건축의 현대화를 동시에 풀어냈다는 평가를 받았다.

김중업(1922~1988)은 현대 한국 건축의 미명을 밝힌 등불이었다. 평양에서 태어나 평양고보를 졸업하고 일본의 요코하마 고등공업학교 건축학과에서 파리미술대 출신의 나카무라 준페이 교수의 가르침을 받았다. 1941년 12월 졸업 후에는 일본의 건축사무소에서 건축 실무를 익히다가 해방 전 귀국하고 해방 후인 1947년 3월 서울대 건축과 조교수로 부임했다.

부산에서 피란생활을 하던 1952년 9월 김말봉(소설), 오영진(극작), 윤효중(조각), 김소운(시인) 등과 함께 이탈리아 베니스에서 열린 유네스코 주최 제1회 세계예술가회의에 참석했다가 귀국하지 않고 프랑스 파리에 눌러앉았다.

1952년 10월부터 3년 6개월간 세계적인 건축가 르 코르뷔지에(1887~1965)의 건축사무소에서 일을 하며 인도 찬디가르의 신도시 프로젝트와 파리의 브라질관 등의 설계에 참여하고 핀란드 호반의 개인주택 '미르바의 집'을 설계했다. 1956년 귀국 후에는 김중업 건축연구소를 개설하고 홍익대 건축학과 교수로 부임해 한국 현대 건축의 초석을 쌓을 준비를 했다.

1957년 그가 설계한 명보극장이 개장했을 때는 이른바 '한국판 마천루 사건'의 주인공으로 신문에 오르내렸다. '한국판 마천루 사건'이란, 미국 영화 '마천루'에서 건축가가 설계한 대로 건물이 지어지지 않자 화가 난 건축가가 다이너마이트로 건물을 폭파해 법정에 선다는 이야기를 빗댄 것으로 당시 김중업도 자신의 설계안대로 극장이 지어지지 않자 저작권 침해라며 극장을 상대로 항의성명을 발표했다.

김중업(1922~1988)

1957년 4월 제1회 건축작품전람회를 열고 1958년 부산대와 서강대 본관을 설계함으로써 현대 한국 건축의 역사를 쓰기 시작한 그는 1959년 봄 7명의 프랑스 건축가들과 경합을 벌여 '현대 한국 건축의 기점'으로 평가받는 주한 프랑스 대사관 건물의 설계를 따냈다. 당시 앙드레 말로 문화부 장관이 김중업의 손을 들어주고 드골 대통령은 설계 원안 그대로 지으라고 당시 주한 프랑스 대사에게 친서를 보냈다. 김중업은 1961년 완공한 프랑스 대사관 건물이 이후 자신의 작품 세계에 길잡이 역할을 했다며 강한 애착을 가졌다.

일본화된 서양 근대 건축의 마감

그의 대사관 설계는 개인적으로는 스승 르 코르뷔지에의 그늘에서 벗어났다는 점에서 의미가 컸다. 우리 건축계로는 서양 건축의 한국적 수용과 한국 전통 건축의 현대화라는 당시 한국 건축의 두 화두를 동시에 풀어냈다는 점에서 일본화된 서양 근대 건축의 마감을 의미했다. 콘크리트로 지붕 처마선을 직선과 곡선으로 처리하는 등 단아한 전체 구성과 공간 처리는 한국의 얼과 프랑스다운 우아함이 잘 어우러졌다는 평가를 받았다. 김중업은 대사관 설계의 공로를 인정받아 1965년 프랑스 정부로부터 공로훈장을 받고 귀족 칭호(슈발리에)를 얻었다.

김중업이 1964년 설계한 제주대 본관 건물은 건축가를 하나의 작가로 대접하도록 한 첫 작품이라는 평가를 들었으며 1972년 미국의 건축잡지 '아키텍처럴 포럼'에도 소개되었다. 그러나 이 제주대 본관 건물은 1995년 철거되어 우리 건축사에 큰 아쉬움으로 남아 있다. 이후 김중업은 부산 유엔 묘지 정문(1966), 이탈리아 대사관저(1967), 국내 고층빌딩의 효시로 꼽히는 삼일빌딩(1969)과 도쿄호텔(1971)을 설계했다.

김중업은 일처리가 철저한 사람이었다. 경주박물관을 설계하던 때 장관과 전화로 얘기하다가 "이런 무식한 사람이 있나"하며 전화를 끊어 결국 다른 건축가에게로 설계가 넘어간 일이 있으며 프랑스 대사관 공사 때는 대사관 지붕이 낮다며 이미 완성된 형틀을 자신의 비용으로 뜯어내고 다시 시작해 한동안 화제가 되었다. 후배와 제자들에게 하는 직설적인 표현도 거침없었다. "어떻게 이렇게 재주가 없을 수 있을까?", "짓기보다는 부숴야 할 집을 그리고 있구나" 등등 김중업에게 이런 거친 말을 듣지 않은 후배나 제자는 없었다.

1971년 10월 신세계백화점 화랑에서 두 번째 건축전을 열고 그해 11월 파리로 떠나 활동하다가 1975년부터는 미국의 로드 아일랜드대(1976~1978)의 정교수와 하버드대의 평가교수(1977~1978)로 활동하면서 건축 일도 병행했다. 1978년 설계한 나이지리아 스포츠 호텔은 우리나라의 실패 모양을 연상시켜 화제가 되었다. 1978년 11월 귀국 후에는 '한국교육개발원'(1979), '육사박물관'(1982), 88올림픽 기념 '평화의문'(1988), 중소기업은행 본점(1988) 등을 설계했다.

표준시 127도 30분에서 135도로 변경

일제가 바꾼 표준시 135도는 해방 후 이승만 대통령에 의해 127도 30분으로 바뀌었다

'표준시'란 한 나라에서 공통적으로 사용하는 태양시를 말한다. 지구를 동서(가로)로 나눈 선은 '위도'라고 하고 남북(세로)으로 나눈 선은 '경도'라고 한다. 위도는 적도를 기준으로 계산한다. 즉 적도 북쪽의

위도가 '북위'이고 남쪽의 위도가 '남위'이다. 위도는 이처럼 기준선인 적도가 있어 자연스럽게 설정할 수 있지만 세로로 그어지는 '경도'는 기준선이 없기 때문에 인위적으로 정해야 한다. 그래야 이 기준선을 중심으로 각국의 표준시가 정해지기 때문이다.

경도는 북을 뜻하는 '자(子)'와 남을 뜻하는 '오(午)'를 합쳐 '자오선(子午線)'이라고도 하기 때문에 경도의 기준선은 '표준자오선'으로 불린다. 국제적으로 인정받는 표준자오선은 1884년 10월 미국 워싱턴에서 열린 세계 25개국 대표들의 국제자오선 회의에서 결정되었다. 회의 결과 영국 그리니치천문대(GMT)를 통과하는 자오선을 국제 표준자오선으로 결정했다. 이를 기준으로 하면 지구에는 각각 15도씩 떨어져 있는 24개의 자오선이 생긴다. 동서 양쪽에 각각 180도를 15도씩 나눈 12개의 자오선이 있고 동경 180도와 서경 180도가 만나는 태평양의 거의 한가운데에 날짜변경선이 있다.

각국은 자국에 가장 근접한 경도(자오선)를 기준으로 표준시를 정한다. 보통은 한 나라에 하나의 표준시가 사용되지만 영토가 넓은 나라는 여러 개의 표준시를 사용하기도 한다. 미국과 캐나다는 5개 시간대를, 러시아는 11개 시간대를 사용하고 있는 반면 중국과 인도는 땅이 넓은데도 단일 표준시를 쓰고 있다. 또 대부분의 나라는 1시간 단위로 자국의 표준시를 정하고 있으나 15분이나 30분에 해당하는 경도를 표준시로 삼는 나라들도 있다.

지리적 위치 때문이기도 하지만 정치적인 이유로 30분 단위를 고집하는 경우도 있다. 베네수엘라는 미국 동부와 같은 시간대를 쓰기 싫다며 30분 단위의 경도를 기준으로 삼고 있고 네팔은 인도와 차별화하기 위해 인도보다 15분 빠른 표준시를 채택하고 있다. 스페인은 유럽 대륙에 통합되고 싶은 마음에 유럽 대륙과 같은 표준시를 쓰는데 이 때문에 영국보다 서쪽에 있으면서도 영국과 한참 떨어진 동쪽의 폴란드와 같은 시간대를 쓰고 있다. 우리와 인접한 중국은 산동반도를 지나가는 동경 120도를 북경 표준시로 사용하고 있고 일본은 고베에서 서쪽으로 20km 떨어진 곳을 지나는 동경 135도를 표준시로 삼고 있다.

국제적 관례와 일치시킨다는 게 표면적인 이유

1908년 4월 1일부터 적용된 우리나라 첫 표준시는 중국과 일본 표준시의 중간인 함흥, 원산, 가평, 양주, 이천, 청주, 대전, 순천으로 이어지는 127도 30분이었다. 그러나 1910년 일본에 병합된 후에는 일본에 의해 1912년 1월 1일 동경 135도로 바뀌었다. 이 표준시는 해방 후 일제 잔재 청산이라는 명분을 내세운 이승만 대통령에 의해 1954년 3월 21일 다시 127도 30분으로 바뀌었다.

당시 미국은 미 극동사령부의 작전지휘권이 일본에 있어 표준시를 변경하면 군사적으로 작전 운용이 불편해진다는 이유를 들어 완강히 반대했으나 일본이라면 치를 떠는 이승만의 뜻을 꺾지는 못했다. 이날 서울의 보신각과 전국의 학교, 교회, 사찰 등에서는 종과 사이렌을 일제히 울리며 '시간의 광복'을 경축하는 행사를 가졌다.

그러나 이 표준시 역시 1961년 5·16쿠데타 발발 3개월 만인 1961년 8월 10일을 기해 다시 일본과 같은 동경 135도로 바뀌면서 7년 만에 역사 속으로 사라졌다. 국제적 관례와 일치시킨다는 것이 표면적인 이유였으나 미국으로부터 쿠데타를 승인받는 데 급급한 당시 군사정부가 미국의 요청을 받아들였을 가능성도 있다. 5·16쿠데타 후 미 극동군사령부(주일미군)가 주한미군, 한국군과의 연합작전을 위해 통일된 시간이 필요하다며 표준시 변경을 요청하자 당시 군사혁명위가 단 몇 분 만에 통과시켰다는 증언이 있기 때문이다.

최근 '일본의 시간'이 아닌 '우리의 시간' 즉 표준시를 135도에서 127도 30분으로 되돌리자는 움직임이 있다. 그러나 명분은 있지만 현실성이 떨어진다는 지적이 많다. 표준시를 바꾸면 주로 1시간 단위로 표준시를 정한 다른 나라의 표준시와 30분 단위로 차이가 나 시간 환산이 복잡해지고, 135도를 사용하고 있는 북한과도 시간이 달라져 한반도에 2개의 표준시가 존재하게 되는 문제가 생긴다는 것이다. 또 다른 나라에 '우리의 시간'을 홍보하는 데도 많은 시간이 걸려 국제교류에 상당한 불편이 예상되며 기상·금융정보 등 시간과 관련된 각종 정보를 수정하거나 각종 컴퓨터 시스템을 변경해야 하는 일도 간단치 않다는 것이다.

유리 가가린 인류 최초 우주비행 성공

소련 전역에는 "미·소 간 우주 대결에서 또 이겼다"는 자부심이 넘쳐났다.

소련의 유인 우주선 '보스토크 1호'(4.75t)가 인류 최초의 우주비행사 유리 가가린(1934~1968)을 태우고 카자흐스탄의 바이코누르 우주기지에서 하늘로 솟구쳐 오른 것은 1961년 4월 12일 오전 9시 7분(모스크바 시간)이었다. 당초 보스토크 1호는 1960년 12월 발사될 예정이었다. 그러나 그해 10월 연료를 채우고 발사를 기다리던 다른 군사 로켓이 바이코누르 우주기지에서 폭발해 인근에 있던 268명이 한꺼번에 사망하는 대형 참사가 일어나면서 발사가 연기되었다.

가가린의 우주비행을 1년 앞두고 실시한 6차례의 로켓 발사 실험도 3차례만 성공했기 때문에 소련의 과학자들은 가가린의 우주비행 성공 확률을 50%로 잡았다. 그런데도 무리하게 발사를 결정한 것은 미국이 1961년 5월 우주비행을 계획하고 있다는 정보를 듣고 세계 최초의 영예를 미국에 빼앗겨서는 안 된다는 자존심이 발동했기 때문이다. 하지만 발사나 우주 진입이 잘못되면 가가린은 까맣게 타서 죽거나 우주공간에서 홀로 서서히 숨질 수도 있는 상황이었다.

유리 가가린(1934~1968)

이런 상황을 모를 리 없는 가가린은 발사 이틀 전 아내와 두 딸에게 유서를 썼다. 가가린은 유서에서 우주비행을 떠나는 복잡한 심정과 가족에 대한 애정, 사고 가능성에 대한 암시와 자신이 숨질 경우에 대비한 당부 등을 절절하게 적었다. 편지 뒤에는 "이 편지를 당신이 끝내 보지 않았으면 좋겠다"는 바람을 표시하면서 "(나중에) 나도 (이 편지를 보면) 일시적인 나약함에 스스로 부끄러워질 것"이라고 적어놓았다.

발사 신호가 떨어지자 가가린은 그 유명한 "파예할리!(그래 가자!)"란 말로 각오를 다졌다. 발사 순간에도 위기는 있었다. 발사 몇 분 전 우주선 출입구 자동 밀폐 장치가 고장났는가 하면 발사 후에는 3단계 로켓 분리 이후 우주선이 급회전하는 바람에 궤도를 이탈하는 위기도 있었다.

다행히 보스토크 1호는 발사에 성공했고, 가가린은 지상 299km까지 올라간 뒤 76분에 걸쳐 지구를 한 바퀴 돌았다. 이윽고 궤도에 진입한 가가린은 "지평선이 보인다. 하늘은 검고 지구 둘레에 아름다운 푸른색 섬광이 비친다"고 기지에 알려왔다. 예정대로 지구 궤도를 돌고 지상 7,000m 상공에서 낙하산을 타고 무사히 지구로 귀환했을 때 시간은 오전 10시 55분을 가리키고 있었다. 그때까지 걸린 시간은 모두 1시간 48분이었다.

'세계를 뒤흔든 108분'

가가린의 무사 귀환 후 소련 전역에는 "미·소 간 우주대결에서 또 이겼다"는 자부심이 넘쳐났다. 이즈베스티야지는 '세계를 뒤흔든 108분'이란 제목을 대문짝만 하게 달고 프라우다는 호외를 찍었다. 가가린은 중위에서 소령으로 두 단계나 건너뛰었고, 레닌 훈장까지 받아 소련의 영웅으로 떠올랐다. 그가 어린 시절을 보냈던 그자츠크는 지명을 아예 '가가린'으로 개명했다. 소련은 가가린과 가족을 세계 50개국에 보내 사회주의 체제의 우월성을 선전하는 도구로 활용했다.

소련은 이후에도 보스토크 이름을 단 유인 우주선을 6번이나 발사해 모두 성공시켰다. 이 가운데 보스토크 2호(1961.8)는 17회나 지구를 선회하는 기록을 수립하고, 보스토크 6호(1963.6)는 최초의 여성 우주비행사 테레시코바를 태워 '최초'란 수식어를 독점하며 미국인의 열등감을 부추겼다.

가가린은 스몰렌스크주의 가난한 목수의 아들로 태어났다. 기술학교에 재학 중 학교 내 항공클럽에 들어가 비행기술을 익히면서 비행과 인연을 맺었다. 항공사관학교를 졸업한 뒤 공군에 입대한 그는 3,000대 1의 경쟁 끝에 우주비행사의 후보 자격을 얻어 마침내 '우주의 콜럼버스'가 될 수 있었다.

가가린의 우주여행 3주 뒤 미국은 앨런 셰퍼드 중령을 태운 우주선 '머큐리' 캡슐 발사에 성공해 겨우 체면을 세우긴 했지만 1957년 10월의 스푸트니크 1호 발사 때의 충격에 이어 또다시 충격을 받아 자존심이 이미 구겨질 대로 구겨진 뒤였다. 스푸트니크 충격 때 대통령 과학기술특별보좌국과 국립항공우주국(NASA)을 창설하는 등 부산을 떨었던 것처럼 미국은 이번에도 새로운 계획을 발표했다. 1961년 5월 25일 케네디 대통령이 1960년대 안에 인간을 달에 착륙시키겠다는 야심찬 '아폴로 계획'을 발표한 것이다.

NASA는 가능한 인력을 총동원하고 정부는 250억 달러라는 막대한 돈을 투입하며 총력전을 펼쳤다. 마침내 1969년 7월 20일 아폴로 11호를 타고 날아간 닐 암스트롱이 달에 인간의 첫 발자국을 남김으로써 미국은 그제야 승리의 축배를 들 수 있었다.

가가린은 1968년 3월 27일 2인승 미그-15전투기를 타고 훈련비행 중 비행기가 지상에 곤두박질쳐 34세로 죽어 신화가 되었다. 보스토크 1호 발사 때 가족에게 전달되지 않았던 유서는 사망 후 전달되었다. 러시아인들은 오늘날 '20세기 러시아 최고의 영웅'을 선정하는 여론조사를 할 때마다 가가린을 1위 혹은 2위로 꼽고 있다. 가가린이 우주비행에 성공한 4월 12일은 2011년 4월 유엔총회에서 인류 우주비행 국제기념일로 지정되었다.

발렌티나 테레시코바

"여기는 갈매기. 기분 최고!" 1963년 6월 16일, 소련의 우주비행사 발렌티나 테레시코바(1937~)가 우주에서의 감동을 흥분된 목소리로 이렇게 전해왔다. 갈매기는 그녀의 호출부호였다. 테레시코바가 카자흐스탄 바이코누르에서 1인승 우주선 '보스토크 6호'에 몸을 싣고 하늘로 날아오른 시각은 6월 16일 낮 12시 30분이었다. 장시간의 우주여행이 여성의 몸에 어떤 영향을 끼치는가를 조사하는 게 임무였지만 여성 최초의 우주인이라는 사실 앞에서 임무는 중요하지 않았다.

발사 후 그녀는 이틀 전 발사된 발레리 비코프스키 중령의 '보스토크 5호'와 나란히 비행했다. 모스크바 방송은 오후 3시 32분부터 무중력 상태를 실연하는 그녀의 건강한 모습을 생중계했다. 보스토크 6호는 70시간 50분 동안 지구를 48바퀴 선회한 뒤 6월 19일 오전 11시 20분쯤 지구로 귀환했다. 보스토크 5호는 81바퀴를 돌며 119시간 6분 동안 우주에 머무는 신기록을 수립한 뒤 같은 날 오후 2시쯤 지구로 돌아왔다.

발렌티나 테레시코바(1937~)

테레시코바는 귀환과 함께 소련의 영웅이 되었다. 서기장 흐루시초프는 "여성은 약하지 않다"며 소련에서 6번째, 세계에서 10번째의 우주비행사가 된 테레시코바의 쾌거를 축하해 주었다. 3일간의 우주비행은 그때까지 미국 남성들이 수립한 우주비행 기록을 합친 것보다 긴 시간이었기 때문에 미국 남성들의 콧대를 누르기에 충분했다.

테레시코바는 러시아 야로슬라블 인근의 가난한 가정에서 태어나 10대 때부터 타이어공장과 방직공장에서 일했다. 평범한 여성노동자였던 그녀가 우주비행사가 되기로 결심한 데는 유리 가가린의 역할이 컸다. 테레시코바가 가가린에게 수십 통의 편지를 보냈을 때 가가린이 "여성도 우주인이 될 수 있다. 용기를 잃지 마라"는 편지를 보낸 것이 자극제가 되었던 것이다.

"여기는 갈매기. 기분 최고!"

그녀는 18세 때인 1955년 비행클럽에 들어가 낙하산 타는 법을 배우며 비행과 인연을 맺었다. 당시만 해도 낙하 훈련은 우주비행사에게 중요한 훈련이었다. 우주비행사가 지구 대기권 안으로 들어올 때 6km 상공에서 낙하산을 타고 우주선을 빠져나와야 하기 때문이다. 그녀는 낙하산을 잘 탔다. 폭우 속에서도 용감하게 낙하산을 타고 내리며 남성들의 기를 꺾는 훈련 활동이 언론에 보도되었다. 그 덕에 1962년 우주비행사 후보에 발탁되는 행운의 주인공이 되었다. 테레시코바는 이후 15개월 동안 남자 동료들과 비밀리에 비행훈련을 하면서도 한 번도 훈련을 거르지 않았다.

소련은 그녀의 우주비행 성공을 정치적으로 이용했다. 여성인데다 그

전까지의 우주비행사들이 모두 엘리트 군인이었던 것과 달리 민간인이고 노동자 계급이라는 사실이 체제 선전으로는 제격이기 때문이었다. 테레시코바는 이후 우주선을 타지 않고, 세계 최초의 여성 우주비행사라는 명성을 디딤돌로 삼아 최고회의 의원, 여성위원회 위원장, 최고회의 간부 등 정치활동에 매진했다.

미소 냉전기에 정치선전을 목적으로 한 우주비행이다 보니 지상에서의 그녀의 삶 역시 정치적으로 이용되었다. 크렘린이 1963년 11월 3일 보스토크 3호 우주비행사 안드리안 니콜라예프와 정략결혼을 시킨 것이다. 우주비행사끼리의 결혼은 배경을 알 리 없는 전 세계에 다시 한 번 화제를 뿌렸다. 둘 사이에 건강한 딸이 태어났을 때 소련 과학자들은 우주비행이 방사능 후유증을 남기지 않았다는 점이 증명되었다고 자랑했다.

그러나 두 사람은 평생을 함께 하지 못하고 1982년 이혼했다. 테레시코바의 재혼 생활도 1999년 남편의 죽음으로 끝이 났다. 테레시코바 이후 19년 동안 여성 우주비행사는 나오지 않았다. 1982년 8월에야 두 번째 여성 우주비행사 사비츠카야가 소련의 소유즈 T-7호에 오르고, 미국은 1983년 6월 챌린저호에 샐리 라이드가 탑승하면서 여성 우주비행사 시대를 열었다.

동독 베를린 장벽 설치

외견상으로는 서베를린에 담장을 둘러친 것처럼 보였지만 결과적으로는 자국민을 감금한 것이었다.

1945년 종전 후, 서방 연합국이 통치하는 독일의 서쪽은 서방 자유 진영과 결속을 다지고 동쪽은 소련을 중심으로 한 공산 진영에 소속됨으로써 독일은 영토가 잘리고 교류가 끊기는 분단의 땅이 되었다.

베를린 장벽 공사

1949년 양쪽에 각기 다른 정부가 세워지면서 분단은 현실이 되었다. 다만 동독의 한가운데 있으면서도 베를린의 서쪽은 서방 연합국의 지배 지역이다 보니 베를린을 둘러싼 양 진영의 갈등이 끊이질 않았다.

그래도 베를린에서는 최소한의 교류는 유지되고 있었다. 서베를린의 여성들은 서독 마르크를 동독 마르크로 바꿔 값이 싼 동베를린 미용실을 이용했고, 동베를린에 거주하는 목수·미장이·가정부 등은 낮에는 서베를린에서 일하고 저녁엔 동베를린으로 돌아갔다.

그러나 서독이 '라인강의 기적'을 일으켜 경제가 급성장하면서 서베를린에 일터를 둔 동베를린 노동자들이 점차 되돌아오지 않는 경우가 늘어나고 서독으로 탈출하는 동독인들까지 급증하면서 동독은 대책 마련에 부심했다. 1949년 동독 정권이 수립된 이래 1961년까지 사선을 넘어간 사람은 273만 명이나 되었다. 특히 교수·의사·변호사 등 전문직과 숙련 노동자의 탈출이 심각해 동독의 기술과 산업의 기반이 뿌리째 뽑힐 판이었다. 어떻게든 서베를린을 동독 영토로 편입시키지 않고서는 해결의 기미가 보이지 않았다.

소련은 1948년 서베를린을 봉쇄했다가 실패한 경험을 반복하지 않기 위해 다른 방법을 고안했다. 1958년 11월 소련의 흐루시초프가 "서베를린을 포함해 베를린을 6개월 이내에 자치적인 자유도시로 전환시켜 두 독일을 포함한 어떤 나라도 이 도시를 간섭하지 않고 군대도 주둔하지 말자"고 제의했다. 베를린을 비무장 지대로 만들어 궁극적으로 동독에 편입하려는 의도를 모를 리 없는 서독과 미·영·불 서방 3국은 서베를린까지 소련 수중으로 넘어갈 것을 우려해 거절했다.

이후에도 소련은 이런저런 방법으로 베를린 자유도시안을 관철하려고 했으나 번번이 서방 연합국의 거절로 무산되었다. 1961년 6월 흐루시초프가 "베를린 문제를 빨리 해결하지 않으면 핵무기 사용도 불사하겠다"며 서방 연합국에 최후 통첩을 보내고, 1961년 7월 케네디 대통령이 "미국은 전쟁을 원하지 않지만 이를 지키기 위해 필요하다면 군사적 대결도 불사하겠다"고 맞받아치면서 베를린에는 긴장감이 감돌았다.

동서 대립의 상징이자 독일인을 갈라놓은 벽

결국 서베를린을 지키려는 미국의 태도가 확고부동한 것으로 확인되자 소련은 서베를린을 동독에 편입시키려는 계획을 포기했다. 1961년 7월 한 달 동안 3만 명이 고향을 등질 정도로 서베를린을 향한 탈출 러시는 여전히 계속되고 있었다. 동독은 감시 초소를 늘려 서베를린과의 경계선을 더욱 철저하게 감시했다. 이 조치로 탈출이 다소 줄어들긴 했으나 완전히 막을 수는 없었다.

결국 근본적인 대책이 필요하다고 판단한 동독은 1961년 8월 13일 일요일 새벽부터 통행로를 완전 차단하고 철조망을 설치했다. 8월 23일까지 80여 개의 통행로 중 73개를 폐쇄하고 경계선에는 점차 블록과 콘크리트로 만든 견고한 장벽을 세웠다. 장벽 위 철책에는 전류가 흘렀다. 이것으로도 부족해 지뢰를 부설하거나 무장 군인과 군용견을 배치해 철통 같은 감시망을 폈다. 외견상으로는 서베를린에 담장을 둘러친 것처럼 보였지만 결과적으로는 자국민을 감금한 것이나 다름없었다.

이후 베를린 장벽은 동서 대립의 상징이자 독일인을 갈라놓은 '벽'이 되었다. 장벽을 넘으려는 사람들은 누구나 국가반역죄로 가차 없이 처벌되었다. 그렇다고 목숨을 건 탈주가 멈추지는 않았다. 1963년에는 동베를린의 한 가정 화장실과 서베를린의 빵집을 잇는 145m의 터널을 뚫어 59명이 자유를 찾기도 했고, 자동차·케이블카·열기구 등의 기상천외한 방법으로도 장벽을 넘었다. 그러나 탈출을 포기하고 경제활동에만 전념하는 사람이 늘어나 동독을 안정시키는 데는 큰 도움이 되었다.

그래도 탈출은 끊이지 않아 이 과정에서 경비병에게 사살되거나 사고로 죽은 사람이 239명이나 되고, 동서독 전체 국경지대에서 국경을 넘다가 희생당한 사람을 포함하면 938명에 달했다.

미셸 푸코 '광기의 역사' 출간

얼핏 권력과는 아무 상관없어 보이는 '광기'와 '성'의 문제를 '권력에 의한 억압구조의 틀'로 해석했다.

미셸 푸코(1926~1984) 이전의 근대 서양철학은 한마디로 이성주의의 독무대였다. 푸코는 '이성'을 기반으로 한 기존의 지식과 상식을 뿌리부터 흔들며 새로운 시각으로 근대철학을 재구성했다. 그는 권력의 본질에 천착하면서도 이미 학계의 정설로 자리잡은 계급제도, 관료제도, 정당 조직 등에는 관심을 두지 않았다. 오히려 동시대 철학자들의 관심 밖에 있던, 얼핏 권력과는 아무 상관없어 보이는 '광기'와 '성'의 문제를 '권력에 의한 억압구조의 틀'로 새롭게 해석했다.

푸코의 존재가 세상에 알려진 것은 1961년 5월 소르본대의 박사학위 논문 '광기의 역사'가 발표되고부터였다. 논문에 따르면 광기는 자연현상이 아니라 문화현상이었다. 논문은 오늘날 구조주의와 탈구조주의의 징검다리 역할을 한 것으로 평가받고 있지만 발표 당시만 해도 그렇게까지 커다란 반향을 불러일으키리라고는 아무도 예측하지 못했다.

'광기의 역사'는 17세기 파리 인구의 1%를 정신병원으로 몰아넣었던 역사적 사실로부터 논의를 전개한다. 고전주의가 발흥하기 전인 중세나 르네상스 시기만 하더라도 광기는 배척의 대상이 아니라 천재적 예술 세계에서 관용되어온 사회현상 가운데 하나였다. 그런데 17~18세기 들어 강력한 합리주의가 등장하고 '지식=권력' 즉 '지식권력'이 형성되면서 상황이 바뀌었다.

미셸 푸코(1926~1984)

그전까지 다른 사람들과 별다른 불화 없이 섞여 살았던 거지, 부랑자, 방탕자, 난봉꾼, 동성연애자 등이 정신병자나 비정상으로 분리되어 감금되었다. 광기도 빈곤, 게으름, 사악한 행위 등과 함께 비이성적인 것으로 규정되어 죄로 인식되었다. 따라서 감옥과 정신병원이 상징하는 근대적 억압구조를 분석하는 푸코의 작업은 결국 '구조로부터 벗어나기 위한 것'이었다. 우리의 언어와 일상적 삶 속에 우리의 주체적 의식과 상관없이 작동하는 구조가 존재한다는 구조주의도 푸코에겐 또 하나의 근대적 이성의 산물이자 억압이었다.

'광기의 역사'에 이어 푸코의 명성을 더욱 높여준 것은 1966년에 출판된 '말과 사물'이었다. '광기의 역사'가 문학이나 역사에 가까웠다면 '말과 사물'은 철두철미하게 인식론의 문제를 다뤄 일반 독자에게는 매우 난해했다. 그런데도 책은 10만 부 이상 팔리는 대성공을 거뒀다.

"인간은 죽었다" 헤드라인 달아 대서특필

그는 이 출세작에서 지식의 기준이라고 할 수 있는 '에피스테메'라는 개념을 빌려 각 시대나 사회마다 에피스테메가 다르므로 정상과 비정상을 구분짓는 경계선도 시공간에 따라 달라질 수 있다고 주장했다. '말과 사물'이 '인간의 죽음'을 선포하고, 인문과학이 '허구의 과학'이라며 이데올로기에 관한 마르크스적 분석을 혹독하게 비판하자 프랑스의 문예 주간지들은 "인간은 죽었다"라는 헤드라인을 달아 대서특필했다. 니체에 이어 사르트르가 신을 죽였고 이제 푸코가 인간마저 죽였다는 저널리즘적인 표현이었다.

1975년 출간한 '감시와 처벌 : 감옥의 탄생'에서는 17세기 이래 현대에 이르기까지 감옥, 병영, 학교, 병원, 공장 등 여러 감호 시설의 변화를 상세히 분석한 뒤 지배계급이 이런 억압적 장치들을 통해 사회적 동요를 수용하고 노동력을 훈련시키는 데 이용했다는 사실을 밝혀냈다.

그에 따르면 감옥, 병영, 학교, 병원, 공장 등은 알게 모르게 공통적으로 인간의 신체에 관한 과학적인 관리법을 적용하여 예속적이고 복종적인 인간을 만들어내는 곳이다. 푸코가 말하는 근대국가, 근대사회의 핵심은 바로 이것이었다.

이 새로운 해석으로 그때까지 지배적 개념이었던 중앙집중적이고 피라미드 형태를 지닌 권력의 개념을 파괴했다고 해서 푸코에게 붙여진 별명이 '권력의 사상가'였다.

푸코가 특히 많은 관심을 기울인 것은 동성애자, 수감자, 수용소, 소수민족 등 근대 자본주의가 생산해낸 구조 외부에 존재하는 약자들이었다. 그러나 푸코의 지인들은 푸코의 이 같은 인식에 그 자신의 이율배반적 경험이 작동하고 있다는 사실을 잘 알고 있었다. 푸코 자신이 동성애자였고, 몇 번이나 자살을 시도한 적이 있기 때문이었다.

1968년 5월 파리에서 이른바 '5월 혁명'이 점화되었을 때 그는 튀니지에 있어 역사의 현장을 지키지 못했다. 그해 말 귀국한 그는 그 부재를 벌충하기라도 하려는 듯 사회운동에 더욱 적극적이었다. 극좌 학생들과 행동을 같이하고 감옥 수감자들이나 이민 노동자들의 인권문제 등의 정치문제에 일일이 개입하는 등 전투적 지식인으로 변모했다. 사르트르가 2

차대전을 분기점으로 창백한 철학자에서 격렬한 투사로 변신했듯이 푸코도 '5월 혁명' 이후 실천적인 철학자가 되어 모든 전선에서 투쟁을 벌이는 격렬한 투사가 되었다.

글에는 단 한 줄도 자기 주장 없어

그가 관심을 보인 것은 주로 재소자, 노동자, 불법 이민자, 정치적 반대자, 동성연애자 등 주변부에 속한 사람들의 인권 개선이었다. 1970년대에 핍박이 있는 곳이면 그곳이 프랑스 안이든 밖이든 마다하지 않았다. 1975년 9월 프랑코 총통 체제하에서 부당하게 사형 선고를 받은 11명의 스페인 사람을 구명하기 위해 영화배우 이브 몽탕 등과 함께 마드리드로 날아가 시위를 벌이다 경찰에 연행된 적이 있고, 극좌 신문이 정부에 압수되었을 때는 사르트르 등과 함께 직접 가두판매에 나섰다.

소외되고 핍박받는 사람들을 위해 싸울 때는 사르트르와 함께 했으나 사르트르가 마르크시즘의 깃발을 들 때는 그와 거리를 두었다. 푸코는 사르트르의 재능은 인정하면서도 사르트르에 대한 대중의 열광은 이해하지 못했다. 사르트르 역시 마찬가지여서 푸코의 저서 '말과 사물'을 혹평했다. 둘은 서로를 긍정하고 부정하면서 1970년대 시위 현장을 누비고 다녔다.

푸코는 이란의 호메이니에도 열광하고 흥분했다. 두 번이나 이란을 방문해 팔레비의 통치를 비판하는 글을 쓰며 호메이니에 심취했으나 호메이니 집권 후 시작된 투옥과 탄압 등의 인권 침해 사례를 목격한 뒤로는 자신이 얼마나 허튼 짓을 했는가를 후회했다.

푸코의 책에는 비장한 어투나 존재론적 성찰이 없다. 마르크스나 그 후계자들에게서 볼 수 있는 비분강개조의 인간 고찰이나 역사 해석도 없다. 차분하고 세밀하고 건조한 필치로 사실만을 나열하거나 서술할 뿐이다.

그토록 현실 참여에 열심이었으면서도 그의 글에서는 단 한 줄의 자기 주장을 찾아볼 수가 없다. 1976년 출간된 제1권 '앎의 의지'를 시작으로 총 8권으로 예정된 '성의 역사'는 1984년 '쾌락의 사용'(2권)과 '자신에 대한 배려'(3권)를 끝으로 그의 죽음과 함께 중단되었다.

1984년 6월 25일 58세의 푸코를 죽게 한 것은 당시 세상에 막 알려지기 시작한 에이즈였다. 언론은 그의 죽음을 대서특필했다. 좌파 신문인 리베라시옹은 1면 전면에 그의 사진을 실었고 사르트르 사망 특집 이후 가장 많은 지면을 할애해 대대적인 특집을 꾸몄다. 르몽드 역시 두 면에 걸쳐 추모기사를 실었다. 르몽드의 한 추도문은 "그는 역사가인가 철학자인가 사상가인가. 아니면 진리의 파괴자인가. 대답은 단순하지 않다"고 평했다.

프란츠 파농 '대지의 저주받은 자들' 출간

짧은 생을 통해 벗겨내려 한 것은 자신의 '검은 피부'에 씌어진 '하얀 가면'이었다.

프란츠 파농(1925~1961)은 20세기 중엽 제3세계에 몰아친 격랑의 해방운동에 온몸을 던진 사상가였고 혁명가였다. 의사이기도 했던 그가 36년이라는 짧은 생을 통해 벗겨내려 한 것은 자신의 '검은 피부'에 쓰인 '하얀 가면'이었다. 그것은 억압받는 식민지 민중의 무의식 속에 깊게 배어 있는 '백인과의 동질의식'을 도려내는 일이기도 했다.

파농은 중남미 카리브해의 프랑스령 작은 섬 마르티니크에서 태어났다. 조상은 아프리카에서 강제 이주한 노예들이었으나 다행히 파농의 윗세대 조상들이 식민 세력에 동화된 '흑인 부르주아'로 출세한 덕분에 파농의 8형제 모두 프랑스로 유학을 떠날 수 있었다. 검둥이 소년 파농이 초등학교에서 처음 받아쓴 프랑스어 문장은 "나는 프랑스 사람입니다"였다. 당시 마르티니크인들의 최대 소망은 프랑스 파리를 다녀와 식민관료가 되는 것이었다.

프란츠 파농(1925~1961)

2차대전의 발발로 프랑스가 독일에 점령당했을 때 파농 역시 조국 프랑스의 해방을 위해 주저 없이 레지스탕스로 자원해 전선으로 나갔다. 그때까지 파농은 자신도 '하얀 피부'를 갖고 있음을 의심하지 않았다. 부상을 입고 훈장까지 받은 파농은 종전 후 1946년 프랑스의 리옹의과대에 입학했다. 대학에서 키에르케고르, 니체, 헤겔, 마르크스, 레닌, 하이데거, 사르트르 등을 배우고 익히며 유럽의 정신세계에 동화되었다. 백인 프랑스 여성과도 결혼함으로써 완벽한 프랑스인으로 탈바꿈했다고 생각했다.

그런데도 인종적 정체성에 대한 혼란이 사라지지 않았다. 프랑스인들의 외면과 냉대 속에서 그는 자신을 백인과 동일시했던 그동안의 의식이 환상이었음을 깨달았다. '프랑스인'이라는 정체성이 사실은 백인 식민주의자들의 시각이 피지배 인종에게 이식된 결과임을 깨달은 것이다. 1952년 출간된 '검은 피부 하얀 가면'은 바로 그런 개인의 좌절을 기초로 한 책이다. 책은 식민지 지식인의 허위의식과 속물근성에 대한 고백서였다.

파농은 자신의 언어를 빼앗긴 채 지배자의 언어를 강요받게 된 피지배자들의 심리에 주목했다. 백인들이 처음에는 '계몽'이라는 미명 아래 자신들의 언어를 흑인들에게 강압적으로 부과하면, 피지배자들은 곧 지배자의 언어에 정통하게 되고 그 뒤 지배자와 동일한 지위가 보장될 수 있으리라는 환상을 품는다. 이 단계가 되면 지배자들이 굳이 피지배자들에게 자신들의 언어를 강요하지 않아도 된다. 즉 처음에는 타율적으로 백인들의 노예가 되었다가 점차 흑인들 스스로가 노예화되는 것이다.

"검둥이들에게는 다만 하나의 해결책이 있으며 이는 싸우는 것"

파농이 벗어나고 싶었던 것은 흑인이 백인의 '타자'라는 사실이 아니라, 흑인의 '타자' 역시 흑인이라는 자기의식이었다. 파농은 식민주의는 본질적으로 폭력이고 더 큰 폭력 앞에서만 항복한다고 보았다. 그래서 외쳤다. "검둥이들에게는 다만 하나의 해결책이 있다. 그것은 싸우는 일이다"라고. 그렇다고 '검은 피부 하얀 가면'이 단순히 계급 타파와 폭력혁명으로만 채워지지는 않았다. 언어학적, 심리학적 분석으로 가득하고 자크 라캉, 메를로 퐁티 등 프랑스 철학자들이 활발하게 인용되었다.

파농에게 서구의 극복은 서구와의 대결을 통해 '자기'를 찾는 것이 아니라 새로운 사회로 이행하는 것이다. 이런 점에서 '검은 피부 하얀 가면'은 오늘날 '탈식민주의'의 시원으로 꼽힌다. 자원과 노동력 약탈 같은 정치·경제적 차원에서는 식민 지배를 벗어났지만 문화와 의식 차원에서의 서구 중심주의는 계속되고 있다는 문제의식과 비판이 '탈식민주의'다.

파농은 의대 졸업 후, 고향에서 일하길 원했으나 그곳에는 정신과 병원이 없었다. 결국 프랑스 노르망디의 한 정신병원에 자리를 잡았고 그러다가 1953년 11월 프랑스 식민지이던 알제리로 건너가 정신병원에서 근무했다. 1954년 11월 알제리 전쟁이 터졌을 때는 알제리 민족해방전선에 깊숙이 개입했다. 처음엔 의사로서 민족해방전선의 혁명군 부상병들을 몰래 치료하다가 곧 혁명군에게 은신처를 제공하고 정보나 무기 등을 조달했다. 1956년엔 병원을 떠나 민족해방전선의 전업 전사로 나섰다가 튀니지로 추방되었다. 튀니지에선 의사 겸 민족해방전선 기관지 편집을 맡았다.

1960년 12월 파농은 자신이 백혈병 환자이며 고작 1년 정도밖에 살 수 없다는 사실을 알게 되었다. 건강이 눈에 띄게 나빠지자 그동안 미뤄온 '대지의 저주받은 자들'을 1961년 4월부터 집필하기 시작했다. 10주 만에 완성한 책의 서문에서 사르트르는 "현대 유럽 지식인들이 만들어낸 휴머니즘이나 자유주의는 식민지 침략에 알리바이를 제공하고 약탈을 정당화하며 원주민 대량 학살을 방관하는 허위의식에 불과했다"고 고백했다. 원고를 완성하고 미국에 도착했을 때 파농의 병세는 이미 절망적이었다. 결국 1961년 12월 미국의 병원에서 눈을 감았다. 생전의 소원대로 유해는 알제리에 묻혔고 이듬해 알제리는 130년 만에 독립했다.

E.H.카 '역사란 무엇인가' 출간

역사적 사실도 물리학처럼 일반화하고 법칙에 의한 설명이 가능해야 한다.

E.H.카(1892~1982)는 영국 런던에서 태어나 케임브리지대를 졸업한 후 영국 외무부 소속 공무원(1916~1936)으로 활동했다. 외무부 시절 방대한 양의 소련 정부 자료를 소화해야 했던 그는 자료 더미에서 필요한 정보를 추려내는 경험을 통해 소련 전문 사학자가 갖춰야 할 심층지식을 쌓았다. 외교관 신분으로 경험한 1917년의 러시아혁명은 그에게 역사에 대한 관심을 일깨워주었고 러시아 문화와 역사에 심취하게 했다. 러시아혁명과 이후 소련의 성과를 긍정적으로 보고 심지어 히틀러와 스탈린의 전체주의 체제가 지니는 효율성을 인정하면서 서서히 왼쪽으로 기울었다.

그렇다고 본격적인 마르크스주의자는 아니었기 때문에 굳이 분류하자면 '휴머니즘적 마르크스주의자' 혹은 '준마르크스주의자' 정도였다. 마르크스주의자들이 그를 '부르주아 역사학자'로 분류하는 것도 이

E.H.카(1892~1982)

런 이유 때문이다. 이후 '더 타임스'지 부편집장(1941~1946)을 거쳐 1948년 유엔의 세계인권선언 기초위원회 위원장으로 활동하다가 1953년 케임브리지대 교수로 부임했다.

역사가로서 그의 최대 업적은 1950년부터 출간하기 시작해 1958년에 완간한 14권의 '소비에트 러시아사(1917~1929)'다. 또한 그는 '도스토옙스키전'(1931)을 비롯 '낭만적 망명가들'(1933), '마르크스전'(1934), '바쿠닌전'(1937) 등의 전기를 통해 19세기 유럽 지성사 연구에도 일가를 이뤘다. 1961년에는 케임브리지대에서 역사 일반에 대한 연속 강좌를 시작하고 그 강연은 그해 영국 BBC 방송을 통해 일반에 소개되었다. 카의 저작을 대표하는 명저 '역사란 무엇인가'는 그때의 강연 내용을 묶어 1961년 책으로 출판한 것이다.

카는 책에서 "역사의 서술은 사실을 있는 그대로 서술하는 것"이라고 한 랑케 이래의 실증주의 역사학을 '사실 맹신'이라고 비판했다. 책의 첫 장 '역사가와 사실'에서는 역사를 "현재와 과거 사이의 끊임없는 대화"라고 규정했다. 여기에서 '현재'란 역사가의 이상과 해석을 말하고 '과거'란 사료를 의미한다.

카는 역사란 결코 지나간 일을 있는 그대로 밝히는 작업이 아니라 오히려 역사가의 선택과 해석과 평가를 통해 과거 사실을 편집하고 의미를 다시 꾸리는 일이라고 설파했다. 그렇다고 카가 사료의 정확성을 부정하거나 무시한 것은 아니다. 그가 강조한 것은 "사료의 정확성은 의무이지 미덕은 아니다"라는 것이다.

역사가에게는 '상상적 이해'가 중요하다고 주장

카는 과거의 모든 사료는 오염되어 있음을 경고했다. 그 시대의 자료가 충분하지 않은 까닭도 있지만 당대 기록자의 편견과 관심사 그리고 시대 상황에 따라 사료가 얼마든지 왜곡될 수 있다고 보기 때문이다. 카는 역사가에게는 '상상적 이해'가 중요하다고 주장한다. 사료를 그대로 받아들이지 않고 그 뒷면을 생각하며 의미를 찾을 수 있어야 한다는 것이다.

'역사란 무엇인가'의 테제를 요약하면 크게 두 가지다. '역사는 과학적'이고 '역사는 진보한다'는 것이다. 카는 역사의 문제를 다룰 때 헤겔의 '세계 정신'이나 아담 스미스의 '보이지 않는 손'과 같은 초역사적인 힘에 호소하지 말고 역사를 과학으로 보아야 한다고 했다. 따라서 역사적 사실도 물리학처럼 일반화하고 법칙에 의해 설명해야 함을 강조했다. 카는 또한 역사가 미래를 향해 진보한다는 신념을 역사 서술의 중요한 기준으로 삼았다. 물론 그가 말하는 진보는 절대적인 목표를 향해 변증법적으로 발전해 나간다는 마르크스주의자들의 결정론적 역사관과는 달랐다.

그가 말하는 역사의 진보는 인간이성과 자유의식의 확대를 의미했다. 카는 히틀러 때문에 전쟁이 일어나고 비스마르크 같은 훌륭한 재상이 나온 까닭에 풍요롭게 되었다는 식의 해석은 편리하지만 미래를 대비하는 데는 별로 도움이 되지 않는다며 오히려 히틀러와 비스마르크 같은 인물이 어떻게 권력을 잡게 되었는가 하는 일반적인 설명을 내놓아야 역사가 가치가 있다고 주장한다.

카의 역사관에 대한 비판도 적지 않다. 역사를 평가할 때 역사가의 도덕적 판단을 배제해서는 안 된다고 하면서도 역사를 '선과 악'의 문제가 아니라 '진보와 반동'의 관점에서 바라봄으로써 지도자가 진보적이라고 판단되면 그 지도자의 악행이나 인권 유린을 눈감아주는 맹점이 있다는 것이다. '더 타임스'의 부편집장을 지낼 때, 사설에서 영국과 소련의 동맹 결성을 역설하고 냉전 기간에는 영국이 미국과 소련 사이에서 중립을 지켜야 한다고 했던 그의 주장도 이런 그의 역사관과 일맥상통한다는 것이다.

'역사란 무엇인가'는 특히 우리나라 젊은 지식인들에게 큰 영향을 미쳤다. 1970년대 유신 치하에서 반독재 투쟁을 하고 1980년대 우리 사회 변혁운동에 온몸을 내던지던 청년 학도들에게 이 책은 역사철학의 세계에 입문하는 바이블이었다.

1962년

대통령 중심제 개헌과 제3공화국 출범
김종필·오히라 메모 작성
제1차 경제개발 5개년 계획 수립
제2차 통화개혁 실패
함석헌 '뜻으로 본 한국역사' 출간
이응로 파리 첫 개인전
차범석 원작 '산불' 초연
앙드레 김 '살롱 앙드레' 개점과 첫 패션쇼
이준구 미 워싱턴에 태권도장 개관
북한·중국 '조·중 국경조약' 체결
미국의 쿠바 해상 봉쇄
_ 미국의 쿠바 피그만 침공
알제리 132년 만에 프랑스로부터 독립
제2차 바티칸 공의회 개회
앤디 워홀 '마릴린 먼로' 제작
레이철 카슨 '침묵의 봄' 출간
_ DDT
밀턴 프리드먼 '자본주의와 자유' 출간
_ 시카고학파
토머스 쿤 '과학혁명의 구조' 출간
아이히만의 사형 집행과 아렌트의 '악의 평범성'
이언 플레밍 원작 첫 007 영화 '살인번호' 개봉
화학자 라이너스 폴링 노벨평화상 수상
샘 월튼 '월마트' 1호점 개점
존 글렌 미 최초 우주 궤도비행 성공

대통령 중심제 개헌과 제3공화국 출범

김대중 총재도 "간단하게 말하면 제3공화국 헌법으로의 복귀를 요구하는 것"이라고 말할 정도였다.

5·16 후, 쿠데타 세력의 민정 참여는 크게 두 방향으로 이루어졌다. 하나는 자신들의 정치적 조직이 될 정당을 만드는 것이고, 다른 하나는 선거절차를 가급적 자신들에게 유리하게 정비하는 것이었다. 먼저 해야 할 일은 헌법 개정이었다.

개정 작업은 1년 전 허정 과도정부 때 만들어진 내각책임제를 대통령 중심제로 바꾸는 것으로 시작되었다. 헌법 개정을 위해 발족한 헌법심의위원회가 3개월여의 논의와 연구 끝에 개정헌법안을 확정한 것은 1962년 10월 31일이었다. 제5차 개정헌법안은 12월 6일 최고회의 의결을 거친 후 12월 17일 국민투표에 부쳐져 85.28%의 투표에 78.78%의 찬성으로 국민의 동의를 얻었다. 12월 26일 새 헌법이 공포됨으로써 제3공화국이 탄생했다.

제3공화국 헌법은 내각책임제가 대통령중심제로 바뀐 근본적인 변화 말고도 크게 몇 가지 중요한 변화가 있었다. 가장 특징적인 것은 정당 정치를 강화하고 무소속 출마를 봉쇄한 점이다. 국회의원 후보는 소속 정당의 추천을 받아야 출마할 수 있도록 함으로써 무소속 출마를 원천 봉쇄하고, 국회의원은 임기 중 당적을 이탈·변경하거나 소속 정당이 해산될 때는 의원직을 상실하도록 규정했다.

정당제를 강화한 배경에는 정치 안정을 꾀한다는 명분도 작용했지만 장면 정부하에서 겪었던 무질서한 정당 난립에 대한 반작용도 컸다.

개헌 절차나 내용 평가는 긍정적

국회의원 선거제도에서 기존의 소선거구 단순 다수대표제에 가미한 비례대표제(전체 의석의 4분의 1)는 제1당에 유리하게 만들어졌다. 즉 제1당의 득표율이 50%를 넘으면 득표율에 따라 각 정당에 비례대표 의석을 배분하지만 50%에 미치지 못할 경우 제1당에 의석의 절반을 우선적으로 배정함으로써 제1당은 어떤 경우든 50%의 비례대표를 확보할 수 있도록 했다. 이는 여러 정당이 난립할 경우 제1당이 되어도 득표율 면에서 절반을 상회할 가능성이 현실적으로 희박하기 때문에 여당에게 안정 의석을 확보해 주기 위해 마련된 장치였다.

비례대표제가 군사정권에 유리하게 작용하려면 군사정권이 제1당이 된다는 전제가 충족되어야 가능한 일이긴 하지만 그래도 군사정권이 제1당이 될 가능성이 가장 높다는 점에서 제1당에 지나치게 유리한 프리미엄을 주었다는 비판이 제기되었다. 그렇다고 모든 헌법 조항이 군사정권에 유리하게만 제정된 것은 아니었다.

대통령중심제를 추구한 역대 헌법은 대통령과 장관 등이 직무집행 과정에서 헌법과 법률을 위반했을 때의 탄핵소추 의결 조건을 '국회의원 50인 이상 발의에 재적의원 3분의 2 출석과 출석의원 3분의 2 찬성'으로 엄격하게 규정했다.

하지만 제3공화국 헌법은 이를 '30인 이상의 발의에 재적의원 과반수의 찬성'으로 대통령과 장관들에 대한 탄핵소추를 의결하여 탄핵심판위원회(위원장 대법원장)로 넘길 수 있도록 하고 의결을 받은 자는 탄핵결정이 날 때까지 권한 행사를 정지하도록 했다. 이는 만약 야당이 국회의 과반수 의석을 차지하면 여당 출신 대통령을 쉽게 탄핵 의결할 수 있는 것인데 박정희 의장은 이 조항의 문제점을 헌법이 공포된 뒤에야 알게 되었다. 뒤늦게 이 사실을 알고 화를 냈으나 이미 버스는 떠나간 뒤였다.

야당은 군사정권의 헌법에 대해 강력하게 개정을 요구했다. 하지만 최고회의가 1963년 3월 16일에 발표된 박정희 의장의 군정 4년 연장안을 반영한 헌법으로 재개헌하겠다고 의결하자, 헌법을 개정하자던 입장에서 재개헌안을 반대하는 입장으로 끌려다니다가 결국 선거가 다가오면서 개헌은 포기하고 선거에만 관심을 쏟았다.

헌법 개정안에 서명하고 있는 박정희 의장(1962.12.26)

군사정권도 1963년 7월 27일 재개헌안을 철회함으로써 대선과 총선은 예정대로 각각 10월 15일과 11월 26일에 거행되었다. 오늘날 제3공화국 헌법의 개정 절차나 내용에 대한 평가는 긍정적이다. 심지어 가장 모범적인 사례로 꼽히기도 한다. 1980년대에 직선제로의 개헌을 주장하던 김대중 총재도 "간단하게 말하면 제3공화국 헌법으로의 복귀를 요구하는 것"이라고 말할 정도였다.

군사정권이 헌법 개정과 함께 추진한 것은 정치적 조직의 기반을 확보하는 일이었다. 군사정권은 그 첫 단계로 1962년 3월 16일 정치활동정화법을 만들어 기성 정치인 가운데 총 4,100여 명의 손발을 묶어놓은 뒤 비밀리에 자신들의 정치적 기반이 될 정당을 만드는 작업을 진행시켰다.

창당과 운영에 소요되는 자금의 조달을 둘러싼 갖가지 잡음, 기성 정치인들에게는 족쇄를 채워놓고 진행한 사전 창당 작업의 불법성, 그리고 이 과정에서 소외된 혁명 주체 군인들의 반발 등 여러 우여곡절을 겪고서야 민주공화당이 창당된 것은 1963년 2월 26일이었다.

헌법 개정에 이어 군사정권의 입맛에 맞춘 정당법과 선거법이 1963년 초에 확정되고, 기성 정치인들도 일부를 제외하곤 1963년 2월까지 대부분 해금됨으로써 1963년의 정국은 대선과 총선 정국으로 급격하게 이동했다.

김종필·오히라 메모 작성

메모에 자금 명목을 정하지 않아 양국은 '청구권 자금'(한국), '경제협력 자금'(일본)으로 달리 해석했다.

5·16 후 박정희 국가재건최고회의 의장은 10년 전부터 시작되었으나 가다 말다를 반복하고 있는 한일회담을 서둘렀다. 경제개발을 시작하려면 돈이 필요했는데 이 돈을 '청구권' 명목으로 일본에서 받아낼 요량이었다. 그러려면 끊어진 양국간 국교를 하루빨리 정상화해야 했다. 1961년 11월 12일 박 의장이 방미 길에 일본에 들러 이케다 총리와 조속한 국교 정상화에 합의한 것도 결국 돈 때문이었다.

하지만 돈 문제는 1년 동안의 실무회담에도 진전이 없었다. 박정희 의장은 김종필 중앙정보부장을 특사로 파견해 일본과 담판을 짓게 했다. 김종필은 1962년 10월 20일, "제2의 이완용"이 될 각오로 도쿄에서 오히라 외무장관을 만나 1차 탐색전을 펼쳤으나 타결을 보지 못하고 미 CIA 국장의 초청으로 미국을 방문했다.

김종필은 딘 러스크 미 국무장관에게 오히라와의 1차 회담에 대해 "오히라가 12년에 걸쳐 총 3억 달러를 제시하면서 '배상금'으로 불려선 안 되고 '독립 축하금'으로 불리는 게 좋을 것 같다고 해, 나는 한국의 반일 감정을 고려해 3억 달러 이상의 청구액을 포함해 최소 6억 달러는 되어야 한다고 주장했다"고 설명했다.

미국에 체류 중이던 김종필은 박 의장의 긴급 훈령을 받고 다시 일본으로 건너갔다. 박 의장은 "일본이 주장하는 '독립 축하금'이나 '경제협력 자금' 대신 반드시 '청구권'이라는 문구가 들어가야 하고 일본이 제공해야 할 자금은 총액이 6억 달러 이상이어야 하며 일본이 독도 문제를 제기할 경우 한일회담의 현안이 아니라는 점을 분명히 지적하라"고 김종필에게 지시했다.

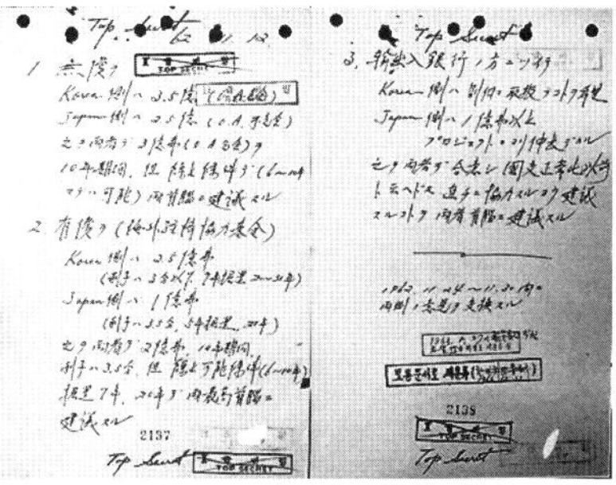
김종필·오히라 메모

김종필은 오히라를 만난 자리에서 "서로 외교적인 기술이나 흥정은 더 이상 거론하지 말고 청구권 금액에 대해 서로가 양보할 수 있는 최저선을 마지막으로 털어놓자"고 제안했다. 오히라도 "서로가 생각하고 있는 금액을 종이에 적어 동시에 교환하자"고 맞장구쳤다. 종이는 두 사람 사이의 조그만 테이블 위에 놓여 있던 일본 외무성 메모용지가 사용되었다.

두 사람은 메모지를 한 장씩 찢어 그 위에다 연필로 서로가 최종선이라고 생각했던 액수와 조건을 써서 교환했다. 이것이 그 유명한 '김종필·오히라 메모'다. 두 장의 메모를 기초로 최종 타협안이 만들어지기까지 총 3시간 30분이 걸렸다. 1962년 11월 12일 오후의 일이었다. 이로써 한일회담의 밑그림은 대충 그려졌다.

그러나 메모를 본 박정희는 '청구권'이란 문구가 없는 것을 보고 노발대발했다. 메모에 자금 제공의 명목에 대해 일언반구도 없다 보니 한국 정부는 '청구권 자금' 혹은 '사실상의 배상'으로 설명한 반면, 일본 정부는 '경제협력 자금' 또는 '독립 축하금'으로 해석하는 아전인수가 빚어졌다.

6·3계엄령으로 반대 의견 봉쇄

김종필·오히라 메모는 2년 동안 비밀에 부쳐졌다. 그러나 1964년 3월

23일 김종필이 오히라를 다시 만나 "3월 말까지 어업회담을 타결하고 4월 초에 외무장관 회담을 열어 모든 현안을 일괄 타결한 다음 4월 말까지 조약 초안을 작성하고 5월 초에 한일협정에 조인한다"는 일정에 합의했다는 사실이 3월 24일자 국내 신문에 보도되고, 이에 격분한 학생들이 그 날부터 전국적으로 데모를 벌이면서 공개 쪽으로 급선회했다.

정부는 3월 31일 32개 대학 학생 대표들과 만난 자리에서 메모 내용을 전격 공개했다. 비록 문서 자체는 공개하지 않았지만 정부가 학생들에게 알려준 내용에 따르면 "청구액으로 한국은 3억 5,000만 달러, 일본은 2억 5,000만 달러를 제시했고, 차관액으로 한국은 2억 5,000만 달러, 일본은 2억 달러를 제시했으며 민간차관은 양쪽 모두 1억 달러 이상"으로 되어 있었다.

이 금액은 2005년에 공개된 우리 측 외교문서(김종필·오히라 메모)에 청구권 금액이 6억 달러(무상 3억 달러, 유상 2억 달러, 민간차관 1억 달러 이상)로 되어 있는 것과는 다소 차이가 있다.

한일회담을 타결짓기도 전인 1964년에 외교관례를 어기고 '김·오히라 메모'가 외부로 알려지자 일본은 당혹감을 감추지 못하며 "구속력 있는 문서 교환"이 아니라고 주장했고 우리 정부는 "문서를 공개한 것은 아니고 내용만 알려준 것"이라며 진화에 나섰다. 그해 6·3계엄령 선포로 중단되었던 회담은 1964년 12월에 재개되어 1965년 6월 22일 한일조약이 성사되었다.

조약안은 양국 의회의 비준 동의를 거쳐 12월 18일 비준서를 교환함으로써 한일 간의 국교 정상화를 위한 험난했던 긴 여정이 대단원의 막을 내렸다. 한일회담을 시작한 이래 14년 1개월 28일, 을사조약을 체결한 이래 61년 만이었다.

제1차 경제개발 5개년 계획 수립

5년간 연평균 경제성장률은 8.5%나 되었고 1인당 국민총생산은 연평균 5.6%로 올랐다.

'경제개발 5개년 계획'하면 흔히 박정희 대통령을 떠올린다. 그러나 경제개발 계획안은 이승만 대통령 때도, 제2공화국의 장면 정부 때도 있었다. 다만 두 정부 모두 계획만 잡았다가 4·19와 5·16으로 실행에 옮기지 못해 알려지지 않았을 뿐이다. 물론 실행했다고 해서 반드시 성공하는 것은 아니다.

대한민국 정부 수립 후 경제개발 계획이 처음 수립된 것은 자유당 정권 말기였다. 1957년 "장기적인 경제개발 계획을 내놓아야 원조를 계속하겠다"는 미국의 통보를 계기로 그해 말 경제개발 계획안이 검토되었다. 그러나 이승만 대통령이 "불구대천의 원수 스탈린의 방식을 따르자는 것이냐"며 묵살해 실행에 옮기지는 못했다.

1959년 봄, 부흥부 산하의 산업개발위원회가 대한민국 최초의 경제개발 3개년 계획(1960~1962)을 내놓았을 때도 이승만 정부는 근 1년 동안 심의조차 하지 않았다. 1년이 지난 1960년 4월 15일에야 국무회의를 통과했으나 나흘 만에 4·19혁명이 터져 불행히도 바로 폐기되는 비운을 맞았다.

4·19 후 등장한 장면 정부도 경제개발 계획안을 준비했다. 장면 정부는 1960년 9월, 5개년 계획을 시행하겠다고 발표한 뒤 미국에 재정 지원을 요청하는 외교문서(경제개혁 비망록)를 보냈다. 장면 정부는 경제개발의 필요성, 5개년 계획의 윤곽, 그리고 장면 정부의 개혁 의지 등을 담은 비망록을 통해 "미국이 원조만 해준다면 내정개혁 단행, 국군 5만 명 감축, 일본과 국교 정상화, 환율 정상화 등을 이루겠다"고 약속했다.

그러나 비망록 내용이 지나치게 저자세라는 사실이 알려져 곳곳에서 "자주독립 정부로서 최소한의 자존심마저 버린 문서"라는 비판이 제기되었다. 그렇다고 국가 재정의 절반 가까이를 미국의 원조에 의존하고 있고 국고도 텅 비어 있는 상태에서 다른 방법이 있는 것도 아니었다.

제1차 경제개발계획 기념 우표

1960년 10월 장면 정부는 4억 2,100만 달러를 5년(1961~1965)에 걸쳐 원조해 달라고 미국에 정식 요청하는 한편 산업개발위원회를 중심으로 5개년 계획 수립에 착수했다. 이런 과정을 거쳐 1961년 4월, 5개년 계획안이 만들어졌으나 장면 정부는 발표를 미뤘다. 1961년 7월 미국을 방문할 때 케네디 대통령으로부터 원조를 확실히 약속받은 뒤 발표할 생각이었다. 그러나 그 사이 5·16쿠데타가 터져 5개년안은 공표도 되기 전에 역사의 그늘 속으로 묻혔다.

박정희 군사정부는 1961년 7월 22일 경제기획원을 신설하면서 경제재건 5개년 계획을 발표했다. 계획안은 9월 15일 최종 시안이 만들어졌으나 최고회의 심의를 거치느라 1962년 1월 13일에야 제1차 경제개발 5개년 계획으로 정식 발표되었다. '한강의 기적'을 일구는 첫 번째 청사진이 비로소 모습을 드러낸 것이다. 그러나 장면 정부 때 만들어진 5개년 계획안을 토대로 급조하다 보니 엉성하고 조잡한 점이 많았다.

"할 수 있다"는 자신감이 가장 큰 수확

국가재건최고회의 위원 유원식 대령과 박희범 서울대 상대 교수가 중심이 되어 작성한 1차 안의 목표는 '자립경제를 지향하는 자주적 공업화 전략'이었다. 자력갱생파로 불린 이들의 자주적 공업화 전략은 외향적이며 개방적인 수출지향적 산업화 전략과는 대비되는 개념이었다.

군사정부는 자금 조달을 위해 1962년 6월 통화개혁을 단행했으나 결과는 참담한 실패로 끝났다. 미국도 사전 협의가 없었다는 이유를 들어 "GNP 성장률을 7.1%로 잡은 것은 과도한 의욕이고 5년간 24억 달러 상당의 외자를 조달하겠다는 계획도 실현 가능성이 희박하다"며 냉담한 반응을 보였다. 결국 1차년도인 1962년의 경제성장률은 2.2%에 그쳤다. 물가는 오르고 외환보유고는 1억 달러에 그치는 등 총체적으로 경제난이 가중되었다.

궤도 수정이 불가피해지자 경제기획원이 1962년 말 1차 경제개발 계획의 전면 수정에 착수했다. 그 결과 1964년 2월, 3개년(1964~1966)을 목표로 한 수정계획이 완성되었다. 경제성장률 목표는 당초 7.1%에서 5%로 낮춰지고 외자 도입 규모는 축소 조정되었다. 목표도 대외지향적이고 개방적인 내용으로 보완되었다. 정부 주도의 경제자립화를 포기하고, 민간기업의 주도권을 보장하면서 개방체제를 지향해 외국 자본을 적극 도입하는 정책으로 전환한 것이다.

제1차 5개년 계획의 성과는 눈부셨다. 5년간 연평균 경제성장률은 8.5%나 되었고 1인당 국민총생산은 연평균 5.6%로 올랐다. 수출은 1964년 대망의 1억 달러를 돌파하고 1966년 2억 5,000만 달러를 달성했다. 1966년의 외환보유액도 2억 4,000만 달러로 늘어났다. 무엇보다 "할 수 있다"는 자신감이 가장 큰 수확이었다.

1차년도 계획의 성공에 힘입어 2차 5개년 계획에는 석유화학 공업과 종합제철이 핵심 사업으로 포함되었다. 이후 경제개발 계획은 2차(1967~1971), 3차(1972~1976), 4차(1977~1981)까지 진행되면서 한국 경제성장의 견인차 역할을 했다. 1982년 제5차 계획부터는 '경제사회발전'으로 명칭이 바뀌고 경제개발을 주도한 박 대통령까지 사라지고 없어 유명무실해졌다.

형식상으론 1996년까지 제7차 5개년 계획이 이어졌지만 순수한 경제개발 5개년 계획은 1981년에 끝난 것으로 보아야 한다. 성장만을 추구하느라 그늘과 부작용도 많았지만 1950년대 전쟁 후의 폐허 상황을 딛고 세계가 주목하는 눈부신 경제성장을 이룬 것만은 누구도 부인하지 못한다.

제2차 통화개혁 실패

정부에 대한 신뢰 손상과 산업활동 혼란이라는 부작용만 양산한 채 '33일 천하'로 막을 내렸다.

5·16 군사정부가 제2차 통화개혁을 단행한다고 발표한 것은 1962년 6월 9일 밤 10시였다. 6월 10일 0시를 기해 기존의 '환'화의 유통을 금하고, 신화폐 '원'과 구화폐 '환'의 교환비율을 1원에 대하여 10환으로 한다는 발표였다. 50환은 한동안 병행해 사용할 수 있지만 그 이상의 '환'화는 6월 17일까지 금융기관에 신고 또는 예입토록 했다. 이로써 1953년 2월의 제1차 통화개혁 때 '환'으로 바뀐 화폐단위는 9년 만에 '원'으로 되돌아왔다.

정부가 통화개혁을 구상한 것은 경제개발 5개년 계획에 소요되는 자금을 마련하기 위해서였다. 통화개혁을 통해 고소득층의 유휴 자금을 동결한 후 이 자금을 산업개발공사가 기업에 투자해 기업이 자립하게 되면 그때 공사가 자금을 회수해 다른 기업에 투자하는 방식으로 산업자금 부족 문제를 해결하겠다는 복안이었다.

음성자금이나 투기성 자본의 규모를 파악하는 것도 중요한 목적 중의 하나였다. 구정권하에서 부정부패로 치부한 장롱 속 자금이 상당히 많을 것이라고 막연히 추측하고, 이를 끌어내 산업자금화하면 구악 일소와 경제개발이라는 두 가지 혁명공약을 모두 실천할 수 있다는 발상이었다.

통화개혁의 주요 입안자는 국가재건최고회의 재경위원인 유원식 대령(1961.8 준장 진급)이었다. 그가 1961년 7월 박정희 국가재건최고회의 의장에게 통화개혁을 제의하자 박 의장은 서울대 상대 박희범 교수에게 구체적인 연구검토를 지시했다. 박정희, 송요찬 내각수반, 유원식 위원, 천병규 재무장관 등 4명은 1961년 10월 박희범으로부터 계획안을 보고받았으나 너무 비현실적이고 실천 불가능한 것으로 판정을 내려 백지화했다. 그들은 박희범에게는 '통화개혁은 안 하기로 했다'고 속이고 한국은행 실무자를 물색했다.

화폐교환 첫날의 조흥은행 소공동 지점 앞(1962.6.10)

그래서 차출한 인물이 한국은행 뉴욕사무소장으로 있다가 5·16 후 인사 숙정 태풍에 휩쓸려 한국은행에서 무보직으로 소일하고 있던 김정렴이었다. 그는 한국은행 과장이었을 때 단행된 1953년 2월의 제1차 통화개혁에도 실무자로 참여했다.

미국에조차 알리지 않고 극비리 진행

통화개혁을 추진하면서 최대 고민거리는 신은행권 인쇄였다. 미국에도 사전에 알리지 않았기 때문에 미국 업체에 맡길 수도 없고, 일본은 국내와 너무 가까워 비밀 누설 우려가 있었다. 결국 1961년 11월 영국에 발주했다. 이렇게 영국에서 제조된 신 은행권은 1962년 5월 18일, 부산항 제2부두에 도착했다.

김정렴은 2차 통화개혁과 관련해 군사정부와 접촉하면서도 산업자금을 동원하기 위한 통화개혁에는 반대하는 입장이었다. 그렇다고 무조건 반대만 할 수 없어 통화개혁 계획안을 작성하면서 반대 의견을 내기로 했다. 김정렴은 1962년 5월 17일 박정희 의장을 비롯해 송요찬, 유원식, 천병규 등이 참석한 대책회의 때도 통화개혁의 문제점을 지적한 뒤 자신이 준비한 통화개혁안을 설명했다.

그런데 그때까지도 김정렴은 영국에서 신은행권이 비밀리에 인쇄되고 있다는 사실을 알지 못했다. 통화개혁의 주체가 되어야 할 한국은행 총재와 경제기획원 장관 등 핵심 경제관료들도 통화개혁 추진 과정에서 원천 배제되었다. 미국에조차 6월 7일에야 통화개혁 사실을 전달할 정도로 통화개혁은 극비리에 진행되었다.

통화개혁은 6월 9일 밤 8시 35분 최고위원 전원과 각료들이 참석한 가운데 제2차 '긴급통화조치법'이 만장일치로 의결·공포됨으로써 비로소 확정되었다. 시행 첫날인 6월 10일은 일요일이었으나 아침부터 몰려든 사람들이 은행에 장사진을 쳤다. 일부 시장에서는 생필품을 사두려는 사람들로 북새통을 이뤘다. 게다가 100원 지폐의 '독립문'이 '득립문'으로, 모든 화폐의 '조폐공사'가 '조페공사'로 잘못 인쇄되는 바람에 가짜 화폐라는 항의도 많았다.

접수 결과 구권 발행액의 97%에 달하는 1,622억 환이 신고되었다. 그런데 5·16 이후 부정축재 처리과정에서 은폐된 음성자금이나 투기성 자금이 상당량 존재할 것이라는 예상과 달리 100만 환 이상의 거액 예입 건수는 0.2%, 금액으로는 14.8%에 불과했다.

신고금액 중 5만 환 이하가 전체의 50%, 100만 환 이하가 85%를 차지하는 등 소액권 소지자들이 대부분이었다. 장롱 속에 거액을 숨겨둔 사람이 많을 것이라던 군사정부의 예상을 완전히 뒤엎는 결과가 나온 것이다.

경제를 볼모로 한 코미디

사회경제적으로 미친 부작용도 막대했다. 통화개혁 발표 한 달 후인 7

월 9일 중소기업의 가동률은 57.7%로 떨어졌고, 유통시장에는 사금융 두절로 자금 고갈 현상이 빚어졌다. 이처럼 유휴자금 활용이라는 목적을 달성하지 못하자 경제적 부작용만 양산했다는 비난 여론이 비등했다.

미국도 통화개혁을 비판했다. 6월 10일 버거 당시 주한 미 대사는 "미국 측에 사전에 하등의 통보나 협의가 없었던 점에 대해 심히 유감스럽게 생각한다"며 강력히 항의했다. 미국은 불만과 항의 정도가 아니라 아예 적대적으로 변해갔다.

군사정부는 더 이상 버틸 수 없었다. 6월 16일의 긴급금융조치법을 통해 예금동결을 일부 완화하고, 6월 30일에는 미국을 달래기 위해 1년 미만 재래예금과 외국인 및 해외교포의 예금은 봉쇄 대상에서 제외시켰다. 미국은 여기서 그치지 않고, 모든 봉쇄예금의 전면 해제를 요구했다. 통화개혁 자체의 백지화 요구에 불응하면 경제원조를 전면 중단한다고 위협했다.

결국 김정렴은 모든 봉쇄예금을 실질적으로 전면 해제하는 내용의 '긴급금융조치법에 의한 봉쇄예금에 대한 특별조치법'을 다시 기안해야 했고 이 법은 7월 13일자로 공포되었다. 이에 따라 봉쇄예금의 3분의 1은 자유계정으로, 나머지 3분의 2는 1년 기한의 특별정기예금으로 전환되었다. 통화개혁을 단행한 목적 자체를 의심케 하는 전면 후퇴였다.

결국 유휴자금의 산업자금화에도 인플레이션 억제에도 성공하지 못하고 정부에 대한 신뢰 손상과 산업활동 혼란이라는 부작용만 양산한 채 '33일 천하'로 막을 내렸다.

최고회의는 통화개혁의 발상자인 유원식 위원을 사임시켰다. 송요찬과 천병규는 증권 파동의 책임을 지고 6월 16일 이미 물러나 있었다. 결국 통화개혁의 핵심 주체였던 유원식, 송요찬, 천병규 등 3인이 모두 퇴진한 것이다. 전문가 집단인 한국은행과 경제인들을 철저히 소외시키고, 군인들이 무리하게 밀어붙인 통화개혁은 결국 경제를 볼모로 연출한 한 편의 코미디였으며 박정희에게는 쿠데타 후 처음 겪은 최대 실패 사례였다.

함석헌 '뜻으로 본 한국역사' 출간

'한국역사'에서 함석헌은 우리 역사의 밑에 숨어 흐르는 바닥 가락을 고난으로 보았다.

1901년 평북 용천에서 태어나 일제 식민지와 해방공간 그리고 자유당 정권과 유신체제를 거쳐 1988년의 서울올림픽 평화대회 위원장까지 맡고 눈을 감았으니 함석헌(1901~1989)이야말로 우리나라의 근현대사를 관통한 시대의 목격자요 증인이었다. 그는 격동의 20세기 내내 진리와 정의를 위해 몸을 던진 구도자였고, 전통과 교리의 속박을 깨뜨린 자유인이었다.

1919년 평양고보 시절 일어난 3·1운동은 함석헌의 삶을 획기적으로 바꿔놓은 전환점이었다. 그의 표현대로 "먹었던 대동강 물이 도로 다 나올 정도"로 만세를 불렀던 그는 3·1운동 후 일제가 설립한 관립 평양고보를 그만두고 2년 후 평생의 스승 이승훈과 유영모가 있는 오산학교로 편입했다.

함석헌(1901~1989)

함석헌은 1924년 일본의 도쿄고등사범학교로 유학을 떠나, 그곳에서 당대 일본 최고의 지성인이자 무교회주의 기독교 창시자인 우치무라 간조(1861~1930)를 만나 무교회주의를 깊이 받아들였다. 도쿄사범학교를 졸업한 1928년에는 오산학교 교사로 부임해 1938년까지 10년 동안 역사를 가르쳤다.

그 시절 함석헌은 '성서적 입장에서 본 조선역사'(이하 '조선역사')라는 제목의 글을 '성서조선' 1934년 2월호부터 1935년 12월호까지 22회에 걸쳐 연재했다. '성서조선'은 우치무라 간조의 영향을 받은 김교신, 함석헌, 송두용 등이 1927년 7월 일본 도쿄에서 창간했다가 귀국 후 국내에서 발행하던 신앙동인지였다.

함석헌이 '조선역사'를 연재할 당시, 우리 역사학계에는 일제 식민사관과 민족주의 사관, 유물사관 등이 혼재되어 있었다. 이런 시기에 나온 함석헌의 '조선역사'는 이들 사관과는 전혀 다른 방식으로 역사를 기술한 독창적이고 개성적인 한국사였다. 그러나 '조선역사'는 광복 때까지 10여 년 동안 역사가들로부터 묵살당했고 '성서조선'의 독자도 기껏해야 300명을 넘지 못했다.

어떤 종교와 종파에도 속하지 않아

함석헌은 1938년 창씨개명과 일본어 수업을 거부하며 오산학교를 그만두었다. 그것은 가시밭길의 시작이었다. '불온교사', '불령선인'으로 내내 감시를 받다가 1940년 평양 감옥에서 1년, 1942년 이른바 '성서조선 사건'으로 서대문형무소에서 또다시 1년을 보냈다.

'성서조선 사건'이란 성서조선 1942년 3월호 권두언에 실린 '조와(弔蛙)'의 내용이 동면하는 개구리의 소생을 비유하여 조선 민족의 소생을 노래했다는 이유로 일제가 성서조선을 폐간시키고, 함석헌·김교신·유달영 등을 투옥한 사건이다.

광복 직후에도 공산당의 발포로 많은 학생이 숨진 신의주학생사건(1945.11)의 배후로 지목되어 소련군에 의해 50일 동안 구금되고 1946년 12월 다시 같은 일로 1개월간 옥고를 치르는 등 수난의 연속이었다.

함석헌은 1947년 3월 친구들의 강권으로 고향을 등지고 남한으로 내려와 1950년 3월 28일 '성서적 입장에서 본 조선역사'라는 제목으로 단행본을 간행했다. 그러나 역사학계는 여전히 사관의 이질성과 서술의 객관성을 문제 삼아 연구서로 인정하지 않았다.

그 무렵 함석헌은 기독교적 사관 중심에서 벗어나는 일대 변화를 겪었다. 기독교가 유일의 참 종교도 아니요 성경만 완전한 진리도 아니고 언제까지 기독교라는 남의 종교를 믿을 수 없다며 자신의 종교관과 세계관을 수정한 것이다.

1953년 7월 4일 마침내 함석헌은 '대선언'이라는 시를 통해 기독교를 포함한 어떤 종교와 종파에도 속하지 않을 것이라는 종교적 입장을 발표했다. 이후 그는 장준하의 '사상계'를 중심 무대로 삼아 지배층과 교회 지도자들을 통렬히 비판하며 이른바 '제동 걸기'에 나섰다.

1956년 1월호에는 '한국 기독교는 무엇을 하고 있는가', 1957년 3월호에는 '할 말이 있다' 등의 글을 게재해 사상계의 판매부수는 늘어났고 함석헌은 대중적으로 널리 알려졌다. 1958년 8월호에는 '생각하는 백성이라야 산다–6·25 싸움이 주는 역사적 교훈'을 발표했다가 20일간 구금당했으며 1961년 7월호에는 '5·16을 어떻게 볼까'라는 글을 실어 박정희와의 싸움에 시동을 걸었다.

"사료의 창고가 아닌 펄펄 뛰는 역사서"

1962년 5월에는 기독교라는 울타리를 벗어나 자기만의 종교를 찾고자 했던 그동안의 자신의 생각을 반영해 '조선역사'를 새로 고치고 제목을 바꿔 '뜻으로 본 한국역사'(이하 '한국역사')를 간행했다. 오늘날 우리가 보는 '한국역사'는 1962년판에서 한문을 덜어내고 6·25 후 역사에 관한 장을 더해 서문을 붙인 1965년 9월판이지만 골격은 1962년판 그대로다.

'한국역사'에서 함석헌은 우리 역사의 밑에 숨어 흐르는 바닥 가락을 고난으로 보았다. 그가 보기에 우리 고난의 역사는 '고구려의 죽음'에서 정점을 이룬다. 그에게 신라의 삼국통일은 '통일'이 아니라 '요절'이었다. 조선조 500년은 옛 고구려의 기상을 완전히 포기하고 주저앉으면서 시작한, '중축(中軸)이 부러진 역사'였다. 그는 일제 강점기와 해방, 분단, 전쟁 그리고 그 후로 이어진 역사에 대해서도 통렬한 자기반성을 요구했다. 그러나 이 모든 불의와 좌절과 고난에도 불구하고 그는 역사의 진보를 믿었다. 그리고 역사의 주인은 민중임을 분명히 했다.

그는 한국사만 그런 게 아니고 인류의 역사가 고난의 역사라고 상기시키면서 고난은 하나님의 섭리이며 고난에는 뜻이 깃들어 있다고 말한다. 또한 고난은 인간과 역사를 성숙시키는 시험이며, 그 가운데 스스로를 돌아보고 고난을 극복함으로써 완성을 향해 나아간다고 말한다. 역사학자 천관우는 '한국역사'를 두고 "사료의 창고가 아닌 펄펄 뛰는 역사"라고 칭찬했으며 함석헌에 대해서는 "우리나라 당대의 첫째가는 역사가의 하나"라고 평했다.

1970년 4월 함석헌은 잡지 '씨알의 소리'를 창간했다. 그러나 5월호에서 5·16을 '한 칼의 더러운 도륙'이라는 뜻의 '오일륙(汚一戮)'으로 규정했다가 발행정지 처분을 받았다. 1971년 7월 대법원의 승소 판결로 다시 발행되었으나 1980년 전두환 정권의 계엄령으로 다시 폐간되는 수난을 겪었다.

1970년대의 함석헌은 반독재 운동의 선봉이자 전사였다. 1979년과 1985년 두 번에 걸쳐 노벨평화상 후보로 추천되었으나 운이 따르지 않았다. 2005년 광복 60주년을 맞아 KBS가 분야별 학자 100명을 대상으로 조사했을 때 한국 현대지성사에 가장 큰 영향을 끼친 인물 1위로 꼽혔을 만큼 그는 '행동하는 지식인의 표상'이었다.

이응로 파리 첫 개인전

서구적인 방법을 원용하면서도 동양적인 조형의 정신과 체험을 융화시켜 독자적인 세계를 구축했다.

이응로(1904~1989)는 우리 전통 회화를 현대적으로 계승한 대표적인 화가다. 그의 예술세계는 전통적인 것과 현대적인 것의 만남, 동양적인 것과 서양적인 것의 조화라는 조형적 과제를 풀면서 전개되었다.

이응로는 충남 홍성에서 태어나 20세 때인 1924년 상경해 당대의 서화대가 김규진의 문하에서 동양화를 배웠다. 문하 생활 수개월 만인 1924년 5월, 제3회 '조선미술전람회'(선전)에서 묵화로 입선해 그림에 재능이 있음을 세상에 알렸다. 하지만 그림 수업을 체계적으로 받지 못한 탓에 다시 선전에서 입상하기까지에는 7년의 세월이 걸렸다. 1931년에야 선전 특선을 수상해 비로소 화가의 길을 걷게 되었다. 1935년 일본으로 건너가 일본 남화의 2대가 중 한 명인 마쓰바야시 게이게쓰를 사사하고 혼고회화연구소에서 서양화를 연구하며 근대적인 미술교육을 받았다.

1945년 3월 귀국한 이응로는 충남 예산의 수덕사 일주문 옆 수덕여관을 구입했다. 이응로가 그곳에서 수덕사 인근의 아름다운 풍광을 그리는 동안 부인 박귀희는 여관을 운영했다. 해방 후 이응로는 일본화의 영향을 배제한 전통 한국회화의 새로운 진로를 모색하기 위해 1946년 배렴, 김영기, 장우성 등과 '단구 미술원'을 개설하고 1948년 홍익대 교수로 부임해 후학 지도에 전념하는 등 해방과 건국 초창기에 한국 화단에서 폭넓은 활동을 이어나갔다.

이응로는 1958년 미술애호가로 소문난 주한 서독 공사 헤르츠로부터 생의 분기점이 될 중요한 제안을 받았다. 독일의 여러 도시에서 개인전을 열자는 것이었다. 이응로는 출국에 앞서 당시 미도파백화점 화랑에서 전시회를 열었다. 전시회는 "동양화의 경계를 벗어난 동양화"라는 평가를 받고, 그림을 팔지 않는 '작품 비매 전시회'라는 점에서 화제를 뿌렸다. 이응로의 출국에는 21세 연하인 이화여대 졸업생 박인경이 동행했다. 그 무렵 두 사람은 사제이면서도 사실상 부부나 다름없었다.

이응로(1904~1989)

아무 대책도 없이 무작정 파리에 주저앉아

이응로는 1958년 독일에서의 약속된 전시회가 모두 끝난 뒤 1960년 미술의 도시 파리로 갔다. 이응로는 여러 화랑에 들러 현대미술의 흐름을 접하는 한편 자기 작품을 보여주었다. 모두가 외면하는 가운데 "당신은 유럽에서 성공할 사람"이라고 격려하는 화상이 있었다. 이응로는 그 한마디에 아무 대책도 없이 무작정 파리에 주저앉았다.

일반적으로 예술가라면 자기가 쌓아올린 세계 속에 안주하기를 바라는 54세 장년의 나이에 누가 보아도 무모하기 짝이 없는 선택을 한 것이다. 더구나 전통적 회화양식을 추구해온 작가가 서구에 진출한다는 것은 결코 쉬운 일이 아니었다.

이응로는 그림물감을 살 돈이 없어 버려진 낡은 컬러 잡지를 주워와 그것을 임의의 크기로 자르고 풀에 이겨 캔버스에 붙였다. 그의 이런 콜라주 작품에 파리의 유명 평론가 자크 라센이 주목했다. 그의 주선 덕에 이응로는 파케티 화랑과 전속계약을 맺었다. 파케티 화랑은 1950년대 초에 앵포르멜(비구상) 미술운동을 선도한 파리 굴지의 전위미술 화랑이었다.

이응로는 1962년 5월 18일부터 한 달간 파케티 화랑에서 파리 진출 후 첫 전시회를 열었다. 이응로가 파리에서 추구한 예술은 전통적인 동양화의 범주에 속했던 한국 시대의 그것과 엄격히 구분되었다. 이응로는 콜라주라는 서구적인 방법을 원용하면서도 동양적인 조형의 정신과 체험을 융화시켜 자신만의 독자적인 세계를 구축했다.

1964년에는 한국인이 해외에 설립한 최초이자 유일한 미술학교인 '동양미술학교'를 파리에 열어 서양인들에게 묵화와 서예 등을 가르쳤다. 이응로가 죽기 전까지 학원을 거쳐간 문하생만 3,000여 명에 달했다. 이응로는 1965년 9월 제8회 상파울루 비엔날레에서 명예상을 수상하고 서독, 스위스, 이탈리아, 덴마크 등 주요 도시에서도 전시회를 열며 입지를 굳혀나갔다.

엄청난 군상의 수묵화는 이응로 예술의 정점

그러던 중 1967년 '동백림 사건'에 연루되어 국내 감옥에서 2년간 옥고를 치른 후 1969년 3월 풀려났다. 감옥에서도 이응로는 300여 점의 그림을 그리며 왕성한 활동을 펼쳤다. 이응로는 석방 후 2개월 동안 본부인이 운영하고 있는 수덕여관에서 몸을 추스르면서 한국 미술사에 남을 추상문자 암각화 2점을 수덕여관 뒤뜰 너럭바위에 남겼다. 그리고 1969년 5월 파리로 떠난 후 영영 돌아오지 않았다. 1977년에는 백건우·윤정희 부부 납치사건의 배후자로도 지목되어 서울에서의 개인전이 끊긴 것은 물론 친북 성향의 정치범으로 낙인찍혔다.

이런 정치적 혼란 속에서도 이응로는 단순한 글자의 획과 그것들의 결구(結構)에 의한 추상화를 1970년대부터 선보였다. 일정한 도형화가 진행된 이른바 문자추상이었다. 초기 문자추상에서는 자체(字體)가 한자의 흘림체에 가까웠다가 후기 문자추상의 작품들에서는 단순한 글자체인 한글 자모의 고딕체에 가까운 형태를 띠었다.

1980년대 들어 이응로는 '군상' 시리즈를 파리와 서울의 화단에 선보였다. 1980년 광주민주화운동 소식을 듣고 200호 화면에 꿈틀대는 수백 수천 명의 군중을 그려넣기 시작한 군상 시리즈는 순수추상에서 주제의식이 강한 회화로의 탈바꿈이었다. 하얀 한지에 수백 수천의 인물이 역동적으로 움직이고 춤을 추고 하는 엄청난 군상의 수묵화는 '서예 화가' 이응로 예술의 정점이었다. 유럽인들에게 이응로의 군상 시리즈는 반핵 운동의 메시지로 읽혔다.

이응로는 파리에서 일부러 프랑스어를 배우지 않고 우리말을 쓰다가 1983년 프랑스로 귀화하고 1987년 평양에서 초대전을 열었다. 1989년 1월 10일 그가 파리에서 눈을 감았다는 소식이 국내에 알려졌을 때 서울의 호암갤러리에서는 1977년 이후 12년 만에 개인작품전이 열리고 있었다.

차범석 원작 '산불' 초연

이념의 허구성과 인간의 본능적 욕구를 사실적으로 그린 전후 문학의 대표작이다.

차범석(1924~2006)은 전후 문학의 1세대로 전통적 사실주의에 입각한 희곡을 발표해 한국적 개성이 뚜렷한 사실주의 연극을 확립하는 데 공헌한 당대 최고의 극작가이자 현대 연극의 파수꾼이었다. 평단이 그를 가리켜 "리얼리즘 희곡의 최고봉"이라고 극찬한 이유는 1930년대 유치진이 시작한 우리나라 리얼리즘 연극이 그에게서 완성되었기 때문이다.

차범석은 전남 목포의 부잣집에서 태어나 풍요로운 유년기와 소년기를 보냈다. 막연하나마 그에게 예술에 대한 영감을 처음 불어넣어준 것은 세계적인 무용수 최승희의 무대였다. 13세 때인 1937년 목포 평화극장에서 본 최승희의 춤사위는 그의 예술 의지를 자극했다. 1942년 광주고보 졸업 후 일본의 명문 고교 입학시험에 낙방하자 2년 동안 도쿄에서 백수로

차범석(1924~2006)

생활하며 연극과 영화에 심취하고 각종 문학 작품을 탐독했다. 그 2년은 이후 차범석의 끊임없는 창작의 원천이 되었다.

1945년 광주사범학교를 졸업하고 목포의 한 초등학교 교사로 근무하던 그해 5월 일본군에 징집되었으나 다행히 8월 일본의 패망으로 복직했다. 1946년 22살의 늦은 나이에 연희전문 문과에 입학해 교내에 '극예술연구회'를 조직하고 1949년 10월 제1회 전국대학연극 경연대회에서 그가 번역·연출한 '오이디푸스왕'으로 연출상을 차지하는 등 해방공간에서 연극에 심취했다.

1950년 6·25전쟁이 발발했을 때는 고향 목포로 낙향해 중학교 교사 생활을 하고 1951년 봄에는 목포의 한 예술제에 그가 각본·연출·주연한 '별은 밤마다'로 비공식 데뷔했다. 그의 이름이 중앙무대에 알려진 것은 1955년 조선일보 신춘문예에 희곡 '밀주'가 가작으로 입선하고 1956년 조선일보 신춘문예에 희곡 '귀향'이 당선되면서였다.

이후 서울에서 본격적으로 창작활동에 매달린 그는 1956년 김경옥, 최창봉 등과 함께 직업 극단인 '제작극회'를 창단해 흥행주의와 상업주의를 배척하는 소극장운동의 선봉에 섰다.

당시 그는 6·25전쟁을 겪은 전후문학 세대로서 사회 현실에 대한 풍자와 비판의식이 강한 작품을 주로 발표했다. 특히 전쟁의 상처로 절망 속에 살아가는 인간상을 그린 '불모지'(1957)와 이념의 허구성과 인간의 본능적 욕구를 사실적으로 그려낸 '산불'(1962)은 6·25의 비극을 부각시키고 반전 의식을 일깨운 전후 문학의 대표작으로 평가받았다.

'산불'은 한국 사실주의 희곡의 정수

'산불'은 이진순의 연출로 1962년 12월 25일부터 29일까지 국립극장 무대에 올려져 대호평을 받았다. '산불'은 6·25전쟁 중 남자들이 다 전쟁터로 나가고 여자들만 남은 한 과부마을에 빨치산이 나타나면서 벌어지는 사건을 통해 인간 본연의 욕망과 이데올로기를 다룬 작품으로, 극한 상황에서 인간의 본질을 적나라하게 보여주는 사실주의 희곡의 교과서로 평가받고 있다. '산불'은 한국 사실주의 희곡의 정수를 보여주는 대표작답게 영화, TV드라마, 오페라로도 만들어졌다.

1963년 9월에는 연극의 대중화와 전문화를 표방한 극단 '산하'를 창단해 적자를 면치 못하는 영세한 상황 속에서도 20년간 대표로 활동하며 단 한 번도 한눈을 팔지 않고 리얼리즘 연극을 고수하고 한국의 현대극을 정착시키는 데 기여했다. 연출에도 관심을 가져 '사형인'(1956), '말괄량이 길들이기'(1964), '세일즈맨의 죽음'(1975), '도미부인'(1984) 등을 연출했다.

평소 대중성을 요구하는 TV드라마도 사회성을 띠어야 한다고 주장한 그는 1980년 첫 회 '박수칠 때 떠나라'를 시작으로 MBC TV드라마 '전원일기'를 1년간 집필하기도 했다. 1983년 '옛날 옛적에 훠어이 훠이'의 작업을 끝으로 산하 극단을 해체했는데 이유는 "무대에 설 만하면 돈을 따라 철새처럼 TV로 가버리는 배우들에게 환멸을 느꼈기 때문"이었다.

평소 깐깐한 원칙주의자로 소문난 그는 1986년 88서울예술단 초대 단장에 임명되었을 때도 창단 시연회에서 관계 장관이 잠을 잔 것을 알고 미련 없이 사표를 던졌다. 이처럼 불의를 보면 참지 못하는 성격 때문에 불성실한 후배들에게는 불벼락을 내리기가 일쑤였다. 연극상을 심사하는 과정에서도 무의미한 공연 기록과 긴 연륜을 앞세우기보다 작품의 질과 연기력을 따져 날카롭게 자격 여부를 가려내는 '연극계의 칼날'로 후배들의 귀감이 되었다.

평생 자가용, 신용카드, 휴대전화를 곁에 두지 않아 '차범석 3무'라는 말을 낳기도 했던 그는 팔순의 나이에도 8번째 희곡집 '옥단어'(2003)를 탈고하고 국내 처음으로 우리 소극장 연극의 발달사인 '한국 소극장 연극사'(2004)를 출간했다. 총 90여 편의 희곡을 남긴 그는 2005년에도 신작 '연오랑 세오녀'를 발표하며 영원한 현역임을 과시했다. 2006년 세상과 작별한 그의 죽음은 한국 사실주의 희곡의 마감이었으며 한국 정통 연극의 종언이었다.

앙드레 김 '살롱 앙드레' 개점과 첫 패션쇼

그의 디자인은 대중과 거리가 먼, 그의 표현을 빌리면 '판타스틱'한 의상들이 대부분이었다.

앙드레 김(1935~2010)은 국내 남성 패션디자이너 1호다. 1962년 패션계에 발을 들여놓은 후 '최초'라는 수식어를 달고 다니며 한국 패션계의 거목으로 자리를 지켰다. 중3 때 6·25가 터져 부산으로 피란을 가 있던 어느 날, 오드리 햅번이 주연한 영화 '화니 페이스'에서 지방시가 디자인한 의상을 보고 디자이너를 동경했다. 하지만 부산에서 7년간 있다가 서울로 올라온 그가 먼저 선택한 길은 영화배우였다.

서구적 외모 덕에 1959년 박종호 감독의 데뷔작 '비오는 날의 오후 3시'(김지미·최무룡 주연)에서 6·25전쟁을 취재하는 프랑스 종군기자 역으로 얼굴을 선보였다. 그러다가 1961년 디자이너 최경자가 설립한 국제복장학원 1기생으로 입학해 본격적인 디자이너 수업을 받았다.

1962년 서울 소공동에 의상실 '살롱 앙드레'를 개점하고 그해 12월 16일 반도호텔 다이너스티룸에서 첫 패션쇼를 열어 대한민국 최초의 남성 패션 디자이너로 데뷔했다. 하나뿐인 창문에 10여 벌의 옷을 걸어놓으면

발 디딜 틈이 없을 만큼 비좁은 공간에서 앙드레 김은 비상을 꿈꿨다. 그는 자신의 디자인 세계를 남의 것에서 찾지 않았다. 한국이나 동양의 전통미가 지닌 지성적인 아름다움, 우아함, 신비감을 패션 디자인으로 승화시켰다.

앙드레 김(1935~2010)

이런 경향은 경력이 쌓이고 완숙해질수록 더욱 분명해졌다. 이 때문에 그의 디자인은 대중과 거리가 먼, 그의 표현을 빌리면 '판타스틱'한 의상들이 대부분이었다. 1966년 9월 프랑스의상협회의 초청을 받고 파리에서 한국인 최초로 해외 패션쇼를 열었을 때, 화려한 드레스와 보석이 박힌 옷을 본 르피가로지는 "선경의 마술"이라고 극찬했다.

파리 패션쇼 후 건너간 미국의 한국 대사관에서도 패션쇼를 열었다. 당시 미국에서 검은 공단 이브닝 코트를 존슨 대통령 부인에게 기증했는데 그해 11월 국빈으로 방한한 존슨 부인이 공식 만찬에서 그 옷을 입어 그를 가슴 뿌듯하게 해주었다. 1968년 9월 첫 뉴욕 패션쇼 이후에도 미국의 볼티모어와 하와이, 싱가포르, 일본 오사카 등 세계 곳곳을 누비며 명성을 쌓았다. 평생을 독신으로 산 그는 1982년 생후 18개월된 아들을 입양해 사랑과 정성으로 키웠다.

해외 패션무대 가는 곳마다 성황 이뤄

1992년 국제올림픽위원회(IOC) 초청을 받아 개최한 바르셀로나 올림픽 공식 패션쇼, 1996년 3월 이집트 피라미드 앞에서 세계 최초로 선보인 패션쇼, 1996년 7월 애틀랜타 올림픽에서 꾸민 패션쇼 등 그의 패션무대는 가는 곳마다 성황을 이뤘다.

그는 해외 패션쇼의 하이라이트 부분에선 한국적이고 동양적인 테마를 다뤄 민간 외교에도 큰 기여를 했다. 이런 공로를 인정받아 1997년 10월 패션 디자이너로는 처음으로 대한민국 문화훈장을 받고 2000년에는 프랑스 정부로부터 문화예술훈장을 받았다. 미국 샌프란시스코시는 1999년 11월 6일과 2003년 10월 18일 두 차례나 '앙드레 김의 날'로 선포하기도 했다. 이렇게 연 패션쇼는 국내 130~140회, 해외 50여 회나 되었다.

앙드레 김의 디자인은 가수 마이클 잭슨과 배우 브룩 실즈 등 세계적인 스타들로부터도 사랑을 받았다. 1999년 방한 때 앙드레 김과 인연을 맺은 마이클 잭슨은 주요 시상식과 공식 석상에서 앙드레 김의 의상을 즐겨 입을 정도로 그의 디자인에 깊은 애착을 보였다.

앙드레 김은 중장년 들어 흰옷만을 고집했다. 진한 메이크업, 이마를 까맣게 칠하는 독특한 헤어스타일, 영어를 섞어 쓰는 독특한 억양의 말투로도 사람들의 관심을 끌었다. 그는 술과 담배를 하지 않고 바둑, 장기, 포커, 고스톱 등 잡기도 멀리하며 오직 패션 한길만 걸었다.

패션계에서만 이름을 날리던 그가 갑자기 국민적으로 주목을 받게 된 것은 1999년 '옷로비 청문회'였다. 앙드레 김의 본명이 '김봉남'인 것과 고향이 '구파발'인 것만 밝히고 끝났다는 우스갯소리를 낳은 '옷로비 사건'에 휘말려 그의 의상실은 검찰의 조사로 뒤죽박죽이 되었다. 그러나 그 사건 덕에 어린아이도 아는 유명인사가 되어 연예인 못지않은 인기를 누렸다. 개그맨부터 아이돌 가수까지 많은 연예인의 단골 패러디 대상이 될 만큼 대중적 아이콘으로 자리잡았다.

그는 사업가로도 수완을 발휘했다. 골프 웨어, 아동복, 속옷, 보석, 홈패션, 도자기, 자전거, 양말 등 다양한 분야에서 '앙드레 김' 브랜드를 확장해 나갔으며 기업체와 제휴해 '앙드레김 아파트', '앙드레김 가전', '앙드레김 카드' 등을 내놓았다. 그의 패션쇼 무대는 스타 등용문으로 통했다. 당대 톱스타라면 한 번쯤 앙드레 김 패션쇼 무대에 서기를 원했다. 그는

"숨을 거두는 순간까지 일선에서 활동하겠다"며 후배를 양성하거나 강단에 서지 않았다. 자기 관리에는 한없이 엄격하면서 이웃을 돕는 활동에는 아낌이 없었던 그가 세상을 떠난 것은 2010년 8월 12일이었다.

이준구 미 워싱턴에 태권도장 개관

태권도를 배우면 체력 단련은 물론 예의도 바르고 공부도 잘하고 가족과도 화목하게 지내게 된다.

미국에서 '그랜드 마스터 리'로 통하는 이준구(1931~)에 대한 미국 내 이미지는 크게 세 가지다. 신비한 동양무술을 하는 근육질의 스포츠맨, 어린이를 대상으로 도덕교육을 펼치는 자원봉사자, 그리고 미국 정치계에 친구가 많은 아시아인이다. 이준구는 충남 아산에서 태어나 1946년 서울로 올라와 동성중학에 다니며 서울 견지동 청도관에서 태권도에 입문했다. 당시에는 '태권도'라는 말이 없었고 가라테의 한자인 '당수' 혹은 '공수도'로 불렸다. 태권도 동작 역시 가라테와 흡사했다. 태권도라는 명칭은 1955년 육군 소장 최홍희가 만든 후 널리 보급되었다.

이준구는 어느 날 미국 영화 속 금발의 여자 주인공을 보고 미국을 동경했다. 미국행을 목표로 영어를 열심히 공부하는 한편 미국에 자리잡을 수단으로 태권도를 선택했다. 그래서 대학도 막 신설된 동국대 태권도학과에 입학했다. 이준구는 6·25전쟁이 한창이던 1951년 12월 사병으로 입대했다. 전쟁이 끝난 뒤에는 소위로 임관해 항공대 정비교관으로 근무했다. 영어를 잘해 미군과 관련된 일은 모두 그가 도맡아 했다.

그가 미국으로 이주한 것은 1957년 11월 21일이었다. 이후 텍사스주립대에서 토목공학을 전공하는 한편 1958년 4월 대학 내에 '코리아 가라테'라는 이름으로 태권도 클럽을 열었다. 당시 미국에는 태권도라는 말 자체

이준구(왼쪽)와 이소룡

가 아예 없었다. 다행히 처음부터 170명의 회원이 몰려온 덕에 학비는 해결되었다. 1960년 미국에서 군사교육을 받고 있던 최홍희 소장으로부터 태권도 명칭을 써달라는 요청을 받은 후에는 '태권도'와 '코리아 가라테'를 병행해 사용했다.

텍사스에 있으면서도 항상 워싱턴 진출을 꿈꾸던 이준구에게 기회가 찾아온 것은 1962년 5월이었다. 워싱턴에 있는 국방부 직원들에게 태권도를 가르치러 갔다가 대학 마지막 한 학기를 포기하고 그대로 워싱턴에 눌러앉은 것이다.

이준구는 1962년 6월 28일 워싱턴에 '준 리 태권도' 도장을 열었다. '워싱턴포스트'지에 광고를 냈더니 120명이 몰려왔다. 그는 태권도를 배우면 체력 단련은 물론 예의도 바르고 공부도 잘하고 가족과도 화목하게 지내게 된다고 홍보했다. 실제로 이준구의 태권도 도장에서는 청소년들이 검은 띠를 따려면 우등생이어야 하고 부모님 말씀을 잘 들어야 하며 인성교육이 되어 있어야 하는 등 몇 가지 조건을 갖추어야 했다. 이러한 교육적인 요소들은 미국 사회의 학부모들에게 인상적으로 비쳤다.

"아무도 나를 건드릴 수 없어!" 광고 히트 쳐

이준구는 1965년 5월 제임스 클리블랜드 하원의원이 강도를 당했다는 워싱턴포스트지 기사를 보고 바로 그 의원에게 전화를 걸어 "태권도를 배우면 그런 봉변을 당하지 않는다"고 일러주었다. 얼마 후 클리블랜드 의원의 초청을 받아 그의 사무실을 찾아가니 그 의원 말고 상원의원 1명과 하원의원 2명이 함께 있었다. 그들 앞에서 선보인 태권도 시범은 '라이프'지와 '워싱턴포스트'지에 기사화되었다.

이 일을 계기로 국회의사당 내 건물에 태권도 전용 훈련도장을 열게 되자 일주일에 3일, 1시간씩 무료로 의원들에게 태권도를 가르쳤다. 그때부터 2012년까지 도장을 거쳐간 의원은 하원의장 10명을 포함해 모두 350명 정도나 된다. 이들은 고스란히 이준구의 인맥이 되었다.

이준구는 1967년 워싱턴의 TV에 태권도 광고를 시작했다. 1969년부터 1980년까지는 당시 워싱턴에 있는 5개의 TV채널에 하루도 빠짐없이 한 군데씩 돌아가며 광고를 했다. 모델로는 자신의 어린 아들과 딸을 등장시켰다. 아이들이 "Nobody Bothers Me!(아무도 나를 건드릴 수 없어!)"라는 슬로건을 외치며 끝나는 광고는 큰 히트를 쳤다. 이후 워싱턴에서 '준 리'를 모르는 사람은 없었다.

이준구의 태권도는 그때나 지금이나 남북 어디에도 속하지 않은 독립적 위치에 있다. 그의 태권도는 우리가 알고 있는 태권도 동작과는 다른 스타일로 이뤄져 있다. 우리 태권도에서는 주먹을 허리춤에 댔다가 지르지만 그의 태권도에서는 주먹이 가슴에서 나간다. 그는 주먹이 허리에서 나가면 어깨에 힘이 들어가 못쓴다며 가슴에서 주먹이 나가야 힘도 안 들고 속도도 빠르다고 주장한다. 음악에 맞춰 벌이는 '태권도 발레'까지 만드는 등 독자적인 태권도를 개발했기 때문에 한국의 태권도계와는 관계가 불편하다.

이준구는 1976년 미국 독립 200주년 기념행사 때 '세기의 무술인'으로 선정되었다. 복싱에는 무하마드 알리, 야구에는 조 디마지오 그리고 무술 분야에 이준구가 선정된 것이다. 1986년 챌린저 폭발사고로 숨진 여교사를 추모해 미 정부가 1월 28일을 '스승의 날'로 제정한 것도 이준구가 미국 의회에 직접 건의해 채택된 것이다.

2000년 3월 2일에는 미 법무부 이민국이 선정한 '가장 성공한 이민 200명'에 선정되었다. 명단에 포함된 인사들 중에는 천재 물리학자 알베르트 아인슈타인(독일), 전화 발명자 알렉산더 그레이엄 벨(스코틀랜드), 전직 국무장관인 헨리 키신저(독일), '007' 영화 주인공 로저 무어(영국), 지휘자 주빈 메타(인도) 등이 있다.

이준구는 레이건 대통령 때는 교육고문, 아버지 부시 대통령 때는 체육고문을 역임했다. 아들 부시 대통령 때는 백악관 직속 아시아·태평양정책 자문위원으로 활동했다. 2003년 6월 28일은 워싱턴 시장에 의해 '준리의 날'로 선포되었는데 6월 28일은 41년 전 이준구가 워싱턴에 처음 태권도장을 연 날이다.

북한·중국 '조·중 국경조약' 체결

"1909년의 중일 간의 간도협약에 면죄부를 준 것", "북한 쪽에 유리" 시각으로 갈려 있다.

1712년에 세워진 '백두산정계비'는 한중 간 국경분쟁의 시작이었다. 비문 속의 "서쪽은 압록강, 동쪽은 토문강으로 정한다(서위압록 동위토문·西爲鴨綠 東爲土門)"는 문구가 분쟁의 발단이었다. 백두산정계비가 세워질 당시엔 간도에 사람이 별로 살고 있지 않아 국경을 둘러싼 갈등은 그리 크지 않았다. 그러나 1860년대 들어 조선 사람들이 대거 간도와 연해주로 이주하면서 분쟁이 표면화되었다.

핵심은 '토문강'이 어느 강이냐는 데 있었다. 우리 측은 "토문강은 백두산 동쪽으로 흐르다 땅 밑으로 복류했다가 다시 땅 위로 나와 중국의 송화강과 합치는 강"이라고 주장한 반면, 중국은 "토문강은 두만강"이라며 주장을 굽히지 않았다. 토문강을 어떻게 해석하느냐에 따라 두만강 북쪽의 광활한 간도 지역의 소유주가 바뀐다는 점에서 양측 모두 물러설 수는 없었다.

양국은 을유담판(1885)과 정해담판(1887) 등 두 차례에 걸쳐 담판을 벌였지만 입장 차이만 확인했을 뿐 결말을 보지 못했다. 그런 와중에도 조선은 1902년 이범윤을 간도관리사로 임명해 간도에 거주하는 조선 주민에 대해 직접적인 관할권을 행사하는 등 적극적으로 간도문제에 대처했다. 문제는 일제의 조선 침략이었다. 1905년 을사늑약으로 대한제국의 외교권을 강탈한 일제가 간도 지역의 철도 부설권과 석탄 채굴권을 청나라로부터 넘겨받는 조건으로 1909년 9월 4일 간도 지역을 청나라에 통째로 넘겨주는 '간도협약'을 청나라와 체결한 것이다.

그러나 간도협약은 기본적으로 성립될 수 없는 조약이었다. 일본이 조선을 대신해 간도협약에 나선 근거가 을사보호조약인데 국제법상 을사보호조약은 보호국이 외교권을 장악할 뿐 피보호국의 영토 처분권까지 갖고 있지 않기 때문이다. 하지만 당시의 우리는 외교권을 빼앗긴 상태였기 때문에 그냥 묵과할 수밖에 없었다. 간도협약 후 한국은 36년의 질곡으로 빠져들었고 1945년 해방 후에는 남북으로 갈려 중국과의 국경문제는 우리의 영향권 밖에 있었다.

북한과 중국이 이 민감한 국경문제를 타결지은 것은 주은래 중국 외교부장과 북한 김일성이 평양에서 '조·중 국경조약'을 체결한 1962년 10월 12일이었다. 중국 용어로는 '조·중 변계조약'이다. 조약 체결 후 양국은 현지 조사를 거쳐 백두산을 포함한 전 국경지역의 경계선을 확정짓고, 1964년 3월 20일 중국의 천이 외교부장과 북한의 박성철 외무상이 북경에서 만나 '조·중 변계의정서'를 체결함으로써 국경문제를 종결지었다. 전문 5개 조, 21개 조항으로 구성된 의정서에 따라 압록강 상류에서 백두산 천지, 천지에서 두만강 상류에 이르는 지역 대부분이 자를 댄 듯 직선으로 금이 그어져 영토가 분할되었다.

백두산 천지의 54.5%는 북한, 45.5%는 중국이 차지해

이 국경선을 표시하기 위해 철근콘크리트로 만든 1~2m 높이의 국경비 28개가 세워졌다. 1호 국경비는 압록강 상류와 2,152m 고지 동쪽의 지류가 만나는 지점에 설치되었다. 또한 조약에 따라 천지의 54.5%는 북한, 45.5%는 중국이 차지하게 되었고 압록강과 두만강에 퍼져 있는 269개의 섬과 182개의 사주(모래톱)를 포함 총 451개는 북한이 264개, 중국이 187개씩 나눠 가졌다. 섬의 면적으로 보면 북한 소유가 85.5%, 중국 소유가 14,5%다. 이성계가 군사를 돌렸던 압록강에서 가장 큰 섬인 위화도도 이때 북한 땅으로 확정되었다.

한참 후 조약의 일부 내용이 알려질 때까지는 김일성이 중국의 6·25 참전 대가로 백두산 천지를 중국 측에 넘겼다는 설이 무성했다. 조약 내용 중 일부가 알려진 뒤에는 북한과 중국 중 어느 쪽이 불리한가를 두고 해석이 분분했다. "중국의 압력으로 백두산과 천지의 일부를 떼어주었을 뿐 아니라 간도 땅을 중국에 넘겨준 1909년 청·일 간의 간도협약에 면죄부를 준 것"이라는 부정적인 평가가 있는가 하면 "간도협약 때 국경의 기준이었던 '석을수'보다 두만강의 원류로 훨씬 북쪽에 위치한 '홍토수'를 기준으로 했기 때문에 북한 쪽에 유리하다"는 시각도 있다. 일본이 간도를 일방적으로 청나라에 넘겨주었던 280㎢의 땅도 되찾았고 백두산 천지 역시 빼앗긴 것이 아니라 오히려 찾은 것이라는 주장이다.

그러면 중국은 왜 불리한 조약을 체결한 것일까. 1950년대까지 북한은 중·소 양국과 등거리를 유지하며 실리를 취하고 있었다. 그런데 1960년대 들어 시작된 흐루시초프의 스탈린 개인숭배 비판이 자칫 북한의 김일성에게까지 파급될 것을 우려해 급격히 중국 쪽으로 기울었다. 중국으로서는 중소분쟁의 와중에서 친중 노선을 따르고 있던 북한을 확실하게 자기편으로 만들 필요가 있었고 그 선물로 국경선을 양보했던 것이다.

중국 측에 불리했다는 것은 중국인들의 반응에서도 감지되었다. 조약 체결에 관련된 길림성 연변 조선족 자치주 주장이었던 주덕해가 문화혁명 때 홍위병들에게 '영토를 북한에 떼어준 (조선)민족분자'로 비판받았고 주은래 역시 매국노로 공격받았다.

조약 내용은 지금까지도 양측이 공개하지 않아 정확히 알 수는 없다. 유엔에도 등록하지 않아 밀약으로만 존재하고 있다. 문제는 통일 후에도 이 조약이 여전히 유효한가 하는 점이다. 밀약이라 하더라도 체결 당사국 간엔 법적인 구속력을 갖고 있으므로 통일 한국이 이 조약을 승계하면 국경선은 인정되지만 만일 통일 한국이 조약 승계를 거부하면 다른 결과가 나올 수 있다는 것이다. 유엔에 등록되지 않은 조약은 제3국에 대해 구속력을 갖지 못한다는 점도 중요한 변수다.

미국의 쿠바 해상 봉쇄

흐루시초프가 미사일 철거와 소련 선박의 귀환을 명령함으로써 '긴박한 14일'은 가까스로 막을 내렸다.

1962년 10월 22일 오후 7시, 케네디 미 대통령이 TV와 라디오를 통해 "소련이 쿠바에 장거리 미사일 기지를 건설 중"이라며 "미국과 서방 세계의 안전을 위해 쿠바에 무기를 운반하는 선박에 대해 해상 봉쇄를 단행한다"고 발표했다. 그 전 1주일간 미국의 극소수 정책 입안자끼리만 대책을 논의해오던 '쿠바 미사일 위기'가 마침내 세상에 공개된 것이다.

고민에 고민을 거듭하던 미국의 대쿠바 정책이 이렇게 가까스로 가닥을 잡긴 했지만 미국은 "평화냐 전쟁이냐"의 갈림길에서 여전히 곤혹스러워했고 세계는 생명을 볼모로 한 핵 도박에 공포를 느껴야 했다. 케네디는 사안의 중대성을 의식해 '봉쇄'라는 용어 대신 '격리'라는 표현을 쓰긴 했지만 표현이 어떻든 불안하긴 마찬가지였다.

미국이 쿠바에 건설 중인 소련의 미사일 발사 기지를 처음 포착한 것은 1962년 10월 14일이었다. U2정찰기가 촬영한 항공사진에서 야자수 숲으로 가려놓은 트레일러와 미사일 격납고가 포착된 것이다. 사진을 분석한 결과, 쿠바 서쪽 4곳에 소련의 미사일 기지가 건설 중이고 핵무기를 탑재할 수 있는 일류신28 폭격기도 조립중인 것으로 확인되었다.

미국과 145km밖에 떨어져 있지 않은 곳에 미국 동부의 주요 도시를 사정권에 넣을 수 있는 미사일 기지가 건설 중이라는 사실에 미 정부는 경악했다. 더구나 1961년 4월 17일 쿠바 망명객들을 훈련시켜 피그만 침공을 지원했다가 실패의 쓴잔을 마셨던 미국으로서는 이런 쿠바의 움직임에 긴장하지 않을 수 없었다.

미 정부는 10월 16일 국가안전보장회의를 긴급 소집했다. 그 자리에서 국가안전보장회의 실행위원회(엑스콤)가 설치되었고 엑스콤은 연일 비밀 대응책을 논의했다. CIA 분석에 따르면, 미사일 발사대는 앞으로 10일 후면 거의 완성될 예정이고 그렇게 되면 미국은 쿠바의 핵 공격 위험에 빠질 수도 있었다.

엑스콤은 미사일 기지를 즉각 공격하자는 강경파와 외교적으로 철거시키자는 온건파로 갈렸다. 케네디는 결정은 못했지만 "미국이 애매한 태도를 보이면 소련은 베를린을 비롯한 그밖의 지역에서 또 다른 모험을 시도할 것"이라는 견해에는 동의했다.

미국의 해상 봉쇄 결정으로 긴장 더욱 고조돼

공중 폭격인가 해상 봉쇄인가. 엑스콤은 여전히 둘로 갈려 결론을 내리지 못하고 있었다. 그러는 동안 미국의 B-47, B-52, B-58 등의 폭격기가 세계 곳곳의 분산된 기지에서 폭탄을 장전한 채 대기하고 있었고 100여 기의 B-52는 수백만 톤의 폭발력을 지닌 폭탄을 탑재하고 대서양 상공을 비행했다.

10월 20일, 케네디는 '해상 봉쇄'라는 최종 결정을 내렸다. "기습작전으로 쿠바의 미사일 기지와 핵병기를 무조건 파괴할 수 있는지에 대한 확신이 서지 않는다"는 미 전략공군사령관의 의견이 케네디의 결정에 영향을 미친 것이다. 10월 24일부터 함정 180여 척, 군용기 1,100여 기가 동원될 해상 봉쇄는 미 해군이 소련 선박을 정지시켜 무기 탑재 여부를 검색하는 방법으로 진행될 예정이기 때문에 상황에 따라서는 미소 간에 심각한 무력충돌이 일어날 가능성도 있었다.

10월 23일 흐루시초프가 쿠바에 대한 미국의 해상 봉쇄를 해적행위로 비난하며 소련 선박에 봉쇄를 무시하라고 지시하면서 긴장이 더욱 고조되었다. 소련 선박은 서서히 쿠바로 다가가고 있었고, 소련 잠수함도 카리브 해로 모여들었다. 중재에 나선 우 탄트 유엔 사무총장이 미국에는 해상 봉쇄 해제, 소련에는 미사일 반입 중지를 호소했으나 "미사일 철거가 우선"이라는 케네디의 거부로 합의를 끌어내지 못했다.

긴장이 더욱 고조되고 있던 10월 26일 쿠바의 카스트로가 아바나의 소련 대사관을 찾아가 미군의 침공이 현실화될 경우 핵 선제공격을 하자고 요청했다. 하지만 그 무렵의 흐루시초프는 이미 미국과의 타협을 결심하고 있었다.

그날 흐루시초프는 텔렉스 용지로 약 2m에 달하는 장문의 편지를 통해 "미국이 쿠바를 침공하지 않겠다고 보장하면 미사일을 철거하겠다"는 뜻을 전했다. 27일에는 "터키의 미국 핵미사일 기지와 쿠바의 미사일을 서로 맞바꾸자"는 두 번째 편지를 케네디에게 보냈다.

핵 전쟁 일어날 뻔한 위기의 순간도 있어

이처럼 화해가 모색되던 10월 27일 쿠바 상공을 정찰비행 중이던 미국의 U2기가 쿠바에 설치된 소련의 지대공 미사일에 격추되면서 사태는 다시 긴박하게 돌아갔다. 공군이 보복공격을 주장했으나 케네디의 만류로 파국은 막을 수 있었다. 훗날 알려진 일이지만 10월 27일에는 핵전쟁이 일어날 뻔한 위기의 순간도 있었다. 미 구축함이 소련 잠수함을 추적하는 과정에서 소련 잠수함이 핵무기를 탑재한 사실도 모르고 폭뢰를 투하하는 바람에 전쟁이 일어난 것으로 착각한 소련 잠수함이 핵어뢰를 장착하고 대응태세에 돌입했던 것이다.

이 같은 위기상황에서 케네디는 흐루시초프의 두 가지 제안 중 두 번째 편지는 무시하고 첫 번째 편지를 받아들인다는 답장을 보냈다. 흐루시초프가 받아들일지는 장담할 수 없었다. 실패로 끝나면 공중 폭격을 주장하는 군부의 목소리를 제어할 수 없는 상황이었다. 위기는 절정으로 치닫고 있었다. 그러나 10월 28일 흐루시초프가 모스크바 방송을 통해 미사일 철거와 쿠바로 향하던 소련 선박 16척의 귀환을 명령함으로써 세계를 불안에 떨게 했던 '긴박한 14일'은 가까스로 막을 내렸다.

소련 잠수함을 감시하고 있는 미 해군 초계기와 구축함

미 여론은 케네디 대통령의 지도력에 박수를 보냈고 민주당은 11월의 중간선거에서 승리했다. 이 사건을 계기로 1963년 워싱턴과 모스크바 사이에 핫라인이 개설되었고 핵전쟁을 피하기 위한 노력의 일환으로 '부분적 핵실험 금지조약'(모스크바 조약)이 체결되었다.

미국의 쿠바 피그만 침공 1959년 1월 쿠바에 피델 카스트로 정권이 들어서고 1주일 뒤 미국이 쿠바의 신정권을 승인할 때까지만 해도 양국의 관계는 우호적이었다. 그러나 카스트로가 북미석유회사를 국유화하는 등 쿠바 내 미국 자산을 몰수(1960.8)하고 미국이 이에 대한 보복으로 쿠바와 단교를 선언(1961.1)하면서 미국과 쿠바의 관계는 견원지간으로 악화되었다.

미국은 카스트로 정권을 무너뜨리기 위해 쿠바의 피그만(灣)을 침공했다. 1961년 4월 17일, 미 CIA에서 훈련받은 1,400여 명의 쿠바 망명객이 7척의 미 함대에 실려 쿠바 피그만에 조용히 닻을 내렸다. 이들은 쿠바 내 반혁명세력의 내응이 있을 것이라는 CIA의 말만 믿고 쿠바에 상륙했지만, 내응은커녕 망명객 안에 첩자까지 숨어 있어 침공의 모든 과정이 쿠바군에 노출되었다.

결과는 참담했다. 쿠바군의 공격으로 사흘 만에 200여 명이 숨지고 1,200여 명이 체포되었다. 전임 아이젠하워 대통령 때 CIA가 수립한 계획을 그해 초 갓 취임한 케네디가 장고 끝에 승인해 이뤄진 침공이었지만 실패에 따른 비난의 화살은 케네디가 뒤집어썼다. 이 일로 국제사회로부터 망신을 당한 것은 물론 대국민 사과성명까지 발표하게 되어 지도력에도 상처를 입었다. 훗날 케네디는 "내가 그토록 어리석었단 말인가"라며 가슴을 쳤다고 한다.

반면 카스트로는 영광스러운 승리자가 되었고 포로 몸값으로 6,200만 달러 상당의 식품과 의약품까지 챙겼다. 1,190명의 포로는 반역죄로 기소되어 30년형을 언도받았다가 미국의 의약품 지급으로 그해 12월 23일

석방되어 미국으로 돌아갔다. 카스트로로서는 향후 또 일어날지도 모를 미국의 침공에 미리 대비해야 할 필요성이 절박해졌다. 1962년 7월 카스트로의 동생이자 국방장관인 라울 카스트로를 모스크바로 보내 소련에 무기 공급을 요청했다. 이때 들여온 무기들이 1962년 10월 '쿠바 미사일 위기'를 촉발한 것이다.

알제리 132년 만에 프랑스로부터 독립

다민족 공동체로서의 알제리가 사실상 끝나는 순간이었지만 무자비한 살육전이 전개되었다.

100년이 넘도록 알제리를 식민지로 삼아온 프랑스의 식민 정책이 한계에 봉착한 것은 1954년이었다. 그해 5월 프랑스는 56일간의 사투 끝에 베트남의 디엔비엔푸를 빼앗겨 100년에 걸친 인도차이나 지배에 종지부를 찍었다. 이 비틀거리는 늙은 맹수를 상대로 북아프리카 알제리에서 민족해방운동의 불길이 치솟아 오른 것은 1954년 11월 1일이었다. 그해 3월에 결성된 민족해방전선(FLN)의 주도로 일어난 봉기로 유럽인과 친프랑스 이슬람교도 7명이 사망하고 14명이 부상한 것은 8년에 걸친 알제리 독립전쟁의 신호탄이었다.

알제리를 식민지로 보지 않고 지중해 다민족 공동체로 여겨온 프랑스로서는 이해할 수 없는 일이었는지 모른다. 오랫동안 알제리에서 살아온 2세대, 3세대 프랑스계 주민들에게 알제리는 고향이었고 프랑스의 일부였으나, 알제리 원주민들에게 프랑스는 점령자일 뿐이었다.

프랑스군을 직접 상대하는 것이 결코 간단치 않다는 사실을 잘 알고 있는 FLN은 프랑스를 비롯 유럽 각지에서 이주해온 온건파 입식자(入殖者)와 친프랑스 이슬람교도들을 제거함으로써 동화와 다민족주의 개념을 파괴하는 것을 1차 목표로 삼았다. 자신들의 잔학 행위에 자극받아 프랑스가 잔인하게 보복공격을 가해오거나 또는 잔학 행위에 겁먹은 친프랑스계 이슬람 교도들이 자신들 진영으로 가담하게 한다는 계산이었다.

알제리를 방문한 드골 프랑스 대통령(1959.9)

2년 반 동안 FLN은 1,000여 명의 유럽인과 6,300여 명의 아랍인을 살해했다. 1955년 여름부터는 남녀노소를 막론한 모든 프랑스인의 대량학살 방식으로 대상을 넓혔다. 역시 목적은 프랑스군의 보복 유도에 있었다. 예상대로 프랑스군은 강경책으로 선회해 1,000여 명 이상의 FLN 대원을 살해했다. FLN은 "대원 한 명이 처형될 때마다 100명의 프랑스인을 살해하라"는 명령으로 대응했다. 이처럼 FLN의 폭력이 끊이질 않자 1957년 1월 프랑스 정부가 알제리 주둔 프랑스군에게 FLN을 소탕하는 데 절대적인 작전권을 주고 고문 금지도 폐지했다.

드골 "당신들의 말을 알겠다"며 안심시켜

프랑스군이 초기 5만 명에서 50만 명으로 늘어나고 이들의 대대적인 소탕작전으로 점차 알제리에서 테러가 자취를 감추자 이번에는 프랑스군의 과도한 진압에 프랑스인들이 불만을 터뜨렸다. 군에 주어진 과도한 권한과 이들에 의한 야만적인 전투방식으로 자유주의자와 중도파가 전쟁 반대쪽으로 기운 것이다.

게다가 알제리 주둔 프랑스군이 사실상 사병화된 것도 여론을 악화시켰다. "알제리의 독립이 프랑스 국가 양심의 총체적인 부패보다 오히려 낫다"고 생각한 프랑스인이 많아지면서 전쟁에 대한 정치적 통제를 회복하자는 목소리가 높아졌다. 전쟁에 지쳐버린 프랑스인들도 지지자와 반대자로 갈려 대립이 심화되었다.

화해할 수 없는 양 세력의 충돌은 1958년 5월의 폭발을 불렀다. 알제리 주둔 프랑스군이 반란을 일으켜 식민정부 청사를 점거하고 공공치안위원회를 설치해 통치권을 장악한 것이다. 50만 명의 병사를 거느린 알제리 주둔 프랑스군과 본국의 군대 사이에 내전의 위험성이 고조되었다.

코르시카가 반군 편으로 넘어가고 반군이 본국을 습격할 것이라는 소문이 떠돌면서 알제리 사태는 혼미 속으로 빠져들었다. 그나마 다행인 것은 반군이 사태 해결의 적임자로 드골을 선택했다는 점이었다. 드골은 반란군의 본토 침략 저지를 위해 정부 명령에 의한 통치와 신헌법 제정을 조건으로 총리직을 받아들였다.

드골은 6월 1일 총리에 취임하고 6월 4일 알제리로 날아가 반군 세력에 동조하는 제스처를 취했다. "당신들의 말을 알겠다"고 안심시키고는 "프랑스령 알제리 만세"를 외쳤다. 그렇다고 드골은 식민지주의자가 아니었다. 겉으로만 그랬을 뿐 내심으로는 알제리를 포기하고 있었다.

독립 투쟁으로 이슬람교도 100만여 명 목숨 잃어

드골은 알제리 사태 해결을 늦추는 대신 견고하게 권력을 장악해 나갔다. 1958년 9월 28일 대통령 권한을 집중시키는 제5공화국 헌법을 채택하도록 하고 12월 21일 대통령에 선출되었다. FLN과는 비밀회담을 통해 문제를 풀었다. 1961년 1월에는 드골이 알제리 민족자결정책을 국민투표에 부친 결과 72%의 압도적인 찬성으로 통과되었다.

반란군은 1961년 4월에 드골의 속임수를 알아채고 그를 타도하기 위해 반란을 일으켰으나 이미 실기한 뒤였다. 시기와 명분을 놓친 반란이 성공할 리 없었다.

반란은 실패했고 지도자들은 대부분 항복하거나 체포되었다. 다민족 공동체로서의 알제리가 사실상 끝나는 순간이었지만 마지막으로 무자비한 살육전이 전개되었다. 백색 테러리즘 단체인 OAS가 1년 이상 폭력을 휘두르며 폭탄, 기관총 등으로 알제리인들을 무참히 살해한 것이다.

프랑스 정부와 알제리 임시정부 간의 '에비앙 협정'(1962.3.18)으로 사태가 일단락되었지만 폭격기와 탱크, 군대를 동원한 OAS의 테러와 폭력은 끊이질 않았다. OAS는 프랑스·알제리 곳곳에 폭탄을 설치하고 드골의 암살을 기도했으며 수천 명의 이슬람계 민간인을 학살했다.

'에비앙 협정'은 프랑스(4.8)와 알제리(7.1) 양국 국민의 국민투표를 거쳐 승인되었다. 7월 3일, 드골이 특별 메시지를 통해 알제리의 독립을 공식 선포함으로써 마침내 프랑스의 알제리 식민통치가 132년 만에 종지부를 찍었다. 지난 8년 동안 프랑스 군인 1만 7,000명과 이슬람교도 100만여 명이 목숨을 잃은 뒤였다.

제2차 바티칸 공의회 개회

4년 7개월의 짧은 재위기간 동안 '혁명적 교황'이 되리라고 예상한 사람은 아무도 없었다.

제2차 바티칸 공의회(1962~1965)는 "종교개혁 이후 가톨릭을 가장 크게 변화시켰다"는 평가를 듣고 있다. 이 공의회의 중심에는 교황 요한 23세(1881~1963)가 있다. 1958년 비타협적이고 보수적인 비오 12세(1876~1958)가 선종했을 때, 새 교황을 선출할 추기경단의 의견은 양분되었다. 비오 12세의 교회 운영 방식을 고수하자는 측과 교회를 획기적으로 변화시켜야 한다는 측으로 나뉜 것이다.

진통 속에서 내려진 결론은 '과도기적 교황'이었다. 그런 점에서 타협적인 태도와 온화한 성품, 게다가 76세의 고령인 안젤로 주세페 추기경은 적임자였다. 주세페가 '신의 대리인'으로 선출된 것은 1958년 10월 28일이었다. 그런데 이 교황이 4년 7개월의 짧은 재위기간 동안 '혁명적 교황'이 되리라고 예상한 사람은 아무도 없었다.

사실 교황이 '요한 23세'를 칭호로 한다고 했을 때 곧 다가올 변화의 폭을 감지했어야 했다. 과거 콘스탄츠 공의회에서 교회의 통일안에 따르지 않았다가 1415년 대립 교황에 의해 파면된 피사 교황의 호칭도 요한 23세였기 때문이다. 1447년에는 요한 23세 이름마저 정통 교황명부에서 삭제되었다.

이처럼 불명예스러웠던 교황명을 500여 년 만에 다시 선택한 것은 교회사에서 어두웠던 한 장면을 지우겠다는 의지의 표현이었다. 요한 23세는 전임 교황들과는 다른 행보를 보였다. 사실상 '바티칸의 포로'로 바티칸 구역을 벗어나지 않던 지난 88년간의 전통을 깨고 로마와 여러 도시의 거리를 거닐면서 일반 시민과 담소하거나 교도소와 병원 등을 방문한 것이다.

제2차 바티칸 공의회 회의 모습

요한 23세가 개혁의 복심을 드러낸 것은 1959년 1월 25일이었다. 교황청의 추기경들에게 로마 교구회 소집, 전체 공의회 개최, 교회법의 현대화 개정 등 3가지 계획을 발표한 것이다. 계획은 단계적으로 진행되었다. 1960년 1월 로마 교구회 본회의를 500년 만에 소집하고, 1963년 4월 교회법 개정위원회를 구성해 현안을 논의토록 했다.

변화와 쇄신이 소명인 듯 공의회 소집 강행

가장 껄끄러운 과제는 공의회 소집이었다. 예상대로 '변화는 곧 가톨릭의 약화'라고 보았던 교황청의 고위 성직자들은 공의회가 교회의 신성한 전통을 위협한다며 반대했다. 그들은 교황이 계획을 단념하거나 회의 소집을 연기하도록 설득했다. 공의회로 인해 가까스로 균형을 유지하고 있는 교회의 명령 계통이 자칫 흔들릴 것을 우려했기 때문이다.

하지만 교황은 마치 '변화'와 '쇄신'이 자신에게 주어진 소명인 것처럼 공의회 소집을 강행했다. 결국 교황청의 위원들은 공의회에서 논의할 사항을 기초하기 위해 1960년 6월, 10개 준비위원회를 구성했다. 각 위원회는 세계 각지로부터 온 2,000여 건의 제안을 검토한 끝에 최종적으로 73개의 안건으로 압축했다.

교황이 제2차 바티칸 공의회 소집을 공표한 것은 1961년 12월 25일이었다. 제1차 바티칸 공의회(1869~1876) 이후 93년 만이었다. 역대 공의회를 망라하면 21번째였다. 전 세계 추기경, 대주교 등 2,600여 명의 고위 성직자들이 로마 바티칸의 성베드로 성당에 모인 가운데 제2차 바티칸 공의회가 개막된 것은 1962년 10월 11일이었다.

대부분 유럽 교회의 대표들로 구성되었던 제1차 바티칸 공의회와 달리 제2차 바티칸 공의회에는 남미, 아시아, 아프리카 등 제3세계 교회의 대표들이 3분의 2나 차지했다. 참석자 중에는 첫 한국인 교구장 노기남 대주교도 있었다. 공의회는 진보와 보수 양파가 격론하고 대립한 가운데 12월 8일 1기 회의를 성공리에 마쳤다.

그러나 요한 23세가 1963년 6월 3일 선종하고 바오로 6세(1897~1978)가 새 교황으로 선출되면서 공의회의 앞날이 불확실해졌다. 다행히 바오로 6세는 요한 23세의 노선을 승계했다. 바오로 6세는 2기 회의(1963.9.29~12.4), 3기 회의(1964.9.14~11.21), 4기 회의(1965.9.14~12.8)를 모두 주관했다.

성당의 예배방식에 큰 변화 생겨

공의회는 이렇게 4년 동안 공개·비공개 논의를 거쳐 4개 헌장, 9개 교령, 3개 선언 등으로 구성된 16개 문서를 채택한 후 막을 내렸다. 헌장에서는 교황이 교회의 절대적 통치자라는 사실은 전처럼 그대로 인정하면서도 세계의 다른 주교들과 긴밀히 유대하고 함께 일해야 한다는 점이 강조되었다. 헌장에 따라 바오로 6세는 주교들과 정기적으로 만나는 국제주교회의를 설치하고 국가 및 대륙 단위의 주교회의를 구성했다.

또한 수백년 동안 지켜온 성당의 예배방식에도 큰 변화가 생겼다. 전통적인 라틴어(또는 그리스어) 대신에 자국어를 미사에 사용하는 것을 허용했고 예배방식도 바꾸었다. 의식도 각국의 관습과 전통에 맞추어 다양성을 인정했다. 그때까지 적대해온 유대교, 개신교, 성공회 등 다른 종교에 대해서도 탄력적이고 관용적인 태도를 취하도록 했다. 1054년 서로 상대를 파문함으로써 갈라섰던 동방정교회와도 파문을 취소하며 화해했다.

공의회의 결정은 한국의 가톨릭에도 큰 변화를 불러왔다. 미사 때 라틴어 대신 한국어가 대폭 사용되었고, 성경 역시 라틴어판에서 히브리어와 그리스어판 한글 번역본으로 바꿔 사용하게 되었다. 몸을 세운 채 꿇어앉는 자세로 존경을 나타내는 의식인 '장궤'는 허리를 굽히는 '절'로 바뀌었으며 교리문답은 간소화되었다. 각 본당별로 본당 신부의 자문기구인 '사목회'가 조직되어 평신도 활동이 활발해졌다.

일부 국가에서는 공의회의 결정보다 훨씬 더 극단적으로 밀고 나간 성직자들도 있었다. 성직자의 결혼, 록음악과 민속음악으로 드리는 미사,

급진적인 노동자 신부 등의 뉴스가 전 세계를 떠들썩하게 한 것도 공의회 후였다. 특히 남미에서는 반자본주의와 친사회주의를 표방하는 사제, 교회의 재산과 토지를 처분할 것을 요구하는 사제 등 충격적인 변화들까지 있었다. 제3세계 성직자들이 해방신학을 대안으로 모색한 것도 바티칸 공의회 후였다.

앤디 워홀 '마릴린 먼로' 제작

현대사회의 특징인 획일성과 비개성화 등을 작품 속에 담아 교묘히 대중을 작품 속으로 끌어들였다.

미국의 1950~60년대는 대량 소비와 대중 미디어의 시대였다. 이전의 제도화된 미술과 달리 광고, 만화, 상품에 등장하는 이미지를 작품에 사용하는 '팝아트'가 등장해 대중의 눈길을 사로잡은 것도 그 무렵이었다. 팝아트는 1950년대 영국에서 싹을 틔웠으나 꽃을 피운 곳은 미국이었다.

팝아트 작가 중 로이 리히텐슈타인(1923~1997)은 만화의 표현 방식을 빌려 작업을 했다. 클래스 올덴버그(1929~)는 석고로 만든 대형 햄버거, 모피로 만든 아이스크림, 철과 납으로 만든 대형 담배꽁초 등 일상용품을 특이한 형태로 제작해 대중문화에 대한 냉소와 해학을 표현했다. 서울 청계천광장에 설치된 대형 조형물 '스프링'은 올덴버그의 작품이다.

앤디 워홀(1928~1987)은 광고의 속성에 착안했다. 별것 아닌 일상을 미술의 소재로 사용하고 기계가 만들어내듯 작품을 찍어냈다. 예술가라면 으레 가졌을 법한 '세상에 딱 하나뿐인 독특한 걸작'을 만드는 데도 관심이 없었다. 그런데도 워홀의 작품 같지 않은 작품은 대중의 인기를 끌었다. 고상한 미술계는 충격에 빠졌다. "작품인가 아닌가"로 시작된 논란

앤디 워홀(1928~1987)

은 급기야 "미술이란 도대체 무엇인가"라는 근원적인 질문으로까지 발전했다. 이런 과정을 거쳐 워홀은 일상과 예술의 경계를 허물어뜨리고 미술의 새 장을 연 작가로 인식되었다.

앤디 워홀은 체코 출신 이민자의 아들로 미국 피츠버그에서 태어났다. 유년 시절은 몸이 아픈데다 대공황의 그늘이 더해져 우울한 잿빛으로 채색되었다. 그가 카네기멜론대 예술학부를 졸업하고 뉴욕에 정착한 것은 20살이던 1949년이었다.

작품 포트폴리오를 들고 뉴욕의 이곳저곳을 노크했으나 누구도 이 시골뜨기 청년의 작품을 인정하지 않았다. 다행히 가능성을 알아본 '글래머'지가 그의 삽화를 실으면서 워홀의 이름이 잡지사와 광고대행사 등에 알려지기 시작했다. 워홀은 잠재된 재능을 맘껏 발휘해 3년 만에 개인전을 열고 상업적인 예술가로 성공했다.

스스럼없이 자신의 작업실을 '공장'이라고 불러

1962년에는 '캠벨 수프 깡통'과 '마릴린 먼로' 등을 발표해 팝아트 작가로서의 입지를 다졌다. 일부 미술사가들은 워홀의 대표적인 팝아트 작품이 제작된 1962년을 1907년과 함께 20세기 미술사에서 가장 중요한 시기로 꼽는다. 1907년은 피카소의 '아비뇽의 처녀들'이 나온 해였다.

워홀의 작품은 소재부터가 파격적이었다. 그는 마릴린 먼로, 엘리자베스 테일러, 엘비스 프레슬리, 재클린 케네디 등 대중매체를 통해 전 세계에 알려진 유명인사들을 작품 소재로 즐겨 다뤘다. 모택동이나 레닌 등 공산주의자들도 그들의 이미지에서 상업적 잠재성이 보이면 어김없이 워홀의 소재가 되었다. 콜라병, 통조림 깡통, 1달러 지폐 등도 예외가 아니었다.

작업 방식도 가히 혁명적이었다. 다른 예술가들이 자신의 작업실을 '아틀리에'라고 불렀던 것과 달리 워홀은 스스럼없이 자신의 작업실을 '공장'이라고 부르며 조수들을 통해 일종의 판화 기법인 실크스크린 방식으로 수많은 작품을 대량으로 생산했다. '대량 생산에 의한 대량 소비사회'로 불리는 현대사회의 특징인 획일성과 비개성화 등을 작품 속에 담아 교묘히 대중을 작품 속으로 끌어들인 것이다.

예술에 대한 고뇌와는 거리가 멀었고 도무지 예술가의 냄새도 풍기지 않았다. 작가의 독창성이나 작품의 고유성도 없었다. 낯익은 대중스타를 소재로 사용함으로써 일반인으로 하여금 자신도 미술을 감상할 수 있는 문화 주체라는 느낌을 갖게 했다.

숭고한 작품을 공장에서 대량 생산되는 작품으로 전락시킨 것에 대해 비평가들의 비난이 쏟아졌다. 예술뿐 아니라 개성까지도 패션화하여 팔았던 이 철저한 상업주의자에게 '상업적', '통속적'이라는 비난도 끊이지 않았다. 그런데도 사람들은 워홀에 열광했다. 붓으로 그렸거나 연필로 그렸거나를 개의치 않았다. 워홀 역시 "예술도 하나의 재화"라는 사실을 도발적으로 보여주면서 비난에 개의치 않았다.

"왜 예술가를 특별하게 보느냐"

워홀은 종종 불만스럽게 물었다. "왜 예술가를 특별하게 보느냐." 1963년 타임지와의 인터뷰에서는 실크스크린 기법과 관련해 유명한 말을 남겼다. "회화는 너무 힘들다. 내가 보여주고 싶은 건 기계적인 것이다. 기계는 문제가 적다. 나는 기계가 되고 싶다. 당신은 그렇지 않은가?" 이런 논란을 거치며 그에게는 "예술의 지평을 넓혔다", "미술 자본주의의 전도사"라는 찬사가 끊이질 않았다. 워홀은 그렇게 브랜드가 되었고 아이콘이 되었으며 미국 현대미술의 영웅이 되었다.

워홀은 영화도 찍었다. 첫 번째 영화는 '잠'이었다. 워홀은 1963년 가난뱅이 시인 존 조르노의 침대를 향해 16mm 무비카메라를 고정시켰다. 조르노는 6시간 동안 잠을 자며 뒤척였다. 그동안 워홀은 필름만 갈아끼웠을 뿐 어떤 카메라 워크도 시도하지 않았다. 워홀에 의해 세계 최초로 인간이 잠을 자는 모습이 영화로 만들어진 것이다.

워홀의 영화 중 최고로 평가받는 485분짜리 영화 '엠파이어'는 1964년에 촬영되었다. 워홀은 카메라를 인근의 높은 빌딩에 설치한 후 엠파이어스테이트 빌딩의 북쪽 면을 1964년 7월 25일 오후 8시 6분부터 새벽 2시 42분까지 촬영했다. 1965년 3월 극장에서 상영되어 호평을 받은 '엠파이어'는 빌딩이 주인공이 된 세계 최초의 영화로 영화사에 기록되었다.

1987년 워홀이 죽었을 때 뉴욕 미술시장에는 일대 혼란이 일어났다. 작품 값이 통례를 깨고 5~7배로 폭등하고 물량도 달렸다. 현재 전 세계 미술 경매시장에서 낙찰된 작품 가격의 총액은 피카소 다음으로 높을 정도로 워홀은 이미 하나의 전설이 되었다.

레이철 카슨 '침묵의 봄' 출간

"봄이 돌아왔건만 새들의 지저귐은 들을 수 없고 들판과 숲과 습지에는 오직 침묵만이 흘렀다."

바다 생물학자로 명성을 떨치던 레이철 카슨(1907~1964)에게 친구가 보낸 한 통의 편지가 도착한 것은 1958년 1월이었다. 미국 매사추세츠 주정부가 살충제인 DDT를 대량 살포했는데 이 살충제 때문에 새들이 죽어가고 있다는 내용이었다. 사실 카슨은 친구의 편지가 아니더라도 그전부터 DDT에 관심을 두고 있었다.

레이철 카슨(1907~1964)

1945년 DDT의 폐해를 알리는 글을 '리더스 다이제스트' 등 몇몇 잡지에 기고했으나 살충제 제조회사의 광고가 떨어질 것을 우려한 잡지사들의 거부로 실리지 않았다. 친구로부터 편지가 왔을 때 카슨은 유방암과 십이지장궤양 등의 병마와 싸우는 중이었지만 편지를 계기로 이후 4년 동안 DDT의 해독에 관한 자료 조사와 집필에 매달렸다.

카슨은 미국 펜실베이니아주의 시골 마을에서 태어났다. 작가를 꿈꾸며 1925년 펜실베이니아여대(현재는 채텀대) 영문학과에 입학했으나 2학년 때 수강한 생물학 강의를 계기로 전공을 동물학으로 바꿔 1929년 졸업했다. 1932년 존스홉킨스대 대학원에서 동물학 석사학위를 취득했으며 해양과학연구소의 해양 생물학자로 사회에 첫발을 내디뎠다. 1936년부터는 미국 어업국 소속 공무원으로 해양에 관한 라디오 프로그램 시리즈를 쓰고 어류에 관한 보고서나 소책자를 만들었다.

1940년 어업국이 어류야생동물청으로 승격한 뒤에는 그곳에서 발간하는 모든 출판물의 편집장으로 활동하며 '해풍 아래서'(1941)와 '우리 주변의 바다'(1951)를 출간했다. 특히 '우리 주변의 바다'는 기존의 과학도서와는 달리 해양과학적인 내용을 매혹적으로 묘사해 32주간 베스트셀러 1위를 차지하고 86주 동안 베스트 순위에 오르며 카슨에게 명성과 부를 안겨주었다. 카슨은 집필에 전념하기 위해 1952년 공무원직을 내던지고 1955년 '바다의 가장자리'를 출판해 3권의 바다시리즈를 완성했다.

실제 사례들을 들어 살충제의 폐해 낱낱이 까발려

DDT에 관한 집필은 1962년에 완결되었고, 연구 결과를 발췌한 내용은

'침묵의 봄'이라는 제목으로 6월 16일자 '뉴요커'지에 실렸다. 2주 동안 연재된 기사에서 카슨은 '기적의 화학약품'으로 칭송되던 DDT, 제초제, 살균제가 자연을 파괴하고 있다며 과학적 근거와 통계수치, 실제의 사례들을 들어 살충제의 폐해를 낱낱이 까발렸다.

그러자 농약 제조업체들이 들고 일어섰다. 카슨을 가리켜 "살충제보다 더 독한 여자"라고 흥분하는가 하면 내용을 소개하는 신문·방송사에는 광고를 끊겠다고 협박했다. 농약회사가 "카슨의 글은 부정확하고 또 악의에 찬 것"이라고 출판금지를 요청했으나 '카슨의 봄'은 1962년 9월 27일 단행본으로 출판되었다.

책의 서두에는 이렇게 씌어 있다. "어느 날 낯선 병이 이 지역을 뒤덮어 버리더니 모든 것이 변하기 시작했다… 낯선 정적이 돌아왔다. 봄이 돌아왔건만 새들의 지저귐은 들을 수 없고 들판과 숲과 습지에는 오직 침묵만이 흘렀다." 카슨은 살충제 등 각종 화학물질의 대량 사용을 근거로 '침묵의 봄'이 머지않아 도래할 것이라고 경고했다. 그에게 '침묵의 봄'은 곧 지구의 멸망을 예고하는 것이었다.

카슨은 환경 위험의 증거로 미시간주의 이스트랜싱시가 느릅나무를 갉아먹는 딱정벌레를 박멸시키기 위해 DDT를 살포한 것을 예로 들었다. 벌레들이 가을에 DDT가 뿌려진 나뭇잎을 먹고, 울새들이 이듬해 봄에 이 벌레들을 잡아먹고 나서 1주일도 안 되어 이스트랜싱의 거의 모든 울새들이 죽었다는 카슨의 경고는 당시 번창일로에 있던 화학회사들에는 메가톤급 핵폭탄이 되었다.

'침묵의 봄'이 불러온 여파 커

관련 업계와 과학계는 발칵 뒤집혔다. 거대 화학회사들은 살충제가 없으면 해충의 번성으로 인해 기아와 죽음을 부를 수 있다는 자료집을 무료

배포하고, 일부 농학자들은 "살충제를 쓰지 않으면 수확량이 90%나 줄어들어 '침묵의 가을'을 맞게 될 것"이라며 카슨을 맹렬하게 공격했다.

카슨은 "농작물을 갉아먹는 해충을 퇴치하기 위해 균류, 박테리아 및 그 외의 곤충과 같은 생물학적 수단을 사용할 것"을 대안으로 제시했다. 사실 '침묵의 봄'이 발간되기 전에도 DDT가 위험하다는 사실을 지적한 학자들의 논문과 기사는 많았다. 그러나 사람들의 가슴 속에 DDT의 사용을 금지해야 한다는 생각이 확실하게 자리잡게 된 데는 '침묵의 봄'이 결정적으로 작용했다.

'침묵의 봄'이 불러온 여파는 컸다. 1963년 5월 대통령과학자문위원회가 "정부는 국민에게 농약의 가치와 함께 그 위험성에 대해 정보를 제공해야 한다"는 내용의 보고서를 발표했으며 1969년에는 국가환경보호법이 제정되고 미 환경보호청(EPA)이 발족되었다. 1970년 4월 22일에는 미국에 '지구의 날'이 제정되었다.

수년 후 과학자들은 살충제가 살포된 지역으로부터 멀리 떨어진 남극지방의 펭귄과 백곰의 체내에 화학살충제가 축적되어 있는 것을 발견했다. 또 수백 킬로미터나 떨어진 그린란드의 해안 부근에서 자란 고래의 체내에서도 DDT가 발견되어 카슨의 경고가 옳았음이 입증되었다.

그런데 오늘날 카슨이 우려한 '침묵의 봄'은 현실로 재현되지 않고 있다. 이 때문에 일부 환경낙관론자들은 카슨의 경고가 너무 과장되었다는 주장을 굽히지 않고 있다. 하지만 그들은 카슨의 경고가 있어 '침묵의 봄'을 피할 수 있었다는 사실은 간과하고 있다.

카슨은 평생 결혼도 하지 않은 채 바닷가의 오두막집에서 화초밭을 가꾸고 새를 관찰하며 저술에만 몰두하다가 '침묵의 봄' 연구에 따른 유방암의 악화로 1964년 봄 세상을 떠났다. 20세기 말 타임지는 그녀를 '20세기를 변화시킨 100인' 가운데 한 사람으로 꼽았다.

DDT 1962년 레이철 카슨이 '침묵의 봄'을 펴내기 전까지 DDT는 만병통치약이었다. 말라리아와 발진티푸스 등 전염병을 퇴치했고, 농작물 생산량을 30~50%나 증대시킨 효자 살충제였다. 몸에 붙어 기생하는 이와 벼룩을 물리치는 신비의 약이기도 했다. 심지어 DDT를 소량 함유한 술이 나오고 DDT 라이스와 DDT 햄버거도 등장했다.

1939년 스웨덴의 화학자 폴 뮐러가 개발해 세상에 알려진 DDT는, 실험을 통해 곤충에게는 독성이 매우 강하고 물에는 녹지 않지만 사람을 비롯한 포유동물에게는 비교적 독성이 약한 것으로 발표되었다. 이 때문에 DDT는 기아와 질병에서 인류를 구한 '기적의 물질'이라는 찬사를 들으며 무차별적으로 뿌려졌다. 2차대전 때 연합군은 군대를 괴롭혀온 모기를 없애고 티푸스를 매개하는 이를 없애기 위해 DDT를 옷에 뿌리는 살충제로 널리 사용했다.

세계보건기구의 보고서에 따르면 DDT 덕분에 발진티푸스, 말라리아, 페스트 같은 전염병으로부터 목숨을 구한 숫자가 2,000만 명을 넘어선 것으로 조사되었다. 뮐러는 세계보건위생에 끼친 공로로 1948년 노벨생리의학상을 받았다. 그러나 기적의 살충제 DDT가 재앙을 키운다는 사실이 알려지면서 찬사는 오래가지 않았다.

"카슨이 나치보다도 많은 사람을 죽인 셈"

해충의 번식을 억제하는 천적의 수까지 줄여 지역에 따라서는 해충이 무서운 속도로 번식하는 길을 터주고, 분해도 잘 되지 않았다. 한번 흡수되면 8년이 지나서야 체내에서 분해되었다. 물고기, 게, 가축 등의 몸속에 축적되어 만성중독을 일으킨다는 사실까지 밝혀지고 DDT가 암을 유발하며 먹이사슬을 통해 계속 축적되어 인체에 만성중독을 일으킨다는 연구결과도 나왔다.

1960년대에 세계 도처에 나타난 이 위험신호를 증폭시켜 세계에 경고한 것이 카슨의 '침묵의 봄'이었다. 미국에서 DDT 사용은 1972년부터, 우리나라에서는 1979년부터 사용이 금지되었다.

그런데 일부 국가에서는 금지 결과가 충격적인 것으로 나타났다. 스리랑카는 1948년만 해도 말라리아 환자가 연간 280만 명이나 생겼지만 DDT의 대규모 살포 후 1962~64년 환자 수가 31~150명에 그쳤다. 그러나 1964년 DDT를 금지했더니 1968년 100만 명, 1969년 250만 명이 말라리아에 걸렸다. 남아프리카공화국도 1996년 DDT를 금지한 후 연 5,000건이던 말라리아가 1999년 5만 건으로 늘어나자 2000년부터 다시 DDT를 살포했다.

그러다 보니 "카슨이 나치보다도 많은 사람을 죽인 셈"이라며 카슨을 히틀러에 비유하는 사람도 생겨났다. '녹색 테러'라는 표현도 등장했다. 결국 세계보건기구는 2006년 9월 DDT를 실내 벽면이나 건물 지붕, 축사 등에 뿌리는 것을 권장한다고 발표했다. DDT의 화려한 복권이었다.

밀턴 프리드먼 '자본주의와 자유' 출간

그의 경제철학은 1980~1990년대 신자유주의 바람의 이론적 지주 역할을 했다.

밀턴 프리드먼(1912~2006)은 평생을 자유주의만을 추구해 온 20세기 경제학계의 거물이다. 그에게는 '케인스학파와 대립각을 이루는 시카고학파의 거두', '통화주의자의 대부', '작은 정부론의 기수' 등 다양한 수식어가 따라다녔다. 프리드먼은 우크라이나에서 미국으로 이민을 온 유대인 부모에게서 태어났다. 1930년대에 러트거스대와 시카고대 대학원을 마치고 1946년 컬럼비아대에서 박사학위를 취득했다.

밀턴 프리드먼(1912~2006)

시카고대 교수로 부임한 뒤에는 1977년 은퇴 후 스탠퍼드대 후버연구소로 자리를 옮길 때까지 '시카고학파'를 이끌었고 1976년 노벨경제학상을 받았다. 1974년 하이에크가 노벨경제학상을 수상하고 2년 뒤 프리드먼까지 노벨상을 차지했다는 것은 시장보다는 정부의 적절한 개입을 중시했던 케인스식 처방이 한계에 다다랐음을 의미했다.

대공황이 전 세계를 휩쓸었던 1930년대부터 1970년대 초반까지 서방 세계에는 '시장은 불완전하므로 정부의 적절한 개입이 있어야 한다'는 케인스의 개입주의가 지배했다. 이 개입주의가 정부의 비대화를 동반하자 이를 비판하며 자유시장이라는 신념을 전파하고 작은 정부 구현과 정부 개입의 억제를 선도한 경제학자가 프리드먼이었다.

그의 논문과 책 가운데 가장 대표적인 저서는 경제학자인 부인 로즈와 함께 1962년 발간한 '자본주의와 자유'다. 여기에는 신자유주의자들이 줄기차게 외쳐온 주장들이 고스란히 담겨 있다. 이 책은 출판과 함께 "매우 도전적"이라는 평을 듣긴 했으나 이미 주류 경제학으로 깊숙이 뿌리내린 케인스 경제학에 반하는 주장 때문에 비주류에 머무를 수밖에 없었다.

프리드먼은 기회가 있을 때마다 '정부가 자원 배분에 직접 개입하여 사회적으로 긴급하고 중요한 일들을 해야 한다'고 주장하는 개입주의자들을 향해 날선 공격을 퍼부었다. 프리드먼은 '국민총생산(GNP) 또는 국내총생산(GDP)에서 정부지출이 차지하는 비율'인 소위 '프리드먼 비율'을 계산하고, 이 비율이 높을수록 실질 경제성장률이 떨어진다는 것을 실증해 보였다. 대공황의 진단과 처방에서도 케인스와 프리드먼의 입장은 확연히 갈렸다.

케인스는 시장경제의 내재적 결함이 대공황의 원인이라고 진단하면서 정부가 경제활동에 좀 더 적극적이고 광범위하게 참여할 것을 주장한 반면, 프리드먼은 수요 부족 때문이 아니라 세계 경제가 위축되고 있는 상황에서 중앙은행인 연방준비제도이사회(FRB)가 통화량을 3분의 1이나 줄여 대공황을 부추긴 것이라고 주장했다. 정부의 잘못된 판단에 의한 잘못된 통화정책이 통화 교란을 낳고 이것이 다시 대공황을 초래했다는 것이다.

단단했던 케인스 경제학에도 균열 생겨

그는 자신의 이런 주장을 '인플레이션은 언제 어디서나 화폐적 현상'이라는 유명한 말로 표현했는데 화폐가 중요하다는 이 새로운 관점은 '통화주의'로 불린다. 통화주의는 인플레이션의 원인이 과도한 통화 공급에 있다고 보고 정부와 중앙은행의 역할을 줄여야 한다는 주장이다.

프리드먼은 정부가 통화 증가율을 일정하게 정한 다음 장기에 걸쳐 철저히 준수해 나가는 이른바 'k 퍼센트 준칙'을 제시했다. 'k 퍼센트 준칙'이 준수되면 인플레이션이나 대공황 등 통화량의 급격한 변동으로 인한 혼란을 예방할 수 있고, 미래의 불확실성이 감소되어 경제 주체들이 합리적인 경제활동을 할 수 있을 것이라고 믿었다. 그럼에도 케인스 경제학이 득세하는 한 프리드먼은 경제학계의 비주류일 수밖에 없었다.

이런 기간은 30년 이상 계속되었다. 그러다가 1970년대 들어 석유파동의 여파로 세계 경제가 인플레이션이라는 홍역을 앓으면서 단단했던 케인스 경제학에도 균열이 생겼다. 게다가 스태그플레이션이라는 새로운 경제 현상까지 나타나자 개입주의자들은 해답을 내놓지 못하고 우왕좌왕했다.

가능한 한 정부의 지출을 줄이고 통화량의 팽창을 억제해야 한다는 프리드먼의 주장이 관심을 끌기 시작한 것은 바로 이런 무렵이었다. 이후 각국에서 자유시장과 사유재산의 철저한 보장이 주요 정책수단으로 등장하고, '화폐가 중요하다'는 통화주의 이론이 각광을 받으면서 프리드먼의 견해가 현실 경제에서 진가를 발휘하기 시작했다.

프리드먼은 1982년 '공짜 점심은 없다'는 유명한 말이 담긴 경제칼럼집 '화려한 약속, 우울한 성과'를 펴냈다. 모두가 더 새롭고, 더 크고, 더 후한 정부 정책이 나와야 한다고 외치지만 정부가 이에 부응하려면 어느 누군가의 희생(세금) 없이는 돈을 지출할 수 없다는 것이다. 정부 개입 축소, 자유시장 확대를 주창한 그의 경제철학은 1980년대 로널드 레이건 미국 대통령과 마거릿 대처 영국 총리가 취한 신자유주의 정책의 이론적 지주 역할을 했다.

1990년대 들어 정보통신 기술의 발달이 국가의 경계를 뛰어넘는 거대 시장까지 등장시키면서 프리드먼의 관점은 주류 경제학의 중심을 꿰찰 수 있었다. 그러나 2007년 들어 다시 상황이 일변하는 변화가 일어났다. 그해 6월 미국의 서브 프라임 모기지 사태가 촉발한 금융위기가 2008년 세계를 강타하면서 세계가 케인스의 이론을 다시 찾기 시작한 것이다. 여기에 신케인스 경제학자로 분류되는 폴 크루그먼이 2008년 노벨경제학상 수상자로 뽑혀 세상이 바뀌고 있음을 확인시켜 주었다.

시카고학파

신자유주의를 거론할 때마다 빠지지 않는 것이 '시카고학파'다. 1946년 밀턴 프리드먼이 교수로 부임한 미국 시카고대 경제학과가 중심이 된 시카고학파는 시장주의와 개인의 자유가 경제의 근간이 되어야 한다고 믿는 학파다.

시카고대 졸업자나 교수 출신으로 노벨경제학상을 수상한 사람이 1969년 제1회 수상자 발표 이래 2007년까지의 수상자 61명 중 24명이나 된다는 점에서 시카고학파가 20세기 후반기 세계 경제에 미친 영향력은 막강했다.

노벨상 수상자 중에는 폴 새뮤얼슨(1970)을 비롯 프리드리히 하이에크(1974), 밀턴 프리드먼(1976), 조지 스티글러(1982) 등 자유주의 시장경제의 스타 학자들이 포진하고 있다. 2007년에도 로저 마이어슨 교수가 시카고대 교수 출신 중 10번째로 노벨경제학상을 받아 경제학계의 메카로 군림하고 있는 시카고학파의 위상을 다시 확인시켜 주었다.

시카고학파는 마거릿 대처가 지휘하는 영국 정부는 물론 '작은 정부'를 제창한 로널드 레이건 정부의 경제 정책 '레이거노믹스'에도 이론적 토대를 제공하면서 세계적으로 주목을 받았다.

시카고학파가 노벨상을 휩쓰는 비결에 대해 전문가들은 대외 활동보다 학문적 업적을 중시하고, 동부의 주요 대학들과 떨어진 지리적 특성을 반영해 유행에 연연해하지 않는 독창적인 연구 풍토를 꼽는다. 또한 독창적인 아이디어로 기존 주류에 과감하게 도전하는 진취적 학풍과 우수한 두뇌들을 과감하게 영입하는 관행 등도 주요 이유로 거론된다.

그러나 2008년 신케인스 경제학자로 분류되는 폴 크루그먼 프린스턴대 교수가 노벨경제학상을 차지하면서 감히 넘볼 수 없었던 시카고학파의 아성도 위협을 받고 있다.

규제 없는 자유방임적 금융정책으로 빚어진 금융위기가 세계를 휩쓸면서 신자유주의를 바라보는 시각에도 변화가 생겼다. 특히 프린스턴대는 1979년 아서 루이스 이후 2008년 폴 크루그먼에 이르기까지 5명의 노벨경제학상 수상자를 배출해 새로운 경제학의 메카로 부상하고 있다.

토머스 쿤 '과학혁명의 구조' 출간

과학의 변화·발전은 기존의 판도를 뒤집는 폭발적인 무언가의 출현으로 위기에 부닥쳤을 때 나타난다.

토머스 쿤(1922~1996)의 명저 '과학혁명의 구조'는 20세기 후반기에 출판된 책 가운데 가장 영향력 있는 과학서적의 하나이며 20세기 사상사에 굵은 획을 그은 현대의 고전이다. 책에서 쿤이 제시한 '패러다임'과 '과학혁명'의 개념은 책 출간 후 자연과학은 물론 철학·사회과학·역사학·문학·예술·신학에 이르기까지 다양한 분야에 영향을 미쳤다.

쿤은 미국에서 태어나 하버드대 물리학과를 졸업하고 같은 대학에서 1949년 이론물리학 박사학위를 받은 정통 물리학자다. 그러나 1957년 코페르니쿠스의 업적에 나타난 혁명적인 모습과 보수적인 모습을 분석한 '코페르니쿠스 혁명'을 발간한 것을 계기로 물리학자에서 과학사학자로 변신했다.

1962년에는 좀 더 과감하고 도전적인 내용을 담은 '과학혁명의 구조'를 출간함으로써 당대 과학사 및 과학철학 연구자들에게 엄청난 충격을 주었고 많은 논란을 불러일으켰다. 책은 시카고대 출판부가 발간한 학술서 중 가장 널리 읽혔다. 24개국 언어로 번역되어 모두 100만 부 이상이 팔렸다.

'과학혁명의 구조'에 따르면 과학의 변화·발전은 지식의 '축적적' 또는 '누적적' 성과가 아니라 기존의 판도를 뒤집는 폭발적인 무언가의 출현으로 위기에 부닥쳤을 때 나타난다. 이러한 발전은 과학혁명이라는 분기점을 통해 가능해진다.

쿤의 표현을 빌리면 과학혁명은 이전에 통용되던 옛 패러다임이 이와 양립할 수 없는 새로운 패러다임에 의해 전반적 또는 부분적으로 대체되는 비축적적인 변화의 에피소드들이다. 그렇다면 과학혁명이 오기 전까지 평소에 비혁명적이고 안정된 기간이 있어야 하는데 이 시기가 쿤이 말하는 '정상과학' 기간이다.

토머스 쿤(1922~1996)

정상과학은 특정 패러다임을 공유하는 과학자 집단에 의해 지배되는 연구활동을 의미한다. 패러다임은 정상과학의 시기에 과학자들이 공유하는 이론, 법칙, 지식, 방법과 가치관, 습관, 규범을 통틀어 지칭한다. 패러다임이라는 말은 오늘날 쿤을 대표하는 용어가 되었지만 사실 쿤이 만든 말은 아니다. 이 말은 고대 그리스어에서 유래한 것으로 플라톤 철학에서 핵심적 술어이며 아리스토텔레스의 논리학에도 나온다.

'치명적인 이상 현상' 빈번할 때 과학혁명 일어나

쿤에 따르면 처음엔 여러 이론이 공존하는 '과학의 전 단계'가 있고 가장 우세한 이론이 지배하는 '정상과학의 단계'로 들어선다. 그러다가 정상과학의 이론으로 설명할 수 없는 '치명적인 이상 현상'이 빈번하게 출현하면 당대의 패러다임은 위기를 맞아 붕괴하고 새로운 패러다임의 변화가 일어난다. 이 과정이 과학혁명이다.

따라서 과학의 발전은 '정상과학 → 이상현상 → 위기 → 과학혁명 → 새로운 정상과학'의 순으로 진행된다. 예를 들면 천동설은 오랫동안 유력한 패러다임이었으나 지동설을 따르는 학자들이 늘어나고 이를 뒷받침하는 결과들이 속속 등장하면서 천동설은 없어지고 지동설이 정상과학의 위치를 차지하게 된 것이다.

특정 패러다임이 형성되면 이 패러다임으로 새로운 전문가 집단이 훈련되는데 이들은 새 패러다임에 익숙해져 기존의 이론 체계를 부수고자

하는 도전 정신을 잃어버린다. 그렇게 되면 정상과학은 혁명적으로 새로운 분야를 개척할 필요가 없는 보수적인 작업이 되고 이론상으로는 새로운 연구에 몰두할 필요가 없어진다.

그런데도 과학자들은 왜 과학 연구를 계속하는 것일까? 이를 설명하기 위해 쿤이 제시한 것이 '퍼즐 맞추기'다. 정상과학기의 과학자들이 퍼즐을 맞추는 데 재미를 느끼고 문제 풀이에 몰두하기 때문에 정상과학이 유지되고, 그러다가 정상과학이 기존의 패러다임으로 해결할 수 없는 변칙적 문제를 만나면 위기 국면을 거쳐 과학혁명의 단계로 접어든다는 것이다.

격렬한 비판과 열렬한 찬사 쏟아져

대표적인 과학혁명의 시기는 과학적 지식이 폭발적으로 늘어난 1500년경부터 시작해 1700년대에 집중적으로 나타났다. 코페르니쿠스의 지동설, 케플러의 법칙, 갈릴레이의 연구, 뉴턴의 물리학 법칙 등이 모두 과학혁명 시기의 중요한 성취다. 과학적 지식은 결국 세계관까지 바꾸어 철학사상, 사회의식을 근본적으로 변화시킨다. 다윈의 진화론, 아인슈타인의 상대성이론 등은 패러다임 자체를 변화시킨 과학혁명들이다.

'과학혁명의 구조'는 책이 나오기가 무섭게 격렬한 비판과 열렬한 찬사를 불러일으켰다. 그전까지 과학철학은 지식의 축적을 통해 과학이 진보한다고 믿었다. 즉 과학 연구란 의심할 여지가 없이 관찰이나 실험 결과에 근거해서 자연세계에 대한 참된 진리를 차곡차곡 축적해가는 합리적 활동이었다. 따라서 쿤의 견해는 당시 과학철학계의 표준적 견해와 크게 배치되었다. 과학계는 종래의 과학철학 궤도에서 벗어나 과학의 발전을 역동적인 과정으로 인식하는 쿤의 과격성을 받아들일 수 없었던 것이다. 쿤에 대한 비난이 주로 과학계에서 쏟아진 것도 이 때문이다.

반면 사회과학자들은 쿤이 제기한 패러다임 등의 기본개념이 사회구조

및 그 규범과 제도를 연구하는 데 유용하다며 호평했다. 진보진영은 쿤의 모델이 변증법 논리와 유사하다며 찬사를 아끼지 않았다. 비판과 찬사를 떠나 패러다임이란 용어 자체에 모호한 점이 많다는 데는 양측 모두 의견이 일치한다. 그럼에도 과학 역시 인간의 여타 활동과 비슷한 방식으로 발전한다는 그의 주장으로 쿤은 자신이 원하든 원치 않든 '과학철학의 혁명가'로 추앙받았다.

아이히만의 사형 집행과 아렌트의 '악의 평범성'

아렌트는 아이히만을 홀로코스트 범죄의 책임자라기보다는 희생자에 가까운 사람으로 그렸다.

1960년 5월 11일 저녁 8시쯤, 한 사내가 아르헨티나 부에노스아이레스 근교의 집 부근에서 수 명의 이스라엘 정보기관 모사드 요원에게 체포된다. 사내는 지난 10년간 리카르도 클레멘트로 행세해 온 나치의 '마지막 해결사' 아돌프 아이히만(1906~1962)이었다. 그는 2차대전 중 독일은 물론 독일의 점령지였던 오스트리아·헝가리 등지의 유대인을 체포, 고문, 강제이주, 살육하는 데 앞장섰던 나치의 친위대 장교였다.

하지만 직급으로만 따지면 아이히만은 보잘것없는 인물이었다. 그가 마지막으로 오른 최고 계급은 친위대 중령에 불과했다. 그럼에도 불구하고 600만 명의 유대인 희생자 가운데 어떤 방식으로든 그의 손을 거친 사람이 절반에 달한다고 할 만큼 그가 유대인 학살에서 차지하는 비중은 컸다. 아이히만은 폴란드 동부 지역에 홀로코스트로 악명이 높은 유대인의 절멸수용소를 세우는 아이디어를 내고 유대인 희생자가 몇 명인지 알고 있었던 소수의 사람 가운데 한 명이었다.

2차대전이 끝난 후 미군에 체포되었으나 가명을 대고 풀려나 이탈리아

재판 중인 아돌프 아이히만

와 중동 등지를 전전하다 1950년 7월 아르헨티나 부에노스아이레스에 정착했다. 그는 나치의 흔적을 지우기 위해 리카르도 클레멘트로 이름을 바꾸고 나치 친위대원 표지인 겨드랑이 안쪽의 'SS' 문신도 지웠다. 1952년 그의 뒤를 이어 아르헨티나에 도착한 부인, 자녀와 함께 부에노스아이레스 교외에 은신하며 여러 직업을 전전했다.

그의 정체는 뜻하지 않게도 그의 장남 때문에 탄로가 났다. 1957년 아들이 여자 친구에게 자신의 아버지가 유럽에서 '유대인 제거'에 앞장섰다고 자랑스럽게 떠벌린 것이다. 아들은 독일인의 외모를 지닌 여자 친구가 유대계라고는 상상도 하지 못했다. 여자 친구의 아버지는 2차대전 당시 수용소에 수감되었던 유대계 독일인이었다. 그의 부모는 유대인 수용소에서 희생되었다.

딸에게서 남자 친구 아버지의 얘기를 전해 들은 그는 즉각 유대인 수용소에서 함께 지내다 홀로코스트에서 살아남은 유대계 독일인 프리츠 바워 독일 헤센주 검찰총장에게 편지로 이 사실을 알렸다. 편지는 이스라엘 정부에 전달되었고 모사드가 사실 확인에 나섰다. 2년에 걸친 추적과 조사 끝에 모사드는 아이히만의 신원을 확인했다.

모사드는 아르헨티나 독립 150주년 축하 사절로 공식 방문하는 이스라엘 외무장관 여객기에 모사드 요원을 승무원으로 가장시켜 극비리에 급파했다. 그리고 아이히만을 그의 집 부근에서 체포해 대기하고 있던 차 안으로 밀어넣었다. 아이히만은 체념한 듯 독일어로 "운명을 받아들일 준비가 되어 있다"고 신음하듯 말했다.

아이히만은 모처에서 9일 동안 신문을 받은 후 "자의에 의해 이송된다"

는 각서를 쓰고 5월 21일 약물 주사로 인해 병자처럼 보이는 상태에서 승무원 복장 차림으로 이스라엘 외무장관이 타고 왔던 같은 비행기에 태워져 이스라엘로 송환되었다.

"나는 나치라는 거대한 기계의 한 도구였을 뿐"

체포 사실은 5월 23일 벤구리온 총리의 공식 발표로 세상에 알려졌다. 뒤늦게 이 사실을 알게 된 아르헨티나의 항의로 양국 간 외교문제로까지 비화되었으나 곧 이스라엘 정부의 공식 사과와 인도적 범죄자 납치에 대한 국제 여론의 이해 분위기 등으로 주권 침해 논란은 흐지부지되었다.

아이히만이 15개 죄목으로 기소된 재판은 1961년 4월 11일부터 시작되었다. 그러나 재판은 첫날부터 이스라엘 측 검사와 아이히만의 독일인 변호사 간의 불꽃 튀는 논전으로 뜨거웠다. 독일 변호사는 "납치는 국제법 위반이고 나치 전범 처벌을 위해 1950년에 제정된 법은 사후 입법이므로 형벌 불소급의 원칙에 위배된다"고 주장했다. 그의 변론으로 아이히만 재판은 "법률 역사에서 가장 위대한 드라마의 하나"로 평가될 만큼 세계적인 관심을 끌었다.

방탄유리에 둘러싸여 재판을 받은 아이히만은 "나의 전 생애는 칸트의 실천이성에 따라 살아왔다"며 "나의 행위는 칸트의 인식, 즉 '범주적 명령'에 따른 것이었다"고 강변했다. 최후 진술에서는 "나에 대한 단죄는 시기상조"라며 "나는 나치라는 거대한 기계의 한 도구였을 뿐"이라고 주장했다.

재판은 114회나 열렸다. 판결문을 읽는 데만 3일이 걸린 끝에 1961년 12월 15일 마침내 1심에서 사형 선고가 내려졌다. 1962년 5월 29일 대법원이 사형을 확정함에 따라 아이히만은 5월 31일 교수형에 처해졌다. 올가미가 목에 걸리기 전 "독일 만세! 아르헨티나 만세! 오스트리아 만세!"

한나 아렌트(1906~1975)

를 외친 아이히만은 사형 참관자들에게 "우리들은 얼마 안 있어 다시 만나게 될 것"이라는 말로 여운을 남기고 이승을 떠났다.

아이히만은 수감 중 1,300쪽에 달하는 자서전을 집필했다. 그중 주요 내용은 2000년 2월 이스라엘 정부에 의해 공개되었다. 아이히만은 자신이 죽은 후 화장해서 유골을 바다에 버려 달라고 유언했지만 이스라엘 정부는 "유대인의 공적인 아이히만의 유골을 이스라엘 영내에 버리는 것은 홀로코스트로 희생된 유대인에 대한 모독"이라는 이유로 그의 유골을 공해상에 뿌렸다.

재판이 열리는 동안 예루살렘의 법원은 세계에서 몰려든 수백 명의 기자들로 북적거렸다. 그 가운데는 미국 '뉴요커' 잡지의 특파원 자격으로 재판을 참관한 한나 아렌트(1906~1975)도 있었다. 유대인으로 독일에서 태어난 그녀는 1933년 히틀러의 유대인 탄압을 피해 프랑스로 망명했다가 1940년 파리가 독일군에 점령되자 1941년 미국으로 이주했다. 1951년 자신의 개인적, 시대적 경험을 토대로 쓴 '전체주의의 기원'으로 세계적 명성을 얻었고 1958년 '인간의 조건'으로 20세기를 대표하는 정치사상가 반열에 이름을 올렸다.

"아이히만은 유리상자 속의 허깨비"

아렌트는 아이히만의 사형이 집행된 후 '예루살렘의 아이히만–악의 평범성에 대한 보고서'라는 방청기를 1963년 2월부터 뉴요커에 5회 연재했다. 나치의 박해를 피해 미국에 정착한 유대인 여성 정치철학자가 유대인 학살자 아이히만 재판을 현장 취재했다는 사실만으로도 세인의 관심을 끌기에 충분했다.

무엇보다 글의 내용이 충격적이었다. 아렌트는 아이히만을 "무시무시한 전체주의의 괴수"가 아닌 "유리상자 속의 허깨비"라고 표현했다. 아렌트의 눈에 비친 아이히만은 희대의 악마가 아니라 너무 범속한 인물이었다. 평범한 가정에서 태어나 실업학교를 다녔고 실업자를 전전하다 엉겁결에 군에 입대했던 평범한 사람이었다. 히틀러의 '나의 투쟁'조차 읽지 않았고 나치의 강령도 알지 못했으며 계급도 중령급에 불과했다.

아렌트는 이런 아이히만을 홀로코스트 범죄의 책임자라기보다는 희생자에 가까운 사람으로 그렸다. 또한 사악하거나 유대인을 증오해서가 아니라 단지 국가의 명령을 기계적으로 수행했을 뿐이라고 했다. 글의 마지막에 나오는 '악의 평범성'이라는 개념도 지성계의 뜨거운 논란을 불러일으켰다.

훗날 아렌트는 '악의 평범성'에 대해 "아이히만의 행위가 아무리 괴물 같다고 해도 그 행위자는 괴물 같지도 악마적이지도 않았다. 그의 유일한 특징은 어리석음이 아니라 사유의 진정한 불능성이었다"고 설명했다.

아렌트는 홀로코스트에 유대인 사회가 어떻게 협력했는지도 글에서 밝혔다. 또한 독일인들이 전체주의에 빠져 유대인을 학살하는 비이성적인 악행을 저질렀다면 그것을 비판하는 이스라엘인들 역시 아이히만을 불법적으로 잡아와 자신들이 듣고 싶은 얘기를 강요하는 무대를 마련했다며 비판했다.

이 때문에 아렌트는 '예루살렘의 아이히만'으로 대중적 명성을 얻기도 했지만 다른 한편으로는 유대계 사회의 거친 분노의 표적이 되었다. 이유는 아렌트가 홀로코스트라는 참극의 희생자인 유대인의 고통에 동참하지 않고 있으며, 마치 자신은 유대인이 아니라는 듯 국외자처럼 사건을 대하고 있다는 것이다. 이런 그를 가리켜 사람들은 "버림받은 동족으로부터 또 버림받은 사람"이라고 했다.

이언 플레밍 원작 첫 007 영화 '살인번호' 개봉

케네디 대통령의 애독서에 '위기일발'이 포함되었다는 기사가 나간 뒤 더욱 폭발적인 인기를 끌었다.

'007 시리즈'의 산파는 영국 작가 이언 플레밍(1908~1964)이다. 그는 로이터통신 기자와 주식 브로커 등의 일을 하다가 1939년 7월 영국의 해군정보국 장교가 되어 2개월 뒤에 터진 2차대전에서 탁월한 첩보능력을 발휘했다. 독일의 군부를 혼란시키기 위해 흑색선전용 라디오 방송국을 운영한 것을 비롯해 상상력이 풍부한 각종 속임수들을 끊임없이 궁리하고 실현시켰다.

플레밍은 1941년 뉴욕에 소재한 영국의 해외정보국(MI6) 지부로 발령을 받아 그곳에서 장차 '007' 소설을 탄생시키는 데 결정적으로 영향을 미칠 주요 인물들을 만나고 새로운 첩보 훈련을 경험했다. 캐나다 토론토 인근에 있는 미국의 전략정보국(OSS) 극비 훈련장에서도 각종 훈련을 받았는데, 이때의 경험은 훗날 제임스 본드의 이미지에 그대로 투영되었다.

그 무렵 플레밍이 자주 접촉하며 친분을 쌓은 인물이 OSS를 이끌던 윌리엄 도노번 장군이었다. 도노번이 OSS를 확대한 CIA 창설을 준비하면서 플레밍에게 자문했을 때 플레밍은 완벽한 첩보원이 갖춰야 할 조건을 정리한 수십 쪽 분량의 메모를 전달했다.

플레밍은 이 메모 덕에 CIA의 탄생에 기여했다는 소리를 듣게 된다. 도노번은 플레밍과 맺은 인연으로 007 시리즈에서 제임스 본드의 고집 센 미국 친구 '펠릭스 레이터'로 등장하는 영광을 누렸다.

지칠 줄 모르는 정력가로 7년 동안 활동하던 플레밍은 2차대전이 끝나자 첩보원 생활을 그만두고 주식 브로커로 돌아왔다. 그러나 짜릿하고 변화무쌍한 삶을 살던 그에게 주식 브로커 생활은 고리타분했다. 플레밍은 자신의 경험을 살려 책을 쓰기 시작했고, 제임스 본드를 주인공으로 한 첫 007 소설 '카지노 로얄'을 1953년 4월 출판했다. '죽느냐 사느냐'(1954), '문 레이커'(1955) 등을 잇따라 선보였으나 판매 성적은 신통치 않았다.

첫 007 영화 '살인번호(Dr. No)' 포스터

그러다가 '다이아몬드는 영원히'(1955), '위기일발'(1957) 등이 나오고 나서 본격적으로 제임스 본드 붐이 일기 시작했다. 'Dr. No'(1958), '골드핑거'(1959), '유어 아이즈 온리'(1960), '썬더볼 작전'(1961), '나를 사랑한 스파이'(1962) 등이 출판된 뒤에는 스파이 소설의 대명사가 되었다. 특히 케네디 대통령의 애독서에 '위기일발'이 포함되었다는 미국의 '라이프'지 기사가 나간 뒤에는 더욱 폭발적인 인기를 끌었다.

셜록 홈즈와 애거서 크리스티의 고전적 탐정소설과 그레이엄 그린의 '제3의 사나이'처럼 비교적 현실에 가까운 첩보소설만 존재하던 영국의 통속소설계에 사람들의 환상이 가미된 '판타지 스파이 소설'이라는 새로운 소설 장르가 인기의 비결이었다.

그러나 본드의 인기가 높아지고 그래서 플레밍이 더욱 열심히 소설을 쓸수록 플레밍의 건강은 나빠졌다. 그런데도 1962년 10월 5일 첫 007 영화 '살인번호(Dr. No)'가 영국에서 개봉된 것에 고무되어 후속작을 계속 쏟아냈다. 결국 4편의 시리즈를 더 쓰고 1964년 8월 눈을 감았다. 그때까지 플레밍이 쓴 007 시리즈는 '옥토퍼시'(1966)를 마지막으로 총 14편이었다.

현대 영화사상 최다 관객과 최장수 시리즈 기록

첫 007 영화 '살인번호'는 자메이카 근해 외딴 섬에 비밀기지를 구축해 미국의 인공위성과 미사일의 진로를 방해하려는 중국계 박사 닥터 노의 음모를 본드가 차단한다는 내용이다.

테런스 영 감독이 연출하고 숀 코너리가 본드로 출연했다. 숀 코너리는 '살인번호'의 순조로운 흥행과 뒤이어 개봉된 '위기일발'(1963), '골드핑거'(1964), '썬더볼 작전'(1965) 등의 폭발적인 인기에 힘입어 일약 세계적인 스타로 발돋움했다.

이후 제임스 본드의 이미지는 플레밍의 손을 떠나 숀 코너리가 연기하는 대로 사람들의 머릿속에 각인되었다. 한국에서는 첫 007 영화 '살인번호'가 먼저 개봉되지 않고 두 번째 영화 '위기일발'이 1965년 4월 개봉된 후 1965년 8월 개봉되었다.

서방세계의 안전을 위해 사악한 악당의 음모를 처단하는 본드의 활약상은 작품마다 늘씬한 미녀로 상징되는 본드걸, 기기묘묘한 첨단 장비, 당대 최고의 인기 가수들이 부른 주제가 등 이목을 끌 만한 화제성을 담아 현대 영화사상 최다 관객과 최장수 시리즈라는 숱한 기록을 수립했다. 특히 끊임없이 소개되는 첨단 과학장비들은 007 영화가 스파이물의 대명사로 자리잡는 데 결정적 역할을 했다.

본드걸은 눈요깃감으로만 끝나는 게 아니라 숨 막히는 액션 장면과 그에 따른 긴장을 누그러뜨려 주는 역할을 하도록 설정한 일종의 장치였다. 그동안 007 시리즈에서 제임스 본드는 6명이 나왔지만 본드걸은 영화가 나올 때마다 바뀌었다. 동양에서는 중국과 일본 배우가 나왔으나 아직 한국 여배우는 나오지 않고 있다.

007 영화에도 고비는 있었다. 1990년대 초 냉전 종식과 더불어 본드의 적인 소련 정보기관 KGB가 사라져 적과 아군이라는 이분법적 구도로 전

개되던 스토리의 근본이 흔들리게 된 것이다. 이 때문에 보통 1~2년 주기로 나오던 영화는 제작 주기가 길어져 '살인면허'(1989)가 나온 이후 후속작인 '골든 아이'(1995)가 개봉되기까지 6년이나 걸렸다.

이언 플레밍(1908~1964)

이후 007 영화는 '네버 다이'(1997), '언리미티드'(1999), '어나더 데이'(2002), '카지노 로얄'(2006), '퀀텀 오브 솔러스'(2008)를 거쳐 2012년 10월 개봉한 '스카이폴'까지 모두 23번째 작품이 세상에 나왔다.

소련이 빠진 007 영화에서 새로운 악역으로 등장한 것은 북한이었다. '어나더 데이'에는 아예 북한이 제임스 본드의 주 작전지역으로 등장한다. 미국 동포 배우 릭윤이 북한군 장교로 나와 악역을 담당했다. 사실 본드 영화에서 한국인이 등장한 것은 이 영화가 처음은 아니다. '골드 핑거'(1964)에서도 악역인 골드 핑거의 부하는 대부분이 한국인이었다. 또 소설에는 '킬러를 원한다면 한국에서 찾아라. 반드시 제대로 된 킬러를 찾을 것이다'라는 대사도 나온다.

주인공인 본드 역은 1962년부터 2012년까지 6대에 걸쳐 바뀌며 세계인의 사랑을 받아왔다. 1대 제임스 본드인 숀 코너리(6회 출연·1962~1967, 1971)를 비롯해 2대 조지 레전비(1회·1969), 3대 로저 무어(7회·1973~1985), 4대 티머시 돌턴(2회·1987~1989), 5대 피어스 브로스넌(4회·1995~2000), 6대 대니얼 크레이그(3회·2006~2012) 등이 007 시리즈를 빛낸 주인공들이다.

화학자 라이너스 폴링 노벨평화상 수상

전혀 서로 다른 분야에서 또한 단독으로 2개의 노벨상을 받은 사람은 그가 유일했다.

라이너스 폴링(1901~1994)은 논리적인 접근보다 타고난 직감과 직관을 바탕으로 문제를 해결하는 천재 과학자였다. 그는 자신의 해결방법을 "가정을 이용해 진실을 밝힌다"는 의미에서 '확률론적 방법'이라고 칭했다. 폴링은 역대 노벨화학상의 베스트를 가리는 설문에서 항상 맨 첫 번째로 꼽힌다. 두 번의 노벨상 수상 기록은 마리 퀴리에 이어 두 번째이지만 전혀 서로 다른 분야에서 노벨상을 받고 또한 단독으로 2개의 노벨상을 받은 사람은 폴링이 유일하다.

폴링은 미국 오리건주 포틀랜드에서 태어났다. 오리건주립대를 졸업하고 캘리포니아공대(칼텍)에서 물리·화학박사 학위를 취득한 뒤 1927년 칼텍 교수로 부임했다. 그의 업적 중 최고는 당시 막 태동하던 양자역학의 개념을 도입해 미궁에 빠져 있던 화학 결합의 수수께끼를 풀어낸 것이다. 그는 양자역학과 화학을 결합시킨 양자화학의 선구자로 현대 화학의 초석을 닦았다는 평가를 받고 있다.

1939년 20세기 화학사에서 가장 중요한 저서 중 하나로 꼽히는 '화학 결합의 본질'을 출간하고 1940년대에는 화학 결합에 관한 자신의 이론과 직관을 생체 화합물의 구조와 기능에 적용하는 업적을 쌓았다. 적혈구의 모양이 찌그러지는 유전병인 '겸상 적혈구 빈혈'의 원인이 헤모글로빈 분자구조의 차이에서 온 것이라는 연구결과는 분자구조의 이상이 병을 일으킬 수 있다는 것을 최초로 밝혀낸 것이다. 항원과 항체 분자가 상호 보완적인 구조를 이룸으로써 생체의 면역작용이 가능하다는 사실을 밝혀낸 것도 폴링이었다. 이처럼 폭넓은 공로를 인정받아 1954년 노벨화학상을 수상했다.

1950년대 초반부터는 DNA의 구조를 밝히는 데 몰두했다. 1951년 단백질의 알파 나선구조를 제시하고 1953년 2월 "DNA의 각 사슬이 나선을 이룬 세 가닥의 사슬구조"라는 내용의 '3중 나선구조'를 발표했다. 그러나 DNA는 3중이 아닌 2중 나선구조임이 밝혀졌고 이에 대한 공로를 인정받아 제임스 왓슨과 프랜시스 크릭이 1962년 노벨생리의학상을 공동수상했다.

라이너스 폴링(1901~1994)

폴링은 1945년 히로시마에 원자폭탄이 투하되자 과학자로서의 양심과 사회적 책임을 절실히 느껴 반핵운동을 결심했다. 아인슈타인이 의장으로 있던 핵과학자 비상위원회에도 가입해 핵무기 사용 반대 주장을 적극적으로 펼쳤다. 그러자 매카시 상원의원이 위험인물로 낙인찍고 미 상원 소위원회는 공산주의자 색출 명목으로 소환했다.

이 때문에 1952년 영국왕립학회의 DNA 심포지엄에 연사로 초대받았지만 미 정부가 여권 발급을 거부해 참석하지 못했다. 만일 폴링이 이 심포지엄에 참석해 그곳에서 공개된 DNA의 X선 회절 사진을 보았다면 왓슨과 크릭보다 먼저 올바른 DNA 구조를 밝혀냈을 수 있다는 주장도 있다.

'No More War!' 구호는 그의 책 제목

폴링은 1957년부터 대기 중 핵실험 금지를 위한 서명운동을 전개하고 1958년 1월 전 세계 49개국 과학자 1만 1,021명으로부터 핵실험 금지 서명을 받아내 유엔 사무총장에게 제출했다. 이런 공로를 인정받아 1962년 노벨평화상을 수상했다. 이들의 투쟁은 1963년 8월 미·소 간 '부분 핵실험 금지조약'이라는 결실로 이어졌다. 오늘날 반전 시위에 자주 등장하는 '전쟁은 이제 그만(No More War!)'이라는 구호는 1958년 폴링이 출간한 책의 제목에서 따온 말이다.

폴링은 말년에 "비타민C가 감기와 암을 포함한 모든 종류의 질병을 예방하고 치료할 수 있는 만병통치약"이라며 '비타민C 전도사'를 자처했다. 1970년 12월 출간된 '비타민C와 감기'라는 책에서 하루에 비타민C를 1g 이상 먹은 사람의 45%가 감기에 덜 걸린다고 주장했다. 책은 큰 반향을 일으켜 베스트셀러가 되었고 약국마다 비타민C가 동날 만큼 비타민C 신드롬이 일어났다.

이후 그는 '비타민C의 아버지'로 불렸다. 곧 그의 주장을 확인하는 임상시험이 각종 의료기관에서 진행되었다. 그 결과 비타민C를 대량으로 복용해도 감기에 덜 걸린다는 것은 사실이 아닌 것으로 밝혀졌다. 다만 일부 시험에서 감기 증상이 다소 가볍게 지나가는 경향이 있는 것처럼 나타났으나 이 효과도 미국 국립보건원의 임상시험에서 차이가 없는 것으로 확인되었다. 감기에 대한 비타민C의 효과가 흔히 말하는 '위약 효과'였던 것이다.

미국 식품의약국은 "비타민C가 감기를 예방하거나 치료한다는 과학적 증거는 전혀 없다"고 일침을 놓았으며 미국의학협회 회보는 "책 내용은 무언가를 팔려는 광고업자의 말들"이라고 비난했다. 이때부터 격렬한 비타민C 논쟁이 전개되었다. 폴링은 1976년 하루에 10g의 비타민C를 복용한 말기암 환자 100명의 수명이 복용하지 않은 환자들에 비해 3~4배 연장되었다고 발표해 또다시 논란을 불러일으켰다.

미 국립암연구소는 이번에도 환자를 선정하는 방법 자체가 틀렸기 때문에 의미가 없다고 주장했다. 더구나 1981년 폴링의 아내가 암 재발로 세상을 떠나 "비타민C가 암에 효과가 있다"는 그동안의 주장에 큰 손상을 입었다.

그러나 젊은 과학자들이 비타민C 연구에 뛰어들면서 비타민C의 효과에 대한 증거들이 나타나기 시작했다. 한 의학잡지는 비타민C를 연구한 47개 연구 중 34개에서 여러 가지 암에 대한 보호 효과를 보였다고 보고 했으며 타임지는 다량의 비타민C가 보여주는 항산화제로서의 놀라운 효과를 커버스토리로 다뤘다. 매일 500mg의 비타민C를 더 섭취하는 사람은 평균 5년을 더 오래 살 수 있다는 연구발표도 나왔다.

샘 월튼 '월마트' 1호점 개점

월튼이 일관되게 견지한 것은 '상시 최저가' 정책이었다.

샘 월튼(1918~1992)은 평범한 중산층 가정에서 태어나 어려서부터 잡지를 팔거나 신문배달을 하는 장사꾼 기질을 보였다. 대학 졸업 후인 1940년 6월 아이오와주 디모인의 한 상점에 견습생으로 취직해 뛰어난 판매능력을 발휘할 수 있었던 것도 이런 기질과 무관치 않다.

월튼은 1945년 9월 자신의 돈 5,000달러와 장인에게 빌린 돈 2만 달러를 투자해 아칸소주의 소도시 뉴포트에 있는 벤프랭클린 잡화점을 매입한 뒤 소매업에 첫발을 내디뎠다. 벤프랭클린 잡화점은 프랜차이즈 상점이었는데도 월튼은 독자적으로 가격을 할인하는 영업 전략을 폈다. 직접 제조업자들을 만나 물건을 싸게 사들여 박리다매를 추구한 덕에 개업 5년이 될 무렵에는 아칸소주에서 최고 매출과 이익을 내는 소매상점이 되었다.

월튼의 다음 목표지는 아칸소주의 낡고 초라한 시골도시 벤톤빌이었다. 월튼은 1950년 7월 셀프서비스 방식을 도입한 월튼스 염가판매점을 열어 바로 벤톤빌 상권을 장악하는 수완을 발휘했다. 한 상점에서 돈을 벌면 그 돈으로 새로운 상점을 열었고, 가격을 낮추기 위해 상품을 직접

샘 월튼(1918~1992)

제조하기도 했다. 2인승 비행기를 구입해 직접 비행기를 몰고 새 상점 터를 물색하는 등의 적극적인 노력 덕에 1950년대 말에는 미국 최대의 잡화점 경영자가 되었다.

그러나 그 무렵 문을 연 K마트 등 할인점들이 월튼의 할인 잡화점을 조여왔다. 월튼도 할인점 경쟁에 뛰어들었다. 1962년 7월 2일 소득수준이 낮고 인구도 5,000명이 채 안 되는 같은 아칸소주의 로저스에 문을 연 월마트 1호점이 월마트 신화의 신호탄이었다.

유통산업이 제조업을 휘두르는 신시대의 개막

월튼이 일관되게 견지한 것은 '상시 최저가' 정책이었다. 최저비용을 통해 최저가격의 상품을 공급한다는 것, 이것이 월튼의 핵심 경영철학이고 월마트의 핵심 경쟁력이었다. 월튼은 먼저 중소도시의 상권을 장악하는 전략을 구사했다. 다른 할인점 업체들이 인구 5만 명이 넘는 대도시로 몰려가는 것과는 다른 행보였다. 당시 할인점의 선두주자는 K마트였다. 두 할인점 간의 경쟁구도는 주로 중소도시에 진출해 있던 월마트가 대도시로 눈을 돌리면서 본격화되었다.

두 회사는 정반대의 전략을 구사했다. 월마트가 저가를 무기로 할인점을 늘려나갈 때 K마트는 비용 절감보다는 광고홍보와 매장 변경에 주력하여 브랜드 인지도를 높이는 것으로 대응했다. 월튼은 K마트의 전략에 개의치 않고 당시까지만 해도 생소하던 IT시스템을 도입했다.

K마트가 대도시 매장의 업그레이드에 주력하는 동안 월튼은 엄청난 비용을 들여 매장의 현금등록기에서 사무실의 컴퓨터에 이르기까지 전사적인 네트워크망을 구축하고 컴퓨터에 기반을 둔 판매시스템을 도입했다.

또한 자체 인공위성을 띄워 미 전역의 배송상태와 전 세계 산지 가격 동향을 체크했다.

월마트가 대도시에 입점했을 때, 월마트에는 이미 바코드 시스템이 완벽하게 갖추어져 있었고 모든 매장의 거래 정보가 실시간으로 수집되고 있었다. 고객은 가격을 물어볼 필요가 없고, 본사는 모든 흐름을 한눈에 파악할 수 있었다.

1985년 10월 미국의 경제전문지 '포브스'는 샘 월튼이 세계에서 가장 돈이 많은 사람이라고 발표했다. 상품을 만들지 않고 단지 상품을 팔기만 하는 상인이 그것도 도매상이 아닌 소매상이 최고 거부가 되었다는 것은 자본주의 역사에 기록될 대사건이었다. 그것은 3차산업이 1차산업을 추월하고 유통산업이 제조업을 휘두르는 신시대의 개막이었다.

"종업원이 행복하면 고객도 행복하다"

치열했던 K마트와의 경쟁은 1990년 마침내 월마트가 매출에서 K마트를 추월하는 것으로 승패가 가려졌다. 이듬해에는 100년 역사의 시어스까지 앞질러 미국 소매업계를 평정하고 유통업계 제왕의 자리에 올랐다. 월마트가 소매업계 1인자 자리에 오르자 월튼의 인간 중시 경영철학이 새롭게 스포트라이트를 받았다.

월튼은 평소 "종업원이 행복하면 고객도 행복하다. 직원이 고객을 잘 대하면 고객은 다시 찾아올 것이고 바로 이것이 사업 수익의 진정한 원천"이라며 행복한 직원 만들기에 역점을 두었다. "우리가 1달러를 낭비하면 고객의 주머니에서 1달러를 도둑질하는 결과를 가져온다"는 것도 월튼의 핵심 경영철학이었다.

월마트에서 모든 직원은 상하관계가 아닌 '동료'였다. 트럭 운전사도 최고급 관리자까지 승진할 수 있는 개방된 조직구조를 고수했다. 투명하고 깨끗한 기업을 만들겠다는 월튼의 기업가 정신에 따라 협력업체와 식사를 해도 식사비는 각자 계산하도록 했다. 월튼은 건강이 허락하는 한 비행기 3등석을 타고 픽업 트럭을 직접 몰고 다녔다. 요트는 물론 골프장 출입조차 멀리해 검소와 청렴의 대명사로 통했다. 1992년 4월 5일 월튼이 사망했을 때 월마트는 2,000여 개 점포에 38만 명의 종업원을 고용하는 거대 기업으로 성장해 있었다.

오늘날 월마트에 대해 찬사만 있는 건 아니다. 가격 파괴로 인해 복지혜택이나 임금 수준이 동종업계에 비해 떨어지는데다 사실상 저임금 근로자들을 착취하고 있다는 등 비판적 시각도 적지 않다. 이런 일부의 곱지 않은 시선에도 불구하고 월튼을 20세기 최고의 상인으로 꼽는 데는 아무도 이의를 달지 않는다.

존 글렌 미 최초 우주 궤도비행 성공

이로써 미국도 우주 탐사에 자신감이 생겨 달 착륙을 향한 꿈을 실현할 수 있었다.

냉전이 최고조에 달하던 1957년 10월, 구소련이 인류 최초의 인공위성 스푸트니크 1호를 발사하자 미 전역이 발칵 뒤집혔다. 미국의 교육제도를 자성하는 목소리가 높아졌고 군사기술까지 소련에 추월당할지 모른다는 우려감이 팽배했다. 미국은 1958년 1월 미 최초의 인공위성 '익스플로러 1호'를 발사함으로써 고조되었던 불안감을 떨쳐낸 뒤 우주비행 계획을 재점검했다.

1958년 10월 미 항공우주국(NASA)을 발족시키고, 1주일 뒤 인간을 우주에 보낼 유인 우주비행 프로그램의 첫 단계로 '머큐리 프로젝트'를 발표했다. 존 글렌(1921~)과 앨런 셰퍼드(1923~1998) 등 유인 우주선에 탑

존 글렌(1921~)

승할 7명의 우주비행사도 선발해 훈련에 착수했다.

그러던 중 1961년 4월 소련의 유리 가가린(1934~1968)이 '보스토크 1호'를 타고 인류 최초로 유인 우주비행에 성공해 또다시 미국에 충격을 안겨주었다. 케네디 대통령은 1961년 5월 "1960년대가 끝나기 전 인간을 달에 착륙시키고 무사히 귀환시키겠다"는 계획을 야심차게 발표했다. 그리고 1962년 2월 20일, 존 글렌 중령을 태운 미국의 유인우주선 '프렌드십 7호'를 발사했다.

존 글렌은 미 오하이오주 케임브리지에서 태어나 대학에서 엔지니어 공학을 전공하고 2차대전이 한창이던 1943년 해군에 입대해 전투기 조종사로 활약했다. 6·25전쟁 때도 100여 차례 출격해 혁혁한 공을 세웠다. 특히 압록강 전투에서 3대의 미그기를 격추해 한국 정부의 훈장을 받았다. 1957년에는 F8U기를 몰고 LA와 뉴욕을 3시간 28분 만에 돌파해 최초의 초음속 대륙횡단 비행에 성공했으며 1959년 4월에는 다른 6명의 조종사들과 함께 미 최초의 우주비행사 후보로 선발되었다.

7명의 비행사는 이론 교육과 고된 실습을 받으며 인류 최초의 우주비행사를 꿈꿨으나 가가린이 우주비행에 성공했다는 소식을 듣고 낙담했다. 다만 가가린이 우주선을 직접 조종하는 비행사라기보다 수동적인 승객이었다는 사실은 한 가닥 위안이 되었다. 당시 소련의 인공위성은 완벽하게 자동화된 것이었고, 가가린은 지구와의 통신만 담당했기 때문이다.

존 글렌은 인공위성을 직접 조종·통제하고 싶어했다. 글렌이 승선할 '프렌드십 7호'에는 글렌의 바람대로 자동조종장치와 수동조종장치가 함께 설계되었다. 이로써 프렌드십 7호 임무 중에는 과연 사람이 우주선을 조종할 수 있는지를 테스트하는 실험이 추가되었다. 하지만 인공위성의 속도는 시속 2만 8,000km였기 때문에 초속 7km의 운동체를 사람이 조종하는 건 결코 쉽지 않았다.

"사람에게 맡겨봐!"

글렌의 첫 우주비행에서 자동조종장치는 제대로 작동하지 않았다. 글렌과 플로리다의 통제소는 자동조종장치가 생각대로 작동하지 않아 애를 먹었다. 한참 애를 쓰던 글렌은 "사람에게 맡겨봐!"라는 메시지를 지구 통제소에 보낸 후 자신의 직관을 믿고 인공위성의 방향과 궤도를 통제하는 범위를 서서히 넓혀갔다.

이윽고 인간의 조종이 복잡한 기계의 자동운항장치보다 더 믿을 만하다는 사실이 밝혀졌다. "사람에게 맡겨봐!" 메시지는 1960년대 기술문명에 대한 저항의 상징적인 메시지로 널리 사용되었다.

존 글렌은 프렌드십 7호 발사 100초 후 최고 가속점에 도달했을 때 "약간 흔들리는군"이라고 첫 소감을 피력했다. 우주선이 3번째 회전비행을 할 때는 해군사령부에 "월 4시간의 최소비행시간을 채웠으니 정규 비행 급여를 올려주어야 한다"는 농담을 던지는 여유를 보였다. 우주선은 지구를 3바퀴 돌고 4시간 56분 만에 대서양 바하마 군도 부근에 무사히 착수했다. 이로써 미국도 우주 탐사에 자신감이 생겨 달 착륙을 향한 꿈을 실현할 수 있었다.

존 글렌은 미국의 영웅으로 부상했지만 사실 그는 미 최초의 우주비행사는 아니었다. 정확히 말하면 9개월 전인 1961년 5월 5일 14분 47초 동안 하늘을 날았던 앨런 셰퍼드 중령이 '최초'의 주인공이다. 그런데도 글렌이 스포트라이트를 독차지한 것은 셰퍼드의 비행이 탄도비행인 데 비해 글렌의 비행은 유리 가가린과 같은 궤도비행이었기 때문이다.

탄도란 발사물이 공중을 날아가 포물선 궤도를 그리며 목적물에 이르기까지의 길이나 곡선을 뜻한다. 따라서 셰퍼드의 탄도비행은 지구를 돌 수 없었다. 셰퍼드는 탄도비행의 정점인 지상 185km의 고공을 향해 날았다가 발사 8분 후 다시 대기권으로 진입해 귀환했다.

셰퍼드는 1971년 2월 아폴로 14호를 타고 달에 도착해, 그곳에서 골프를 쳐 또다시 화제가 되었다. 셰퍼드와 글렌의 우주비행 중간인 1961년 7월 두 번째로 우주 탄도비행에 성공한 사람은 버질 그리섬이다. 그는 1967년 1월 27일 아폴로 1호의 공식 발진을 앞두고 불이 나는 바람에 미국인 최초로 우주 유영을 한 에드워드 화이트 소령, 1,800시간 제트기 조종 경력의 로저 채피 소령과 함께 생을 마감했다.

존 글렌은 첫 우주비행 성공 후에도 계속 우주를 탐험하고 싶어했으나 당시 소련과의 냉전기에 미국의 최고 영웅을 사고로 잃을 것을 우려한 케네디 대통령이 재탑승을 허락하지 않아 우주비행사 경력은 중단되었다. 은퇴 후에는 1974년 오하이오주 상원의원에 당선되어 정치인으로 화려하게 재기했다. 1984년에는 민주당 대통령 후보로 경선에 출마하기도 했다. 1998년 10월 29일 최고령(77세)으로 우주왕복선 디스커버리호를 타고 우주를 비행하는 노익장을 과시했다.

1963년

민주공화당 창당

박정희 대통령 당선

_ *사상 논쟁*

_ *황태성*

광부·간호사 서독 파견

_ *박정희 대통령 서독 방문*

김환기의 뉴욕 시대

이어령 '흙 속에 저 바람 속에' 경향신문 연재

존 F. 케네디 미 대통령 피살

_ *케네디가(家)의 비극*

'첩보계의 전설' 킴 필비와 '5인의 고리'

_ *'5인의 고리'와 6·25전쟁*

베티 프리단 '여성의 신비' 출간

만화영화 '아톰' 첫 TV 방송 시작

민주공화당 창당

5·16쿠데타의 정당성을 확보하려면 선거를 거쳐야 했고 선거에서 이기려면 정당이 필요했다.

5·16쿠데타 후, 권력 창출을 위해 주도세력이 구사한 것은 양면작전이었다. 군부를 자기 사람 중심으로 재편하는 한편 국회를 포함한 각종 정당·사회단체를 해산하고 집회·시위·결사를 막아 반대세력에 족쇄를 채운 것이다. 1961년 7월 장도영 참모총장을 비롯 44명의 군인을 반혁명 음모로 체포하고 정군운동이란 명목으로 40여 명의 장군과 2,000여 명의 장교 옷을 벗긴 것도 그 일환이었다.

1962년 3월 16일에는 초법적인 '정치활동정화법'을 제정해 기성 정치인 4,100여 명의 정치활동을 금지했다. 경쟁자들이 모두 물러난 무주공산에서 쿠데타 세력은 자신들의 깃발만 꽂으면 되었으나 정당성을 확보하려면 선거를 거쳐야 했고 선거에서 이기려면 정당이 필요했다.

창당 작업은 초대 중앙정보부장 김종필의 주도로 막후에서 은밀하게 추진되었다. 군사정권은 이렇게 민정을 위한 만반의 준비를 마치고 나서야 5·16쿠데타 후 1년 7개월 동안 묶여 있던 정당·사회단체의 정치활동 금지조항을 1963년 1월 1일부로 해제했다. 그러나 쿠데타 세력들 간에도 주도권 장악을 둘러싼 진통은 있었다. 창당 작업에서 소외된 반김종필 성향의 쿠데타 세력이 크게 반발해 내부 갈등이 증폭된 것이다.

1963년 1월 송요찬 전 내각수반이 박정희·김종필 노선을 정면으로 비판한 데 이어 2월 13일엔 박병권 국방장관이 3군 참모총장 등과 함께 김종필의 월권에 대한 군부의 불만을 박정희 의장에게 전달했다. 2월 16일에도 국가재건최고회의 위원 중 일부가 김종필의 일선 사퇴를 건의하자

민주공화당 창당 대회(1963.2.26)

박정희 의장도 김종필을 더 이상 싸고 돌 수만은 없었다. 당시 김종필은 중앙정보부장을 사임(1963.1.7)하고 민주공화당 발기위원장(1963.1.18)과 창당준비위원장(2.2)으로 창당 작업에 마지막 박차를 가하고 있었다.

이런 그에게 박정희 의장으로부터 "좀 쉬어야겠다"는 통보가 왔다. 김종필은 1963년 2월 20일 "일체의 공직에서 떠나 초야의 몸이 되겠다"는 발표와 함께 민주공화당 창당 하루 전인 2월 25일 "자의반 타의반"이라는 유명한 말을 남기고 일본, 프랑스, 미국 등으로 이어지는 8개월간의 외유를 떠났다.

미국의 양대 정당인 민주당과 공화당의 이름을 합친 '민주공화당'은 1963년 2월 26일 창당되었다. 초대 총재엔 정구영 변호사, 당 의장엔 김정렬 전 국방장관이 추대되었다. 그러나 창당 후 민주공화당 안에서 각종 불미스러운 일이 연이어 발생하자 박정희 의장은 창당 2개월도 안 되어 공화당의 해체를 지시했다. 다행히 해체 발표 당일인 4월 8일 일부 최고위원의 설득으로 해체는 취소되었다.

국내 정당사상 최장수 정당

공화당은 김종필 주도의 사전 조직을 통해서 조국 근대화란 뚜렷한 이념을 공유하는 정치집단으로 창당되었기 때문에 나름대로 경쟁력이 있었다. 게다가 김종필이 중앙정보부장으로 재직하며 증권시장을 조작해 마련한 든든한 자금도 있었다. 김종필이 온갖 비판을 들어가면서 확보한 이념과 자금 그리고 인재 덕분에 공화당은 김종필의 외유에도 스스로 위기를 돌파하는 자생력을 보여주었다.

박정희 의장은 1963년 8월 30일 대장 전역과 함께 공화당에 입당하고 8월 31일 공화당 총재 겸 대통령 후보로 지명되었다. 그리고 1963년 10월 15일 치러진 제4대 대통령 선거에서 윤보선을 물리치고 대통령에 당선되었다. 외유를 떠났던 김종필은 대통령 선거 후인 10월 23일 화려하게 귀국했다. 1963년 11월 26일 치러진 총선에 출마해 고향인 충남 부여에서 제6대 의원에 당선되었다.

공화당은 175석 중 110석(비례대표 22석 포함)을 차지하는 기대 이상의 성과를 거뒀다. 공화당 소속으로 당선된 의원은 군부나 정치 신인만 있었던 것은 아니었다. 공화당이 공천한 총 162명 중 기성 정치인이 51명으로 3분의 1 정도나 되었으며 구 자유당계가 28명으로 가장 많았다. 구 정치인을 지명한 것은 지명도 면에서 떨어지는 군 출신 및 새로 충원된 정치 엘리트만으로 선거를 치르는 게 한계가 있다고 판단했기 때문이다.

혁명 이념과 동떨어지긴 했지만 정치적 현실 앞에서 혁명 이념은 무력할 수밖에 없었다. 박정희 스스로도 이 공천을 평하여 "이상 6, 현실 4"라고 밝힐 정도로 당시 공화당의 심정은 다급했다. 구 자유당계 정치인 거의 대부분이 당선된 것을 보아도 공화당의 현실 인식은 옳았다. 선거 승리 후인 12월 초 김종필은 당 의장으로 복귀해 박정희의 최측근 실세임을 입증해 보였다.

창당 후 공화당은 17년 동안 집권당으로 군림하다가 1979년 10월 박 대통령의 죽음과 함께 몰락의 길을 걸었다. 1980년 '서울의 봄' 때 김종필을 새 총재로 추대해 재건의 몸부림을 쳤으나 1980년 10월 27일 헌법 부칙에 의해 자동해산되었다. 국내 정당사상 최장수 정당이었다.

박정희 대통령 당선

470만여 표를 얻어 454만여 표의 윤보선을 15만여 표 차로 따돌리고 박빙의 승자가 되었다.

1963년 1월 1일을 기해 5·16 후 모든 정당·사회단체의 정치활동을 금했던 '군사혁명위 포고령 제4호'가 폐기됨으로써 동면에 들어갔던 정치가 1년 7개월 만에 기지개를 폈다. 기성 정치인들은 곧 군정이 끝나고 민정이 시작될 것이라는 희망에 부풀었으나 사실상 그들의 생사여탈권을 쥐고 있는 박정희 의장은 여전히 복심을 드러내지 않고 있었다.

그런 가운데 1963년 2월 18일 박정희 최고회의 의장이 "나는 민정에 참여하지 않을 것이며, 1962년 3월의 '정치활동정화법'에 의해 활동이 금지된 정치인들을 풀어주겠다"고 시국 수습방안을 발표함으로써 기성 정치인들의 마음을 더욱 들뜨게 했다.

정치인들이 '보복 금지', '혁명정신 계승' 등 9개 조건을 수락해야 한다는 조건이 있었지만 박정희 의장이 민정에 불참한다는데 기성 정치인들로서는 조건을 따질 계제가 아니었다. 그래서 2월 27일에 마련된 자리가 46명의 재야 정치 지도자 및 정당 대표, 군 지도자들이 참여한 '정국 수습 공동선언'이었다.

그들은 박 의장의 시국 수습방안을 수락하고 군의 정치적 중립을 다짐하는 선서식을 열었다. 같은 날 2,322명의 정치인까지 해금되는 것을 본 야당은 "사실상 군사정권에 종지부를 찍은 것"이라며 낙관적인 논평을 냈다. 그러나 야당은 박정희가 군복을 벗지 않는 한 여전히 모든 실권이 박정희의 손에 쥐어져 있다는 사실을 간과하고 있었다.

박정희의 2·18 민정 불참 선언이 전략적 선택이었음은 3월부터 하나둘 드러나기 시작했다. 3월 7일 원주 1군사령부에서 "국민에게 해독을 끼치고 질서를 혼란케 한 기성 정치인은 일선에서 물러나야 한다"고 한 경고는 그 신호탄이었다.

3월 11일엔 중앙정보부가 "김동하 최고위원, 박임항 건설장관, 박창암 전 혁명검찰부장 등 20명이 정권을 장악하려 했다"며 이른바 '군부 쿠데타 음모사건'을 발표해 정국을 다시 급속도로 냉각시켰다. 사실 여부를 떠나 이 사건은 박정희가 당시의 상황을 혼란 속으로 몰고 가 다시 정국의 주도권을 잡는 계기로 활용되었다. 3월 15일엔 80여 명의 수도경비사령부 장교와 하사관이 "군정을 연장하라", "계엄령을 선포하라"며 건군 이래 최초의 군인 데모를 벌였다.

박정희 대통령 당선자와 부인 육영수 여사

대통령 선거에 큰 무리가 없었다는 게 중평

박정희가 마침내 비장의 무기를 꺼내든 것은 3월 16일이었다. "군정 4년 연장안을 국민투표에 붙이겠다"고 발표한 것이다. 뒤이어 최고회의가 비상사태 수습을 위한 비상조치법을 통과시켜 언론 검열과 정치활동 금지를 선언한 가운데, 김성은 국방장관 등 160여 명의 지휘관이 3월 22일의 전군지휘관회의에서 "군은 박정희 의장의 3·16 군정 연장안을 지지한다"는 요지의 결의문을 채택해 박정희의 속내를 대변해 주었다.

4월 8일 박정희가 "군정 연장안에 대한 국민투표를 9월 말까지 보류하고 정치활동의 재개를 허용한다"고 발표함으로써 군정 연장은 일단 뒤로 미뤄졌지만 박정희의 영향력은 더욱 강화되었다. '2·18 민정 불참 선언'은 어느새 휴지가 되어버렸고 박정희의 민정 참여는 부인할 수 없는 엄연한 사실이 되었다. 8월 14일 군사정부가 "대통령 선거는 10월 15일, 국회의원 선거는 11월 26일에 치르겠다"고 발표함으로써 전 국민의 관심은 3년 7개월 만에 치러지는 대통령 선거로 급속히 이동했다.

8월 30일 대장 전역식과 공화당 입당을 동시에 해치운 박정희는 8월 31일 공화당 총재 겸 대통령 후보가 되었다. 이렇듯 박정희가 변화무쌍한 모습을 보이는 동안 야당 정치인들은 잠시 하나로 결집하는가 싶더니 이내 분열하기 시작했다. 구 민주당의 구파는 무소속과 구 자유당계를 일부 참여시켜 민정당을 구성했고, 구 민주당의 신파는 허정과 연합하여 신정당을 창당했다. 야권 통합은 이렇게 무산되었고 9월 15일 마감 때까지 박정희(공화당), 윤보선(민정당), 허정(국민의당), 송요찬(자민당) 등 7명이 대통령 후보로 등록했다.

선거 양상은 박정희, 윤보선, 허정의 3파전이었다. 강력한 여당 후보에 야당 후보 2명이 맞서는 건 누가 보아도 야당에 불리한 싸움이었다. 게다가 박정희 측은 풍부한 선거자금과 공화당의 조직력 그리고 각종 친여적 사회단체들까지 갖추고 있었다. 결국 야권 통합을 바라는 정치권과 국민의 뜻을 거스를 수 없어 허정(10.2), 송요찬(10.7) 두 후보가 윤보선을 지지한다며 대통령 후보직을 사퇴함으로써 선거는 박정희와 윤보선의 각축전으로 전개되었다.

새 권력자와 구 대통령과의 대결도 볼 만했지만 무엇보다 대선 정국을 뜨겁게 달군 건 유세 중 터져나온 사상 논쟁이었다. 사상 논쟁 앞에서 다른 공약은 그저 곁다리 구호에 불과했다. 운명의 10월 15일, 투표를 마친 윤보선은 만일의 사태에 대비해 미국 정보기관원의 집으로 피신했고, 박정희는 경주 불국사 근처에서 국민의 심판을 기다렸다.

10월 17일 오후 3시의 중앙선관위 발표에 따르면 박정희는 470만 2,640표(46.65%)를 얻어 454만 6,614표(45.10%)를 획득한 윤보선을 15만 6,026표 차로 따돌리고 박빙의 승자가 되었다. 사상 논쟁 때문인지는 몰라도 윤보선은 휴전선과 가까운 경인 및 중부지역에서 많은 표를 얻었고 박정희는 주로 1956년의 대통령 선거 때 진보당의 조봉암이 다수를 차지한 지역에서 윤보선을 앞섰다. 표의 남북 분할 현상과 여촌 야도 현상도 중첩되어 나타났다. 전체적으로 큰 무리 없이 치러진 선거였다는 게 당시 언론과 미국의 중평이었다.

사상 논쟁 사상 논쟁의 발화점은 1963년 9월 23일 서울중앙방송을 통해 알려진 박정희의 정견 발표였다. 박정희가 "이번 선거는 민족적 이념을 망각한 가식의 자유민주주의 사상과 강력한 민족적 이념을 바탕으로 한 자유민주주의 사상과의 대결"이라며 기성의 정치인들을 사대주의적 근성을 지닌 '천박한 자유민주주의자'로 몰아붙인 게 논쟁의 시작이었다.

윤보선은 다음날 기자회견을 통해 "여순반란사건의 관계자가 지금 정부에 있다는 것을 상기해야 한다…우리의 민족주의나 민주주의를 의심한다면 역사를 캐보자"며 은근히 박정희의 여순반란사건 연루 사실을 환기시켰다. 윤보선의 기자회견은 박정희 측은 물론 국민에게도 충격이었다. 9월 25일엔 서울 교동초등학교에서 열린 야당의 시국강연회에 "북한에서 밀파한 황태성 사건의 진상을 밝혀라", "공화당 내에 6·25 당시 부역자 및 그의 가족이 월북한 자가 있다"는 구국청년동지회 명의의 전단까지 뿌려지면서 사상 논쟁은 더욱 가열되었다.

順事件 資料를公開
의 두新聞報道 提示
〈49年2月13日軍法會서〉
朴正熙氏에 無期言渡
審判官은 金完龍中領등七名
東亞日報
號外
造作된
解明할時間
共和黨서反駁
討伐戰

사상논쟁을 대서특필한 '동아일보' 호외
(1963.10.13)

황태성은 박정희의 셋째 형 박상희의 중매를 설 정도로 박상희와는 절친한 친구이자 공산운동을 같이한 동지로 박정희가 어릴 때 자신의 장래를 상의할 만큼 박정희와도 친분이 있었다. 1946년 10월의 대구폭동 후 월북했다가 박정희를 만나러 1961년 8월 남하했으나 중앙정보부에 체포되어 대통령 선거가 끝나고 1주일 뒤 대법원의 상고기각으로 사형이 확정되어 1963년 12월 14일 총살형에 처해졌다.

온 나라가 사상 논쟁에 휘말렸는데도 박정희 자신을 비롯 최고회의나 공화당으로부터 사실 무근이라는 주장이나 반론이 제기되지 않아 의혹이 확산되었다. 이 때문에 국민들의 관심이 사상 논쟁으로 쏟아졌고, 윤보선 측의 분위기는 "대통령 선거 해봤자…"라는 체념에서 "한번 해볼 만하다"라는 자신감으로 바뀌었다. 난립한 야당 후보 중 박정희와 상대할 수 있는 후보는 윤보선뿐이라는 여론을 확산시키는 데도 사상 논쟁의 역할이 컸다.

"여순반란사건은 나와 무관하다" 부인해

국민들의 의혹이 이처럼 갈수록 커지자 박정희 측도 더 이상은 어쩔 수 없었는지 9월 28일 김형욱 중앙정보부장이 나서 "황태성이 박정희 의장과 친분이 있다는 것은 터무니없는 소리"라며 일축했다. 그러나 허정과 송요찬의 후보직 사퇴로 판세가 요동을 치자 선거를 일주일 앞둔 10월 8일 박정희가 직접 나서 "여순반란사건은 나와 무관하다"며 연루 사실을 부정하는 기자회견을 했다. 10월 9일 박정희는 황태성 사건에 대해서도 소상하게 밝혔다. 박정희로서는 차마 꺼내고 싶지 않았지만 더 이상 야당에 끌려갈 수 없다는 절박함에서 기자회견을 자청한 것이다.

선거를 이틀 앞둔 10월 13일 윤보선 측은 확실한 승기를 잡기 위해 1949년 2월 17일자 경향신문과 2월 18일자 서울신문에 실렸던 '박정희 소령 무기징역 선고' 관련기사를 공개했다. 박정희 소령이 72명의 다른 장교와 함께 여순반란사건 이후에 있었던 군부 내 남로당 조직 수사에 걸려 군법 재판에서 유죄선고를 받았다는 내용이었다.

비상이 걸린 박정희 측은 "박정희 후보가 여순반란사건에 관련해 재판을 받은 일이 없다"고 애써 부인하면서 "윤보선 가족 중에도 공산당원이 있다"며 물타기를 시도했다. 기사에 거명되었던 당시 재판장도 "나는 박정희 장군에 대해 재판을 한 사실이 없다"며 부인하고 나섰다. 박정희는 이런 우여곡절을 거쳐 제5대 대통령에 당선되었다. 이로써 5·16으로부터 꼭 30개월 동안 계속되어온 박정희와 윤보선의 숙명적인 대결도 일단락되었고 4년 후의 리턴매치를 기약했다.

황태성

황태성은 박정희의 셋째 형 박상희와 절친한 친구이자 공산운동을 같이한 동지였다. 박정희와도 친분이 있었다. 박상희는 1946년 대구폭동 때 주도적인 역할을 하다가 1946년 10월 5일 진압 경찰관들의 총에 맞아 세상을 떠났다. 남로당 경북도당의 조직부장으로 역시 대구폭동을 주도한 황태성은 폭동 실패 후 월북했기 때문에 고향에서 그의 종적을 아는 사람은 없었다.

북에서 차관급인 무역부부상으로 지내던 황태성이 서부전선 비무장지대를 넘어 남으로 잠입한 것은 1961년 8월 말이었다. 9월 1일 고향의 한 친지 아들을 만난 황태성은 "나는 간첩으로 넘어온 게 아니라 김일성의 특명을 받아 밀사로 넘어온 것"이라며 박정희와의 만남을 주선해 주도록 요청했다. 친지의 아들은 나중에 중앙대 총장에까지 오른 당시 중앙대 강사 김민하였다.

10월 5일 황태성은 남한에 살고 있는 자신의 질부를 통해 박상희의 처 조귀분(김종필의 장모)에게 자신의 편지를 전해줄 것을 요청했으나 편지를 받은 조귀분이 이 사실을 자신의 사위인 김종필에게 신고하는 바람에 황태성은 10월 20일 중정 요원에게 체포되었다.

황태성은 계속 박정희 의장이나 김종필 당시 중정부장과의 만남을 요청했지만 혁명공약 제1조로 '반공'을 내걸 만큼 용공성 해소에 안간힘을 쓰고 있던 박정희가 자칫 함정에 빠질지도 모를 황태성을 만나줄 리가 없었다. 5·16쿠데타 후 박정희는 과거 남로당에 가입했다가 군에서 혹독한 조사를 받은 자신의 과거를 불식하기 위해, 또 자신에게 의혹의 눈총을 거두지 않고 있는 미국을 안심시키기 위해 반공을 최우선 기치로 내세우고 있었다.

결국 황태성은 박정희는커녕 김종필도 만나지 못한 채 비밀리에 육군중앙고등군법회의에 송치되어 1961년 12월 27일 간첩죄로 사형선고를 받았다. 고등법원을 거쳐 대법원 상고심을 기다리던 1963년 9월 25일 한 야당 집회장에 황태성에 대한 유인물이 뿌려지고 허정 국민의당 대통령 후보가 진상을 밝힐 것을 요구하면서 황태성은 더 이상 익명의 존재가 아니었다.

"황태성은 북한 밀사" 주장도 있어

중앙정보부가 황태성의 존재를 세상에 공개한 것은 9월 28일이었다. 더 이상 숨겼다가는 오히려 20일 앞으로 다가온 대통령 선거에 악재가 될 것 같다는 판단 때문이었다. 박정희도 10월 9일 기자회견을 자청해 "중앙정보부가 나를 만나겠다는 황태성을 붙잡아 법에 의해 처리했다"며 "야당이 떠드는 이야기는 모두 허위 날조된 것"이라고 주장했다.

황태성이 간첩이라는 박정희 측의 주장과 달리 "황태성은 밀사"라고 주장하는 사람들도 있다. 그렇게 해석할 만한 이유가 없었던 것도 아니었다. 황태성의 잠입이 있기 1개월 전에 진행된 남북간 비밀회담 때문이었다. 1961년 8월 박정희 군사정권은 북한의 남침 기도를 막고 대북 정보를 수집하기 위해 북한에 비밀회담을 제의했다. 박정희의 남로당 전력에 기대를 걸었다가 혁명정부가 반공을 공약으로 내세운 데 당황한 북한도 박정희의 의중을 떠보기 위해 회담에 적극성을 보였다.

회담은 박정희, 김종필, 이철희 첩보부대장 등 고위간부 몇 명만이 알고 있었을 뿐 미국의 CIA도 모르게 진행되었다. 양측은 인천에서 뱃길로 2시간 거리에 있는 서해상의 무인도 용매도에서 서로의 배를 끈으로 묶고 배를 오가며 10여 차례 회담을 열었다. 태풍 등의 기상악화로 해상회담이 어려워질 때는 황해도 해주로 장소를 옮겨 5차례 더 회담을 진행했다. 북한은 남한과 달리 각료 이상의 고위급 회담을 요구했다. 황태성의 밀파도 고위급 회담을 성사시키기 위해 잠입한 것이라는 게 밀사론의 근거였다.

황태성은 1963년 10월 22일 대법원의 상고 기각으로 사형이 확정되어 1963년 12월 14일 인천의 한 군부대에서 총살형에 처해졌다. "남북통일 만세"를 외치며 죽었다고 한다.

광부·간호사 서독 파견

광부·간호사의 파견은 서독으로부터 차관을 받기 위한 담보에서 비롯되었다.

1963년 12월 21일, 서독 루르탄광지대에서 일할 123명의 광부가 에어프랑스 전세기편으로 김포공항을 출발했다. 파독 광부 1진이었다. 광복 후 우리나라 인력이 처음 해외로 진출했다는 점에서 이날은 한국인의 해외 진출사에 꼭 기록되어야 할 의미 있는 날이다. 파독 광부로 선발된 광부들의 이름은 사법시험 합격자 명단이 신문에 실리듯 그해 9월 28일자 신문 사회면에 실렸다.

서독 정부가 약속한 월급은 기본급 650마르크(162달러)였다. 1인당 GNP가 87달러(1962)에 불과하고 실업률이 8.1%(1963)나 되어 변변한 일자리 하나 찾기 어렵던 시절에 일이 아무리 힘들다 하더라도 이런 일자리를 얻었다는 것은 당사자로서는 행운이었다.

5·16쿠데타 후 박정희 정권은 제1차 경제개발 5개년 계획을 구상했으나 돈이 없었다. 한국은행 잔고라고 해야 수천만 달러뿐이었다. 미국의 케네디 정부는 한국의 쿠데타 세력을 외면했고 가까운 일본과는 미수교 관계였다. 그래서 떠오른 게 같은 분단국가 서독이었다. 그러나 미국으로부터 마셜 원조를 받고 있는 처지에 서독이라고 여유가 있지는 않았다. 그래도 호소하고 호소한 끝에 1961년 12월 서독으로부터 상업차관 1억 5,000만 마르크(3,750만 달러)를 제공하겠다는 약속을 얻어냈다.

당시 차관 교섭에 나선 상공부 장관을 수행해 차관의 배경을 누구보다 잘 알고 있는 백영훈에 따르면, 광부·간호사의 파견은 서독으로부터 차관을 받기 위한 담보에서 비롯되었다. 그에 따르면 서독 정부는 차관을 제공하기 전 제3국 은행의 지급 보증을 요구했다. 3국 은행으로부터 반응이 없어 난감해하고 있을 때, 그의 한 서독 친구가 "광부 5,000명과 간호사 2,000명을 파독해 이들의 고용계약서를 서독은행에 담보로 맡겨 차관을 성사시키자"라는 아이디어를 제시했다. 그 덕에 차관 제공이 가능했다는 게 백영훈의 설명이다. 그의 주장 중 일부가 훗날 진위 논란에 휩싸이긴 하지만 어쨌든 양국의 이해관계가 맞아떨어져 광부 파독은 순탄하게 진행되었다.

정부가 20~30세의 중졸 이상 학력과 탄광 근무 경험이 있는 광부를 선발한다는 공고를 내자 지원자가 2,874명이나 몰렸다. 8대 1의 경쟁률을 뚫고 최종 선발된 사람은 367명이었다. 대졸자가 귀했던 그 시절에 대학 졸업자가 20%나 될 정도로 고학력자들이었다. 당시 조선일보의 기사 제목이 '신사 광부들 서독행'일 정도로 이들의 높은 학력은 당시에도 화젯거리였다.

합격자들은 국내에서 각각 20일간 탄광 훈련과 독일어 강습을 마치고 서독 현지에서 3개월의 적응 훈련을 받은 후 탄광에 투입되었다. 지하 1,000m 속에서 한 달 27일이나 일하고, 국경일에도 휴일수당을 받기 위해 기를 쓰고 일을 하다 보니 3년을 채우고 고국으로 돌아올 때는 대부분 한 번 이상의 골절상 병력을 안고 있었다. 돌에 깔려 죽거나 탄차에 부딪혀 현장에서 즉사하는 사고도 빈발해 4명의 자살자를 포함 65명이나 죽었다.

이렇게 파견된 광부는 1978년 11월 서독 정부가 광부 수입을 중단할 때까지 7,900여 명이나 되었다. 광부들은 월급의 대부분을 조국의 가족에게 송금했고, 이 돈은 어려운 국가 경제발전에 종잣돈으로 쓰였다.

월급 대부분은 국가 경제발전의 종잣돈으로 쓰여

간호사 파독은 1966년 1월 30일, 128명의 간호사가 최저 440마르크(110달러)의 약속을 받고 한국을 떠나면서 시작되었다. 그전에 1963년 12월 14일 여고 3학년 학생 9명이 서독 병원에 간호사로 취직해 떠나고 1964년 11월 6일 서독 가톨릭의 요청으로 60명의 간호사가 한국을 떠난 상태라 첫 해외 진출은 아니었지만 연속적이고 대규모적인 파견은 이때가 처음이었다. 1976년까지 줄잡아 1만 명의 간호사가 서독행 비행기를 탔다.

간호사 파독은 독일에서 의사로 활동하던 이수길 박사가 사실상의 산파 역할을 했다. 그는 독일의 간호사 수가 3만 명이나 부족하다는 사실을 알고 직접 한국의 보건사회부와 교섭에 나서 파독을 추진했다. 1965년 12월 서울에서 박정희 대통령을 만나 간호사 파견에 대한 대통령의 지원을 얻어내기까지 했다. 따라서 그 역시 누구보다 간호사 파독의 배경을 소상히 알고 있는 사람이다.

그는 2006년 잠시 귀국했을 때 한국에 잘못 알려진 사실들이 반복·재생산되고 있다며 몇 가지 사실을 알려주었다. 그의 지적들은 주로 백영훈 박사의 증언과 배치되는 것들이다. 그전까지 광부·간호사의 파독은 물론 1964년 12월 박 대통령의 서독 방문에 대한 이야기 대부분은 백영훈의 증언과 자서전에 의존했다.

그런데 그 가운데 몇 가지가 사실과 다르다는 게 이수길 박사의 주장이다. 이 박사는 광부 파독은 몰라도 간호사의 파독은 차관 담보용으로 시작된 게 아니고 자신이 처음 추진한 것이라고 했다. 또한 1964년 12월 10일 박 대통령이 서독의 한국 광부들을 찾아 펑펑 울었을 때 동행한 서독의 뤼브케 대통령도 함께 울었다는 얘기가 국내에 퍼져 있는 것에 대해서도 뤼브케 대통령은 탄광에 가지 않았다며 잘못 알려진 사실을 고쳐주었다. 이처럼 백영훈의 주장이 일방적으로 통용된 것을 두고 이수길은 박 대통령에 대한 지나친 미화 때문이라고 했다.

이수길은 간호사 파독에 결정적인 공헌을 했지만 이 일로 혹독한 고문을 받는 불운을 겪었다. 동백림 사건에 그를 연루시키려 한 중앙정보부가 1967년 6월 서독에서 납치해 서울로 끌고 와 10여 일간 10여 차례 물고문, 전기고문 등 모진 고문을 가한 것이다. 북한의 지령을 받아 간호사들을 독일로 끌어들이고 동포들 앞에서 동독을 찬양했다는 어처구니없는 혐의였다.

결국 무혐의 처분을 받아 서독으로 되돌아갔지만 서울의 가족이 걱정되어 서독에서 고문과 납치 사실을 부인했다. 이 때문에 서독 내 반정부 인사들로부터 "배신자"라는 소리를 들으며 추방당할 위기에 처하기도 했다. 이수길은 그때의 충격으로 한동안 한국 사람을 만나지 못했다.

박정희 대통령 서독 방문 1964년 12월 10일, 서독을 방문한 박정희 대통령이 공식 일정을 마치고 루르 지방의 함보른 탄광으로 향했다. 1년 전부터 이곳에서 일하고 있는 한국인 광부와 인근에서 찾아온 소수의 간호사 등 600여 명이 태극기를 들고 박 대통령을 맞았다. 이윽고 탄광회사의 브라스 밴드가 애국가 연주를 시작했다.

"동해물과 백두산이 마르고 닳도록…" 합창소리가 강당 안에 크게 울려 퍼졌다. 뒤이어 "무~궁화 삼~천리 화려강~산…" 대목에 이르러서는 합창 소리가 목멘 소리로 조금씩 변하더니 마지막 소절에서는 더 이상 노래가 들리지 않고 흐느낌만이 강당 안에 가득했다. 모두 눈물을 쏟아내고 있었다. 애국가 연주가 끝난 후 탄광회사 작업부장이 환영 인사를 했다. "한 나라 국가 원수가 이곳을 찾아준 이 역사적인 순간을 영원히 잊을 수 없을 것입니다."

뒤이어 박 대통령이 연설을 시작했다. "조국을 떠나 이역만리 남의 나라 땅 밑에서 얼마나 노고가 많으십니까. 한국 사람들이 제일 잘하고 있다고 칭찬을 받고 있는 것을 기쁘게 생각합니다." 연설 중간에 여기저기서 흐느끼는 소리가 들렸다. "조국의 명예를 걸고 열심히 일합시다. 비록 우리 생전에는 이룩하지 못하더라도 후손을 위해 남들과 같은 번영의 터전만이라도 닦아놓읍시다…."

파독 광부들에게 격려 연설을 하는 박정희 대통령 (1964.12.10)

이후에는 광부·간호사들의 더욱 커진 울음소리로 연설이 제대로 이어지지 못했다. 박 대통령과 육영수 여사도 더 이상 참지 못하고 눈물을 터뜨렸다. 결국 연설은 중단되었고 강당 안은 눈물바다가 되었다. 박 대통령은 파고다 담배 500갑을 광부들에게 전달하고 본의 숙소로 돌아와서도 동행했던 한 여기자 앞에서 눈물을 보였다.

통역관으로 박 대통령을 수행한 백영훈 박사(9·10대 국회의원)는 "그때 박 대통령이 광부·간호사들과 함께 흘린 눈물이 조국 근대화의 시발점이었다"고 전했다. 그는 "눈물바다였다. 간호사들이 육 여사를 붙들고 울자 육 여사도 통곡을 했다. 취재기자들도 울지 않을 수 없었다"며 "그날의 일은 내 인생에서 아주 충격적인 사건으로 기억에 남아 있다"고 그때를 회고했다.

광부·간호사들과 함께 흘린 눈물은 조국 근대화의 시발점

박 대통령이 한국 대통령으로서는 처음으로 서독 땅을 밟은 것은 1964년 12월 7일이었다. 전세기가 없어 일반 승객과 함께 루프트한자 여객기를 이용했다. 홍콩, 방콕, 뉴델리, 카이로, 로마 등 7곳이나 경유해 28시간 만에 서독 본의 쾰른공항에 도착했다. 가난한 나라 대통령의 해외순방이었으니 그 정도의 고생은 감수한다 치더라도 그나마도 자칫하면 서독행이 무산될 뻔했다.

백영훈 박사에 따르면, 국적기가 없던 한국 정부가 돈을 주고 미국의 노스웨스트 에어라인을 빌렸으나 "쿠데타로 집권한 한국 군인에게 미국의 비행기를 빌려주면 다른 나라를 자극한다"며 서독 방문 열흘 전에 미의회가 비행기 대여를 막았다는 것이다.

이런 우여곡절을 겪으며 진행된 서독행이었으나 다행히 서독의 뤼브케 대통령과 에르하르트 총리가 공항까지 나와 맞아준 덕에 체면은 살릴 수 있었다. 그러나 서독 정부가 예산 절감을 위해 대통령의 숙소로 10평 크기의 방을 배정하고, 일정을 빡빡하게 짜 박 대통령이 변비에 걸릴 정도였다.

박 대통령이 서독을 방문한 목적은 돈 때문이었다. 서독의 대통령을 만나든 총리를 만나든 그는 "경제를 재건해서 공산국가들의 위협으로부터 나라를 구하고 싶은데 돈이 없다"며 늘 "돈을 빌려달라"고 하소연했다. 도착 첫날 저녁 만찬 중에 뤼브케 대통령이 박 대통령에게 아우토반을 화제에 올렸다. "내일 쾰른에 가신다는데 아우토반을 달리겠군요. 본~쾰른 간의 아우토반은 히틀러가 가장 먼저 개통한 구간으로 우리의 자랑이지요. 아우토반은 독일 경제 부흥의 상징이랍니다."

그 말을 듣는 순간, 박 대통령의 눈이 반짝거렸다. 이튿날 박 대통령은 본~쾰른 간의 아우토반을 시속 160km로 달렸다. 그는 가는 길과 오는 길에 두 차례 차에서 내려 2~3분씩 노면, 중앙분리대, 교차로 시설 등을 주의 깊게 살폈다.

에르하르트 총리도 아우토반을 달리고 온 박 대통령에게 중요한 충고를 해주었다. "고속도로를 닦으십시오. 그 동맥을 질주할 자동차를 만들 산업도 필요합니다. 자동차를 만들려면 철이 필요하니 제철산업을 하십시오."

김환기의 뉴욕 시대

구체적인 대상이 완전히 지워지고 순수한 선, 점, 면으로 이뤄진 '점묘 추상화'의 경지에 도달했다.

김환기(1913~1974)는 우리 현대 미술사에 뚜렷한 족적을 남긴 한국 추상미술의 1세대다. 천재적이고 다작(3,000여 점)에다 끊임없이 자신을 해체했다는 점에서 '한국의 피카소'로도 불린다. 김환기는 전남 신안군의 부유한 집안에서 태어나 서울의 중동중학을 중퇴하고 1931년 일본으로 건너가 도쿄의 금성중학을 졸업했다. 1933년 일본대 미술부에

김환기(1913~1974)

입학하고 1935년 일본에서 재야적 성격의 미술단체인 '이과회' 미술전에 '종달새 노래할 때'를 출품해 입선과 함께 등단했다.

이후 일본 추상회화의 선구자들과 '백만회'를 결성한 뒤 1936년 첫 개인전을 열고, 1937년 '자유미술가협회'에 가입하는 등 일본에서 활발한 활동을 펼쳤다. 자유미술가협회는 추상미술을 표방한 일본의 전위적인 미술단체로 이곳에 가입한 김환기와 유영국, 이상규 등은 해방 후 우리나라 추상미술의 제1세대를 대표했다.

김환기는 1938년 귀국 후에도 계속 자유미술가협회와 관계를 맺다가 1941년 탈퇴 후 해방 때까지는 주로 낭인생활을 하며 지냈다. 편의상 도쿄시대, 파리시대, 뉴욕시대로 나뉘는 김환기의 작품 세계 중 데뷔기이자 모색기였던 도쿄시대는 이렇게 막을 내렸다. 김환기의 생애에서 1948년은 15년 뒤 미국에 정착했던 1963년만큼 각별하다. 비록 1년 만에 그만두었지만 그해 개교한 서울대 교수로 부임하고 1947년 7월 유영국, 이규상과 등과 결성한 '신사실파'의 창립전을 연 것이 1948년이기 때문이다.

해방 후 처음으로 추상 내지 비구상을 통해 순수한 조형미를 추구했던 신사실파는 조선미술전람회의 전통을 잇는 아카데믹한 구상미술이 화단을 지배하던 당시로서는 매우 전위적인 미술운동이었다. 신사실파란 이름은 김환기가 붙인 것으로 "추상을 하더라도 모든 형태는 사실(寫實)이므로 새로운 것을 추구하자"는 뜻에서 지어졌다.

신사실파는 1948년 12월 7일부터 14일까지 화신화랑에서 창립전을 연 것을 비롯 1949년과 1953년에도 전시회를 연 뒤 해산되었다. 1949년 2회 전시회 때 장욱진이 합류해 회원은 4명이었다. 일본 유학을 공통점으로 하는 이들은 회원이 비록 4명에 불과했지만 당시 미술계에서 차지하는 위상은 매우 높았다.

김환기는 1949년 창립된 대한민국 미술전람회(국전)에 추천작가 겸 심사위원으로 참여하고 1952년 피란지 부산에서 홍익대 미대 교수로 부임했다. 그에게는 유독 문인 친구들이 많았다. 이것이 인연이 되어 1950년대 중반 '현대문학', '문학예술' 등의 문예지 표지화나 본문 삽화를 많이 그렸고 문인들의 창작집 표지에도 그의 그림이 많이 등장했다.

특유의 푸른색은 파리 유학시절에 등장

당시는 미술의 중심지 파리로 가는 게 화가들의 꿈이었다. 김흥수, 권옥연, 이세득, 김중업, 남관 등이 잇달아 파리로 진출한 것도 그 무렵이었다. 김환기 역시 1956년 5월 파리로 건너갔다. 일제 강점기를 통해 간접적으로 체험했던 서구 미술을 직접 체험하려는 의욕의 발로였다. 김환기는 파리에서 5번의 개인전과 그룹전을 열었다. 김환기 그림의 주조를 이루는 특유의 푸른색은 파리 유학시절에 등장했다. 푸른색은 하늘과 동해를 상징했다. 조선 백자를 열성적으로 수집했던 김환기가 백자를 본격적으로 그리기 시작한 것도 이때부터였다.

1959년 홍익대 교수로 복귀하고 1962년 5·16 군사정부의 대학 정비령에 의해 홍익대가 홍익미술대로 바뀔 때 초대 학장이 되었다. 1963년 군사정부가 모든 예술단체의 통합을 종용해 대한미술협회와 한국미술가협회로 양분되어 있던 미술단체가 '한국미술협회'로 통합되었을 때도 초대 회장에 피선되었다. 그때까지 김환기의 회화 세계는 주로 산과 나무, 달과 항아리 등으로 나타났고 양식면에서는 단순화된 형태와 구도를 띠었다.

1963년은 김환기의 그림 인생에 중대한 전환점이었다. 1963년 9월 28일 개막되어 그해 말까지 계속된 제7회 상파울루 비엔날레에 유영국, 남관, 김기창, 서세옥 등과 함께 한국 대표로 선정·파견되어 3점을 출품했다. 이 중 '섬의 달밤'이 명예상에 뽑혔다. 김환기는 1963년 10월 20일 뉴욕으로 건너갔다. 뉴욕은 당초 파리로 가기 위한 기착지였으나 김환기는 그대로 눌러앉았다. 그것은 11년 동안 계속될 '뉴욕시대'의 시작이었다.

나이 50에 홍익대 미술대학장과 한국미술협회장이라는 안정된 자리와 명예를 털어버리고 미지와 모험의 세계에 몸을 던진다는 것은 결코 쉬운 일이 아니었다. 김환기의 뉴욕 생활이 성공할 수 있었던 것은 아내 김향안이 곁에 있어준 덕분이었다. 1944년 김환기와 결혼한 김향안은 김환기에게 끊임없이 예술적 영감을 불어넣어준 뮤즈였다. 시인 이상과 결혼을 하고 이상의 임종을 지켰던 김향안은 경기고녀(현 경기여고)와 이화여전 영문과를 나온 엘리트 여성이었다.

뉴욕에서 김환기는 그전까지의 구체적인 대상이 완전히 지워지고 순수한 선과 점과 면으로 이뤄진 이른바 점묘 추상화의 경지에 도달했다. 김환기는 뉴욕의 반지하 아틀리에에서 커다란 캔버스에 작은 점들을 하나씩 찍어갔다. 그의 점묘 작품은 화면 전체가 마치 밤하늘의 성좌와도 같은 무수한 푸른색 점으로 뒤덮여 있는 완전한 추상화였다.

그가 뉴욕에서 시작한 점묘 시리즈 중 대표작이 김광섭의 시 '저녁에'를 읽고 그린 대작 '어디서 무엇이 되어 다시 만나랴'다. 김환기는 이 100호(172×232㎝)짜리 대작을 한국일보가 1970년 6월 출범시킨 제1회 한국미술대상전에 출품해 대상을 차지했다. 이 작품에서 김환기는 대형 캔버스를 점이 찍힌 푸른 사각형으로 가득 메웠다. 수많은 점은 하늘의 별, 혹은 사람들 사이의 인연을 상징했다.

그의 예술이 활짝 꽃피어갈 즈음, 육신은 서서히 죽음을 맞고 있었다. 결국 1974년 7월 25일 뉴욕에서 숨져 그곳에 묻혔다. 도쿄와 서울, 다시 파리와 뉴욕을 전전하던 '영원한 보헤미안'은 이렇게 객지에서 눈을 감았다.

이어령 '흙 속에 저 바람 속에' 경향신문 연재

"한국인의 아픈 상처에 돋아나는 새 살의 감성" 등 찬사가 쏟아졌다.

1956년 대학을 갓 졸업한 20대 초반의 청년이 한 출판기념회에서 당대 최고의 문인들을 거침없이 비판했다는 소문이 돌았다. 얘기를 전해 들은 한국일보가 청년에게 글을 주문하자 청년은 '우상의 파괴'라는 제목의 글을 써 신문사에 보냈다. 글은 1956년 5월 6일자 한국일보 한 면 전체에 실렸다. 1년 전 서울대 문리대학보에 요절작가 이상에 대한 문학평론 '이상론'을 발표해 평단의 주목을 끈 이어령(1934~)의 화려한 등장이었다.

이어령은 이렇게 회고했다. "당시엔 추천이나 신춘문예가 아니면 제도 문학권 안으로 들어갈 방법이 없었다. 그래도 나는 기성 문단의 동의나 결재를 받고 싶지 않았다. 따라서 그 글은 내 힘으로 작가가 되겠다, 신춘문예나 추천이나 투고 등을 통해 당신들로부터 승인받지 않겠다는 선언이었다."

이어령은 충남 아산에서 태어나 부여고를 거쳐 1956년 서울대 국문학과를 졸업했다. 재기 발랄했던 이어령은 대학생 신분에도 경북 문경고에서 국어와 영어를 가르치고 1955년 '종합국문연구'라는 제목의 대학입시 국어참고서를 펴내 부족한 학비를 조달했다. 1959년 첫 문학평론집 '저항의 문학'을 출간하고 1960년 서울대에서 국문학 석사학위를 받은 뒤에는 서울신문, 한국일보, 경향신문, 중앙신문의 논설위원으로 활동했다.

이어령의 진가가 제대로 발휘된 것은 29살이었던 1963년이었다. 그해 8월 12일부터 10월 24일까지 50회에 걸쳐 '흙 속에 저 바람 속에'라는 에세이를 경향신문에 연재하면서 대중은 물론 지식인 사회로부터 폭발적인 관심을 끈 것이다.

이어령(1934~)

미국 문화로 대표되는 서구 문화로의 경사가 전통과 과거의 전면적인 부정으로 나타나고 한국과 한국인의 정체성에 대한 근본적인 물음이 우리의 마음을 지배하고 있을 때, 우리 고유의 풍토에서 해답을 찾으려는 그의 시도는 당시 한국 지식인 사회에 일대 충격파를 던졌다.

한국과 한국인의 멋과 정서, 우리 고유의 역사와 문화를 비판적 시각에서 접근한 그의 글들은 전쟁과 가난으로 피폐해진 사람들에게 스스로를 돌아보게 했다. 또한 당시 한국 사회가 찾아내고 싶었던 '새로운 시대에 걸맞은 한국인 상'을 시의적절하게 제시했다는 평가를 들었다.

농경사회에서 산업사회로 전환되던 시기에 그 격동의 과정을 주의 깊게 들여다보고 그 의미를 천착한 에세이에 대해 어떤 이는 "한국인의 아픈 상처에 돋아나는 새 살의 감성"이라고 칭송하고 어떤 이는 "한국의 재발견"이라고 진단했다.

'크리에이터(창조자)'로 불리기를 원해

'흙 속에 저 바람 속에'는 이후 이어령이 작가, 평론가, 사상가로 비상할 수 있는 활주로가 되어 주었다. 에세이를 묶은 단행본은 1963년 12월 현암사에서 나오자마자 선풍적인 인기를 끌어 30만~40만 부나 팔려나갔다. 이후에도 책은 3개의 출판사를 거치면서 총 100만 부 이상 팔린 것으로 출판계는 추정하고 있다. 책이 베스트셀러가 된 덕분에 이어령은 한국 문인으로는 처음으로 자가용을 샀다.

이어령은 1967년 이화여대 국문학과에 둥지를 튼 뒤에도 1972년까지 조선일보 논설위원을 겸직하며 문학과 정치, 문화와 문명을 쉼 없이 가로지르는 창조의 질주를 계속했다. 1972년 10월에는 '문학사상'을 창간해 주체할 수 없이 분출하는 창조성을 잡지에 쏟아부었다. 창간호는 1주일 만에 재판을 찍을 정도로 큰 인기를 끌었다. 이후에도 매월 5만~6만 부를 발행해 당시 문단에서 독보적인 위치를 차지하고 있던 '현대문학'과 더불어 이른바 월간 문예지 전성시대의 문을 활짝 열어젖혔다. 이어령은 1986년까지 문학사상 주간으로 활동했다.

이어령의 자장 범위는 우리의 상상을 훨씬 뛰어넘었다. 보통 사람이라면 한두 가지만으로도 버거워할 문학평론가, 국문학자, 소설가, 대학교수, 공연 기획가, 논설위원, 에세이스트, 문화부 장관 등을 무리 없이 수행하며 그 분야의 최고 자리에 올라섰다. 공저와 기획서를 포함해 총 150여 권의 저서를 통해서도 동서고금에 막힘이 없는 당대 최고의 문화인이자 우리 시대의 대표적 지성의 모습을 보여주었다.

그의 역작 중 하나는 1982년 1월 일본에서 일본어로 출간한 '축소지향의 일본인'이다. 외국인이 쓴 책 중 루스 베네딕트의 '국화와 칼' 이후 가장 센세이셔널한 반향을 불러일으킨 이 일본론은 일본의 몇몇 대학에서 정규 과목으로 가르치거나 시험문제로 낼 만큼 일본인들로부터도 호평을 받았다.

1988년 서울올림픽 개막전 기획 및 운영을 총괄하고 1990년 초대 문화부 장관을 맡아 문화행정가로서의 이력을 보탠 그는 60대의 나이에도 컴퓨터에 빠져 각종 프로그램을 섭렵하는 열정을 과시했다. 서재에 컴퓨터 5대와 주변기기, 모두 정품으로 구입한 소프트웨어들로 꽉 차 있던 이어령을 가리켜 주위 사람들은 "20세기 르네상스적 인간형"이라고 찬사를 보내지만 그 자신은 '크리에이터(창조자)'로 불리기를 원했다.

존 F. 케네디 미 대통령 피살

재클린의 입에서는 "오, 노!(Oh, No!)"하는 비명이 터져나왔다.

1963년 11월 22일 낮 12시 30분, 존 F. 케네디 대통령을 태운 리무진 오픈카가 텍사스주 댈러스시 휴스턴가를 지나 천천히 엘름가로 좌회전하고 있었다. 순간 누군가 쏜 3발의 총성이 들렸고 케네디는 목과 머리에 총탄을 맞은 채 옆자리의 재클린 쪽으로 고꾸라졌다. 재클린의 입에서는 "오, 노!(Oh, No!)"하는 비명이 터져나왔다. 케네디는 인근 파크랜드 병원으로 옮겨졌으나 이미 절명한 뒤였다.

사고 직후 1시경, 인근에서 순찰 중이던 경찰이 피살되고 1시간 20분 뒤 리 하비 오즈월드가 대통령과 경찰을 암살한 용의자로 극장에서 체포되었다. 그런데 이틀 후인 11월 24일 "총을 쏘지 않았다. 모함에 빠졌다"고 주장하던 오즈월드마저 경찰이 버젓이 지켜보는 앞에서 나이트클럽 운영자 잭 루비가 쏜 총에 피살됨으로써 전 세계를 경악케 했던 케네디 암살사건은 미궁 속으로 빠져들었다.

케네디의 뒤를 이어 대통령에 취임한 린든 존슨 부통령이 가장 우려한 것은 폭동과 전쟁이었다. 급속히 번지고 있는 각종 배후설과 음모설을 잠재우지 않으면 불똥이 어디로 튈지 모르는 상황이었다. 쿠바의 카스트로에 의한 암살설을 해명하지 못하면 대쿠바 강경책을 취해야 한다는 압력에 밀려 자칫 전쟁으로까지 발전할 가능성도 있었다.

존슨은 이런 의혹을 불식하기 위해 11월 29일 연방최고재판장 얼 워런을 위원장으로 하는 '암살조사특별위원회'를 발족시켰다. 워런위원회는 FBI와 CIA가 조사했던 수만 건의 면접조사를 검토하고 자체적으로도 수백 명으로부터 증언을 들었다. 이런 과정을 거쳐 10개월 뒤에 발표된 보고서 본문만도 888쪽이나 되었고 2개월 후에 공표된 부속 자료도 26권이나 되었다.

존 F. 케네디(1917~1963)

보고서는 "오즈월드의 단독범행이고, 그를 사살한 루비에게도 어떠한 배후가 보이지 않는다"고 결론을 내렸다. 보고서에 따르면 오즈월드는 텍사스교과서 창고 6층에서 그곳을 막 지나간 케네디 뒤쪽을 향해 소총 3발을 쏘았다. 첫 발은 빗나갔지만 두 번째 총탄이 케네디의 머리 뒤에서 목을 관통해 앞좌석의 존 코널리 텍사스 주지사의 오른쪽 손을 뭉갰고, 세 번째 총탄은 케네디의 뒷머리에 맞아 우측 정수리를 깨뜨렸다.

암살 보고서에 허점과 미심쩍은 부분 많아

보고서 발표 후 존슨 대통령은 각종 소문이 모두 일소되기를 바랐다. 그러나 보고서에 허점과 미심쩍은 부분이 많은 것으로 알려지면서 각종 배후설과 음모설이 좀처럼 가라앉지 않았다. 핵심은 "단독범행인가 아니면 제2의 암살자나 배후가 존재하는가"였다.

단독범행을 주장하는 측은 오즈월드가 총을 쏘았던 텍사스교과서 6층 바로 아래층의 직원들이 "위층에서 울린 3발의 총성을 들었다"고 증언하고, 같은 장소에서 발견된 총에 오즈월드의 지문이 묻어 있으며, 케네디의 차와 부근에서 발견된 3발의 총탄이 모두 한 종류라는 조사 결과를 근거로 내세웠다. 또한 암살 당시의 상황을 우연히 촬영한 비디오필름에는 케네디의 피가 앞쪽으로 터지고 있는데 이것이 뒤에서 총을 맞은 증거라는 것이다.

반면 제2의 암살자가 존재한다는 측은 워런위원회 조사 당시 케네디 앞쪽 우거진 풀숲에서도 총성을 들었다고 한 58명의 증언이 있고, 케네디를 병원까지 호송한 경호원과 파크랜드 병원의 의사와 간호사들이 "대통령의 후두부에 무참하리만큼 큰 구멍이 있었다"고 말했는데 이것은 통상 총탄이 뚫고 나간 지점에 더 큰 구멍이 나는 것에 비추어 총알이 앞쪽에서 날아왔다는 것을 의미한다고 주장했다.

또한 "조잡한 구식총으로는 80m나 떨어진 텍사스교과서 건물 6층에서 단 6초 만에 3발을 발사해 이동 중인 케네디를 명중시킨다는 것은 명사수라도 사실상 불가능하다"는 총기 전문가들의 증언 등을 근거로 들었다. 특히 비디오필름에 나타난 대통령의 머리가 뒤로 격렬하게 젖혀지는 장면이야말로 앞쪽에서 총을 맞았다는 사실을 강력하게 뒷받침하는 것이라고 주장했다.

여기에 오즈월드의 지난 몇 년간 행적도 의혹을 부채질했다. 오즈월드는 1959년 해병대에서 제대한 뒤 소련으로 건너갔다가 소련 여성과 결혼한 뒤 1962년 부인과 함께 미국으로 돌아와 고향에서 마피아, CIA, 반카스트로 망명 쿠바인 등 다양한 그룹과 관계를 맺은 것으로 알려졌다.

미국인 중 75% 암살 배후가 있다고 믿어

당시 국내외 정세도 음모론을 부추길 만한 여지가 많았다. 가장 유력한 것은 CIA 연루설이었다. 케네디가 CIA 국장을 경질하고, CIA의 쿠바 공작을 제지하자 CIA가 대통령을 갈아치우려고 했다는 것이다. 당시 케네디는 카스트로 정권을 전복하려던 피그만 침공(1961.4)이 실패로 돌아가자 침공을 부추긴 CIA에 속은 것을 알고 CIA를 불신하고 있었다.

마피아 음모설도 끊이지 않았다. 케네디가 마피아의 지원을 받아 대통령에 당선되었는데도 동생인 로버트 케네디를 법무장관에 앉혀 자신들을 단속한 것에 대한 보복이라는 것이다. 미소 냉전의 절정기인만큼 소련의 공작을 제기하는 측도 있었고, 반대로 소련·쿠바와 화해하려는 케네디를 극우파가 제거했다는 주장도 있었다.

이처럼 워런조사위의 발표에도 좀처럼 의혹이 가시질 않자 1976년 9월 미 하원이 마틴 루터 킹 목사의 암살사건과 함께 케네디 암살 재조사위원회를 가동했다. 1978년 12월, 재조사위는 "총탄은 3발이 아니라 4발이며 발사 장소도 텍사스교과서 창고와 우거진 풀숲의 두 군데였다"는 조사 결과를 발표했다. 이처럼 재조사위가 워런보고서의 일부 내용을 부정하긴 했으나 그렇다고 배후가 누구인지는 밝혀내지 못했다.

사건발생 후 3년 동안 중요한 목격자 18명이 차례로 죽은데다 오즈월드의 암살범 잭 루비 역시 1967년에 심한 기침과 구토 증세를 보이다 감옥에서 의문의 죽음을 맞았고 결정적인 증언을 해줄 오즈월드의 친구마저 1977년 하원 재조사위의 소환에 앞서 자살하는 등 진실 규명에 방해되는 일들이 연이어 발생했기 때문이다.

1992년에 제정된 케네디 암살기록 수집법에 따라 수년 동안 수천 쪽의 민감한 기록이 공개되었어도 설만 무성할 뿐 여전히 사건의 핵심은 파헤치지 못하고 있다. 2003년의 한 조사에 따르면, 미국인들은 75%가 암살 배후가 있다고 믿고 있고 암살 배후로 마피아(37%), CIA(34%), 린든 존슨 당시 부통령(18%), 쿠바의 카스트로(15%), 구소련(15%) 순으로 꼽았다.

케네디가(家)의 비극

1명의 대통령, 3명의 연방 상원의원 겸 대통령 후보, 3명의 하원의원을 배출해 왕실이 존재하지 않는 미국에서 케네디가(家)가 일약 '왕족 가문'으로 불리게 된 데는 케네디 대통령의 아버지 조지프 패트릭 케네디의 역할이 절대적이었다.

그는 가난한 아일랜드 이민자의 후손으로 태어나 1914년 보스턴 시장이자 민주당 하원의원의 딸인 로즈 피츠제럴드와 결혼함으로써 가문의 토대를 마련했다. 이후 금융업, 부동산, 주류업 등으로 큰 재산을 축적해

30대 나이로 백만장자 반열에 올라서고 프랭클린 루스벨트 대통령의 강력한 재정 후원자로 활약한 덕에 증권거래위원장과 영국 주재 대사 등 요직을 역임했다.

그는 슬하의 4남 5녀를 최고의 엘리트로 키웠다. 네 아들 모두 하버드대에 보냈다. 조지프 자신도 하버드 출신이고, 장인도 하버드 의대를 다녔다. 조지프는 특히 장남에 거는 기대가 컸다. 장차 대통령으로 키울 생각이었다. 그러나 장남인 조지프 주니어가 2차대전 중인 1944년 해군 조종사로 전투에 참가했다가 프랑스에서 전사하는 바람에 케네디가의 첫 대통령 꿈은 접어야 했다. 케네디가에 드리운 첫 번째 어두운 그림자였다.

존 F. 케네디의 여동생 캐슬린도 1948년 비행기 추락사고로 28세의 짧은 인생을 마감하고 캐슬린의 언니 로즈메리는 정신지체와 뇌수술 실패로 1941년 이후 2005년 죽는 날까지 공공시설에 수용되었다.

그래도 케네디가는 1960년 마침내 존 F. 케네디를 대통령으로 배출함으로써 금력에 이어 권력까지 쥔 미국의 최고 명문 가문으로 탄생했다. 그러나 1963년 케네디가 암살되고, 그 충격이 채 가시기도 전인 1968년 그의 동생이자 법무부 장관이었던 로버트 케네디가 민주당의 대통령 후보 지명을 위한 예비선거운동 도중 아랍계 청년이 쏜 총을 맞고 살해되면서 케네디가는 졸지에 비운의 가문으로 전락하게 된다.

케네디가의 4형제 중 유일하게 살아남은 막내 에드워드 케네디 상원의원은 1964년의 비행기 추락사고와 1969년의 차량 사고 때 그 자신은 죽지 않았지만 함께 타고 있던 조종사와 보좌관, 여비서 등이 죽는 기이한 사고를 경험했다. 결국 케네디 대통령을 포함한 9남매 가운데 2명은 암살당하고 2명은 비행기 사고로 숨졌으며 1명은 정상적인 생활을 하지 못했다.

비운은 당대에 그치지 않고 후대에까지 이어졌다. 케네디 대통령의 차남 패트릭 부비어는 아버지 암살 3개월 전 조산아로 태어나 생후 3일 만에 숨졌고, 장남 존 F. 케네디 2세는 그의 부인과 함께 비행기를 타고 가다 1999년 추락사했다. 로버트 케네디 상원의원의 아들인 데이비드는 1984년 약물 과다복용으로 숨진 채 발견되었고, 데이비드의 동생 마이클은 1997년 12월 스키를 타다 사고로 숨졌다.

'첩보계의 전설' 킴 필비와 '5인의 고리'

노동자의 불평등과 고통에 대해 목소리를 높였으나 그들은 힘든 일을 경험해보지 못한 부르주아였다.

1930년대에 들어서자 대공황이 전 세계를 강타하고 이로 인해 계층 간 불평등이 심화되어 자본주의의 모순이 맨살을 드러냈다. 서구의 젊은 지식인들은 자본주의의 타락과 병폐에 염증을 느꼈다. 그들에게 불평등과 빈부격차는 타파되어야 할 자본주의의 산물이었다. 그러나 자본주의를 무너뜨려 그들의 이상향을 설계하겠다는 순진한 결의가 소련의 공산주의에 이용당하면서 서구 세계의 1930년대는 공산주의가 유행했던 '붉은 10년'으로 둔갑했다.

영국의 최고 명문 케임브리지대에 재학 중인 상류층 자제들이 공산주의에 경도되어 소련에 포섭된 것도 1930년대였다. 그들은 노동자의 불평등과 고통에 대해 목소리를 높였으나 어느 누구도 힘든 일을 경험해보지 못한 전형적인 부르주아였다. 그들 중에는 훗날 '20세기 첩보계의 전설'로 불리게 될 킴 필비(1912~1988)도 있었다.

킴 필비(1912~1988)

필비는 영국의 식민지 인도에서 외교관의 아들로 태어나 1929년 케임브리지대에 입학했다. 재학 시절 공산주의의 세례를 받고 소련의 첩보원 교육을 받았다. 졸업 후에는 독일계 영국인 회사에 들어가 친히틀러 잡지를 편집하고, 영국의 '더 타임스' 특파원으로 스페인 내전 현장에 뛰어들어 파시스트 프랑코를 지지하는 기사로 우익의 신임을 얻었다.

1937년 말 스페인에서 자동차가 폭격을 당해 가볍게 부상했을 때 프랑코의 군대가 필비를 구해준 것은 각본에 없던 수확이었다. 필비가 이에 관한 기사를 쓰고 프랑코가 1938년 3월 직접 필비에게 훈장을 달아주면서 필비는 "프랑코로부터 훈장을 받은 영국인"으로 알려져 확실한 우익으로 자리매김했다.

1939년에는 007로 유명한 영국의 해외정보국(MI6)에 들어가 그곳에서 수집한 고급 정보를 소련에 보고했다. 2차대전 후에는 터키 주재 영국 대사관에서 근무하다 1949년 MI6의 워싱턴지국으로 전출되어 미 CIA의 기밀을 염탐할 수 있게 되었다.

워싱턴의 영국 대사관에는 2년 전 부임한 케임브리지대 동창 가이 버지스(1911~1963)가 근무하고 있었다. 버지스는 영국군 사령관의 아들로 태어나 케임브리지대 재학 중 앤서니 블런트(1907~1983)에 포섭되어 소련의 스파이가 되었다. 졸업 후 더 타임스 기자를 거쳐 MI6과 외무부에서 근무하는 등 살아온 과정이 필비와 비슷했다.

버지스를 포섭한 블런트는 케임브리지대의 연구원으로 근무하던 1933년 KGB에 포섭되어 소련의 첩보원이 되었다. 동성연애자인 블런트는 한때 그의 연인이기도 한 가이 버지스 말고도 도널드 매클린(1913~1983)을 포섭했다. 블런트는 파국을 향해 치닫는 자본주의 체제에 맞서 "무엇이든 하라"며 젊은 공산주의자들을 다그쳤다.

극비작전 '베노나 프로젝트'로 정체 드러나

블런트는 2차대전이 발발했을 때 영국 보안국(MI5)에 들어가 런던 주재 주요 중립국 대사관에서 나온 외교 서류 가방들을 비밀리에 검열하고 촬영해 MI5와 소련의 KGB에 각각 보고했다. 1944년에는 유럽 내 연합군 최고사령부와 MI5 사이의 연락 업무를 맡아 영국의 극비 암호해독 작전인 '울트라 작전'과 노르망디 상륙작전 등 연합군의 고급 군사작전 계획들을 엿듣고 소련에 전달했다.

필비는 미국에서 FBI, CIA와 정보를 공유하며 주요 정보를 확보했다. 1950년 1월 스탈린에게 미국 내 원자폭탄 비축량이 그리 많지 않다는 정보를 보낼 수 있었던 것도 이런 과정에서 얻은 부산물이었다. 6·25전쟁이 터졌을 때는 유엔군의 일원으로 참전한 영국과 영연방의 정보 연락관으로 일하면서 맥아더 사령부와 미 국방부 사이에 오가는 작전통신문을 입수해 모스크바로 보냈다. 모스크바는 이 정보를 중국의 모택동에게 전달했다.

어느 날 필비를 당혹스럽게 만드는 일이 벌어졌다. 소련 정보기관의 통신을 해독하는 미국의 극비작전 '베노나 프로젝트'를 접할 기회가 있었는데 미 수사기관이 과거 워싱턴의 영국 대사관에서 원자폭탄에 대한 비밀을 소련에 타전한 '호머'라는 직원의 암호를 발견하고 영국 정보부에 조사를 의뢰한 사실을 알게 된 것이다. 필비는 이 첩자가 영국 외무부 내 미국과장으로 근무하고 있는 도널드 매클린이라는 것을 직감했다.

매클린은 영국의 유력 정치인 집안에서 태어나 케임브리지대 2학년 때 공산당에 가입하고 4학년 때 블런트에 포섭되어 소련 첩자가 된 인물이었다. 1934년 영국의 외무부에 들어간 매클린은 1944년부터 1948년까지 워싱턴 주재 영국 대사관에 근무하면서 그곳에서 캐낸 중요 정보들을 소련에 보냈다.

당시 매클린이 영·미 정상 간에 오간 통신문이나 정책에 대한 기밀을 스탈린에게 보고한 덕에 스탈린은 얄타회담, 카이로회담, 포츠담회담 등 각종 협상을 유리하게 끌고 갈 수 있었다. 매클린은 1948년 카이로 주재 영국 대사관에서 근무하다 1950년 1월 영국으로 귀국해 외무부 미국 과장으로 근무하고 있었다.

필비는 매클린이 미 수사기관의 추적을 받고 있다는 사실을 워싱턴 주재 영국 대사관에 근무하고 있는 가이 버지스에게 알려주었다. 그러자 버지스는 영국으로 건너가 매클린과 함께 소련으로 달아났다. 필비는 두 사람을 빼돌린 배후 인물로 의심을 받아 1952년 미 수사기관의 조사를 받았다. 하지만 미 수사기관은 물증을 확보하지 못해 필비를 더 이상 조사하지 못하고 영국 측에 필비를 소환·조사하도록 요청했다. 필비를 소환한 영국 정부는 그에게서 사직서를 받는 것으로 마무리했다.

'5인의 고리'가 펼친 활약상 대단해

그러나 영국의 정보부는 영국 정부와 달리 필비가 소련의 스파이라고 확신했다. 그들은 필비를 자유롭게 놔뒀다가 미행을 붙여 덜미를 잡으려는 계략을 짰다. 1956년 9월 '옵서버'지 특파원으로 레바논 베이루트에 부임한 필비가 예상대로 수상쩍은 인물들을 만나는 것이 영국 정보부에 포착되었다. 1963년 영국 정보부의 추궁에 필비는 자신이 소련의 스파이라는 사실을 자백했다. 그러면서 자발적으로 귀국하겠다고 해놓고 도주를 준비했다. 필비는 1963년 1월 23일 베이루트를 출항하는 소련 화물선에 잠입했다. 6주일 후 모스크바에서 "필비의 정치적 망명을 허락한다"는 발표가 흘러나왔다.

오늘날 킴 필비를 비롯해 도널드 매클린, 가이 버지스, 앤서니 블런트, 존 캐인크로스는 이른바 '5인의 고리(Rings of Five)'로 불린다. 이들 '5인의 고리'는 블런트와 버지스, 매클린이 케임브리지대 안에 비밀조직을 결성하고 필비와 캐인크로스가 합류하면서 탄생했다. '5인의 고리'가 펼친 활약상은 대단했다. 블런트는 국내 방첩을 담당하는 보안국(MI5)에 들어갔고, 필비와 버지스는 해외정보국(MI6)에 침투했다. 매클린은 외무부에서 외교문서를, 캐인크로스는 영국 정보통신본부에서 해독한 암호를 KGB에 넘겼다.

일찌감치 소련으로 망명한 매클린과 버지스는 소련에서 힘들게 살았다. 버지스는 알코올 중독자가 되어 1963년에 죽었고, 매클린은 젊은 날의 오판을 후회하며 악몽에 시달리다 1983년 암으로 죽었다. 필비는 소련에서 최고 훈장인 '적기' 훈장을 받아 윤택하게 살았으나 전화는 모두 도청되었고 편지와 방문객들은 조사를 받았다.

결국 필비는 소련 체제에 이용당하고 버려졌다는 생각 때문에 말년에는 술에 빠져 살다가 1988년 5월, 76세로 생을 마감했다. 소련 정부가 1990년 그의 초상화가 실린 기념우표를 발행했으나 그것은 다른 첩자들의 사기를 북돋워주기 위한 전술일 뿐이었다.

블런트는 전쟁이 끝난 후 MI5를 떠나 영국 왕실의 미술품 매입과 수집품에 대한 자문역을 맡았다. 1956년에는 기사 작위를 받아 영국 최고의 미술품 감정가로 이름을 알렸다. 그러면서도 소련을 위한 첩보활동을 계속하다가 1963년 꼬리가 잡혔다. 결정적인 증거를 확보한 MI5가 블런트에게 "모든 것을 털어놓으면 사면해주겠다"고 제안하자 블런트는 "존 캐인크로스도 5인의 고리"라는 사실 등 몇 가지 알짜 정보를 내놓았다.

캐인크로스 역시 소환되어 자백했다. MI5는 블런트·캐인크로스와의 거래 내용을 비밀로 덮어두었다. 그러나 이 거래 내용이 앤서니 보일이라는 작가 귀에 들어가고 1979년 보일이 '제4의 사나이'라는 제목의 책을 통해 이 사실을 폭로하면서 세상에 알려졌다. 당시 블런트는 엘리자베스 여왕의 미술고문으로 활동하고 있었고, 캐인크로스는 재무부에 근무하고 있었다. 블런트는 대처 영국 총리가 1979년 11월 그런 거래가 있었음을 시인한 뒤 기사 작위를 박탈당했다. 하지만 공식적으로는 자신의 행동을 반성하는 태도를 보이지 않고 있다가 1983년 죽었다.

'5인의 고리'와 6·25전쟁

러시아 외교정책문서보관소에 보관된 녹취록에 따르면, 김일성과 박헌영은 남침 계획을 승인받기 위해 1949년 3월 7일 모스크바에서 스탈린을 만났다. 김일성이 "북한군이 남한군보다 더 강하고 남침 시 남쪽의 빨치산 부대와 남로당 당원들이 호응할 것"이라며 남침 승인을 요청했으나 스탈린은 때가 이르다며 승인하지 않았다. 당시 스탈린이 가장 신경을 쓴 것은 미국의 대응이었다. 그런데 1950년 1월 30일 스탈린이 느닷없이 평양 주재 스티코프 대사에게 김일성의 남침 요청을 승낙하겠다는 내용의 전보를 보냈다. 스티코프는 당일로 김일성을 만나 스탈린의 뜻을 전했다.

스탈린은 왜 갑자기 남침을 승인한 것일까? 10개월 동안 무슨 일이 벌어진 것일까? 당시 미국을 비롯 서방에는 코민테른 등이 심어놓은 소련 스파이들이 득실거렸다. 그중에서도 도널드 매클린은 특히 믿을 만한 존재였다. 매클린은 1944년부터 1948년까지 워싱턴 주재 영국 대사관에 근무하며 필비와 마찬가지로 미국의 원자폭탄 개발 상황을 비롯 영·미 정상 간에 오간 통신문이나 정책 발전에 대한 기밀을 계속 소련에 보고해온 1급 스파이였다.

소련은 1948년 6월 서베를린을 봉쇄할 때도 매클린의 정보 덕을 톡톡히 보았다. 그때 미국의 트루먼 대통령은 B-29 폭격기를 유럽에 배치하면서 폭격기에 원자폭탄을 장착한 양 행동했지만 매클린은 원자폭탄이 아니라 재래식 무기를 장착했을 뿐이라는 극비정보를 소련에 보고했다.

매클린은 1950년 1월 초 영국 외무부 내 미국 과장으로 부임했다. 그런데 그로부터 얼마 지나지 않은 1월 12일 미 국무장관 애치슨이 미국의 태평양방어선을 확정하는 이른바 '애치슨 라인'을 발표했다. 골자는 "미국의 태평양 방어선을 알류산 열도에서 일본 ↔ 오키나와 ↔ 필리핀으로 한다"는 것으로, 방어선에서 남한과 대만을 제외한다는 내용이었다.

매클린은 '애치슨 라인'에 대한 좀 더 상세한 정보를 파악해 스탈린에게 보고했다. 그중에는 '아시아에 대한 미국의 입장'이라는 2개의 결의안도 있었다. 1949년 12월 23일 결의된 48쪽의 NSC 48-1호와 1949년 12월 30일 결의된 9쪽의 NSC 48-2호에는 한반도에서 전쟁이 발발하더라도 미국은 핵무기를 쓰지 않을 것이며, 한국의 전략적 가치가 높지 않아 전쟁에 개입하지 않는다는 내용이 담겨 있었다.

워싱턴의 영국 대사관에 근무하는 킴 필비로부터도 미국에는 원자폭탄 비축량이 생각보다 그렇게 많지 않다는 등 쓸 만한 정보가 속속 들어오자 스탈린은 이들 정보를 토대로 미국은 원자폭탄을 쓰지 않을 것이고 전쟁이 발발하더라도 참여하지 않을 것이라는 판단을 하게 되었다. 그래서 1950년 1월 30일 김일성에게 남침 계획을 승인한 것이다. 김일성은 1950년 3월 30일 또다시 박헌영을 대동하고 모스크바로 달려가 4월 25일까지 거의 한 달간 머물며 남침을 준비했다.

베티 프리단 '여성의 신비' 출간

중산층 가정이라는 안락한 포로수용소에서 조작된 '여성의 신비'에 속박되어 있다.

20세기 여성해방운동은 여성들의 눈물과 피 그리고 분노와 저항의 결정체였다. 여성해방운동의 1차 목표는 1920~1930년대에 서양

베티 프리단(1921~2006)

각국의 여성 참정권 보장으로 달성되었다. 그러나 다음 단계의 목표는 1930~40년대의 나치즘과 파시즘 그리고 2차대전을 겪으면서 주춤했다.

여성해방운동에 다시 생기와 활력을 불어넣은 것은 1949년 출간된 시몬 드 보부아르의 '제2의 성'이었다. 이 책을 통해 자신들이 왜 해방되어야 하는지를 깨달은 여성들은 1960년대 들어 더욱 맹렬한 기세로 여성의 권익 향상에 힘을 쏟았다. 여성의 참정권 획득을 위한 제1차 여성해방운동의 화두가 '평등'이었다면 제2차 운동의 화두는 '다름'이었다.

'전투적인 페미니즘' 혹은 '우먼 리브'(여성해방운동)로 불린 제2차 운동은 "개인적인 것이 정치적인 것"이라는 구호를 전면에 내세워 그때까지 사적인 것으로 간주되어온 성과 몸, 감정, 가족 등의 영역에 역량을 집중했다.

특히 1960년대의 미국은 급진 페미니즘이 태동하고 세력을 키워온 '우먼 리브'의 본산이었다. 미국의 여성운동가들은 1968년 미스 아메리카 미인대회를 반대하기 위해 브래지어를 쓰레기통에 버리는 등의 과격한 시위로 제2차 운동을 이슈화하는 데 성공했다. 이 제2차 운동의 물꼬를 트고 급진 페미니즘에 이론적 틀을 제공한 이가 베티 프리단(1921~2006)이었다.

그는 원래는 보수적인 미국 중산층 여성의 전형이었다. 미국 일리노이주 피오리아에서 보석상 아버지와 전직 신문기자 어머니 사이에서 태어나 스미스여대를 최우등으로 졸업했다. 1947년 결혼 후에도 뉴욕에서 노동 전문기자로 활동하다가 임신을 이유로 해고되긴 했지만 아이들을 키우며 틈틈이 여성지 등에 글을 써온 백인 중산층이었다. 그녀는 학술서적 대신 압력솥을 고르거나 '요리의 즐거움' 같은 실용서적을 읽으며 즐거운 마음으로 집안일에 몰두했다.

"뭔가 잘못된 게 있다"

그러던 어느 날 보부아르의 '제2의 성'을 읽고 여성문제에 눈을 뜨면서 문득 대학 동기들의 근황이 궁금해졌다. 당시는 전업주부들이 우울증에 시달리거나 자살하는 사례가 빈번하던 때였다. 프리단은 1957년 '지금의 생활에 만족하는가'라는 설문지를 동기들에게 보냈다. 그들이 보내온 설문지에 따르면 동기 대부분은 아담한 교외주택에서 엄마와 주부로서의 역할에 충실한 현모양처의 모습을 하고 있었다. 그러나 그들의 마음 속에는 공허한 그 무엇인가로 채워져 있었다.

프리단은 이후 아이들과 집안 살림을 파출부에게 맡겨둔 채 수시로 도서관을 찾았다. 각종 기사와 광고조사, 전업주부 결혼생활 추적 등 방대한 양의 취재와 자료 조사를 하는 데 5년의 시간이 흘렀다. 그 노력의 결과가 1963년 1월 출간된 '여성의 신비'였다. 자신처럼 전업주부인 동창생들의 삶을 추적한 르포형식의 책은 "뭔가 잘못된 게 있다"라는 한 주부의 일상적 체험으로 시작된다. 즉 "여성이 엄마나 주부가 아닌 인간으로서 행동할 때 느끼는 죄책감이라는 덫에 걸려 있다"는 문제의식이었다.

프리단은 책을 통해 "여성의 신비란, 아름다움이라는 미명하에 여성에게 신비하게 덧씌워진 고정된 역할과 이미지"라며 "미국 여성들은 중산층 가정이라는 안락한 포로수용소에서 미디어와 광고주, 사회학자들이 조작해 낸 '여성의 신비'라는 이데올로기에 속박되어 있다"고 주장했다.

여자의 맨다리와 다리에 걸친 팬티가 등장하는 엽기적인 표지의 책은 출간되자마자 큰 반향을 불러일으켰다. "아내나 엄마라는 여성의 역할은 남성들이 만들어낸 신화에 불과하다"는 그의 주장에 많은 여성들이 동조하며 박수를 친 덕에 책은 발간되자마자 100만 부를 가볍게 돌파했다. 2006년 그가 죽었을 무렵에는 전 세계에서 260만 부 이상이 팔려나갔다. 이후 책은 '20세기 여성해방운동의 고전'이 되었고 프리단은 1960년대 '미국 페미니즘 운동의 대모'로 추앙받았다.

미 최초·최대 여성권익단체 창설

프리단은 1966년 6월 미국 최초이자 최대 여성권익단체인 전미여성연맹(NOW)을 창설해 "남성과 평등한 파트너로서 여성이 미국 사회의 본류에 참여하도록 이제(NOW) 행동하자"고 선언했다. 전미낙태권행동리그(NARA), 전미여성정치회의(NWP) 등도 창립해 낙태 합법화, 공정한 임금, 균등한 고용 기회 보장, 양성평등을 위한 관련 법률의 개정운동을 적극적으로 전개했다.

NOW의 집단행동은 독창적이면서도 평화적이었다. 백악관 앞 시위에서는 꽃과 앞치마로 만든 사슬을 던졌다. 1920년 미국 여권 운동가들이 선거권 쟁취 투쟁을 벌이면서 백악관의 창살을 타고 기어올랐던 것과는 극단적으로 다른 방식이었다.

프리단은 급진적인 여성운동 노선과는 분명하게 선을 그었다. 집안일을 '여성 노예가 하는 일'이라고 경멸한 보부아르와는 근본적으로 달랐다. 세 자녀의 어머니였던 그녀는 아이들과 가정을 사랑했다. 보부아르가 전통적인 여성의 역할을 완전히 거부했다면 프리단은 그것을 새롭게 규정했다. 그것은 결혼과 모성애 그리고 해방을 결합하는 것이었고 페미니즘과 가족을 화해시키는 것이었다. 그가 여성들에게 가정과 직장 일을 모두 완벽하게 해내라며 슈퍼우먼 콤플렉스를 부추기자 급진 페미니스트들은 중산층 백인여성 중심의 '부르주아 페미니스트'라고 비판을 가했다.

프리단은 여성운동이 동성애에 치중하는 것에 대해서도 분노했다. 1976년 두 번째 저서 '그것이 내 인생을 바꾸었다'는 상당 부분 여성운동과의 결별로 해석되는 측면도 있었다. 프리단이 생각하는 동등한 권리란 남성과의 순수한 파트너십 속에서만 찾을 수 있으며 양성이 권력투쟁을 벌이며 싸우는 동안에는 이루어질 수 없다는 것이다.

프리단은 "남성은 우리의 적이 아니다. 그들도 우리와 똑같은 희생자"라고 주장했다. 프리단이 보기에 남성의 모델을 복제하는 여성들 역시 실패할 수밖에 없었다. 그래서 그녀는 극단이 아닌 타협을, 더 나아가 화해를 원했다. 말년에는 손자 돌보기의 기쁨, 건강하고 젊게 사는 법 등에 집착해 급진 페미니스트들을 당혹케 했으나 그가 뿌린 씨앗이 '전투적 페미니즘'으로 불리는 제2세대 미국 여성해방운동의 기폭제가 된 것만은 분명하다.

만화영화 '아톰' 첫 TV 방송 시작

일본 만화의 '아이콘'이자 아시아 만화영화의 대표작으로 자리 잡았다.

데즈카 오사무(1928~1989)는 '일본의 월트 디즈니', '애니메이션의 아버지'로 불리는 일본 만화계의 전설이다. 까만 뾰족머리에 크고 검은 눈동자를 한 통통한 소년 '철완 아톰'(한국명 '우주소년 아톰'), 밀림을 뛰어다니는 흰 사자 '정글 대제'(한국명 '밀림의 왕자 레오'), 모자를 쓴 깜찍한 남장소녀 '리본의 기사'(한국명 '사파이어 왕자') 등이 그의 손을 거쳐 창조된 대표적인 만화였지만 이것 말고도 그가 세상에 내놓은 만화는 300여 편이나 된다.

그중 대표작이자 출세작이 1952년 4월호 '소년'지에 연재를 시작한 '철

데즈카 오사무(1928~1989)

완 아톰'이었다. 1년 전인 1951년 4월호 소년지에 '아톰 대사'란 제목으로 등장한 적이 있었지만 아톰은 그 만화에서는 조연이었다. 따라서 '철완 아톰'은 아톰이 주연으로 데뷔한 첫 만화였다.

아톰은 소년지가 폐간될 때까지 17년간 장기 연재되다가 성인신문 산케이신문에도 잠시 얼굴을 드러냈다. 아톰이 일본 만화의 아이콘이자 아시아 만화영화의 대표작으로 자리 잡을 수 있었던 것은 1963년 1월 1일 일본 후지TV의 방송전파를 탄 것이 결정적인 계기가 되었다.

90분 분량의 극장용 만화영화가 주류였던 그 시절에 매주 30분씩 TV에서 만화영화를 상영한다는 것은 당시로서는 모험이자 사건이었다. 그러나 이때의 성공으로 일본에는 TV 애니메이션이라는 새로운 산업이 태동하게 된다. 아톰이 최고 시청률 40%를 기록하며 인기를 끌자 만화영화의 종주국 미국에서도 아톰을 수입해 1963년 9월부터 NBC TV가 '아스트로 보이'라는 제목으로 방송했다. 이름을 '아톰'에서 '보이'로 바꾼 것은 '아톰'이 영어로 '방구'를 의미하는 은어였기 때문이다.

우리나라에도 수입되어 '우주소년 아톰'이라는 제목으로 1970년대 어린이들로부터 최고의 인기를 끌었다. 일본에서는 1966년 말까지 193회 방영된 뒤 중단되었다가 1980년부터 1981년까지 다시 컬러화면으로 만들어져 52회 방영되었다.

인간보다 더 인간적인 '아톰'

데즈카 오사무는 만화영화를 보기 위해 아침에 극장에 들어서면 마지막회가 끝나고서야 극장 문을 나섰을 만큼 어려서부터 만화광이었다. 디즈니의 '백설공주'는 50번, '밤비'는 80번도 넘게 보았다. 그는 오사카제국대 의학부를 나온 것으로 알려진 것과는 달리 중학교 졸업생 자격으로도 입학이 가능했던 의학전문학교를 졸업했다. 그래도 의대 졸업생과 마찬가지로 1953년 의사국가고시에 합격해 의사 면허를 땄고 1961년에는 의학박사 학위까지 취득했다.

철완 아톰

데즈카의 만화가 지면에 처음 등장한 것도 의학전문학교 2학년이었던 1946년 1월 마이니치 어린이신문에 4컷 만화를 그리면서였다. 그는 만화와 의학 공부를 병행하며 박사학위까지 받았지만 의사로서 환자를 돌보기보다는 만화로 전후 황폐했던 일본 어린이들의 마음을 어루만져주는 것을 더 좋아했다.

인간보다 더 인간적이었던 '아톰'의 탄생은 영어를 알아듣지 못한다는 이유로 술에 취한 미군 병사로부터 얻어맞았던 어렸을 적의 경험이 바탕이 되었다. 지구인과 우주인의 알력, 인간과 로봇의 오해 등 이질적인 집단 간의 불화를 다룬 아톰의 테마는 이때의 경험에서 우러나온 것이다.

아톰은 패전으로 실의에 잠겨 있던 일본 어린이들에게 꿈을 심어주기도 했지만 과학기술에 대한 관심도 끌어내 훗날 일본이 전자산업 왕국으로 비상하는 데 일조했다는 평가를 받고 있다. 최근 일본에서 비정상적일 만큼 인간형 로봇이 발달한 것도 그 바탕에는 아톰이 있었다는 분석이다. 2000년 걸어다니는 로봇 '아시모'를 만든 혼다 기술자에게 처음 내려진 지시도 "아톰을 만들라"였다고 한다.

"앞은 캄캄하고 불합리하며 불안정한 현대 생활! 울적함을 가장 민첩하고 손쉽게 그리고 가장 분명하게 주위에 호소하는 수단. 그것이 결국 만화가 아니고 무엇이겠는가." 데즈카가 말하는 만화의 정의다.

1964년

6·3계엄령 선포

_ *'민족적 민주주의' 장례식과 사법권 침해*

언론윤리위법 제정과 반대 투쟁

이미자 '동백 아가씨' 음반 발매

신성일 주연 '맨발의 청춘' 공전의 히트

김승옥 소설 '무진기행' 발표

장욱진 첫 개인전

신중현의 록밴드 '빗속의 여인' 음반 발매

최배달 '국제가라테연맹 극진회관' 발족

미 제7함대 통킹만 폭격

_ *베트남 민족해방전선(베트콩) 결성*

비틀스 미국 상륙

_ *빌보드 차트*

도쿄 올림픽 개막

_ *신금단 부녀 상봉*

미국 공민권법 발효

IBM 제3대 컴퓨터 '시스템/360' 발표

헤르베르트 마르쿠제 '1차원적 인간' 출간

마셜 매클루언 '미디어의 이해' 출간

엘리자베스 테일러와 리처드 버튼의 결혼

6·3계엄령 선포

수세 국면을 일거에 반전시키고 야당과 언론, 학생들에 대한 주도권을 장악했다.

1964년 3월 23일, 김종필 공화당 의장이 오히라 일본 외무장관을 도쿄에서 만나 막판으로 접어든 한일회담 일정에 합의했다. 3월 말까지 어업회담을 종결짓고 4월 초엔 외무장관 회담을 열어 현안을 일괄 타결한 다음 4월 말까지 조약 초안을 작성하고 5월 초에 한일협정에 조인한다는 일정이었다. 그러나 이 사실이 이튿날 언론에 보도되면서 "제2의 을사조약", "굴욕·구걸 외교"라는 반발의 목소리가 전국 곳곳에 메아리쳤다.

그해 초 민정당, 민주당 등 5개 야당은 이미 '대일 굴욕외교 반대 범국민 투쟁위원회'를 결성해 전국 주요 도시를 순회하고 있었다. 서울대생들은 3월 24일 "한일회담 즉각 중단"을 요구하는 집회를 열고 이케다 총리와 이완용을 상징하는 허수아비 화형식을 거행한 뒤 가두시위에 나섰다. 같은 날 5,000여 명의 서울 시내 대학생까지 가두로 진출하면서 주요 도로는 "굴욕외교 반대", "김종필 즉각 소환" 등을 외치는 학생·시민들의 함성으로 넘쳐났다.

전국의 대도시에서도 가두시위가 벌어져 대구시경과 전남도경은 북한의 공습이 예상될 때 내리는 황색경보까지 발령했다. 3월 24일 하루 동안 280여 명이 연행되고 학생·경찰 등 250여 명이 중경상을 입는 등 시위 규모로는 1960년의 4·19 후 최대였다. 이날부터 대학가와 거리는 최루탄 연기와 곤봉, 널브러진 돌덩이들로 아수라장을 이뤘다.

박정희 대통령은 사태 확산을 막기 위해 3월 28일 김종필 의장을 일본에서 소환하고 3월 30일 11개 종합대학 총학생회장들을 청와대로 불러

대일 굴욕외교 반대시위

입장을 밝히는 등 분주하게 움직였다. 정부도 3월 31일 32개 대학 학생대표 57명을 만나 2년 전 김종필이 오히라 외무장관과 만나 비밀리에 작성한 '김종필·오히라 메모' 내용을 알려주는 등 유화적인 제스처를 취했다. 두 번의 면담 후 학생들은 사태를 지켜보겠다며 잠시 뒤로 물러났으나 그것은 곧 닥쳐올 더 큰 대결을 위한 숨 고르기였다.

그 사이 박 대통령은 5월 9일 정일권을 총리로 한 내각을 발족시켜 학생들의 도전에 대한 응전의 채비를 갖춰나갔고 학생들은 한일회담 반대 투쟁에서 더 나아가 군사쿠데타, 부정부패, 정보정치, 매판독점자본, 외세 의존 등 아픈 곳까지 건드리며 박 대통령을 압박했다. 5월 20일엔 서울대 문리대 교정에서 '민족적 민주주의 장례식 및 성토대회'를 열고 5월 22일엔 서울시내 30여 개 대학이 연합한 '대일 굴욕외교 반대 학생 총연합회'를 발족시켜 본격적인 싸움에 시동을 걸었다.

'재출마 포기' 하루 만에 '계엄령 선포'로 돌변

학생들이 본격적인 투쟁 국면으로 전환한 것은 서울시내 대학생 3,000여 명이 서울시청과 국회의사당 앞으로 쏟아져나와 하루 동안 630여 명이 연행된 6월 2일이었다. 그날 박 대통령도 중대 결심을 했다. 대통령 재출마 포기 선언이 담겨있는 '현 시국 대통령 특별교시'라는 제목의 친필 성명서를 작성해 청와대 대변인에게 건네면서 다음날 발표하라고 지시한 것이다. 그러나 박 대통령은 6월 3일 아침 갑자기 발표를 중단시켰다. 대신 그가 꺼내든 카드는 계엄령 선포였다. '재출마 포기'가 하루 만에 '계엄령 선포'로 돌변한 것에 대해 당시 청와대의 대변인은 박 대통령의 성격 때문이라고 설명한다.

박 대통령의 18년 통치는 번의의 연속이었다며 5·16쿠데타 후 민정 복귀에 앞서 대통령 불출마 → 군정 연장 → 연장 취소 → 대통령 출마의 연속적 번의를 비롯 공화당 총재사임 의사 번복, 재출마 포기의 포기, 3선 개헌 불가 번의, 4선 출마 포기 번의 등이 계속 이어졌다는 것이다. 혁명 주체들로부터 '번의 대장'이라고까지 불렸던 박 대통령의 번의들은 옳건 그르건 간에 우리 현대사의 중요한 매듭이었고 국가 운명에 큰 영향을 미쳤다.

학생들의 시위가 정점을 이룬 것은 1만여 명의 대학생이 "박정희 군사정권 퇴진하라"고 구호를 외치며 시내 곳곳에서 경찰과 유혈충돌을 벌인 6월 3일이었다. 시위는 급기야 경찰의 저지선을 뚫고 청와대 길목까지 진출하는 등 과격한 양상을 띠었다.

박 대통령은 더 이상 밀려서는 안 된다고 판단해 주한 미 대사와 미 사령관을 청와대로 불러 요담한 후 밤 9시 40분쯤 "오후 8시를 기해 비상계엄령을 서울시 일원에 선포한다"고 발표했다. 미국이 계엄령을 용인한 것은 동북아시아의 반공 블록 강화를 위해 어떻게든 한일회담을 성사시켜야 한다는 절박함 때문이었다. 대신 주한 미 대사는 시위의 주요 표적인 김종필 의장을 한국에서 내보내라고 박 대통령에게 요구했다.

계엄령에 따라 일체의 집회가 금지되고 언론·출판은 사전검열을 받았으며 서울시내 각급 학교는 무기휴교에 들어갔다. 통행금지 시간은 자정에서 밤 9시로 앞당겨지고 3개 사단 병력이 서울시내에 진주했다. 그날 밤 시위는 200여 명의 부상자를 내고 진압되었다. 계엄령 선포로 박 대통령은 취임 이후 5개월 동안 수세에 몰리던 상황을 일거에 반전시켰다. 야당과 언론, 학생들을 압박하는 주도권도 손에 쥐었다.

계엄령 선포 후 7월 29일 계엄이 해제될 때까지 1,120명이 검거되고 348명이 구속되었으나 이들은 1964년 12월까지 모두 풀려났다. 그중에는 이명박 고려대 상대 학생회장을 비롯 최장집, 손학규, 김덕룡, 현승일, 이재오 등도 포함되었다. 김종필은 사태를 촉발한 책임을 지고 당 의장직에서 물러나 6월 18일 두 번째 외유길에 올랐다가 6개월 뒤 돌아왔다. 이때의 반정부 시위를 '6·3사태'라 하고 시위를 주도한 세대를 학생운동사에선 '6·3세대'라고 부른다.

'민족적 민주주의' 장례식과 사법권 침해

1964년 5월 20일 오후 1시, 서울시내 9개 대학 학생 2,000여 명과 1,000여 명의 시민이 참석한 '민족적 민주주의 장례식 및 성토대회'가 동숭동 서울대 문리대 교정에서 열렸다. '민족적 민주주의'는 인도네시아의 수카르노 대통령이 제창한 '교도(教導) 민주주의'를 모방해 이론화한 5·16쿠데타 세력의 정치 철학이었다.

교도 민주주의는 국민의 지적 수준이 낮은 후진국에는 서구 의회민주주의가 적합지 않기 때문에 지도자들이 민주주의를 교도해 나가야 한다는, 다분히 권위주의적이고 반민주적인 이론이었으나 박정희 대통령은 이를 모방한 '민족적 민주주의'가 특수한 우리 실정에 들어맞는다며 자신의 정치철학으로 내세웠다.

오후 2시, "시체여! 너는 오래전에 이미 죽었다. 죽어서 썩어가고 있었다… 네 주검의 악취는 '사꾸라'의 향기가 되어…"로 시작되는 김지하의 조사 '시체여'가 대회장에 울려퍼졌다. 대회명이 말해주듯 이날의 장례식은 곧 5·16 세력의 전면 부정이었고 박정희 대통령에 대한 부고(訃告)였다. 오후 3시 대회를 마친 학생들이 관과 조기를 앞세우고 교문을 빠져나갔을 때 밖에서 기다리던 경찰이 이들을 무력으로 막아서면서 돌과 최루탄이 난무했다. 이날 시위로 학생과 경찰 등 65명이 중경상을 입고 185명이 연행되었다.

문제가 된 것은 다음날 새벽이었다. 서울지법 양헌 판사가 그에게 청구된 11명의 구속영장을 "소명자료가 부족하다"며 새벽 1시에 기각하자 새벽 4시 30분쯤 카빈과 권총으로 무장한 13명의 공수부대원이 법원 당직실에 난입해 "영장을 기각한 판사가 누구냐"며 협박하고 뒤이어 새벽 5시쯤 양헌 판사의 돈암동 자택으로까지 몰려가 "데모하는 놈들을 즉각 구속하지 않으면 수류탄을 터뜨리겠다"며 행패를 부린 것이다.

양헌 판사는 평소와 다름없이 출근해 구속영장을 검토한 후 영장이 청구된 135명 중 34명에 대해서만 영장을 발부했다. 대법원장은 "사법부 독립을 위협하는 중대문제"라며 항의했지만 육군참모총장은 "군인들의 우국충정"이라며 둘러댔다. 결국 주동자 황길수 대위 등 8명의 군인은 여론에 밀려 근무 이탈죄로 구속되었으나 사법부는 씻을 수 없는 상처를 입었다.

언론윤리위법 제정과 반대 투쟁

정부가 언론을 더욱 통제하기 위한 입법을 추진하려 하자 언론계가 반발했다.

6·3계엄령의 포고 제1호(언론·출판·보도는 사전 검열을 받아야 한다)로 언론의 숨통을 죄고 있던 정부가 언론을 더욱 통제하기 위한 입법을 추진하려 하자 언론계가 반발했다. 언론계가 언론 규제는 자율적으로 이루어져야 한다는 입장을 정부에 전달했는데도 공화당은 이른바 '언론윤리위원회법' 제정을 서둘렀다.

정부의 의지가 간단치 않다는 것을 확인한 한국신문발행인협회, 한국신문편집인협회 등 5개 언론단체는 언론통제의 입법화를 막기 위해 1964년 7월 22일 긴급 회동해 '언론규제대책위원회(대책위)'를 구성하는 등 대책 마련에 부심했다. 그래도 공화당이 6·3계엄령 해제 다음날인 7월 30일 '학원보호법'과 함께 언론윤리위원회법을 단독으로 국회에 상정함으로써 언론과 박정희 정권 간에는 피할 수 없는 대치국면이 형성되었다.

법안은 일요일인 1964년 8월 2일 밤 10시 15분 야당 의원의 퇴장과 방관 속에 재석 149명 중 가 96, 기권 53(퇴장 39)으로 끝내 본회의를 통과했다. 명목상으로는 언론의 자율규제를 내세웠으나 실제로는 정부의 통제를 받는 관제 '언론심의위원회'가 언론기관을 좌우할 수 있도록 한 악법이었다.

언론통제 입법 강행은 전 언론계에 큰 충격을 던져주었다. 법안이 통과되자 언론기관·단체들은 8월 3일 회동해 '대책위'를 해체하고 '언론규제법 철폐추진위원회(추진위)'를 구성키로 결의하며 전의를 가다듬었다. 이처럼 언론인들이 정면으로 정부에 반기를 들었는데도 정부가 8월 5일 법안 공포를 강행하자 언론계 역시 더욱 강경한 입장을 취했다. '추진위'를 해체하고 '언론윤리위원회법 철폐투쟁위원회(투쟁위)'를 결성한 뒤 8월 10일 전국언론인대회를 연 것이다.

대회는 전국의 언론인 대표 500여 명이 참석한 가운데 언론악법 철폐를 위해 끝까지 투쟁할 것을 다짐하는 선언문과 박 대통령에게 보내는 건의문을 채택했다. 언론자유 수호를 목적으로 8월 17일에 창립된 '기자협회'도 투쟁위에 가담했다. 그러나 정부는 여전히 법 집행을 고집했고 언론사들에 대해서는 법을 반대하지 못하도록 압력을 가했다. 이 때문에 투쟁위에서 이탈하는 언론사들이 속출했다. 8월 17일 한국일보와 서울신문이 최초로 투쟁위에서 이탈했다.

3공화국 치하에서 일어난 최대 언론 파동

이처럼 어수선한 가운데 한국신문발행인협회는 "법에 따라 첫 언론윤리위를 소집해야 한다"는 정부의 압력을 받고 8월 19일 갑론을박 끝에 언론윤리위 소집에 대한 가부 의견을 산하 26개 회원사에 서면으로 묻기로 했다. 마감일은 8월 28일이었다. 그 사이에도 문화방송과 동화통신이 26일과 28일에 각각 투쟁위를 탈퇴해 투쟁 분위기에 찬물을 끼얹었다. 마감일인 8월 28일 뚜껑을 열어보니 26개사 가운데 조선, 동아, 경향, 매일(대구) 등 4개 신문사가 반대하고 대한일보가 기권했을 뿐 21개사는 모두 찬성으로 돌아섰다.

정부가 이들 4개 신문사에 보복적 탄압을 가한 것은 예상된 일이었다. 정부는 먼저 정부기관과 공무원들이 4개 신문을 구독하지 못하도록 했다. 은행은 융자 회수를 무기로 압력을 행사했으며 제지사는 신문용지 가격을 차별적으로 적용했다. 심지어 취재기자의 야간통행증까지 회수하고, 해외 특파원들에게 보내는 외환 송금도 중지시켰다.

정부가 무리수를 두면 둘수록 악법철폐운동은 범국민운동으로 확대되었다. 투쟁위에서 이탈한 신문사 소속 기자들은 언론자유 수호를 결의했고, 함석헌·장준하 등 사회지도층 인사들은 '자유언론수호 국민대회'를 준비하며 정부에 압박을 가했다.

뒤늦게 여론이 심상치 않음을 깨달은 박 대통령은 9월 4일 보복조치 중지를 명령했다. 그러나 법 시행 방침에는 변함이 없었다. 그래도 투쟁위와 정부 측 인사들은 물밑 접촉으로 타협점을 찾아 박 대통령에 건의했고 박 대통령은 전향적 자세를 취했다. 9월 9일 밤 대변인 발표를 통해 법 시행을 전면 보류하고 윤리위원회 소집을 무기연기하는 조치를 취함으로써 근 3개월간에 걸친 언론윤리위법 파동도 마침표를 찍었다. 3공화국 치하에서 일어난 최대 언론 파동이었다.

이미자 '동백 아가씨' 음반 발매

'동백 아가씨'의 노랫말처럼 이미자의 젊은 날도 가슴에 빨갛게 멍이 드는 삶의 연속이었다.

여고 3년생이던 1958년, 단발머리의 이미자(1941~)가 아마추어 노래자랑 프로그램인 HLKZ TV '예능 로터리'에 출연해 최고상을 차지했다. 당시 심사를 맡은 평론가 황문평은 이미자의 목소리에 반해 작곡가 나화랑에게 이미자를 추천했다. 이렇게 이미자는 나화랑의 연구생이 되었고 1959년 나화랑 작곡, 반야월 작사의 '열아홉 순정'으로 데뷔했다.

동명의 음반에는 '집시의 여정', '워싱턴 블루스' 등도 수록되었으나 '열아홉 순정'만큼 인기가 높지는 않았다. 엄밀히 말하면 이미자는 한 해 전 '행여나 오시려나' 등 4곡을 취입했으나 '열아홉 순정'을 자신의 공식 데뷔곡으로 삼고 있다.

이미자는 1963년 악단의 콘트라베이스 연주자와 결혼을 하고 1964년 여름 임신 9개월의 몸으로 한국 대중가요사에 길이 빛나는 백영호 작곡, 한산도 작사의 '동백 아가씨'를 녹음했다. 1964년 8월 29일 개봉된 김기 감독, 신성일·엄앵란 주연의 '동백 아가씨'의 영화 주제곡으로도 사용된 '동백 아가씨'는 1964년 7월 LP 레코드로 출시되자마자 불티나게 팔렸다.

누구나 따라 부를 수 있는 쉬운 곡조에 그 시대를 살던 사람들의 서러운 상처를 건드린 것이 주효해 대박을 터뜨린 것이다. 하루 몇백 장씩 음반을 찍는 게 고작이던 시절에 10만 장이 팔려나갔으니 지금의 100만 장에 못지않았다.

1964년은 대중음악사적으로 기념비적인 해였다. 그해 록그룹 '키보이스'와 신중현의 '애드포'가 최초의 한국 록음반을 발매하고, 4인조 남성 보컬그룹 '아리랑 브라더스'가 최초의 통기타 음반을 발표했다. 하지만 이미자와 '동백 아가씨'의 철옹성을 깨지는 못했다.

이미자는 '동백 아가씨' 한 곡으로 1964년을 자신의 해로 평정했다. '헤일 수 없이 수많은 밤을 / 내 가슴 도려내는 아픔에 겨워 / 얼마나 울었던가 동백 아가씨 / 그리움에 지쳐서 울다 지쳐서 / 꽃잎은 빨갛게 멍이 들었소'라는 '동백 아가씨'의 노랫말처럼 이미자의 젊은 날도 가슴에 빨갛게 멍이 드는 삶의 연속이었다.

쉬운 곡조에 사람들의 서러운 상처 건드려

이미자는 서울 한남동에서 태어났다. 하지만 2살 때 중풍으로 쓰러진 아버지의 불행을 집안 어른들이 며느리 탓으로 돌리는 바람에 어머니 등에 업혀 어머니의 친정이 있는 강원도 강릉으로 이사했다. 4살에 다시 친가로 옮겨와 살았지만 아버지와 어머니가 결국 남남이 되어 이미자는 엄마 얼굴을 잊고 살았다.

이미자 역시 22살에 결혼한 첫 남자와 3년 만에 파경을 맞고 딸 정재은(가수)과도 헤어지는 아픔을 겪었다. 그래서였을까? 이미자의 노래는 '사랑의 기쁨'보다 '이별의 슬픔'이 주조를 이루고 있다. 음조와 가사 마디마디에는 '가슴을 도려내는' 슬픔과 설움으로 가득 차 있다.

이미자(오른쪽)와 박춘석

'동백 아가씨'는 가요사적 의미에서도 중요한 노래로 기록되고 있다. 미8군 출신 가수들이 주축을 이루던 가요계를 트로트 붐으로 급선회시켜 트로트 시대의 문을 열게 한 것이 이미자였고 '동백 아가씨'였기 때문이다. '동백 아가씨'에 이어 이미자가 부르는 노래마다 크게 히트를 치자 당시 유명했던 20여 명의 작곡가가 주로 이미자의 노래를 만들기 위해 지구레코드로 모여들었다.

오아시스레코드에서 훨씬 좋은 대우를 받고 있던 천재 작곡가 박춘석도 이미자를 위해 이적을 자청했다. 행인지 불행인지 몰라도 이 때문에 스윙과 탱고 등 경쾌한 노래도 부르던 이미자의 이미지는 트로트 그것도 애가(哀歌) 전문 트로트 가수로 굳어졌다. '섬마을 선생님', '그리움은 가슴마다', '흑산도 아가씨', '기러기 아빠', '황혼의 블루스' 등은 순전히 이미자를 위해 작곡된 노래들이었다.

최고의 가수로 한 시대를 풍미하던 이미자라도 시대가 쳐놓은 '금지곡'이라는 굴레에는 자유롭지 못했다. 그의 대표적인 노래 중 먼저 유탄을 맞은 것은 '동백 아가씨'였다. 왜색이라는 이유로 1965년 방송이 금지되고 1968년에는 공연 및 앨범 제작까지 막혀 버렸다. 일부 평론가들 사이에 "1965년 한·일 국교 정상화에 따른 주체성 확립 차원에서 본보기로 규제한 시대적 희생물"이라는 주장이 제기되었다.

그러나 이미자는 '동백 아가씨'의 금지 이유를 다르게 설명한다. "당시 박정희 대통령은 '동백 아가씨'를 무척 좋아해 청와대에서 만찬이 있을 때마다 나를 불러 이 노래를 부르게 했다"며 "정말로 '동백 아가씨'가 왜색이어서 정부가 금지했다면 박 대통령이 그 노래를 내게 부르게 했을 리 없다"고 반박했다. 그러면서 "연속되는 빅히트로 타격을 받을 수밖에 없던 타 음반사가 극에 달한 반일감정에 편승해 심의실과 결탁한 뒤 여론몰이를 통한 마녀사냥에 나선 것"이라고 주장했다.

석연치 않은 이유로 3대 히트곡 금지곡으로 묶여

'동백 아가씨'와 함께 3대 히트곡으로 불리던 '섬마을 선생님'(1967)과 '기러기 아빠'(1975)도 각각 '일본곡 표절', '퇴폐 저속'이라는 이유로 금지곡이 되었다. 이미자는 '섬마을 선생님'에 대해서도 다른 주장을 폈다.

"작곡가 박춘석이 일본으로 가 확인한 결과 '섬마을 선생님'과 일본의 국민가수 미소라 히바리가 부른 곡 중 세 소절이 유사한 것을 발견했지만 미소라 히바리의 노래가 '섬마을 선생님'보다 늦게 나왔기 때문에 표절 시비를 하려면 미소라가 표절했다고 해야 한다"고 항변했다.

이처럼 석연치 않은 이유로 금지곡이 된 노래 대부분은 10~20년이 흐른 뒤인 1987년 8월 해금되었다. '동백 아가씨'를 비롯해 '유달산아 말해다오', '기러기 아빠', '꽃 한 송이', '네온의 블루스' 등 5곡이 해금되고 2년 뒤에는 '일본곡 표절' 오해도 풀려 '섬마을 선생님'도 해금되었다.

1967년 11월 이미자는 우리 가요사에 길이 빛날 또 하나의 기념비적인 기록을 남겼다. 개인 가수로는 대중가요 사상 최초의 박스 음반세트를 한정본으로 발매한 것이다. 나무로 제작한 박스에는 4장의 음반과 책자가 담겼다.

이미자는 트로트로 한 시대를 풍미하며 '트로트 여왕', '엘레지의 여왕'으로 불렸으나 그녀 역시 한때는 심한 콤플렉스에 시달렸다. 수많은 갈채와 사랑을 받으면서도 마음 한구석에는 늘 자신이 부르는 트로트 노래가 촌스럽고 시대에 뒤떨어진 구닥다리 노래라는 강박관념이 자리 잡고 있었던 것이다.

그러나 점점 우리 것을 소중히 여기는 풍조가 확산되면서 또 나이가 들수록 이미자의 노래를 찾는 사람들이 늘어나면서 이미자의 인기는 식기는커녕 높아만 갔다. 1990년 이미자는 한국에서 가장 많은 음반과 노래를 취입한 가수로 기네스북에 등재되었다. 그때까지 발표한 음반은 총 560장에 발표곡 수 2,069곡이었다. 게다가 500편에 가까운 영화·TV드라마·라디오 연속극 주제가까지 불러 누구도 감히 따라올 수 없는 찬란한 금자탑을 쌓았다.

신성일 주연 '맨발의 청춘' 공전의 히트

신성일을 이해하지 않고서는 한국 영화사는 물론 한국 현대문화사 자체를 파악할 수 없다.

한국 영화사에서 주연을 가장 많이 한 배우는 두말할 것 없이 신성일(1937~)과 김지미(1940~)이다. 좀처럼 깨지지 않을 대기록의 주인공 김지미는 1957년 10월에 개봉된 김기영 감독의 '황혼열차'를 통해 영화계에 데뷔한 이래 800여 편의 영화에서 주연을 맡았다. 신성일은 1960년 데뷔한 이래 그가 출연한 530여 편의 영화 중 506편의 영화에서 주연을 맡았다. 신성일은 당대의 잘나가는 여배우 118명과 영화에 출연한 것으로도 유명하다. 전성기 때는 한 해 65편의 영화에 출연한 적도 있었고 하루에 8편의 영화를 찍었던 적도 있었다.

신성일의 데뷔작은 1960년 1월 28일에 개봉한 '로맨스 빠빠'다. 신상옥 감독이 연출·제작을 하고 김진규와 최은희, 허장강 등 당대 최고의 배우들이 출연했다. 당시 신상옥 감독은 신필름이라는 영화사를 차려 배우를 모집했는데 그때 픽업된 배우가 신성일이다. 신상옥 감독은 신성일에게서 배우의 가능성을 확인하고는 원래 이름인 강신영 대신에 신필름이 배출한 첫 번째 '별(스타)'이란 뜻의 '성일'에 자신의 성을 붙여 '신성일'이란 예명을 지어주었다.

무명의 신성일을 일약 스타로 만들어준 영화는 1962년 11월 9일에 개봉한 '아낌없이 주련다'(감독 유현목)였다. 연상의 여인과 젊은이의 애절한 사랑 이야기를 그린 '아낌없이 주련다'에 출연하기 전까지 신성일은 그저 잘생긴 신인배우에 불과했다. 그러나 신성일이 처음 주연한 '아낌없이 주련다' 후 신성일은 충분한 가능성을 지닌 신인배우로 각광을 받았다. 오늘날 신성일은 조연으로 처음 출연한 '로맨스 빠빠' 대신 주연으로 첫 출연한 '아낌없이 주련다'를 자신의 데뷔작으로 꼽는다.

이후 '가정교사'(1963), '청춘교실'(1963) 등에 출연하던 신성일이 전성기를 맞은 것은 1964년이었다. 그해 2월 29일 아카데미극장에서 개봉한 '맨발의 청춘'(감독 김기덕)이 그 시작이었다. 당대 최고의 스타 신성일과 엄앵란이 주연한 이 영화 후 신성일은 1960년대 부동의 청춘 스타요 아이콘으로 자리매김했다. 영화사적으로는 한국 영화 '대박 행진'의 시작이기도 했다.

신성일(1937~)

밀수조직 행동책 두수(신성일)가 부잣집 여대생(엄앵란)과 사랑하게 되지만 신분이 다른 남녀의 사랑을 용납하지 않는 사회의 두터운 벽을 뚫지 못하고 함께 자살한다는 내용의 영화는 전망 없는 사회를 살아가던 그 시대 관객의 갑갑한 마음에 엄청난 공명을 일으켰다. 가난했던 청춘들은 부잣집 딸과 뒷골목 주먹의 못 이룰 사랑과 죽음의 비련에 울음을 삼켰다.

영화는 단 18일 동안만 찍었는데도 연일 매진 기록을 세워 서울에서만 21만 명의 관객을 끌어모았다. 당시 서울 인구 350만 명에 상영관도 단 한 곳이었다는 것을 감안하면 광복 이후 한국 영화가 사회적 반향을 불러일으킨 최초의 '사건'이었다.

영화사적으로는 한국 영화 '대박 행진'의 시작

'맨발의 청춘'은 신성일과 엄앵란의 운명을 바꿔놓은 작품이기도 하다. 둘은 '로맨스 빠빠' 등 이미 여러 편의 영화에 함께 출연한 사이였지만 이 영화 후 신성일과 한 살 연상의 엄앵란이 급속도로 가까워져 1964년 11월 14일 결혼에 골인했기 때문이다. 서울 워커힐에서 올린 결혼식에는 자동차만 1,200대가 몰려오고, 결혼식을 구경하기 위해 몰려온 인파만

3,000명에 달할 정도로 엄청난 화제를 불러일으켰다. 두 사람은 총 85편의 영화에 함께 출연해 호흡을 맞췄다.

'맨발의 청춘' 이후 젊은이들의 우상은 단연 신성일이었다. 그는 귀공자의 이미지를 가졌는데도 남궁원이나 신영균 같은 다른 주연배우와 달리 깡패나 위폐범, 가난한 고학생 등 사회 주변부 인물 역할을 맡았을 때 빛을 발했다. 잘생긴 외모에 짧은 머리, 반항적인 눈빛, 특유의 억양, 하얀 가죽 점퍼와 청바지는 당시 젊음의 아이콘이었다.

그의 출현으로 한국에서는 젊은 사람들의 사랑, 캠퍼스, 뒷골목 건달 이야기 등을 다룬 '청춘물'이라는 새로운 장르가 탄생했다. '청춘교실'(1963)과 '맨발의 청춘'(1964)에서 그가 뿜어낸 욕망과 분노의 청춘상은 그 시대 젊은이들의 욕구불만을 통째로 날려보냈다.

신성일의 인기는 한국 영화가 깊은 침체기에 빠진 1970년대에도 여전했다. 그 시대의 신성일은 점차 청춘 스타의 이미지를 벗고 문예영화와 멜로 배우로 안착했다. 1970년대의 신성일은 '별들의 고향'(1974)과 '겨울여자'(1977)로 엄청난 흥행기록을 세운 남자 주인공으로 기억된다. 다만 '연애교실'(1971)을 비롯 여러 편의 영화를 감독했다가 무리하게 제작비를 끌어쓰는 바람에 경제적으로 한동안 고단한 삶을 살기도 했다.

놀랍게도 '연기자 신성일'로 자리 잡은 것은 1980년대 들어와서였다. '길소뜸'(1985)과 '달빛 사냥꾼'(1986)에서 그는 자신의 목소리로 더욱 더 물오른 연기 감각을 보여주었다. 박찬욱 감독은 신성일의 존재 가치를 이렇게 정의했다. "신성일을 이해하지 않고서는 한국 영화사는 물론 한국 현대문화사 자체를 파악할 수 없다."

김승옥 소설 '무진기행' 발표

"감수성의 혁명"이라는 격찬과 함께 "문학사의 한 장을 열었다"는 폭죽 같은 호평을 들었다.

김승옥(1941~)에 대한 문단의 평은 실로 현란하다. "한국 문학사에 한 획을 그은 소설가"라는 수식어는 차라리 진부할 정도다. "독일 문학사를 '괴테 이전'과 '괴테 이후'로 나누는 시각이 허용된다면 한국 문학은 감히 '김승옥 이전'과 '김승옥 이후'로 나눠도 될 만큼 그의 출현은 향후 문학에 중대한 지각변동을 가져온 일종의 문화사적 사건", 혹은 "1960년대의 문학은 실로 그를 출발점으로 하여 시작되었다" 등의 찬사를 들은 작가가 과연 우리 문학사에서 얼마나 될까?

심지어 김승옥의 한 선배는 "너 하나의 탄생을 위해 전후 문학은 10여 년을 기다려야 했다"는 극찬을 아끼지 않았고, 소설가 최하림은 "햇빛이 번쩍이는 것 같은 김승옥의 글을 읽고 처음으로 나는 글을 못 쓰는 사람이라고 느꼈다"고 고백했으며, 평론가 정과리는 "대학 시절 김승옥의 소설을 읽고 받은 감동이 나의 문학적 원체험을 이룬다"고 평했다.

김승옥은 일본 오사카에서 태어나 해방 직전 부모를 따라 귀국, 부친의 고향인 전남 순천에 정착했다. 그곳에서 그는 아버지와 여동생을 잃었고 그 충격으로 생에 대해 짙은 허무감을 느꼈다. 순천고를 졸업하고 1960년 서울대 불문학과에 입학할 때만 해도 김승옥은 소설가가 될 생각이 없었다. 그렇다고 장래에 무엇을 하겠다는 목표의식이 뚜렷했던 것도 아니었다.

1학년 때 김승옥이 학비벌이의 일환으로 선택한 것은 엉뚱하게도 만화였다. 1960년 9월 1일부터 신생지 '서울경제신문'에 '파고다 영감'이라는 제목의 네 칸짜리 시사만화를 그렸다. 1961년 2월 14일까지 모두 134회에 걸쳐 본명 대신 순천 고향집 번지수에서 따온 '김이구'라는 필명으로 만화를 그렸다.

김승옥(1941~)

고향 골방에 처박혀 본격적으로 소설을 써

문단 데뷔는 그야말로 신문에 독자 투고하는 마음으로 한국일보 신춘문예에 응모한 단편소설 '생명연습'이 1962년 1월 당선작으로 발표되면서 이뤄졌다. '생명연습'은 참신한 감성적 언어로 많은 독자와 비평가들로부터 유례없는 찬사를 받았다. 1962년의 대학 3학년은 동인지 '산문시대'와 함께 지나갔다. '산문시대'는 같은 과 동기생인 김현, 김치수 등과 함께 1962년 6월 창간호를 내고 1964년 9월 5호를 마지막으로 사라졌다.

4학년이던 1963년, 김승옥은 결혼까지 약속한 여자에게 차이고 이 배신을 계기로 그동안 내면에서 숨을 죽이고 있던 고독, 불안, 초조감 등 휴화산들이 일거에 폭발했다. 학점 미달로 졸업을 하지 못하게 되자 고향 순천으로 내려가 골방에 처박혔다. 그리고 본격적으로 소설을 썼다.

그래서 나온 작품들이 1964년 연이어 발표된 '야행', '역사', '차나 한잔', '무진기행' 등이다. 특히 1964년 10월호 '사상계'에 발표된 '무진기행'은 "감수성의 혁명"이라는 격찬과 함께 "문학사의 한 장을 열었다"는 폭죽 같은 호평을 들었다. 작가 신경숙에게 '무진기행'은 노트에 한 자 한 자 옮길 만큼 눈부시고 아름다운 한 편의 시였다.

1965년 봄 대학을 졸업한 김승옥은 잡지 '대화'에서 편집을 하고 신아일보에서 기자노릇을 하기도 했지만 어디서도 반 년을 넘기지 못했다. 대신 그가 쏟아낸 것은 소설이었다. 1965년 동인문학상을 안겨준 '서울, 1964년 겨울'을 비롯해 '건', '들놀이', '시골처녀' 등이 1965년 발표되었다. '생명연습'에서 '무진기행'을 거쳐 '서울, 1964년 겨울'과 '야행'으로 이어지는 그의 일련의 단편소설들은 전후 문학의 음울한 분위기와 허무의식을 일시에 떨쳐버리고 내용과 형식 양면에 걸쳐 우리 문학에 새로운 바람을 몰고 왔다는 평을 들었다. 한국 문학의 미래를 짊어질 기수로도 화려한 각광을 받았다.

암울했던 유신기는 더욱 자기 유폐의 늪으로 몰아넣어

김승옥은 1966년부터 창작보다는 문학 외적인 것에 관심을 보이기 시작했다. 1966년 그가 각색하고 유현목이 감독한 '무진기행'이 영화 '안개'로 만들어져 크게 히트하자 1967년 처음이자 마지막으로 영화 '감자'를 각색·감독하는 모험을 감행한 것이다. 그러나 영화는 별 재미를 보지 못했다. 그 무렵 김승옥은 장편 '내가 훔친 여름'(1967)과 중편 '1960년대식'(1968)을 발표하긴 했으나 어느 틈엔지 문학에의 열정이 식어가고 있었다.

1971년부터 '샘터'지 편집장과 주간을 하다가 4년 만에 그만둔 뒤에는 시나리오를 썼다. '장군의 수염', '어제 내린 비', '야행', '영자의 전성시대', '도시로 간 처녀', '겨울여자' 등이 그의 생계를 도왔던 영화들이다. 소설도 두 편을 썼다. 일요신문에 연재했던 에로소설 '강변부인'과 그의 재능을 아까워하던 이어령이 거의 반강제로 글을 쓰게 한 '서울의 달빛 0장'이 그것이었는데 '서울의 달빛 0장'은 1977년 제1회 이상문학상을 안겨주었다.

이런 활동에도 불구하고 그 무렵의 김승옥에게 소설은 고통이었다. 암울했던 유신기도 그를 더욱 자기 유폐의 늪으로 몰아넣었다. 회의와 허무가 밀어닥쳤고 알코올과 공상병이 그를 중독자, 폐인으로 만들어갔다. 자살도 시도했다. 이런 그에게 새로운 삶의 의욕을 불어넣어준 것은 1980년 봄부터 쓰기 시작한 신문 연재소설이었다.

김승옥은 박정희와 김지하를 통해 1970년대를 상징화하는 소설을 구상했다. 1970년대 내내 온몸으로 저항하며 감옥을 들락거리던 동갑내기 친구인 김지하에게 그는 늘 '마음의 빚'을 지고 있었다. 당초 '70년대식' 이었던 제목이 '먼지의 방'으로 바뀌어 동아일보에서 연재를 시작한 것은 1980년 6월 2일이었다. 그러나 신군부의 검열과 삭제의 태풍을 감당할 수 없었다. 결국 6월 19일 14회를 마지막으로 팬대를 꺾어버려 연재는 중단되었다.

절필 선언 후 그는 무진의 안개 속에 잠긴 듯 말이 없었다. 술을 벗으로 삼고 있던 1981년 4월 27일 새벽, 그는 잠자리에서 하나님의 손을 느끼고 음성을 들었다. 그것은 자살을 두 차례나 기도하던 알코올 중독자요 폐인으로 낙인찍힌 김승옥의 재생이요 신앙인으로의 부활이었다. 그런데도 그의 침묵과 절필과 자기은폐는 여전히 계속되고 있고, 후배 소설가들과 문학청년들은 그의 주옥 같은 단편소설로 갈증을 달래고 있다.

장욱진 첫 개인전

장식적이고 번거로운 것, 시끄럽고 요란스러운 것, 큰 것을 체질적으로 싫어하고 멀리했다.

장욱진(1917~1990)은 동심의 작가다. 동화처럼 순진무구한 심상을 우화적 기법으로 형상화해 인간의 삶을 해맑은 동심으로 정화하려 한 그를 가리켜 지인들은 '늙은 아이'라 불렀다. 자유분방하고 작품과 술에 얽힌 많은 일화를 남겨 '시대의 기인'으로도 불렸다. 그는 장식적이고 번거로운 것, 시끄럽고 요란스러운 것, 큰 것을 체질적으로 싫어하고 멀리했다.

그래서 그는 도시를 떠나 주로 시골에 살면서 해와 달, 나무와 집, 개와 까치, 아이와 가족 등 친근하고 소박하고 향토색 짙은 그림을 그렸다. 그러다 보니 그의 작품세계는 다른 작가들처럼 주제나 화풍의 변화에 따라

획을 그을 수 없다는 문제에 부닥친다. 따라서 그가 작품 제작을 해온 활동공간의 변화에 따라 편의상 덕소시대, 관어당시대, 수안보시대, 구성시대 등으로 나뉜다.

장욱진(1917~1990)

장욱진은 1954년부터 6년간 서울대에서 학생들을 가르쳤는데 특이한 교수방법으로 학생들 사이에 화제가 되었다. 그는 학생들에게 그림을 그리게 할 뿐 가르치지 않았다. 교수라는 이유로 제자의 캔버스에 직접 붓을 댄다는 것은 그에게 어림없는 짓이었다.

그는 대화와 토론을 통해 갈등을 해소해 주거나 창작열에 기름을 대주는 것이 교수가 할 일의 전부라고 믿었다. 학생을 평가할 때도 '좋다', '나쁘다'는 표현 대신에 '짜다', '싱겁다'는 식별법을 사용했다. 그러던 중 어느 때부턴가 "내 일을 제쳐두고 무슨 엉뚱한 짓이냐"며 교수직에 심한 회의를 느끼기 시작했다. 안일한 타성에 종지부를 찍는 것만이 유일한 해결책임을 깨닫게 된 그는 1960년 사표를 내고 집안에 들어앉았다. 그것은 궁핍한 생활 여건을 아랑곳하지 않은 창작에의 고행길이었다.

그런 점에서 1960년은 장욱진의 예술이 개화의 전기를 맞은 해였다. 뒤돌아보면 국립중앙박물관 시절(1945~1947)도 그랬다. 공부하기 위해 학예관이 되었다가 고미술품에 눈이 뜨이자 그만둔 것이다. 서울대 교수를 그만두었을 때 그는 화단으로부터 이미 중진작가 대우를 받고 있었다. 그러나 교수를 그만두었으니 백지상태에서 자신의 화업을 일궈야 했다. 1963년 그는 한강이 내려다보이는 서울 근교의 덕소 언덕에 손수 설계한 화실을 짓고 그 안에 홀로 틀어박혔다. 12년에 걸친 '덕소시대'의 개막이었다.

·장욱진은 충남 연기군에서 태어나 7살 때 부모를 따라 서울로 올라왔

다. 보통학교 3학년 때이던 1926년 일본 히로시마고등사범학교가 주최한 전국 소학생 미술전에서 1등상을 받아 그림에 재능이 있음을 드러내 보였다. 1930년 경성 제2고보(경복고의 전신)에 입학, 육상과 빙상선수로도 이름을 날렸지만 무엇보다 미술반 활동에 열심이었다. 그러나 2학년 때 성홍열에 신장염이 겹쳐 쉬어야 했다.

그에게 술은 창작의 고통을 잊게 해주는 벗

장욱진이 충남 예산 수덕사의 한 암자로 보내져 요양을 할 수 있었던 것은 그의 그림인생에 우연히 찾아온 또 하나의 행운이었다. 그곳에서 조선의 첫 여류작가로 유명한 나혜석을 만난 것이다. 수덕사의 2년을 포함해 4년간이나 휴양했지만 그 기간을 통해 장욱진은 '화가의 길'에 대한 자신감을 확인했다.

1936년 봄 장욱진은 양정고보 3학년에 체육 특기생으로 편입했다. 그는 공부와 운동을 병행하면서도 주로 캔버스에 매달렸다. 그 결과 1938년 10월 조선일보 주최 제2회 전조선학생미술전람회에 출품한 '공기놀이'라는 작품이 특선의 영예를 안았다. 1939년 양정고보를 졸업한 장욱진은 도쿄의 제국미술학교 서양화과로 유학을 떠났다가 1943년 귀국했다. 1944년 겨울 일제의 강제 징용에 끌려갔으나 9개월 뒤 일제의 패망과 더불어 조국으로 돌아와 1947년까지 국립중앙박물관의 학예관으로 근무했다.

1948년 장욱진은 김환기, 유영국, 이규상 등과 '신사실파' 모임을 결성했다. 추상회화를 포함한 초기 모더니즘 계열의 작가들로 구성된 신사실파란 이름은 김환기가 붙였다. "추상을 하더라도 모든 형태는 사실(寫實)이다. 새로운 것을 추구하자"는 뜻에서 붙여진 이름이다.

덕소화실에 칩거한 지 1년 반 만인 1964년 11월 2일 장욱진은 서울의 반도화랑에서 8일 동안 첫 개인전을 열었다. 덕소시대의 일과는 '그림 그리는 일'과 '술 마시는 일'만으로 짜여 있었다. 그는 작품이 안 되면 붓을 내던지고 몇 날 며칠이고 술을 마셨다. 그에게 술은 창작의 고통을 잊게 해주는 벗이었고, 세속의 번잡한 인연으로부터 벗어나게 해주는 방편이었다.

술로 갈등의 찌꺼기가 걸러지면 화실에 틀어박혀 한 달이고 두 달이고 캔버스 작업에 몰두했다. 장욱진은 학창 시절 말고는 이젤을 사용하지 않았다. 이젤에 캔버스를 얹으면 시야가 좁아진다며 언제나 바닥에 뉘어놓고 쪼그리고 앉아 그림을 그렸다.

언젠가부터 덕소가 한강 개발이라는 문명으로 잠식당하며 시끄러워지자 장욱진은 1974년 화구를 챙겨들고 다시 서울 명륜동에 자리를 잡았다. 덕소시대가 12년 만에 막을 내린 것이다. 장욱진은 번잡스런 서울생활을 어떻게든 견뎌보기 위해 명륜동 집 마당에 못을 만들고 그 옆에 정자를 만들어 '관어당'이란 현판을 내걸었으나 일상의 잡사와 소음이 그를 가만 놔두지 않았다.

결국 칩거 6년 만인 1980년 다시 화구를 챙겨 수안보 온천으로 유명한 충북 중원군으로 옮겨갔다. 그 산골마을에도 개발 붐이 일자 1985년 6월 네 번째 개인전을 마치고 다시 경기도 용인의 구성으로 옮겨 세상 잡사를 잊은 채 그림에만 몰두하다가 1990년 12월 27일 타계했다.

신중현의 록밴드 '빗속의 여인' 음반 발매

대중의 반응은 차가웠지만 발표하는 노래마다 한국 대중음악의 지평을 확장하고 깊이를 더해 주었다.

신중현(1938~)은 '한국 록의 대부'다. 그의 등장으로 한국의 대중음악은 비로소 입체적이고 풍성한 질감을 얻게 되었다. 록과 솔

등 서구 대중음악의 주요 갈래들이 그의 손을 거쳐서 이 땅에 들어왔고 거기에 한국적 색을 입힌 이도 신중현이다. 펄시스터즈, 김추자, 장현 등 굵직한 음악인들이 그를 통해 데뷔했고 '빗속의 여인', '님아', '님은 먼 곳에', '거짓말이야', '커피 한 잔', '미인', '아름다운 강산' 등 발표하는 노래마다 한국 대중음악의 지평을 확장하고 깊이를 더해 주었다.

신중현은 서울에서 태어났다. 초등학교 때 발발한 6·25를 피해 충북 진천으로 이사갔다가 초등학교 5학년 때 아버지가 세상을 뜨고 이듬해 일본인 어머니마저 숨져 천애고아가 되었다. 여동생까지 영양실조로 그의 곁을 떠나자 하나 남은 남동생을 데리고 서울로 올라왔다. 신중현 음악의 시작은 어렵게 모은 돈으로 기타를 마련한 중학교 2학년 때부터였다. 고교 시절, 낮에는 공장에서 일을 하고 밤에는 야간 학교를 다니며 독학으로 기타를 배웠다.

고교 2학년이던 1955년 학교를 그만두고 한국 록음악의 발상지인 미8군 쇼단에 입단함으로써 본격적으로 음악활동을 펼쳤다. 1958년 '히키신'이라는 이름으로 첫 기타 솔로 음반을 내고, 1960년 미군을 상대로 한 첫 기타 독주무대로 미군들의 열렬한 환영을 받을 정도로 기타 실력은 수준급이었다. 여기에 서양에서 들어온 각종 대중음악을 두루 섭렵하고 전문 작곡가로부터 작곡까지 배워 음악의 지평을 넓혀나갔다.

신중현(1938~)

1963년 신중현은 한국 최초의 록그룹 '애드포(Add4)'를 결성했다. 애드포가 연주한 한국 최초의 록음악 음반인 '빗속의 여인'이 발매된 것은 1964년 겨울이었다. 음반에는 타이틀곡인 '빗속의 여인'과 '내 속을 태우는구려'(훗날 펄시스터즈의 '커피 한 잔') 등 14곡이 수록되었다.

노래는 애드포의 보컬 서정길이 불렀으나 '천사도 사랑을 할까요' 등 일부 노래는 1970년대에 '안녕하세요'를 크게 히트시킨 장미화가 불렀다. 장미화는 이 음반을 통해 데뷔하고 또한 신중현의 곡을 불러 스타가 된 가수들을 지칭하는 '신중현 사단'의 제1호로 기록되었다. 장미화에게도 이 음반이 갖는 의미는 각별했지만 음반에 대한 당시 대중의 반응은 차가웠고 판매는 참패로 끝났다.

'신중현 사단'은 한국 대중가요계의 명가

'신중현 사단'의 두 번째 가수는, 나중에 박인수가 노래해 유명해진 '봄비'와 김추자가 처음 부른 것으로 알려진 '꽃잎' 등으로 1966년 데뷔한 이정화다. 신중현에게 처음으로 대중적 인지도를 안겨준 가수는 1968년 신중현의 곡 '님아'로 데뷔한 배인순·배인숙 자매의 펄시스터즈다. '님아'는 100만 장이 팔려 당시로서는 초대박을 기록했다.

김추자는 1969년 신중현이 작곡한 '님은 먼 곳에'로 데뷔한 후, 관능적인 몸매와 선정적인 창법으로 '월남에서 돌아온 김상사'와 '거짓말이야' 등을 연속 히트시켰다. 이후 임희숙, 박인수, 장현, 김정미 등 여러 가수가 신중현의 곡으로 데뷔하고 당대의 스타로 부상해 '신중현 사단'은 한국 대중가요계의 명가로 군림했다.

신중현은 1969년 7월 명동 코스모스살롱 3층에서 한국 최초의 사이키델릭 무대를 꾸며 한국 대중가요사의 한 페이지를 장식했다. 사이키델릭이란 환각에 빠진 정신세계를 표현한, 블루스에 바탕을 둔 록음악의 한 장르로 1960~70년대 히피 문화를 대변했던 음악이다. 이처럼 신중현의 음악경력에서 가장 화려했던 시절은 1960년대 말과 1970년대 초반이었다. 덩키스(1966 결성), 빅밴드(1968), 퀘스천스(1970), 더 멘(1972) 등의 밴드 활동은 비록 부진했지만 작곡 분야에서만큼은 경이로운 성공 행진을 거듭했다.

그 시대의 신중현은 스타 제조기였고 '신중현 사단' 가수들은 신중현의 음악적 실험을 외부에 멋들어지게 알리는 전령사였다. 신중현 사운드가 가수들의 성공 보증서로 알려지면서 신중현의 사무실에는 곡을 받기 위한 가수 지망생들로 문전성시를 이뤘다.

1주일 내내 틀어박혀 '아름다운 강산' 작사·작곡해

이처럼 탄탄대로였던 그의 삶이 일순간에 고꾸라지기 시작한 것은 1973년 청와대로부터 걸려온 한 통의 전화 때문이라는 게 신중현의 설명이다. 박정희 대통령 찬가 곡을 만들라는 청와대의 요청을 거절했다가 이후 알게 모르게 각종 압력이 끊이지 않았다는 것이다. 자신의 공연장마다 경찰이 장발 단속을 하며 청중을 쫓아내는 등 사사건건 괴롭히자 신중현은 대통령 찬가 곡을 만드는 대신 우리나라 강산과 국민을 위한 노래를 만들어야겠다고 생각했다. 1주일 내내 사무실에 틀어박혀 작사·작곡한 노래가 18분짜리 대곡 '아름다운 강산'이다.

노래는 음반으로 발표되기 전에 먼저 MBC TV 전파를 탔다. '아름다운 강산'이 전국으로 방송될 때 화면에 비친 리드보컬 박광수의 머리는 삭발이었다. 다른 멤버들은 귀 주변에 머리핀을 꽂고 긴 머리를 걷어올려 장발을 부각시켰다. 강압에 대한 불만의 표시였다.

1973년 말 신중현은 '신중현과 엽전들'을 결성하고 '미인'을 내놓아 빅히트를 쳤다. 그러나 1974년 들어 대대적으로 시작된 정부의 '공연활동 정화'에 따른 금지곡 발표로 신중현의 음악 인생은 큰 고비를 맞았다. 신중현의 노래 중 4곡이 1974년 금지곡으로 지정되더니 1975년에도 17곡이 금지곡으로 묶인 것이다. 게다가 1975년 12월 대중가요계를 강타한 이른바 '대마초 사건'에 연루되어 4개월 동안 복역하고 집행유예로 풀려남으로써 신중현의 음악적 전성기는 사실상 막을 내렸다.

1979년 말 활동중지가 풀렸지만 세상은 너무 많이 변해 있었다. 1980년 '신중현과 뮤직파워'를 결성해 재기의 의지를 다졌지만 1960~70년대의 영광을 되찾지는 못했다. 그렇다고 '한국 록의 대부', '한국 밴드 음악의 선구자'라는 그의 위치가 흔들리지는 않았다. 한국 대중가요에 드리운 그의 그림자가 너무 크고 넓기 때문이다.

최배달 '국제가라테연맹 극진회관' 발족

무도인이면서도 책을 많이 쓴 것으로 유명하다.

공수도 즉 '가라테'는 일본의 전통 무술이 아니다. 수기(手技) 위주였던 중국 무술 '남권'이 일본 오키나와로 건너가 토착 무술과 합쳐치고 19세기 말 메이지 시대 때 일본 본토에 처음 소개되어 체계화되었다는 설이 유력하다. 1920년대 말에 겨우 일본의 무술로 인정을 받았으나 유도의 그늘에 가려 비주류 무술 이상의 대우를 받지 못했다. 그러다가 태평양전쟁 후 비로소 일본 무술의 주류로 떠올랐는데 그렇게 되기까지에는 한국인 최영의(1923~1994)의 역할이 컸다.

최배달로 알려진 최영의는 전북 김제에서 태어나 1937년 일본으로 건너갔다. 항공기술학교에 다니며 가라테에 입문한 그는 1947년 9월 '전일본가라테선수권대회'에서 우승해 기염을 토했다. 최영의는 진짜 실전무술을 완성하기 위해 1948년 4월 지바현의 기오즈미산에 입산해 홀로 정진했다. 1년 8개월 동안 산속에서 고독과 싸우고, 넘치는 젊음의 힘을 자제하는 인내를 터득했으며, 바윗돌을 깨기 위해 모진 고통을 감내했다.

최배달(1923~1994)

하산 후 그는 일본 전역을 돌며 이름난 고수들을 차례로 격파해 '열도 최강'이라는 소리를 들었다. 1950년 11월에는 연이어 수십 마리의 황소와 대결, 47마리의 황소 뿔을 꺾어 쓰러뜨리고 4마리는 즉사시켰다. 1952년 3월 건너간 미국에서는 32개 주를 순회하며 270여 회의 시범을 보이고 7회에 걸쳐 TV에 출연했다. 동양인으로는 큰 체구(175cm, 83kg)였으나 서양인의 눈에는 작아 보였던 최영의가 돌덩이를 격파하고 나란히 세운 맥주병의 병목을 깨는 모습에 미국인들은 열광했다.

최영의가 일본에 자신의 첫 도장인 '대산도장'의 간판을 내건 것은 1954년 4월이었다. 1956년 6월에는 오래된 발레 스튜디오를 빌려 '대산도장'의 규모를 키웠다. '대산'은 그의 일본어 이름인 오야마 마스타쓰(大山倍達)에서 따온 것이다. 이후 동남아시아, 미국, 중남미, 유럽 등지를 순방하며 그 지역의 격투기 강자들과 각종 승부를 벌여 자신의 무술실력을 과시했다.

그가 세계를 누비며 대결을 펼친 이유는 두 가지였다. 자신이 무도의 최강자임을 다른 사람이 인정해야 자신이 구상하고 있는 '극진 가라테'가 제자리를 찾을 수 있게 되고, 다른 격투기와 겨뤄봐야 새로운 기술을 터득할 수 있다고 본 것이다. 최영의는 당시 일본에서 최전성기를 구가하고 있던 역도산(1924~1963)과도 절친하게 지냈으나 1954년 12월 그가 평소 존경하고 형이라 부르던 '일본 유도의 귀신' 기무라 마사히코를 역도산이 처참하게 쓰러뜨린 후 역도산과 관계를 끊었다.

"실전이 아니면 진정한 강자로 인정받지 못한다"

최영의는 무도인이면서도 책을 많이 쓴 것으로 유명하다. 1958년 1월 영문으로 출판한 '가라테는 무엇인가'는 전 세계적으로 50만 부가 팔렸다. 1965년 3월 펴낸 '이것이 가라테다'는 해적판이 나올 정도로 인기를 끌면서 세계적으로 17만 부나 팔렸다. 그는 생전에 모두 62권의 책을 냈다. 대부분이 무술과 관련된 책이지만 그중에는 일본 사회를 비평한 책들도 있다.

최영의는 1962년 귀화해 진짜 '오야마 마스타쓰'가 되었다. 이름을 '배달(倍達)'이라고 한 것으로 미루어 어쩔 수 없는 선택으로 보인다. '최배달'이라는 이름은 부모의 성 '최'에 일본어 이름 '배달'을 합한 것이다. 최영의는 가라테를 전 세계에 보급하는 데 일등공신이었으나 그가 보기에 공격 동작을 공격 부위 직전에 멈춰야 하는 가라테는 진정한 무술이 아니었다.

"실전이 아니면 진정한 강자로 인정받지 못한다"는 최영의의 신념은 그로 하여금 '극진 가라테'를 창안케 했다. '극진 가라테'는 상대방의 얼굴과 음낭을 제외하고 어느 부위든지 가격할 수 있다는 점에서 기존의 가라테와는 달랐다. '극진 가라테'는 '실전주의 가라테'라는 슬로건답게 기본기를 익힌 뒤 곧바로 대련을 통해 수련을 쌓는다. 방호구를 전혀 착용하지 않은 채 주먹과 발길질을 해야 하는 '극진 가라테'의 경기는 그래서 격투기 중 가장 격렬하다.

최배달은 1961년 극진회를 설립하고 1963년 10월 도쿄에 극진회관 총본부 건물을 짓기 시작했다. 1964년 4월 '국제가라테연맹 극진회관'을 창설해 훗날 일본의 총리가 될 사토 에이사쿠를 회장으로 영입했다. 1964년 6월에는 극진회관 총본부가 준공되어 국제가라테연맹 극진회관을 정식으로 발족시켰다.

1969년 9월에는 총 48명의 가라테 선수가 참가한, 직접 타격에 의한 제1회 '전일본가라테선수권대회'를 개최했다. 이 대회에서는 극진회 문하생이 우승과 준우승을 거머쥐었다. 1975년 11월에는 세계 36개국 128명의 선수가 참가한 제1회 '전세계가라테선수권대회'를 개최해 극진 가라테의 국제화를 시도했다.

최영의는 1990년대 초 극진 가라테를 배우는 일본인은 50만 명 정도 되고, 세계적으로도 130개국 지부에 총 1,200만 명의 문하생이 있다고 밝혔다. 그중에는 요르단의 후세인 국왕, 스페인의 카를로스 국왕, 007 시리즈로 유명한 영화배우 숀 코너리도 있다고 했다.

1994년 4월 그의 사망 후 "최배달은 전 세계의 고수와 싸워 한 번도 진 적이 없다"는 전설 같은 얘기가 더 많이 회자되지만 그보다는 "일본이라는 무대에서 한국인이 '무도일문(武道一門)'을 창업했다"는 사실에 더 중요한 평가가 내려져야 할 것이다.

미 제7함대 통킹만 폭격

몇 년 후 미국이 북베트남의 도발을 유도한 뒤 폭격을 시작했다는 의혹이 제기되었다.

1954년 7월 21일 체결된 제네바 협정의 핵심은 '북위 17도선을 잠정 군사경계선으로 삼아 북쪽은 호찌민이, 남쪽은 프랑스가 지원하는 바오다이 왕이 통치한다'는 내용이었다. 협정 후 남베트남을 지배하고 있던 프랑스는 1955년 1월 남베트남의 주권을 바오다이 정권에 이양하고 남베트남에서 철수했다.

프랑스가 떠난 남부에서는 군사 원조를 앞세운 미 군사고문단의 역할이 점차 확대되었다. 당시 미국은 북베트남을 사실상 장악하고 있는 호찌민이 남베트남까지 손에 넣을 경우 동아시아 전역이 도미노 이론에 따라 공산화될지도 모른다며 경계했다.

이런 상황에서 미국이 주목한 인물은 고 딘 디엠(1901~1963)이었다. 디엠은 제네바 협정 후 미국의 지원을 받아 바오다이 왕정의 총리로 임명되었다. 불교 신자가 95%인 베트남에서 독실한 가톨릭 신자였기 때문에 기반이 취약했으나 미국은 다른 대안이 없다며 디엠을 도미노 이론의 방어 인물로 삼았다. 디엠은 곧 미 CIA의 지원을 받아 바오다이 왕을 폐위하고, 1955년 10월 실시한 국민투표에서 98%의 지지를 얻어 대통령에 당선되었다.

매덕스호

디엠은 반체제 집단, 반정부 종교세력, 범죄자 집단 등 반대세력을 제거하며 자신의 입지를 강화했다. 미국도 군사고문단을 더욱 증강해 디엠을 지원했다. 남베트남에서 활동하던 '베트민(베트남 독립동맹)' 게릴라들은 1960년 12월 '베트남민족해방전선(NLF)'을 결성해 디엠과 미국에 대항했다.

디엠의 독재정치는 국민의 반발을 불렀다. 그래도 아이젠하워 미 대통령은 도미노 이론이 현실화되는 것을 우려해 디엠에게 힘을 실어주었다. 1961년 1월 취임한 케네디 대통령 역시 베트남에 군사 지원을 늘리며 디엠을 지원했다. NLF 게릴라들은 이에 맞서 세력을 확대하고 더욱 거세게 저항했다. 당시만 해도 미국은 군사고문단의 숫자를 계속 늘리긴 했으나 자체 방어 외에는 전투 참가를 금지했다.

그러던 중 1963년 여름, 디엠에 반대하는 승려들이 온몸에 기름을 붓고 분신자살을 하는 등 민심이 디엠으로부터 더욱 멀어지자 미국은 디엠 갖고는 체제 유지가 힘들다고 판단해 군부에 쿠데타 신호를 보냈다. 미국의 기대대로 1963년 11월 2일 쿠데타가 일어나 디엠은 살해되었다. 그로부터 20일 후 케네디도 암살되어 존슨이 대통령에 취임했다.

존슨 대통령 '자유세계 경찰국가론' 함정에 빠져

존슨은 취임 이틀 후 남베트남을 계속 지원하겠다고 발표했다. 존슨이 베트남에 개입하려 한 데는 자유세계의 방어라는 목적과 함께 자신의 정치적 입지를 강화하려는 계산도 작용했다. 그는 베트남에서 철수할 경우 돌아올 지도력 누수현상을 우려했다. 존슨은 취임 초기부터 아이젠하워와 케네디의 공동작품이라고 할 수 있는 '자유세계 경찰국가론'의 함정에 빠져들었다. 군사고문단의 숫자도 2만 3,000명으로 증강했다.

이런 막대한 원조에도 불구하고 남베트남 정부의 부패와 무능으로 전황은 날로 악화되었다. 고위 군인들 간에는 정권 이양이라는 악순환이 계속되어 2년 동안 평균 2개월마다 새로운 정부가 들어섰다. 이들 지도자들 사이에 벌어지는 권력 놀음에 미국은 하루 100만 달러씩 퍼부었다. 그렇다고 나아지는 것은 없었다. 그 무렵 전쟁을 북베트남까지 확대해야 한다는 주장이 미국 내에서 제기되었다. 미 합동참모본부는 북베트남 폭격을 위한 계획서를 작성해 1964년 5월 존슨에게 전달했다. 다음 수순은 직접적인 군사 개입의 구실이었다.

1964년 8월 2일 북베트남 통킹만에서 30마일 떨어진 해역에서 작전을 수행 중이던 미 구축함 매덕스호(2,200톤)가 3척의 북베트남 어뢰정으로부터 공격을 받았다는 내용의 전문이 미 태평양함대 사령부에 보고되었다. 미 사령부가 다른 구축함 터너 조이호를 현장에 출동시켜 북베트남 어뢰정 1척은 격침되고 나머지 2척은 파손되었다.

8월 4일 다시 초계활동에 들어간 매덕스호와 터너 조이호로부터 "북베트남군이 공격해오는 것을 레이더로 확인해 반격했다"는 보고가 미 태평양함대에 전달되었다. 그러자 곧 제7함대에 "날카로운 화살을 쏠 준비를 하라"는 명령이 떨어졌고 1964년 8월 5일 제7함대 소속 전폭기들이 북위 17도선 북쪽에 위치한 항구시설과 유류저장시설, 초계정 기지 등을 64차례나 맹폭격했다. 마침내 베트남 전쟁이 시작된 것이다.

베트남과 주변 국가

하지만 몇 년 후 매덕스호의 당시 임무가 밝혀져 미국이 북베트남의 도발을 유도한 게 아니냐는 의혹이 제기되었다. 1971년 6월 뉴욕타임스와 워싱턴포스트지에 보도된 '펜타곤 페이퍼'에 의하면 미군은 1964년 2월 1일부터 북베트남을 도발하는 광범위한 비밀작전을 수행하고 있었고, 매덕스호는 북베트남 영해 내에서 스파이 활동을 한 것으로 밝혀졌다.

사건의 실상 지금도 말끔히 해명되지 않아

2005년 공개된 미 국가안전국(NSA) 소속 한 연구관의 비밀보고서도 통킹만 사건 때 NSA 감청요원들의 정보 왜곡이 있었음을 알려주고 있다. 이 보고서에 따르면 8월 4일 북베트남의 2차 공격이 없었음에도 NSA 요원들은 구축함이 공격을 받은 것처럼 보고했다는 것이다. 즉 매덕스호가 북베트남 해군들이 공격 준비를 하는 게 레이더에 감지되었다고 보고했다가 몇 시간 뒤 기상 악화로 인한 레이더병의 실수로 밝혀졌다고 보고했는데도 감청요원들이 마치 공격을 받은 것처럼 보고했다는 것이다.

이런 이유들로 인해 통킹만 사건의 실상은 그 당시에도 논란을 불러일으켰지만 지금도 말끔히 해명되지 않고 있다. 하지만 이런 사실은 훗날 밝혀진 것이기 때문에 당시 미 의회는 존슨 정부의 발표만을 믿고 8월 7일 '통킹만 결의안'을 하원 416대 0, 상원 88대 2라는 압도적인 표 차로 승인했다. 이로써 존슨은 전쟁을 확대할 수 있는 백지위임장을 손에 넣어 바야흐로 선전포고 없는 전쟁을 시작할 수 있었다.

통킹만 폭격 이후 존슨의 인기는 하루 만에 42%에서 72%로 치솟았다. 재선을 향한 선거가 다가오자 존슨은 확전 여부에 대해 결단을 내려야 했다. 비밀리에 확전 계획을 세우고 실행방법을 모색하고 있던 1964년 11월 3일 존슨은 압도적인 표 차로 재선에 성공했다.

1965년 들어 북베트남군이 남쪽으로 이동하고 있다는 보고가 있자 미군은 전투병력 파견을 위한 비상계획에 따라 경계태세에 들어갔다. 2월 7일 미군 기지가 공격을 받자 펜타곤은 1급 긴급사태를 명령했다. 7함대에서 발진한 폭격기들이 17도 군사분계선 북쪽의 북베트남 최대병력 집결지인 동호이를 공습했다. 3월 2일에도 수백 기의 전폭기가 군사분계선을 넘어 북쪽의 교량, 철도, 항구, 수송설비 등을 닥치는 대로 파괴했다.

뒤이어 전투부대가 파견되었다. 3월 8일 미 해군과 공군기지의 방어를 위해 3,500명의 해병대 2개 대대를 다낭에 상륙시킨 것이다. 전투병은 빠르게 증가했다. 6주일 만에 8만여 명으로 늘어났고 1965년 말에는 18만 명, 1966년 중반에는 30만 명으로 불어났다. 최고 때는 54만 명을 기록했다. 베트남 주둔 미군은 평균 12개월 단위로 교체되었기 때문에 연인원 280만 명이 거쳐간 셈이다.

공습은 이후 8년간 35만 회에 걸쳐 진행되었다. 이때부터 존슨은 대통령에서 물러날 때까지 한 번도 뒤돌아보지 않고 전쟁에만 몰두했다. 1965년 6월 27일 미 공수부대가 사이공 북쪽에서 첫 번째 공세인 '수색과 섬멸' 작전을 펼치면서 8년에 걸친 미·북베트남 간 베트남전이 마침내 막을 올렸다.

베트남 민족해방전선(베트콩) 결성

100년에 걸친 프랑스의 베트남 지배는 1954년의 '제네바 협정'에 의해 종지부를 찍었다. 이로써 베트남 땅에서 모든 외세가 사라지는 듯했으나 실은 북위 17도를 경계로 한 남북 분단의 시작이자 대규모 베트남전쟁을 치르기 위한 숨 고르기에 불과했다. 협정에 따라 북베트남은 호찌민이 지배하는 공산국가가 되었고, 남베트남은 베트남의 마지막 황제인 바오다이를 거쳐 1955년 고 딘 디엠 대통령이 지배하는 명목상의 자유민주주의 국가가 되었다.

고 딘 디엠은 협정에 규정된 1956년의 남북 총선거를 거부하고 반공정권을 강화하는 데 혈안이었다. 남북으로 갈라지기 전 베트남 혁명의 주역이었던 '베트민(베트남 독립동맹)'의 남베트남 지부가 총선거를 압박하며 디엠 정권에 반대하는 정치투쟁을 벌였으나 혹독한 탄압으로 조직이 궤멸상태에 빠졌다.

이 때문에 베트민의 남부 책임자 레 주안(훗날 공산당 서기장)은 북베트남의 하노이로 올라가 "무력투쟁을 전개하지 않으면 남부 조직이 궤멸된다"며 호찌민 주석에게 호소했다.

베트남 공산당은 1959년 1월 13일 남베트남 무력 해방을 결의했다. '제15호 결의'로 불리는 이 결정은 베트남 공산당이 그동안의 정치선전에서 벗어나 무력 통일전쟁을 벌이기로 했다는 점에서 본격적으로 전개될 베트남전쟁의 예고편이었다.

1959년 5월 북베트남과 남베트남을 연결할 보급 루트인 '호찌민 루트'를 개척하기 시작했고 1960년 12월 20일 남베트남 공산주의 세력을 주축으로 한 '베트남 민족해방전선(NLF)'이 캄보디아 국경 부근 밀림지대에서 결성되었다. NLF는 주로 '베트콩(Viet Cong)'으로 불렸는데 디엠이 베트남 공산주의자들을 경멸하는 의미로 처음 사용하면서 보편화되었다. 우리로 치면 '빨갱이' 격인 베트콩은 그전까지 표현해온 베트민이라는 말을 대신해 세계적으로 널리 퍼져 대명사가 되었다.

NLF 결성식에는 각계 대표 60여 명이 참석했다. 회의장 안에는 창립을 알리는 현수막이 걸렸고, 노출을 꺼리는 비밀요원 20여 명이 커튼 뒤에 숨어 안건을 논의했다. 이틀간의 논의 끝에 민족주의 연합정부 수립, 토지개혁, 미국 개입 배제, 남북통일 등 10개 항의 강령이 채택되었다.

NLF는 결성 1년 만에 해방구를 전 영토의 20%까지 확대했다. 군사조직도 만들어 1962년 2월경에는 무장병력이 10만 명을 넘어설 정도로 성장했다. 베트남 공산당의 남부지부 격인 남베트남 인민혁명당을 결성(1962.1)하고, 베트남 임시혁명정부를 수립(1969.6)하는 등 세력을 키워 북베트남 공산당과 함께 1975년 남베트남을 무너뜨리는 데 결정적인 역할을 했다.

비틀스 미국 상륙

팝음악사가들이 "영국의 침공"이라 부르고, 팝음악사에서도 가장 역사적인 순간으로 꼽히고 있다.

1964년 2월 7일 오후 1시 35분 영국의 더벅머리 4인조 그룹이 미국의 케네디 공항에 도착했을 때 그들을 맞은 것은 수천 명의 소녀들이 내지르는 괴성과 휘파람이었다. 팝음악사가들이 "영국의 침공"이라 부르고, 팝음악사에서도 가장 역사적인 순간으로 꼽히는 비틀스의 첫 미국 방문이었다. 2월 9일 밤 비틀스가 출연한 TV프로그램 '에드 설리번 쇼'는 7,300만 명의 미국인이 시청할 정도로 대성공을 거둬 곧 전 세계에 불어닥칠 '비틀스 폭풍'을 예고했다.

비틀스의 깃발을 처음 올린 이는 존 레넌(1940~1980)이었다. 레넌이 자신의 고등학교에서 이름을 딴 스쿨밴드 '쿼리멘'을 결성한 것은 1957년 3월이었고, 폴 매카트니(1942~)와 조지 해리슨(1943~2001)이 '쿼리멘'에 합류한 것은 각각 1957년 7월과 1958년 3월이었다. '레인보스', '문독스' 등 공연 때마다 바뀌던 밴드 이름이 '비틀스'로 자리를 잡은 것은 1960년이었다. 딱정벌레라는 뜻도 있지만 비트음악, 비트문학 등을 연상시킨다는 점에서 시대의 조류를 반영한 이름이었다.

1959년부터 영국의 리버풀과 독일의 함부르크를 오가며 연주활동을 펼치던 10대 소년들은 1961년 1월부터 이듬해 2월까지 리버풀의 캐번클럽을 주무대로 삼아 명성을 쌓았다. 그러나 그때까지 그들은 영국의 한 지방도시의 인기 밴드일 뿐이었다.

그들에게 날개를 달아준 것은 1962년 1월 브라이언 엡스타인과의 전속 매니저 계약이었다. 엡스타인은 1962년 5월 레코드 회사 EMI의 자회사인 팔로폰과 녹음계약을 체결했다. 팔로폰과의 첫 녹음이 예정된 1962년 8월 링고 스타(1940~)가 새 드러머로 합류함으로써 '20세기의 신화' 비틀스의 라인업이 완성되었다.

비틀스

비틀스가 1962년 10월 5일 발표한 첫 싱글앨범 '러브 미 두'는 영국 음반판매 집계에서 17위를 차지했다. 그러나 1963년 1월 발매된 2번째 싱글 '플리스 플리스 미'와 3번째 싱글 '프롬 미 투 유'는 1위를 차지했다. 4번째 싱글 '아이 워너 홀드 유어 핸드'까지 넘버원을 기록하며 바야흐로 '비틀스의 신화'가 기지개를 폈다.

비틀스가 미국에 상륙한 1964년, 미국의 청소년들은 포크송과 트위스트에 식상해 있었다. 케네디 암살 후 새로운 영웅을 갈구하고 있던 그들에게 비틀스의 등장은 사실상의 오아시스였다. 게다가 당시는 2차대전 후 처음으로 젊은이들 주머니에 돈이 돌기 시작했고 소위 말하는 베이비붐 시대의 아이들이 청소년이 된 시기였다. 당시 미국 인구의 35%가 베이비 부머였다. 또한 세계적으로 특히 미국에 TV가 본격적으로 보급되기 시작했다. 영국에서 온 깔끔한 복장의 미남 청년들이 미국인들에게 어필한 것은 당연했다.

빌보트 차트 랭킹 1~5위 휩쓸어

비틀스는 "영국 가수는 미국에서 성공할 수 없다"는 미 가요계의 징크스를 보기 좋게 깨뜨리며 2월 첫 주에 전미 히트차트 1위에 오르더니 4월 4일자 빌보트 차트에서는 랭킹 1~5위를 휩쓸었다. 비틀스의 노래들은 1964년 한 해에만 18주 동안 전미 차트 1위를 독점하고 미국 싱글 레코드 판매의 60%를 차지했다.

1964년 6월 비틀스는 덴마크를 시작으로 네덜란드, 홍콩, 호주 등 5개국을 도는 첫 세계 순회 공연을 시작했다. 8월부터는 30여 일 동안 미국 전역을 순회하며 23개 도시에서 공연했다. 1965년 8월 15일에는 미국 프로야구팀 뉴욕 메츠의 경기장에 5만 5,000명을 모아놓고 밴드 역사상 최고의 공연을 펼쳤다.

그러나 비틀스는 점점 콘서트에 지쳐가고 있었다. 결국 1966년 8월 29일 샌프란시스코 공연을 마지막으로 모든 콘서트를 중단함으로써 광란의 청중들과도 작별을 고했다. 1967년 6월 비틀스 팬들은 '우리의 세계'라는 TV프로그램을 통해 실로 오랜만에 비틀스의 연주 장면을 볼 수 있었으나 2개월 뒤 일어난 엡스타인의 죽음은 비틀스의 해체를 가속화했다.

1968년 5월부터 신곡을 녹음하긴 했어도 마음은 이미 제각각이었다. 1968년 발매된 '더 비틀스'는 그룹의 작품이라기보다는 서로 다른 음악을 추구하는 네 음악가의 작품이나 마찬가지였다. 음반에 수록된 30곡만큼이나 천차만별이던 음악 성향은 밴드의 해산이 임박했음을 암시했다.

또 다른 갈등 요인은 레넌의 애인 오노 요코였다. 오노는 4명의 음악가와 몇몇 친밀한 동료 외에는 어느 누구도 스튜디오에 들어와서는 안 된다는 무언의 규칙을 깨뜨렸다. 다른 멤버들이 불만스러워하는데도 레넌이 오노 요코가 항상 자기 곁에 있어야 한다고 고집하는 바람에 멤버들 간의 틈이 더욱 벌어졌다.

1969년 1월 30일 비틀스는 런던의 애플 스튜디오 빌딩의 옥상에서 즉흥 콘서트를 열었다. 1966년 순회 공연 이후 3년 만이었다. 1970년에 공개될 비틀스의 다큐멘터리 영화 '렛 잇 비'를 위한 촬영이었으나 주민들은 비틀스 멤버들의 마지막 연주라는 사실도 모른 채 하늘 어디에선가 흘러나오는 음악이 시끄럽다고 경찰에 신고했다. 결국 공연은 경찰이 전력 공급을 끊으면서 막을 내렸다.

레넌은 1969년 3월 결혼 후 비틀스를 떠나겠다고 공공연히 말했다. 다른 멤버들도 사실상 각자의 길을 걸었다. 해체는 1969년 10월 마지막 앨범 '애비 로드'를 내고 1970년 4월 10일 폴 매카트니가 탈퇴를 선언함으로써 공식화되었다. 그것으로 끝이었다. 자아가 너무 커버린 그들은 동료들보다 자기 자신과 아내, 가족이 더 소중했으며 무엇보다 개인적 삶을 원했다.

비틀스가 해체된 지 한 달 뒤인 1970년 5월 그 전에 제작되었던 '렛 잇 비'가 발매되었다. 해체될 때까지 정규 앨범 12장과 211곡이 발표되고 음반은 세계적으로 10억 장 이상, 미국 내에서만 1억 7,000만 장 이상이 팔려 나갔다.

빌보드 차트

'빌보드 차트'는 미국 대중음악계의 살아 있는 권력이다. 빌보드 차트에 이름이 올라가야 비로소 스타로 인정받기 때문이다. 하지만 빌보드의 출발은 '빌보드(광고판)'라는 이름이 말해주듯 음악과는 거리가 멀었다.

미국 신시내티에서 인쇄업을 하던 윌리엄 도널드슨과 제임스 헤네건이 8쪽짜리 월간지 '빌보드 애드버타이징'을 뉴욕에서 창간한 것은 1894년 11월 1일이었다. 제호에서 알 수 있듯 잡지는 광고 전문지였다. 창간 1주년 때 주간지로 전환하긴 했으나 판매 실적이 신통치 않고 공동창업자 간에 불화가 생겨 결국 헤네건이 회사를 떠나고 말았다.

홀로 남은 도널드슨은 기존의 광고 정보에다 각종 전시회, 서커스, 야구경기 일정 등까지 실으며 재기를 시도했다. 1909년부터는 영화와 라디오 프로그램도 실어 대상 범위를 넓혀나갔다. 1930년대 들어 빌보드지가 새롭게 주목한 것은 막 성장하고 있던 대중음악 시장이었다. 1936년 1월 4일 빌보드는 3개 라디오 채널에서 가장 많이 방송된 팝 음악을 집계한 '차트 라인'을 실었다. 4년 뒤에는 '최다 판매 음반' 차트도 발표했다.

2003년 7월부터는 인터넷 다운로드로 판매된 것도 집계하기 시작해 오늘날에는 미국 내 음반 판매량, 라디오 방송횟수, 주크박스 재생 순위, 유료 디지털 다운로드 수 등을 합산해 매주 '빌보드 차트'로 발표한다. 종류는 장르별로 구분되어 'R&B', '컨트리', '록', '라틴', '팝', '기독교음악' 등 수십 개가 된다.

이 가운데 가장 뜨거운 경쟁은 싱글 순위를 100등까지 매기는 '빌보드 핫(hot) 100'과 앨범 판매량을 기준으로 순위를 매긴 '빌보드 200'에서 벌어진다. 순수하게 매장에서 팔려나간 앨범 판매량 순위는 1945년 5월 24일부터 발표되었으며 지금처럼 200장의 앨범을 순위에 올리는 '빌보드 200'을 발표한 것은 1967년 3월 13일부터였다. 싱글 차트 역시 오래 전부터 있어 왔지만 '핫 100'은 1958년 8월 4일부터 시작되었다.

첫 '핫 100' 싱글 차트 1위곡은 리키 넬슨의 '푸어 리틀 풀'이었다. 2012년 현재, 그동안 빌보드 차트 1위를 가장 많이 차지한 가수는 비틀스로 집계되고 있다. 비틀스는 모두 20곡을 1위에 올렸다. 전체 2위는 18곡을 1위 차트에 올린 엘비스 프레슬리, 3위는 17곡의 머라이어 캐리다. 가장 오랫동안 1위를 차지한 곡은 1995년 16주 동안 1위 자리를 지킨 머라이어 캐리와 보이스투멘이 함께 부른 '원 스테이트 데이'다.

최장 기간 앨범 차트에 오른 음반은 1973년 핑크 플로이드가 발표한 '다크 사이드 오브 더 문'으로 741주나 차트에서 내려오지 않았다. 1964년 4월 4일 비틀스가 싱글 차트의 상위 5곡을 한꺼번에 점령한 것은 지금까지도 음악사의 전설로 회자되고 있다. 아시아 가수 중에는 일본의 엔카 가수 사카모토 큐가 최초로 1963년 6월 '스키야키'라는 곡으로 3주 연속 싱글 차트 1위를 차지했다.

싸이의 '강남스타일', '핫 100' 2위까지 치고 올라가

한국인 혹은 한국계 가수 중 김범수는 2001년 12월 '헬로 굿바이 헬로'로 '싱글 세일즈 100' 차트 51위에 올랐으나 '핫 100' 차트에는 진입하지 못했다. 미국인 아버지와 한국인 어머니 사이에서 태어난 혼혈 미국인 가수 에이머리는 2005년 '핫 100' 차트의 8위까지 올랐다. 일본에서 데뷔한 한국 출신 가수 밍크는 데뷔 음반 수록곡 '글로리 오브 라이프'를 2006년 4월 1일자 빌보드 '핫 댄스 클럽 플레이' 부문 2위에 올려놓았다.

국내 댄스그룹 '원더걸스'가 부른 '노바디'는 2009년 10월 셋째주 '핫 100' 차트 76위에 올랐다. 한국계가 주축이 된 힙합그룹 '파 이스트 무브먼트'는 2010년 10월 21일자 '핫 100' 1위에 이름을 올려 국내외 음악계를 깜짝 놀라게 했다.

한국인 가수 싸이가 돌풍을 일으킨 것은 2012년이었다. '강남스타일'이 2012년 9월 13일 64위로 '핫 100' 차트에 처음 진입한 것을 시작으로 1주일 만에 11위, 다시 1주일 만에 2위로 급상승해 전 세계의 주목을 받았다. 강남스타일은 7주 동안 2위를 유지하고 1위 등정에는 실패했다. 이는 디지털 음원 다운로드에서는 1위이지만 라디오 방송횟수에서 밀렸기 때문이었다.

앨범 판매 순위를 매긴 '빌보드 200'에서는 한국계 멤버 조셉한이 속해 있는 린킨파크 밴드가 2003년 정규 2집을 '빌보드 200' 1위에 올리고 104주 동안 차트에 머물러 주목을 끌었으며, 순수 토종가수 보아가 미국에서 발표한 미국 정규 1집은 2009년 3월 17일 '빌보드 200'의 127위로 진입했다. 강남스타일은 미국에서 정식 음반을 발매하지 않아 '빌보드 200' 순위에서는 제외되었다.

도쿄 올림픽 개막

일본은 홈그라운드의 이점을 살려 미국·소련에 이어 3위를 차지해 백인 콤플렉스를 극복했다.

1896년 제1회 대회 이래 올림픽 개최는 백인들의 독무대였다. 70년이 다 되도록 올림픽 개최와 유색인 국가는 인연이 없었다. 정확히 말하면 1940년 유색인 국가인 일본에서 올림픽이 치러질 예정이었으나 일본이 1937년 중일전쟁을 일으키고 1939년 2차 대전이 발발하는 바람에 올림픽은 치러지지 않았다.

도쿄올림픽 포스터

일본이 다시 올림픽 개최를 시도한 것은 1964년이었다. 아시아 처음으로 올림픽 개최가 확정되자 일본은 신칸센과 고속도로, 지하철 등을 건설하고 도로와 상하수도 등을 재정비해 도쿄를 탈바꿈시켰다. 경기장과 선수촌 등을 포함해 당시 돈으로 총 1조엔 이상이 도쿄 리모델링에 쓰였다. '세계 최초의 고속철도'를 자랑하는 신칸센은 개막에 앞서 10월 1일 개통되었다.

94개국 7,500여 명의 선수가 참가한 가운데 제18회 올림픽이 도쿄에서 개막된 것은 1964년 10월 10일이었다. 성화 최종 주자는 1945년 8월 6일 히로시마에 원자폭탄이 떨어졌을 때 태어난 19살의 대학생이었다. 그는 일본이 내세운 평화의 상징이었다. 전범국이 세계를 향해 내민 평화의 제스처였고 패전의 참화를 딛고 재기했음을 알리는 자신감이었으며 일본을 전범국에서 원폭 피해자로 둔갑시킨 이미지 메이커였다.

15일 동안 20종목 163경기를 치른 결과, 미국이 소련을 제치고 금메달 36개로 종합 1위를 차지했다. 소련은 금메달 30개로 2위, 일본은 홈그라운드의 이점을 살려 금메달 16개로 3위를 차지해 백인 콤플렉스를 극복했다. 경기 내용도 알차 올림픽 신기록 187개, 세계 신기록 40개라는 풍성한 기록을 거뒀다.

도쿄 올림픽의 스타는 4년 전 로마 올림픽에 이어 마라톤 2연패를 달성한 '맨발의 아베베'(에티오피아)였다. 1956년 호주 멜버른 올림픽에서부터 1964년 도쿄 올림픽까지 3회에 걸쳐 총 18개의 메달(금 9, 은 5, 동 4)을 획득한 소련 체조선수 라리사 라티니나 역시 올림픽 영웅으로 추앙받기에 손색이 없었다. 수족 인디언의 혈통을 물려받은 미 해병대 출신의 빌리 밀스가 육상 1만 미터에서 우승한 것도 화제에 올랐다. 전통적으로 북유럽 선수가 강한 1만 미터에서 미국 선수가 금메달을 딴 것은 밀스가 처음이었다.

한국은 27위에 그쳐

한국은 사상 최대 규모인 224명(선수 165명, 임원 59명)의 선수단을 파견하고도 레슬링의 장창선과 복싱의 정신조가 은메달, 유도의 김의태(재일동포)가 동메달을 따내는 저조한 성적으로 종합성적 27위에 그쳐 한껏 기대에 부풀었던 국민들을 실망시켰다.

일천한 올림픽 출전 역사상 최고 성적이었지만 선수단 규모에 비하면 초라하기 그지없는 성적을 거두자 "올림픽 관광단이냐"라는 비난이 쏟아졌다. 게다가 첫 금메달 후보이던 복싱 플라이급의 조동기 선수가 소련 선수와의 준결승 경기에서 심판의 어이없는 실격패 선언에 화가 나 55분 동안 링에서 내려오지 않고 무언의 항의를 하다가 3년간의 자격정지를 당하는 불상사까지 있었다.

당시 한국이 일본, 미국, 소련, 호주에 이어 다섯 번째나 되는 대규모 선수단을 파견한 것은 거리가 가깝다는 것도 주요 이유였지만 다분히 올림픽에 처음 출전하는 북한을 의식한 결정이었다. 남북 간 체제 경쟁이 치열할 때 북한은 반드시 이겨야 할 당위였다.

그러나 IOC가 1년 전 가네포(신생국 경기대회)에 출전한 북한 선수들의 올림픽 출전권을 박탈하고 북한이 도쿄에까지 와놓고도 개막 이틀 전에 올림픽을 보이콧하는 바람에 남북 간 대결은 이뤄지지 않았다. 이 때문에 여자육상 세계기록 보유자 신금단은 올림픽에 출전하지는 못하고 서울에서 도쿄로 달려간 남한의 아버지와 14년 만에 만나 짧은 눈물의 상봉을 했다.

북한의 보이콧은 도쿄 올림픽 경기 일정에 이러저러한 영향을 주었지만 우리 여자배구가 개막 후 뒤늦게 올림픽에 출전할 수 있는 길을 터주기도 했다. 출전 자격이 있는 6개국 중 북한의 출전 포기에 따라 한국팀이 개막 3일 후에 부랴부랴 출전했으나 세계와의 격차는 어쩔 수 없어 5전 5패의 수모를 당했다. 그러나 이때의 경험 덕에 1968년 멕시코시티 올림픽 5위, 1972년 뮌헨 올림픽 4위에 이어 1976년 몬트리올 올림픽 때는 한국 구기 종목 사상 처음으로 동메달의 영광을 안을 수 있었다.

신금단 부녀 상봉 도쿄 올림픽 개막을 하루 앞둔 1964년 10월 9일, 남북으로 헤어져 살아온 신금단 부녀가 도쿄 하늘 아래서 눈물의 상봉을 했다. 14년 만의 만남에 부녀는 할 말을 잊은 채 한동안 부둥켜안고 눈물만 흘렸다. 아버지 신문주가 북에 처자식을 두고 혈혈단신 월남한 것은 1·4후퇴 때인 1950년 12월이었다.

어머니, 동생과 함께 함남 이원에 남겨진 12살의 금단은 아버지가 없는 허전한 마음을 달리기로 채웠다. 매일 새벽 30리를 달리고 20kg짜리 바벨을 300번씩 들었다 놓았다를 반복했다. 그런 노력의 결과, 1963년 11월 인도네시아에서 열린 제1회 가네포(신생국 경기대회)에서는 여자 육상 200m, 400m, 800m를 석권하고 400m, 800m에서는 세계 신기록까지 세우는 등 세계적인 선수로 성장했다. 북한은 이런 신금단을 도쿄 올림픽에 출전시키기로 했다.

그러나 가네포를 유사 올림픽 대회로 규정한 IOC(국제올림픽위원회)가

제1회 가네포대회(1963.11)에서 세계신기록을 수립한 신금단(가운데)

가네포 참가 선수들의 도쿄 올림픽 출전 자격을 박탈하고, 개막에 즈음해 도쿄올림픽조직위도 "가네포 출전 선수는 12개월간 참가 자격이 정지되어 도쿄 올림픽에 출전할 수 없다"고 최종 발표함에 따라 신금단의 올림픽 출전은 불가능해졌다.

그래도 북한은 신금단 등 가네포 참가선수 5명을 포함한 선수단을 10월 5일 도쿄에 파견했다. 결국 가네포 참가 선수들은 출전할 수 없다는 주최 측의 최종 통보가 있자 북한은 "'DPRK'(조선민주주의인민공화국) 대신 'NORTH KOREA'란 명칭을 사용하도록 한 주최 측의 뜻을 거부한다"는 명분을 내세워 10월 8일 올림픽 보이콧을 선언했다.

부녀는 속절없이 눈물만 흘려

신문에서 기사를 본 아버지는 본능적으로 신금단이 자신의 딸임을 직감했다. 금단이 도쿄 올림픽에 참가한다는 소식을 들은 아버지는 올림픽 개막 이틀 전인 10월 8일 일본으로 건너갔다.

북한 선수단과 함께 철수를 서두르고 있던 신금단의 귀가 번쩍 뜨인 것은 10월 9일 오후였다. "서울에서 아바이가 왔으니 따라오시오." 당초 남북한 선수단은 금단의 경기가 끝난 후 부녀 상봉을 주선할 예정이었으나 북한 선수단의 돌연한 철수로 갑작스럽게 이뤄진 것이다. 도쿄 조선회관에서 만난 부녀는 조총련계 관계자들이 지켜보는 가운데 속절없이 눈물만 흘렸다. "아바이!…", "금단아!…", "어머니와 동생들은 다 잘 있어요.", "그래 나도 잘살고 있다."

우여곡절 끝에 만난 자리였으나 부녀는 정을 나눌 겨를도 없이 헤어짐을 재촉하는 조총련계 청년들의 억센 팔에 끌려 7분 만에 발길을 돌려야 했다. 그냥 그렇게 헤어질 수 없었는지 아버지는 북한 선수단이 열차를 기다리고 있는 우에노역으로 달려가 다시 8분 동안 딸을 부둥켜안고 작별의 눈물을 흘렸다. 그것으로 끝이었다. 아버지는 두 번이나 딸에게 "나를 따라 서울로 가자"고 속삭였으나 딸은 금방이라도 따라 나설 듯한 눈치만 보이다가 이내 북측 감시원을 따라 열차를 탔다.

"아바이!…." 아버지의 등 뒤로 금단이 외마디처럼 쏟아놓은 한마디는 당시 전 국민의 유행어가 되었다. '꿈인가요 생시인가요, 하늘도 울고 땅도 울었소….' 한복남이 작사·작곡하고 황금심이 노래한 가요 '눈물의 신금단'도 인기를 끌었다.

그러나 하늘을 찌른 국민의 '이산가족 상봉 열기'는 남북 양쪽 정권에 의해 외면당했다. 북한이야 말할 것도 없고 반공 태세가 이완될 것을 두려워했던 남한의 박정희 정권도 여야 의원 46명이 발의한 '남북 가족면회소 설치에 관한 결의안'을 반공법 위반 운운하며 묵살했다.

미국 공민권법 발효

피부색깔, 인종, 종교 등을 이유로 투표, 공공장소, 고용 등에서의 차별 관행이 법적으로 금지되었다.

'제2의 링컨 선언'으로 불리는 역사적인 '공민권법'에 린든 존슨 미 대통령이 서명한 것은 1964년 7월 2일이었다. 서명과 함께 발효된 공민권법에 따라 피부색깔, 인종, 종교 등을 이유로 투표, 공공장소, 고용 등에서의 차별 관행이 법적으로 금지되었다. 이로써 남북전쟁 이후 줄기차게 제기되어온 미 흑인들의 인종차별 철폐가 중대한 전환점을 맞

공민권법에 서명하는 존슨 대통령 (1964.7.2)

게 되었다. 존슨은 서명 후 "공민권법의 목적은 처벌이나 분열에 있는 것이 아니라 오랜 분열에 종지부를 찍는 데 있다"고 말했다.

공민권법이 통과되기까지의 과정은 험난했다. 1963년 6월 19일 케네디 대통령이 공민권법을 처음 의회에 상정했으나 상원의 필리버스터링(긴 연설 등을 통한 의사진행 방해)으로 무산된데다 케네디마저 그해 11월 피살됨으로써 법 제정이 연기되었다.

후임 대통령 존슨의 노력으로 1964년 2월 10일 미 하원에서 290표 대 130표로 법이 통과되어 상원으로 넘겨졌으나 남부 출신 상원의원들의 반대로 다시 벽에 부닥쳤다. 남부 출신의 상원의원들이 무려 75일간의 필리버스터링으로 법안의 무산을 꾀하자 6월 10일 상원 전체의원이 역사상 첫 '무제한 토론 종결'을 가결해 토론을 중단시켰다.

상원은 100여 개의 수정안을 놓고 논의를 거듭한 끝에 6월 19일 '더크센-험프리 법안'이라고 불린 수정안을 찬성 71표, 반대 29표로 통과시켰다. 그러나 원안이 아닌 수정안을 통과시키다 보니 다시 하원의 의결을 거쳐야 했다. 하원이 7월 2일 298표 대 126표로 수정안을 통과시킴으로써 1년여에 걸친 공민권법 논란이 종지부를 찍었다.

남부에서는 법의 취지를 무력화하려는 시도 계속해

공민권법은 고루한 남부 농촌에서는 별로 실효가 없었지만, 남부 대도시의 일부 호텔, 음식점, 극장 등에서는 '인종차별을 고집하는 주는 학교,

병원 등에 대한 재정 지원을 중단한다'는 법 조항에 따라 눈에 띄는 분리 철폐가 이뤄졌다.

반면 남부 대부분의 식당은 문 앞에 걸려 있는 '백인용'이라는 표지를 떼어내고 대신 '개인클럽'이라는 표지를 달아 법의 취지를 무력화하려는 시도를 포기하지 않았다. 공민권법의 편의시설 조항이 위헌이라며 반격을 가하기도 했다. 이에 대해 연방대법원이 '공공 편의시설에서의 인종차별 금지가 개인의 자유의 위반'이라는 남부 백인의 주장을 만장일치로 기각함으로써 공민권법에 힘을 실어주었다.

존슨은 공민권법 제정에 대한 흑인들의 지지를 바탕으로 1964년 11월 대통령 선거에서 무난히 재선되는 데 성공했다. 그는 흑인의 절대적 지지를 받아온 험프리 상원의원을 부통령 후보로 내세워 95%의 흑인표를 얻어 공화당 후보인 골드워터를 쉽게 따돌렸다. 흑인 유권자들은 공화당에 갔을지도 모를 아칸소, 플로리다, 테네시, 버지니아 등 4개의 남부 주에서 존슨이 이길 수 있게 도와주었다.

재선에 성공한 존슨 역시 흑인들의 지지와 개인적 신념으로 흑인에 대한 지원을 더욱 넓혀나갔다. 특히 '글을 읽고 쓸 줄 몰라도 6년의 교육경력을 가진 자는 문자해독 능력을 지닌 것으로 인정한다'는 공민권법에 근거해 남부에서 흑인의 참정권 행사를 방해하기 위한 목적의 문자해독 테스트를 금지했다.

그래도 투표를 방해하는 관행이 남부에서 사라지지 않자 1965년에 새로운 투표권법을 제정해 흑인의 투표율을 높여주었다. 투표권법은 선거 시 등록된 유권자 수가 전체 유권자의 절반이 되지 않은 카운티 즉 흑인의 유권자 등록을 방해한 카운티에서는 그 지방의 선거참관인이 아닌 연방정부의 선거참관인이 등록을 받도록 규정함으로써 남부 지역을 압박했다.

1965년 8월 6일 존슨 대통령의 서명과 함께 발효된 투표권법으로 남부 흑인의 선거 참여와 공직 출마자가 대폭 증가했다. 투표권법 통과 후 4개월 동안 17만 5,000명 이상의 남부 흑인이 선거인 명부에 등록했으며 2년이 안 되어 미시시피주의 흑인 등록은 6.7%에서 59.8%로, 앨라배마주는 19.3%에서 51.6%까지 증가했다. 흑인 공직자의 수도 2배 이상 증가했다. 이전에는 결코 근무할 수 없었던 흑인들이 고위 공직자로 임명되는 등 흑인들의 신상에 천지 개벽하는 변화가 나타났다.

IBM 제3세대 컴퓨터 '시스템/360' 발표

미 재계에서 두고두고 화제가 되고 있는 IBM의 전성기가 시작되었다.

IBM이 본격적으로 컴퓨터에 관심을 보이기 시작한 것은 창업자인 토머스 왓슨(1874~1956)의 아들 토머스 왓슨 주니어(1914~1993)가 아버지로부터 경영권을 승계한 1952년이었다. 당시는 6·25전쟁이 한창일 때였다. IBM은 미군에 방위계산기를 납품했고 이 계산기는 1952년 12월 '701'이란 이름으로 시판되었다. '701'은 IBM 최초의 진공관 컴퓨터이자 IBM이 판매한 최초의 상업용 컴퓨터였다. 이후 702, 704, 709 등 700 시리즈가 큰 인기를 끌면서 IBM은 컴퓨터업계의 최강자로 입지를 굳혔다.

1954년엔 세계 최초의 대량 생산 컴퓨터인 '650'을 개발, 1년 만에 450대를 파는 성과를 거뒀다. 소련의 원폭·수폭 실험 성공에 위기의식을 느낀 미 공군의 주도로 구축된 방공시스템 'SAGE 프로젝트'에도 참여해 1956년 중량 275톤의 SAGE 컴퓨터 56대를 전국에 설치했다. 1957년엔 컴퓨터 프로그램 언어 '포트란'을 선보였다.

1960년대 들어 IBM은 사운을 걸고 대형컴퓨터 개발에 매달렸다. IC(집적회로)를 사용한 제3세대 컴퓨터 '시스템/360'을 개발하기 시작한 것이다. '시스템/360'은 모든 사용자의 요구를 360도 전방위로 수용한다는 의미의 이름이었다. '맨해튼 프로젝트' 개발비에 맞먹는 거금을 투입한 IBM의 도박은 멋지게 성공했다.

IBM 제3세대 컴퓨터 '시스템/360'

1964년 4월 7일에 발표된 '시스템/360'의 성능은 예상보다 뛰어났다. 속도는 빨랐고 가격은 저렴했다. 소형부터 대형에 이르기까지 여러 기종이 있지만 같은 소프트웨어로 호환성을 갖추고 있다는 것도 강점이었다. 빌려주었다가 일정한 기간이 지나면 고객의 희망에 따라 일정한 가격으로 다시 사들이는 '렌털시스템'을 도입해 판매에서도 괄목할 성과를 거뒀다.

IBM은 그 무렵 온라인화를 추진하고 있는 은행의 컴퓨터 시장을 장악했다. 미 재계에서 두고두고 화제가 되고 있는 IBM의 전성기가 시작된 것이다. 그러나 세계 시장의 70%를 점유하며 부동의 우위를 지키던 IBM이라고 해서 영원할 수는 없었다. 재앙의 씨앗은 PC였다.

IBM은 1981년 8월 12일 PC를 출시해 소수의 전문가들만 사용하고 있는 PC 시장에 뛰어들었다. IBM은 컴퓨터 핵심 요소들은 자체 조달하지 않고 외부에서 공급받는 전략을 채택했다. 마이크로프로세서 칩은 인텔사에서 공급받았고, 도스(DOS)로 불리는 OS(운용 소프트웨어)는 무명 기업이었던 마이크로소프트(MS)사에 의뢰했다. 일견 효율적인 경영방식으로 보였으나 장차 IBM 제국의 무덤을 파는 자충수였다.

IBM의 현재 주력 업종은 기업 컨설팅 및 서비스

인텔과 MS는 자사 제품을 다른 제조업체들에도 자유롭게 팔았다. 이 때문에 전 세계의 수많은 기업도 IBM PC 호환기종을 시장에 내놓을 수 있었다. IBM이라는 브랜드와 PC의 편리성이 결합하면서 IBM PC는 'PC의 표준'이 되고 시장에서 돌풍을 일으켰다. 1982년에는 타임지가 '올해의 인물'에 꼽을 만큼 IBM PC는 큰 반향을 불러일으켰다. 그러나 명성은 거기까지였다. 똑같은 성능의 PC들이 무더기로 그것도 싼값으로 쏟아져 나오면서 IBM의 질주에 제동이 걸린 것이다.

동종의 PC 메이커들이 우후죽순처럼 생겨나 PC 시장을 잠식해 들어오자 IBM PC도 수십 가지 PC 제품 중 하나에 불과한 것으로 전락했다. 더구나 세계 컴퓨터의 흐름이 중앙집권적 특성의 대형 메인프레임 시스템에서 분권화되고 소형화된 '클라이언트 서버' 방식이나 '다운 사이징'으로 옮아가고 있는데도 오랫동안 제왕의 지위에 안주한 나머지 빠르게 변화하는 상황에 적극적이고 효과적으로 대처하지 못했다. IBM이 자랑하던 '고객 만족'도 IBM을 사지 않고서는 배기지 못할 것이라는 '자만심'으로 바뀌었다.

결국 1986년부터 하향곡선을 그린 주가는 7년 내내 멈추지 않았다. 1991년엔 창사 이래 첫 적자(28억 달러)를 기록하고, 1992년엔 미 기업사상 최대 규모의 적자(50억 달러)를 냈다. 계속된 감원과 이탈로 1986년에 40만 명이던 직원도 1994년엔 절반 수준인 22만 명으로 줄어들었다. IBM이 창사 이래 유지해온 평생 고용 보장 원칙과 어떤 이유로든 주주배당금은 깎지 않는다는 전통도 깨졌다.

세계 투자가들은 이런 IBM을 가리켜 "IBM(I've Been Mugged·나는 강도에 털렸다)"이라며 조롱거리로 삼았다. 그러나 IBM은 1993년 4월 루이스 거스너 회장의 취임을 계기로 다시 일어섰다. IBM은 고객을 위해 몸을 낮췄다. 기업 체질도 더 이상 덩치가 큰 하드웨어를 파는 기업이 아니라 PC, 소프트웨어, IT 인프라 등의 서비스를 통합해 기업 컨설팅과 솔루션(해결방법)을 파는 빠르고 유연한 기업으로 탈바꿈했다. 그 결과 거스너 회장의 취임 1년 만에 흑자가 났고 제2의 전성기가 찾아왔다.

악몽 같던 PC 사업도 2004년 12월 중국의 신흥 제조기업에 17억 5,000만 달러를 받고 매각해 PC와 작별을 고했다. 미국 산업계와 미디어에는 '미국의 심장이 팔렸다', '중국이 미국을 점령해 오고 있다'는 식의 탄식과 경계론이 들끓었다. 하지만 IBM의 결정이 옳다는 것은 곧 입증되었다. 이제 IBM은 컴퓨터 기업이 아니다. 기업 컨설팅 및 서비스 분야의 매출이 하드웨어의 2배나 되는 서비스 기업이 된 것이다.

헤르베르트 마르쿠제 '1차원적 인간' 출간

산업사회에서 인간은 가능성을 박탈당한 채 단지 현실성의 차원에 매몰된 1차원적 인간으로 살아간다.

헤르베르트 마르쿠제(1898~1979)는 호르크하이머, 아도르노와 함께 '프랑크푸르트학파'를 대표하는 사상가다. 세 사람은 공교롭게도 독일의 중상류 계층에 속하는 유대인 집안 출신이다. 1917년의 러시아혁명을 목도한 당시의 젊은이들 대개가 그러했듯 마르쿠제 또한 1차대전 후 마르크스 사상에 동조했다.

헤르베르트 마르쿠제(1898~1979)

1918년 11월 독일의 노동자·병사평의회가 사회주의 공화국을 선포하고 패전국 독일의 정권을 장악했을 때 마르쿠제 역시 그 대열에 동참했다. 그러나 새 혁명정부가 좌파 세력을 탄압하는 것에 실망하고부터는 학문에만 전념해 1922년 프라이부르크대에서 '독일 예술가 소설'에 관한 논문으로 박사학위를 받았다.

아직 학문의 방향을 잡지 못하고 있던 마르쿠제에게 하이데거의 '존재와 시간'(1927)은 한줄기 빛이었다. 1929년부터 후설과 하이데거의 지도를 받고부터는 자신이 추구해야 할 철학의 목표가 현상학과 실존철학에 있음을 알게 되었다. 마르크스 사후에 출간된 '경제학 철학 수고'(1932) 역시 마르쿠제에게 큰 영향을 미쳤다. 흔히 '경철 수고'라고 불리는 이 책은 마르크스가 26세 때인 1844년에 저술했지만 당시에는 출판되지 못하고 있다가 88년이 지난 1932년에야 세상에 나왔다.

마르쿠제는 하이데거의 실존주의 및 현상학과 마르크스주의를 결합하는 시도를 했다. 그 결과물이 1932년 교수 자격 취득을 위해 쓴 '헤겔의 존재론과 역사성 이론의 정초'라는 논문이다. 그는 논문을 통해 헤겔주의와 휴머니즘의 관점에서 마르크스주의를 재해석했다. 그러나 그의 스승 하이데거가 마르크스에 반감을 품고 있고, 나치즘에도 동조해 마르쿠제의 논문은 하이데거에 의해 통과되지 않았다. 결국 마르쿠제는 자신이 추구하려던 '실존주의적 마르크스주의' 길을 포기했다.

미국으로 망명한 뒤 순탄한 길 걸어

1932년 7월 나치당이 제1당이 되고 1933년 1월 히틀러가 총리에 오르는 등 독일이 격랑에 휩싸이자 유대인이었던 마르쿠제는 1932년 12월 스위스 제네바로 피신했다. 마침 프랑크푸르트학파로 불리는 사회연구소도 1933년 제네바로 옮겨와 마르쿠제는 사회연구소 회원으로 가입했다. 스위스도 안전하지 않게 되자 사회연구소는 1934년 7월 뉴욕의 컬럼비아대로 이전했다. 마르쿠제도 미국으로 떠났다.

마르쿠제의 이름이 널리 알려지게 된 것은 헤겔 철학의 사회비판적 요소를 마르크스의 혁명이론에 접목한 '이성과 혁명'(1941)을 출간하면서였다. 책은 영어권 독자에게 프랑크푸르트학파의 비판이론을 소개하는 입문서 역할을 했다.

1941년 12월 태평양전쟁이 발발했을 때 마르쿠제는 CIA의 전신인 OSS에서 주로 유럽의 정치와 정보를 분석하는 임무를 수행했다. 이후에도 10여 년 동안 미 정부 업무에 깊숙이 개입했다. 이때의 전력은 나중에 논란거리가 되었다. 게다가 1950년 아도르노와 호르크하이머가 미국을 떠나 독일로 돌아갈 때 홀로 미국에 남아 프랑크푸르트학파와도 소원해졌다. 당시 미국에선 매카시 선풍이 불고 있었다. 진보적 성향의 많은 지식인이 탄압을 받았으나 마르쿠제는 별 탈 없이 지냈다.

마르쿠제는 1953년 미 국무성을 떠나 하버드대의 연구원이 되고 1954년 브랜다이스대의 교수가 되는 등 나름대로 순탄한 길을 걸었다. 그 무렵 마르쿠제는 프로이트의 정신분석학을 토대로 사회적 급진주의와 유토피아적 이념을 결합하는 시도를 했다. 그 결과물이 '에로스와 문명'(1955)이다.

1964년에 출간된 '1차원적 인간'은 마르쿠제를 대표하는 저작물이다. '선진 산업사회의 이데올로기에 대한 연구'라는 부제가 말해주듯 마르쿠제는 고도로 발달된 선진 산업사회의 이데올로기를 분석과 비판의 대상으로 삼았다.

신좌파 학생운동의 정신적 지주로 추앙받아

마르쿠제는 인간을 '현실성'과 '가능성'이라는 두 차원에서 이해했다. 인간은 본질적으로 현실에 적응하여 살아가는 존재인 동시에 현실을 넘어서는 가능성을 지닌 이중적인 존재라는 것이다. 그런데도 선진 산업사회에서 인간은 가능성을 박탈당한 채 단지 현실성의 차원에 매몰된 1차원적 인간으로 살아간다.

이유는 고도 산업사회의 발달된 기술이 인간에게 육체적으로 힘든 노동을 줄여주고, 배고픔에서 벗어나게 해주는 대신, 지배 체제의 억압성과 비합리성에 대해서는 비판과 반대를 못하도록 기술적·도구적 합리성이 고도 산업사회를 지배하고 있기 때문이다. 1차원적 사회에서는 또한 과잉생산, 계급 갈등, 실업, 인간 소외 등 모든 사회적 모순도 이데올로기적 차원에서 은폐되고 있다.

그러면 이렇게 실증적이고 긍정적인 사유에 길들여진 인간의 의식과 비인간적인 사회구조를 변혁하려면 어떻게 해야 할까? 마르쿠제에 따르면, 기존 질서의 비합리성과 억압성을 꿰뚫어보고 새로운 대안을 끊임없이 모색하는 인간 본연의 비판정신과 부정의 정신을 현실 속에서 되살려야 한다. 이처럼 선진 산업사회의 현실적 결함을 폭로하고 기술과 과학의 합리적 억압을 부정하며 선진 산업사회의 변혁을 호소한 그의 사상은 1960년대 말 서구 사회에서 치열하게 전개된 신좌익운동의 이론적 배경이 되었다.

마르쿠제는 마르크스, 모택동과 더불어 '3M'으로 불리며 신좌파 학생운동의 정신적 지주로 추앙받았다. 그러나 소련의 공산당 기관지 프라우다는 "마르크스주의의 뼈를 추려내 비공산화하고, 진보세력을 분열시켜 자본주의를 돕는" 반동 사회학자로 그를 신랄하게 비판했다.

다른 관점에서 비판하는 목소리도 있다. 1차원적인 사회의 문제점을 끄집어냈으면 2차원적 사회에 대한 대안을 내놓아야 하는데 기껏 내놓은 해답이란 게 전면적인 거부 이데올로기에 불과하고 프로이트와 변증법의 혼혈이 낳은 아나키즘에 불과하다는 것이다. 즉 비판만 할 뿐 구체적인 대안을 제시하지 못했다는 것이다. 그렇더라도 마르쿠제의 비판과 부정의 정신, 그 자체만으로도 중요한 의미가 있다고 보는 견해가 일반적이다.

마셜 매클루언 '미디어의 이해' 출간

미디어의 유형을 중심으로 문명사적 통찰을 했다는 점에서 많은 학문에 영향을 미쳤다.

마셜 매클루언(1911~1980)은 현대 미디어의 본질을 파헤치는 글과 강연으로 1960년대에 '매클루언 붐'을 일으킨 미디어 학자이자 문화비평가다. 기발한 아이디어와 재담, 자유분방한 수사를 종횡으로 구사한 그는 디지털 혁명이 시작도 되기 전인 1960년대에 인류 문명사 전부를 커뮤니케이션 테크놀로지의 관점에서 재구성하는 놀라운 통찰력을 과시했다.

매클루언은 캐나다에서 태어나 1928년 캐나다 매니토바대 기계공학과에 입학했다가 곧 영문학으로 전공을 바꿨다. 1942년 영국 케임브리지대에서 박사학위를 받고, 미국과 캐나다 대학을 오가며 영문학자로 학문적 이력을 쌓았다. 그를 세계적으로 널리 알려준 것은 미디어와 대중문화에 대한 일련의 저서들이었다.

그는 공저 '커뮤니케이션의 탐구'(1960)를 비롯해 대표 저서 '구텐베르크 운하'(1962), '미디어의 이해–인간의 확장'(1964), 그리고 공저 '미디어는 마사지다'(1967) 등을 통해 각종 강연과 인터뷰에 불려다니는 '텔레페서'(TV에 자주 등장하는 교수)로 각광을 받았다. 특히 '미디어의 이해'는 미디어의 유형을 중심으로 인간의 역사와 세계에 대해 문명사적 통찰을 했다는 점에서 언론학, 사회학, 역사학은 물론 예술, 종교, 철학에까지 영향을 미쳤다.

이후 디지털 기술의 발전과 함께 매클루언의 주장들이 속속 현실화되면서 '미디어의 이해'는 처음 발간될 때보다 시간이 흐를수록 더 많은 주목을 받았다. 그래서 그는 "미래를 너무 앞서 예견해 되레 가치를 충분히 인정받지 못한 학자"라는 말을 들었다.

마셜 매클루언(1911~1980)

매클루언의 미디어론은 '미디어는 메시지다'라는 문장에 압축되어 있다. 그동안 미디어가 전달하는 콘텐츠가 메시지라고 믿어온 현대인에게 '미디어가 메시지'라는 주장은 새롭고 참신한 발상이었다. 매클루언에 따르면 모든 미디어는 미디어가 내놓는 콘텐츠가 무엇이냐에 상관없이 우리가 세상을 인식하는 방식에 영향을 준다.

즉 시각매체인 책으로 세상을 인식하는 방법과 청각매체인 라디오로 세상을 인식하는 방법이 서로 다른 것이다. 결국 매체가 다르면 메시지도 달라지고 수용자가 세계를 인식하는 방식도 달라진다. 그래서 '미디어가 곧 메시지'라고 정의한 것이다.

통찰력과 직관에 지나치게 의존한다는 비판도 있어

매클루언은 모든 매체를 그것이 전달하는 정보의 정세도(high definition·精細度)와 수용자의 참여도에 따라 '쿨(cool)' 미디어와 '핫(hot)' 미디어로 구분했다. '정세도'란 어떤 메시지에 대해서 단일 감각기관이 받아들이는 정보의 밀도이고, '참여도'란 감각기관을 통해서 수용한 메시지의 의미를 재구성하는 데 필요로 하는 상상력 투입의 정도를 말한다.

예를 들어 책은 TV에 비해 정세도는 높지만 참여도는 낮다. 책 속의 데이터는 충실하지만 독자가 그 데이터에 대해 자신의 생각을 재구성할 틈이 많지 않기 때문이다. 반면 TV의 경우, 정세도는 책에 비해 낮은 반면 참여도는 높다. TV가 제공하는 데이터는 불완전할 수 있지만 시청자가 그 데이터에 의해 자신의 생각을 재구성할 수 있는 틈이 많아지기 때문이다. 매클루언에 따르면 신문과 영화, 라디오, 책은 핫 미디어이고 TV, 전화, 만화 등은 쿨 미디어이다.

매클루언은 또 다른 주장을 폈다. 그에 따르면 문자가 발명되기 전의 인간은 오로지 구전으로 의사 소통을 했기 때문에 시각, 청각, 후각, 촉각 등 오감이 조화를 이뤄 감각의 균형을 유지하는 복수감각형 인간이었다. 하지만 알파벳이라는 표음문자의 발명, 뒤이어 등장한 중세의 필사 문화와 근대의 고도로 추상화된 인쇄문자의 발명은 원시인들의 감각균형을 무너뜨려 인간을 시각중심형으로 만들었다.

활자는 규격이 같고 누구에게나 동일하고 획일성과 반복성이 있기 때문에 활자 매체는 인간으로 하여금 감정을 억제하고 주지적(主知的)으로 사고하게 한다. 결국 활자문화로 인해 서구인은 감정을 억누르고 냉정하게 행동하는 사람들로 바뀌었다.

특히 인쇄술의 발전으로 서적이 대량 보급되면서 인간은 시각에만 의존하는 커뮤니케이션을 하게 되었고, 그 결과 서적의 목차와 글 순서에 따라 순차적으로 사고하는 선형적(線型的) 사고법을 갖게 되었다. 결국 단일한 시각으로 편향된 활자인들은 인쇄된 페이지의 선형적 규칙성에 의해 논리적이고 실제적으로 된 반면 상상적 표현의 넓은 가능성은 상실했다.

그러다가 전자매체 시대가 열리고 TV의 발명과 보급으로 인간은 시각과 청각을 동시에 동원하고 사상 자체의 복수적 동시성을 재현할 수 있게 되었다. 따라서 전자매체의 등장은 선형적 논리에 매몰되었던 인쇄시대의 시각중심형 인간에게 감각의 균형을 되찾아주었다. 매클루언의 이런 발상은 참신성을 인정받아 폭넓은 인기를 끌었다.

하지만 비판도 적지 않다. 그의 주장에 독단과 난센스가 많고 논리적 설명이 부족하다는 것이다. 또한 지나치게 통찰력과 직관에 의존함으로써 비과학적이라는 비판도 있다. 사회가 매체의 기술과 변화에 의해 결정된다는 기술결정론적 입장에도 많은 비판이 가해졌다.

특히 TV를 대중을 홀리는 바보상자로 비판하는 주류 이론은, TV의 파괴적 효과와 나날이 늘어가는 폐해를 과소평가하고 TV를 지나치게 옹호하는 매클루언의 주장을 인정하려 하지 않았다. 이에 대해 매클루언은 "나는 설명하지 않는다. 탐구할 뿐이다"라고 대응한다. 그러면서 미디어에 대한 그의 진지한 탐구를 인쇄시대의 선형적 방식으로 이해하려 하지 말고 TV시대에 걸맞게 '온몸으로' 받아들일 것을 요구한다.

엘리자베스 테일러와 리처드 버튼의 결혼

첫 만남부터 격렬하게 빠져들어 영화 촬영장에서도 애정 표현을 마다하지 않았다.

엘리자베스 테일러(1932~2011)가 2011년 3월 23일 눈을 감았을 때 뉴욕타임스는 부고기사에서 '미의 화신'이 죽었다고 보도했다. 그러면서 덧붙이기를 마릴린 먼로는 '섹스의 여신', 그레이스 켈리는 '얼음 왕비', 오드리 햅번은 '영원한 장난꾸러기 소녀'라고 했다.

테일러가 전성기를 구가할 때 전 세계 남성들은 새카만 머리카락, 보랏빛 눈동자, 부드러운 목선과 어깨선, 21인치의 잘록한 허리, 터질 듯한 가슴, 그리고 뛰어난 연기력에 빨려들어갔다. 할리우드 제작자들은 동양적인 아름다움과 서구적인 미가 결합된 외모에 매력적인 음색과 정확한 발성을 지닌 테일러에게 사로잡혔다.

테일러는 시대를 풍미하며 7명의 남자와 8번 결혼을 한 것으로도 화제를 몰고 다녔다. 아역배우로 데뷔한 후 죽는 날까지 유명하지 않았던 순간이 한 번도 없었던 '세기의 미녀'였으며 혹자는 '20세기 미의 표준'이라고 극찬하기까지 했다.

테일러는 영국 런던에서 미국인 부모 밑에서 태어나 2차대전 발발 직후인 1939년 미국에 정착했다. 11살 때 스크린에 데뷔하고 이듬해 아역 스타로 발돋움했다. '신부의 아버지'(1950)에서 첫 성인 역할을 하고, '젊은이의 양지'(1951)를 통해 연기력을 인정받았다. 록 허드슨과 제임스 딘이 함께 출연한 '자이언트'(1956)에서는 정상급 배우로 위상을 다졌다.

엘리자베스 테일러와 리처드 버튼

테일러가 리처드 버튼(1925~1984)을 만나 사랑에 빠진 것은 '클레오파트라'(1963년 6월 개봉)를 촬영하던 1962년의 로마였다. 당시 테일러는 4번째 남자와 결혼생활을 하고 있었고, 리처드 버튼은 부인과 두 딸이 있었다.

테일러는 18살이던 1950년 힐튼호텔의 상속자인 콘래드 힐튼 주니어와 결혼했다가 8개월 만에 파경을 맞았다. 1952년 배우 마이클 와일딩과 두 번째 결혼을 해 2명의 아이를 낳고 1957년 헤어졌다. 같은 해 영화제작자 마이크 토드와 세 번째 결혼했으나 토드가 1958년 3월 자가용 비행기를 타고 가다가 추락사하면서 사별했다. 1959년 결혼한 팝가수 에디 피셔는 리처드 버튼을 만난 후 1964년 헤어졌다.

리처드 버튼은 영국 웨일스에서 가난한 광부의 아들로 태어났다. 1943년 연극배우로 데뷔하고 2차대전이 한창이던 1944년부터 수년간 영국 공군의 조종사로 종군했다. 1949년 영화배우로 데뷔하고 미국의 할리우드 영화에서도 명연기를 보여주었지만 연극, 뮤지컬, 라디오 방송에서도 맹활약을 펼쳤다. 연극에서는 유명한 셰익스피어 연기자로 이름을 날리고 라디오 방송에는 600편의 드라마에 성우로 출연했다.

애정과 존중보다 소동과 증오, 과도한 음주로 더 유명

두 사람은 첫 만남부터 빠져들어 영화 촬영장에서도 격렬한 애정 표현을 마다하지 않았다. 스캔들이 세상에 알려져 팬들이 부적절한 관계를 비판하고 교황청까지 나서서 비난할 정도로 센세이션을 일으켰지만 두 사람은 아랑곳하지 않고 1964년 3월 15일 결혼했다.

하지만 그들의 결혼 생활은 애정과 존중보다 소동과 증오, 과도한 음주로 더 유명했다. 버튼은 상대에 대한 조롱을 자제하지 못했고, 테일러는 욕을 참지 못했다. 사석에서건 대중 앞에서건 가리지 않고 불같이 싸웠다. 그러면서도 밤이면 서로의 품에 안겨 사랑을 불태웠다. 기묘하고도 열정적인 기질로 인해 싸우면서도 서로를 사랑한 것이다.

테일러가 스스로 가장 자랑스럽게 생각하는 '누가 버지니아 울프를 두려워하랴'(1966년 6월 개봉)에 부부로 출연했을 때도 서로에게 독설과 외설적인 표현을 서슴지 않았다. 영화에서 두 사람은 마치 실제 부부의 모습을 그대로 보여주듯 술에 취하고 큰소리로 싸우고 서로를 괴롭히면서도 서로 헤어질 수 없는 상태를 잘 연기했다. 테일러는 '누가 버지니아 울프를 두려워하랴'로 '버터필드8'(1961)에 이어 1967년 두 번째 아카데미 여우주연상을 차지했다.

두 사람은 부부로 지내는 동안 10편의 영화에 함께 출연했다. 그런데 언젠가부터 두 사람 사이에 싸움이 사라졌다. 싸움이 없어지니 사랑까지 식어 결국 10년간의 폭풍 같은 결혼생활을 접고 1974년 6월 이혼했다. 하지만 이혼은 16개월을 넘지 못했다. 1975년 10월 재결합했으나 예전과 같은 일이 반복되자 결국 9개월 만인 1976년 7월 다시 이혼했다. 테일러는 훗날 상원의원이 될 존 워너와 1976년 7번째 결혼을 했다가 1982년 헤어졌고, 1991년에는 20살 연하의 건설노동자와 8번째이자 마지막으로 결혼했다가 1996년 헤어졌다.

테일러는 친했던 배우 록 허드슨이 1985년 에이즈로 사망하자 에이즈퇴치 운동에 혼신의 힘을 기울였다. 에이즈를 동성애자나 걸리는 천형처럼 여겼던 1980년대 미국의 보수적인 분위기 속에서도 자신의 명성을 이용해 에이즈에 대한 대중의 왜곡된 인식을 바로잡는 데 진력했다. 동성애자들과 공개적으로 거리낌 없이 어울리고 1999년 자신의 이름을 따 에이즈퇴치운동단체를 설립해 1억 달러가 넘는 모금을 했다. 평생 50편의 영화에 출연했다.

1965년

한일협정 조인… 한일 국교 정상화

_ *대일 청구권 자금*

베트남전 파병

_ *베트남전 특수*

한동일 미 레벤트리트 콩쿠르 우승

미니스커트 열풍

밥 딜런 전기기타 연주

_ *조앤 바에즈와 '우리 승리하리라'*

말콤 엑스 피살

미 와츠 폭동과 '블랙 파워' 슬로건

리콴유와 싱가포르 독립

인도네시아 쿠데타와 수하르토 정권 장악

요제프 보이스의 '죽은 토끼에게…' 퍼포먼스

랠프 네이더 '어떤 속도에서도 안전하지 않다' 출간

한일협정 조인… 한일 국교 정상화

"경제개발 논리에 치우쳐 졸속적이고 굴욕적으로 협정을 서둘렀다"는 비판이 많았다.

1965년 12월 18일 오전 10시 36분, 이동원 외무장관과 시나 에쓰사부로 일본 외무장관이 서울 중앙청에서 한일조약 비준서를 교환함으로써 한일 간의 국교정상화를 위한 험난했던 여정이 마침내 대단원의 막을 내렸다. 회담을 시작한 이래 14년 1개월 28일, 을사조약을 체결한 이래 60년 만이었다. 교섭이 타결될 때까지 한국에는 3개 정권이 들어서고 일본에는 내각이 13번이나 바뀌었다.

한일 양국 대표가 처음 협상 테이블에 마주 앉은 것은 전쟁이 한창이던 1951년 10월이었다. 그 전에 중국이 공산화되고 한국에선 6·25가 발발하는 등 동아시아 정세가 긴박하게 돌아가자 미국은 소련과 중국을 겨냥한 반공블록이 절실했다. 그러려면 한일관계 개선이 무엇보다 시급하다고 판단해 한일회담을 중재했다. 그래서 이뤄진 것이 1951년 10월 20일 도쿄에서 열린 한일회담을 위한 예비회담이었다.

그러나 예비회담의 여운이 가시기도 전인 1952년 1월 18일 이승만 대통령이 한국의 해안에서 평균 60마일 이내의 자연자원·수산물 등에 대해 배타적 권리를 주장하는 '평화선'을 선포함으로써 한일관계 정상화가 결코 순탄치 않을 것임을 예고했다.

1952년 2월 15일 시작된 제1차 본회담에서 한국은 식민지 피점령국 입장에서 '한일 간 재산 및 청구권 협정 요청 8개 항'을 제시했다. 그러나 일본이 뻔뻔하게도 한국 재산의 85%에 달하는 구 일본인 재산에 대한 청구권을 주장하는 '역청구권'을 제시하면서 회담은 2개월 만에 결렬되었다.

한일협정 문서에 비준·서명하는 박정희 대통령(1965.12.17). 왼쪽부터 정일권 총리, 박 대통령, 이동원 외무장관, 김동조 주일 대사

한국은 일본의 역청구권 주장이 타당하지 않음을 지적하며 1951년 9월 조인된 샌프란시스코 강화조약 제4조(한국 내에 있는 귀속 재산에 대한 처리를 한일 양국의 회담으로 해결한다)에 대한 해석을 미국에 요청했다. 미국이 공개적인 입장 표명을 유보한 가운데 1953년 4월 15일 제2차 본회담이 열렸으나 여전히 역청구권 문제가 해결되지 않아 별다른 성과를 보지 못하고 끝났다.

1953년 10월 6일 재개된 제3차 회담에서는 일본 측 수석대표 구보타 간이치로가 "일본은 조선에서 36년간 철도를 만들고 항만을 건설하는 등 은혜를 베풀었다"고 망발을 일삼는 바람에 후속 회담에 대한 기약도 없이 또다시 중단되었다. 예비회담부터 시작된 일본의 고압적 자세가 단적으로 드러난 구보타 망언으로 한일 간의 대립은 최고조에 달했다. 이승만 정권은 평화선을 침범하는 일본 어선을 무조건 나포하도록 지시하고 일본으로부터 들어오는 밀수품을 강력하게 단속하는 등 강경한 대일정책을 구사했다.

학생·야당, '굴욕·구걸 외교'라며 거세게 반발

제4차 회담은 일본이 역청구권 요구를 거둬들이고 나서야 1958년 4월 15일 재개되었다. 휴회와 재개를 반복하던 회담은 1960년 4월 사실상 현안이 거의 타결되는 단계에까지 이르렀으나 이번에는 4·19혁명으로 중단되었다. 1960년 10월 25일 재개된 제5차 회담 역시 이듬해 일어난

5·16쿠데타로 중단되는 등 곳곳이 암초투성이였다.

그러나 갓 출범한 박정희 정권은 경제개발을 위한 자금이 필요했고, 일본은 한참 달아오른 일본의 '신무 경기'를 이어갈 새로운 시장이 필요했다. 미국으로서도 양국의 안정은 더 이상 미룰 수 없는 과제였다. 한일회담의 최대 걸림돌은 여전히 돈이었다. 돈의 성격을 놓고 한국은 식민지배에 대한 배상 성격의 청구권 자금을 주장했으나 일본은 경제협력 자금임을 고집했다.

1961년 10월 20일 제6차 회담이 재개된 가운데 11월 12일 박정희 의장이 방미길에 들른 일본에서 이케다 총리를 만나 한일회담 '조속 타결'에 합의했다. 그런데도 실무회담이 교착상태에 빠지자 김종필 중앙정보부장이 해결사로 나서 1962년 2월 19일 일본으로 건너갔으나 별 성과 없이 돌아왔다. 박정희 의장은 1962년 10월 20일 김종필 중정부장을 또다시 도쿄로 급파해 일본과 담판을 짓도록 했다. 김종필은 일본에서 회담을 한 후 10월 23일 미국으로 떠났다가 11월 11일 일본으로 돌아왔다.

김종필은 "제2의 이완용"이 될 각오로 오히라 일본 외무장관을 만나 1962년 11월 12일 두 장의 메모지에 '김종필·오히라 메모'를 작성했다. 그러나 박정희 의장은 '무상 3억 달러, 유상 2억 달러, 상업차관 1억 달러 이상'으로 작성된 메모에 청구권이란 문구가 없는 것을 알고 노발대발했다. 김종필은 1964년 3월 23일 5번째로 도쿄를 방문해 오히라 일본 외무장관을 다시 만나 "3월 말까지 어업회담을 종결짓고 4월 초에 외무장관회담을 열어 모든 현안을 일괄 타결한 다음 4월 말까지 조약 초안을 작성하고 5월 초에 한일협정에 조인한다"는 일정에 합의했다.

이 사실이 이튿날 언론에 보도되자 학생과 야당이 '제2의 을사조약', '굴욕·구걸 외교'라며 거세게 반발했다. 3월 24일 시작된 데모는 6월까지 전국적으로 파급되어 급기야 박 대통령의 하야를 요구하기에 이르렀다. 결국 박 대통령이 1964년 6월 3일, 이른바 '6·3계엄령'으로 시위대를 진압하면서 6차 회담도 중단되었다.

1964년 12월 3일 7차 회담이 재개되고 1965년 2월 20일 이동원 외무장관과 시나 에쓰사부로 일본 외무장관이 서울에서 요정회담을 벌여 기본조약 가조인에 성공했다. 그리고 1965년 4월 3일 도쿄에서 다시 만나 최종적으로 '한일 간의 청구권 문제 해결 및 경제협력에 관한 합의사항'을 타결지었다. 이 회담에서 김·오히라 메모의 '상업차관 1억 달러 이상'의 총액은 3억 달러로 늘어났다.

협정 결과에 대한 평가 크게 엇갈려

이동원 외무장관, 김동조 주일 대사, 시나 에쓰사부로 일본 외무장관, 다카스키 신이치 수석대표가 13년 8개월을 끌어온 한일회담에 마침표를 찍은 것은 1965년 6월 22일 오후 5시였다. 양측이 도쿄에서 조인한 조약 및 협정은 대한민국과 일본 간의 기본관계에 관한 조약, 재일교포의 법적 지위와 대우에 관한 협정, 어업에 관한 협정, 재산 및 청구권에 관한 문제의 해결과 경제협력에 관한 협정, 문화재 및 문화협력에 관한 협정 등을 포함해 총 33건이었다.

조인식 당일 오전까지도 양국은 독도 영유권 문제로 막판 실랑이를 벌였다. 일본은 독도 영유권 문제가 존재한다는 사실을 외교각서에 기록으로 남겨두자고 했고, 우리 측은 독도문제는 존재하지 않는다는 기존 입장에서 물러서지 않았다. 결국 독도의 명칭을 거론하지 않고 '분쟁 해결에 관한 교환공문'에 모호하게 기술하기로 합의함으로써 독도를 분쟁지역으로 명기하려던 일본의 의도는 무산되었다.

가장 논란이 되었던 '평화선'은 한일협정 조인과 함께 폐기되어 한일 어민 간에 희비가 교차했다. 조인식이 치러진 6월 22일 한국에서는 1만여 명의 시위대가 "조인반대"를 외치고 10개 대학 400여 명이 단식농성을 벌였다. 사정은 일본도 마찬가지였다. 수천 명의 전학련 학생이 경찰과 투석전을 벌이고 8,000여 명의 일본 공산당도 항의 시위에 나섰다.

한일협정 결과에 대한 평가는 크게 엇갈리고 있다. "박정희 정권이 경제개발 논리에 치우쳐 식민지 지배에 대해 일본으로부터 어떤 사죄와 보상도 받지 못한 채 졸속적이고 굴욕적으로 협정을 서둘렀다"는 비판에서부터 "청구권이 정치적으로 타결되는 바람에 개인 청구권에 대한 권리 구제가 미흡했다"는 지적에 이르기까지 다양했다.

반면 1951년 9월 조인된 '샌프란시스코 강화조약'에, 한국이 전승국 자격으로부터 배제되어 일본의 침략에 대해 교전국으로서 전쟁 배상을 주장할 수 있는 국제법적 근거가 미약한 상태에서 우리의 협상력이 애초부터 한계가 있었고, 일본이 역청구권을 주장하는 등 기고만장해도 어떻게든 경제개발 자금을 확보해야 하는 약소국의 불리한 조건 등을 감안하면 "선전했다"는 주장도 있다.

명칭이 무엇이든 종잣돈을 받아 포항제철 건설 등 한국의 근대화와 경제발전의 기틀을 마련했다는 점에서 긍정적으로 평가해야 한다는 의견도 있다. 한국은 이 자금으로 '한강의 기적'을 이뤄내는 데 요긴하게 쓰긴 했지만 상습적인 대일무역 적자에 시달리는 원인이 되기도 했다. 1965년 8월 14일 우리 국회의 비준동의안 통과에 이어 일본에서도 11월 12일(중의원)과 12월 11일(참의원) 비준안이 통과됨으로써 12월 18일 한일 간 국교 정상화가 첫발을 뗄 수 있었다.

대일 청구권 자금

1965년 6월 22일에 조인된 한일협정에 따라 당장 현안으로 떠오른 것은 대일 청구권 자금을 어디에 어떻게 사용할 것인가의 문제였다. 예상대로 일본이 약속한 무상 3억 달러, 유상 2억 달러의 청구권 자금이 우리 손에 들어오고 또 그 자금을 집행하기까지에는 오랜 시간이 걸리고 숱한 논란을 거쳐야 했다.

청구권 자금은 한일기본조약 발효일인 1965년 12월 18일부터 1975년 12월 17일까지 10년 동안 연차적으로 도입되었다. 자금 운용에 대한 논의는 1965년 11월 27일 정부가 외자 5억 3,800만 달러, 내자 738억 원 규모의 청구권 자금 사용방안을 최종 확정·발표함으로써 본격화되었다. 정부안은 ▲농수산, 중소기업 및 사회간접자본 등에 중점을 둔다 ▲제2차 5개년 계획과 보조를 같이하여 자금을 사용한다 ▲국내 생산이 가능한 물자는 일절 도입하지 않는다는 세 가지 기본방침 아래 짜였다.

1966년 2월 12일, 국회가 '청구권 자금의 운용 및 관리에 관한 법'을 제정함으로써 법적인 근거도 마련되었다. 그러나 청구권 1차년도인 1966년에 사용할 금액을 확정하는 과정에서 논란이 생겼다. 정부가 1966년의 사용금액으로 1억 달러 이상을 책정하자 야당이 "선거를 위한 공화당의 사전포석"이라며 발끈한 것이다. 결국 1966년 3월 6일 9,593만 달러로 국회를 통과하고 다시 4월 20일 일본과의 최종 조율을 거쳐 1차년도 사용액은 9,359만 달러로 확정되었다.

청구권 자금 사용처를 배분하는 과정에서 가장 민감한 부분은 개인에 대한 배상과 보상이었다. 한일협정 협상 시 일본 측은 "한일 간 국교가 정상화되면 일본법에 따라 개인 베이스로 지급하겠다"는 입장을 밝혔다. 돈도 적게 들고 국교 정상화도 빨리 할 수 있다는 계산이었다. 반면 한국 측은 "피해자에 대한 보상은 국내 문제로 한국 내에서 알아서 할 것"이라는 입장을 제시했다.

결국 개인 배상은 "일제 피해자들에 대한 배상 책임을 일본 정부에 별도로 묻지 않겠다"고 우리 정부가 확약해줌으로써 일본 정부는 한국 피해자 개인에 대한 배상 및 보상으로부터 자유로워졌다.

자금 집행 때까지 시간 오래 걸리고 숱한 논란 거쳐

개인이 일본 정부를 상대로 보상을 받으려면 증거 확보나 법률적 지식 면에서 불가능했기 때문이라는 게 당시 우리 정부의 설명이었지만 실은 정부가 목돈을 쥐려 한 게 더 큰 이유였다. 개인 보상에 대한 합의는 지금까지도 개인이 일본 정부를 상대로 소송을 할 수 없게 하는 가장 큰 걸림돌로 작용하고 있다.

한일협정에 따라 개인에 대한 보상 의무가 일본에서 우리 정부로 넘겨졌기 때문에 정부가 나서야 했으나 정부는 한동안 미동도 하지 않다가 '민간인 보유 대일 청구권 관계 재산에 대한 보상조치법안'을 마련해 1966년 3월 22일부로 국회에 넘겼다. 민간인이 일본의 금융기관 등에 예치했던 예금이나 일본 정부가 발행한 국채, 지방채, 보증사채 등에 대한 보상을 규정한 법안이었다.

그러나 쌀 1가마가 32원 하던 해방 당시의 100원을 20년이나 흘렀는데도 78원으로 보상하고, 징용자와 전사자 등에 대한 보상은 하지 않는 등 내용이 극히 형식적인 것으로 알려지자 보상 대상자들이 "차라리 보상하지 말라"며 크게 반발했다. 결국 법안은 본격적인 검토도 없이 국회 재경위에서만 설왕설래하다 1967년 6월, 6대 국회 폐회와 함께 폐기되었다.

정부가 포항제철과 경부고속도로 건설 등에만 정신이 팔려 골치 아픈 민간 보상은 차일피일 미루고 있자 참다 못한 대상자들은 1968년 3월, 1만 1,000여 명의 연서로 된 탄원서를 국회에 제출했다. 소송을 제기하는 사람도 있었다. 이런 가운데 1969년 9월 정부가 '대일 민간 청구권 신고에 관한 법률안'을 제정해 "대일 민간 청구권의 신고를 받겠다"고 발표함으로써 다시 보상 대상자들의 가슴을 부풀게 했다.

그러나 이 법률안 역시 경제장관회의에서 4번, 국무회의에서 3번이나 보류되다가 1970년 6월 9일에야 국무회의 의결을 거쳐 12월 24일 국회를 통과했다. 이미 보상 대상자들의 관심은 멀어질 대로 멀어진 뒤였다.

보상액 적어 분통 터졌으나 하소연할 곳 없어

정부는 1971년 3월 '신고에 관한 법률 시행령'을 공포해 1971년 5월 21일부터 1972년 3월 20일까지 대상자 신고를 받았다. 10개월 동안의 신고 접수 결과, 신고건수 14만 1,803건에 신고금액은 39억 465만 3,549원이었다. 사망자는 1만 852명에 달했다. 이들 중 약 10%는 증명 부실, 미확인, 보상금 수령자격 미비 등으로 보상불가 판정을 받았다. 보상비율을 결정하는 일만 남았으나 이것도 2년 9개월여나 걸렸다.

'대일 민간 청구권 보상에 관한 법률'은 1974년 9월 24일 국무회의 의결을 거쳐 1974년 12월 국회에서 제정되었다. 법안에 따르면 징용 사망자는 1인당 30만 원을 일시에 전액 지불하고, 재산 보상비는 1945년 기준 30배로 하되 30만 원까지는 1975년도에 지불하며 그 이상은 1976년도부터 3년 동안 분할 상환하는 채권으로 주도록 했다. 정부 발표를 접한 보상 대상자들로서는 마른 하늘에 날벼락과 같은 심정이었다. 이들은 국회의사당 앞에서 시위를 벌였으나 이미 정해진 정부 방침을 되돌리지는 못했다.

보상액은 정부가 일본에서 무상으로 들여온 3억 달러 어치의 자본재와 원자재를 팔아 충당했다. 당시 화폐 기준으로는 총 1,077억 원이었다. 이 가운데 402억 원(37.4%)은 농림수산 부문에, 174억 원(16.2%)은 종합제철 공장 건설에 투입되었다. 유상자금 2억 달러는 광공업, 사회간접자본 등 경제기반시설 확보에 쓰였다.

개인 보상은 1975년 7월 1일부터 1977년 6월 30일까지 2년간 이뤄져 총 91억 8,700만 원이 지급되었다. 금융 피해에 대한 재산보상은 7만 4,967건에 66억 2,000만 원(1인당 평균 8만 8,300원), 징용 사망자 8,552

명에 대해서는 1인당 30만 원씩 총 25억 6,000만 원을 지급했다. 부상자와 생존자에 대한 피해 배상이나 보상은 이뤄지지 않았다. 1975년 현재 쌀 1가마에 2만 원 정도였으므로 징용 사망자는 15가마의 쌀을 받은 셈이다. 보상액이 적어 분통이 터졌으나 하소연할 곳도 없었다.

베트남전 파병

파병을 지렛대 삼아 국가안보를 확실히 하고 경제발전의 초석을 놓겠다는 실리를 추구했다.

베트남 파병은 우리 스스로가 내린 결단이었다. 1961년 5·16쿠데타 후 미국을 방문한 박정희 최고회의 의장이 동갑내기 케네디 대통령과의 회담(1961.11.14) 중 케네디가 "베트남은 미국 혼자만의 문제가 아닌 공동의 문제"라며 의중을 넌지시 떠보았을 때 박 의장이 "미국이 승인하고 지원한다면 한국 정부는 월남에 부대를 파견할 용의가 있다"고 언명한 것이 참전의 시작이었다. 그러나 케네디는 11월 15일 2차 회담에서 박 의장의 월남 파병 제의에 대해 일단 "지금 단계에서는 필요하지 않다"는 태도를 보였다.

이후 케네디가 미 전투병 투입을 망설여 파병 문제가 잠복하고 있을 때 고 딘 디엠 베트남 대통령이 군대 파병을 요청하는 서한을 박 의장에게 보냈다. 박 의장은 "베트남을 지원하는 데 가능한 노력을 다하겠다"고 회신을 보냈다. 우리 정부는 1962년 5월 11일, 15명의 군

부산항을 떠나는 파월 장병들

사찰단을 비밀리에 파견해 2개월 동안 현지 사정을 살피도록 했다.

케네디 피살(1963.11) 후 후임 대통령에 오른 린든 존슨은 1964년 5월 한국을 포함한 미국의 우방 25개국에 베트남전 지원을 요청하는 서신을 보냈다. 호주, 뉴질랜드, 태국, 필리핀만이 소규모 파병을 결정했을 뿐 대부분의 국가는 난색을 표명했다. 박 대통령은 아시아의 공산화를 막고 6·25 때 진 빚도 갚아야 한다는 점을 명분으로 내세워 파병에 동의했으나 내심으로는 파병을 지렛대 삼아 국가안보를 확실히 하고 경제발전의 초석을 놓겠다는 실리를 추구했다.

당시 북한군의 군사력은 한국군을 압도했다. 한국은 국방을 위해 투자할 경제력이 거의 전무한 상황이었고, 미국의 원조 없이는 국방예산을 편성하지 못할 정도였다. 1960년대 초반 한국 정부 예산의 52%, 국방 예산의 72%가 미국의 원조로 충당되고 있었다.

이처럼 열악한 안보상황에서 미국이 베트남전에 본격적으로 뛰어든다는 것은 주한 미군이 베트남전으로 빠져나가고 그로 인해 한국의 안보에 큰 구멍이 뚫릴 가능성이 높다는 것을 의미했다. 박 대통령의 파병 결심은 이런 위기감의 발로였다. 박 대통령은 "주한 미군은 한반도에 그대로 묶어두어 한국의 안보에 공백이 생기지 않게 하고 동시에 한국군 전투부대를 파병하는 대가로 최대한의 경제적 실익을 챙기겠다"는 치밀한 계산을 했다.

전투병 파병안 여당만의 투표로 통과

1964년 7월 31일 '월남공화국 지원을 위한 국군 부대의 해외 파병 동의안'이 국회를 통과하고 그해 9월 22일, 130명의 이동외과병원 장병들과 10명의 태권도 교관 등으로 구성된 비전투병이 베트남으로 파병되었다. 10월 31일에는 베트남 정부와 '주월(駐越) 한국 원조단의 지위에 관한 협정'을 체결, 독자적인 작전권을 수행할 수 있는 법적인 근거를 확보했다.

존슨 대통령은 1964년 12월 18일, 건설지원단 파병을 박 대통령에게 공식 요청했다. 첫 정규군 파병의 대가로 한국 정부는 '한미주둔군지위협정(SOFA)'의 조속한 체결과 미국의 특별원조 제공 등을 요청했다. 또 그 무렵 중국의 핵실험 성공이 야기한 안보 불안으로부터 벗어나기 위해 '한미상호방위조약'을 개정해 북한의 침략이 있을 경우 미국의 자동적인 군사 개입 보장을 요구했다. 미국은 의회의 비준 동의를 거쳐야 하는 한미상호방위조약 개정에는 구체적인 확답을 하지 않았으나 다른 요구사항에 대해서는 긍정적으로 반응했다.

공병대 및 자체 방위를 책임질 경비대·수송대 등을 파견하는 내용의 파병안은 1965년 1월 26일, 여당 의원과 일부 야당 의원들만의 투표로 재석 125명 중 찬성 106표, 반대 11표, 기권 8표로 통과되었다. 첫 정규군 파병안이 국회를 통과하자 '비둘기부대'로 명명된 한국군사원조단 선발대가 1965년 2월 14일 베트남으로 떠났다. 뒤이어 본대 1,280여 명이 3월 10일 인천을 출발, 3월 16일 베트남의 붕따우에 상륙했다.

그 무렵 베트남전의 상황이 계속 악화되자 미국은 1965년 3월 8일 결국 다낭에 첫 지상군 전투부대를 상륙시켰다. 따라서 한국의 비전투병 파병이 전투병 파병으로 이어지는 것은 시간 문제였다. 존슨의 초청으로 미국에서 열린 1965년 5월 17일의 박정희·존슨 회담에서 존슨은 한국군 1개 전투사단의 파병을 요청했다. 박 대통령은 조건을 제시했다. 결과는 ▲경제·군사 원조 계속 ▲SOFA 체결 ▲북한의 침략이 있을 경우 한미상호방위조약에 의거 즉각적인 군사적 개입과 지원 재확인 ▲1억 5,000만 달러의 개발차관 제공 등이 5월 19일에 발표된 한미공동성명서에 담겼다.

1만 5,000명 규모의 1개 사단을 파견하는 전투병 파병안은 8월 13일 야당 의원들의 불참 속에 여당 의원들만의 투표로 재석의원 104명 중 찬성 101표, 반대 1표, 기권 2표로 통과되었다. 이에 따라 9월 25일 수도사단(맹호부대)과 해병대 제2여단(청룡부대)이 주축이 된 주월 한국군사령부가 창설되었고 게릴라전에 능한 채명신 소장이 초대 사령관에 임명되었다.

목숨 걸고 받은 달러는 '한강의 기적' 이룬 종잣돈

청룡부대가 1965년 10월 3일 부산항을 떠나 10월 9일 캄란만에 도착하고 맹호부대 1진이 10월 15일 출발해 10월 22일 퀴논항에 상륙함으로써 베트남 주둔 한국군의 규모는 2만 5,000명으로 증가했다.

미국이 추가 파병을 요청하자 한국은 1966년 2월 방한한 험프리 부통령과 추가 파병을 확정지었다. 4월에 1개 연대, 7월에 1개 사단을 증파하는 대신 미국은 ▲장병 처우와 전사자 보상비 인상 ▲한국군 장비 현대화 ▲추가 파병에 소요되는 일체의 경비 부담 ▲미군과 베트남군 사용물자 한국에 발주 ▲추가 차관 제공 등을 약속했다.

미국은 이 약속을 토대로 군사 및 경제원조 16개 항을 각서로 정리해 1966년 3월 브라운 주한 미 대사를 통해 우리 정부에 전달했다. 이른바 '브라운 각서'라 불리는 한미합의의사록이었다. 제4차 파병안은 1966년 3월 20일 야당이 불참한 가운데 찬성 95표, 반대 27표, 기권 3표로 국회를 통과했다. 제4차 파병부대로 지명된 제9사단(백마부대)과 군수지원부대(십자성부대) 등 2만 3,800여 명 중 본대 1진이 베트남 전선으로 향한 것은 1966년 8월 30일이었다.

존슨 대통령은 수렁으로 빠져들고 있는 전황 타개를 위해 1966년 10월 한국군의 증파를 또다시 요청했으나 박 대통령이 "현재 파견되어 있는 4만 5,000명 이상의 추가 파병은 곤란하다"는 입장을 보여 파병은 이뤄지지 않았다. 그러나 계속된 미국의 추가 파병 요청으로 한국군 1개 경사단을 1968년 중으로 파병하기로 합의했다. 하지만 1968년 정초부터 북한 특수부대가 청와대를 기습하고 푸에블로호를 납치하는 등 잇따른 북한의 도발로 추가 파병은 더 이상 이뤄지지 않았다.

1973년 3월 23일 우리 군이 완전 철군하기까지 8년 6개월 동안 우리는 미국 다음으로 많은 연인원 31만 2,853명의 군인을 파병했다. 1,170회의 대규모 작전과 55만 6,000회의 소규모 단위작전을 펼치는 과정에서 5,099명이 전사하고 1만 1,232명이 부상을 입었다. 이들이 전쟁터에서 목숨 걸고 싸우며 받은 달러는 꼬박꼬박 한국으로 송금되어 '한강의 기적'을 이룬 종잣돈이 되었다.

국방부 자료에 따르면 1965~1973년 군사원조 증가분 10억 달러, 미국의 한국군 파월경비 10억 달러, 베트남 특수 10억 달러, 기술 이전 및 수출진흥 지원 20억 달러 등 총 50억 달러의 외화 획득 효과가 있는 것으로 분석되었다. 이렇게 들어온 종잣돈 덕분에 한국은 만년 빈곤 국가에서 개발도상국으로 한 단계 격상되는 계기를 맞았고 1970년대 고도성장기를 준비할 수 있었다.

"피의 보상을 노린 미제의 용병" 비난도 있어

부작용도 적지 않았다. 무엇보다 고엽제 후유증으로 신음하는 참전용사들의 고통이 컸다. 1993년 2월 고엽제 후유증 치료 등에 관한 법률이 시행된 뒤 신고를 받은 결과 2003년 7월 말 현재 피해 신청자 10만 2,059명 가운데 1만 8,966명이 고엽제 후유증, 4만 8,824명이 고엽제 후유의증으로 판정받았다.

일부에서는 젊은이들의 목숨을 담보로 돈을 벌어들였으니 "한국군은 피의 보상을 노린 미제의 용병"이고, "청부전쟁에 이용당한 침략전쟁의 동조자였다"고 비난하고 있다. 또 한국군이 전쟁과 무관한 양민을 학살했다는 점을 부각시키고 있다. 그러나 전체적으로는 베트남에서 한국군은 주월 미군의 작전통제를 받지 않고 독자적으로 작전을 전개했다는 점에서, 그리고 우리 스스로 결정한 파병이었다는 점에서 '용병' 운운하는 것은 과장과 억지라는 주장이 주조를 이루고 있다.

"청부전쟁에 이용당한 침략전쟁의 동조자"라는 비난에 대해서는 당시는 세계가 미소로 갈렸던 냉전기였고 한국은 공산주의 세력에 대항했던 최전선이었다는 점을 간과하고 있는 '매도'에 불과하다고 주장한다. 양민의 희생이 있었다는 지적에 대해서는, 베트남전은 기본적으로 정규군 간의 정면 대결이 아니라 군인이 양민으로 가장해서 양민 틈 속에 숨어있다가 적군을 공격하고 달아나는 게릴라전이었기 때문에 그 과정에서 양민이 희생당한 것은 불가피한 측면이 있다고 반박한다.

베트남전 특수

베트남전은 일본을 패전과 폐허로부터 일어서게 했던 6·25 전쟁에 비견될 만큼 우리에게는 '100년에 한 번 올까 말까 한 국운 개척의 기회'였다. 따라서 1948년이 한국의 탄생을 알렸으되 생존에 급급했던 해라면, 우리 군이 베트남에 파병된 1965년은 한국 경제의 홀로서기가 시작된 자립의 원년이었다. 1964년 한국의 1인당 국민총생산(GNP)이 103달러이고 필리핀이 129달러였을 때였으니 1965년의 나라 살림살이 역시 말이 아니었다. 우리에게 이 가난을 떨쳐버릴 기회가 주어진 것이 1965년이었다.

전쟁은 군인과 무기의 무대이지만 그 무대 뒤는 사업가들의 무대다. 한국의 기업들이 전쟁 특수를 겨냥해 대거 베트남으로 몰려간 것도 그런 메커니즘의 발동이었다. 더구나 "베트남전에 참전한 한국군에 소요되는 보급물자, 용역, 장비를 가능한 한도까지 한국에서 구매하며 주베트남 미군과 베트남군을 위한 물자 가운데 선정된 구매 품목을 한국에 발주할 것"이라는 '브라운 각서'까지 있었으니 기업인들의 베트남행은 자연스런 귀결이었다.

무역업체들은 군수물자 납품과 용역사업을 통해 전쟁 특수를 누렸고 현대건설과 삼환기업 등 건설업체들은 그곳에서 해외건설의 경험을 쌓았다. 베트남은 어느덧 미국, 일본에 이어 세 번째로 큰 수출시장이 되었다. 따지고 보면 현대그룹의 본격적인 성장도 출발점은 베트남 진출이었다. 정주영 현대 회장은 그때의 공사 경험을 자서전에서 이렇게 술회했다. "숲에는 베트콩이 24시간 잠복해 있었고 밤이면 조명탄이 연달아 터졌다. 그 와중에 우리는 메콩강 토사를 퍼올려 주변 숲을 덮어야 했다. 죽음을 등에 업은 채 1년 반 만에 우리는 해냈다."

"원도 한도 없이 달러를 벌어들였다"

뭐니뭐니 해도 베트남 특수를 가장 만끽했던 한국의 기업인은 한진상사의 조중훈 사장이었다. 한진그룹의 토대가 베트남전에서 마련되었다고 해도 과언이 아닐 정도로 한진상사는 베트남에서 특수를 향유했다. 훗날 조중훈은 "베트남에서 원도 한도 없이 달러를 벌어들였다"고 술회했다.

한진상사는 1966년부터 1971년 용역사업을 마무리할 때까지 5년간 1억 5,000만 달러를 벌어들였다. 이때 벌어들인 돈은 국영 대한항공공사(KAL)를 인수하는 종잣돈으로 투자되었고 오늘날 대한항공의 밑바탕이 되었다.

한국이 참전대가로 벌어들인 달러는 모두 10억 3,600만 달러였다. 참전 장병들이 9년(1965~1973) 동안 받은 해외 근무 수당도 2억 3,556만 달러나 되었다. 수당 중 82.8%에 달하는 1억 9,511만 달러가 국내로 송금되었다. 1965년도 우리나라 총 수출액이 1억 7,000만 달러이고 한국은행의 가용 외화가 수천만 달러에 불과했던 점을 감안하면 이 돈이 얼마나 큰 금액인지를 짐작할 수 있다.

파병으로 벌어들인 돈은 '한강의 기적'을 일으키는 데 쓰여 숙명과도 같았던 가난의 사슬을 끊어주었다. 베트남에서 축적한 항만 건설, 도로 공사 등의 경험은 국내 건설회사에 귀중한 노하우로 쌓여 뒤이어 찾아온 중동 특수 때 오일달러를 벌어들이는 데 활용되었다. 베트남전은 한국 노동력의 질적 변화도 가져왔다. 운수 및 하역과 같은 단순노동이 베트남전을 계기로 기능노동으로 발전했다. 중동 진출도 그래서 가능했다. 천지가 개벽할 대한민국이 재탄생한 것이다.

한동일 미 레벤트리트 콩쿠르 우승

1위 입상은 정경화, 백건우, 정명훈 등으로 이어지는 '한국 콩쿠르 신화'의 출발점이 되었다.

한동일(1941~)은 한국이 낳은 첫 세계적인 피아니스트다. 6·25 직후 혼란스럽던 시절, '피아노 신동'으로 불리던 그의 도미 성공담은 어렵고 팍팍했던 한국인들의 가슴 속에 자부심을 심어주고 숨통을 틔워주는 청량제 구실을 했다. 한동일은 함남 함흥에서 태어나 3살 때부터 아버지에게서 피아노를 배웠다. 아버지는 해방 후 서울관현악단(서울시향 전신) 창단 멤버로 활동한 한국 최초의 팀파니스트였다.

그러나 1946년 월남 후, 집에 피아노가 없었기 때문에 한동일의 피아노 교육은 중단되었다. 어린 한동일에게 도움의 손길을 내민 것은 당시 이화여대 여교수 김성복이었다. 한동일은 김 교수의 돈암동 집을 드나들며 피아노를 배우고 지금의 서울대 의대 자리에 있던 미 제5공군사령부에서 연습을 하는 것으로 피아노에 대한 갈증을 풀었다.

1953년 10월 한동일은 미 제5공군사령부 병사들의 초청으로 사령부 내 강당에서 피아노 연주회를 열었다. 그날 한동일의 음악적 재능을 확인한 제5공군사령관 새뮤얼 앤더슨 중장은 그 자리에서 한동일의 유학을 돕겠다고 나섰다. 그의 도움 덕에 한동일은 1953년 연말 두 달간 전국의 미 공군기지를 순회하고 1954년 1월 일본 내 미 공군기지까지 돌며 모금을 겸한 연주에 나섰다. 연주 후 미군들이 건네준 1~2달러는 당시로서는 거금인 5,000달러로 불어나 유학자금으로 요긴하게 쓰였다.

1954년 미국 유학을 떠나기 전
이승만 대통령의 격려를 받는 한동일

게다가 미국의 줄리아드 음악학교에서 "폐허에서 피어난 한 송이 장미"라며 입학을 허락한 덕에 한동일은 1954년 6월 귀임하는 앤더슨 장군의 프로펠러 군용기를 타고 '꿈의 장도'에 오를 수 있었다. 도쿄, 하와이, 샌프란시스코, 텍사스주 포트워스를 거쳐 미주리주 세인트루이스에 도착한 한동일은 당시 뉴욕에 살고 있는 성악가 김자경의 집에 임시로 거주하며 중학교에 다녔다. 줄리아드는 예비코스였기 때문에 토요일에만 다녔다.

한동일은 미국 도착 1개월 만인 1954년 7월 25일 미 CBS TV '에드 설리번쇼'에 출연, "전쟁으로 폐허가 된 한국에서 온 피아노 신동"으로 소개되었다. 앤더슨 장군의 도움은 미국에서도 계속되었다. 1955년 로스앤젤레스와 덴버 등에서 지역 교향악단과 협연하고 1956년 4월 카네기홀에서 뉴욕 필하모닉과 협연하는 영광의 기회를 얻게 된 것 역시 앤더슨의 도움 덕분이었다.

"전쟁으로 폐허가 된 한국에서 온 피아노 신동"

1960년대는 한동일의 전성기였다. 1961년 줄리아드 기악 독주 선발경연대회에 이어 시카고 교향악단 주최 음악경연대회에서 1위로 입상했다.

1965년 10월 27일 뉴욕 카네기홀에서 열린 세계적인 레벤트리트 피아노 콩쿠르에서도 1위에 입상해 한국이 배출한 첫 국제적 연주자가 되었다. 당시 심사를 맡은 레너드 번스타인이 "한!"이라고 호명하는 순간 한동일은 마치 전기가 온몸에 관통하는 듯했다고 훗날 술회했다.

번스타인이 "동양에서 온 모차르트"라고 극찬하게 한 그의 1위 입상은 정경화(바이올린), 백건우(피아노), 정명훈(피아노) 등으로 이어지는 '한국 콩쿠르 신화'의 출발점이 되었다. 이후 뉴욕, 시카고, 로스앤젤레스, 런던, 파리, 베를린 등 세계 굴지의 교향악단들로부터 협연 초청이 잇따랐고 한동일은 미국과 유럽을 넘나들며 1년에 70회가 넘는 꽉 짜인 일정을 소화했다.

그러던 어느 날 자신이 예술가가 아니라 '연주 기계', '연주 상인'으로 느껴지자 "한낱 음악을 파는 장사꾼"이라는 자기비하 의식에 빠져들었다. 이런 그를 구해준 것은 1969년 인디애나대의 교수 초빙이었다. 이후 한동일은 연주와 교육을 병행하다가도 일상에 매몰되는 기분이 들 때면 일리노이주립대(1971), 노스 텍사스주립대(1977), 보스턴음대(1987)를 옮겨 다니며 매너리즘을 극복했다.

그는 세계 정상급 피아니스트로서의 자부심과 미국 내에서 우대받는 명교수로서의 자존심 등 부러울 것이 없어 보였다. 그러나 마음 속 밑바닥에는 늘 '조국'이 꿈틀거렸다. 그는 10대 때인 1958년 첫 귀국 독주회를 시작으로 비교적 자주 조국을 찾았는데도 나이가 들수록 조국의 존재가 더욱 애틋하게 느껴졌다.

한동일은 2004년 6월 1일 도미 50주년을 기념하는 국내 콘서트를 가졌다. 91세 아버지가 팀파니 스틱(북채)을 들고, 50년 전 어린 한동일에게 피아노를 가르쳐준 김성복 교수의 아들 이대욱이 지휘를 맡아 더욱 감격스런 무대가 되었다. 그 콘서트는 한동일 음악 인생에 또 하나의 전환점이 되었다. 공연 후 "이제 조국으로 돌아올 때"라는 결론에 도달했기 때문이다. 결국 2005년 3월 울산대 음대 교수 임용과 함께 영구 귀국을 선택함으로써 50년 8개월의 긴 객지 생활을 접고 집으로 돌아왔다. 이 과정에서 그의 고국 정착에 동참하지 않은 프랑스인 부인과 이혼하는 등 개인적인 아쉬움도 있었다.

한동일은 자신의 음악 인생을 3악장으로 구성된 피아노 소나타에 비유했다. 6·25전쟁의 포화 속에서 천부적인 피아노 재능으로 세상을 놀라게 하고 미국으로 유학을 떠나기 전까지가 소나타 1악장이라면 1954년 6월 도미 후 50년 동안의 미국 생활은 2악장이고 2005년 영구 귀국 후 죽는 날까지의 삶이 3악장이라는 것이다.

미니스커트 열풍

메리 퀀트와 앙드레 쿠레주가 미니스커트 진원지였다면, 트위기는 미니스커트의 전도사였다.

영국의 패션 디자이너 메리 퀀트(1934~)가 미니스커트를 처음 선보인 것은 1965년이었다. 그전에 실험적으로 잡지 등에 소개되기는 했지만 모델이 직접 미니스커트를 입고 나온 것은 이때가 처음이었다. 그 시절 여성들이 무릎 위 허벅지를 드러낸다는 것은 상상조차 할 수 없었다. 따라서 미니스커트를 입고 거리로 나선다는 것은 큰 모험이었다.

예상대로 "저질 디자인"이라는 항의가 빗발쳤고 "도덕성을 잘라낸 옷"이라는 비난이 쏟아졌다. 샤넬조차 "무릎 노출은 너무 흉측하다"며 반대할 정도였다. 그러나 퀀트는 "아름다움은 자랑스럽게 공개되어야 한다"는 신념의 소유자답게 미니스커트에 대한 고집을 굽히지 않았다. '미니스커트'의 어원은 '극소'라는 뜻을 지닌 '미니멈'에서 따왔다는 설이 일반적이

'미니스커트의 전도사' 레슬리 트위기(1949~)

지만 당시 선풍적인 인기를 끌고 있던 앙증맞고 깜찍한 초소형 승용차 '미니'에서 따왔다는 주장도 있다.

퀀트가 미니스커트를 소개했던 그해에 프랑스 디자이너 앙드레 쿠레주(1923~)도 '다리를 길게 늘리자'는 슬로건을 내세워 모델들에게 무릎 위 10cm의 미니스커트를 입히고 하얀 부츠를 신겨 무대 위를 걷도록 한 춘하복 패션쇼를 열었다. 이후 쿠레주는 미니스커트를 대중화하는 데 성공해 '패션의 민주화'를 실현한 디자이너로 평가받았다.

점차 미니스커트를 도덕적으로 비난하던 보수의 목소리가 잦아들면서 미니스커트는 영국과 프랑스를 거쳐 단박에 전 세계로 퍼져나갔다. 그러자 영국과 프랑스 사이에 누가 '원조'인가를 둘러싼 '미니 전쟁'이 벌어졌다. 퀀트는 어느 선창가의 여급에게서 아이디어를 얻었다고 주장했고 쿠레주는 프랑스 인형에서 영감을 얻어 만든 옷이라고 반박했다. 이 때문에 양국의 국민들까지 가세해 신경전을 벌였다. 이런 가운데 메리 퀀트는 미니스커트를 외국에 많이 수출해 불경기로 고전을 면치 못하고 있던 영국 경제에 큰 도움을 준 공로를 인정받아 1966년 엘리자베스 여왕으로부터 훈장을 받았다.

'원조' 둘러싸고 '미니 전쟁' 벌어져

퀀트와 쿠레주가 미니스커트 열풍의 진원지였다면 레슬리 트위기(1949~)는 미니스커트의 전도사였다. 트위기의 본명은 레슬리 혼비였으나 워낙 말라 '잔가지처럼 연약하다'는 뜻의 '트위기'라는 별명을 얻었다. 모델로서는 작은 키(168cm)에 마르고(41kg) 금발이었던 트위기는 미니스커트와 함께 자신의 숏 헤어 스타일인 '트위기 컷'까지 유행시켜 트위기 선풍을 불러일으켰다. 이런 활동을 인정받아 1966년 영국 언론으로부터는 '영국의 얼굴'로 선정된 바 있고 1967년엔 '트위기 바비 인형'의 실제 모델이 되기도 했다.

우리나라 미니스커트의 선두 주자는 가수 윤복희(1946~)였다. 1967년 1월, 4년 동안 해외활동을 하다가 휴가차 귀국한 윤복희가 미니스커트를 입고 거리를 활보하는 모습은 숱한 화제를 불러일으켰다. 흔히 윤복희가 귀국할 때부터 미니스커트를 입고 비행기에서 내린 것으로 알려져 있으나 윤복희 말에 따르면 귀국할 당시는 겨울이어서 털 코트에 장화를 신고 있었다. 또 미니스커트를 입고 비행기에서 내리는 사진이 그때 사진인 것처럼 알려져 있으나 당시는 통행금지가 있던 시절이었고 공항에 새벽에 도착했기 때문에 사진을 찍은 사람이 없었다고 했다.

'빛어낸 다리', '한국의 트위기'로 불리며 윤복희가 늘씬한 다리와 초미니의 경쾌한 차림으로 TV와 신문지상에 연일 오르내리고 있을 때, 미니스커트를 주제로 국내 첫 패션쇼를 연 것은 디자이너 박윤정이었다. 그는 1967년 3월 30일 세종호텔에서 연 작품발표회에 윤복희를 포함 다수의 모델을 등장시켜 미니스커트의 상품화에 시동을 걸었다.

미니스커트 열풍은 대학의 캠퍼스를 벗어나 순식간에 전국의 거리를 휩쓸었다. 그러기를 수년여. 유신정권이 개정 경범죄 처벌법을 만들어 미풍양속을 명분으로 미니스커트를 단속하기 시작한 것은 1973년이었다. 발효 첫날인 1973년 3월 11일 하루 동안만 전국에서 과다노출로 72건이 적발되었다. 경찰이 직접 줄자를 들고 다니며 무릎 위 20cm 이상이면 무조건 체포해 즉심에 넘기자 여성들이 직접 경찰에게 옷을 갖고 와 "이 정도면 어떠냐"고 묻는 해프닝도 있었다.

밥 딜런 전기기타 연주

노랫말은 그 자체가 시였고, 그는 시를 노래한 최초의 가수가 되었다.

20대 시절의 밥 딜런(1941~)은 대중음악에 위대한 언어의 숨결을 불어넣은 '노래하는 음유시인'이었다. 인종차별과 전쟁 반대 등 정치적이고 사회성 짙은 음악을 끊임없이 발표해 '저항의 아이콘'으로 불렸다. 하지만 그는 훗날 "반체제를 이끄는 피리 부는 사나이가 되고자 했던 적이 없다"며 자신을 향한 미신적 숭배들이 자신의 영혼을 가두고 메스껍게 만들었다고 고백했다.

밥 딜런은 미국 미네소타주 시골 마을에서 러시아계 유대인으로 태어났다. 고교 시절 그의 꿈은 로큰롤러였다. 그러나 1959년 입학한 미네소타대에서 학생들 사이에 조용히 퍼지고 있는 포크송을 접하고부터는 포크송으로 방향을 바꾸었다.

포크송은 1958년 대학생 포크 그룹 킹스턴 트리오의 '톰 둘리(Tom Dooley)'가 큰 인기를 끌면서 미국 대학가에 유행병처럼 번지고 있었다. 1959년 7월 로드아일랜드주 뉴포트에서 열린 제1회 뉴포트 포크 페스티벌을 통해 조앤 바에즈(1941~)가 데뷔하고, '현대 포크송의 창시자'로 칭송받는 피트 시거가 인종차별과 전쟁에 반대하며 부른 포크송이 넓은 계층에서 지지를 받으면서 시대를 풍미했다.

딜런은 대학을 중퇴한 뒤 1961년 1월 기타 하나만 달랑 들고 무작정 뉴욕으로 가 '미국 보헤미안들의 성지'인 그리니치 빌리지의 한 클럽에서 노래를 불렀다. 그 무렵 본명인 로버트 앨런 짐머만을 웨일스의 방랑시인 딜런 토머스의 이름에서 따 밥 딜런으로 바꾸었다.

딜런은 금세 그리니치 빌리지 분위기에 동화되어 저항가요를 만들고, 피트 시거가 창간한 등사판 잡지에 노래를 발표했다. 어려서부터 시를 써

온 그의 노랫말은 그 자체가 시였고, 그는 시를 노래한 최초의 가수가 되었다. 헐렁한 가죽 모자를 눌러쓴 채 하모니카를 연주하며 노래 부르는 그에게 뉴욕타임스는 '노래하는 시인'이라고 격찬했다.

전기기타 연주는 세속적 상업주의 의미

1960년대는 격동기였다. 기성 체제에 대한 저항과 변화를 향한 열정, 그리고 좌절이 응축된 시기였다. 미국도 흑인들의 공민권운동과 반전운동이라는 역사상 가장 뜨거운 시기를 관통하고 있었다. 이런 상황에서 밥 딜런은 자신의 의지와는 무관하게 저항의 한가운데 놓이게 되었고, 1962년 발표한 '바람만이 아는 대답(Blowing In the Wind)'은 반전운동과 흑인 민권운동의 상징곡이 되었다.

"사람이 얼마나 많은 길을 걸어야/ 사람으로 불릴 수 있을까/ 얼마나 많은 포탄이 날아야/ 영원히 금지될 수 있을까/ 얼마나 많은 사람이 죽어야/ 너무나 많은 사람이 희생되었음을 알까…"라는 가사로 된 '바람만이 아는 대답'은 조앤 바에즈의 '도나도나'와 더불어 미국의 베트남전 참전을 반대하는 노래로 전 세계에 널리 알려졌다.

딜런은 바에즈, 폴 앤드 메리 등과 함께 1963년 8월 마틴 루터 킹 목사의 연설로 유명한 워싱턴대행진에도 참가해 수십만 대중 앞에서 노래를 불렀다. 딜런은 점점 저항과 반전 음악의 기수로 추앙받았다. 하지만 그는 "나는 단지 음악가일 뿐"이라며 그런 분위기를 거부했다. 그때의 심경을 그는 훗날 "나는 누군가가 개들에게 던진 한 점의 고기처럼 느껴졌다"고도 했다.

자서전 '바람만이 아는 대답'(2004)에서는 "가족을 지키고 먹여 살리려고 노력했을 뿐인데 잘난 체하는 인간들이 나를 '대변자'니, 심지어 '시대의 양심'이니, 언론에 떠들며 사람들을 속였다"고 했다.

밥 딜런(1941~)

1964년 무렵 밥 딜런은 음악적으로 방황했다. 어쿠스틱 기타 연주와 노래에 심각한 한계를 느꼈기 때문이다. 그러던 어느 날 여행 중에 자동차 라디오에서 흘러나오는 비틀스의 노래를 듣고 새로운 음악의 출현에 충격을 받았다.

딜런은 1965년 7월 25일 '뉴포트 포크 페스티벌'에 참가해 어쿠스틱 기타 대신 전기기타로 '구르는 돌처럼(Like a Rolling Stone)' 등 3곡의 노래를 불렀다. 그러자 "포크의 순수성을 훼손하고 록의 상업성과 타협했다", "포크 음악의 배신자" 등의 야유가 터져나왔다.

당시 포크 가수들이 전기기타로 연주한다는 것은 곧 세속적 상업주의를 의미했다. 딜런은 "세계의 시곗바늘이 돌고 세월이 흐르듯 나도 변한다!"라는 말로 심경을 대신했다. 그런데 당시 야유에 대해서는 "부실한 앰프 때문에 딜런의 목소리를 들을 수 없어서", "공연이 너무 짧았기 때문에" 야유를 퍼부은 것이라는 증언도 있다.

"나는 누군가가 개들에게 던진 한 점의 고기처럼 느껴졌다"

정확한 이유가 무엇이든 딜런은 비틀스를 지켜보며 통기타와 하모니카만으로는 포크 음악을 발전시키기는커녕 명맥마저 지킬 수 없다는 절박한 심정으로 전기기타를 들었으나 세상은 그를 이해하지 못했다. 하지만 시간은 그의 편이었고 그날 이후 '포크 록'은 만개했다. 1965년의 '뉴포트 포크 페스티벌'을 며칠 앞두고 싱글로 발표된 포크 록 'Like a Rolling Stone'은 빌보트 차트 2위, 영국 차트 4위를 기록했다. 곡이 수록된 앨범 'Highway 61 Revisited'는 페스티벌 한 달 후 발매되어 미국에서 3위까지 치고 올라갔다.

어쿠스틱 기타에 의존하던 포크 음악에 로큰롤 비트를 가미한 '포크 록'은 막강한 영향력을 과시했다. 그즈음 비슷한 스타일을 지닌 그룹이 미국 각지에서 나타났다. 더 버즈, 마마스 앤드 파파스, 소니 앤드 셰르가 두각을 나타내고 '세기의 듀엣'으로 수많은 명곡들을 탄생시킨 '사이먼 앤드 가펑클'이 딜런의 '포크 록' 진영에 가담했다. 바에즈도 포크 록을 받아들였다. 가히 포크 록의 전성기였다.

그러나 딜런은 1966년 불의의 교통사고로 몇 년간 칩거하다가 어느 날 컨트리뮤직과 스탠더드 팝송을 들고 나왔다. 새롭고 젊은 음악의 기수였던 그가 가장 고루한 장르의 음악을 들고 나타난 것이다. 당시 포크가 일종의 반문화의 표상이었다면 컨트리는 적어도 당시의 분위기에서는 반동적인 문화의 상징이었다.

1970년대 후반에는 다소 이단적인 기독교 원리주의에 심취해 몇 년 동안 복음성가만을 부르다가 1981년 속세로 귀환, '작곡가 명예의 전당'(1982)과 '로큰롤 명예의 전당'(1988)에 입성했다. 그 후 다시 긴 슬럼프에 빠졌다가 1994년 '우드스톡 페스티벌'을 통해 복귀했다. 2004년에는 미국의 음악잡지 '롤링 스톤'에 의해 '역대 가장 위대한 아티스트' 2위(1위는 비틀스)로, 노래 'Like a Rolling Stone'은 '역사상 가장 위대한 노래'로 선정되었다.

조앤 바에즈와 '우리 승리하리라'

포크 음악은 밥 딜런을 만나 절정기를 누렸지만 그 전에 대중 속을 파고든 것은 조앤 바에즈(1941~)였다. 딜런과 바에즈는 1941년 동갑내기로 한때는 연인관계였으며 당대 포크 음악계를 견인한 두 중심축이었다.

1961년 4월 처음 만난 두 사람은 함께 전국 순회공연을 하며 흑인의 인권

향상을 위한 인종차별 철폐운동에 앞장서고 반전 평화운동을 적극적으로 펼쳤다. 바에즈가 고백했듯 그에게 딜런은 "시간과 상황에 의해 엮인 거리의 쌍둥이"였다.

바에즈가 소수자를 편든 데는 태생적 이유가 있었다. 뉴욕에서 멕시코 출신 핵물리학자 아버지와 스코틀랜드인 희곡작가 어머니 사이에서 태어나 까무잡잡한 피부 탓에 일찍부터 차별을 의식했기 때문이다. 높고 고운 목소리를 애써 개발한 것도 소외감을 이기기 위해서였다.

바에즈가 포크 가수로 데뷔한 것은 1959년 7월 로드아일랜드의 작은 마을 뉴포트에서 열린 제1회 '뉴포트 포크 페스티벌'에서였다. 그녀는 투명한 목소리와 청초한 스타일로 청중을 사로잡았다. 곧 '포크송의 여왕'으로 불리며 1962년 11월 23일자 '타임'지 커버스토리로 소개되었다.

1963년 8월 28일, 마틴 루터 킹이 링컨기념관 앞에서 저 유명한 연설 '나에겐 꿈이 있습니다'를 토해내던 워싱턴 집회에도 밥 딜런과 함께 참석해 자신의 음악이 나아갈 지향점을 분명히 했다. 바에즈는 청중을 향해 '우리 승리하리라(We shall overcome)'를 부르며 흑인들의 공민권을 정부에 촉구했다. 이날의 집회는 후에 팝 스타들의 활발한 사회운동과 정치적 활동의 밑거름이 되었다.

'We shall overcome'은 이후 인권운동의 음악적 상징으로 자리매김했다. 20세기의 여명에 흑인 목사 찰스 틴들리가 만든 것으로 알려진 'We shall overcome'은 본래 찬송가 용도였다. 이후 민중에 구전되고 수정·보완되면서 민속음악의 성격을 띠었다.

이 노래가 저항과 희망의 송가로 탈바꿈한 데는 '현대 포크송의 창시자' 피트 시거의 역할이 컸다. 시거는 1950년대 후반 이 노래를 처음 녹음하면서 'We will overcome'으로 불리던 제목을 'We shall overcome'으로 바꿔놓았다. 시거는 세계 각국의 민요 채집에도 관심이 많았다. 6·25전쟁에 참전했을 때도 국군과 인민군 모두 아리랑을 부르는 것을 목격한 뒤 아리랑을 채보해 1957년 음반으로 내기도 했다.

조앤 바에즈(1941~)

'We shall overcome'은 아름답고 청초한 바에즈의 목소리를 통해 시대의 울림으로 구체화되었다. 바에즈는 베트남전 전비로 쓰일 게 뻔한 납세 거부운동과 징집 거부운동에 참여하며 점차 사회적 관심사를 넓혀나갔다. 1969년 '우드스톡 축제'에 참가하고 1971년 사코와 반제티 사건을 테마로 한 앨범을 발표하는 등 그의 노래운동은 1960~1970년대를 관통하며 시대와 흐름을 같이했다.

전위에 섰던 만큼 아픔도 많았다. 돈에는 무심했는데도 '리무진 좌파' 소리를 들어야 했고 "1만 달러 출연료를 받는 순회공연을 다니면서 입으로는 '빈곤과 굶주림'에 대항해 싸우는 노래를 부르는 두 얼굴"이라는 만화 풍자에도 시달렸다. 베트남전 반대운동을 주도하면서 베트남 사회주의 정부의 인권유린까지 비난했다가 좌파들로부터 'CIA 끄나풀'이란 욕을 먹기도 했다. 우리에게 친숙한 '쿰바야(Kum Ba Yah)', '솔밭 사이로 강물은 흐르고(The river in the pines)' 등도 바에즈의 노래다.

말콤 엑스 피살

지금까지도 증오와 갈등과 분노의 이미지로부터 벗어나지 못하고 있다.

1959년 7월, 뉴욕의 한 TV 다큐멘터리 '증오가 부르는 증오'에서 말콤 엑스(1925~1965)가 "백인은 악마!"라며 증오와 저주를 토해

말콤 엑스(1925~1965)

냈다. 비폭력으로 흑인의 지위를 향상하고 흑백차별 철폐를 주장하는 공민권 운동만이 유일한 해결책으로 알고 있던 때에 "인종주의자가 사라지지 않는 한 폭력을 포기할 수 없다"며 폭력의 정당성을 옹호하는 말콤 엑스의 등장은 소수의 도시빈민 흑인들을 제외하고는 백인 대부분과 흑인을 당혹케 했다.

백인들은 물론 흑백통합을 주장해 온 흑인 민권운동가들까지 말콤 엑스를 향해 "흑인 파시스트", "증오를 가르치는 자"라며 비난의 화살을 퍼부었다. 그러나 말콤의 성장기를 생각하면 말콤의 이런 모습은 오히려 당연한 것인지도 모른다. "고향 땅인 아프리카로 돌아가야 한다"는 마커스 가비의 운동에 깊이 관여하던 침례교 목사 아버지는 그가 6살 때 KKK단에 살해되었고, 스코틀랜드계 백인 외할아버지가 흑인 외할머니를 겁탈해 태어난 어머니는 아버지가 죽은 후 미쳐 정신병원에 갇혔다.

가정적으로 불우한 말콤의 성장기 역시 가난과 굶주림에 찌든 여느 빈민가의 흑인들과 다르지 않았다. 네브래스카주 오마하에서 태어나 9살 때 도둑질을 하고 13살 때 감화원 생활을 했으며 중학교 중퇴 후에는 나이트클럽 구두닦이와 접시닦이 등을 전전했다. 17살 때 이주한 뉴욕 할렘에서는 갱단에 가입하고, 마약을 팔고, 강도짓을 서슴지 않았다. 결국 1946년 백인 주택을 털다가 절도죄로 10년형을 선고받고 수감되었다.

어느 날 면회를 온 형을 통해 '이슬람 국가 운동'이라는 단체를 이끌고 있는 엘리야 무하마드를 알게 되었다. 형으로부터 전해들은 무하마드의 설교는 충격적이었다. 이후 말콤은 술, 담배, 마약을 끊었다. 희미한 복도 불빛 아래서 지독한 난시가 될 정도로 책을 읽었다. 그렇게 읽은 책들은 흑인들의 비참한 현실을 깨우쳐 주었다.

흑인운동의 또 다른 대안으로 떠올라

말콤은 1952년 가석방으로 풀려나자 엘리야 무하마드를 찾아가 깊이 감화되었다. 이후 뿌리를 확인할 수 없는 노예의 후손임을 잊지 않기 위해 백인 냄새가 나는 '리틀'이라는 성을 버리고 '말콤 엑스'로 이름을 바꾸었다. 말콤은 강력한 카리스마와 호소력 있는 스피치로 서서히 두각을 나타내 '이슬람 국가 운동'의 제2인자가 되었다.

1959년 TV 출연 후 말콤은 전국적으로 명성을 얻어 각종 사회·정치적 이슈에 관해 신문, 잡지, 방송 등을 통해 견해를 밝히기 시작했고 국제적으로도 주목을 받았다. 1950년대 말부터 1960년대 초, 미국이 온통 인종문제로 들끓고 있을 때 말콤은 비폭력을 주창하는 마틴 루터 킹과 대조를 이루면서 흑인운동의 또 다른 대안으로 떠올랐다.

그러나 통합을 통해 인종문제 해결을 추구한 마틴 루터 킹 방식의 흑인 민권운동이 소수의 인종주의자를 제외한 대부분의 백인과 흑인들로부터 공감을 얻은 것과 달리, 분리를 통해 흑백문제를 해결하려 한 말콤의 운동방식은 소수의 가난한 흑인을 제외한 모든 미국인으로부터 비난과 저주를 받았다.

말콤은 "나에겐 꿈이 있습니다"로 시작되는 킹 목사의 연설로 유명한 1963년 8월의 워싱턴대행진을 두고 "얼간이 행진", "백인광대와 흑인광대가 함께 출연한 소풍이자 서커스"라며 비아냥댔다. 킹에 대해서는 "백인 악마에게 영혼을 파는 20세기의 샘 아저씨"라고 조롱했다. 심지어 케네디의 피살에 대해서도 "자업자득"이라고 논평해 백인들의 분노를 샀다.

그럼에도 불구하고 뛰어난 연설과 폭넓은 지식 덕에 말콤은 자주 매스컴에 등장하고, 그때마다 관심과 비난과 칭송의 대상이 되었다. 전국 50

개 대학에서 강연을 한 후에는 전국 대학생 여론조사에서 두 번째로 인기가 높은 인물로 부상하기도 했다.

백인도 공존해야 할 '인간'으로 인식 바뀌어

이처럼 인기가 치솟자 '이슬람 국가 운동'의 1인자 무하마드가 말콤을 질시하며 멀리하기 시작했다. 위태롭던 둘의 관계는 1963년 7월 무하마드가 2명의 비서와 불륜관계를 맺어 4명의 자식을 낳았다는 사실이 알려지면서 돌이킬 수 없는 관계로 발전했다. 말콤의 투쟁방식에 변화가 일어난 것은 그 무렵이었다. 말콤은 무하마드의 도덕성에 환멸을 느끼고 1964년 3월 8일 공식적으로 엘리야 무하마드의 '이슬람 국가 운동'과 결별을 선언했다.

말콤은 1964년 4월 이슬람 성지인 사우디아라비아의 메카를 순례한 후 다른 사람이 되어 돌아왔다. 그에게 백인은 더 이상 '악마'가 아니라 때로는 협력할 수도 있고 결국 평화롭게 공존해야 할 '인간'이었다. 백인들 개개인에 대한 배타적 태도를 버리고, 마틴 루터 킹의 접근방식도 수단은 다르나 목표가 같다는 것을 인정하기 시작한 것이다.

성지순례를 계기로 말콤은 수니파 무슬림이 되었고 엘 하지 말리크 엘샤바즈라는 이름을 사용했다. 회교사원을 설립하고 자신이 결성한 아프로·아메리카통일기구(OAAU)를 이끌면서 미국 전역과 해외 각국을 순방하며 흑인의 동포애와 인종 간 평화를 역설했다. 그러자 '이슬람 국가 운동' 측이 말콤에 대해 공공연히 위협을 가했다. 엘리야 무하마드는 "말콤은 목이 잘려야 마땅하다"고 했고, '이슬람 국가 운동' 매체는 말콤의 잘린 목이 튀어다니는 카툰을 실었다.

결국 1965년 2월 21일, 뉴욕 할렘의 오더본 볼룸에서 열린 OAAU 연설 도중 3명의 무하마드 조직원이 쏜 16발의 총탄을 맞고 40세로 절명했다. 변화된 이미지를 보여주기도 전에 쓰러져 말콤은 지금까지도 증오와 갈등과 분노의 이미지로부터 벗어나지 못하고 있다.

미 와츠 폭동과 '블랙 파워' 슬로건

'블랙 파워'는 백인과의 협력을 거부하고 폭력도 불사해야 한다는 뜻을 함축하고 있었다.

1965년 8월 11일 오후 7시쯤, 미 LA 흑인 거주지 와츠 지역에서 난폭운전을 하던 20대 초반의 흑인 형제가 2명의 백인 경찰에게 곤봉으로 두들겨 맞고 있었다. 무더운 여름 날씨를 피해 밖에 나와 있던 흑인 주민들이 그 모습을 지켜보고 있는데도 경찰은 항의하는 흑인 형제의 어머니까지 연행하려 했다. 더 많은 흑인들이 몰려오고 경찰도 지원 병력을 요청하면서 분위기가 격앙되었다.

이윽고 흥분한 흑인이 지나가는 백인 운전자 자동차에 돌을 던지면서 수년 동안 미 전역을 혼란에 빠뜨릴 '와츠 폭동'이 시작되었다. 거리는 무법천지로 변했다. 흑인 시위대는 "폭력 경찰 물러가라", "불을 질러 버려라"라고 외치며 닥치는 대로 약탈하고 보이는 대로 방화했다.

8월 14일 주지사가 계엄령에 준한 '폭동사태'을 선언하고 1만 4,000명의 주 방위군을 투입하고서야 폭동은 6일 만인 8월 17일에 겨우 진압되었다. 폭동으로 2명의 경찰을 포함해 34명(흑인 28명)이 죽고 1,000여 명이 중경상을 입었다. 4,000여 명이 체포되었고, 1,000여 채의 상점이 불에 타거나 파괴되었다.

와츠 폭동은 27년 후 와츠 인근에서 일어난 'LA 폭동'(1992) 때 한인 교포들이 집중적으로 피해를 보는 원인이 되기도 했다. 와츠 폭동 때 그 지역 상권을 장악하고 있던 유대인들이 흑인들의 집중적인 공격을 받아 그곳을 떠나자 뒤를 이어 지역 상권을 장악한 한인들이 'LA 폭동' 때 약탈과 방화의 제물이 된 것이다.

와츠 폭동을 계기로 불이 붙은 흑인 폭동은 이듬해 미 전역으로 퍼져나갔다. 1966년 40여 건 이상의 시위·폭동이 일어나 클리블랜드, 시카고, 데이턴, 밀워키, 샌프란시스코 등 5개 도시에 주 방위군이 투입되었다. 폭동은 1967년에도 기세를 떨쳤다. 100여 개 도시에서 일어난 시위·폭동으로 83명이 죽고 1만 6,000명이 체포되었다.

특히 1967년 7월 디트로이트와 뉴저지주의 뉴어크에서 일어난 폭동은 엄청난 생명과 재산상 피해를 냈다. 흑인 택시기사가 2명의 경찰에게 두들겨 맞아 촉발된 '뉴어크 폭동'은 비슷한 시기 뉴어크에서 개최된 '블랙파워 전국대회'와 맞물려 경찰서에 화염병이 투척되는 등 격렬하게 전개되었다. 3일 후 질서가 회복되기까지 뉴어크에서만 21명의 흑인을 포함해 23명이 죽었다.

일반의 생각과 달리 흑인 지식층이 폭동 주도해

'디트로이트 폭동'은 7월 23일, 2명의 흑인을 조사한다며 무허가 술집에 들어간 경찰이 80여 명의 손님 전원을 연행하려 한 데서 비롯되었다. 술집 주변으로 몰려든 흑인 군중이 이에 항의하고 경찰이 술집 주인을 끌고 가자 흥분한 흑인들이 상점 유리창을 부수기 시작했다. 4,000여 명의 군부대가 투입되고서야 5일 만에 진압된 디트로이트 폭동으로 43명(흑인 33명)이 죽고 460여 명이 부상했으며 7,200여 명이 체포되고 2,500여 채의 건물이 파괴되었다. 그때까지 일어난 폭동 가운데 가장 피해가 컸다.

전국적인 폭동이 어느 정도 진화되자 존슨 대통령의 지시로 사태수습위원회가 발족되었다. 위원회 보고서에 따르면 흑인 폭력배나 하층민들이 폭동을 일으켰을 것이라는 일반의 생각과 달리 흑인 지식층이 폭동을 주도한 것으로 조사되었다. 이는 말콤 엑스의 영향을 받아 결성된 급진적인 반전·반차별 운동단체 '학생비폭력조정위원회(SNCC)'가 1966년 6월에 제창한 '블랙 파워' 슬로건이 어느새 흑인 사회에 뿌리내리고 있다는 증거였다.

미 와츠 폭동 현장

블랙 파워는 흑인이 경제적·사회적 지위를 획득하려면 백인의 자유주의적인 협력을 거부하고 폭력도 불사해야 한다는 뜻을 함축하고 있었다. 흑인의 존엄을 자각하게 하고, "검은 것이 아름답다!"라는 슬로건을 만들어 백인 중심의 가치관에서 흑인을 해방시키자는 게 블랙 파워의 목적이었다. 당시 북부 흑인 4명 중 1명은 폭력이 불가피하다고 믿었고, 2명 중 1명은 백인에 의해 흑인의 운명이 좌절되고 있다고 생각했다. 이런 흑인들의 뜻을 반영하고 또 거꾸로 흑인들의 가치관에 영향을 끼친 것이 블랙 파워였다.

블랙 파워를 상징하는 사건은 1968년 멕시코시티 올림픽에서도 일어났다. 육상 200m에서 금메달과 동메달을 딴 미국의 흑인선수 토미 스미스와 존 카를로스가 시상식에서 검은 양말을 신은 맨발에 스미스는 오른손, 카를로스는 왼손에 검은 장갑을 끼고 미국 국가가 연주될 때 머리를 숙이고 검은 장갑을 낀 주먹을 높이 쳐들어 미국의 인종차별에 도전과 불만을 표시한 것이다. 이는 당시 흑인 인권운동을 상징하는 경례방식이었다. 결국 두 선수는 선수촌에서 추방되어 본국으로 소환되었으나 메달은 박탈되지 않았다.

리콴유와 싱가포르 독립

사회경제적으로는 야심 찬 청사진 '12345 비전'을 내걸었다.

20세기 들어 독립과 국가 창업, 선진국 건설까지 성취한 정치인은 리콴유(1923~)가 유일하다. 그는 '싱가포르의 국부', '작은 나라의 위대한 거인'으로 불린다. 마거릿 대처 전 영국 총리는 "수에즈 운하 동쪽에서 가장 뛰어난 인물"이라고 평했고, 헨리 키신저 전 미국 국무장관은 "시대가 인물을 만드는지, 인물이 시대를 만드는지의 오랜 의문에 후자라는 해답을 준 이"라고 극찬했다.

말레이반도 끝자락에 붙어 있는 작은 섬 싱가포르는 1826년 영국 동인도회사의 해협 식민지로 편입되었다가 1867년 영국의 직할 식민지가 되었다. 지정학적 위치 덕분에 예로부터 물건이 거래되고 사람과 돈이 모이는 자유무역항으로 유명했다.

리콴유의 선조는 중국 광동에서 살다가 싱가포르에 정착한 이주민이었다. 집안이 부유하고 머리가 비상한 리콴유는 영국으로 유학을 떠나 케임브리지대를 졸업하고 변호사 자격을 취득했다. 싱가포르로 돌아와 우체국 집배원과 전화 교환수 노조, 해군기지 파업 등에 관여해 한동안 노동운동을 하는 '좌파'라는 꼬리표가 따라다녔다.

리콴유는 타고난 현실감각과 정확한 판단력의 소유자였다. 1954년 10월 인민행동당을 창당하고 1955년 4월 총선에서 싱가포르 최다 득표로 당선되었다. 그는 합법의 테두리 안에서 영국 식민정부와 투쟁하고 공산세력과 맞서 싸웠다. 입법의회 전원을 선출하고 자치정부를 구성할 중대 선거인 1959년 5월 총선에서는 인민행동당이 총 43석 중 41석을 얻어 집권당이 되었다.

리콴유는 36세 나이로 영연방 자치정부의 수반인 총리로 취임했다. 리콴유의 첫 목표는 싱가포르의 말레이시아 연방 가입이었다. 그 무렵 세력을 키우고 있는 공산세력으로부터 싱가포르를 보호하고 또 싱가포르를 먹여 살릴 시장을 확보해야 한다는 점에서 선택의 여지가 없었다. 그것은 자원도 자본도 없고 지리·정치적으로도 '섬'에 불과한 싱가포르가 살아남을 수 있는 유일한 길이었다.

리콴유(1923~)

싱가포르는 1963년 8월 31일 137년 만에 영연방으로부터 독립하고 그해 9월 16일 공식 출범한 말레이시아 연방의 일원이 되어 연방의회 159석 중 15석을 할당받아 말레이시아 연방의 싱가포르 자치주가 되었다. 그러나 싱가포르 자치정부를 이끌고 있는 중국계에 대한 말레이시아의 반(反)중국 정서가 다시 불거지고, 말레이시아가 싱가포르에 시장을 열어주지 않아 양국은 사사건건 대립하는 관계가 되었다. 결국 싱가포르는 1965년 8월 9일 연방을 탈퇴했다.

당면 목표는 생존

고민은 더욱 깊어졌다. 국토는 좁은데다 100만 명에 불과한 인구도 중국계가 75.4%, 말레이계가 13.6%, 인도계가 8.6%로 복잡했으며 정체성은커녕 이데올로기적 성향도 갈렸다. 국민경제라는 것도 싱가포르에 주둔하고 있는 영국 해군기지에 빌붙어 먹고사는 정도였다. 따라서 당시 싱가포르의 당면 목표는 생존 이상도 이하도 아니었다.

약육강식의 국제 사회에 내동댕이쳐졌다고 생각한 리콴유는 내실은 차치하더라도 명목상으로라도 독립국가의 면모를 갖춰야겠다고 생각했다. 1965년 9월 유엔에 가입하고 10월 영연방의 일원이 되었으며 12월 헌법을 개정해 나라 이름을 '싱가포르 공화국'으로 고쳤다.

문제는 국가 안보였다. 스스로 방위할 수 있는 무력이라고는 일부경찰밖에 없는 상황에서 리콴유가 가장 우려한 것은 영국 해군기지가 철수할 경우 말레이시아가 싱가포르를 침공할지 모른다는 두려움이었다. 과거에 주둔했던 1,000여 명의 말레이시아 연방 소속 군대가 그대로 눌러앉아 있는 것도 리콴유를 불안하게 했다. 결국 밖으로는 말레이시아와 인구 1억의 인도네시아에 포위되어 있고 안으로는 말레이시아 연방군이 포진하고 있어 옴짝달싹할 수가 없었다.

따라서 당장 시급한 일은 군대를 창설하는 일이었다. 리콴유가 구상한 군대는 복잡한 민족 구성과 존재조차 없었던 국가의 정체성을 극복할 수 있는 '거대한 용광로' 같은 조직이었다. 군대 안에서 모든 민족은 평등하며 특정 종교를 믿는다는 이유로 어떠한 차별도 받지 않도록 했다.

외교에서는 냉혹한 실용주의를 정책의 기조로 삼았다. 국가의 이념이나 정체성에 관계없이 모든 국가와 선린 우호 관계를 유지하되 그들을 완전히 믿지는 않았고 국익과 원칙도 결코 포기하지 않았다. 통치이념으로는 "서구의 민주주의는 아시아에 맞지 않는다"며 '유교적 권위주의'를 내세웠다.

"없으면 오게 하자"

사회경제적으로는 '12345 비전'을 내걸었다. 1명의 부인, 2명의 자녀, 3개의 침실, 4바퀴 달린 승용차, 500달러 주당 소득이라는 야심 찬 청사진이었다. 그러나 당시의 싱가포르는 돈도 자원도 없고, 마실 물조차도 말레이시아에서 사다 먹어야 하는 형편이었다. 그래서 생각해낸 것이 "없으면 오게 하자"였다. 돈, 물건, 사람을 끌어모으기 위해 먼저 규제를 풀었다. 영어 공교육도 강화해 의사 소통을 가능하게 했다.

경제개혁과 더불어 철저하게 추진한 것은 부패 척결이었다. 부패행위

조사국을 설립하고 공직자 급여를 세계 최고 수준으로 올려 싱가포르를 아시아에서 가장 부패가 적은 나라로 만들었다. 국가의 발전과 이익을 위해서라면 이데올로기나 민족주의 따위는 괘념치 않았다. 능력만 있다면 내외국인을 가리지 않았다.

싱가포르와 주변 국가

싱가포르 전역이 임금 인상 문제를 놓고 심각한 노사분규의 소용돌이에 휘말렸을 때는 TV 카메라 앞에 차트를 걸어놓고 노동계, 경제계 인사 등을 불러 장시간 싱가포르가 처한 상황을 설명하고 그들과 논쟁을 벌였다. 어느 싱가포르인도 총리의 해박한 지식, 정확한 논리, 끝없는 애국심을 이기지 못했다. 덕분에 싱가포르는 '아시아의 네 마리 용'으로 승천했고 세계적인 금융·물류 중심지로 변모했다.

그러나 리콴유의 정책은 사실상 독재정치에 가까웠다. 민주선거에 의해 선출된 지도자이긴 했으나 민주주의를 후퇴시키고 인권을 탄압했으며 야당의 정치활동을 위축시켰다. 언론도 철저히 통제해 정부에 대한 실질적인 반대의 목소리는 거의 존재하지 않았다. 게다가 선진국에선 있을 수 없는 사실상의 권력 세습도 강행했다.

1990년 11월, 31년 만에 총리직에서 물러난 후에도 '고문 장관'이라는 직함을 갖고 국정에 계속 관여했다. 2대 총리 고촉통을 거쳐 2004년 8월부터는 장남인 리셴룽이 싱가포르의 총리를 맡고 있으며 다른 자녀들도 대부분 고위 관리로 재직하거나 대기업을 운영하고 있어 '권력과 부를 세습하고 있다'는 비판을 받고 있다.

인도네시아 쿠데타와 수하르토 정권 장악

'개발의 아버지'라는 찬사와 '부패한 정치인'이라는 비판을 동시에 받고 있다.

인도네시아 공산당은 수카르노(1901~1970) 대통령의 지지에 힘입어 세력이 날로 확장되었다. 수카르노는 1959년 민족주의, 이슬람, 공산당의 연합체 '나사콤' 체제를 구축하고 1962년 공산당 당수 아이디트를 무임소장관으로 임명했다. 외교적으로는 비동맹국과의 협력을 강화하고 소련과 중국에 밀착했다. 1965년 5월에는 육·해·공군·경찰 외에 제5군으로 '노농민병대'를 창설해 군부의 반발을 샀다.

이런 상황에서 1965년 9월 30일 밤, 수카르노의 친위대 소속 운통 중령을 중심으로 한 세력이 이른바 9·30 친공 쿠데타를 일으켰다. 자카르타 인근의 2개 대대와 하림 공군기지의 공군 병력, 그리고 무장 공산주의자 등 2,000여 명이 쿠데타에 가담했다. 수카르노 사후 군부에 제압당할 것을 두려워한 공산당이 군에 대해 선제공격을 가한 것이다.

쿠데타 세력은 10월 1일 새벽 3~4시경 군부 내 강경 반공주의자인 나수티온 국방장관 등 군 고위장성 7명의 집을 습격했다. 육군장관 등 3명의 육군 장성은 자택에서 피살되고 다른 3명의 육군 장성은 쿠데타군에 붙잡혀 하림 공군기지에서 살해되었다. 나수티온 국방장관은 가까스로 자택에서 탈출하는 데는 성공했지만 딸과 부관이 목숨을 잃었다.

오전 7시 쿠데타군이 라디오 방송을 통해 자신들의 조직을 '9·30운동'이라고 소개한 뒤 자신들의 거사는 "미 CIA의 조종을 받아 수카르노 정권을 전복시키려는 '장군평의회'의 음모를 분쇄하기 위한 것"이라고 발표했다.

수카르노는 오전 9시 30분 탈출을 쉽게 하기 위해 쿠데타군의 본거지인 하림 공군기지로 달려갔다. 이 때문에 쿠데타 진압 후 9·30쿠데타를 배후 조종하거나 최소한 묵시적으로 동조했다는 의심을 받았다. 더구나 이 같은 연루 의혹을 받으면서도 쿠데타가 진압된 후 "공산당을 불법화하고 정부 내 공산주의자들을 추방하라"는 대중의 요구까지 외면해 의혹을 부채질했다.

비동맹외교 노선 폐기하고 서방과 관계 회복

쿠데타군을 진압한 일등 공신은 수하르토(1921~2008) 소장이었다. 그는 쿠데타에 가담한 지휘관들이 부대에서 나오도록 설득하고 하림 기지를 공격하겠다고 위협했다. 그러자 수카르노가 10월 1일 밤 하림 기지에서 빠져나오고 기지의 쿠데타군도 2일 새벽 투항함으로써 쿠데타는 3일 만에 진압되었다. 뒤이어 전개된 것은 피의 보복전이었다. 10월 4일부터 이슬람 청년조직들이 곳곳에서 궐기해 군경과 함께 빨갱이 사냥에 나선 것이다. 이 과정에서 25만~50만 명의 공산주의자가 학살당했다.

수하르토는 9·30쿠데타 진압 후 10월 14일 육군참모총장에 취임하고 1966년 2월 군 최고사령관이 되어 사실상 전권을 장악했다. 수카르노가 설립한 최고기관인 '국민협의회'는 1966년 7월 수카르노의 종신 대통령직을 박탈하고 명목상의 대통령으로 격하했다. 수카르노는 1967년 2월 '대통령에서 물러나고 수하르토에게 전권을 이양한다'는 문서에 서명함으로써 22년 장기집권에 종지부를 찍었다. 수하르토는 대통령 권한대행을 거쳐 1968년 3월 최고 입법기구인 국민협의회에 의해 정식 대통령으로 선출되었다.

수하르토는 인도네시아 자바섬 중부의 욕야카르타에서 태어나 1940년 네덜란드 식민지군 부사관으로 군생활을 시작했다. 태평양전쟁을 일으킨 일본군이 인도네시아를 점령했을 때는 일본군 소속 방위군으로 재입대해 장교로 임관했으며 1945년 독립 후에는 네덜란드의 재식민지화 기도에

수하르토(1921~2008)

저항하는 독립전쟁에 가담했다.

수하르토는 대통령 취임 후 수카르노가 견지했던 반제국주의 비동맹외교 노선을 폐기하고 서방과의 관계 회복에 나섰다. 외교적으로는 수카르노 때 탈퇴한 유엔에 재가입하고 1967년 동남아국가연합(ASEAN) 창설을 주도하는 등 동남아시아의 맹주 역할을 했다. 1975년에는 국제사회의 비난에도 불구하고 포르투갈의 식민지였던 동티모르를 강제 합병했다. 미국은 철저한 반공주의자로 공산당 세력 축출에 앞장선 그를 냉전체제하의 믿음직한 파트너로 여겨 동티모르인을 학살할 때도 묵인해 주었다.

수하르토는 중국과도 선을 그었고, 공산주의자·좌파 등은 무차별 숙청했다. 경제적으로는 경제 개발을 최우선하는 신체제를 선언했다. 그의 집권하에서 인도네시아는 연평균 7%의 고도성장을 이루고 동남아와 제3세계에서 확고한 입지를 구축했다.

그러나 경제성장의 이면에는 피로 얼룩진 철권 독재가 있었다. 그는 군의 절대적 지지를 바탕으로 정부와 국회 요직을 충성파들로 채웠고 야당 탄압과 인권 유린을 자행하는 철권통치를 펼쳤다. 자신을 지지하지 않는 정당은 문을 닫게 하고, 언론자유를 요구하는 언론인들은 거리로 내몰았다. 이 과정에서 수십만 명이 희생되었다. 뉴욕타임스는 1998년 "수하르토는 재임 중 50만~100만 명을 죽이고 75만 명을 감옥에 보냈다"고 보도했다.

'인도네시아판 박정희'에 빗대는 의견도 있어

견고했던 수하르토의 권좌를 흔들어놓은 것은 1997년 동남아를 강타한 금융위기였다. 환율 하락과 물가 상승의 여파로 민생이 위기에 처하고 IMF 관리체제하의 조치들로 국가 경제가 흔들렸다. 결국 '수하르토 하야'를 주장하는 반정부 시위 물결이 인도네시아 전역을 뒤덮자 1998년 5월 21일 항복을 선언하고 권좌에서 내려왔다.

오늘날 그에 대한 평가는 양면적이다. 경제 발전을 일궈낸 '개발의 아버지'라는 찬사와 '부패한 정치인'이라는 비판을 동시에 받고 있다. 국제투명성기구는 2004년 수하르토가 재임 때 국고에서 빼돌린 금액이 150억~350억 달러에 달한다며 수하르토를 '20세기의 가장 부패한 정치인'으로 규정했다. 유엔과 세계은행은 2007년 '세계에서 가장 파렴치한 횡령범' 명단의 맨 위에 수하르토의 이름을 올려놓았다.

해외에서의 이런 평가와 달리 2006년 인도네시아에서 실시한 한 여론조사 결과는 인도네시아 국민 상당수가 수하르토 정권에 대해 향수를 느끼고 있는 것으로 나타났다. 집권기간 치적에 대해 63.9%가 '성공한 대통령'이라고 응답했으며 '수하르토 정권 때 경제상황이 재임 전후에 비해 좋았다'는 국민은 69.6%나 되었다.

민주주의를 희생시켰지만 먹고사는 문제를 해결했기 때문에 수하르토를 '인도네시아판 박정희'에 빗대는 의견도 있다. 가난하게 태어나 네덜란드 식민군대에 입대해 육군참모차장으로 승진하고, 정권 장악 후 정치적으로는 독재를 행사했지만 경제 개발로 국민을 먹여 살렸다는 점에서 유사하다는 것이다.

물론 결정적인 차이는 있다. 개인적 치부를 하지 않은 것으로 알려진 박정희 대통령과 달리 수하르토와 가족은 막대한 국고를 빼돌려 치부했다. 또한 박 대통령은 부하의 총탄에 숨지는 비극적인 최후를 맞았지만 수하르토는 망명하지 않고 국내에서 비교적 평안한 말년을 누렸다.

요제프 보이스의 '죽은 토끼에게…' 퍼포먼스

죽은 토끼와의 액션을 통해 그가 말하고자 했던 것은 말을 못하는 동물과의 유대감이었다.

의사 지망생이었던 요제프 보이스(1921~1968)의 운명을 바꿔놓은 건 2차대전이었다. 보이스는 1943년 겨울, 독일군의 공군 조종사로 전투기를 몰고 흑해 연안의 크리미아 반도 상공을 정찰하다가 소련군의 대공포를 맞고 추락해 두개골이 깨지고 턱뼈가 부러지는 중상을 입었다.

며칠 동안 의식을 잃은 채 눈 속에 파묻혀 있던 그를 발견한 것은 현지 원주민인 타타르족이었다. 그들은 보이스를 캠프로 데려가 몸에 지방(기름 덩어리)을 덮고 펠트 담요로 몸을 감싸는 그들의 전통적인 방법으로 보이스를 소생시켰다.

그때 체험한 지방과 펠트와 부활은 훗날 보이스 작품의 주요 오브제가 되었다. 타타르족의 민간신앙인 샤머니즘도 알게 되어 이후 샤머니즘적 세계관에 깊이 경도된 수많은 퍼포먼스를 탄생시켰다. 보이스가 추락한 곳은 다행히 독일군 점령지여서 무사히 귀대할 수 있었으나 1945년 또다시 중상을 입고 연합군에 체포되어 영국군 포로수용소에 갇혔다가 그곳에서 종전을 맞았다.

제대 후 보이스는 의사의 꿈을 접고 뒤셀도르프 미술학교를 입학·졸업했다. 그가 선택한 길은 전통적인 화가와는 달랐다. 1950년대에는 주로 다듬어지지 않은 나뭇조각, 불에 탄 재료 등을 사용해 거친 표면을 강조하는 작품을 선보였으며 1960년대에는 구리, 나무, 펠트, 지방, 뼈, 꿀 등을 핵심 재료로 사용하는 작품들을 제작했다. 보이스의 작품 세계는 크게 오브제 조각, 드로잉, 액션으로 나뉜다. 대표적인 오브제 조각은 지방과 펠트 시리즈다. 보이스에게 지방과 펠트는 '삶과 죽음의 원초적인 에너지'

였다.

보이스의 예술인생에서 백남준과의 만남은 각별하다. 보이스가 백남준을 처음 만난 것은 1961년 여름이었다. 첫 만남 후 두 사람은 함께 퍼포먼스를 펼치면서 우정을 나눴다. 1963년 3월 11일 독일 부퍼탈의 파르나스 화랑에서 '비디오 아트'의 전주곡 성격을 띤 백남준의 첫 전시회가 열렸을 때 보이스가 도끼를 들고 나타나 전시장의 피아노를 마구 때려 부순 것도 전시회를 홍보해 주기 위한 보이스의 배려에서 나온 행동이었다.

요제프 보이스(1921~1968)

백남준은 보이스가 타계했을 때 추모제를 지내는 것으로 그에 대한 감사의 뜻을 전했다. 또한 "나의 성공은 무명시절 보이스를 만난 덕택이었다"고 훗날 술회했다. 보이스는 백남준과 함께 '플럭서스' 운동에 적극 참여했다.

플럭서스는 1962년 9월 조지 마치우나스(1931~1978)가 창립을 주도하고 백남준 등이 참여한 퍼포먼스(행위예술) 중심의 전위예술 운동이었다. 보이스는 창립 멤버는 아니었지만 플럭서스 철학에 동조해 평생 70여 회의 퍼포먼스를 벌이며 전위예술의 주역으로 부상했다. 행위예술은 그의 재능이 가장 두드러지고 비평적 관심이 집중되었던 분야였다.

"누구나 예술가가 될 수 있다"

보이스를 유명하게 만든 행위예술은 1964년 12월 1일에 선보인 '족장' 액션이다. 이 액션은 죽은 토끼 2마리와 지방, 손톱, 머리 다발을 바닥에 깔아놓고 자신의 몸을 펠트로 싼 채로 9시간 동안 누워 있는 퍼포먼스였다. 1965년 11월 26일 뒤셀도르프의 슈멜라 갤러리에서 펼친 '죽은 토끼에게 어떻게 그림을 설명할 것인가'라는 제목의 행위예술을 계기로 보이스는 일약 유명 전위예술가로 부상했다.

관람자들은 안으로 들어오지 못하도록 화랑 문을 닫았기 때문에 밖에서 스크린을 통해 그의 액션을 관람했다. 그는 머리에 꿀과 금박을 뒤집어쓰고 한 발에는 펠트를, 다른 발에는 쇠로 창을 댄 신발을 신은 채 죽은 토끼를 안고 2시간 동안 미술관의 그림을 토끼에게 설명하는 퍼포먼스를 벌였다. 이 죽은 토끼와의 액션을 통해 그가 말하고자 했던 것은 말을 못하는 동물과의 유대감이었다.

그는 행위예술을 통해 사회 속에 진보적인 사상과 에너지를 퍼뜨리고자 했다. 1967년 모교인 뒤셀도르프 미술학교 교수의 신분으로 독일학생당을 만들고 1971년부터는 과격한 직접민주주의운동을 펼쳤으며 녹색혁명당의 당원으로 활동했다. 1974년 뉴욕의 한 갤러리에서 늑대 한 마리와 나흘 동안 단 둘이 기거하며 '나는 미국을 좋아하고 미국은 나를 좋아한다'는 제목의 퍼포먼스를 펼치고 1979년 뉴욕 구겐하임 미술관에서 대규모 회고전으로 다시 한 번 명성을 확인했다.

요제프 보이스는 오늘날 마르셀 뒤샹, 앤디 워홀과 더불어 20세기 현대미술에 가장 영향을 끼친 작가로 꼽힌다. 그는 "일상의 모든 행위가 예술일 수 있으며 누구나 예술가가 될 수 있다"는 명언으로 유명하다. 무슨 직업을 가졌든 간에 개개인의 창의성을 존중하고 관객과의 소통을 중요시했던 그의 예술관은 수많은 드로잉, 조각, 퍼포먼스 등을 통해 개념미술, 설치예술, 행위예술, 환경예술을 비롯 독일 신표현주의에까지 영향을 미쳤다. 반면 보이스를 사기꾼, 병든 설교자, 병든 예술가, 무당, 익살광대 등으로 혹평하는 목소리도 있다.

랠프 네이더 '어떤 속도에서도 안전하지 않다' 출간

"자동차 사고의 원인은 차의 결함이 아니라 운전자의 잘못"이라는 고정관념을 깨뜨렸다.

랠프 네이더(1934~)는 20세기 미국 소비자운동의 선구자이자 시민운동의 대부였다. 젊은 시절 자신의 모든 것을 벗어던지고 오직 소비자보호 운동에만 몸을 바쳤다고 해서 성인 마하트마 간디를 빗대 '성인 네이더'로까지 불렸다. 그는 소비자의 권리와 보호를 위해 골리앗 같은 대기업은 물론 연방정부, 의회와도 싸움을 서슴지 않은 다윗이었다.

네이더는 미국 코네티컷주의 작은 도시에서 레바논 이민자 2세로 태어나 프린스턴대와 하버드대 로스쿨을 졸업했다. 변호사로 경력을 쌓은 뒤에는 1963년 연방정부 노동부 차관실 자문역으로 발탁되어 도로상의 안전문제에 관해 연구했다.

네이더가 소비자를 대변하는 전국적인 인물로 부상한 것은 세계 최대의 자동차회사인 제너럴모터스(GM)를 상대하면서였다. 그가 문제로 삼은 것은 유럽산 소형차에 대항하기 위해 1960년 GM이 처음 선보인 값싸고 성능 좋은 소형 승용차 '코르베어'였다. 당시 자동차회사들이 즐겨 내건 슬로건은 "안전한 운전자를 만들자"였다. 이 슬로건은 자동차 사고의 원인이 운전자가 안전운전을 하지 않았기 때문이라는 뉘앙스를 풍겼다.

네이더는 1965년 11월 30일 출간한 '어떤 속도에서도 안전하지 않다'는 책을 통해 코르베어 승용차의 문제점을 집중적으로 파헤쳤다. 네이더는 차가 설계부터 잘못되어 핸들을 돌린 각도보다 차가 더 돌아가는 '오버스티어'를 심하게 일으켜 사고 위험이 있다는 사실을 지적하며 이런 위험한 자동차를 소비자에게 팔아온 GM을 신랄하게 비판했다. 실제로 코르베어 차에서 오버스티어에 의한 사고가 빈발해 이미 GM을 상대로 한 고소사건이 130건 넘게 일어나고 있었다.

네이더는 코르베어의 안전상 결함은 물론 주행 중 폭발할 수도 있다는 사실을 입증함으로써 "자동차 사고의 원인은 차의 결함이 아니라 운전자의 잘못"이라는 고정관념을 깨뜨렸다. 당황한 GM은 사설탐정을 동원해 네이더의 뒤를 캤으나 약점을 잡지 못하자 네이더를 협박하고 회유했다.

'네이더 돌격대'로 불리며 대기업과 정부 감시해

네이더가 이 사실을 신문에 폭로하자 1966년 3월 의회 청문회가 열렸다. 로버트 케네디 상원의원과 네이더 등이 참석한 청문회에서 로시 회장은 "네이더가 GM을 헐뜯고 있다"고 주장했으나 네이더가 GM 내부의 조사보고서를 증거로 제출하자 두 손을 들고 말았다.

GM은 결국 네이더에게 공식 사과하고 1969년 코르베어 생산을 중단했다. 1970년에는 28만 4,000달러의 손해배상금을 지급했다. 미 정부는 1966년 자동차 안전에 관한 새 법을 제정하고 안전문제에 대한 집중 연구를 시작했다.

사실 네이더 이전에도 소비자운동은 있었다. 소비자 단체들은 상품의 품질을 비교 검토하여 소비자들에게 구매를 위한 참고자료를 내놓았다. 미 정부도 20세기 초엽에 이미 식품 및 의약품법, 식육검사법 등을 제정해놓고 있었다. 네이더의 소비자운동이 그들과 다른 점은 '바른 선택'의 차원에서 벗어나 정치적 행동으로 탈바꿈시킨 데 있었다.

GM과의 한판 승부 후 네이더는 혼자만의 활동에 한계를 느껴 '자동차안전연구소', '공익법률연구소', '공적시민협의회' 등 40여 개 단체들을 설립했다. 이 단체에는 명문대 출신의 청년들이 몰려들었고 그들은 '네이더 돌격대'로 불리며 대기업과 정부를 감시했다.

'네이더 돌격대'가 파헤친 각종 보고서가 발간된 후 자동차 안전을 위한 안전벨트와 에어백 등이 개발되거나 성능이 강화되었으며 관련 법규가 마련되었다. 미 정부가 납 성분이 들어간 휘발유를 사용하지 못하도록 한 것도, 각종 식품의 제조·보관·운반에 대한 법규를 강화·신설한 것도 '네이더 돌격대'의 활약이 작용했다. 대기업의 소비자 상담, 모니터실 운영, 리콜제도 역시 '네이더 돌격대'의 작품이었다.

랠프 네이더(1934~)

베일에 싸여 있던 재산 드러나 곤욕 치러

주로 소비자보호 쪽에 한정되었던 네이더의 노력은 1970년대 들어 비대하고 무능한 정부와 의회의 권력을 진정한 주권자인 국민 편으로 돌려놓기 위한 정치활동으로 발전했다. 1990년대 들어 네이더는 정치계에 영향력을 행사하는 것에 만족하지 않고 그 자신이 직접 정치를 하고자 대통령 선거에 뛰어들었다.

1992년부터 2008년까지 5차례나 대선에 출마했으나 찻잔 속의 미풍에 그쳐 번번이 실패로 끝났다. 그러나 이 과정에서 민주당으로부터 "선거 훼방꾼"이라는 비난을 샀다. 진보성향인 그의 출마가 민주당에 불리하게 작용했기 때문인데 실제로 2000년 대선 때는 민주당 앨 고어 후보의 패배에 결정적으로 영향을 미친 것으로 분석되었다.

네이더는 대선 출마과정에서 그동안 베일에 싸여 있던 재산이 드러나 곤욕을 치렀다. 2000년 6월 연방선거관리위원회의 재산 공개 요청에 따라 밝혀진 재산은 5개 첨단기업의 주식을 포함해 최소 390만 달러에 달했다. 네이더는 강연료, 인세, 방송 출연료 등으로 1,300만~1,400만 달러를 벌었는데 세금을 제외한 수입의 80%를 사회에 환원하고 NGO 활동을 위해서도 연간 수십만 달러를 기증해 왔다고 주장했다.

하지만 네이더를 비난하는 측은 네이더의 실체가 “과장됐다”, “허구다”라고 주장하며 “독재자”, “위선자” 심지어 “민주주의·자본주의 파괴자”라고 목소리를 높였다. 그들은 “네이더가 어떤 기업을 상대로 문제를 제기할 때면 항상 그것에 대비해서 투자를 해놓았다”는 점을 부각시켰다. 자동차에 에어백을 부착해야 한다고 주장할 때는 에어백 제조회사의 주식을 미리 사놓고, 파이어스톤 타이어가 위험하다고 주장할 때에는 경쟁사 타이어의 주식을 미리 사놓았다는 것이다.

1966년

SOFA(주한미군지위협정) 체결
무구정광대다라니경 불국사 석가탑에서 발견
임종국 '친일문학론' 출간
_ *친일 인명사전*
백낙청 '창작과 비평' 창간
_ *문학과 지성*
한국비료 사카린 밀수사건
김두한 국회에서 똥물 투척
이만희 감독 영화 '만추' 개봉
패티김 · 길옥윤의 결혼
KIST 설립과 최형섭
박맹호 민음사 설립
김기수 한국 복싱 사상 첫 세계챔피언 등극
중국 문화대혁명
_ *대자보*
_ *유소기의 죽음, 등소평의 유배, 임표의 추락사*
자크 라캉 '에크리' 출간

SOFA(주한미군지위협정) 체결

재판권 행사율은 1~3%를 벗어나지 못했다. 미군 범죄와 SOFA에 대한 비판 여론도 철저히 통제되었다.

SOFA 즉 '주한미군지위협정(한미행정협정)'의 근원은 대한민국 정부 수립 직후로 거슬러 올라간다. 1948년 8월 24일 한미 양국은 '대한민국 대통령과 미군 사령관 간의 잠정적 군사안전에 관한 행정협정'을 체결함으로써 주한 미군과 군속 및 그 가족들에 대한 모든 재판권을 미국이 독점적으로 행사하도록 규정했다.

6·25전쟁 발발 후 절체절명의 시기였던 1950년 7월 14일 이승만 대통령이 맥아더 유엔군 사령관에게 건네준 '대전협정'도 미군에 모든 재판권을 배타적으로 허용하긴 마찬가지였다. 두 협정은 해방과 정부수립, 6·25로 이어지는 혼란기였다는 점에서 불가피한 선택이었다. 우리 눈에 비친 당시의 미국은 일제로부터 우리를 구해준 해방자였고 김일성의 남침을 물리쳐준 보호자였다.

1953년 10월 1일 한미상호방위조약이 체결되고, 이 조약에 따라 미군이 공식적으로 주둔하게 된 것도 우리가 간절하게 요청한 결과였다. 때문에 미군이 범죄를 저지르고 사고를 일으켜도 우리 법의 제재를 받지 않아 우리로서는 속수무책이었다. 그렇다고 미군의 범죄를 마냥 방치할 수는 없었다. 어떤 형태로든 주한 미군과 우리의 관계를 규정해야 했다. 우리 정부가 미국에 SOFA 체결을 촉구했으나 미국은 어떤 경우든 자신들을 불편하게 만들 한국 측의 요구에 침묵으로 대응했다.

미군 범죄가 사회적인 문제로 크게 부각된 것은 1957년 4월에 일어난 양주 열차강도 사건이었다. 미군 헌병 윌슨이 한국인들을 사주해 미군 보

중앙청에서 거행된 SOFA 협정 조인식(1966.7.9)

급열차를 털게 해놓고 막상 사건이 탄로날 것 같자 한국인들에게 총을 난사해 1명을 죽이고 2명을 다치게 한 사건이었다. 사건의 파장이 커져 한국 검찰이 사상 처음으로 윌슨을 심문했으나 우리에게는 윌슨을 재판할 권한이 없었다.

1957년 9월 이승만 대통령이 방한한 미 국무부 차관에게 우리가 작성한 SOFA 초안을 내밀며 협상을 요구했으나 미국은 긍정도 부정도 하지 않았다. 그러다가 1958년 1월 23일 다울링 주한 미 대사가 SOFA를 체결할 수 있다는 성명을 발표하면서 SOFA 협상의 가능성을 내비쳤다. 그러나 주한 미군의 완강한 거부로 교섭이 바로 시작되지는 않았다. SOFA 체결이 표류하는 동안 미군 범죄와 사고는 계속 일어났고 SOFA 체결을 촉구하는 목소리도 더불어 높아졌다.

베트남전쟁을 계기로 한미관계에 새로운 변화 생겨

물밑 작업을 거쳐 1961년 4월 17일 SOFA 체결을 위한 첫 교섭회의가 열렸으나 한 달 만에 터진 5·16쿠데타로 중단되었다. 1년 5개월 뒤 재개된 협상도 양측의 큰 시각차로 2년 동안 교착상태에 빠졌다. 그런 중에도 총 31개 조항 중 통관, 관세, 보건 등은 비교적 쉽게 합의를 보았다. 하지만 형사재판 관할권을 둘러싼 이견은 좁혀지지 않았다. 공무 중 사건에 대한 재판권을 미국이 갖는다는 데는 이견이 없었으나 비공무 중 사건에 대한 재판권을 서로 갖겠다고 한 것이 양측의 차이점이었다.

그 무렵 베트남전쟁을 계기로 한미관계에 새로운 변화가 생겼다. 한국군의 파병이 아쉬웠던 미국은 한국의 눈치를 살펴야 했다. 1965년 5월 박정희 대통령이 두 번째 방미길에 올랐을 때 서류 가방에는 미국의 경제 원조, 베트남 파병, SOFA 체결 등 굵직한 현안들로 가득했다. 박 대통령은 미국의 존슨 대통령에게 한국군 파병을 선물하는 대신 미국으로부터는 1억 5,000만 달러의 경제 원조와 SOFA 체결 등을 약속받고 귀국했다. 이후 SOFA 교섭은 빠르게 진행되었다.

1965년 9월경, 모든 합의를 마치고 조인을 기다리던 중 SOFA는 다시 소용돌이에 휘말렸다. "공무든 비공무든 모든 재판권을 미국이 갖는다"는 SOFA 내용이 언론에 공개되면서 여론의 집중포화가 쏟아진 것이다. 재협상 요구가 거센 가운데 추가 파병을 요청하기 위해 험프리 부통령이 1966년 1월과 2월 두 차례 방한했다. 한국은 여론을 등에 업고 SOFA 재협상을 요청했다.

미국은 재협상을 받아들였고 양측은 비공무 중 사건의 1차 재판권을 한국에 넘겨준다는 데 합의를 보았다. 단 조건이 있었다. "사건 발생 15일 이내에 미국에 재판권 행사를 요청하지 않으면 재판권이 자동 포기된다"는 내용이었다. 이 조항은 미국의 마지노선이었다. 이것을 거부하면 또 얼마나 시간이 걸릴지 몰라 한국은 미국 안을 수용했다.

재판권 행사율 여전히 1~3% 못 벗어나

SOFA는 1966년 7월 9일 체결되었다. 전문 31조의 본협정, 합의의사록, 합의양해사항, 이동원 외무장관과 브라운 주한 미 대사가 주고받은 교환각서 등 3개 부속문서로 구성된 SOFA 협정에는 한국 측에서 이동원 외무장관과 민복기 법무장관, 미국 측에서 딘 러스크 국무장관과 브라운 대사가 각각 서명했다.

1966년 10월 14일 국회가 찬 67, 부 23, 기권 3표로 비준동의함에 따라 SOFA 협정은 1967년 2월 9일 0시를 기해 발효되었다. SOFA 비준에 따라 전란 중에 체결한 1950년의 대전협정과 1952년의 마이어협정(한미경제조정협정)은 폐기되었다.

SOFA 체결로 1950년의 대전협정에 비해 불평등관계가 많이 개선되었으나 야당과 여론은 여전히 비판을 쏟아냈다. 본협정에 1차 재판 관할권이 한국 측에 있다고 명시되어 있긴 해도 본협정과 같은 효력을 갖는 합의의사록과 양해사항 등 부속문서에 사실상 한국이 재판권을 행사하지 못하도록 규정되어 있어 실제로는 별 효력이 없기 때문이었다.

대표적인 불평등 조항은 ▲사건 발생 후 15일 이내에 한국 측이 재판권을 요청하지 않을 경우 미국 측에서 자동적으로 재판권을 행사하도록 한다 ▲한국이 재판권을 갖더라도 미군 당국의 요청이 있으면 한국 측은 국가안전, 살인, 강간 등 특히 중요하다고 인정하는 경우를 제외하곤 재판권 행사를 포기한다 ▲미군 피의자는 항소권이 있으나 검찰은 무죄판결에 대해 항소권이 없다 ▲구금시설과 환경에 대해 미군 당국과 사전합의 없이 미군을 구금할 수 없다 ▲미군 측 장성만이 공무 여부 판단의 근거가 되는 공무증명서의 진부를 가릴 수 있다는 것 등이었다.

SOFA 협정 체결 후 예상대로 재판권 행사율은 1~3%를 벗어나지 못했다. 더구나 군사정권 시절이라 미군 범죄와 SOFA에 대한 비판 여론도 철저히 통제되었다. 그러나 1980년대 들어 반미의 금기가 깨지면서 침묵하던 SOFA 개정 논의에 불이 붙었다. 1991년 1월과 2000년 12월 두 차례 개정되어 오늘에 이르고 있다.

무구정광대다라니경 불국사 석가탑에서 발견

2층 탑신 중심부에 있는 사리함 속에서 1,200여 년 동안 깊은 잠을 자다가 발견된 것이다.

천년을 버텨온 불국사 석가탑에게 1966년은 수난의 해였다. 도굴범들이 9월 3일과 4일 두 차례나 헤집어 금이 간데다 탑을 보수하면서 생긴 상처가 너무나 컸기 때문이다. 9월 6일 아침 불국사 뜰을 쓸던 스님이 탑신이 기울어져 있고 탑에 금이 간 사실을 발견했으나 사찰 측은 그것이 도굴에 의한 것이라는 사실은 미처 알지 못하고 막연히 풍화작용에 의한 자연마멸이나 지진에 의한 충격 정도로만 생각했다.

며칠 후에야 도굴 사실이 밝혀져 문화재 당국이 석가탑 해체보수공사를 시작했지만 결과적으로 '보수'가 아니라 '파괴'가 되고 말았다. 10월 13일, 해체공사를 한다며 2층 탑신의 덮개인 옥개석을 들어내다가 떨어뜨려 한 귀퉁이를 깨뜨리더니 석가탑 내부의 사리함 안에 있던 유리 사리병도 한 승려의 어처구니 없는 실수로 산산조각이 난 것이다.

그러나 10월 14일, 갑자기 세계를 깜짝 놀라게 할 유물이 발견되어 관련 학계를 발칵 뒤집어 놓았다. 목판 인쇄물 '무구정광대다라니경(無垢淨光大陀羅尼經)'이 2층 탑신 중심부에 있는 사리함 속에서 1,200여 년 동안 깊은 잠을 자다가 발견된 것이다. 그동안 세계 최고로 인정받아온 일본의 '백만탑다라니'가 770년에 제작되었다는 사실을 잘 알고 있는 학계는 그 충격적인 발견에 한동안 입을 다물지 못했다.

그동안 석가탑의 건립연대를 751년으로 추정하고 있었는데 당

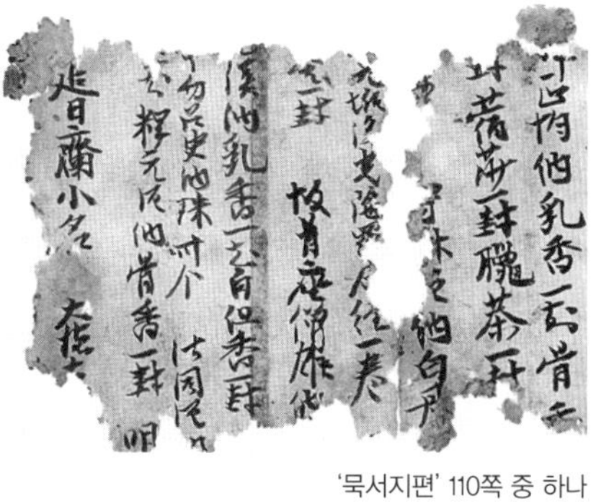

'묵서지편' 110쪽 중 하나

나라 측천무후(690~705) 때 일시적으로 쓰였던 한자인 '무주제자(武周制字)' 중 일부가 무구정광대다라니경(이하 무구정경)에서 사용되었으니 무구정경의 제작연도가 751년 이전인 게 분명했기 때문이다. 그것은 세계 최고(最古)의 목판 인쇄물이라는 의미였다.

일본과 중국이 이 사실을 순순히 인정할 리 없어 한·중·일 간의 최고(最古) 논쟁이 본격적으로 전개되었다. 일본 학자들은 "제작 추정시기를 석가탑이 완공된 8세기 후반으로 잡아야 한다"고 주장했고, 중국 학자들은 "무구정경의 글자 중 8자가 무주제자이고 중국산 닥종이로 만들어졌다"며 "무구정경은 702년 중국 낙양에서 제작된 뒤 신라로 전해진 것"이라는 주장을 폈다. 이후에도 한·중·일 3국은 서로의 주장을 굽히지 않았고 그렇게 40년이 흘렀다.

그러다가 2005년 석가탑에서 나온 유물 중 무구정경의 제작연대를 뒷받침할 만한 새로운 문서가 있다는 사실이 알려지면서 관련 학계를 또 한 번 흥분시켰다. 무구정경을 사리함 중심부에서 처음 발견했을 때 조각조각 뒤엉켜 붙은 종이뭉치가 비단에 싸여 사리함 바닥에서 발견되었는데, 당시 기술로는 그 뭉치를 낱장으로 떼어낼 수 없어 그저 '묵서지편'(먹으로 쓴 종이뭉치)이라고 이름을 붙여 다른 유물과 함께 국보 제126호로 일괄 지정하고 보관해왔던 것이다.

포장조차 열어보지 않아 그 속에 무슨 내용이 씌어 있는지조차 모른 채 40년 동안 국립중앙박물관에 수장되었다는 사실이 뒤늦게 알려져 박물관 측은 언론으로부터 호된 비판을 받았으나 결과적으로는 잘된 일이었다. 선불리 조사한다고 달려들었다가 제대로 판독도 못하고 망가뜨릴 수도 있었기 때문이다.

'신라 때 제조' 단정하지 못해 아쉬워

2005년 9월 묵서지편에서 '중수기(重修記·고쳐 세움)'라는 글자가 판독되자 그 묵서지편을 제대로만 해독하면 논란이 분분한 무구정경의 제작 연도를 정확히 파악할 수 있다는 기대감에서 묵서지편은 거의 '판도라의 상자'처럼 보였다. "석가탑은 창건 이래 한 번도 수리되지 않았다"라는 통설도 사실이 아닌 것으로 밝혀짐으로써 유물사적으로도 의미가 있었다. 전문가들이 묵서지편을 판독한 결과는 2007년 10월에 발표되었다.

판독에 따르면 무구정경에 관한 기록은 1024년과 1038년의 중수 기록 모두에 나온다. 석가탑을 처음 해체·보수한 1024년 기록에는 "신라 때 안치한 무구정경을 꺼냈다가 석탑을 다시 세울 때 안치했으며 고려 때 유행한 보협인다라니경을 새로 추가해서 넣었다"고 되어 있어 당시 납탑된 것이 신라 때 제작된 최고본이었음을 확인해 주었다.

그러나 잇단 지진으로 14년 만에 다시 석가탑을 중수한 1038년의 기록에는 "무구정경과 보협인다라니경을 다시 넣었다"고만 적혀 있어, 신라 때의 최고본 무구정경을 꺼냈다가 다시 안치한 것인지 새로 제작한 무구정경을 따로 넣은 것인지 분명치 않았다. 결국 묵서지편 기록만으로는 무구정경이 언제 제작된 것인지 정확하게 판단할 수 없게 된 것이다.

다만 2차 중수기에 "사리를 수습하되 전물부동(前物不動)하게 안장하였다"(무구정경이 들어 있던 사리함 내부에는 손을 대지 않았다)는 구절이 있어, 국립중앙박물관에 소장되어 있는 무구정경이 1차 수리 시 납입된 신라 때 것일 가능성이 크다는 게 학계의 평가다. 보협인다라니경 등 고려 때 추가 납입한 문서들은 주로 사리함 외부에서 발견된 반면 유독 무구정경만 사리함 안에서 발견된 것도 이 점을 뒷받침한다.

그렇더라도 신라 때 제조된 것이라고 단정할 수 없다는 점에서 여전히 아쉬움으로 남는다. 묵서지편을 통해 석가탑의 완성 시기가 새로 밝혀진 것도 학계의 관심을 끌었다. 1038년 중수기에 "석가탑은 통일신라 혜공왕(재위 765~780)의 태자 시절에 완성되었다"는 기록이 있는 것으로 보아 적어도 혜공왕이 왕으로 즉위한 765년 이전에 완성되었다는 사실이 확인된 것이다.

임종국 '친일문학론' 출간

문학계의 친일 문제를 제대로 까발리고 한국 사회의 정체성을 전 국민적 차원에서 되묻게 만들었다.

임종국(1929~1989)이 본격적으로 친일문제의 물꼬를 트고 빗장을 푼 것은 1966년이다. 그 길은 누구도 가보지 않은 길이었으며 아무도 손대지 못했던 금기의 영역이었다. 임종국은 경남 창녕에서 태어나 1956년 고려대 정외과를 졸업한 후 시인과 문학평론가로 활동했다. 1956년 발표한 '이상 문집'은 시인 이상 연구의 선구자적 업적으로 꼽힌다.

1959년에는 '문학예술'지에 시 '비(碑)'를 발표함으로써 시인으로 정식 등단하고, '경남문학'지에 '물레방아론'을 발표해 평론 활동을 시작했다. 한동안 공백기를 보내다가 1965년 서울신문에 '기인열전', '흘러간 성좌'를 8개월 동안 발표해 문필가로 재기했다.

그러나 1965년 굴욕적인 한일협정이 조인되자 역사의식이 남달랐던 임종국은 문학의 영역에만 안주할 수 없었다. 불현듯 16세 소년이던 해방 당시, 곧 일본으로 쫓겨나게 될 한 일본군으로부터 "20년 후에 다시 만나자"는 낮지만 단호한 말을 들었던 기억이 머릿속을 스쳐 지나갔다. 그 일본 군인 말대로 정확히 20년 후 체결된 한일협정은 성인이 된 임종국에게 섬뜩한 예언처럼 느껴졌다.

임종국은 해방 후 20년을 되돌아보았다. 해방 직후 결성된 반민특위는 자유당 정권의 방해로 구두선에 그치고 말았다. 일제하에서 조국 광복에 투신했던 독립운동가들은 자신은 물론 후손들까지 궁핍을 면하지 못하고 있었으나 친일파들은 부와 권력을 세습하며 떵떵거리며 살고 있었다. 자유당 정권 12년 동안 115명의 장관 중 33%, 민주당 집권 9개월 동안 35명의 장관 가운데 60%가 친일 전력자였다.

임종국(1929~1989)

무엇보다 그를 답답하게 한 것은 우리 역사에 대한 무지였다. 그는 어려서부터 책을 좋아했는데도 일제하에서는 우리 역사와 문학에 캄캄했다. 일본의 도요토미 히데요시나 오다 노부나가 등은 영웅으로 알고 있으면서도 이순신과 김유신은 이름조차 희미했다. 심지어 해방 후 환국하는 백범 김구를 중국 사람으로 잘못 알고 있을 정도였다. 자신이 우리 역사와 문학에 대해 천치가 된 것을 생각하니 일제에 대한 분노가 더욱 치밀었다.

한가롭게 문학을 할 때가 아니라고 판단한 임종국은 1965년 한일협정 후 몰려올 새로운 일본 세력과 그들과 어울려 춤추게 될 잠재적 친일파들을 향해 무언의 도전장을 준비했다. 그것은 일제 침략사와 배족사(背族史)를 규명해 과거의 친일파들이 사회적으로 질타를 받게 되면 앞으로는 친일할 사람들이 덜 나올지 모른다는 소박한 바람이었다.

부친의 친일 행적까지 숨김없이 공개해

임종국은 만사를 제쳐두고 국립중앙도서관을 비롯해 대학도서관 등 자료가 있을 만한 곳이면 어디든 찾아가 자료를 수집했다. 복사기가 없던 시절이어서 일일이 베끼거나 요약·메모하고 혹시라도 돈이 생기면 자료를 구입했다. 그렇게 8개월 동안 밤낮으로 친일 관련 집필에 매달린 끝에 일제 말기(1937~1945) 한국 문학의 친일행적을 낱낱이 밝힌 '친일문학론'을 탈고했다.

마지막으로 자신의 가족을 돌아보니 부친의 친일활동이 확인되었다. 부친은 일제하에서 천도교의 청년당 당수와 조선농민사 사장을 지내며 두세 차례 감옥을 드나들긴 했지만 태평양전쟁 말기에 전국을 돌며 젊은이들에게 지원병을 독려하는 연설을 하고 국방 헌금을 모금한 전력이 있었다. 부친의 일제시대 행적은 1966년 8월 평화출판사에서 출간된 '친일문학론' 서문에 숨김없이 공개되었다.

'일제 암흑기의 작가와 작품'이란 부제를 달고 있는 '친일문학론'에는 이광수, 김동환, 백철, 모윤숙 등 50여 명 문인 작품의 친일성에 대한 해석과 함께 식민지시대의 정치·사회적 배경, 일제의 문화통치기구, 각종 친일단체의 활동 등이 수록되었다.

이처럼 문단 거목들의 친일행위를 낱낱이 고발한 '친일문학론'의 출간은 우리 문학계의 친일문제를 처음 제대로 까발리고 한국 사회의 정체성을 전 국민적 차원에서 되묻게 만든 일대 사건이었다. 그런데도 그 당시에는 '친일문학론'의 반향이 크지는 않았다. 초판 3,000부를 소화하는 데 꼬박 10년이 걸리고 1975년에야 재판을 찍을 정도였다.

그러나 '친일문학론'으로 점화한 그의 친일 연구는 정치, 경제, 사회, 교육, 문화, 종교, 예술, 군사, 언론 등 전역으로 확대되었고 이후 '정신대실록'(1981), '일제 침략과 친일파'(1982), '밤의 일제 침략사'(1984), '일제하의 사상 탄압'(1985), '한국 문학의 민중사'(1986), '일본군의 조선 침략사'(1989) 등 14권의 저서와 수백 편의 논문으로 결실을 이뤘다.

"혼자 하는 반민특위"로 불렸던 그의 마지막 숙원사업은 총 10권의 '친일파 총서'를 내는 것이었다. 국내에서 한 번도 시도된 적이 없는 친일파 연구의 집대성인 '친일파 총서'는 그러나 1989년 11월 12일 그의 타계와 함께 중단되었다. 그의 유지는 1991년 반민족문제연구소의 설립으로 이어졌고, 생전에 틈틈이 마련한 수천 장의 친일파 인명사전 카드는 훗날 '친일 인명사전' 편찬의 핵심 텍스트로 활용되었다.

친일 인명사전 임종국의 유지를 받들어 '친일 인명사전' 편찬을 구체화한 것은 1991년 2월 27일 설립된 반민족문제연구소였다. 연구소는 본격적인 친일 인명사전 편찬에 앞서 '친일파 99인', '청산하지 못한 역사', '친일파란 무엇인가' 등 친일 연구서를 펴내며 친일파에 대한 관심이 되살아나도록 불을 지폈다. 1995년 명칭을 민족문제연구소로 개칭한 후부터는 한일관계, 일제하 강제 동원 문제, 독도 영유권 문제 등을 여론화하는 데 힘을 쏟았다.

민족문제연구소가 친일 인명사전 편찬 작업을 위해 편찬위원회를 구성한 것은 2001년 12월이었다. 정부도 2002년과 2003년 각각 2억 원을 지원함으로써 편찬사업을 측면에서 도왔다. 연구자들은 저인망식으로 일제강점기의 공문서와 신문·잡지 등 3,000여 종에 이르는 자료를 수집하고 분석했다.

그러나 2003년 12월 '친일 인명사전' 사업비 5억 원이 국회 예산심의 과정에서 전액 삭감되어 사전 발간이 불투명해졌다. 그러자 2004년 1월 인터넷신문 '오마이뉴스'가 발벗고 나서 국민성금 캠페인을 벌였다. 이렇게 모아진 국민성금 7억 원은 사전 편찬에 든든한 실탄이 되었다.

연구소는 수집 자료들을 토대로 250만 건의 인물정보 데이터베이스를 구축해 친일 기준안을 마련했다. 1차로 2만 5,000명을 추려내고 다시 각 전문 분야 검토와 상임위 회의 등을 거쳐 4,800여 명으로 명단을 압축했다. 연구소가 최종적으로 4,390명의 명단을 발표한 것은 2009년 11월이었다.

수록 명단에는 박정희 전 대통령, 장면 전 총리, 언론인 장지연, 음악가 안익태·홍난파, 문인 김동인·서정주, 천주교 서울대교구장 노기남, 백선엽·정일권 등 군 원로들도 포함되었다. 독립유공자 20여 명도 명단에 올랐다. 3권으로 된 총 2,800여 쪽의 친일 인명사전 발간식은 2009년 11월 8일 효창공원의 백범 김구 묘소에서 치러졌다.

찬반 논란 뜨거워

민족문제연구소의 활동과 별개로 국회에서도 친일반민족행위 진상규명에 관한 움직임이 있었다. 2002년 2월 김희선 당시 민주당 의원이 대표로 있던 '민족정기를 세우는 의원모임'이 '친일반민족 행위자'라며 708명의 명단을 발표한 것이 그 시작이었다. 이어 김희선이 발의한 '일제강점하 친일반민족행위 진상규명에 관한 특별법'이 2004년 5월 국회를 통과하고 2005년 5월 이 법에 따라 '친일반민족행위 진상규명위원회'(진상규명위)가 출범했다.

김희선은 이처럼 누구보다 친일파 문제 규명에 적극적이었으나 '월간조선' 2004년 10월호에 의해 부친이 일제 치하 만주국 경찰로 재직하며 독립군을 탄압하는 등 친일 행적을 했던 것으로 드러나 친일 문제를 정치적으로 이용했다는 비판을 받았다.

진상규명위의 활동은 1948년 반민특위 이후 50여 년 만에 국가 차원에서 친일행위를 조사했다는 것에 그 의의가 있다. 반민특위가 '처벌'에 무게를 둔 것과 달리 '진상 규명'에 의의를 두었다는 점에서는 차이가 있다. 진상규명위는 3차에 걸쳐 모두 1,005명의 친일 명단을 발표했다. 친일 인명사전에는 수록되었지만 진상규명위의 명단에서 빠진 대표적인 인사로는 박정희, 장면, 안익태, 장지연, 최승희(무용가) 등이 있다.

한편 민족문제연구소의 친일 인명사전이 발간되자 이를 찬성하는 측은 "국가가 하지 못한 역사 청산의 과제를 마침내 민간이 조직적이고 체계적으로 정리했다는 점에서 사전 편찬의 의미가 크다"고 평가했다. 그러면서 "기나긴 망각의 세월을 딛고 이제야 역사의 치부를 드러낸 사전 편찬은 우리 민족 전체의 참회"라고 의미를 부여했다.

반면 사전을 반대하는 측은 "누가 민족문제연구소에 친일파로 낙인을 찍고 면죄부를 발급할 수 있는 권력을 휘두르도록 역사 해석의 독점권을 부여했느냐"고 반발했다. "엄혹한 일제 치하에서 일정한 직위를 가졌거나 몇 가지 글을 남겼다고 해서 우리 사회에서 엄청난 파괴성을 지닌 친일로 낙인찍는 것은 공정하지 못하다"며 "후대에 살고 있다는 이유로 당대에 살던 사람들의 장구한 역정의 다면적인 양상을 일축하고 친일로 재단한 것은 폭거"라고 주장했다.

백낙청 '창작과 비평' 창간

유신에 맞서 민주화 이론을 생산하고 구체적인 민족문학 작품들을 내놓은 생산기지 역할을 했다.

'창작과 비평'(창비)은 '문학과 지성'(문지)과 더불어 1970년대 국내 지성계에 끊임없이 자양분을 공급해 준 '지성의 산실'이었다. '창비'가 실천적 이론에 비중을 두고 문학의 현실 참여를 주장했다면 '문지'는 이론적 지성으로 현실에 대한 분석과 해석을 시도하고 문학의 순수성을 지키고자 했다. 이 두 집단은 서로를 차별화하는 일정한 편집방향을 갖추고 있었고, 자신들의 뒤를 잇는 후배도 키웠다. 그래서 붙여진 이름이 '창비학교', '문지교실'이다. 그러나 두 집단에 끼이지 못한 문인들은

백낙청(1938~)

그들을 가리켜 '한국 문단의 두 마피아'라고 불렀다.

'창비'는 1960~1970년대의 지성인들에게는 '저항의식의 저수지'이자 '문학 비평의 호수'였으며 다양한 진보 담론의 발상지였다. 이 '창비'를 창간한 주역은 백낙청(1938~)이다. 그의 뿌리는 평북 정주이지만 태어난 곳은 대구의 외가다. 법조인인 아버지와 백병원의 설립자인 큰아버지는 6·25전쟁 때 납북되었다.

백낙청은 경기고 졸업 후 미국으로 유학을 떠나 1959년 브라운대 영문과를 졸업하고 1960년 하버드대에서 영문학 석사학위를 취득한 뒤 돌아와 군에 입대했다. 1963년 서울대 영문학과 전임강사를 거쳐 조교수가 된 백낙청은 순수문학이든 관변문학이든 기성문단에 도전하겠다며 1966년 1월 15일 132쪽 분량의 '창작과 비평'을 창간했다.

창간호(1966년 겨울호)에는 편집인 백낙청의 권두 논문 '새로운 창작과 비평의 자세'를 비롯 장 폴 사르트르와 찰스 라이트 밀즈의 번역글, 김승옥과 이호철의 단편소설 등이 실렸다. 유종호의 문학 비평과 김우창·이정식의 서평도 지면을 장식했다. 백낙청은 몇몇 지인의 도움을 받긴 했지만 제호부터 자금 모금에 이르기까지 창간의 전 과정을 사실상 홀로 주도했다.

한자 표기를 줄이고 가로쓰기를 도입한 창간호 2,000부는 지식인 독자들에게 깊은 인상을 심어주어 그런 대로 팔려나갔으나 2호부터는 실적이 좋지 않았다. 그러다가 1967년 여름호(6호)에 방영웅의 장편소설 '분례기'가 연재되면서부터 겨우 안정을 찾았다.

민족문학의 산실로 자리 잡아

창비가 새로운 전기를 맞은 것은, 백낙청이 박사과정을 위해 미국으로 떠나기에 앞서 '창작과 비평사'라는 이름의 잡지사를 설립한 1969년이었다. 백낙청의 도미 후 '창비'를 이끈 인물은 편집장 염무웅(1941~)이었다. 염무웅은 백낙청이 하버드대에서 문학박사 학위를 취득하고 돌아와 편집인으로 복귀한 1972년까지 창비를 거의 혼자서 만들다시피하며 고군분투했다. 이문구, 황석영, 신경림, 김남주, 현기영, 강만길, 리영희 등 스타 글쟁이들이 그를 통해 창비와 인연을 맺었다.

1974년 1월 창비는 새로운 활로를 모색하기 위해 도서출판 '창비'를 설립해 단행본을 출간하기 시작했다. 그해 3월 처음 발간된 아르놀트 하우저의 '문학과 예술의 사회사' 현대편을 시작으로 황석영의 소설집 '객지', 리영희의 '전환시대의 논리' 등을 '창비 신서'라는 이름으로 발행함으로써 창비의 본격적인 단행본 시대를 열었다.

1975년 1월 신경림의 '농무', 조태일의 '국토'로 시작한 '창비 시선'은 김지하의 '타는 목마름으로' 등을 잇달아 내면서 토속적이고 저항성 강한 시인들의 활동공간 구실을 했다. 이후 창비의 문학 출판은 뛰어난 시와 소설들을 발굴하고 간행하는 명실상부한 민족문학의 산실로 자리 잡아 한국 문학의 흐름을 주도했다.

창비는 유신 정권과 첨예하게 대립했다. 이호철, 송기원, 윤흥길, 조태일, 이문구, 황석영 등 창비 문인들이 '개헌청원지지 문인 61인 선언'(1974.1)에 대거 참여하고 1974년 11월 결성된 '자유실천문인협의회'(자실) 설립을 주도하며 박정희 정권에 저항했다.

자실이 문인들의 표현의 자유와 사회의 민주화를 위해 제일 앞에서 싸운 전위부대라면 창비는 이론을 생산하고 구체적인 민족문학 작품들을 내놓은 생산기지 역할을 했다. 이로 인해 창비에는 잡지 회수나 판매금지가 일상화되었다. 백낙청도 리영희의 '8억인과의 대화'가 반공법을 위반했다는 이유로 리영희와 함께 기소되고 학교에서는 해직되었다.

"명예도 챙기고 돈도 챙긴다"는 비판도 있어

백낙청은 1980년 '서울의 봄' 때 복직되었다. 창비에도 봄이 오는 듯했으나 1980년 7월 신군부의 비상계엄하에서 강제 폐간되었다. 5년이 지나도 복간의 기회가 주어지지 않자 창비는 1985년 10월 부정기간행물로 '창작과 비평'을 발간했다. 그러나 등록 없이 정기간행물을 발행했다는 이유로 그해 12월 또다시 출판사 등록이 취소되었다.

결국 1986년 8월 본명 대신 반 토막짜리 이름인 '창작사'로 신규 등록을 하고 1987년에 이뤄진 민주화에 힘입어 1988년 2월 '창작과 비평' 봄호로 복간했다. 그러나 만성적인 적자는 해결되지 않았다. 재정난에 시달리던 창비를 구해준 것은 이은성의 '소설 동의보감'(1990)이었다. 이후 유홍준의 '나의 문화유산 답사기'(1993), 최영미의 시집 '서른, 잔치는 끝났다'(1994) 등의 성공으로 재정적으로도 안정을 찾았다.

이들 대형 베스트셀러들은 창비가 딱딱한 사회과학서나 엄숙한 문학서만을 간행하는 출판사가 아니라 삶에 향기와 윤기를 더해주는 책들을 간행하는 유연한 사고의 출판사임을 새롭게 인식시켜준 계기가 되었다. 그러나 이런 상업적인 성공으로 인해 일부로부터 "명예도 챙기고 돈도 챙긴다"며 "두 마리 토끼를 모두 쫓는 상업출판사"라는 비판을 들어야 했다. '문화권력' 논쟁으로까지 이어져 "가난하던 시절 마음의 고향 같던 창비가 아니다"라는 실망과 한탄의 소리도 감내해야 했다.

문학과 지성 1970년 젊은 문학도 김현(1942~1990)이 동아일보 문화부 기자 김병익(1938~)과 서울대 강사 김치수(1940~)에게 계간지 창간을 제안했다. 황인철 변호사에게는 재정적 지원을 요청했다. 그래서 나온 결과물이 1970년 9월 5일 창간된 계간지 '문학과 지성'(가을호)이다. 창간 초기 '문지'가 가장 시급히 해야 할 일은 '창비'와 구별되는 독자적 문학 이념과 창작 필진을 확보하는 것이었다.

문지는 "창비는 군사정부와의 격렬한 싸움 때문에 문학작품을 정치와 사회에 종속시킬 수도 있다"며 "경직된 사고를 거부하고 반성적 사유와 열린 지성을 옹호한다"는 입장을 표방했다. 현실 참여문학론이 민중 중심의 역사 진보를 맹신하고 투쟁을 위한 구호주의에 안이하게 매몰되는 것에 동의하지 않겠다는 의미였다. '문지'는 서구문학을 중심으로 전개된 최신 문학이론의 수용에 적극적 의사를 표명하는 동시에 한국 문학과 역사에 대한 젊은 인문사회학자들의 연구성과를 최대한 반영해 새로운 한국학의 논리를 세우겠다는 야심도 감추지 않았다.

점차 인간의 실존상황에 대한 관심과 인식의 자유 확대에 공감하는 문인들이 문지로 모여들었다. 소설에서는 이청준, 홍성원, 김원일, 조해일, 조세희, 최인호 등이 지면을 채웠고, 시에서는 황동규, 정현종, 오규원 등이 한국적 전통시에서 벗어나 개인적 삶과 당대 현실의 긴장 관계 속에서 새로운 형식과 내용을 실험하는 시를 선보였다.

문지는 창비와 경쟁 관계를 형성하면서 서서히 한국 문학의 양대 산맥을 구축했다. 그러던 중 1975년 김병익이 동아일보에서 해직되는 사태가 벌어졌다. 김현은 생계 유지 차원에서 출판사를 만들 필요가 있다며 동인들을 설득해 1975년 12월 12일 동인들의 합자로 '문학과 지성사'를 설립해 김병익을 대표로 앉혔다.

'창비'와 함께 한국 문학의 양대 산맥 구축

출판사 '문지'의 첫 작품은 조해일의 '겨울여자'(1976)와 홍성원의 '주말

여행'(1976)이었다. 이어 이청준의 '당신들의 천국'(1976), 윤흥길의 '아홉 켤레의 구두로 남은 사내'(1977), 조세희의 '난장이가 쏘아올린 작은 공'(1978) 등 화제작들이 연이어 출간되었다. 1978년부터는 황동규의 '나는 바퀴를 보면 굴리고 싶어진다'를 필두로 시인선(詩人選) 시리즈를 냈으며 정문길의 '소외론 연구'(1978)와 김학준의 '러시아 혁명사'(1979) 등 사회과학서들도 간행했다.

문지는 1980년 7월 '발행 목적을 위반했다'는 이유로 지령 40호를 마지막으로 강제 폐간되었다. 다만 출판사 문지는 살아남아 활발한 단행본 출판을 통해 계속 한국 문학의 중심 역할을 했다. 폐간된 계간지 문지 동인들은 80년대의 젊은 세대들에게 새로운 잡지의 창간을 맡겼다. 이렇게 해서 이인성, 이성복, 정과리를 편집동인으로 하는 '우리 세대의 문학'이 1982년 5월 무크지로 간행되었다. 1987년 6월 민주화 바람을 타고 문지의 복간이 가능해졌지만 문지 1세대 동인들은 문지를 복간하지 않고 이들 젊은 비평가들에게 잡지 창간의 길을 열어주었다.

권오룡, 진형준, 홍정선, 성민엽, 임우기, 정과리가 '우리 세대의 문학'의 제호를 바꿔 1988년 2월 계간지 '문학과 사회'(문사)라는 새로운 제호로 문지 2세대 비평의 시대를 열었다. 문지 2세대는 2000년 여름호를 마지막으로 다시 김동식, 김태환, 박혜경, 우찬제, 이광호, 최성실 등 후배 비평가들에게 편집권을 넘겨주면서 또 한 차례의 혁신을 단행했다.

이런 과정에서 문지는 편가르기 비평을 한다는 비판을 많이 받았다. 자신들과 가까운 특정 작가들을 위주로 집중 조명하는 등 비평과 창작의 유착이 너무 심하다는 것이다. 또한 문지 동인들이나 참여 문인들 상당수가 서울대 문리대 출신이라는 점도 오해를 불러일으켜 '엘리트 문학주의'라는 비판을 받았다.

한국비료 사카린 밀수사건

삼성그룹의 어두운 보고서였고, 한일 간 경제유착의 어두운 면을 드러낸 첫 번째 사건이었다.

1966년 9월 15일자 경향신문 사회면에 '또 재벌 밀수'라는 큼지막한 제목의 기사가 실렸다. 기사만 아니었으면 조용히 묻혔을 '한국비료 사카린 밀수사건'의 실상이 세상에 알려진 것이다. 기사는 5개월 전 삼성그룹의 자회사 한국비료가 사카린을 밀수했는데 부산세관이 이를 적발하고도 벌금만 물린 채 유야무야했다는 특종보도였다.

한국비료는 요소비료 단일공장으로는 세계 최대 규모인 연산 36만 톤을 목표로 1965년 12월부터 울산에 공장을 짓고 있었다. 당시 공사 진척도는 80% 정도였다. 사카린은 설탕이 귀하던 시절 식료품을 만드는 중요한 공업용 재료로, 4배 정도의 차익이 예상되는 당시로서는 썩 괜찮은 밀수품목이었다.

그러나 당시 밀수는 특정범죄가중처벌법까지 만들어 밀수범에게 최고 사형을 선고할 만큼 사회적 지탄의 대상이었다. 따라서 국내 굴지의 대기업이 밀수를 했다는 사실만으로도 국민들의 공분을 사기에 충분한 사건이었다.

경영 퇴진과 한국비료 헌납을 약속하는 이병철 회장(1966.9.22)

문제가 커질 것 같자 9월 16일 재무부가 진화에 나섰다. 재무부는 "5월 5일 한국비료가 건설자재를 가장해 사카린 원료인 OTSA 2,400부대(3,000만 원 상당)를 울산항으로 몰래 들여와 5월 19일 1,430부대를 부산의 금북화학에 매각하려다 적발되어 부산세관이 2,230만 원의 벌금 및 추징금을 부과하고 OTSA 전량을 압수했다"며 "몇몇 직원의 잘못이지 한국비료의 경영진과는 상관없는 사건"이라고 발표했다. 그러나 언론이 계속 의혹을 제기하고 국회도 관련 장관을 불러 추궁할 방침을 세우자 9월 19일 박정희 대통령이 나서 '원점 재수사'를 지시했다.

당시 언론들이 계속 의혹을 제기하는데도 유독 삼성그룹 소유의 중앙일보와 동양방송만 "한국비료 직원 몇 명이 개인적으로 저지른 범죄에 불과하고 그에 따른 벌금형 처벌을 받았기 때문에 다시 수사하는 것은 '일사부재리' 원칙에 어긋난다"는 삼성 측의 해명논리를 쏟아냈다. 하지만 박 대통령은 왜곡보도가 심각하다며 재벌의 언론 소유 금지방안을 마련하라고 9월 21일 강도 높은 지시를 내렸다.

언론은 "수사가 아니라 수습"이라고 비판

그러자 자칫 1년 전 힘들게 창간하고 개국한 중앙일보와 동양방송을 잃을지도 모른다는 불안감이 삼성그룹 이병철(1910~1987) 회장을 엄습했다. 결국 이 회장은 9월 22일 "건설 중인 한국비료를 국가에 바치고 모든 사업 활동에서 손을 떼겠다"는 대국민 사과성명을 발표했다. 여론이 잠잠해지기를 기다리려는 포석이었으나 언론은 '상투적인 제스처'라는 반응을 보였고, 정부는 "한국비료 준공 후 헌납받겠다"는 입장을 취했다. 이 회장의 사과성명이 있던 그날, 풍운아 김두한 의원이 국민을 대신해 분노를 터뜨렸다. 국회에서 대정부 질문을 하던 중 국무위원석을 향해 똥물을 뿌린 것이다.

검찰이 9월 24일 한국비료 상무 이창희(이병철 회장의 차남)와 이일섭을 구속했으나 언론은 검찰이 짜맞추기식 수사를 하고 있다며 비판의 날을 거두지 않았다. 10월 6일 검찰이 최종 수사 결과를 발표했을 때도 언론은 이창희·이일섭 두 상무와 금북화학 간부 등 7명만을 기소하고 부산세관과 이병철 회장은 무혐의 처리한 것에 대해 실망스럽다는 반응을 보였다. 야당은 "국민이 용서하지 않을 것"이라며 비난수위를 높였고, 언론은 "꿩 대신 닭 잡는 격", "이병철 씨 무혐의는 모순 당착"이라며 "수사가 아니라 수습"이라고 비판했다.

그래도 검찰 발표에 따라 사건은 진정국면으로 접어들었다. 하지만 5·16 후 밀월관계를 유지해오던 박 대통령과 이 회장 간에는 회복할 수 없는 균열과 불화가 자리를 잡았다. 정치권에 실망한 이 회장은 이때 이후 평생을 정치권과 '불가근 불가원'의 관계를 유지했다.

한국비료는 1967년 4월 20일 준공되었다. 그런데 이 회장이 "국가에 헌납하겠다고 말한 적이 없다"며 소유권 이전을 거부하는 일이 벌어졌다. 그러자 중앙정보부가 나서 회사 간부와 큰아들 이맹희를 불러 회유하고 협박했다. 그때서야 이 회장은 고집을 접고 10월 11일 한국비료 주식 51%를 국가에 헌납했다. 1심(1967.3)에서 징역형을 선고받은 이창희·이일섭은 항소심(1968.1)의 집행유예 선고에 이어 대법원 상고심(1969.8)에서도 징역 2년에 집행유예 2년을 선고받아 재판 역시 용두사미로 끝났다.

박정희·이병철의 합작 주장도 있어

밀수사건은 지금까지도 두 가지 문제로 논란을 빚고 있다. "모든 언론이 갑작스럽게 성장한 중앙일보를 시기해 사건을 키웠다"고 이병철 회장이 생전에 언급하고, "박정희 대통령이 이병철 회장과 함께 밀수할 것을 합의해 놓고도 사건이 들통 나자 도마뱀 꼬리 자르듯 삼성을 팽했다"고 이 회장의 장남 이맹희가 1993년의 회고록에서 주장했기 때문이다.

이 회장 말대로 중앙일보는 창간 초기부터 삼성으로부터 엄청난 물량 공세 지원을 받으며 성장해 다른 신문사를 위협하는 수준으로까지 발전했다. 모든 언론이 장장 45일 동안 삼성에 대해 융단폭격을 가한 것도 이 때문이라는 게 이 회장의 주장이다.

이맹희는 회고록에 당시 상황을 이렇게 적고 있다. "일본의 미쓰이사(社)가 한국비료 공장 건설에 필요한 차관 4,200만 달러(실제로는 4,390만 달러)를 기계류로 대신 공급하며 삼성에 리베이트로 100만 달러를 주었으나 불법적인 돈을 국내로 반입하기가 어려웠던 이 회장이 이 사실을 박 대통령에게 알렸고, 정치자금이 필요한 박 대통령과 공장 건설용 장비가 필요한 이 회장이 돈을 부풀리기 위해 밀수 쪽으로 합의해 나와 이창희·이일섭 등이 밀수를 지휘했다." 이맹희는 그러나 밀수 사실을 알게 된 공화당의 한 실력자가 삼성에 정치자금을 요구했을 때 삼성이 이를 거절하자 그가 이 사실을 언론에 폭로했다고 주장했다.

이병철 회장과 이맹희의 주장이 정황상 일리는 있다. 그렇더라도 한국 최대 기업이 밀수를 했다는 사실만은 어떤 경우든 용납하기가 어려운 측면이 있다. 삼성은 1994년 민영화 공개입찰을 통해 한국비료를 되찾았다. 사카린 밀수사건은 그 자체가 삼성그룹의 어두운 보고서였고, 한일간 경제유착의 어두운 면을 드러낸 첫 번째 사건이었다.

김두한 국회에서 똥물 투척

김두한의 정치 생애에서 최고의 하이라이트였지만 한편으로는 그의 퇴장을 알리는 신호탄이었다.

'한국비료 사카린 밀수사건'으로 수세에 몰린 이병철(1910~1987) 회장이 "건설 중인 한국비료를 국가에 바치고 모든 사업 활동에서도 손을 떼겠다"는 폭탄선언을 한 1966년 9월 22일, 열혈남아 김두한(1918~1972) 의원이 마지막 질의자로 국회 발언대 위에 섰다. 그가 "나는 감옥을 별장같이 드나든 사람이며 또 들어갈 결심을 했다", "나는

김두한(1918~1972)

무식하기 때문에 주로 행동에 옮기기를 잘한다"고 말할 때만 해도 그것이 무엇을 뜻하는지 아무도 알지 못했다.

김두한은 뒤이어 "불의와 부정을 합리화시켜준 장관들은 피고"라며 마분지로 둘러싸인 상자를 들고 국무위원석으로 다가갔다. 그리고는 "이건 국민들이 주는 사카린이니 골고루 나눠먹어라"라며 상자 안에 든 물통을 들어 국무위원석 탁자에 쏟아부었다. 자신의 집에서 퍼온 똥물이었다. 정일권 총리, 장기영 경제기획원장관, 김정렴 재무장관, 민복기 법무장관, 박충훈 상공장관 등이 무방비 상태에서 똥물을 맞았다. 본회의장은 순간 아수라장이 되었고 장내는 똥냄새가 진동했다.

김두한의 정치 생애에서 최고의 하이라이트였지만 한편으로는 그의 퇴장을 알리는 신호탄이기도 했다. 느닷없이 벌어진 희대의 사건에 정일권 총리는 "모욕받고는 국정을 보좌할 수 없다"며 국무위원 총사퇴를 발표했다. 국회는 징계안을 회부했다. 이틀 뒤인 9월 24일 김두한은 의원 사직서를 냈다. 사직서가 국회를 통과하자 국회의장(議場) 모독과 공무집행방해죄로 구속 수감되었다. 45번째로 기록된 이날의 철창행은 12월 21일 병 보석으로 끝이 났다.

김두한. 그는 한국 근현대사에서 명멸한 수많은 주먹 가운데 으뜸이었고 늘 화제를 몰고 다녔다. 살아서는 그 자신의 입으로 부풀려진 무용담으로, 죽어서는 소설(조선일보 연재소설 '인생극장')과 영화(임권택 감독의 '장군의 아들'), 그리고 드라마(SBS '야인시대')와 만화 등으로 장르와 시대를 뛰어넘어 끊임없이 재현되며 서민들의 사랑을 받았다.

한국 근현대사에서 명멸한 수많은 주먹 가운데 으뜸

김두한은 서울 낙원동에서 태어났다. 청산리대첩의 주인공 김좌진(1889~1930) 장군이 아버지였다. 독립운동가의 집안이 그렇듯 김두한 역시 가난에 내몰렸고 이 때문에 초등학교도 졸업하지 못했다. 장군의 아들은 청계천의 수표교 밑에서 자랐다.

회고록에서 김두한은 "나를 협객으로 만들어준 것은 어머니와 할머니를 투옥시켜 교동보통학교 2학년생을 거리로 내몬 일본제국주의"라고 회고하면서 "16세의 나이로 조선총독부 요시찰 인물로 등록되어 광복이 될 때까지 주기적으로 유치장을 순회했다"고 썼다. 일본계 하야시패와 영역 다툼을 벌이다 보니 자연스럽게 협객이나 항일주먹으로 인식된 것일 뿐 사실 김두한은 주먹에 의지해 호구를 해결하는 주먹패였다.

해방 후 유명 만담가 신불출의 영향을 받아 좌익계열의 조선청년전위대에 가담했으나 1946년 4월 유진산이 조직한 대한민주청년동맹의 행동대장 격인 감찰부장을 맡은 것을 계기로 우익으로 돌아섰다. 이때의 변신에 대해 딸 김을동은 "아버지는 단순한 사람이었다. '김좌진 장군 암살범은 공산당원'이라는 주위 사람의 한마디에 그냥 확 돌아버린 것"이라고 했다.

다른 주장도 있다. "김좌진 장군의 피살은 일제강점기에 알 만한 사람은 다 아는 사실이었기 때문에 김두한이 모를 리 없었다"면서 "좌익이자 그의 죽마고우 주먹패였던 정진용이 세력 범위를 자신의 영역 쪽으로 넓혀와 우익으로 돌아섰다"는 것이다.

김두한은 1946년 9월 철도노동자들이 용산역에서 파업을 벌일 때 대한민청 별동대를 이끌고 무자비하게 진압했다. 10월의 대구폭동 때도 좌익을 타도하는 데 선봉에 섰다. 1947년 4월 20일 신불출, 문예봉 등 좌익 연예인들이 서울 명동의 국제극장(현 명동예술극장)에서 신탁통치 지지를 내용으로 한 공연을 벌일 때도 부하들과 함께 급습해 정진용 등 여러 명을 납치해 린치를 가했다. 이때 정진용을 포함 2명을 죽여 김두한은 부하들과 함께 미군에 체포되었다.

하고 싶은 일 다 하며 살다 간 사람

한국인 판사 덕에 3명에게만 2~5년형이 선고되고 김두한 등에게는 벌금형이 선고되자 미·소공동위에 참석한 소련 측 수석대표 스티코프가 하지 중장에게 항의했다. 이 때문에 김두한은 1948년 1월 미군정의 재판을 다시 받아야 했다. 재판은 3월 15일 김두한 등 14명에게 교수형, 2명에게 무기징역을 선고했으나 하지의 감형으로 김두한에게만 교수형이 선고되고 나머지는 종신형 혹은 징역형으로 확정되었다. 그러나 김두한은 대한민국 정부 수립 후인 1948년 10월 장출혈로 가석방되었다. 그 후에도 감옥에 들락날락하는 생활은 여전했다.

1954년 5월에는 3대 민의원 선거에 출마해 기생들의 도움을 받으며 주먹 시절 자신의 주 무대였던 서울 종로을에서 무소속으로 당선되어 화려한 변신에 성공했다. 그러나 자유당 정부는 삐딱한 김두한을 당선 6일 만에 살인미수 혐의로 구속했다. 의원들의 석방 결의로 풀려나 우여곡절 끝에 자유당에 몸을 담았으나 곧 한국 야당의 대표 격이 된 민주당에 가담함으로써 극우 반공투사에서 독재에 항거하는 민주적 반공투사로 또 한 번 변신하게 된다.

4·5대 선거에서 연거푸 낙선한 그는 1965년 11월에 실시된 제6대 용산 보궐선거에 출마해 국회의원 배지를 달았다. 그러나 이때도 한국독립당 내란음모 사건으로 또다시 구속되는 신세가 된다. 감옥생활이 지긋지긋할 만도 했을 텐데 석방 후 9개월 만에 똥물을 투척해 또 한 번 감옥행을 자처했다.

김두한은 무심한 가장이었다. 기생들한테는 그렇게 돈을 잘 썼으면서도 집엔 돈을 가져다주지 않았다. 순국선열의 유족에게 지급되는 연금도 몽땅 고아원으로 보냈다. 주변에선 "김두한의 돈은 본 사람이 임자"라는 말이 떠돌 정도로 돈에 대한 개념이 희박했다. 오물사건 후 광산업 등 몇몇 사업에 손을 댔으나 부진을 면치 못해 결국 2년 동안 고혈압에 시달리다 1972년 11월 18일 서울의 한 호텔 객실에서 쓰러진 채 발견되어 나흘 만인 21일 세상을 떠났다.

김을동은 "하고 싶은 대로 하고, 하고 싶은 일 다 하며 살다 간 사람", "아무런 거리낌도 없었고 두려움도 없었던 기인"이라고 아버지를 평했다.

이만희 감독 영화 '만추' 개봉

한국 영화의 예술성을 한층 높인 걸작으로 꼽히지만 필름을 찾을 수 없어 큰 아쉬움으로 남아 있다.

이만희(1931~1975)는 1960년대 한국 장르영화의 달인이자 충무로의 보헤미안이었다. 15년 동안 50편의 영화를 양산하면서도 작품마다 자기 색깔을 놓치지 않은 거의 유일한 감독이었다. 서울에서 태어나 경신고 재학 시절부터 영화를 보는 것이 유일한 취미였던 그는 6·25전쟁 후 안종화 감독의 '사도세자'에 자객으로 출연하면서 영화 이력을 시작했다. 이후 5년 동안 안종화, 박구, 김명제 감독 밑에서 조감독 생활을 하고 영화 '인력거'의 시나리오 작업에 참여하면서 영화를 천직으로 삼았다.

감독 데뷔작은 1961년 1월 25일 국제극장에서 개봉한 '주마등'이었다. 이 영화가 이만희에게 각별했던 것은 데뷔작인데다 그가 연출한 총 50편의 영화 중 25편의 영화에서 주연을 맡은 문정숙과의 만남 때문이었다. 당시 기혼자였던 이만희와 미혼자였던 문정숙이 연인 사이였다는 것은 공공연한 비밀이었다.

이만희가 연출력과 흥행력에서 인정을 받은 첫 영화는 1962년 8월 9일 개봉한 '다이알 112를 돌려라'였다. 당시로는 그리 대중적이지 않았던 스릴러 장르의 이 영화로 이만희는 감독으로서의 역량을 인정받은 것은 물론 10만 명 이상의 관객을 끌어들여 상업성까지 인정받았다.

이만희를 당대 최고의 흥행 감독으로 끌어올린 것은 '돌아오지 않는 해병'의 성공이었다. 1963년 4월 11일 국도극장에서 개봉한 '돌아오지 않는 해병'은 전쟁영화로는 최초로 20만 관객 동원이라는 기록을 세워 영화계를 놀라게 했으며 오늘날에는 한국 전쟁영화의 한 획을 긋는 기념비적인 작품으로 평가받고 있다.

그러나 이런 성공의 기쁨도 잠시뿐, 이듬해 시련이 그를 기다리고 있었다. 예고편이 극장에서 상영되고 있던 '7인의 여포로'가 반공법을 위반했다는 이유로 1964년 12월 18일 구속영장이 청구된 것이다. 북한 인민군에게 잡힌 국군 간호장교 포로 7명의 이야기를 다룬 영화에서 북한군이 국군보다 더 좋은 옷차림을 하고 있고 또 국군이 바보스럽게 묘사되어 북한이 더 우월한 체제로 보이게 했다는 것이다.

다행히 구속영장은 기각되고 필름에 대해서만 압수수색 영장이 발부되었다. 그러나 중앙정보부가 나서 이만희의 구속을 주도하는 바람에 이만희는 결국 1965년 2월 5일 반공법 위반 혐의로 구속 기소되었다. 3월 15일 보석으로 석방되긴 했지만 재판을 받는 동안 각계에서는 이만희를 옹호하는 성명서를 발표하고 정부에는 진정서를 제출

이만희(1931~1975)

했다.

이만희는 재판 중에도 '7인의 여포로' 내용의 일부를 삭제하고 보충 촬영을 통해 재편집한 뒤 '돌아온 여군'으로 제목을 바꿔 1965년 8월 27일 개봉했다. 그러나 당국의 검열로 이미 누더기가 된 영화의 흥행 결과는 참혹했다. 이런 가운데 법원이 12월 8일 선고유예 판결을 내림으로써 사건은 일단락되었다.

반공영화를 만들고도 반공법 위반으로 구속돼

반공영화를 만들고도 반공법 위반으로 구속되는 시련을 겪었는데도 불구하고 이만희는 고집스럽게 다시 반공 전쟁영화로 돌아왔다. 그런데 "진짜 반공영화를 만들겠다"며 만든 '군번 없는 용사'(1966.3.23 개봉) 역시 북한군의 제복이 너무 멋지다는 이유로 중앙정보부에 끌려가 조사를 받는 어처구니없는 일이 또다시 벌어졌다. 이뿐만이 아니었다. '천국의 사랑'은 촬영이 50% 정도 진행된 시점에서 제작정지 처분을 받았고 '포대령'이라는 영화는 제작허가조차 받지 못했다.

그렇다고 영화에 대한 열정이 수그러들 이만희가 아니었다. 자신의 대표작이자 한국 영화사를 빛낸 주옥 같은 작품 중 하나로 손꼽히는 '만추'를 1966년 12월 3일 명보극장에서 개봉한 것이다. 3일 동안의 특별휴가를 얻어 어머니 성묘를 가는 살인 복역수 문정숙과 위폐범으로 지명수배되어 쫓기는 신성일 두 사람이 펼치는 인생의 불안과 고독 그리고 사랑을 그린 '만추'는 촬영과 녹음이 보름 만에 완성되고 출연진이라야 신성일과 문정숙 두 사람이 사실상 전부였는데도 20만 명의 관객을 끌어들여 이만희 영화의 정점을 찍었다.

'만추'는 각종 영화상을 휩쓸었다. 베를린 영화제에도 출품되고 몇 편의 영화로도 리메이크되었다. 1975년 김기영 감독의 '육체의 약속'(김지미 주연), 1982년 김수용 감독의 '만추'(김혜자 주연), 2011년 김태용 감독의 '만추'(현빈·탕웨이 주연)로 국내에서 세 차례에 걸쳐 리메이크되었으며 일본에서도 1972년 '약속'이라는 제목으로 리메이크되어 그해 일본영화 베스트5에 올랐다. '만추'는 이처럼 한국 영화의 예술성을 한층 높인 걸작으로 꼽히지만 원판 필름은 물론 지방 상영을 위해 복사한 필름도, 외국에 수출한 필름도 사라지고 없어 한국 영화계의 큰 아쉬움으로 남아있다.

반면 아예 개봉도 하지 않아 존재조차 불투명했던 영화 중 37년 만에 부활한 영화도 있었다. 1968년작으로 추정되는 '휴일'은 "우울하고 퇴폐적인 정서"라는 이유로 검열을 통과하지 못하고 상영금지 처분을 받아 사실상 이 영화에 관한 기록이 남아 있지 않았는데도 2005년 필름이 발견되는 기적 같은 일이 벌어진 것이다. 이만희는 1975년 4월 3일 쓰러졌다. 마지막 영화가 될 '삼포 가는 길'의 편집을 하다가 쓰러진 그는 결국 열흘 뒤 44살의 젊은 나이로 세상을 떠났다. 개성파 영화배우 이혜영이 그의 딸이다.

패티김·길옥윤의 결혼

부부 콤비의 활약은 대단했다. '서울의 찬가', '못잊어' 등 주옥같은 곡들이 쏟아져 나왔다.

패티김(1938~)은 서구적 외모, 시원한 목소리, 깔끔한 무대 매너, 엄격한 자기관리를 통해 1960~1980년대를 풍미하며 가요사의 한 페이지를 장식한 카리스마 넘치는 대형 가수다. 길옥윤(1927~1995)은 탄탄한 실력과 뛰어난 감수성으로 작곡한 3,000여 곡을 통해 국내 가요의 차원을 한 단계 높였다는 평가를 듣고 있다.

본명이 김혜자인 패티김은 중앙여고 시절에 이미 교내 행사를 주름

파월 장병들을 위해 위문공연을 하고 있는 패티김과 길옥윤(1967.5.1)

잡을 정도로 노래에 재능이 있었다. 1959년 3월 미8군 무대에 데뷔했을 때의 예명은 린다김이었다. 그녀는 당시 많은 가수가 인형처럼 가만히 서서 노래를 부른 것과 달리 마이크를 들고 무대를 누비고 다녔다. 1959년 천재 작곡가 박춘석(1930~2010)이 찾아왔고, 그녀는 박춘석의 번안곡 '틸(사랑의 맹세)'과 '파드레'를 수록한 첫 독집 음반을 냈다. 린다김이 길옥윤을 처음 알게 된 것은 1960년 미8군 가수 공연단의 일원으로 일본에 갔을 때였다.

길옥윤은 평북 영변에서 태어나 평양고보를 거쳐 경성제대 치과의학전문학교(현 서울대 치대)에 입학했다. 대학 시절, 그는 음악에 대한 미련 때문에 치대를 중퇴하고 한동안 음악대학에 적을 두었으며 박춘석 등과는 그룹 '핫팟'을 만들어 연주활동을 했다. 1950년 1월 일본으로 밀항한 뒤에는 재즈밴드 '길옥윤과 크루 캐츠'란 악단을 만들어 색소폰 연주자로 이름을 날렸다. 본명이 최치정인 길옥윤은 일본식 예명 요시야 준(吉屋潤)의 한국식 발음이다.

패티김은 일본에서 귀국한 후 "미국의 패티 페이지만큼 유명해져라"라는 미8군 쇼단 단장의 권유로 이름을 린다김에서 패티김으로 바꿨다. 이후 동남아와 홍콩, 일본, 대만 등을 무대로 활약을 펼치고 1962년에는 피카디리극장에서 국내 최초로 개인 리사이틀을 열었다. 1962년 공연차 건너간 일본에서 길옥윤을 다시 만났으나 그때까지만 해도 음악인끼리의 만남이었을 뿐 그 이상의 무엇은 없었다.

길옥윤의 고백에 출국 포기하고 사랑 받아들여

1963년 4월 패티김은 한국 가수 최초로 꿈의 무대인 미국 라스베이거스에 진출하고, 미국의 유명한 TV쇼인 '자니 카슨 투나잇 쇼'를 비롯 각종 TV쇼에 출연하며 얼굴을 알렸다. 그러던 중 어머니가 위독하다는 전갈을 받고 1966년 2월 3년 만에 귀국했다. 마침 길옥윤도 어머니가 위독하다는 연락을 받고 1개월 전 귀국해 있었다.

패티김과 길옥윤 두 사람이 1개월 사이로 귀국하자 방송들은 수시로 두 스타를 함께 묶는 특집 프로그램을 기획했다. 두 사람은 자연스럽게 가까워졌고 길옥윤은 당찬 모습의 패티김에게 호감을 느꼈다. 그러나 패티김은 1966년 4월이 지나면 다시 미국으로 떠날 예정이었다.

출국날이 다가오자 애가 탄 길옥윤은 사랑의 감정을 표현한 노래를 작곡했다. 그리고 4월 어느 날, 심야에 패티김에게 전화를 걸어 자작곡 '4월이 가면'을 불렀다. 사랑한다는 말도 잊지 않았다. 길옥윤의 사랑 고백에 패티김은 출국을 포기하고 그의 사랑을 받아들였다.

두 사람은 1966년 12월 10일 워커힐 호텔에서 김종필 당시 공화당 의장의 주례로 3,000여 명의 하객이 지켜보는 가운데 성대하게 결혼식을 올렸다. 두 사람은 하객만을 위한 '4월이 가면'과 '사랑의 세레나데' 2곡이 담겨있는 음반을 한정 제작해 배포했다.

1967년 12월 열린 길옥윤의 첫 리사이틀에서 두 사람은 '사랑하는 마리아'를 함께 불러 팬들로부터 박수갈채를 받았다. 길옥윤이 작곡하고 패티김이 노래한 부부 콤비의 활약은 대단했다. '서울의 찬가', '못잊어' 등 주옥같은 곡들이 쏟아져 나왔다.

그러나 곧 시련이 찾아왔다. 길옥윤이 연이어 사업에 실패하고 1971년 8월 재즈를 배운다며 홀로 미국으로 떠난 게 문제였다. 서로 다른 성격도 갈등을 부채질했다. 길옥윤은 낙천적이고 방랑하는 성격에 술을 좋아한 반면 패티김은 의지가 굳고 침착했으며 계획성이 강했다.

‘길옥윤 이별 콘서트’ TV 생방송은 감동의 무대

패티김이 공전의 히트를 기록한 ‘이별’은 그 무렵 길옥윤이 미국에서 작곡해 보낸 곡이다. 그러나 두 사람의 관계는 이미 파경으로 치닫고 있었다. 1972년 9월 두 사람은 결국 ‘이별’ 노래의 가사처럼 이혼을 발표했다. 비록 이혼은 했어도 두 사람은 한동안 음악작업을 함께 했다. 1974년 6월 제4회 도쿄 국제가요제에 ‘사랑은 영원히’로 함께 출전해 3위에 입상했다.

패티김은 1976년 3월 이탈리아계 미국인과 뉴욕에서 재혼했다. 1978년 국내 대중가수로는 최초로 세종문화회관 무대에 서고, 1989년 미국의 카네기홀에서 공연을 여는 등 활발하게 활동했다.

길옥윤은 1977년 ‘당신은 모르실 거야’ 등으로 여가수 혜은이를 정상에 올려 제2의 전성기를 구가했다. 1980년엔 28세 연하의 여성과 결혼해 딸을 얻었다. 음악의 지평을 넓혀 서울올림픽 폐회식 음악과 마셜제도공화국의 국가를 작곡하기도 했던 길옥윤은 1988년 일본으로 건너갔다가 1994년 암 판정을 받고 영구 귀국했다.

1994년 6월 SBS에서 마련한 ‘길옥윤 이별 콘서트’ 특별 생방송은 모든 사람의 눈시울을 뜨겁게 한 감동의 무대였다. 생명의 끈이 얼마 남지 않았던 길옥윤을 위해서 패티김은 다른 공연 일정을 취소하고 방송에 출연, 진심 어린 마음으로 열창했다. 길옥윤은 병의 악화로 의식이 가물가물한 상태에서 작곡을 하며 재기를 꿈꿨으나 결국 1995년 3월 17일 눈을 감았다. 그가 병상에서 작곡한 ‘인형의 노래’ 등 새 노래 8곡과 ‘4월이 가면’, ‘이별’ 옛 노래 2곡은 한 달 뒤 패티김에 의해 유작 앨범으로 발매되었다.

KIST 설립과 최형섭

현대적 과학기술 정책을 정착시키고 1970년대 중화학공업 발전을 위한 청사진을 마련했다는 평가다.

1965년 5월 18일 박정희 대통령과 존슨 미 대통령 간의 한미정상회담이 백악관에서 열렸다. 회담 후 두 정상은 한일 국교 정상화 이후에도 대한(對韓) 원조 계속, 군원(軍援) 이관 계획의 재검토, 주한미군지위협정 원칙 합의, 공업기술연구소 설립 등을 골자로 한 공동성명서를 발표했다. 이 가운데 '공업기술연구소 설립'은 한국이 베트남에 전투병력을 파견하기로 결정한 데 대한 보답의 표시로 존슨 대통령이 공과대학을 설립해 주겠다고 제안한 것을 박 대통령이 공과대학 대신 연구소 설립을 지원해 달라고 요청해 이뤄졌다.

박 대통령은 왜 기술연구소를 선택한 것일까? 한미 정상회담이 있기 반년 전인 1964년 말, 박 대통령은 대한화학회지에 실린 최형섭(1920~2004) 당시 원자력연구소장의 논문 '캐나다의 과학기술정책'을 읽고 최 소장을 부른 적이 있었다. 최형섭은 일본 와세다대를 졸업하고 1958년 미국의 미네소타대에서 화학야금학으로 박사학위를 받은 정통 과학자였다. 1959년 국산자동차 부사장과 상공부 광무국장을 거쳐 1962년 4월부터 원자력연구소장을 맡고 있었다.

박 대통령이 "우리의 과학기술을 어떻게 하면 좋겠느냐"고 물었다. 최 소장은 '아는 교육'에서 '하는 교육'으로 과학교육을 바꿔야 한다며 "기업과 학계를 연계하는 매개체가 필요하다"고 대답했다. 당시는 국내에 기업이 필요로 하는 생산기술을 연구하는 곳이 한 곳도 없었기 때문에 우리에게 당장 필요한 것은 학구적인 연구가 아니라 기업이 원하는 생산기술이고 이 기술을 개발하려면 기업과 학계를 연계하는 기술연구소가 필요하다고 답한 것이다.

그래서 탄생한 것이 1966년 2월 3일 최형섭 박사가 초대 소장으로 임명되고 2월 10일 공식 설립된 한국과학기술연구소(KIST)다.

KIST 설립을 위해 한미 양국은 각각 1,000만 달러를 투자했다. 미국의 자금은 주로 연구기기 구입과 자매결연 연구소인 바텔연구소의 기술용역비에 쓰였다. 박 대통령은 최 소장에게 임명장을 주면서 "인사청탁을 받지 말 것", "예산을 얻으려고 구차하게 경제기획원을 들락거리지 말 것" 두 가지를 당부했다. 사무실은 아직 독자적인 연구소 건물이 없어 서울 YMCA 건물에 임시로 만들어졌다.

해외 한국인 과학자 파격적으로 대우해

기초과학보다 철저하게 산업과 연계된 기술을 개발하는 것이 급선무라고 판단한 상황에서 최 소장의 고민은 유능한 인재를 어떻게 모을 것인가로 집중되었다. 해외의 한국인 과학자들을 유치해야겠는데 문제는 합당한 대우였다. 최 소장은 박 대통령의 전폭적인 지원을 받으며 해외 과학자들이 안정된 환경에서 연구에 전념할 수 있도록 집을 마련해주고, 당시 국내에는 없는 의료보험을 미국 회사와 계약하여 들게 해주었다.

봉급은 연구자가 돈이 너무 많으면 연구를 소홀히 한다는 평소 최 소장의 지론에 따라 재미 과학자들이 미국에서 받던 봉급의 약 4분의 1 수준으로 책정했다. 그런데도 당시 국립대 교수의 세 배나 되어 교수들의 반발을 샀다. 심지어 박 대통령보다 월급을 더 많이 받는 사람도 적지 않았으나 박 대통령은 최 소장이 정한 봉급체계를 인정해 주었다.

KIST 육성법안 제정도 간단치 않았다. 최 소장은 "감사원에서 연구소를 감사하게 되면 연구원들이 잡무에 시달려 본업을 소홀히 하게 된다"며 외부로부터 회계감사나 사업계획 승인을 받지 않아도 되는 법안을 마련했다. 이 법안 역시 박 대통령의 승인을 받았으나 국회를 통과하는 과정에서 공인회계사를 고용하여 회계감사를 시킨 뒤 보고서를 정부에 보내는 것으로 바뀌었다.

연구소 부지도 농림부 임업시험장이 있던 서울 홍릉 38만 평 전부를 연구소 부지로 사용할 수 있도록 박 대통령이 전폭적으로 지원해 주었으나 최 소장은 농림부의 체면을 세워 주기 위해 15만 평만 부지로 받아들였다. 연구소 건물은 1966년 10월 6일 기공되어 3년 만인 1969년 10월 23일 준공되었다.

최형섭(1920~2004)

연구소 설립 후 한동안은 기업체로부터 위탁받은 프로젝트가 없어 정부의 지원만으로 유지되다가 설립 6년째가 되면서 연구 계약실적이 1,000만 달러를 넘어 본궤도에 올라섰다. 1970년대 중반에는 2,000만 달러가 되어 정부의 지원금이 없어도 운영할 수 있게 되었다. KIST는 1970년대의 '개발 연대'에 산업기술 개발을 통한 공업 현대화를 뒷받침하고 과학기술 기반을 확충하는 데 기여함으로써 경제성장과 과학발전의 견인차 역할을 했다.

KIST에 시련이 다가온 것은 1981년이었다, 전두환 정권이 1981년 1월 5일 KIST를 한국과학원(KAIS)과 강제로 통합시켜 한국과학기술원(KAIST)을 발족시킨 것이다. KAIS는 1971년 2월 과학기술 인력을 양성할 목적으로 석·박사 교육기관으로 설립된 조직이다. 그러나 첨단 원천기술을 개발하는 종합연구소 설립의 필요성이 또다시 부각되어 1989년 6월 12일 다시 KIST로 독립했다.

과학행정가로서 최형섭의 역량이 제대로 발휘된 것은 1971년 6월부터 1978년 12월까지 7년 6개월간 최장수 과학기술처 장관으로 재직할 때였다. 오늘날 최형섭에 대해서는 KIST 소장과 과학기술처 장관으로 있는 동안 현대적 과학기술 정책을 정착시키고 1970년대 중화학공업 발전을 위한 청사진을 마련했다는 평가가 지배적이다. 2001년 KIST에 '최형섭 기념관'이 만들어지고 2003년 '과학기술자 명예의 전당'에 헌정되었다.

박맹호 민음사 설립

문학적 자질이 부족함을 인정하고 다른 사람이 좋은 책을 내도록 뒷받침하는 것을 운명으로 받아들였다.

2003년 국내 78개 출판사 편집장들이 '국내에서 가장 우수한 출판사'를 선정했을 때, 1위의 영광은 민음사에 돌아갔다. 민음사 대표 박맹호(1934~)는 '광복 후 국내 출판문화에 가장 공적이 큰 출판인' 조사에서도 1위로 선정되어 겹경사를 누렸다. 박맹호는 한국의 출판사(史)에 굵직한 발자국을 남기며 단행본 출판의 외길을 걸어간 출판인이다. 문학은 물론 철학과 사상 분야의 각종 이론들을 국내에 소개함으로써 한국의 지식사회도 이끌었다.

그는 충북 보은에서 태어나 1956년 서울대 불문과를 졸업했다. 정미소와 버스회사를 운영하고 5대 국회의원을 지낸 선친은 장남이 가업을 물려받기를 원했으나 박맹호의 꿈은 다른 곳에 있었다. 학창시절 그의 꿈은 소설가였다. 중고교 때는 그의 글이 학생잡지에 실리고 대학 때는 이런저런 학내 응모에 당선되었다. 그러나 중앙일간지 신춘문예에 최종심까지 올라갔다가 낙선하자 문학적 자질이 부족함을 인정하고 다른 사람이 좋은 책을 내도록 뒷받침하는 것을 천직으로 받아들였다. 그 결과물이 1966년 5월 19일 서울 청진동 옥탑방에서 문을 연 '민음사'다.

민음사의 첫 작품은 시인 신동문이 번역한 '요가'였다. 우리나라에 요가를 처음 소개한 이 책은 2만 부가 팔리는 베스트셀러가 되었다. 그러나

박맹호(1934~)

뒤이어 출판한 몇 권의 소설과 인문서가 큰 적자를 내고 경영 미숙까지 겹쳐 몇 년 동안 어려움을 겪었다. 박맹호는 1970년대에 복사 출판에 손을 댔다. 당시 건축가들 사이에 인기가 있던 '건축설계자료집성'이라는 6권짜리 전집이었다. 우리나라가 아직 저작권조약에 가입하지 않았을 때라 박맹호는 일본의 건축 책을 고스란히 복사해 팔아 큰돈을 벌었다.

그렇게 번 돈으로 박맹호가 주목한 것은 문학이었다. 박맹호는 문학의 본령은 시에서 출발한다는 '문학과 지성사' 김현의 말에 공감하고 새로운 시문화를 일으키자는 데 의기투합했다.

당시의 시집은 무겁고 딱딱한 양장본이 대부분이었다. 더구나 외국의 시들은 일본어로 번역된 것을 우리말로 옮긴 것들이어서 독자들로부터 외면당했다.

좋은 책 발간 뒷받침을 천직으로 받아들여

박맹호는 과거의 형식에서 탈피한 '세계 시인선'을 1972년 처음 선보였다. 마침 30대의 젊은 외국문학 전공자들이 속속 귀국하고 있었다. 1974년 11월 발행하기 시작한 '오늘의 시인총서'는 "시집도 팔릴 수 있다"는 것을 처음으로 확인시켜 주었다.

'문학과 지성'지 편집동인이 편찬하고 민음사에서 발간한 '오늘의 시인총서'는 몇 가지 기록을 갖고 있다. 우선 판형이 파격적이었다. 요즘 출판사들이 내고 있는 시집 판형은 이 '오늘의 시인총서'로부터 비롯되었다. 가로쓰기를 처음 시도하고 염가로 판매되었다. '오늘의 시인총서' 첫 시집으로는 김수영의 '거대한 뿌리'를 비롯 김춘수의 '처용', 정현종의 '고통의 축제' 등 5권이 발간되었다.

민음사는 1976년 계간 '세계의 문학'을 창간해 외국문학의 흐름과 움직임을 국내에 소개하는 한편 우리 문학의 세계화에도 기여했다. '세계의 문학'은 1977년 당시로서는 획기적인 작가 발굴제도인 '오늘의 작가상'을 제정했다. 제1회 수상작품인 한수산의 '부초'를 비롯해 2회 박영한의 '머나먼 쏭바강', 3회 이문열의 '사람의 아들' 등 수상작들은 잇따라 수십만 부에서 100만 부가 팔리는 슈퍼베스트셀러가 되었다.

1980년 윤흥길의 '장마', 전상국의 '우상의 눈물' 2권으로 시작된 '오늘의 작가총서'는 이후 최일남, 이호철, 최인훈, 박완서, 이청준, 조선작 등이 작품을 내놓아 판을 뒤흔들었다. 1983년 김우중 당시 대우그룹 회장의 지원으로 시작된 '대우학술총서'는 언어학, 고고학, 심리학, 풍속사, 지질학, 역학 등을 포괄해 우리나라 학술출판의 모범이 되었다. 대우학술총서는 20년 가까이 모두 424권을 냈다.

민음사의 최대 히트작은 1988년 출판한 이문열의 '삼국지'로, 2012년 현재 1,700만 부 이상이 팔려나가 민음사에 큰돈을 안겨주었다. 1998년 오비디우스의 '변신 이야기' 등 10권으로 첫선을 보인 '세계문학전집'은 어느덧 300권을 넘어서고 발행부수는 2012년 11월 현재 1,000만 부를 넘어섰다.

이후 민음사는 어린이책을 전문으로 하는 '비룡소'(1994), 대중문화 전문출판사 '황금가지'(1996), 과학전문 출판사 '사이언스북스'(1997), 논픽션 분야에 특화된 '민음인'(2005), 다양한 시각문화를 소개하는 '세미콜론'(2005) 등 자매 출판사로 분화되었고 출판사마다 성공을 거둬 명실상부한 한국 최고의 출판그룹으로 성장했다.

김기수 한국 복싱 사상 첫 세계챔피언 등극

우리도 언제든 이길 수 있다는 자신감을 전 국민에게 심어준 것이야말로 진정한 선물이었다.

15라운드가 끝나고 발표된 점수는 1대 1이었다. 한국 부심은 72대 69로 김기수가, 이탈리아 부심은 68대 72로 챔피언 니노 벤베누티가 우세하다고 판정했다. 곧 승패를 가를 미국 주심의 채점이 발표되었다. "벤베누티 68…"이라고 발표하는 순간 장충체육관을 가득 메운 8,000여 명의 관중석에서는 박수와 환호가 쏟아졌다. "이겼다"라는 반응이었다.

뒤이어 김기수의 점수가 발표되었다. "김기수 칠시입…" 하는 순간 장내는 함성의 도가니였다. '74점'의 뒷자리 숫자 '4'는 환호성에 묻혀 들리지도 않았고 들을 필요도 없었다. 1만 가구당 1대꼴로 TV 보급률이 극히 낮았던 시절, 이 집 저 집에 모여 TV로 그 순간을 지켜보던 전국의 모든 국민도 함성을 터뜨렸다.

1966년 6월 25일 밤 10시 20분, 우리나라 프로복싱 사상 최초의 세계챔피언은 이렇게 탄생했다. 김기수 개인으로는 6년 전 그에게 통한의 1패를 안겨주었던 이탈리아의 벤베누티를 2대 1 판정승으로 멋지게 설욕하고 WBA 주니어미들급 세계챔피언에 오르는 감격의 순간이었다.

세계챔피언 등극 후 기뻐하는 김기수(1966.6.25)

승리가 확정된 순간 김기수는 귀빈석의 박정희 대통령에게 달려갔다. 박 대통령은 땀에 젖은 김기수를 얼싸안고 챔피언 벨트를 손수 채워주었다.

김기수(1941~1997)는 함남 북청

에서 유복자로 태어났다. 1958년 도쿄 아시안게임 웰터급에서 우승하면서 복서로 이름을 날렸다. 중량급으로서는 한국 복싱 최초의 국제대회 우승이었다. 승승장구하며 '동방불패'로 불리던 김기수에게 아마추어 전적 유일의 1패를 안겨준 것은 1960년의 로마 올림픽에서 만난 벤베누티였다. 8강전에서 패한 김기수는 칩거에 들어갔고 결국 1962년 아마추어 전적 87승 1패를 뒤로한 채 프로세계로 뛰어들었다.

정부의 개런티 지불은 사상 유례없어

김기수의 꿈은 올림픽 금메달리스트에서 프로복싱 세계챔피언으로 바뀌었다. 주요 무대는 일본이었다. 치르는 경기마다 KO승을 거두자 역도산이 자신의 체육관으로 스카우트했다. 당시 역도산은 프로복싱과 프로레슬링 도장인 '리키 파레스' 체육관을 운영하고 있었다.

1965년 동양챔피언까지 꿰찬 김기수의 목표는 당시 세계챔피언 벤베누티였다. 김기수도 무패(34승 2무)의 복서였지만 벤베누티 역시 무패(64전승)를 자랑했던 터라 박빙의 게임이 예상되었다. 그러나 1인당 GNP가 200~250달러에 불과하던 시절에 한국 복싱계의 역량이나 경제력으로 세계타이틀전을 유치한다는 건 하늘의 별따기처럼 어려웠다.

대전료 5만 5,000달러를 구하지 못해 동분서주하고 있을 때 박정희 대통령이 불렀다. "자신 있느냐"는 물음에 "자신 있다"고 대답하는 순간 경기는 성사된 것이나 마찬가지였다. 정부에서 개런티를 지불하기로 한 사상 유례가 없는 경기는 1966년 6월 25일 밤 9시 18분 시작되었다.

김기수의 승리는 우리도 세계챔피언을 보유했다는 정도로 만족할 일이 아니었다. 당시의 우리 수준으로는 도저히 불가능한 아득한 경지로 여겨지던 '세계 최강'이나 '세계 최고'를 경험함으로써 우리도 언제든 이길 수 있고 도달할 수 있다는 자신감을 전 국민에게 심어준 것이야말로 김기수의 승리가 가져다 준 진정한 선물이었다.

김기수는 6개월 간격으로 미국 선수를 상대로 2차례의 방어에 성공했다. 그러나 1968년 5월 이탈리아에서 치러진 3차 방어전에서 산드로 마칭기에 판정패했다. 프로 입문 최초의 패배 후에도 김기수는 한동안 권투를 계속하다가 1969년 5월 프로 전적 49전 45승(16KO) 2무 2패를 기록하고 조용히 글러브를 벗었다.

한국 복싱은 한동안 세계챔피언 없는 시기를 보냈다. 그러나 우리도 세계 최고가 될 수 있다는 김기수의 선례는 1974년 홍수환을 WBA 밴텀급 챔피언으로 만들고, 1975년 유제두를 WBA 주니어미들급 왕좌에 오르게 했다. 한국 복싱의 중흥기가 시작된 것이다.

중국 문화대혁명

홍위병들은 속절없이 무너져 내리는 사회에는 관심이 없었다.

1966년 8월 18일 아침, 인민복 차림에 붉은 완장을 찬 늙은 영웅 모택동(1893~1976)이 노쇠한 몸을 이끌고 천안문 누각 위로 올라갔다. 그 순간 천안문광장을 가득 메운 100만 명의 젊은이가 모택동 찬양가 '동방홍(東方紅)'을 큰 소리로 부르며 열광했다. 중국 전역을 휩쓸고 갈 광기의 함성이었다.

그날 종일 계속된 '무산계급 문화대혁명 경축 군중대회'에서 국방장관 임표는 "자본주의 실권자들을 무력으로 타도하자! 반동적인 부르주아 권력을 타도하자!"고 외쳤다. 다른 연사들은 "낡은 세계를 쳐부수어 위대한 프롤레타리아 문화혁명을 단호히 수행하자"고 촉구했다. 그날 천안문광장을 가득 메운 홍위병들에게 모택동은 나침반이자 정신적 양식이었으며 손오공의 여의봉이었다.

문화대혁명이 있기 전인 1959년, 모택동은 대약진운동의 실패로 위기에 몰리자 유소기(1898~1969)에게 국가 주석직을 넘겨주고 자신은 당주석 자리만 유지한 채 외형상 권력 핵심에서 비껴나 있었다. 유소기 등 실용주의자들은 시장경제를 도입해 망가진 경제를 살리며 당내 입지를 키워나갔다. 그러자 위기감을 느낀 모택동은 "중국이 개인주의와 자본주의 경향으로 흐른다"며 강한 불만을 터뜨렸다.

모택동은 실용주의자들의 부상을 자신의 몰락으로 받아들였다. 국방장관 임표가 이끄는 인민해방군이 든든하게 자신을 지지하고 있다는 사실만이 그를 안도하게 했다. 모택동은 문화, 예술, 학술 전반에 걸친 은밀한 반격을 준비했다. 그의 처 강청이 모택동의 의중을 파악한 것도 그 무렵이었다.

1965년 11월 10일 상해 당 기관지 문회보에 한 편의 논문 '신편 역사극 해서파관을 평한다'가 실렸다. 모택동과 훗날 문화혁명파로 불린 세력들이 궁지에서 벗어나기 위한 신호탄이자 중국을 광란으로 몰아갈 전주곡이었다. 논문은 '4인방'의 한 사람인 요문원이 썼다. '해서파관(海瑞罷官)'은 '해서가 관직을 파면당하다'라는 뜻의 경극 대본으로, 북경의 부시장이자 저명한 역사학자인 오함이 1960년 썼다. 명나라 가정제 때 청렴결백한 관리 '해서'가 재상들이 백성들로부터 빼앗은 토지를 되돌려 주도록 가정제에게 상소했다가 억

문화대혁명의 광기

울하게 파직된다는 내용을 담은 대본이 5년이 지나 새삼스럽게 비판을 받은 것이다.

요문원은 '해서파관'이 모택동을 가정제로, 팽덕회를 해서로 풍자해 팽덕회의 복권을 꾀하는 것이라고 주장했다. 팽덕회는 1959년 모택동의 대약진운동의 실패를 비판하다가 숙청된 혁명 1세대였다. 논문은 또 "'해서파관'은 프롤레타리아 독재와 사회주의에 반대하는 독초"라고 혹독하게 비판했다. 당시 학계는 논문을 단순한 학술논쟁 정도로 생각했으나 유소기 국가주석과 주은래(1898~1969) 총리는 논문이 자신들을 겨냥하고 있다는 사실을 어렴풋이 느끼고 있었다.

점차 집단 최면상태로 빠져들어

예상대로 해방군보와 인민일보 등이 논문을 전재하며 '해서파관'의 의미를 공론화하자 유소기는 이 문제를 정치투쟁으로 확대하지 말도록 '2월 요강'을 작성했다. 그러나 모택동과 추종자들은 '2월 요강'을 격렬하게 비판하며 예술과 문학에 대한 군중비판을 요구했다.

1966년 5월에 열린 당 중앙위 정치국 확대회의는 물밑에서 숨가쁘게 진행되어온 문화혁명파의 움직임이 수면 위로 떠오르는 자리였다. 회의를 통해 '프롤레타리아 문화대혁명' 지도강령이 채택되었다. 5월 16일에는 모택동의 뜻이 반영된 이른바 '5·16통지'가 참석자들에게 전달되었다. 5·16통지에는 2월 요강을 폐기하고 당·정·군 등에 포진하고 있는 반혁명 수정주의 분자에 대한 엄중한 비판과 경고가 담겨 있었다. 5월 25일 충격적인 대자보가 북경대에 등장하고, 6월 1일자 인민일보에 '모든 잡귀를 소탕하라'는 제목의 사설이 게재되면서 중국은 점차 집단 최면상태로 빠져들었다.

6월 초에는 북경의 청화대학 부속중 교내에 "우리는 붉은 정권을 방위하는 위병(衛兵)이다"라는 대자보가 붙었다. 문화혁명 기간 악명을 떨친 홍위병이 탄생한 것이다. 홍위병 조직이 금세 전국의 학교로 번져가는 것을 지켜본 모택동은 "무릇 모든 반항과 반란에는 나름대로 정당한 도리와 이유가 있다"는 뜻의 '조반유리(造反有理)'를 내세워 홍위병과 학생들의 행동을 정당화했다.

점차 전국의 학교 담벼락에는 부르주아 사상을 비판하는 대자보가 넘쳐나고, 온갖 것이 권위주의적, 수정주의적이라며 규탄을 받았다. 학교는 수업 불능의 상태에 빠졌다. 유소기는 문혁 급진파의 과격한 활동을 저지할 공작조를 구성하고 "대자보는 학내에만 붙일 것", "가두에서의 데모 행진 금지" 등을 지시하는 한편 모택동에게는 사태 수습을 요청했다. 그러나 모택동은 "그대로 놔두면 좋지 않은가"라며 면전에서 거절했다.

8월 1일, 제8기 11중전회 참석자들에게 모택동의 메시지가 배포되었다. "사령부를 포격하라 – 나의 대자보" 거명은 하지 않았지만 누가 보아도 사령부는 유소기, 등소평의 실무파였다. 모택동은 8월 4일에 열린 정치국 상무위 확대회의에서도 공작조의 파견을 '노선의 오류'로 결정해 유소기의 자아비판을 끌어냈다.

유소기는 국가주석직은 그대로 유지했으나 당내 서열 2위에서 8위로 떨어졌고, 서열 6위였던 임표는 2위로 약진했다. 새로 늘어난 상무위원 자리는 극좌파인 중앙문혁소조에게 돌아갔다. 이후 모택동에 대한 신격화는 더욱 강화되었고 문혁파는 광적인 고양기를 맞게 되었다.

홍위병들의 집단적 광기는 미증유의 대재앙

1966년 8월 18일 천안문광장에서의 100만 명 집회 후 홍위병들은 문화대혁명을 중국 전역으로 파급시키는 전위부대를 자임했다. 모택동의 묵인과 호응으로 기세등등해진 홍위병들은 자의적으로 정한 '사구(四舊)' 즉

구사상, 구문화, 구풍속, 구습관을 파괴하는 데만 열심이었을 뿐, 속절없이 무너져 내리는 사회에는 관심이 없었다.

파괴는 지방으로 빠르게 확산되었다. 부녀자들은 단발머리를 해야 했고 치마를 입으면 곤욕을 치렀다. 외국과 관련 있는 것은 무조건 공격 대상이었다. 인민일보가 1면에 큼지막하게 "실로 훌륭한 일"이라며 옹호하고 격려하는 가운데 유서깊은 문화재들이 파괴되었고 그 자리에는 모택동의 초상화가 걸렸다. 불상들도 철거되고, 공자의 초상도 파괴되었다.

반혁명분자로 몰린 사람들은 삭발을 당하거나 머리에 먹물 글씨가 쓰였고 심지어는 몸이 인두로 지져졌다. 지식인과 예술가들은 '우귀사신'(牛鬼蛇神·요괴가 변한 것), '반동분자'라는 팻말을 목에 건 채 거리에서 끌려다녔고, 실각한 당 간부들은 죄상을 적은 삼각모자를 머리에 쓴 채 온갖 육체적·정신적 고문을 당하다 죽어갔다. 8월 24일부터 9월 1일까지 북경에서 학살당한 사람만 1,500여 명에 달했다. 홍위병들이 뿜어대는 집단적 광기는 이제껏 경험한 적이 없는 미증유의 대재앙이었다.

모택동은 "흐트러지는 대로 그냥 내버려두라"며 암묵적인 지지를 보냈다. 홍위병과 노동자, 홍위병과 홍위병끼리도 시가전을 벌여 수천 명이 죽었다. '만인의 만인에 대한 투쟁'으로 중국 전역이 혼란상태에 빠져 더 이상 통제할 수 없는 지경에 이르자 모택동은 그제야 큰일나겠다 싶었는지 '혁명적 목표'보다 '질서 회복'이 급선무임을 강조했다.

주은래 등의 냉정한 당 지도자들에게 다시 일상적인 결정권이 주어지고, 홍위병들이 군대에 의해 다시 학교로 돌아가고서야 중국 전역을 광란과 파국으로 몰고갔던 광기의 시대도 마침표를 찍었다.

대자보 1966년 5월 25일, 북경대 학생식당 벽에 부착된 문화대혁명기의 첫 대자보 제목은 "송석, 육평, 팽패운은 문화대혁명에서

도대체 무엇을 했는가"였다. 송석은 북경시 당위원회 대학부 부장이고 육평은 북경대학장 겸 북경대 당서기였으며, 팽패운은 북경대 당부서기였다. 당시 상황에서 당 간부를 '반당 반사회주의자'로 비판한다는 것은 반당행위로 간주되어 사실상 자살행위나 다름없었다.

그런데도 대자보에는 북경대 여성강사 섭원재를 대표로 한 7명의 이름이 떡하니 적혀있었다. 대자보는 섭원재가 훗날 모택동의 비서가 된 강생의 처 조일구의 사주를 받아 작성한 것이었으나 당시에는 누구도 대자보의 배후에 모택동이 있으리라고는 상상조차 하지 못했다.

섭원재는 당 간부들을 '군(君)'으로 지칭하며 이들이 모택동의 '프롤레타리아 문화대혁명'을 파괴하고 있다고 주장했다. 저간의 배경을 알 리 없는 육평 등이 그날 중 대학 구내에 대자보를 빽빽하게 붙이며 반격에 나설 때만 해도 섭원재는 곧 당의 배신자로 공격받아 위기에 처할 것처럼 보였다. 그러나 6월 1일 누구도 예상치 못한 일이 벌어졌다. 섭원재의 대자보가 중앙인민방송국 뉴스를 통해 '전국 최초의 마르크스·레닌주의의 대자보'로 평가받은 것이다.

다음날짜 인민일보는 "환호를 보낸다"는 논평까지 곁들여 보도하고, 모택동은 "북경대학이라는 견고한 보루의 타파가 가능해졌다"며 대자보를 지지하는 성명을 발표했다. 육평과 팽패운은 곧 대학에서 추방되었다. 40여 명의 당 간부와 교사 등도 대학 내에서 몽둥이에 매달리는 굴욕을 당했다. 유소기가 조직한 공작조가 광란의 현장으로 달려가 학대행위를 중지시키려 하자 홍위병들은 혁명을 억압한다며 반발했다.

북경대에 붙어 있는 섭원재의 대자보(1966.5.25)

섭원재는 문화대혁명 기간에 총아로 떠올랐으나 2년 뒤 모택동에게 버림받아 반혁명 죄목으로 8년간, 등소평 등장 후인 1980년 '모택동의 앞잡이'라는 죄명으로 다시 8년간을 복역하는 불운을 겪었다. 그 역시 모택동의 음모에 놀아난 희생자였던 것이다.

유소기의 죽음, 등소평의 유배, 임표의 추락사

유소기와 등소평 등은 문화대혁명의 원인 제공자이자 표적이었다. 두 사람이 처음 '부르주아 반동노선의 두목'으로 비판을 받은 것은 1966년 10월에 열린 홍위병 대회였다. 강청 등의 중앙문혁소조는 두 사람을 "당 지도부 내에 타도해야 할 적"으로 지목했다. 대중은 처음에는 긴가민가했으나 곧 모택동의 뜻임을 알아채고 유소기·등소평 타도의 물결에 휩쓸렸다.

강청과 임표 등 칼자루를 쥔 문혁 세력은 점차 표적을 유소기로 좁혀나갔다. 1967년 3월 당내에 '유소기 특별심사조'가 설치되고, 4월에는 유소기의 처 왕광미가 홍위병에 의해 청화대학으로 끌려가 집단공격을 받았다. 자택에 사실상 연금되어 있던 유소기도 홍위병들에게 끌려가 온갖 구타를 당했다. 부인과 함께 비판대 위에 세워진 유소기는 양손을 뒤로 뻗고 허리를 굽힌 채 머리를 숙여야 하는 고문을 받았다. 자택 지하실에 감금된 유소기는 국가주석의 사임을 모택동에게 거듭 요청했으나 모택동은 아무런 반응을 보이지 않았다.

결국 유소기는 1968년 10월의 8기 12중전회에서 "당내를 어지럽힌 배신자, 적의 첩자, 노동귀족"으로 비판받아 영구 출당되고 일체의 직무에서도 해임되었다. 유소기는 1969년 10월 하남성 개봉으로 옮겨져 창고에 감금되었다가 다음달 71세를 일기로 사망했다. 죽음은 공표되지 않았고 가족에게도 통보되지 않았다.

중국 여성 최초로 원자물리학 석사학위를 받았던 유소기의 처 왕광미의 일생도 파란만장했다. 왕광미는 문화혁명 발발과 함께 만인이 우러러 보던 영부인에서 졸지에 미 제국주의의 앞잡이로 몰려 온갖 박해를 받고 1967년부터 1979년까지 12년 동안 감금되었다. 남편이 숨진 것도 몰랐다. 강청은 자기보다 아름다운 외모에 학식이 깊은 왕광미를 시기하고 질투해 혹독한 박해를 가한 것으로 알려졌다.

'부르주아 반동노선의 두목' 비판받아

1959년 모택동에게 직간을 했다가 국방부장에서 해임된 팽덕회는 한동안 오지에서 하위직을 전전하다가 문화대혁명 때 다시 불려와 모진 고문을 받았다. 끝까지 반혁명의 누명을 부정하고 자살도 거부하는 바람에 죽을 때까지 100여 차례의 심문을 받았다. 허파에 구멍이 뚫리고 갈비뼈가 부러지는 고통을 당한 후 1974년 11월 운명했다.

주자파(走資派·자본주의 길을 걷는 자)로 낙인찍힌 등소평 역시 홍위병들로부터 '반모(反毛) 주자파의 수괴'라는 비판을 받아 2년간 연금된 데 이어 3년간 지방의 트랙터 수리제조공장으로 유배되어 막노동자 생활을 하다 1973년 복권되었다.

인민해방군을 배경으로 모택동에게 적극 협력했던 임표는 1969년 "모택동 동지의 친밀한 전우이자 후계자"로 당헌에 공식 명기되어 공식적인 제2인자가 되었다. 그러나 그 앞에는 문혁을 통해 부상한 4인방이 도사리고 있었고 4인방을 제거하지 않는 한 마음을 놓을 수 없었다. 곧 임표와 강청 두 세력 간에 새로운 권력투쟁이 전개되었다.

모택동과 임표 사이에도 모택동 사후의 지도체제나 군의 당·정에 대한 영향력 등의 문제로 틈이 생겼다. 임표가 1970년 7월 제7기 중앙위원회 제2회 총회에서 자신의 국가주석 취임을 요구하며 모택동의 심기를 건드리자 모택동은 강청 일파를 권력의 상층부로 끌어올리고 임표를 제거할 생각을 했다.

위기를 직감한 임표는 모택동의 열차를 폭파하려 했다가 사전에 발각되자 1971년 9월 13일 새벽, 아내와 아들 등 9명과 함께 중국 공군기 '트라이던트 256기'를 타고 소련으로 탈출을 기도했다. 그러나 공군기가 몽골 운도르한 초원에 추락해 임표 등 탑승자 전원은 현장에서 즉사했다. 추락 11일 후, 임표를 따르던 군 참모총장 등 군 고위장성들도 줄줄이 구속되었고 임표에게는 '당과 국가의 배신자'라는 오명이 씌워졌다. 중국 공산당은 '임표 반당 집단의 반혁명 정변을 분쇄한 투쟁'이라는 내부자료를 통해 임표가 쿠데타를 기도하다 도주한 것으로 공식 평가했다.

자크 라캉 '에크리' 출간

'주체'가 대상 세계와 관계를 맺는 방식에 따라 세계를 상상계, 상징계, 실재계로 나눴다.

자크 라캉(1901~1981)은 프로이트 사후 자칫 임상의학의 한 분과로 전락할 수도 있는 정신분석학에 철학적 토대를 세워 정신분석학에 새바람을 불어넣었다. 그는 정신분석학은 물론 마르크시즘, 포스트모더니즘, 문화예술이론, 여성학, 심리학 등 현대 학문 전반에 지대한 영향을 미쳤다. 반면 정신분석학계에서만은 정통 프로이트주의자들로부터 이단아로 취급받고 이로 인해 프로이트의 학문을 계승·발전시킨다는 취지로 발족한 국제정신분석학회로부터 축출당하기까지 했다. 그런데도 라캉은 "프로이트가 오해, 왜곡, 망각되고 있다"며 프로이트로의 복귀를 주장했다.

하지만 '프로이트로 돌아가자'는 라캉의 구호를 액면 그대로 믿어서는 안 된다. 리비도(성에너지)와 같은 프로이트의 생리학적·생물학적 개념과는 완전히 단절하고 무의식을 구조적으로 재해석했기 때문이다. 그래서 나온 유명한 말이 '무의식은 언어처럼 구조되어 있다'는 문구다. 라캉의 정신분석학이 프로이트의 그것과 완전히 달라진 결정적인 이유는 프로이트가 관심을 두지 않았던 철학이나 언어학을 적극적으로 끌어들여 정신분석학의 범주를 폭넓게 확장했기 때문이다.

라캉은 프랑스 파리의 유복한 집안에서 태어났다. 의과대에서 정신의학을 전공하고 파리의 정신병원에서 근무하다 1932년 편집증과 인격 구성에 관한 논문으로 박사학위를 받았다. 논문은 당시 한창 유행하던 초현실주의와 유사한 면이 많아 이를 계기로 초현실주의자들과 활발히 교류했다. 라캉이 학계의 주목을 끈 것은 1936년 국제정신분석학회에서 이른바 '거울 단계' 이론을 발표하면서였다.

1940~1950년대 들어 라캉은 소쉬르의 기호학, 야콥슨의 언어학, 레비 스트로스의 인류학 등 근현대 서양 인문학계의 지적 전통을 골고루 수용해 정신분석학에 새로운 체계를 세웠다. 1950년대 초반부터 정례적으로 개최한 세미나에는 항상 1,000여 명의 청중이 몰릴 정도로 성황을 이뤘다. 이에 고무되어 자신의 이론을 가르치고 확산시킬 목적으로 1964년 '파리 프로이트 학교'를 세웠다. 1966년에는 28편의 논문을 수록한 '에크리'를 출판해 자신의 사상 전부를 한눈에 알아볼 수 있도록 했다.

프로이트의 정신분석학 철저히 재해석

라캉은 '욕망의 이론가'로 불린다. 그에 따르면 무의식은 의식의 밑바닥에서 작용하는 욕망의 질서를 가리키며 이 욕망을 무의식적으로 실행하는 존재가 주체다. 라캉은 이 주체가 대상 세계와 관계를 맺는 방식에 따라 세계를 상상계, 상징계, 실재계로 나눠 프로이트의 정신분석학을 철저히 재해석했다.

상상계는 어린 아이의 자아인식에서 뚜렷하게 나타나는 세계다. 라캉은 이 세계를 '거울 단계'라는 용어로 설명했는데 생후 6개월에서 18개월 사이의 어린아이는 거울에 비친 제 모습을 보면서 그 거울 이미지에 따라 상상적으로 자아를 구성한다.

자크 라캉(1901~1981)

하지만 라캉은 상상계에서 형성된 자아는 주체의 진정한 본질이 아니며 오히려 주체를 속이는 기만적 환영이라고 했다. 라캉은 편집증이나 신경증 환자에게서도 '거울 단계'를 벗어나지 못한 상태가 나타난다고 했다. 그 환자들은 거울 속의 이미지에만 집착해 주위의 현실과 타인들로부터 스스로 소외되거나 머릿속으로 상상하는 자신과 현재의 자신 사이의 괴리를 신경질적으로 지각함으로써 정신질환을 앓게 된다는 것이다.

반면 대부분의 사람들은 이 '거울 단계'를 지나 언어로 이루어진 세계이자 사회적 질서의 세계인 상징계로 진입해 타자와 언어를 통해 관계를 맺고 산다. 우리가 살고 있는 현실세계가 그것이다. 실재계는 상징계의 질서에 갇혀 건너가지 못하는 그 너머의 세계다. 욕망의 최종 목표지이면서 절대로 도달할 수 없는 세계다. 그 세계는 상징계가 균열을 일으키거나 구멍이 뚫릴 때 환각과 광기로 드러나거나 예술적 원천으로 작용하는 욕망의 궁극적 귀착점이다.

생애 내내 지칠 줄 모르는 지적 탐구 계속해

라캉에 따르면 진정한 윤리적 주체, 정상적인 주체는 '순응'을 목표하는 주체가 아니라 '자기 욕망을 포기하지 않는' 주체다. 정신분석의 목표는 분석가의 처방을 수동적으로 받아들이는 것이 아니라 자기 문제를 스스로 찾아가며 '결핍'의 긍정적 의미를 성찰하는 데에 있다는 것이다.

라캉은 근대 이후 이성중심주의를 대표하는 데카르트의 '나는 생각한다. 고로 나는 존재한다'는 사유체계에 반기를 들었다. '나는 생각한다'는 착각이고, 인간은 타인과 관계를 맺고 언어를 익히는 과정에서 자기 자신을 생각할 수 있다는 것이다. 따라서 '인간의 주체성이란 근거없는 것이고, 인간이라는 동물은 언어 속에서 태어나고 자라며 언어 속에서 주체가 구성된다'고 선언했다. 이런 생각 속에서 데카르트의 유명한 명제를 '나는 존재하지 않는 곳에서 생각한다. 고로 나는 내가 생각하지 않는 곳에서 존재한다'로 뒤집었다.

라캉의 논문이나 책은 지독히 모호하고 난삽한 문체로 정평이 나 있다. 그래서 라캉을 읽는 것은 단지 그를 오해하기 위해서라는 역설이 회자되기도 한다. 라캉은 하이데거, 사르트르, 레비 스트로스, 알튀세르, 달리, 피카소, 조이스 등 분야별 20세기의 거장들과 교유하며 학문의 세계를 넓혀나갔다. 하지만 "네로 황제와 비슷한 인물" 등 비판과 오해도 많았다.

라캉이 그토록 존경을 표하고 관심을 끌려고 했던 하이데거로부터도 냉소와 외면을 받았다. 자신의 대표작 '에크리'를 선물했을 때 하이데거가 한 지인에게 "이 정신과 의사야말로 정신과 의사가 필요한 것처럼 보인다"라고 했던 말은 유명한 일화다.

라캉은 전 생애를 거쳐 지칠 줄 모르는 지적 탐구를 계속한 인물로 유명하다. 1950년대부터 30여 년간 자신의 이론에 대한 세미나를 계속했으며 70세가 넘어서도 정신분석을 수학화하기 위해 위상학을 배우는 열정을 보였다. 말년에는 관심분야였던 노자와 공자를 알기 위해 중국어를 공부하기도 했다.

1967년

동백림 간첩단 사건
김일 레슬링 세계 헤비급 챔피언 등극
이기백 '한국사 신론' 발간
서영춘 코미디언 최초 리사이틀 공연
배호 '돌아가는 삼각지' 취입
김일성의 5·25교시… 주체사상의 유일사상화
한국 여자농구 세계여자농구대회 준우승
크리스티안 바너드 세계 최초 심장이식 수술 성공
히피들의 해방구 '사랑의 여름' 축제
체 게바라 총살
제3차 중동전(6일 전쟁)
자크 데리다 '그라마톨로지에 대하여' 출간
가브리엘 마르케스 '백년의 고독' 출간

동백림 간첩단 사건

임석진은 200자 원고지 200장가량의 글을 써 박 대통령에게 건넸다.

이른바 '동백림 사건'은 1967년 5월 17일 임석진 당시 명지대 교수가 박정희 대통령을 만나면서 시작된다. 임석진은 1961년 7월 서독의 프랑크푸르트대에서 철학박사 학위를 받고 그곳에 머무르면서 1961년 9월과 1966년 6월 두 차례 북한을 방문했었다. 1961년의 첫 방북 후에는 자신을 따라 서독으로 유학을 온 남동생(임석훈)과 여동생을 포함해 20여 명의 유학생들을 동백림(동베를린)의 북한 대사관에 소개하고 자신은 1963년 노동당에 입당원서를 썼을 정도로 친북 활동에 열심이었다. 그러나 1966년의 두 번째 방북 때는 북한에 실망, 서독으로 돌아오자마자 바로 한국행 비행기를 탔다.

국내에서 방북 사실이 알려질까 노심초사하고 있던 1967년 5월 14일, 임석진은 라디오 방송을 통해 이기양 당시 조선일보 특파원이 세계여자농구선수권대회 취재차 4월 14일 체코에 들어갔다가 연락이 끊겼다는 뉴스를 들었다. 자신의 소개로 독일의 튀빙겐대에 유학하고 자신이 동백림 북한 대사관에 소개까지 해준 이기양의 실종 소식에 임석진은 북한의 납치극임을 직감했다.

임석진은 그 길로 박 대통령의 처조카 홍세표를 찾아가 자신의 과거 방북 사실을 털어놓으며 "유학생들의 친북 실상을 정부에 알려야 한다. 박 대통령을 만나게 해달라"고 요청했다. 5월 17일 박 대통령을 만난 임석진은 유학생들의 친북 활동에 대해 소상하게 알리고 며칠 후 200자 원고지 200매 분량의 글로 정리해 박 대통령에게 건넸다.

동백림 사건 재판. 윤이상이 서서 재판을 받고 있다.

박 대통령으로부터 이 사실을 전달받은 중앙정보부는 곧 수십 명의 요원들을 서독과 프랑스 등지로 파견했다. 요원들은 거짓 식사 초대나 국내 초청 방식으로 관련자들을 현지 대사관으로 유인한 뒤 회유와 협박을 동원해 국내로 귀국시켰다. 이들 가운데는 유럽에서 막 명성을 얻고 있던 재독 음악가 윤이상과 재불 화가 이응로도 있었다.

당시 한·독 사이에 가교 역할을 하던 이수길(마인츠대학 병원 의사) 박사처럼 억울하게 엮인 사람들도 있었다. 이수길은 다행히 무혐의로 밝혀져 20여 일 만에 풀려났다. 이런 무리한 수사과정을 거쳐 중앙정보부에서 검찰로 넘겨진 관련자는 66명이었고 검찰은 이 가운데 34명을 기소했다.

심각한 외교 갈등 초래해

이른바 '동백림 사건'은 1967년 7월 8일, 김형욱 중앙정보부장이 "대학교수와 의사, 예술인 및 공무원 등 194명이 1958년 9월부터 1967년 5월 사이에 동백림 주재 북한 대사관이나 북한을 왕래하면서 간첩활동을 했다는 사실을 적발해 수사중"이라는 기자회견을 통해 세상에 알려졌다.

윤이상은 재판에서 "낙랑고분 벽화를 보러오라는 북한의 요청을 받고 1963년 방북한 것은 사실이나 간첩행위는 하지 않았다"며 "당시의 유학생들은 반공법이나 국가보안법을 실감하지 못하고 분단이라는 개념조차 없었다"고 진술했다. 이에 대해 윤이상을 수사했던 한 수사관은 "예술만 알던 사람으로 정치적인 관계를 해석하는 데 서투르다 보니 북측에 엮이

게 되었을 거란 짐작은 하면서도 결과적으로 윤이상 한 사람으로 인해 수십 명의 유학생이 북한 공작에 이용되었다는 것은 결코 간단한 일이 아니다"라고 했다.

이응로는 6·25전쟁 중 월북한 양아들을 만나러 동베를린에서 북측 인사를 만난 게 화근이 되었고, 시인 천상병은 친구 강빈구로부터 독일 유학 중 동독을 방문했다는 말을 듣고도 신고하지 않고 약간의 돈을 받았던 게 문제가 되었다. 천상병은 6개월간 옥고를 치른 후 석방되었으나 한동안 행려병자로 떠돌아다녔다. 임석진의 동생 임석훈도 서독에서 불려와 수감되었다.

1967년 12월 13일의 1심 선고공판에서 재판부는 34명 전원에게 유죄를 선고했다. 정규명, 조영수 2명에게는 사형, 윤이상과 강빈구, 정하룡, 어준 등 4명에게는 무기징역을 선고했다. 나머지 28명 중 13명은 유기징역 , 11명은 집행유예, 3명은 형 면제, 1명은 선고유예 판결을 받았다. 임석훈은 10년, 이응로는 5년형을 선고받았으며 천상병 등 11명은 집행유예 판결을 받았다. 2심 판결(1968.4)과 대법원의 파기환송 결정(1968.7), 다시 재항소심(1968.12)과 재상고심(1969.1) 결과, 주요 관련자들 중 정하룡과 정규명은 사형, 조영수 무기징역, 임석훈 15년형, 윤이상 10년형 등으로 확정되었다.

윤이상은 8개월은 감옥에서 1년은 병원에서 지내다 1969년 2월 형집행정지로 석방되었다. 이응로도 1969년 3월 풀려났다. 나머지 관련자들도 1970년 12월 크리스마스 때까지 모두 석방되어 '동백림 사건'은 공식적으로 종결되었다.

"과장은 있지만 조작은 아니다"

이후 '동백림 사건'은 왜곡·날조된 사건이라는 주장에 무게가 실려 박정희 정부의 대표적인 간첩 조작 사건의 소재로 빈번하게 거론되었다. 게다가 해외로부터 무리한 구인, 합리적이지 못한 수사 확대, 도처에서 나타나는 고문 흔적들로 인해 진짜 간첩이나 공산주의자들이 무고한 피해자 속에 숨고, '동백림 사건' 자체가 조작된 것이라는 오명을 써도 적극적으로 대응하지 못했다.

문제는 또 있었다. 서독과 프랑스에서 한국인 혐의자들을 강제 연행하는 등 불법행위를 자행하는 과정에서 빚어진 심각한 외교 갈등이었다. 특히 서독 정부는 서독 주재 한국인 17명을 한국으로 데려간 경위에 대해 항의하며 개발지원계획을 철회하고 한때는 한국 정부와의 외교단절을 고려하기도 했다. 독일의 유명 음악가와 인권단체도 윤이상 구명에 적극적이었다.

석방 후 독일로 간 윤이상은 1971년 독일로 귀화한 뒤 1995년 사망할 때까지 남한 땅은 한 번도 밟지 않았다. 대신 수시로 북한을 방문해 최고 예술가로 대접받으며 평양에서 수차례 음악회를 열었다. 다른 관련자들 역시 자의반 타의반으로 조국을 등져야 했고 입국마저 거부당한 채 해외에서 이산의 아픔을 삭여야 했다.

'동백림 사건'의 조작 논란을 잠재운 것은 공교롭게도 진보정권으로 알려진 노무현 정부 때인 2006년 1월 26일, 국정원 과거사진실위 발표를 통해서였다. "동백림 사건이 과장은 있지만 조작은 아니다"라는 것이 요지였다. "인혁당이나 민청학련 사건과 달리 상당한 실체가 있는 사건"이라며 관련자 중 50명은 동베를린을, 12명은 북한을 방문해 국가보안법을 위반했으며 이 가운데 26명은 북한으로부터 100~1만 5,000달러의 돈을 받았고, 17명은 암호조립과 해독법 등 북한의 특수교육을 받았다는 것이다.

김일 레슬링 세계 헤비급 챔피언 등극

거구의 서양 선수들을 일거에 거꾸러뜨리는 김일의 모습에 국민들은 환호하고 열광했다.

전남 고흥의 섬마을에서 태어난 김일(1929~2006)은 젊어서 유명한 씨름꾼이었다. 체구도 183cm, 90kg이나 되어 당당했다. 1956년 어느 날 김일은 여수에서 우연히 본 일본의 한 잡지에서 역도산(1924~1963)과 관련된 기사를 읽고 그의 제자가 될 것을 결심했다. 김일이 아내와 아이들을 집에 남겨둔 채 시모노세키로 건너간 것은 1956년 10월이었다. 일본과 아직 수교 전이라 밀항이었다.

김일은 도쿄에서 경찰의 불심검문에 걸려 요코하마 형무소에 수감되었다. 강제송환을 기다리던 중 "제자가 되고 싶다"고 역도산에게 편지를 썼다. 주소를 몰라 겉봉에 '도쿄 역도산'이라고 썼는데도 편지는 역도산에게 전달되었다. 당시 역도산은 일본에서 천황 다음으로 유명했다. 김일은 수감 4개월 만인 1957년 2월 석방되었다. 역도산이 손을 쓴 덕분이었다.

김일은 역도산 도장 문하생 제1기 제자로 입문했다. 1년 뒤 10살 아래 안토니오 이노키와 자이언트 바바도 역도산의 제자가 되었다. 훈련은 온몸이 매일 상처투성이가 될 정도로 힘들었다. 몸에 난 상처 때문에 병원에서 상처 부위를 꿰메고 돌아오면 역도산은 그 상처 부위를 다시 때려서 피가 터지도록 만들곤 했다. 일본의 전설적인 장사의 이름에서 딴 김일의 일본식 이름 오키 긴타로도 역도산이 지어준 이름이었다.

김일은 1958년 5월에 데뷔했다. 초반 성적은 좋지 않았다. 일찍부터 평양 박치기의 위력을 잘 알고 있던 역도산은 "너는 조선 사람이니 박치기 기술을 익혀라"라며 박치기를 권했다. 이마를 단련시키는 과정은 고행길이었다. 새끼줄을 감은 기둥에 처박기를 하루 수백 번, 부었다가 찢어진 상처 위에 딱지가 앉으면서 굳은살이 박였다.

야구광이었던 김일은 일본 프로야구의 강타자 왕정치의 외다리 타법을 보고, 한 손으로 머리를 잡고 한쪽 다리를 들었다가 상대의 머리를 내리찍는 박치기 자세를 완성했다. 기술 종류도 늘려 박치기 외에 헤드시저스와 드롭킥을 익혔고 상대 선수를 만(卍)자로 감는 '코브라 트위스트'도 연마했다.

"너는 조선 사람이니 박치기 기술을 익혀라"

1963년 9월 김일은 역도산의 지원을 받아 미국에서 열리는 WWA 세계 태그챔피언대회에 도전장을 냈다. 시합 하루 전인 12월 9일 일본에서 역도산이 칼을 맞았다는 전화가 미국으로 걸려왔으나 다행히 경미하다는 말을 듣고 시합에 나가 일본의 모토와 조를 이뤄 WWA 세계 태그챔피언이 되었다.

그러나 12월 15일 역도산이 죽어 김일은 하루아침에 오갈 데 없는 국제미아가 되었다. 보증인이 죽어 일본으로도 돌아갈 수 없었다. 김일은 미국 일대를 떠돌며 방랑 매치를 펼쳤다. 1965년 4월에는 세계 최강 루 테즈에게 도전했다가 눈언저리가 찢겨 분패하기도 했다.

김일은 1965년 6월 일본이 아닌 한국으로 귀국했다. 8월 11일 장영철, 천규덕 등과 함께 극동 헤비급 챔피언 타이틀전에 출전했다. 국내파 장영철이 2회전에서 패해 그동안 국내에서 쌓아온 70연승에 제동이 걸린 것과 달리 김일은 챔피언이 되었다. 그것은 한국 레슬링의 맹주가 장영철에서 김일로 넘어간다는 것을 의미했다.

그해 11월 25일부터 5개국 초청 프로레슬링대회가 열렸다. 대회 마지막날인 11월 27일 장영철은 일본 선수와, 김일은 스웨덴 선수와 격돌할 예정이었다. 그런데 먼저 시합을 한 장영철이 일본 선수의 허리꺾기에 걸려 비명을 지르자 링 아래의 제자들이 황급히 뛰어올라 일본 선수의 머리를 병과 의자로 내리치는 바람에 한국 레슬링계에 일시적으로 수난이 찾아왔다.

김일의 경기 모습

제자들과 함께 즉심에 회부된 장영철이 경찰 조사과정에서 "레슬링은 쇼"라고 말한 것이 다음날짜 신문에 보도되었기 때문이다. 그토록 박진감 있던 프로레슬링이 미리 짜고 각본대로 하는 쇼라니 팬들이 놀라워하는 것은 당연했다. 이후 장영철은 프로레슬링 쇠락의 주범으로 낙인찍혔고 김일도 그에게 등을 돌렸다. 장영철은 2년이 지나서야 다시 링에 오를 수 있었다. 잠시 팬들의 관심이 줄어들긴 했으나 김일이 건재하는 한 레슬링의 인기는 식지 않았다.

관중이 "박치기"를 외치면 박치기로 경기 뒤집어

김일은 1966년 12월 도쿄에서 아시아 태그챔피언에 오른 뒤 여세를 몰아 마크 루인 WWA(세계레슬링연맹) 세계 헤비급 챔피언에게 도전장을 냈다. WWA는 NWA(전미 레슬링협회), WWWF(전 세계 레슬링협회) 등과 더불어 세계 레슬링계를 주도하는 대표 단체였다.

루인은 1966년 10월 루 테즈를, 1967년 3월 복면의 디스트로이어를 물리친 세계 최고 선수였지만 김일은 1967년 4월 29일 장충체육관에서 열린 대회에서 박치기로 그를 물리쳐 세계 정상에 올랐다. 한국 프로레슬링 사상 최초의 세계 챔피언이 탄생한 것이다. 당시 신문을 보면 스포츠면 1단 크기로 처리할 만큼 프로레슬링을 스포츠로 인정하지 않는 분위기였으나 국민들의 반응은 폭발적이었다.

한 달 뒤 미국 LA에서 루인과 리턴매치를 벌였을 때 루인은 면도칼로 김일의 머리를 그었다. 김일이 피투성이가 된 이마로 박치기를 해 루인을 다운시키고 챔피언 벨트를 매자 링 사이드의 교포들은 모두 일어나 애국가를 합창했다. 가난하고 힘들던 시절, 김일의 프로레슬링 경기가 있는 날이면 사람들은 너나없이 동네에 하나뿐인 흑백TV 앞에 모여들었다. 초반엔 늘 상대편의 잔악무도한 반칙에 당하다가도 꼭 막판 박치기 한방으로 내로라 하는 거구의 서양 선수들을 일거에 거꾸러뜨리는 김일의 모습에 국민들은 환호하고 열광했다.

상대가 의자로 내리쳐 머리에서 피가 나오거나 시종 밀리다가도 관중과 TV 앞에 모인 국민들이 "박치기", "박치기"를 외치면 김일은 기다렸다는 듯 박치기로 경기를 뒤집었다. 그러면 승부를 끝내는 종소리가 "땡땡땡" 울렸고 그것으로 끝이었다. 박정희 대통령도 김일을 좋아해 고향에 전기를 넣어달라는 김일의 부탁을 받고 바로 전신주 공사를 해주었다. 1975년에는 서울 정동에 김일체육관을 지어 주었다.

김일은 1980년 5월 제주도에서의 경기를 마지막으로 은퇴했다. 그동안 3,000여 회의 경기를 치르고 세계 타이틀을 20차례나 방어했다. 이후 TV에서는 프로레슬링도 김일도 볼 수 없었다. 빈 화면에는 프로야구와 프로축구가 채워졌다. 은퇴 후 김일은 레슬링 후유증과 스트레스 때문에 뇌졸중으로 쓰러져 불우한 말년을 보내다 2006년 10월 26일 운명했다.

이기백 '한국사 신론' 발간

일제의 어용사학자들에 의해 폄하되어온 일그러진 한국사를 새롭게 조명했다.

이병도(1896~1989)의 '조선사 대관'(1948)이 해방 후 오랫동안 한국사 교과서의 바이블이었다면 그의 제자 이기백(1924~2004)의 명저 '한국사 신론'(1967)은 '조선사 대관'의 20년 천하를 일거에 바꿔놓은 회심의 역작이었다.

이기백은 평북 정주에서 태어나 종조부인 이승훈이 세운 오산보통학교(6년제)와 오산중학(5년제)을 졸업했다. 어려서부터 "그 나라의 말과 역사가 아니고는 그 민족을 깨우칠 수 없다"고 한 덴마크인 그룬트비의 명언을 들려준 부친 이찬갑의 교육관에, 오산중학 시절 읽은 함석헌의 '성서의 입장에서 본 한국역사'와 신채호의 '조선사 연구'가 더해져 이기백은 뚜렷한 역사관을 갖게 되었다.

이기백은 1941년 오산중학을 졸업하고 1942년 와세다대 사학과에 입학했으나 2학년을 채 마치기도 전인 1944년 봄 귀국했다. 일본이 대학생에 대한 징병 연기 특혜를 없애고 조선인 학생에게는 학병을 강요한 게 귀향 이유였다. 고향에서 한학을 공부하다가 1945년 6월 입대했으나 2개월도 안 되어 해방이 된 덕에 목숨을 부지할 수 있었다. 그래도 바로 돌아오지 못하고 5개월 동안 소련군 포로수용소에 갇혀 있다가 1946년 1월에야 집으로 돌아왔다.

1946년 3월 서울대 사학과 3학년에 편입하고 1947년 여름 사학과 1기생으로 졸업한 그는 1958년 이화여대 교수로 채용되어 1961년 3월 교재로 사용할 개설서 '국사 신론'을 펴냈다. 그러나 당시 학계의 통설에 따라 서술한 시대 구분이 불만스러웠다. 1963년 서강대로 옮겨 '국사 신론'을 대폭 수정할 계획을 짜고 있을 때 미국 하버드대로부터 '국사 신론'을 영어로 출판하고 싶으니 미국으로 들어와 달라는 연락이 왔다.

이기백은 1966년 초 미국으로 건너가 1년 동안 하버드대 옌칭연구소의 연구교수로 있으면서 수정작업에 매달렸다. '한국사 신론'은 이런 과정을 거쳐 1967년 3월 20일 일조각에서 발간되었다.

실증사학을 대안으로 제시해

'한국사 신론'의 가장 값진 성과는 식민사관 극복이었다. 이기백은 '한국사 신론'을 통해 일제의 어용사학자들에 의해 반도성, 사대성, 정체성, 당파성 등으로 폄하되어온 일그러진 한국사를 새롭게 조명했다. 그는 '한국사 신론' 초판본 서문에서 "민족성이 역사적 산물이지 역사가 민족성의 산물은 아니다"라며 식민사관을 비판했다.

'한국사 신론'의 또 다른 성과는 해방 후 우리 사학계를 지배해 온 몇몇 연구방법을 극복한 점이었다. 당시의 대표적인 연구방법은 한국사의 개별성을 특수성 내지는 고유성으로 이해한 민족주의 사학이었다. 이기백은 민족주의 사학이 "추상적이고 관념적이며 국수주의적 경향을 보여줬다"며 "한국 민족을 인류로부터 고립시키고 한국사를 세계사로부터 고립시키는 결과를 가져올 것"이라고 지적했다.

이기백은 민족을 진리보다 앞선 가치로 두어서는 한국 사학의 과학성이 이룩될 수 없다고 보았다. 그는 진리를 거역하면 민족도 망하고 민중도 망한다고 본 '진리 지상주의자'였다. 그가 말하는 '진리'란 아무런 선입관 없이 과거의 역사를 객관적 사실에 입각해 이해하는 것이다.

이기백은 백남운의 '조선사회경제사'(1933)로 대표되는 유물사관에 입각한 한국사 서술에 분명히 반대했다. 이기백은 세계사적 보편법칙에 입각해 일방적으로 한국사의 개체적 발전과정을 재단하는 것은 결코 역사학이 될 수 없다고 주장했다.

이기백(1924~2004)

이기백이 대안으로 제시한 역사 연구방법은 실증사학이었다. 그는 실증사학을 과거의 사실들을 단순히 나열하는 것이 아니라, 언뜻 보면 무질서하게 생각되는 객관적 사실들을 하나의 실에 꿰어 연결하는 작업으로 이해했다.

그는 사료에 의한 실증이 뒷받침되지 않는 역사는 단호히 배격했다. 이 때문에 해석을 중시하는 국수적 민족사학자들로부터 일제의 식민사학을 계승했다는 공격을 받기도 했으나 그의 한국사 연구의 목표가 식민사관 극복에 있다는 사실을 누구나 알고 있는 터여서 그들의 비판은 공감을 받지 못했다.

'역사는 인간의 역사로 서술되어야 한다'

이기백이 역사 서술에서 특히 강조한 것은 "역사는 인간의 역사로 서술되어야 한다"는 사실이었다. 이기백은 왕조 중심의 시대 구분이나 고대·중세·근대라는 서구식 3분법을 거부했다. 그가 한국사의 시대를 구분하는 데 기준으로 삼은 것은 지배세력 즉 주도세력의 변천과정이었다. 지배세력은 지배계급을 의미하는 것이 아니라 일정한 시기에 정치·경제·사회·문화 영역에서 주도권을 쥐고 역사를 움직여 나간 역동적인 주도세력을 말하며, 민중의 이익을 착취하는 지배계급이나 부르주아와는 다른 개념이었다. 이는 한국사의 발전과정에 대한 새로운 해석이자 독창적 발견이었다.

이기백은 '한국사 신론' 초판에서 한국사의 발전과정을 원시공동체 사회, 전제왕권의 성립, 호족의 시대, 문벌귀족의 사회, 신흥 사대부의 등장, 사림세력의 등장 등 18단계로 체계화했다. '한국사 신론'은 개정판(1976), 신수판(1990), 한글판(1999) 등으로 진화를 거듭하면서 역사개론서로는 드물게 30만 부 넘게 팔리는 스테디셀러가 되었다. 1970년 일본어로 처음 번역된 이래 영어, 중국어(대만·중국), 스페인어, 말레이시아어, 러시아어 등 6개 국어로 번역·출간되어 외국인들에게 한국사를 이해하는 필독서로 자리를 잡았다.

말년에 이기백이 관심을 기울인 것은 한국사의 대중화 작업이었다. 이기백의 책임편집하에 1987년 8월 창간호부터 그가 눈을 감은 2004년 6월까지 발간된 34집의 반연간지 '한국사 시민강좌'는 그가 말년에 기울인 노력의 산물이었다. '시민강좌'는 1980년대 당시 역사학계에 득세하던 민중사관에 맞서 '합리적 과학적 연구'를 지향하고 시종 '역사의 진리'를 강조했다. 또한 이기백의 출자금과 일부 성금 외에는 외부 지원과 광고에 기대지 않는 '순수' 원칙을 고집했다.

창간호 특집인 '식민주의 사관 비판'과 2집 특집 '고조선의 제문제'는 학계 반응이 뜨거워 각각 1만 부가 넘게 팔리는 등 폭발적 관심을 끌었다. '시민강좌'는 35집을 준비하던 무렵에 이기백이 타계함으로써 분기점을 맞았으나 그의 제자들인 유영익·민현구·이기동·이태진·홍승기 교수 등이 돌아가면서 각 호를 책임편집하는 체제로 바뀌어 계속 발행되다가 결국 재정난을 극복하지 못해 2012년 2월 28일 50호로 종간했다.

서영춘 코미디언 최초 리사이틀 공연

경망스럽다고 느껴질 만큼 잽싼 동작과 속사포로 쏘아대는 말 속에는 숱한 해학이 넘쳐흘렀다.

서영춘(1928~1986)은 후배 코미디언과 개그맨들이 꼽는 최고의 코미디언이다. 순발력과 연기력이 돋보인다는 게 후배들의 한결같은 평가다. 현역 시절에는 극본에도 없는 애드리브를 마구 날려 "애드리브의 천재"로도 불렸다. 코미디에 관한 한 자타가 인정하는 서영춘의 천재성은 사실 끊임없는 연습과 노력의 결과였다.

개그맨 최병서는 "넘어지는 장면 하나를 위해 리허설할 때 직접 여러 번 넘어져야 직성이 풀리는 연습벌레"라고 했고, 개그우먼이던 딸 서현선은 "몸을 아끼지 않아 몸이 성한 날이 없었다"고 했다. 코미디언 배일집은 "애드리브를 위해서 누구보다 대본을 빨리 외웠다"고 기억했으며 코미디언 이상해는 "100년에 한 번 날까 말까 한 최고의 희극인"이라고 극찬했다.

서영춘의 코미디는 찰리 채플린의 그것과 흡사했다. 코밑에 자그마한 수염을 붙이고 회색 연미복에 실크해트, 거기에다 스틱을 들고 있으면 영락없이 채플린이었다. 게다가 어딘지 모자란 듯하면서도 톡 쏘는 맛이 있는가 하면 경망스럽다고 느껴질 만큼 잽싼 동작과 속사포로 쏘아대는 말속에는 숱한 해학이 넘쳐흘렀다.

서울에서 태어난 서영춘은 어려서부터 남의 흉내도 잘 냈지만 그림도 잘 그렸다. 한양공고를 졸업하고 1946년 황금좌(국도극장의 전신)에 간판화공으로 취직했으나 관객의 박수갈채를 받는 악극단 배우들이 부러워 신세기악극단에 입단했다. 서영춘은 악극단에서 단골 바보역으로 인기를 끌던 한 희극배우가 급환으로 사망하자 그의 대역으로 나선 것을 계기로 코미디언이 되었다.

서영춘에게 출세의 문을 열어준 것은 100kg이 넘는 거구의 백금녀와 콤비를 이루면서였다. 1960년대 초 서영춘·백금녀 콤비는 극장쇼의 최고 스타로 황금시대를 구가했다. 서영춘은 1964년 라디오 서울(TBC 전신)의 개국과 함께 선보인 '살살이 서영춘', '여보 마누라', '꽁생원 상경기' 등의 방송 코미디를 통해 '방송 코미디의 개척자'가 되었다.

당시 얼마나 인기가 있었는지 전세 비행기로 서울~부산을 하루에 3번씩이나 왕복하며 7개의 극장을 누비고 다닌 때도 있었다. 서영춘은 지방공연을 갔다가도 코미디 프로그램 녹음이 있으면 어떻게든 서울로 올라와 출연했다.

'애드리브의 천재', '유행어 제조의 원조'

1965년 TBC TV 개국과 함께 TV에서도 맹활약해 전 국민의 사랑을 받는 '살살이'가 되었다. 당시 TBC TV의 '유머극장', '좋았군 좋았어'는 코미디와 유머를 대중에게 정착시킨 히트 프로그램이었다. 1960년 '여자가 더 좋아'에서 여장남자로 변장해 장안의 화제를 불러 모은 이래 60여 편의 영화에도 출연해 은막에서도 전성기를 구가했다.

그의 집안은 코미디언 가족으로도 유명하다. 작곡가인 형 서영은을 제외하더라도 영수와 영환 두 동생이 코미디언으로 활동했으며 딸(서현선)과 아들(서동균)도 한때 개그맨으로 활동했다. 그는 유행어 제조의 원조였다. "요건 몰랐지?", "가갈갈갈"을 비롯 "배워서 남주나?", "웃기시네", "좋아하시네", "피가 되고 살이 되는 찌개백반" 등 유행어마다 시대를 풍미했다. "공부하는 코미디언이야말로 팬들에게 새롭게 보일수 있다"는 지론을 가진 코미디언답게 책을 읽는 것도 좋아했다.

그는 '최초' 기록이 많다. 여장남자도 최초이고 "인천 앞바다에 사이다가 떴어도 고뿌(cup) 없으면 못 마십니다. 피가 되고 살이 되는 찌개백반. 지기지기잔짠 쿵잔짠"은 한국 최초의 랩이라고 해도 손색이 없다. "시골 영감 처음 타는"으로 시작하는 노래 '서울 구경'은 지금도 사랑을 받고 있다. 1967년 5월 26일부터 28일까지는 서울 시민회관에서 코미디언 최초의 리사이틀 격인 '신작 발표회'를 열었다.

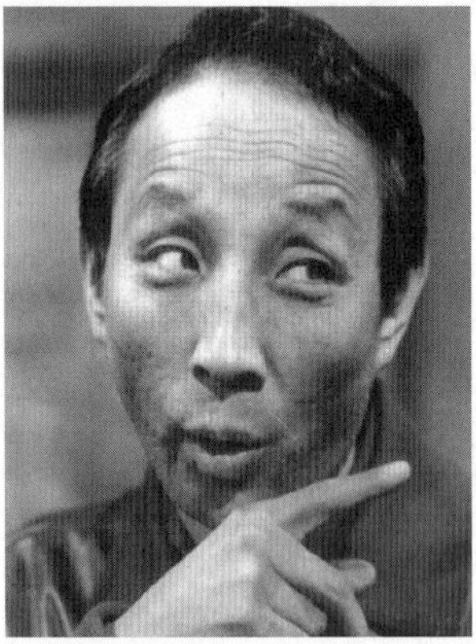
서영춘(1928~1986)

서영춘은 코미디 PD들에겐 놓치기 싫은 존재인 동시에 골칫덩이 연기자이기도 했다. 생방송을 하기 전 대본 연습을 할 때는 대본 그대로 읽지만 생방송 "큐!" 사인만 나면 대본은 아랑곳하지 않고 애드리브로 방송을 하기 때문이다. 그런데도 연출자는 서영춘에게 뭐라 하지 못했다. 대본의 원래 내용보다 서영춘의 애드리브 내용이 결과적으로 더 재미있기 때문이다. 무대에 오르기 직전에도 소주를 마셔 긴장을 풀었을 정도로 술을 사랑했으나 결국 1986년 58세 나이에 간암으로 작고했다.

배호 '돌아가는 삼각지' 취입

특유의 저음과 구슬프지만 힘이 있는 목소리에 힘입어 전국적으로 큰 인기를 끌었다.

우리 가요사에서 사후에 더 뜨겁게 조명을 받는 가수는 배호(1942~1971)가 처음이다. 그는 생전에도 방송국 10대 가수로 몇 차례 선정될 만큼 인기가 있긴 했지만 1971년 사후 시간이 흐를수록 그를 그리워하는 사람이 많아지는 특이한 현상의 주인공이다. 사후 20~30년이나 흘렀는데도 1999년 MBC의 한 여론조사에서 타계 가수 중 1위를 차지하고, 2005년 KBS '가요무대'가 선정한 '국민에게 가장 사랑받은 10인의 가수'에 이름을 올렸다.

2000년 11월에는 우리나라 최초로 가수 이름을 딴 '배호 길'이 서울 용산의 삼각지 로터리에 지정되었으며 노래비는 서울시 용산구 삼각지(2001.11 '돌아가는 삼각지')를 비롯, 경기도 양주시 장흥면(2002.4 '두메산골'), 경북 경주시(2003.6 '마지막 잎새'), 강원 주문진(2003.7 '파도'), 인천 연안부두(2011.10 '비 내리는 인천항 부두') 등 전국적으로 5곳에나 있다.

팬클럽은 전국적으로 수십 개나 되고 배호 가요제도 매년 수차례씩 열리고 있다. 팬들은 '배호 평전'을 출간하고 배호의 유해가 안치된 경기도 장흥의 묘소를 관리하는 등 지극정성이다. 심지어 배호의 여동생 병원비

배호(1942~1971)

를 대고 장례식까지 치른 후 배호 옆에 묻어주었다.

배호는 중국 산동성 제남에서 태어나 1946년 부모 품에 안겨 귀국했다. 1955년 서울의 한 중학교에 입학했으나 그해 8월 부친의 작고로 생활이 어려워지자 어머니, 여동생과 함께 부산으로 내려가 이모가 운영하는 모자원에서 살았다. 그러나 음악이 하고 싶어 중학교를 중퇴하고 1956년 8월 홀로 상경해 넷째 외삼촌 김광빈의 집에 기거하며 드럼을 배웠다.

외가는 뛰어난 음악 집안이었다. 둘째 외삼촌 김광옥은 대만에서 교향악단을 지휘했던 우리나라 클래식 음악의 선구자였으며 셋째 외삼촌 김광수는 KBS의 초대 악단장을 역임하고 동요 '엄마야 누나야' 작곡가로 유명했다. 넷째 외삼촌 김광빈 역시 1962년부터 MBC 초대 악단장을 지내며 형 김광수와 함께 국내 방송계의 유명 악단장 형제로 화제를 모았다. 그중에서도 김광빈은 배호의 음악인생에 절대적으로 영향을 미쳤다.

배호는 1958년 김광빈으로부터 드럼을 마스터하고 '김광빈 악단'에서 연주를 하다가 1960년 미8군 무대에서 악단생활을 하면서 본격적으로 음악활동을 했다. 1963년에는 김광빈이 작곡하고 배호가 노래한 '굿바이', '사랑의 화살'이 '김광빈 작곡집'(앨범)에 수록되었으며 김광빈이 지어준 배호라는 예명이 세상에 나왔다.

1964년 한 카바레의 밴드 마스터로 발탁되어 12인조 풀악단인 '배호와 그 악단'이란 이름으로 드럼을 치고 노래를 하는 가수로 이름이 알려졌다. 같은 해에는 반야월 작사, 김광빈 작곡의 '두메산골'과 정성수 작사, 김인배 작곡의 '황금의 눈'을 발표했다.

사후에 더 조명받는 가수는 배호가 처음

이렇게 막 이름이 알려지고 있던 1966년 2월, 배호는 급성신장염에 걸려 음악활동을 접고 어머니, 누이동생과 단칸방에 살며 투병생활을 시작했다. 그러던 1966년 가을 어느 날, 신예 작곡가 배상태가 찾아왔다. '돌아가는 삼각지'를 작곡해 몇몇 가수들에게 취입을 의뢰했으나 모두 거절당하자 배호를 찾아온 것이다. 배상태는 병세가 심해 거동은 물론 호흡조차 힘들어하는 배호와 가족을 설득해 '돌아가는 삼각지'를 취입시켰다.

배호가 가쁜 숨을 몰아쉬며 힘들게 취입한 '돌아가는 삼각지'는 1967년 2월 발매되었다. '돌아가는 삼각지'는 특유의 저음과 구슬프지만 힘이 있는 목소리에 힘입어 전국적으로 큰 인기를 끌었다. '돌아가는 삼각지'가 그해 KBS의 '가요베스트'에서 연속 20주 동안 1위를 차지한 것은 대중가요 역사에서 전무후무한 기록으로 남아 있다.

배호는 1967년 4월 전우 작사, 나규호 작곡의 새 노래 '누가 울어', '안개 속에 가버린 사람'을 비롯 10여 곡을 수록한 첫 독집음반을 발표했다. 같은 해 7월에는 '안개 낀 장충단공원'을 발표해 연속적으로 히트를 기록했다. 아픔과 감정이 묻어나는 진한 저음, 처절한 목소리와 감성, 도시 서민의 애환이 한데 엉켜 대중의 심금을 울리는 그의 노래들은 그해 말 배호를 MBC 10대 가수 무대에 올려놓았다.

배호는 1968년을 생애 최고의 해로 보내고 1969년에는 고액납세자 가수 부문 3위에 오를 정도로 인기가 높았다. 그러나 공개방송, 업소 출연, 지방공연 등 무리한 활동으로 신장염이 재발해 그해 12월 MBC 10대 가수 시상식에는 동료가수의 등에 업혀 출연해야 했다. 배호가 무대에서 쓰러지겠다는 각오로 무대에 오르면 오를수록 병세는 그의 삶을 나락으로 밀어냈다. 1971년 여름 '0시의 이별', '마지막 잎새'를 취입했으나 그해 11월 7일 서른 문턱을 넘기지 못하고 자택에서 숨져 마지막 노래가 되고 말았다. 배호는 7~8년에 불과한 짧은 가수 활동에도 불구하고 250여 곡의 노래를 부르고 30여 곡의 히트곡을 남겼다. 그중 많은 곡이 배호의 열렬한 팬들을 통해 '가요의 고전'으로 남아 지금도 전국 곳곳에서 애창되고 있다.

김일성의 5·25교시… 주체사상의 유일사상화

개인숭배는 더욱 강화되었고 스탈린주의에서조차 볼 수 없는 수령 절대주의가 확립되었다.

북한은 주체사상이 '인류사상사에서 근본적 전환을 가져온 영생불멸의 사상이고 사람이 모든 것의 주인이며 모든 것을 결정한다'는 인본주의 철학원리를 근간으로 삼고 있다고 선전한다. 그러나 실제로는 김일성의 절대권력을 유지·강화하는 데 쓰였고, 김정일 시대에 와서는 세습체제를 합리화하는 수단으로 이용되었다.

북한에서 '주체'라는 용어가 처음 등장한 것은 1955년 12월 28일 열린 노동당 선전선동 일꾼대회였다. 김일성은 간부들을 상대로 '사상사업에서 교조주의와 형식주의를 퇴치하고 주체를 확립하는 것에 대하여'라는 제목의 연설을 했다. '소련과 중국의 눈치를 보지 말고 마르크스 레닌주의를 북한의 실정에 맞게 구현하자'고 했던 이 연설은 장차 있을 김일성의 개인 우상화를 노린 것이었지만 그때까지만 해도 주체 개념은 확고하지 않았다.

그 후 이론화와 보완작업을 거쳐 '경제에서 자립'(1956), '정치에서 자주'(1957), '외교에서 자주'(1958), '국방에서 자위'(1962)라는 '자주 노선'을 주체사상의 주요 내용으로 내세웠다. 그러다가 1967년 5월 25일 김일성이 이른바 '5·25교시'를 발표하면서 주체사상은 20세기사에 유례가 없는 '유일사상체계'로 변질되고 만다.

교시 발표에 앞서 3월에 열린 당 중앙위 제4기 제15차 전원회의에서는 주체사상의 근본적 변화를 예고하는 중요한 결정이 내려졌다. 유일사상체계라는 용어가 처음 등장하고, 1930년대에 김일성과 함께 항일무장투쟁을 벌였던 '갑산파'에 대한 숙청이 결정되어 김일성의 유일체제로 가는 중요한 분수령을 이뤘기 때문이다.

갑산파 숙청은, 겉으로는 갑산파가 김일성의 국방·경제 병진노선을 반대했다는 이유로 단행한 것이지만 실제로는 김일성의 유일사상체계를 반대하는 세력들에 대한 견제와 제거였다.

'북한판 문화대혁명'에 따라 개인숭배 물결에 휩싸여

'5·25교시'는 황장엽 김일성대 총장이 1966년 10월에 발표한 '사회발전 동력'이라는 논문이 계기가 되었다. 과도기와 프롤레타리아 독재문제, 그리고 인텔리의 역할을 언급한 황장엽의 논문이 발표되자 김일성의 동생이며 당내 2인자였던 김영주가 문제를 제기했다. 그는 황장엽의 논문이 반당 수정주의 글이라며 프롤레타리아 독재와 김일성의 독재를 약화시킬 수 있다고 김일성에게 보고했다.

김일성은 황장엽에 대한 비판을 강하게 촉구한 뒤 1967년 이른바 '5·25교시'를 발표했다. '자본주의로부터 사회주의로의 과도기와 프롤레타리아 독재문제에 대하여'라는 연설을 통해 '소련의 우경 수정주의와 중국의 좌경 모험주의를 모두 배격한다'고 교시를 내린 것이다.

겉으로는 중간자적 입장을 취하는 것처럼 보였지만 실제로는 계급투쟁과 프롤레타리아 독재를 약화시켜 민주주의 확대를 갈망했던 인텔리의 힘을 빼고 독재를 강화하기 위해 중국의 문화대혁명을 모방한 교시였다. 이후 개인숭배는 더욱 강화되었고 스탈린주의에서조차 볼 수 없는 수령

평양 만수대 언덕에 있는 김일성 동상

절대주의가 확립되었다.

이 '북한판 문화대혁명'에 따라 북한 사회는 개인숭배의 물결에 휩싸였고 인텔리들은 심한 고초를 겪었다. 주민들은 개인 소장 서적을 불태우거나 도서관에 기증하도록 강요받았다. 마르크스의 변증법적 유물론과 유물변증법도 사라지고 그 자리는 김일성 유일사상이 대신했다.

1967년 12월에 열린 최고인민회의에서는 10대 정강이 발표되었다. '모든 부문에서 주체사상을 훌륭하게 구현할 것'이라는 제1조는 주체사상이 김일성의 유일지도체제 확립을 정당화해주는 통치 이데올로기로 전락했음을 알리는 신호탄이었다. 1970년에는 유일사상체계가 당 규약으로 명시되고, 1972년 12월에 제정된 사회주의 헌법에서는 주체사상이 공식적인 통치 이데올로기로 명문화됨으로써 주체사상의 변질이 본격화되었다.

마르크스 레닌주의는 '창조적 적용'의 대상으로 격하돼

1974년 2월 19일 김정일에 의해 주체사상이 김일성주의로 명명되고, 같은 해 4월 '당의 유일사상체계 확립 10대 원칙'이라는 대외비 문건이 발간되면서 김일성은 인간에서 신적인 존재로 승격했다. "우리는 위대한 수령 김일성 동지가 영도하는 영광의 시대 김일성 시대에 살고 있으며 또 싸우고 있다"라는 전투적인 선언으로 시작되는 전문과 10개 조 62개 항으로 구성된 대외비 문건은 김일성 수령에게 절대성을 부여하고 무조건성의 원칙 아래 모든 것을 집행하도록 규정했다.

특히 '…대를 이어 끝까지 계승하여…'라고 기술된 제10조는 김정일만

이 유일한 김일성의 후계자로서 혁명 위업을 이어간다는 의미를 담고 있었다. 이 문건이 근거가 되어 '수령이 생각하는 대로 생각하고 당이 결심하면 무슨 일이든 한다'는 구호가 나타났다.

1982년 3월에는 김정일이 '주체사상에 대하여'라는 논문을 발표하고, 1985년에는 방대한 분량의 '위대한 주체사상 총서'(총 10권)가 발간되면서 주체사상의 이론화가 마무리되었다. 이것은 김일성의 신격화도 함께 완성되었다는 것을 의미했다.

주체사상은 크게 사상, 이론, 방법 3부분으로 나뉘어 있고 이들 각각은 서로 밀접한 연결고리를 갖고 있다. '사상'은 철학의 근본문제, 인간관, 세계관 등 인식론을 다루고 있고 '이론'은 사상분야에서 정리된 내용을 근거로 각종 혁명이론을 소개하고 있다. '방법'은 어떻게 혁명을 성공적으로 수행할 수 있을 것인가를 다룬 실천론이다.

주체사상에서 특히 주목을 끌고 있는 것은 김정일의 권력 승계와 관련된 부분이다. 주체사상은 '인민대중이 모든 것의 주인이다'라고 강조하지만 그것이 제대로 발휘되기 위해서는 올바른 '수령'이 있어야 한다고 밝히고 있다. 여기서 수령은 과거 김일성을 의미하며 김정일은 그것을 이어받은 인물이라는 것이다.

이런 과정을 거쳐 '인류가 가져온 모든 진보적 사상의 최고봉'으로 받들어지던 마르크스 레닌주의는 '창조적 적용'의 대상으로 격하되었다가 동유럽 사회주의권 몰락 이후인 1992년 개정된 북한의 사회주의 헌법에서 공식적으로 삭제되었다. 이는 북한이 공산주의 국가가 아니라 김일성 개인 국가라는 것을 공개적으로 자인한 것이다.

한국 여자농구 세계여자농구대회 준우승

구기종목 세계대회 출전 사상 첫 쾌거이자 유럽이 독주해온 여자농구의 판도가 바뀌는 순간이었다.

1967년 4월 15일, 제5회 세계여자농구선수권대회가 체코슬로바키아에서 개막되어 세계 11개국이 8일간의 열전에 돌입했다. 12개 참가국이 4개 팀씩 3개 조로 나뉘어 예선을 치르고, 조별 1, 2위가 결선에 올라 6개 팀이 다른 2개 조의 1, 2위 팀과 차례로 경기를 치르는 방식으로 결선이 치러질 예정이었다. 한국은 체코, 이탈리아, 쿠바와 함께 B조에 편성되었으나 운이 따랐는지 쿠바의 불참으로 체코와 이탈리아 두 나라와만 경기를 벌였다.

첫 상대인 이탈리아를 76대 56으로 가볍게 제친 우리 팀의 다음 상대는 체코팀이었다. 체코는 개최국인데다 1964년 페루 세계여자농구선수권대회에서 준우승한 동구권의 강호였다. 그래도 한국은 투혼을 발휘해 일방적으로 밀리지는 않았다. 그러다가 후반 3분 30초를 남기고 최장신 선수인 박신자(176cm)가 5반칙으로 퇴장당해 결정적으로 불리해졌다. 16초를 남기고 65대 66으로 한 점 뒤지고 있는 상황에서 공격권까지 체코로 넘어가 승리의 여신은 우리를 외면하는 듯했다.

그런데 그 순간 믿기지 않는 장면이 연출되었다. 종료 10여 초 전, 주희봉이 지공을 펼치던 체코 선수에게서 공을 가로챈 것이다. 공을 넘겨받은 김추자는 종료 7초 전 체코 수비수를 제치고 레이업슛을 시도해 종료 버저 소리와 함께 슛을 성공시켰다. 67대 66의 극적인 역전승이었다.

6개국이 진출한 결승리그에서도 C조 1위, 2위인 동독과 일본을 각각 64대 59, 81대 60으로 연달아 격파하자 결승리그에 진출한 것만으로도 만족해하고 있던 국민들이 점차 흥분하기 시작했다. 결선에서 2승을 거둔 한국의 다음 상대는 A조 1위, 2위인 소련과 유고였다. 한국은 단신이라는 핸디캡을 스피드와 테크닉으로 극복하며 승승장구했지만 전 대회를 2연패하고 평균 신장이 우리(168cm)보다 20cm 이상이나 큰 소련을 당해낼 수 없었다. 결국 소련과의 사상 첫 대결에서 50대 83으로 패해 힘과 신장의 열세를 실감해야 했다.

한국은 이후 올림픽과 세계선수권대회에서 소련에 6연패를 당하다가 2000년 시드니 올림픽에서 러시아를 75대 73으로 이겨 첫 설욕을 했다. 한국의 마지막 상대는 유고였다. 유고만 제치면 한국은 구기종목 사상 세계대회 첫 은메달의 주인공이 될 수 있었다.

"에펠탑에서 떨어져 죽는 것도 멋지겠다"

그런데 4월 22일 경기를 몇 시간 앞두고 갑자기 체코 경찰이 선수단 숙소에 들이닥치더니 "한국 선수단이 북한을 비난했다"며 김철환 단장에게 "체코를 떠나라"고 명령하는 일이 벌어졌다. 김 단장이 체코 경찰에게 "기자회견에서 '한국의 얼굴'이라는 책자를 나눠주었을 뿐 정치적인 행동은 한 적이 없다"고 해명했지만 이미 북한의 방해공작이 완벽하게 먹혀들어간 상황이었다. 결국 김 단장은 체코를 떠나 서독으로 거처를 옮겼다.

당시는 남북 간 체제경쟁이 첨예하던 때라 우리 선수들은 서울을 떠날 때부터 반공교육을 철저하게 받았다. 북한이 참가하지는 않았지만 공산국가였던 체코는 북한의 안마당이나 다름없었다. '3명 이상 다니고, 낯선 사람의 말에 대꾸하지 말 것', '호텔방에도 도청장치가 있을지 모르니 발언에 조심하고, 종이로 열쇠구멍을 막아 밖에서 볼 수 없게 할 것' 등 지금 생각하면 유치하기 짝이 없는 내용이었으나 그 시절엔 그랬다. 실제로 한국 선수단은 이동할 때마다 북한의 미행을 받았다.

이런 불안 속에서도 한국팀은 마지막 상대 유고에게 78대 71로 역전승을 거뒀다. 종합전적 5승 1패로 구기종목 세계대회 출전 사상 첫 메달을 거머쥐어 전 국민을 열광시키고 세계를 놀라게 했다. 한국에 여자농구가 도입된 지 56년 만에 이룬 쾌거이자 유럽이 독주해온 여자농구의 판도를 일시적으로나마 바꿔놓은 순간이었다.

박신자, 김추자, 신항대, 김명자, 주희봉, 임순화, 이혜숙 등 우리 선수들은 시상식 후 체코 민요 '아름다운 프라하'를 합창해 체코 국민을 감동시킨 뒤 서독을 거쳐 친선 경기를 위해 파리로 갔다. 이때 또 하나의 낭보가 전해졌다. 체코 기자단 투표 결과 박신자(1941~)가 56표를 얻어 '베스트 5'에 1위로 올라 대회 MVP가 된 것이다. 김추자는 미기상을 받았다. 에펠탑을 관광하던 중 이 소식을 전해 들은 박신자는 "에펠탑에서 떨어져 죽는 것도 멋지겠다"는 생각을 했다고 훗날 한 인터뷰에서 밝혔다.

5월 8일 귀국한 선수단을 기다리고 있는 것은 대대적인 환영행사였다. 지프차 1대에 한 명씩 올라타고 김포공항에서 서울운동장까지 행진하는 카퍼레이드를 벌이고 서울운동장 야구장에서 열린 2만 명의 국민환영대회에는 정일권 국무총리까지 참석해 문화훈장을 달아주며 노고를 치하했다. 세계대회 준우승의 자신감은 여자농구가 1984년 LA 올림픽 때 은메달의 열매를 맺는 데 크게 작용했다.

크리스티안 바너드 세계 최초 심장이식 수술 성공

토요일에는 남아프리카의 이름 없는 외과의사였지만 월요일에는 세계적으로 유명해져 있었다.

신체의 일부를 다른 사람에게 옮기는 '이식기술'은 1905년 각막이식과 1908년 관절이식 등의 성공으로 눈에 띄게 발전했지만 생명과 직접 연관이 있는 '장기이식'은 20세기 중엽에 와서야 비로소 가시적인 성과를 보이기 시작했다. 1954년 12월 23일 일란성 쌍둥이 형제간의 신장이식 수술이 미국 보스턴에서 세계 최초로 성공하고, 1960년 개의 심장이식도 성공함으로써 목숨이 경각에 달린 전 세계 환자들을 흥분시켰다. 그러나 사람의 심장이식 수술만은 몇 겹의 장벽이 가로막고 있었다.

첫 번째 장벽은 수술시간이었다. 수술시간이 4분이 넘으면 정상적인 혈액순환이 이뤄지지 않아 뇌에 손상을 주기 때문이다. 이 장벽을 처음 허문 사람은 쓸 만한 심폐기를 최초로 개발한 미국의 존 기번이다.

그는 1952년 심폐기를 이용하여 심장에 구멍이 있는 생후 15개월 된 아기를 수술했다. 아기는 수술 도중 사망했지만 기번은 좌절하지 않고 1년 뒤인 1953년 5월 심폐기로 생명을 27분 동안 유지하도록 한 뒤 심장 질환을 치료하는 데 성공했다.

그 다음 넘어야 할 장벽은 심장이식에 따른 거부반응이었다. 이에 대한 연구도 세계 각국에서 차근차근 진행되었다. 1950년대 초 '코르티손'이 면역체계를 억제한다는 사실이 밝혀지고 1959년에는 강력한 면역억제제 '아자티오프린'도 새롭게 개발되었다. 같은 해에 '6-메르캅토푸린'을 매일 투약하면 토끼의 면역체계를 억제할 수 있다는 사실도 밝혀졌다.

마지막 장벽은 심장 제공자였다. 특히 미국은 '장기이식의 메카'이면서도 뇌사 판정기준이 마련되지 않아 심장 제공자를 확보하는 데 어려움을 겪었다. 미국에서 심장 제공자를 찾느라 심장이식 수술이 늦어지고 있을 때, 남아공의 케이프타운에서도 크리스티안 바너드(1923~2001)가 심장이식 수술을 준비하고 있었다.

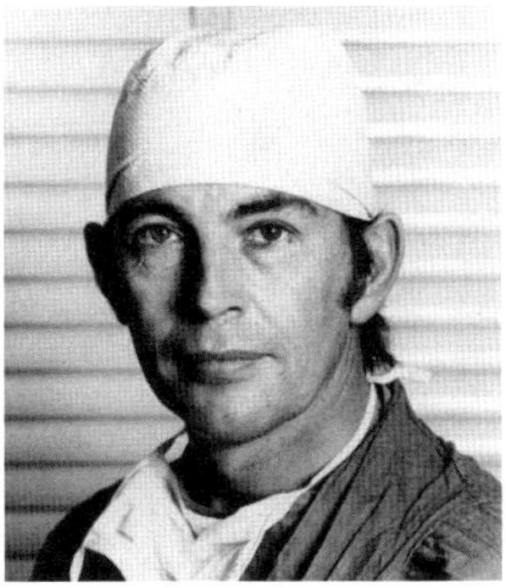
크리스티안 바너드(1923~2001)

그는 케이프타운대 의과대를 졸업하고 미국 미네소타대에서 박사학위와 외과의사 자격증을 취득한 후 남아공으로 돌아와 케이프타운대의 외과연구부장으로 근무했다. 그러다가 다시 미국으로 건너가 300여 차례의 동물실험에 참여해 심장이식술을 터득한 후 다시 남아공으로 돌아와 1964년 남아공 케이프타운의 그루트슈르병원에 이식팀을 조직했다. 이식팀은 수년 동안 48차례의 동물 심장이식 수술을 통해 이식기법을 갈고 닦았다. 그러는 동안 세계 각국에서는 1963년 간장이식과 폐이식, 1966년 췌장이식이 성공했다.

"이제 나는 프랑켄슈타인이 되었군"

1967년 10월 바너드는 신장이식이 성공을 거두자 심장이식을 시도하기로 했다. 바너드는 당뇨병, 관상동맥질환, 울혈성심부전을 앓으며 죽음을 기다리고 있는 55세 남성 루이스 워시칸스키를 심장이식 대상으로 정하고 심장 제공자를 기다렸다.

그러던 중 1967년 12월 2일, 24세 여성 데니스 다발이 교통사고로 뇌사상태에 빠져 병원으로 실려왔다. 다발의 가족이 장기이식에 동의한 가운데 다발의 심장 박동은 1967년 12월 3일 새벽 2시 32분 멈췄다.

수술팀은 오전 3시 1분 다발의 심장을 떼어내 금속 쟁반에 담았다. 뒤이어 아직 살아 있는 워시칸스키의 심장을 가슴에서 잘라낸 뒤 그 자리에 심폐기를 통해 생명을 유지하고 있는 다발의 심장을 이식했다. 봉합까지 끝냈는데도 심장이 뛰지 않아 잠깐 동안 수술팀을 긴장시켰지만 심장 박동을 촉진하기 위해 전기충격을 가하자 새 심장이 꿈틀거리며 혈액을 펌프질했다.

마취에서 깨어나 간호사에게 "이제 나는 프랑켄슈타인이 되었군"이라고 말한 워시칸스키는 이틀 만에 식사를 하고 다시 열흘 후 병상에서 일어나 걸을 정도로 회복되었다. 수술은 성공한 것처럼 보였다. 그러나 기존의 신체 조직이 남의 조직을 거부하는 이식 거부반응 때문에 폐렴이 발생, 워시칸스키는 결국 18일 동안만 살다 12월 21일 오전 6시 50분에 사망했다.

수술 성공 소식은 전 세계로 타전되었다. "토요일에는 남아프리카의 이름 없는 외과의사였지만 월요일에는 세계적으로 유명해져 있었다"는 자신의 말처럼 바너드는 곧 유명인사가 되었다. 미국의 TV에 출연하고 타임지 표지를 장식했으며 린든 존슨 미 대통령의 목장에 초대되었다.

첫 수술 한 달 후인 1968년 1월 2일, 바너드는 58세의 전직 치과의사를 대상으로 두 번째 심장이식 수술을 성공시켰다. 이번에는 환자가 18개월 동안 생존했다.

'아프리카 10대 위인'에 올라

바너드가 세계 언론의 스포트라이트를 받는 동안 경험과 능력면에서 저만치 앞서 있던 미국의 의료진들은 당혹감과 씁쓸한 기분에 휩싸여 있었다. 심장이식 1호의 주인공은 당연히 미국 스탠퍼드대 노먼 셤웨이 교수일 것이라고 누구도 의심하지 않았기 때문이다. 셤웨이는 1958년부터 개를 이용한 실험을 통해 심장이식의 외과적 요법을 완성한 심장이식에 관한 한 세계 최고의 '칼잡이'였다.

그는 1960년 자신이 세계 최초로 심장이식 실험을 한 개가 1년 동안이나 생존한 것에 자신감을 갖고 개보다 쉬운 것으로 알려진 사람의 심장이식도 얼마든지 가능하다고 확신하고 있었다. 그런데도 최초가 되지 못한 것은 미국에서 뇌사 판정기준이 정해지지 않아 심장 제공자를 찾을 수 없었기 때문이다.

셤웨이는 바너드보다 약간 늦은 1968년 1월 6일 미국 최초로 심장이식에 성공했다. 바너드의 성공에 자극을 받은 미국은 대학과 주(州)가 독자적으로 뇌사 판정기준을 정한 뒤 심장이식에 박차를 가했다. 1968년에는 미국을 비롯한 전 세계에서 봇물 터지듯 심장이식이 유행했다. 그런데 1969년부터는 심장이식 수술이 거의 이뤄지지 않아 열기가 싸늘하게 식었다. 거부반응 때문에 생존율이 좀처럼 높아지지 않는데다 소송이 잇따른 게 원인이었다. 거부반응은 효과적인 면역억제제를 개발하지 않는 한 해결이 무망했다.

다행히 1980년대 들어 '사이클로스포린'이란 면역억제제가 개발되고 수술기법도 향상된 덕에 성공률이 획기적으로 높아졌다. 심장이식 수술은 다시 활기를 띠었다. 성공과 실패를 구분하는 '1년간 생존율'은 초기의 10~20%에서 80~90%로 높아졌다.

바너드는 2000년 아프리카인을 대상으로 한 조사에서 대(大) 피라미드의 주인공 파라오 쿠푸, 시바 여왕, 클레오파트라 등과 함께 '아프리카 10대 위인'에 올랐다. 우리나라 첫 심장이식 수술은 1992년 11월 11일 확장성심근염을 앓아 생명이 위태로워진 48세 주부를 상대로 울산대 의대 송명근 교수에 의해 이뤄졌다. 결과는 성공적이었다.

히피들의 해방구 '사랑의 여름' 축제

환각제를 먹고 비전통적인 옷차림을 하며 특히 꽃을 몸에 달기를 좋아했다.

기이한 모습의 젊은이들이 미국 곳곳에서 목격되기 시작한 것은 베트남전과 인종문제로 홍역을 앓고 있던 1960년대 중반이었다. 남녀를 막론하고 어깨까지 내려가는 치렁치렁한 머리에, 남자들은 수염을 기르고 누더기 같은 옷에 목걸이를 했으며 여자들은 요란한 레이스에 원색을 이용한 '사이키델릭풍'의 옷을 입고 거리를 활보했다. 세상은 그들을 가리켜 '히피'라고 불렀다.

히피들은 '꽃의 아이들'이라는 애칭답게 꽃을 사랑했고 '사랑의 세대'라는 별명답게 '사랑과 평화'에 가치를 두었다. 엄격한 성윤리가 지배하는 시대에 성에 대한 기존의 규칙을 거부하고 자유로운 성적 교류를 추구했으며 마리화나와 LSD 등 환각제를 거리낌 없이 사용했다. 가정과 학교는 포기한 채 황무지에 집을 짓고 땅을 일구며 자신들만의 유토피아를 꿈꿨다. 그들에게 기존 사회는 구제할 수 없는 폐기물에 가까웠기 때문에 버림받아 마땅한 것이었다.

히피들의 구호 중 "30세 이상은 믿지 말라"는 구호는 기성세대에 대한 원천적인 불신의 표현이었으며 반대로 자신들이 새로운 삶의 양식을 개척하겠다는 의지의 선언이었다. 놀라운 것은 그들 대부분이 중산층에 해당하는 '와스프(WASP)' 출신이라는 점이었다. 유복하고 안락한 백인(W), 앵글로색슨(AS), 신교도(P) 가정 출신의 젊은이들이 길거리로 뛰쳐나온 것이다.

그들은 자신들의 히피 문화에 대해 이렇게 설명했다. 장발은 전통적인 남녀 구분에 대한 항의의 상징이고, 제멋대로의 기이한 복장은 점잖은 미국 중산층 복장에 대한 반발이며, 프리섹스는 엄격한 미국의 청교도적 도덕을 정면으로 부정하는 것이라고. 또한 평화주의는 세계 제1의 군사력으로 세계를 압도하려는 미 정부에 대한 반항이고, 탁발은 근면을 미덕으로 한 미국적 윤리에 대한 부정이며, 학교를 중퇴하는 것은 학력과 성적을 중시하는 기존 사회질서에 대한 거부라고. 덧붙여 LSD와 마리화나는 환각에 몸을 내맡겨 의식의 확대를 꾀하기 위한 수단이라고 주장했다.

히피 문화가 절정에 다다른 것은 1967년

히피들의 온상지는 샌프란시스코의 헤이트 애슈베리였다. 1966년 6월경에는 숫자가 1만 5,000명으로 불어나 히피풍의 클럽과 술집이 문을 열

'사랑의 여름' 축제 모습

었고, 마약 밀매상이 자금을 지원한 히피 주간신문 '샌프란시스코 오라클'이 발간되었다. LSD와 마리화나를 즐기는 '애시드 트립 페스티벌'도 종종 벌어졌는데, 애시드는 LSD와 마리화나와 같은 환각제의 은어였다.

히피 문화가 절정에 다다른 것은 1967년이었다. 1월 14일 샌프란시스코 금문교 공원에서 열린 '휴먼 비 인(Human Be-In)'은 히피 문화와 음악이 한데 어우러진 축제의 장이었다. 제퍼슨 에어플레인, 그레이트풀 데드 등 록가수들은 2만여 명의 히피들을 향해 흥을 돋우었고, 시인 앨런 긴즈버그와 하버드대 교수 티머시 리어리 등은 환각제 사용을 적극 옹호했다.

1967년 6월에는 '사랑의 여름' 축제가 열려 다른 지역의 히피들까지 샌프란시스코로 몰려왔다. '사랑의 여름' 축제의 공식적인 시작은 6월 16일부터 샌프란시스크 부근의 몬터레이에서 열린 록 페스티벌이었다. 1967년 10월까지 계속된 '사랑의 여름' 축제를 즐기기 위해 전국에서 몰려든 히피들이 10만 명을 헤아렸다.

유명 록 밴드들이 대거 참여해 사이키델릭 록의 진가를 만천하에 알린 축제를 통해 재니스 조플린이 스타덤에 오르고 지미 헨드릭스가 대미를 장식했다. 그 무렵에 발표된 노래가 스콧 매켄지가 부른 '샌프란시스코에 가면 머리에 꽃을 꽂으세요'이다. 노래는 발매되자마자 미국 내 최고의 히트곡으로 떠오르면서 1970년대 초까지 히피 문화와 히피 운동의 찬가로 많은 대중에게 사랑을 받았다.

"건국 이래 청교도적 전통사회에 대한 정면도전"

기성세대들에게 이런 축제가 달가울 리 없었다. 로널드 레이건 캘리포니아 주지사는 "히피들이 공산주의적인 음모를 숨기고 있다"고 목청을 높였으며 한 하원의원은 "미국 사회구조에 최대의 위협을 주는 무리들"이라고 비난했다. 현장을 둘러볼 기회가 있었던 역사학자 아널드 토인비는 "미국의 사회적 병폐가 낳은 부산물"이라면서 "미국 건국 이래 청교도적 전통사회에 대한 정면도전"이라고 의미를 부여했다.

경찰은 LSD를 소지하거나 거래하는 히피들을 현장에서 체포하는 방식으로 축제를 방해했다. 당시 체포된 젊은이들 중에는 영화 '뻐꾸기 둥지 위로 날아간 새'의 원작자 켄 키지와 러시아 출신 무용수 루돌프 누레예프 등도 있었다.

경찰의 강경한 태도에 히피들은 한동안 저항하다가 결국 1967년 10월에 '히피들의 죽음'이란 모의 장례식을 연 뒤 그들의 해방구를 등지기 시작했다. 그중에는 유랑생활을 하며 자신을 신봉하는 이른바 '맨슨 패밀리'로 하여금 많은 사람들을 살해토록 사주한 찰스 맨슨도 있었다. '샌프란시스코 오라클'지는 1968년 2월 제12호를 마지막으로 폐간되었다. '사랑의 여름'은 기성세대가 보기에는 섹스와 마약과 로큰롤 놀이에 불과했으나 젊은이들에게 그것은 사회 혁명과 새로운 공동체를 염원하는 비폭력·비정치적인 축제였다.

아이러니컬하게도 '사랑의 여름' 축제의 훼방과 파괴는 히피들을 전국적으로 흩어지게 해 히피 문화가 미 전역으로 확산되는 계기가 되었다. 1968년 히피가 미국 인구의 0.2%를 차지할 정도로 히피 문화는 이미 미국에서 신좌익운동, 시민권운동과 더불어 미국의 주요 흐름으로 자리를 잡았다. 1968년 12월 '히피'라는 단어를 처음 사전에 올린 랜덤하우스 사전은 '히피'를 이렇게 정의했다. '1960년대 후반기의 사람으로서 기존 체제를 거부하고 사랑에서 자연발생적인 인간관계를 추구하며 의식의 확장을 지향해 환각제를 먹고 비전통적인 옷차림을 하며 특히 꽃을 몸에 달기를 좋아하는 사람'

체 게바라 총살

카스트로는 30일 동안 조기를 게양토록 하고, 그가 체포된 10월 8일을 '게릴라 영웅의 날'로 정했다.

에르네스토 체 게바라(1928~1967)는 기성의 권위나 권력을 거부한 무정부주의자였다. 민족과 국가의 경계를 넘어선 인터내셔널리스트였으며 삶 전체를 남미와 아프리카의 해방에 투신한 혁명가였다. 그를 혁명가로 이끈 것은 대학시절 남미 대륙 여행을 통해 목격한 남미 민중의 비참한 생활상이었다.

체 게바라는 아르헨티나의 부르주아 집안에서 태어나 부에노스아이레스 의과대 졸업을 앞둔 1952년, 칠레, 볼리비아, 페루, 콜롬비아, 베네수엘라 등지를 10개월 동안 돌아다녔다. 1953년 3월 대학을 졸업하고 의사 자격증을 딴 뒤에도 볼리비아와 과테말라 등지를 여행했다. 그 여로에서 목격한 남미 민중의 삶은 그로 하여금 인간과 사회의 질병에 깊은 연민과 분노를 느끼게 했다.

특히 1954년 과테말라에서 목격하고 경험한 하코보 아르벤스 대통령의 토지개혁 시도와 뒤이은 좌절은 그에게 혁명이 왜 필요한지를 일깨워주었다. 아르벤스는 1953년 미국의 다국적기업인 '유나이티드 프루츠 컴퍼니'를 국유화하고 토지를 빈농에게 분배하는 등 개혁정책을 단행했다가 미국의 사주와 지원을 받은 군부 쿠데타로 1954년 6월 대통령 자리에서 물러났다.

아르벤스 정부가 붕괴되고 과테말라의 현지 사정이 악화되자 체 게바라는 멕시코로 거주지를 옮겨 1954년 9월 이름을 체 게바라로 바꿨다. 1955년 7월 멕시코로 망명해온 피델 카스트로(1926~)를 만난 것은 혁명을 준비해온 개인 여행의 종착점이었다.

카스트로는 1955년 5월 쿠바의 감옥에서 풀려난 후 몇몇 동지들과 함께 멕시코로 망명해 쿠바 바티스타 독재정권의 전복을 도모하고 있었다. 두 사람은 제국주의의 억압으로부터 남미 민중을 해방시켜야 한다는 데 공감하고 스페인 외인부대 출신 군인에게서 게릴라 교육을 받았다.

쿠바의 독재 정권을 무너뜨리는 전사로 활약

체 게바라는 카스트로와 함께 1956년 11월 25일 새벽, 낡은 요트 그란마호를 타고 쿠바로 향하면서 진정한 혁명가의 여정을 시작했다. 함께 멕시코를 출발한 82명 중 1주일 뒤 쿠바 해안 늪지대에 도착한 사람은 카스트로와 체 게바라 등 불과 12명뿐이었다. 나머지는 체포되었거나 살해되었다. 그들이 무장 거점지역으로 삼은 쿠바 동부의 시에라마에스트라는 높이가 2,000m나 되는 험준한 산악지대인데다 수도로부터도 800km나 떨어져 있어 사실상 해방구나 다름없었다.

미국은 바티스타가 은근히 불안해하는 것을 이용해 양편을 저울질했다. 미 정부는 무기 판매를 협상하는 테이블에서는 바티스타를 갖고 놀았고, CIA는 반군에게 모종의 지원을 제공하면서 해방구의 깊숙한 곳까지 감시망을 뻗쳤다. 바티스타 정부군이 대공세를 펼쳐도 게릴라들은 보이지도 않고 붙잡을 수도 없는 유령 같은 존재였다.

카스트로 반군의 전면적인 공세가 시작된 것은 1958년 8월 21일이었다. 체 게바라는 148명의 대원을 이끌고 서쪽 아바나로 길을 떠났다. 1958년 12월 그가 지휘한 산타클라라 기지 전투는 바티스타 독재를 무너

에르네스토 체 게바라(1928~1967)

뜨리는 데 결정적인 역할을 했다. 1959년 1월 1일 바티스타 독재정권이 무너질 때까지 체 게바라는 의사와 전사로 뛰어난 활약을 펼쳤다.

쿠바혁명 후 그가 맡은 공직은 국립은행 총재였다. 1960년에는 소련, 중국, 불가리아, 북한, 체코슬로바키아 등 전 세계를 돌아다니며 모택동, 김일성, 네루 등을 만나 쿠바의 생존과 제3세계의 연대를 모색했다. 1965년 1월에는 콩고, 기니, 가나, 알제리, 탄자니아, 이집트 등을 방문했다. 1965년 3월 쿠바로 돌아왔으나 그해 4월 어느 날 "제국주의가 있는 곳이면 어디든지 싸워야 한다는 성스러운 임무를 안고 나는 새로운 전장을 찾아갑니다"라는 편지를 카스트로에게 남기고 갑자기 잠적했다.

볼리비아에서 크고 작은 게릴라전 펼쳐

새로운 전장이란 아프리카의 콩고였다. 하지만 1966년 3월까지 10개월 동안 이어진 그의 아프리카 투쟁은 성공을 거두지 못했다. 현지의 혁명 조직이 와해된 것이 주된 이유였지만 "혁명이 그를 필요로 하기보다 그가 혁명을 필요로 했기에" 실패는 예견된 일이었다.

그는 쿠바로 돌아왔다가 발길을 다시 남미의 볼리비아로 돌렸다. 미국의 힘을 분산시키려면 제2, 제3의 베트남전쟁을 일으켜야 한다는 개인의 혁명전략에 따라 가짜 여권을 갖고 아바나를 떠나 모스크바, 프라하, 파리, 상파울루를 우회해 1966년 11월 볼리비아의 낭카와수 게릴라 캠프에 도착해 그곳을 새로운 혁명 거점으로 삼았다. 볼리비아는 페루, 브라질, 파라과이, 아르헨티나, 칠레 등 5개국과 국경을 맞대고 있어 혁명 수출에는 최상의 지리적 여건을 구비하고 있었다. 시에라마에스트라가 쿠바의 해방구였다면 볼리비아는 남미의 해방구가 될 조건을 갖추고 있었다. 모두 50여 명으로 구성된 다국적 민족해방군은 남북 320km와 동서 120km 넓이의 해발 2,000m 정글에서 1,800명의 볼리비아 특공대를 상대로 20여 차례의 크고 작은 게릴라전을 펼쳤다. 그러던 중 한 배신자의 밀고로 1967년 10월 8일, 산악마을에서 정부군과 교전을 벌이다가 장딴지에 총탄을 맞고 체포되었다. 볼리비아 정부와 미 CIA는 그를 살려두면 오히려 혁명의 바람이 들불처럼 일어날 것을 우려해 사살을 결정했다. 이튿날인 10월 9일 오후 1시 10분, 체는 살해되고 양 손목은 잘려나갔다. 잘린 손은 그의 죽음을 확인시키기 위해 카스트로에게 보내졌다.

39세를 일기로 체가 죽었다는 소식은 삽시간에 전 세계로 퍼져나가 그를 마음 속으로 추종했던 많은 사람에게 슬픔을 안겨주었다. 카스트로는 체가 죽었다는 소식에 30일 동안 조기를 게양토록 하고, 그가 체포된 10월 8일을 '게릴라 영웅의 날'로 정했다.

제3차 중동전(6일 전쟁)

승리는 달콤했다. 이스라엘은 본토의 거의 6배에 해당하는 새로운 땅을 획득했다.

1967년 이스라엘의 주변 국가 중 이집트(서)와 시리아(북), 요르단(동)이 강력한 동맹을 구축했다. 눈엣가시 같은 유대인의 국가를 지구상에서 사라지게 하는 게 동맹의 목적이었다. 이미 두 차례나 아랍제국과 운명적인 결전을 치렀던 이스라엘은 사실상 적대적인 아랍의 바다에 떠 있는 유대인들만의 섬이었다. 1956년의 제2차 중동전 때 이스라엘군은 시나이 사막으로 쳐들어가 이집트군을 격파하고 수에즈운하를 점령했다.

그 후 유엔이 중재한 휴전협정에 따라 시나이 반도는 비무장지대가 되었고 유엔 비상군의 주둔도 이스라엘과 이집트 간의 완충지대 역할을 했다. 이스라엘로서는 시나이 반도 남단의 좁은 티란해협을 내려다볼 수 있는 이집트의 요새지 샤름 알 셰이크가 비무장지대에 포함된 것이 그나마 다행이었다. 2차 중동전이 일어나기 전까지 이집트는 이 요새를 이용하여 이스라엘이 홍해로 나갈 수 있는 유일한 관문인 아카바 만에서 이스라엘의 선박 출입을 막았다.

2차 중동전 후 이집트의 봉쇄가 풀리고 유엔군이 시나이 반도를 순찰함에 따라 이스라엘의 남쪽 국경은 안정화되었다. 하지만 북쪽의 국경은 사정이 달랐다. 아랍에서도 가장 적대적인 시리아가 국경지대인 골란고원의 유리한 요충지를 장악하고 있었기 때문이다. 시리아군은 이 고원 꼭대기의 강력한 요새에서 이스라엘의 정착촌들을 내려다보며 포격할 수 있었다. 실제로 1967년 봄 무렵에는 거의 매일 포격하다시피했다. 동쪽의 요르단 국왕 후세인은 온건한 인물이었으나 팔레스타인 난민들의 요청과 아랍 각국의 압력에 못 이겨 3국동맹에 동참했다.

'선제공격'과 '속전속결'이 전략 개념

이런 상황에서 1967년 5월 16일 이집트의 나세르가 유엔 비상군에게 샤름 알 셰이크 요새를 포함한 시나이 반도에서 철수할 것을 요구했다. 유엔군이 철수하자 나세르는 시나이 반도에 소련제 비행기와 탱크 등 이집트의 무장군인 8만 명을 진주시켜 일방적으로 티란해협에 대해 다시 해상봉쇄를 취했다. 요르단과 시리아도 대 이스라엘 참전을 선언함에 따라 이스라엘과 아랍 각국의 일전이 불가피했다.

이스라엘은 승산이 희박하다고 판단해 한동안 전쟁을 망설였다. 당시 이스라엘의 전략 개념은, 국경 방어는 현지 주민들의 지역방위 조직에 의

존하고 정규군은 최소병력을 불가피한 지역에만 배치하고 나머지 대부분은 후방에 집결시켜 기동방어 형태를 취하는 것이었다. 선제공격과 속전속결로 조기에 승리를 노리는 개념이었다. 전쟁을 피할 수 없으면 유엔이 개입하기 전 단기에 결정적 승부를 거두어야 정치적 목적을 달성할 수 있다는 게 당시 지도부의 판단이었다.

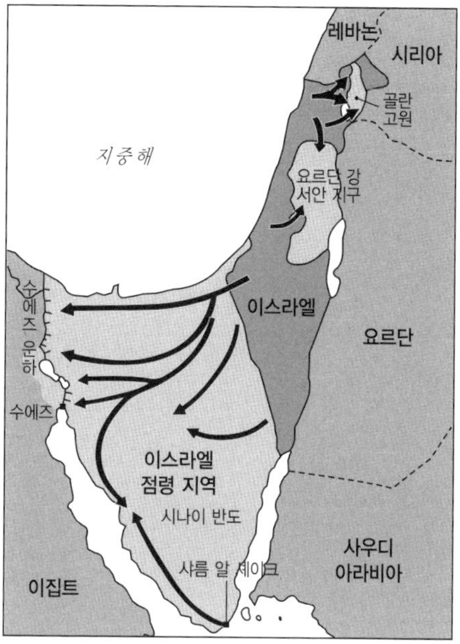

제3차 중동전

전쟁의 기운이 고조되자 이스라엘은 먼저 이집트군을 상대로 신속한 승리를 거둔 뒤 병력을 이동시켜 요르단을 공격하고 마지막으로 시리아를 공격해 각개격파하는 작전계획을 세웠다. 기본원칙은 세 가지였다. 공군력으로 먼저 제공권을 확보하고 기갑부대가 신속히 적의 요새화 지역을 돌파한 뒤 맹렬한 속도로 진격해 전격적인 승리를 거둔다는 것이었다.

그러면서 이스라엘은 전쟁 개시 하루 전, 해병들이 휴가를 나간 것처럼 이스라엘군의 사진을 세계 언론에 전송하고 공격 당일 아침에 극히 평화로운 일반사항을 발표했다. 고도의 기만전술이었다. 이집트의 나세르는 이스라엘이 전쟁을 일으킬 것이라고 예상하지 않았다. 설사 공격해오더라도 반격작전으로 패퇴시킬 수 있다는 자신감이 넘쳤다. 그러나 전쟁은 사실상 6일 만에 모두 끝이 났다. 초기의 공중전에서 이스라엘이 결정적 승리를 거뒀기 때문이다.

거대 완충지역을 확보해 생존과 안전 보장받아

3차 중동전은 1967년 6월 5일 아침 7시 45분, 초저공비행으로 지중해를 멀리 돌아온 이스라엘 전폭기들이 이집트에 파상공격을 퍼부으면서 시작되었다. 저녁 무렵까지 약 300기의 이집트 공군기들이 잿더미로 변했다. 이스라엘 공군기는 요르단, 시리아, 이라크의 비행장들도 공습해 약 100여 기의 전투기들을 무용지물로 만들었다. 이틀 동안 250기로 1,000회 이상 출격하여 아랍국 항공기 416기를 격파했다. 6월 6일 새벽 무렵, 제공권이 완전히 이스라엘로 넘어갔다. 이스라엘 공군기의 피해는 19기에 불과했다.

이스라엘에 가장 중요한 지상전 작전지역은 시나이 사막이었다. 그곳에는 1,000대의 탱크를 보유한 8만 명의 이집트군이 주둔하고 있었다. 그러나 800대의 탱크를 앞세운 3만 명의 이스라엘군은 네게브 사막과 국경을 넘어 물밀듯이 쳐들어갔다. 3일 만에 수백 대의 이집트 탱크들이 파괴되고 국경의 진지들이 붕괴되었다. 요충지인 샤름 알 셰이크 요새도 이스라엘군에 함락되었다. 6월 9일 이스라엘군은 수에즈 운하의 동안(東岸)에 '다윗의 별'을 꽂았다. 6월 7일 새벽부터 구 예루살렘을 포위한 이스라엘군은 6월 8일 오전 10시 무렵 구 예루살렘을 점령해 '통곡의 벽' 앞에서 기도를 올렸다.

이스라엘은 뒤이어 북부 골란고원으로 쳐들어갔다. 유엔의 휴전 결정이 효력을 발생하기 전에 적을 골란고원에서 몰아내기 위한 작전이었다. 6월 10일 오후 6시 시리아가 휴전에 동의했을 때 이스라엘군은 시리아의 수도에 있는 탑들을 볼 수 있는 곳까지 접근했고 6일 전쟁은 막을 내렸다.

6일 전쟁 후 그동안 2만 7,000㎢의 영토를 보유하고 있던 이스라엘은 6만 8,000㎢의 영토를 장악했다. 430기의 적 항공기와 800대의 탱크를 파괴하거나 노획했으며 이집트와 요르단, 시리아에 1만 5,000명의 사상자를 내게 했다. 이스라엘도 40기의 비행기가 파괴되고 800여 명이 전사했지만 승리는 달콤했다. 이스라엘은 시나이 반도와 요르단강 서안, 골란고원 등을 점령함으로써 이스라엘 본토의 거의 6배에 해당하는 새로운 땅을 획득했다. 거대한 완충지역을 확보함으로써 생존과 안전도 보장받았다.

자크 데리다 '그라마톨로지에 대하여' 출간

모든 것을 해체하는 데서 출발해 하나의 철학사조로 완성된 것이 데리다의 '해체철학'이다.

자크 데리다(1930~2004)는 서구 형이상학의 전통에서 출발해 한동안 '철학의 이단'을 추구하다가 마침내 '이단의 철학'을 현대 철학의 주요 사상으로 격상시킨 철학자다. 그의 철학은 플라톤 이후 서양 철학사를 주도해온 이성 중심의 사고를 해체하는 것에서 시작되었다.

그에 따르면 서양의 중심 사고는 세 가지 속성이 있다. 첫째는 동일성의 사유다. 중심을 설정하고 그 중심으로 환원되지 않는 것은 무의미한 것으로 간주하는, 차이를 배제하는 사유다. 둘째는 정신과 물질, 진위, 선악, 미추, 남녀 등을 엄격하게 대립시키는 이분법적 사유다. 셋째는 문자언어나 도형문자, 이미지 언어를 인정하지 않으려는 사고다. 즉 음성적 목소리를 통해서만 진리가 영혼에 생생하게 나타날 수 있다고 보는 것이다.

서양 철학자들은 이처럼 음성언어를 과대평가하는 한편 그 외의 언어는 진리를 간접적으로 재현하는 불순한 언어로 비하했다. 그러나 데리다에게 음성언어는 있는 그대로 드러낼 수 없는 불완전하고 불안정한 소통수단이기 때문에 해체되어야 할 대상이다. 주체와 객체, 자연과 문화, 본질과 현상, 정신과 물질 등 이성 중심주의의 이분법적 대립구도 또한 그

대립구도에 들어맞지 않는 모든 것을 주변화하거나 억압하는 결과를 낳는다는 점에서 해체의 대상이었다. 이처럼 모든 것을 해체하는 데서 출발해 하나의 철학사조로 완성된 것이 데리다의 '해체철학'이다.

데리다는 프랑스령 알제리의 유대인 집안에서 태어나 고교 졸업 후 파리로 이주해 프랑스 인문학의 산실인 고등사범학교에서 철학을 공부했다. 그가 학계의 주목을 받은 것은 자신의 모교인 고등사범학교의 교수로 재직 중이던 1967년이었다. 1년 동안 데리다 사상의 좌표점으로 평가받고 있는 '그라마톨로지에 대하여'를 비롯 '목소리와 현상', '글쓰기와 차이' 등 3부작을 잇따라 발표한 것이다.

해체를 피해갈 수 있는 텍스트는 없어

특히 '그라마톨로지…'는 '책의 시대'가 종언을 고하고 '텍스트의 시대'가 열렸음을 선언한 것으로 유명하다. 오늘날 우리가 전자책과 하이퍼텍스트 시대에 살고 있다는 점에서, 또한 영상언어와 이미지가 시대를 주도하고 있다는 점에서 '그라마톨로지…'는 영상시대 혹은 전자매체 시대의 철학적 기념비라는 평가를 받고 있다.

데리다는 '그라마톨로지…'를 통해 기존의 형이상학이 현재 눈앞에 있는 것만 중시하고 그 밖의 다른 시간성은 배제하는 이른바 '현전(現前)의 형이상학'이라며 비판을 가했다. 음성언어가 절대기준이 되고 역사성을 담고 있는 문자언어가 억압, 무시, 멸시를 받아온 것 역시 '현전의 형이상학'이 서양사상을 지배한 결과라는 것이다. 이처럼 음성언어에 특권을 부여하는 형이상학적 전통을 의문시하고 그러한 사고틀이 숨긴 모순을 폭로하기 위해 등장시킨 것이 '해체'의 개념이다.

데리다에 따르면, 현전하는 것은 굳고 불변의 것인 양 행세하려는 속성을 갖고 있다. '전통'이 대표적인 예인데, 전통은 처음 생겨날 때는 나름대로의 동기와 이유를 갖고 있지만 시간이 흘러 그 동기와 이유가 바뀌어도 변화를 수용하지 않으려는 특성이 있다. 바로 여기에 변화를 주고 생명을 불어넣기 위해 '해체'해야 한다는 것이다.

자크 데리다(1930~2004)

그러나 해체라고 해서 막연히 파괴하거나 부수는 것으로 이해하면 오산이다. 하나의 구조로 이해되는 언어적 구성물 곧 텍스트의 경우 이를 면밀히 살펴 그 내부의 자기모순, 자기배반을 드러냄으로써 그 구조물이 스스로 무너지도록 하는 것이 해체의 전략이다. 애초에 자기완결적 구조란 것은 없기 때문에 어떤 구조물이나 텍스트도 내적 모순이 없는 것이 없고 따라서 해체를 피해갈 수 없다고 본 것이다.

이를 정리하면 해체는 기존의 사유를 비판하고 부정하는 데서 멈추는 것이 아니라 그 안에서 배제되거나 감추어져 있는 것을 드러내 밝힘으로써 긍정과 생성의 특성까지 갖게 되는 것이다.

프랑스에서는 '현대판 소피스트' 소리 들어

데리다가 해체를 통해 보여주려 한 것은 단단한 지반 위에 튼튼하게 지어올린 건축물이라고 여겼던 모든 사상, 세계관, 형이상학, 세계들이 사실은 그리 단단한 것도 튼튼한 것도 아니라는 점이었다. 데리다는 또한 텍스트 뒤의 구조를 밝혀내려는 구조주의가 유행하던 당시에 "텍스트 바깥에는 아무것도 없다"고 선언함으로써 철학계에 일대 논쟁을 불러일으켰다.

이 명제는 텍스트 바깥에서 텍스트를 설명해주는 사상적 구조물을 찾아선 안 된다는 의미를 갖고 있으면서 동시에 텍스트조차 불안정하고 불완전하다는 뜻을 함축하고 있다.

데리다의 해체철학은 그의 조국 프랑스에서는 상대주의적이고 허무주의적이라는 이유로 '현대판 소피스트'라는 비판을 들으며 외면당했다. 복잡한 사유를 풀어가는 난해한 문체에 대해서도 "지적 사기꾼"이라는 비난이 꼬리를 물었다. 반면 1970년대 초부터 시작된 미국의 존스홉킨스대, 예일대 등에서의 강연을 기반으로 예일 학파 등 학문공동체가 형성되고 문학, 건축, 영화, 미술 등 다양한 영역에 해체주의가 응용되면서 미국에서는 큰 환영을 받았다.

데리다는 현장의 지식인이었다. 1981년 체코 프라하에서 반체제 지식인들과 활동한 혐의로 수 일간 구금되었다가 풀려난 적이 있고, 넬슨 만델라의 구명운동에도 앞장섰다. 인종 및 동성애 차별 철폐 등의 인권운동을 펼쳤으며 팔레스타인의 생존권에도 관심을 보이는 등 참여 지식인으로서의 면모를 보였다.

오늘날 새롭게 개척된 인문학적 주제나 이론치고 데리다의 해체론 덕을 보지 않은 것은 드물다. 포스트모더니즘은 물론 페미니즘, 탈식민주의, 신역사주의 등 실로 다양한 사조가 직·간접적으로 해체론이라는 수원지에서 물줄기를 끌어오고 있다.

이런 이유로 해체철학은 플라톤 이후 서양 지성사를 분해해 기존의 위계질서를 전복하는 동시에 인류의 새로운 인식지평을 개척한 선구자적 의미로 받아들여지고 있다. 더불어 데리다는 서구 철학의 형이상학적 전통을 일거에 무너뜨린 20세기의 가장 뛰어난 사상가의 한 명으로 평가받고 있다.

가브리엘 마르케스 ‘백년의 고독’ 출간

‘마술적 사실주의’를 통해 서구의 이성중심적, 리얼리즘적 전통을 거부했다는 데 문학사적 의미가 있다.

1970년대 이후 라틴아메리카 문학의 주요 흐름은 ‘마술적 사실주의’로 요약된다. 마술적 사실주의는 현실과 공상, 역사와 설화, 객관과 주관의 경계를 무너뜨리는 서술방식이다. 전근대성과 근대성이 공존하는 1970년대 라틴아메리카의 사회상을 문학적으로 표현하는 가장 유효한 수단이었다. 이 독특한 장르는 서구와는 다른 중남미적 풍토에서 전통적인 리얼리즘 기법으로 표현하는 데 한계를 느꼈던 작가들이 택한 방법으로 서구의 이성중심적, 리얼리즘적 전통을 거부했다는 데 문학사적 의미가 있다.

가브리엘 마르케스(1927~)는 마술적 사실주의를 구현한 대표 작가다. 그는 카리브해 연안에 위치한 콜롬비아의 작은 마을 아라카타카에서 태어났다. 그곳은 마르케스가 태어나고 2년 뒤인 1929년, 미국 자본이 건설한 바나나 농장의 노동자들이 파업을 벌였을 때 무자비한 기관총 난사로 수많은 사람들의 목숨을 잃게 한 이른바 ‘바나나 농장 학살사건’이 일어난 곳이다. 마르케스는 출생 후 외갓집으로 보내져 외조부모로부터 옛날이야기를 들으며 성장했다.

마르케스는 1946년 대학에 들어가 법학을 공부하다가 중퇴하고 1948년 ‘엘 우니베르살’지의 기자로 입사해 언론인의 길을 걸었다. 1954년 자유파 신문 ‘엘 에스펙타도르’지로 전직한 그는 1955년 해군 구축함이 폭풍우로 침몰해 8명이 실종되는 사건이 발생했을 때 그 뒤에 숨어 있던 정부의 음모를 파헤쳐 언론인으로 두각을 나타냈다. 이 보도 후 신변의 위협을 느껴 유럽의 특파원으로 피신했으나 신문사가 곧 폐간되는 바람에 실업자가 되어 유럽에서 경제적으로 힘든 나날을 보냈다.

가브리엘 마르케스(1927~)

그는 파리, 뉴욕, 바르셀로나, 멕시코, 베네수엘라 등지를 떠돌며 어린 시절 외갓집에서 들었던 옛날이야기를 기억해 내고 거기에 상상을 덧붙여 소설을 썼다. 마르케스 특유의 마술적 사실주의 소설은 그렇게 시작되었다. 마르케스는 1958년의 쿠바혁명에 고무되어 카스트로를 지지하고 좌파 이념을 확고한 세계관으로 받아들였다. 1960년에는 쿠바의 '중남미 통신'에서 활동했다.

이 때문에 반정부 인사로 낙인찍혀 다시 베네수엘라, 스페인, 멕시코 등지를 전전했으나 그래도 그 와중에 중편소설 '아무도 대령에게 편지하지 않는다'(1961)를 비롯 장편소설 '불행한 시간'(1962), 첫 단편집 '마마 그란테의 장례식'(1962) 등을 출판했다.

남미의 황폐한 현실을 '마술적 사실주의'로 꿰어내

1960년대 중반에는 스페인 바르셀로나에서 자신의 대표작이 될 '백년의 고독'을 집필해 18개월 만인 1967년 탈고했다. '백년의 고독'은 마콘도라는 가상의 마을에 사는 부엔디아가(家)의 100년사로, 7대에 걸친 가족사를 통해 중남미의 역사, 서구의 식민지배, 왜곡된 근대화를 겪어온 콜롬비아의 역사를 은유적으로 묘사했다.

소설에는 상상 가능한 모든 것들이 현실의 일부로 용해되어, 죽은 마술사가 살아나오는가 하면 수백 마리의 코끼리가 하늘을 날아다닌다. 4년 11개월 동안 계속되는 비에 갑자기 하늘로 승천하는 처녀 등 상식적으로는 도저히 이해할 수 없는 일들이 번번이 등장한다.

이처럼 웬만한 공상과학소설보다 더 황당무계한 사건이 연달아 벌어지고 여기에 소설 속 인물들 대부분이 근대소설이 갖춰야 할 심리적 깊이를 갖고 있지 않아 전통적인 근대소설의 관점에서 보면 보편적 인간의 모습을 총체적으로 형상화하는 일반적 소설과는 다른 형식을 띠고 있다.

그런데도 마르케스는 현실과 환상이 교묘히 결합되어 있는 문장을 구사하고, 서구적 합리주의의 잣대로 봤을 때 비이성적이고 불합리한 것으로 폄하될 전통적인 이야기 방식을 끌어들여 독자들을 매료시켰다. '백년의 고독'은 스페인 식민시절을 거쳐 내전과 미국 자본의 침략으로 황폐해진 남미의 현실을 마술적 사실주의로 꿰어냈다는 뜨거운 갈채를 받으며 스페인어권에서 '돈키호테' 다음으로 많이 팔린 것으로 알려졌다.

마르케스는 자신의 조국 콜롬비아를 비롯해 중남미의 독재정권들과 그를 지원하는 미국에 맞서 때로는 글로, 때로는 행동으로 싸웠다. 글로는 1975년 독재자의 원형을 그린 소설 '족장의 가을'을 발표하고, 행동으로는 1976년 쿠데타로 집권한 칠레의 피노체트가 권좌에 있는 한 더 이상 소설을 발표하지 않겠다고 선언했다.

또한 다국적기업 문제를 다룬 '러셀위원회' 회의에 참여하고 투옥된 사람들의 인권회복을 위한 '아베아스재단' 창설 등에 앞장서는 등 중남미 각국의 정치범과 실종자들을 위해 정력적인 활동을 벌였다. 이런 정치적 성향에도 불구하고 그는 자신의 정치적 진보성이나 섣부른 전투성을 소설에 결코 표나게 드러내지 않았다.

마르케스는 1982년 노벨문학상 수상 연설문을 통해 스페인의 식민지배, 제국주의 열강의 침탈, 그리고 독립 후 미국 지원을 받는 독재자들의 철권통치를 겪어야 했던 남미인들의 '고독'을 전 세계에 호소했다.

1968년

북한 무장공비 31명 청와대 습격 시도… 1·21사태
미 해군 첩보함 '푸에블로호' 북한군에 나포
이승복 일가 참살
김수영 시 '풀' 발표와 허무한 죽음
송창식·윤형주 '트윈 폴리오' 결성
_ *쎄시봉과 오비스 캐빈*
조영남 TV에서 '딜라일라' 불러 가수 데뷔
김자경 오페라단 창단
박동진 판소리 '흥보가' 완창
주민등록증 첫 발급
프랑스 '5월 혁명'
베트남전 '케산 전투'와 '테트 공세'
_ *호찌민 루트*
베트남전 '밀라이 학살'
마틴 루터 킹 목사 피살
_ *마틴 루터 킹과 에드거 후버*
알렉산드르 둡체크와 '프라하의 봄'
8인의 배신자, 인텔 창업, 앤디 그로브
헨리 키신저 국가안보담당 특별보좌관 임명

북한 무장공비 청와대 습격 시도… 1·21사태

국군 자주화의 중요한 분수령이 되었다. 향토예비군이 창설되고 휴전선에 목책 대신 철책이 설치되었다.

6·25전쟁 후 한반도에 또다시 전운이 감돈 것은 1960년대 후반이었다. 특히 남과 북이 1년 동안 무려 170여 차례나 무력 충돌을 빚었던 1967년부터는 크고 작은 충돌이 이어지고 총성이 그치질 않았다. 1967년 1월 19일에는 강원도 고성 앞바다에서 조업 어선들을 보호하던 해군 당포함이 북한 해안포의 공격을 받아 침몰하는 사건이 발생했다. 1967년 4월에는 한국군 7사단 포병대가 북한을 향해 무려 585발의 포격을 가했다.

이처럼 예측할 수 없는 상황이 끊이질 않는 가운데 1968년에는 전쟁 일보 직전까지 갔던 북한군의 대대적인 도발이 연이어 터져나왔다. 연초부터 북한군 31명이 청와대를 습격하려 한 1·21사태가 일어나고, 미 해군 첩보함 푸에블로호가 북한군에 나포되는 등 일촉즉발의 위기상황이 한반도 전역을 엄습했다. 일부 학자들이 1967~1969년을 '제2차 한국전쟁'이라고 부르는 것도 이런 이유 때문이다.

1968년 1월 16일, 북한의 124군 부대 요원 31명이 배낭 한 개씩을 짊어지고 북한 땅에 속해 있는 경기도 연산을 출발했다. 임무는 청와대를 습격해 박정희 대통령을 사살하는 것이었다. 배낭 속에는 국군 위장복, 민간복, AK 소총 1정에 실탄 300발, 소련제 TT33(일명 떼떼) 권총, 수류탄 12발, 단검 등이 들어 있었다.

그들이 택한 코스는 국군 25사단과 미군 2사단의 경계지역이었다. 경기 개성에서 1박을 한 그들은 1월 17일 늦은 밤 비무장지대 내 최남단 초소가 있는 연천군 매현리에서 미군 지역 철책선을 뚫고 1월 18일 새벽 남방한계선을 넘어 1월 19일 오전 5시경 파주군 법원리 파평산에 도착했다. 그곳에서 휴식을 취하고 있을 때 나무를 하러 온 우철제·우성제 형제에게 은신처가 발각되어 그들을 생포했다. 저녁 무렵에는 나무꾼 형제들을 찾으러 온 2명의 사촌까지 붙잡아 결박했다. 그들은 평양에 "나무꾼들을 만났는데 어떻게 하면 좋겠느냐"고 무전을 쳤고 신속히 답신이 들어왔다.

그런데 무슨 까닭인지 그들이 가진 음어표로는 해독이 되지 않았다. 결국 공비들은 나무꾼 형제들을 어떻게 처리할 것인가를 놓고 회의를 열었다. 살리자는 쪽과 죽이자는 쪽의 의견이 팽팽히 갈렸다. 투표를 실시한 결과 살리자는 쪽이 과반수였다. 공비들은 오후 8시경 "신고하면 후속 부대가 와서 너희 마을과 가족들을 몰살할 것"이라고 위협한 뒤 그들을 풀어주었다. 구사일생으로 풀려난 형제들은 그날 밤 파출소에 신고했다. 나중에 밝혀졌지만 그때 해독되지 않은 답신의 내용은 '원대 복귀'였다.

경복고 후문 일대는 아수라장으로 변해

공비들은 우씨 형제를 풀어준 뒤 법원리 뒷산을 출발해 서울을 향해 급속 산악 행군을 시작했다. 송추 골짜기에 이르렀을 때 비상이 걸려 무장 군인들이 경계를 펴고 있는 것이 확인되었다. 공비들은 경계망을 피해 앵무봉(고령산)~노고산~진관사를 거쳐 1월 20일 오전 6시경 북한산 비봉에 도착했다. 10시간 동안 거의 휴식 없이 밤새도록 전력질주한 것이다.

공비들은 비봉에 숨어 있다가 그날 밤 은신처에서 나와 청와대 뒷산 북악산을 향해 떠났다. 그런데 밤새 걸었건만 새벽녘에 도착한 곳은 세검정과 구기동이 내려다보이는 비봉 남쪽이었다. 청와대가 내려다보이는 북악산에 가 있어야 되는 시간에 비봉으로 되돌아온 것이다.

그들은 해가 떠올라 할 수 없이 비봉 남쪽 승가사 부근에 은신처를 마련하고 휴식을 취했다. 헬기가 머리 위를 분주하게 날아다니고, 산을 수색하는 군인들도 보였다. 당시 수도권을 관장하던 6관구 사령관은 김재규 중장, 청와대 외곽 경비를 담당하는 수도경비사령부 30대 대장은 전두환 중령, 그리고 30대대 작전참모는 장세동 소령이었다. 11년 뒤에 일어날 10·26과 12·12의 주역들이었다.

생포된 김신조

공비들은 1월 21일 밤 8시가 되자 군복을 벗고 배낭 속에 넣어 온 민간복으로 갈아입었다. 당초 계획대로 민간복을 한 CIC(특무대)로 위장한 것이다. 공비들이 산길을 타고 현재의 상명대 앞 세검정 3거리 검문소에 다다른 것은 밤 9시 30분 무렵이었다. 그들이 행군하는 군인처럼 2열 종대를 갖추고 침묵 속에 움직이자 검문소가 그들을 그냥 통과시켰다.

다음 검문소는 자하문 고개였다. 검문소로 다가갔을 때 "누구냐!"는 외침소리에 "훈련을 마치고 돌아가는 CIC 방첩대"라고 둘러댔다. CIC 방첩대라고 하면 경찰이라도 어쩌지 못할 만큼 위세가 대단했던 시절이라 그들은 검문소를 무사히 통과할 수 있었다. 그래도 미심쩍게 생각한 경찰관 2명이 그들의 뒤를 따라갔다. 밤 10시 무렵 공비들이 자하문 고갯길을 넘어 지금의 경복고 후문 근처에 이르렀을 때 지프 한 대가 앞을 가로막았다. 종로경찰서장 최규식 총경이었다. 최 서장이 권총을 빼들고 소속을 밝히라고 요구하고 있을 때 최 서장 뒤로 시내버스 한 대가 올라오다 길을 가로막고 있는 지프차 뒤에 멈춰 섰다.

공비들은 버스를 국군의 지원병력으로 착각하고 최 서장을 향해 연발 사격을 가했다. 최 서장은 가슴에 3발을 맞고 그 자리에서 절명했다.

1·21사태의 첫 희생자였다. 뒤이어 총격전이 벌어졌다. 공비들은 버스에도 수류탄을 던지고 총탄을 퍼부었다. 이때 8명의 민간인이 목숨을 잃거나 다쳤다. 경복고 후문 일대는 아수라장으로 변했다.

"박정희의 모가지를 따러 왔다"

청와대 외곽을 경비하던 수경사 30대대 병력이 총성을 듣고 달려오자 공비들은 세 갈래로 뿔뿔이 흩어져 도망쳤다. 일부는 오던 길을 거슬러 세검정 쪽으로 달아났고, 일부는 바로 옆의 북악산을 탔으며 일부는 경복고 뒷담을 넘어 인왕산으로 파고들었다. 경복고 수위가 또다시 그들의 총에 희생되었다.

공비 1명이 생포되었으나 조사를 받던 중 수류탄으로 자폭했다. "박정희의 모가지를 따러 왔다"고 말해 국민들을 섬뜩하게 했던 유일한 생존자 김신조는 이튿날인 1월 22일 새벽 1시 30분쯤, 인왕산 기슭에서 생포되었다. 소탕전은 계속되었다. 가장 규모가 크고 치열했던 전투는 경기도 양주군 노고산 전투였다. 이 전투에서 11명의 공비가 사살되었다.

계속된 군경의 소탕작전으로 31명의 공비 가운데 김신조를 제외한 28명이 죽고 2명은 행적이 묘연해 북으로 복귀한 것으로 추정되었다. 훗날 김신조는 당시 생포되지 않은 공비들 가운데 1명은 2000년 9월 남한을 방문해 송이버섯을 전달하고 돌아간 박재경 조선인민군 총정치국 부총국장이라고 진술했다.

우리 측도 24명의 전사자를 포함해 총 32명이 죽고, 52명이 다칠 정도로 피해가 컸다. 공비 소탕 후 우리 정부는 공비들의 시신을 북에 인도하려 했으나 북한이 "청와대 습격은 남한 민중의 궐기"라고 잡아떼며 시체 인수를 거부하는 바람에 결국 젊은 주검들은 경기도 양주군 백석면 뒷산에 묻혔다.

1·21사태는 우리 군의 자주화를 이루는 데 중요한 분수령이 되었다. 1·21사태 이틀 후 미 해군첩보함 푸에블로호가 북으로 끌려갔는데도 미국이 군사적인 대응을 자제해 이에 실망한 박 대통령이 군 자주화의 필요성을 절감한 것이다. 이후 대간첩작전 대책본부가 설치되고 향토예비군이 창설(4.1)되었다. 휴전선 155마일에는 목책이 사라지고 새로운 철책이 설치되었다. 또한 공비들이 청와대 근처까지 쉽게 접근할 수 있었던 이유 가운데 하나가 세검정과 평창동의 개발 부진에 있다고 판단해 평창동에 대규모 주택단지를 만들고, 북악스카이웨이와 인왕스카이웨이를 건설(1968.9)했다.

미 해군 첩보함 '푸에블로호' 북한군에 나포

미국이 아무리 군사 초강대국이라고 하더라도 칼자루를 쥐고 있는 건 북한이었다.

북한의 무장공비 31명이 서울에 침입한 이른바 '1·21사태'가 일어나 북부 수도권 일대에서 무장공비 토벌전이 한창이던 1968년 1월 23일 오후 1시 45분경, 미 해군 첩보함 '푸에블로호'가 북한의 원산 앞바다에서 북한 해군에 나포됨으로써 한반도에 또다시 일촉즉발의 전운이 감돌았다. 전시가 아닌 상황에서 미 함정이 납치되기는 미 해군 사상 106년 만에 처음이었다.

일본 사세보항의 미군 기지를 출발해 첩보 임무를 수행하던 푸에블로호에는 함장을 포함해 6명의 장교와 75명의 수병, 2명의 민간인 등 83명이 타고 있었다. 하지만 초계정 4척과 미그기 2대로 위협하는 북한군을 당해내지 못하고 1명의 사망자를 포함해 11명의 사상자를 낸 끝에 결국 원산항으로 끌려가는 수모를 당했다. 나포 순간 함장은 비밀장비를 파괴

푸에블로호

하고 기밀문서를 모두 소각해야 하는데도 의무를 다하지 않아 약 8,000통의 메시지가 고스란히 북한 수중에 넘어갔다.

나포 후 북한과 미국 간에 신경전이 팽팽하게 전개되었다. 북한은 미군이 자국의 영해를 침범했다고 주장했다. 반면 미국은 원산항으로부터 40km 지점의 공해상에서 납치되었다며 북한 측의 불법적인 군사 도발이라고 비난했다. 그러나 미국이 아무리 군사 초강대국이라고 하더라도 칼자루를 쥐고 있는 건 북한이었다.

사건 발생 후 미국은 푸에블로호 납치를 '전쟁행위'로 규정해 때마침 일본에 와 있던 핵 항공모함 엔터프라이즈호를 1월 24일 밤 원산 앞바다로 급파했다. 25일에는 미 전투기 2개 대대가 한국으로 날아왔고 26일에는 존슨 대통령이 공·해군 예비역 소집령을 내렸다.

우리 군도 전군에 비상경계령을 내렸다. 미국은 다각도로 북한을 압박하는 방안을 검토했다. 푸에블로호 승무원과 맞바꾸기 위해 북한 선박을 나포하거나 원산 공군기지 등을 폭격하는 방안을 검토했다. 심지어 비무장지대 북쪽 10km 지점에 있는 북한 6사단 본부를 점령·파괴하는 방안까지 검토했다.

2개의 전쟁을 동시에 치를 수 없다는 건 한계

그러나 3일째 되는 날, 푸에블로호 함장이 영해 침범 사실을 인정하는 기자회견을 하고 승무원 공동의 이름으로 영해 침범을 사죄하는 성명서를 발표해 미국을 곤혹스럽게 했다. 1월 27일에는 "미국이 무력행위를 한다면 푸에블로호 승무원들을 모조리 처형할 수밖에 없다"는 북한 최고사령부의 경고가 발표되었다.

무엇보다 미국을 곤혹스럽게 한 것은 베트남전과 더불어 2개의 전쟁을 동시에 치를 수 없다는 현실적 한계였다. 당시 베트남전쟁의 수렁에서 허덕이고 있는 미국은 아시아에서 또 다른 전쟁을 수행할 여력이 없었다. 더구나 그 해는 대통령 선거가 있는 해였고 미국인들은 전쟁에 염증을 내고 있었다.

그런 와중에 푸에블로호 나포 8일 뒤인 1968년 1월 31일 북베트남의 이른바 '테트(구정) 공세'로 미 전역이 혼란에 빠져들었다. 남베트남의 100여 개 도시와 마을들이 8만여 명의 베트콩으로부터 동시 공격을 받은 테트 공세에서 민간복장을 한 수천 명의 게릴라들은 미국 대사관을 비롯해 사이공의 탄손누트 공항, 남베트남 정규군 사령부, 대통령궁 등 주요 시설을 잇따라 공격했다.

이런 마당에 미국이 쓸 수 있는 카드는 협상뿐이었다. 2월 2일, 미·북간의 비밀회담이 판문점에서 시작되면서 길고 지루한 협상의 서막이 올랐다. 인질을 붙잡고 있는 북한의 요구는 "영해 침범을 시인하고 사과하라"는 것이었다.

그 무렵 박정희 대통령은 회담 반대 입장을 고수했다. 우리가 당한 1·21사태는 대수롭지 않게 여기면서 자국의 푸에블로호 사건만 해결하려는 데 급급해하는 미국이 곱게 보이지 않았던 것이다. 2월 5일 박정희 대통령은 존슨 미 대통령에게 서한을 보내 군사 응징을 강하게 요구했다. 나아가 한국만의 독자적인 무력 보복을 천명하며 미국의 존슨 행정부에 압박을 가했다.

존슨 대통령은 한국의 안보 및 방위에 대한 지속적인 지원을 약속한다는 요지의 친서를 보내 박 대통령을 달랬다. 이 과정에서 박 대통령은 1

억 달러의 군사원조와 한미방위조약 개정 등을 얻어내는 실리를 취했다.

'북한 영해에서 정탐 행위 했다' 시인

미·북 간의 협상은 북한이 첫날부터 "미국이 영해 침범 사실을 인정하고 이를 사과하라"고 요구하는 바람에 진전을 보지 못하고 11개월 동안 28차례나 계속되었다. 마침내 양측이 석방 합의 문건에 서명한 것은 12월 23일 오전 9시였다. 82명의 생존 승무원과 1구의 시신은 서명 후 바로 미국 측에 인계되었다. 사건 발생 336일 만이었다.

미국은 문건을 통해 "미국 함선이 북한의 영해에 들어가 정탐행위를 한 데 대하여 사과하고 앞으로 다시는 어떠한 미국 함선도 북한의 영해에 들어가지 않도록 할 것을 다짐한다"며 "푸에블로호가 북한 영해에서 군사적·국가적 기밀을 탐지하는 정탐행위를 했다"고 시인했다. 서명에 앞서 미국은 북한과 사전에 합의한 대로 "영해 침범 사실을 인정하지는 않지만 승무원 석방을 위해 문건에 서명한다"는 옹색한 구두 변명의 기회를 가진 것에 만족해야 했다. 이날 북한 중앙방송은 "미 제국주의자들이 조선 인민 앞에 무릎을 꿇고 항복문서에 서명하면서 푸에블로호 사건에 대해 사과했다"고 발표했다.

북한은 푸에블로호를 돌려주지 않았다. 원산항에 보관하다가 1999년 화물선으로 가장해 남한 주변의 공해를 9일간이나 돌아 평양 대동강변으로 옮겨 일반에 전시 중이다. 그곳은 사건이 일어나기 122년 전인 1886년 조선의 개방을 요구하던 미국 상선 제너럴 셔먼호가 조선의 쇄국정책에 의해 격침된 곳이었다. "미국과 전투를 벌여 19세기에는 셔먼호를, 20세기에는 푸에블로호를 전리품으로 만들었다. 21세기의 전리품도 여기에 가져다 놓으리라." 당시 노동신문의 기사 내용이다.

이승복 일가 참살

가족 7명 중 살아남은 사람은 아버지와 형, 할머니 3명뿐이었다.

1968년 12월 9일, 강원도 평창군 계방산 중턱 초가집에서 일어난 이승복 일가 참살사건의 전말은 이랬다. 이승복의 아홉번째 생일이었던 그날 밤, 승복은 아랫방에서 숙제를 하고 있었다. 형 학관은 옥수수 알을 까고 있었고 두 동생 승수와 승자는 옆에서 곤히 잠을 자고 있었다. 승복의 어머니만 혼자 윗방에서 메주를 쑤고 있을 때 갑자기 윗방, 아랫방으로 5명의 공비가 들이닥쳤다. 당시 전국을 공포에 떨게 했던 이른바 '울진·삼척 무장공비' 120명 중 일부였다.

이날의 유일한 생존자였던 학관은 당시 상황을 이렇게 전했다. 한 공비가 "너는 북한이 좋으냐? 남한이 좋으냐?" 물었을 때 승복은 학교에서 배운 대로 "북한은 싫어요. 공산당은 싫어요"라고 대답했다고 한다. 남북간 체제경쟁이 치열할 때 어린 승복이 학교에서 배운 건 "북한 공산당은 뿔 달린 시뻘건 괴물"이었다. 승복의 대답이 끝나기가 무섭게 공비 한 명이 승복의 멱살을 잡아 번쩍 들어올리자 다른 공비가 발버둥치는 승복이 입 속에 칼을 쑤셔넣었다. 외마디 비명소리와 함께 승복의 볼에서 선혈이 낭자했다. 입에서 귀까지 찢겨 이가 드러났다.

윗방의 어머니도 날이 시퍼렇게 선 대검에 가슴이 찔렸고, 잠자다 깨어나 울부짖던 두 동생들도 벽에 패대기쳐졌다. 어머니와 동생들은 이내 조용해졌다. 학관도 36번이나 칼에 찔렸으나 다행히 목숨은 붙어 있었다. 아랫마을에서 집으로 돌아오다 마당에서 공비들과 마주친 아버지는 격투 끝에 오른쪽 대퇴부에 상처를 입었으나 다행히 도망쳤다.

아버지를 놓친 공비들이 서둘러 집을 빠져나간 후 정신을 차린 학관은 1km 남짓 산을 내려가 숙모뻘 되는 집에서 간호를 받다 사흘 뒤 깨어났다. 공비들의 만행으로 승복의 가족 7명 중 살아남은 사람은 아버지와 학관 그리고 이웃집에 있다가 목숨을 건진 할머니 이렇게 3명뿐이었다.

승복은 죽었으나 '반공의 횃불'이라는 칭호를 얻어 반공국가 대한민국에서 영웅이 되었다. 공산당이 무엇인지도 모른 상태에서 학교에서 배운 대로 공산당이 싫다고 대답했다가 죽임을 당하고, 죽어서는 반공교육의 표상이 된 것이다. 동상과 기념관이 전국 곳곳에 세워지고 초등학교 도덕 교과서에도 실려 반공의 소재로 활용되었다.

문제는 가슴에 상처를 묻고 살아온 승복의 가족

조선일보는 당시 상황을 "공산당이 싫어요, 어린 항거 입 찢어"라는 제목으로 1968년 12월 11일자 사회면에 대서특필했다. 그런데 기사는 25년이 지나 오보 논란에 휩싸였다. "공산당이 뭔지도 모를 승복이가 어떻게 '공산당이 싫어요'라고 말했겠느냐"면서 "기사가 조작되었다"는 주장이 제기된 것이다.

물론 대한민국의 반공교육을 못마땅하게 생각하고 조선일보의 논조에 거부감을 갖고 있던 측의 뒤늦은 의혹 제기였다. 현장에 있던 유일한 생존자(학관)가 "승복이 '공산당이 싫어요'라고 말하다 죽었다"고 증언했는데도 믿지 못하겠다며 기사를 문제 삼은 것이다.

발단은 1992년 한 자유기고가가 '저널리즘 가을호'에 쓴 "언론이 만들어낸 허구1. '공산당이 싫어요' 이승복 신화 이렇게 조작됐다"는 제목의 기사였다. 그는 이후에도 '미디어오늘'과 '월간 말'지 등을 통해 당시 기사가 조작되었다고 주장했다.

'언론개혁시민연대'는 1998년 8~9월 서울 지하철 2호선 시청역 지하도와 부산역 앞 광장 등에서 '언론 오보 50선' 전시회를 열면서 '기사가 아닌 소설'이라는 설명을 달아 조선일보의 이승복 보도 기사가 거짓이라고 전시하고, MBC는 자유기고가가 제기한 의문을 검증과정도 거치지 않고 그대로 보도하는 등 조선일보 기사가 오보라고 몰아갔다.

남북 간 긴장상태가 조금씩 풀어지고 젊은이들 사이에 "'이승복은 공산당이 싫어요'라고 말해 죽은 것이 아니라 공비가 건네준 콩사탕을 보고 '나는 콩사탕이 싫어요'라고 외치는 바람에 죽임을 당한 것"이라는 우스갯소리가 항간에 떠돌던 상황에서 오보 주장이 던진 파급 효과는 컸다.

조선일보와 승복의 가족은 처음 글을 쓴 자유기고가와 오보 전시회를 담당했던 언론개혁시민연대 사무총장을 1998년 11월 명예훼손 혐의로 검찰에 고소했다. 재판이 진행되면서 이승복이 "공산당이 싫어요"라고 외치다 죽었다는 것은 사실로 밝혀졌다. 그러자 자유기고가는 "조선일보 기자가 현장에 가지도 않고 작문을 했다"는 점을 새롭게 부각시켰다. 즉 쟁점이 '이승복이 말했다 안했다'에서 '조선일보 기자가 현장에 있었다 없었다'로 바뀐 것이다.

1·2심을 거쳐 2006년 11월 24일 대법원이 "이승복이 '공산당이 싫어요'라고 말한 것이 분명하고, 조선일보 기자가 현장에 있었다는 것이 모두 사실"이라고 판결하면서 8년에 걸친 오보 논쟁은 종지부를 찍었다. 언론개혁시민연대 사무총장에게는 징역 6월에 집행유예 2년을 선고하고 자유기고가에게는 "진실이라고 믿었을 만한 상당한 이유가 있고 공익성이 인정된다"며 무죄를 선고했다. 즉 자유기고가가 사실과 동떨어진 주장을 한 것은 맞지만 그렇게 믿을 만한 이유가 있어 기사를 쓴 것이므로 유죄를 선고할 수 없다는 것이다.

이승복 일가족이 무참히 살해된 집

문제는 가슴에 상처를 묻고

살아온 승복의 가족이었다. 8년에 걸친 재판 과정 중에 다시 한 번 정신적 칼부림을 당해야 하는 아픔을 겪어야 했던 것이다.

김수영 시 '풀' 발표와 허무한 죽음

1980년대 초반부터 대두되기 시작한 민중운동과 민중시의 길을 열어놓은 효시로 평가되고 있다.

김수영(1921~1968)의 문학적 생애에서 4·19는 분수령이자 전환점이다. 김수영의 초기 시는 주로 모더니즘적 경향을 띠었으나 1950년대 중반부터는 관념적 모더니즘의 허위와 기만성을 까발리고 도시 소시민의 내면과 자의식을 그렸다. 그러다 맞은 4·19를 계기로 사회성 짙고 현실참여적인 시를 쏟아냈다. 1960년 4월 혁명이 일어나고 1주일 뒤 이승만의 하야 소식이 들렸을 때 김수영은 일필휘지로 시를 써내려갔다. 김수영 시의 지향점이 어딘지를 극명하게 보여준 '우선 그놈의 사진을 떼어서 밑씻개로 하자'라는 제목의 시였다.

김수영은 서울 종로6가에서 태어났다. 초등학교 때 급성 장질부사에 걸리고 이 때문에 공부를 제대로 하지 못해 1935년 선린상고 야간부에 입학했다. 1941년 졸업 후 일본으로 건너가 연극을 공부하고 1944년 가족이 살고 있는 만주 길림성으로 갔다가 해방 후 서울로 돌아왔다.

해방공간에서는 주로 박인환이 운영하는 '마리서사' 서점을 근거지로 삼아 김기림, 김광균, 오장환 등 모더니즘 계열의 시인들과 교유하고, 광복 후 최초로 나온 동인지 '예술부락'에 활자로 인쇄된 자신의 첫 시 '묘정의 노래'를 발표했다. 1949년 4월 김경린, 박인환 등과 함께 간행한 5인 합동시집 '새로운 도시와 시민들의 합창'에 '공자의 생활난'이라는 난해한 시를 발표해 주요 모더니스트의 한 사람으로 각광을 받았다.

1950년 6·25전쟁이 발발했을 때 김수영은 미처 피신하지 못하고 서울에 남아 있다가 온갖 수모를 겪어야 했다. 인천상륙작전 후 패퇴하는 인민군에 붙잡혀 북으로 끌려가다가 탈출에 성공해 서울로 돌아왔으나 이번에는 대한민국 경찰에 체포되어 말로 다할 수 없는 고문을 당하고 1951년 1월 거제도 포로수용소에 갇혀 또다시 지옥 같은 생활을 견뎌야 했다.

다행히 수용소 야전병원 외과원장의 영어 통역관 일을 맡아 생활은 편해졌으나 무료함을 참을 수 없어 자신의 생니를 하나씩 뽑았다. 이후 김수영은 술에 취하면 틀니를 빼서 주머니에 넣고 다녔다. 1953년 수용소에서 석방된 후 서울로 돌아와 미8군 통역, 선린상고 영어교사, 평화신문사 기자 등의 직업을 전전하다가 1955년 무렵부터는 부인이 시작한 양계와 번역 일을 하며 생계를 꾸렸다.

'벼락치듯 나를 전율시킨 최고의 시구'로 꼽혀

김수영은 1953년 '자유세계' 4월호에 발표한 '달나라의 장난'을 경계선으로, 이전과는 전혀 다른 시어와 시 형식을 구사했다. 한문투의 문장이나 추상적이고 관념적인 시어가 줄어들고 일상 용어가 자주 등장한 것이다. 이후 김수영의 시들은 모더니스트들이 지닌 관념적 생경성에서 벗어나 격변하는 시대 속에서 겪어야 했던 지식인의 방황과 암담한 시대 속에 내팽겨진 소시민의 비애와 슬픔을 모더니즘적인 감각으로 노래했다.

1957년 12월 한국시인협회상 수상자로 선정되고 1959년 생전의 첫 시집이자 마지막 시집인 '달나라의 장난'을 펴냈다. 이 시집은 1959년 춘조사에서 '오늘의 시인선집' 제1권으로 발간되었다. 제2권은 김춘수의 시집, 제3권은 전봉건의 시집이었다.

4·19가 일어나고 이승만 대통령이 하야성명을 발표한 1주일 동안 김수영은 뭔가에 홀린 사람처럼 거리를 쏘다녔다. 매일 술을 마시고 노래하고

김수영(1921~1968)

시를 썼다. 그때 쓴 시 중에는 미국인도 소련인도 모두 이 땅에서 나가달라는 '가다오 나가다오' 같은 당시 한국 사회가 수용하기 어려운 시도 있었다. 1960년대 중반부터는 특유의 반복과 역설, 비약과 반전, 단절과 압축 등 갖가지 기법을 동원한 작품을 쏟아냈다.

생전의 마지막 시는 1968년 숨지기 보름 전에 토해낸 '풀'이다. "풀이 눕는다 / 비를 몰아오는 동풍에 나부껴 / 풀은 눕고 / 드디어 울었다 / 날이 흐려서 더 울다가 / 다시 누웠다 // 풀이 눕는다 / 바람보다도 더 빨리 눕는다 / 바람보다도 더 빨리 울고 / 바람보다 먼저 일어난다 // 날이 흐리고 풀이 눕는다 / 발목까지 / 발밑까지 눕는다 / 바람보다 늦게 누워도 / 바람보다 먼저 일어나고 / 바람보다 늦게 울어도 / 바람보다 먼저 웃는다 // 날이 흐리고 풀뿌리가 눕는다" ('풀' 전문)

'풀'은 민중이라는 개념조차 없던 시절 민중을 풀로 형상화함으로써 1980년대 초반부터 급격히 대두되기 시작한 민중운동과 민중시의 길을 열어놓은 효시로 평가되고 있다. '풀'은 2007년 '시인세계'가 시인 109명을 대상으로 실시한 '벼락치듯 나를 전율시킨 최고의 시구'가 뭐냐고 물었을 때 최고의 시로 뽑힐 만큼 시인들 세계에선 으뜸으로 꼽힌다.

1968년 6월 15일 김수영은 모처럼 받은 고료를 가지고 오후부터 신동문, 이병주, 정달영과 함께 청진동과 무교동 술집을 전전하다가 밤 11시 30분 홀로 술집을 나왔다. 취한 채 버스를 타고 마포 서강 종점에서 내려 비틀비틀 집을 향해 걷고 있을 때 갑자기 인도로 뛰어든 버스가 뒤에서 그를 덮쳤다. 그것으로 끝이었다. 병원으로 실려갔으나 다음날 아침 8시쯤 영원히 눈을 감았다.

김수영의 부인은 관 속에 그가 평소 좋아하는 책 중 마르틴 하이데거의 '존재와 시간'을 넣어주고 작별을 고했다. 김수영은 이렇게 황망히 떠났으나 암울했던 1970~1980년대의 시대 상황과 맞물려 화려하게 부활했다. 시선집 '거대한 뿌리'(1974)와 산문집 '시여, 침을 뱉어라'(1975), '김수영 전집'(1981)이 간행되었으며 1981년 '김수영문학상'이 제정되었다.

송창식 · 윤형주 '트윈 폴리오' 결성

시원하고 기백이 있는 송창식의 목소리와 하이톤이면서도 투명한 윤형주의 목소리는 하모니가 절묘했다.

1960년대 말 서울 서린동의 음악감상실 '쎄시봉'은 노래 좀 한다는 젊은이들의 아지트였다. 송창식(1947~)도 그런 젊은이들 중 한 명이었다. 1967년 어느 날 송창식은 성악을 전공하고 있는 조영남(1945~)이 '쎄시봉'에서 팝송을 부르는 것을 보면서 클래식 전공자도 팝송을 잘 부를 수 있다는 사실을 알게 되었다. 그가 보기에 조영남은 그동안 자신이 모델로 삼아온 성악가 카루소보다 노래를 더 잘했다.

당시 쎄시봉에서는 홍익대 공예과 2학년생 이상벽(1947~)이 1967년 봄부터 '대학생의 밤' 사회자로 활동하고 있었다. 이상벽의 친구였던 송창식은 그해 9월 쎄시봉 무대에 데뷔했다. 그는 아는 팝송이 없어 통기타 반주에 오페라 '사랑의 묘약'의 '남 몰래 흐르는 눈물'을 불렀다.

그 무렵 쎄시봉 무대에 오른 대학생 중에는 연세대 의대 2학년생 윤형주(1947~)도 있었다. 윤형주의 팝송은 대중음악도 멋질 수 있다는 사실을 송창식에게 가르쳐 주었으나 무엇보다 송창식의 마음을 사로잡은 건 '배운 대로' 해야 하는 클래식과 달리 대중음악은 '자기 맘대로' 할 수 있다는 점이었다.

송창식은 윤형주에게 트리오 결성을 제안했다. 윤형주는 포크의 기본조차 모르는 송창식의 제안을 처음에는 거절했다가 송창식의 음악적 재능을 인정하고 1967년 10월 초 이익근을 끌어들여 '쎄시봉 트리오'를 결성했다. 하지만 이익근의 군 입대로 1968년 1월 트리오가 해체되자 1968년 2월 1일 둘만이 참여한 '트윈 폴리오'를 결성했다.

송창식은 인천에서 태어났다. 6·25 때 경찰관이었던 부친이 전사하고 9살 때 어머니가 집을 나가는 바람에 친척집을 전전하며 사실상 고아로 자랐다. 송창식의 외로움을 달래준 건 음악이었다. 그는 초등학교 1학년 때 이미 악보를 쓰고 읽을 수 있는 특별한 재능이 있었다. 중학생 때는 자타칭 모차르트였다. 서울예고 성악과에 입학했으나 지독한 가난으로 실기시험을 치르지 못해 결국 2학년 2학기 때 유급통지서를 받고 학교를 그만두었다.

그는 음악 관련 외국서적을 닥치는 대로 섭렵하며 사춘기를 보냈다. 덕분에 얻은 성과는 영어, 독일어, 일본어 해독 능력이었다. 그는 고교 동창이 다니고 있는 홍익대에서 살다시피했다. 홍익대생이 아니면서도 수업도 듣고 교정 잔디에서 기타도 퉁겼다. 그러다가 쎄시봉의 MC로 활약하고 있던 이상벽의 눈에 들어 얼떨결에 홍익대 대표로 쎄시봉 무대에 서게 되었다.

트윈 폴리오 시절의 송창식과 윤형주

윤형주는 서울에서 태어나 1966년 경기고를 졸업하고 연세대 의과대에 입학했다. 대학 1학년 때 미도파 백화점 5층의 미도파 살롱에서 열린 노래경연대회에서 2등을 차지하며 노래 실력을 인정받았다.

당시 1등은 같은 대학 생물학과 1학년에 재학 중인 동갑내기 이장희였다. 윤형주와 이장희는 연세대 경영학과에 다니던 유종국을 끌어들여 통기타 트리오 '라이너스'를 결성했다가 1967년 해체했다.

주로 외국곡을 번안해 불렀지만 노래마다 인기 끌어

송창식·윤형주의 트윈 폴리오가 본격적으로 젊은 층의 호응을 얻기 시작한 것은 TBC 라디오 프로그램 '브라보 선데이'와 '한밤의 멜로디'를 통해서였다. 트윈 폴리오의 첫 히트곡은 브라보 선데이를 통해 탄생했다. 조용호 PD가 건넨 나나 무스쿠리의 노래 '하얀 손수건'을 송창식이 번안해 발표한 것이 대히트를 친 것이다. 이후 윤형주가 번안한 '웨딩 케이크'도 인기를 끌었다.

트윈 폴리오는 이후에도 자작곡 없이 '축제의 노래', '사랑의 기쁨' 등 외국곡을 번안해 불렀지만 부르는 노래마다 주목을 끌었다. 속이 탁 트인 듯 시원하고 기백이 있는 송창식의 목소리와, 하이톤이면서도 결이 곱고 투명한 윤형주의 목소리는 하모니가 절묘했다. 그래서 붙여진 별명이 '한국의 사이먼과 가펑클'이었다.

트윈 폴리오의 번안 노래들은 1968년 12월 '흘러간 외국가요 추억의 히트송 12집'을 통해 처음 발표되었다. 그러나 음반은 컴필레이션 음반(여러 가수의 히트곡을 한꺼번에 수록한 앨범)이었기 때문에 트윈 폴리오의 사진 한 장 실리지 않았다. 트윈 폴리오는 대중적으로 인지도가 높아지자 1968년 12월 23일부터 이틀 동안 서울 남산의 드라마센터에서 첫 리사이틀을 꾸몄다. 전석 매진의 이 공연으로 트윈 폴리오는 우리 가요사 최초의 하이틴 스타로 자리매김했다.

트윈 폴리오는 파격적인 대우를 받고 1969년부터 서울 명동 맥주집 '오비스 캐빈'에서 공연을 하다가 그해 12월 스스로 해체했다. 완고한 교육자 집안의 반대 속에 어렵게 음악 활동을 하던 윤형주가 학업부진으로 경희대 의대로 학교를 옮기게 되자 송창식과 상의도 하지 않고 느닷없이 해체를 발표한 것이다. 트윈 폴리오는 1969년 12월 23일 남산의 드라마센터에서 고별 공연을 펼쳤다. 하지만 계속된 팬들의 요청으로 이후에도 몇 차례 더 비공식 고별 공연을 열었다.

그들의 첫 독집 앨범은 1970년 1월 발매되었다. 번안곡 12곡이 수록된 '튄폴리오 리사이틀'이라는 앨범이었는데 결과적으로 첫 독집은 은퇴기념 앨범이 되고 말았다. 팀은 해체되었지만 트윈 폴리오의 인기는 식을 줄 몰랐다. 해체 후에도 노래가 계속 라디오 전파를 탔기 때문에 공식 활동 기간은 1년 10개월에 불과한데도 사람들의 머릿속에는 아주 오랫동안 활동한 것으로 기억되고 있다.

조영남이 미리 지어준 송창식의 묘비명 '연습하다, 죽다'

윤형주는 1971년 3월부터 1972년 12월 말까지 동아방송 라디오 심야 프로그램 '0시의 다이얼' DJ를 맡았다. 라디오 프로그램에서 가수가 DJ를 맡은 건 그가 처음이었다. 송창식은 솔로 데뷔 후 대중적인 노래들을 직접 작곡하고 노래했다. 솔로 데뷔곡인 '창밖에는 비오고요'(1971)를 비롯 '상아의 노래'(1972), '맨 처음 고백'(1974) 등 200여 곡을 작곡·발표했다.

1970년대 중반부터는 동서양의 요소가 가미된 실험적이고 다양한 노래들을 작곡하고 불렀다. '피리 부는 사나이'(1974)를 비롯 '한번쯤'(1974), '왜 불러'(1975), '딩동댕 지난 여름'(1975), '토함산'(1978), '가나다라'(1980) 등이 연이어 발표되었다.

1975년 영화 '바보들의 행진' 삽입곡으로 만들어진 '왜 불러'와 '고래사냥'은 그가 의도했든 의도하지 않았든 대학생들에게 마치 유신시대에 대한 저항의 찬가로 애창되었고 이 때문에 1970년대 청년문화를 상징하는 대표 노래로 자리매김했다.

송창식에게도 아찔하고 황당했던 시기가 있었다. 1975년 대마초 파동이 일어났을 때 경찰의 취조 기술에 말려들어 동료 가수들을 불어버린 밀고자로 오해를 받았던 것이다. 물론 그는 대마초를 피운 적이 없어 풀려나왔지만 한동안 다른 가수들로부터 눈흘김을 당해야 했다. 송창식은 김민기와도 각별한 인연이 있다. 1978년 김민기에게 원효로 작업실을 빌려주어 전설적인 노동가 '공장의 불빛'을 탄생시키는 데 일조하고 김민기 작사, 송창식 작곡·노래의 '내 나라 내 겨레'를 합작했다.

송창식은 '음악의 수도승', '통기타를 멘 음유시인', '저잣거리의 현자' 등으로 불리면서도 1987년 '참새의 하루'를 끝으로 신곡을 발표하지 않고 있다. 1992년 서태지의 등장 후 젊은이들의 취향이 바뀌었다는 점을 이유로 들지만 "예전의 곡들이라 해도 옛날 식으로 부르지 않기 때문에 모두 새 곡이나 마찬가지"라는 그의 노래 철학도 주요 원인으로 작용하고 있다.

이처럼 신곡을 발표하지 않는데도 그는 하루도 빠짐없이 그것도 밤낮을 바꿔 늦은 밤부터 새벽까지 소리를 연습하는 것으로 유명하다. 그는 자신에게 연습이란 스님들이 수련하고 좌선하는 것과 같다고 했다. 그래서 붙여진 별명이 '밤창식', '별창식'이었다. 오죽하면 조영남이 미리 지어준 묘비명이 '연습하다, 죽다'였을까?

쎄시봉과 오비스 캐빈

'쎄시봉'은 1953년 서울 명동에서 처음 문을 열었다. 최초 주인이 누구였는지는 분명하지 않지만 '쎄시봉'이 대학생들의 문화공간이자 청년문화의 산실로 자리잡게 된 데는 이홍원의 역할이 컸다. 우리가 흔히 '쎄시봉의 시대'라고 일컫는 전성기가 열린 것은 1958년 이홍원이 쎄시봉을 인수한 후 충무로1가와 소공동 등을 거쳐

1964년 서린동에 자리를 잡고부터였다. 흔히 쎄시봉이 무교동에 있었던 것으로 알고 있지만 정확히는 서린동이다.

이흥원의 꿈은 질서 속에서 젊음이 발산되고 낭만이 표출되는 그런 음악감상실을 꾸미는 것이었다. 따라서 술을 팔지도 않았고 취객은 출입을 금지시켰다. 덕분에 쎄시봉은 대학생들의 천국이 되었고 청춘남녀들로 연일 성황을 이루었다. 입장료를 내고 들어가 하루종일 앉아 있어도 쫓겨나는 일이 없었기 때문에 갈 곳 없는 젊은이들에게는 그만한 곳이 없었다.

당시는 명동과 무교동, 광화문 등에서 음악감상실과 대형 다방들이 서로 경쟁하던 시절이었다. 하지만 쎄시봉만큼 다양한 프로그램을 보유한 곳은 없었다. 송창식과 윤형주가 데뷔한 '대학생의 밤'을 비롯 '신곡 합평회', '신인가수 콩쿠르', '명사 초대석', '삼행시 백일장' 등 프로그램이 다양했다. 송창식·윤형주의 '트윈 폴리오', 조영남, 서유석, 이장희, 이수영·임창제의 '어니언스' 등 기라성 같은 가수들이 쎄시봉에서 노래하고 인기를 얻었다.

쎄시봉은 여러 프로그램을 운영하면서도 음악감상실의 본분을 잃지 않았다. 그러려면 DJ의 역할이 컸는데 이백천, 최동욱, 피세영, 조용호 등이 쎄시봉 초기의 인기몰이에 기여했다. 가수 김상희와 위키리도 DJ로 활약하고 특히 홍익대생 이상벽의 활약이 돋보였다. MC란 직함을 국내에서 처음으로 갖게 된 것도 이상벽이었다.

쎄시봉에는 청바지나 통기타만 있었던 것은 아니었다. 열띤 토론과 시낭송이 있었으며 소설에 대한 소견 발표도 있었다. 심지어는 정치인들이 찾아와 현안에 대한 의견을 듣기도 했는데 김대중 의원은 '명사 초대석'에 나와 젊은이들과 현실 문제를 놓고 열띤 토론을 벌이기도 했다.

영원할 것 같던 쎄시봉도 경영난은 어쩌지 못했다. 명동 일대에 생맥주홀이 우후죽순 생겨난 게 1차 원인이었다. 통기타와 청바지로 대변되던 젊은 문화에 생맥주가 가세한 것이다. '오비스 캐빈'을 비롯 '쉘부르', '마이 하우스', '금수강산', '봉주르' 등이 대표적인 생맥주홀이었다. 쎄시봉은 결국 1969년 문을 닫으면서 추억 속으로 사라졌다.

'오비스 캐빈'은 통기타 문화의 메카

이후 통기타 문화는 서울 무교동에서 명동으로 옮겨갔다. 그 중심에는 오비스 캐빈이 있었다. 쎄시봉에서 싹을 틔운 통기타 문화는 오비스 캐빈에서 본격적인 궤도에 올랐고 오비스 캐빈은 곧 통기타 문화의 메카가 되었다. 쎄시봉이 특유의 문화적 분위기를 중시해 술은 판매하지 않고 젊은 이들이 주동이 되어 내용을 채워나갔던 자율적 단일업소였다면, 오비스 캐빈은 업주가 내용을 결정하고 술을 판매하는 종합업소였다.

오비스 캐빈은 명동 유네스코회관 뒤에 지상 4층, 지하 1층 규모로 개업했다. 건물에 층마다 서로 다른 분위기의 라이브 음악업소가 들어찬 라이브 음악 종합백화점이었다. 지하층 '마음과 마음'에서는 악단 연주를 들었고 1층 '오비스 캐빈'에서는 경양식을 먹으며 팝음악을 들었으며 2층 '코스모스 살롱'에서는 통기타 공연이 주로 펼쳐졌다. 3층 '코스모스룸'은 그룹사운드 무대로 꾸며지고 4층 '파라다이스 라운지'는 칵테일을 마시며 팝가수의 라이브를 감상하는 곳이었다. 특히 2층의 '코스모스 살롱'은 통기타 가수들의 데뷔 무대이자 아르바이트로 돈을 벌 수 있는 생업전선이기도 했다.

오비스 캐빈은 1969년 개업과 동시에 코스모스 살롱의 첫 고정출연 멤버로 트윈 폴리오와 조영남을 데려왔다. 당시는 조영남이 '쇼쇼쇼'에 출연해 새로운 스타로 활약할 때였고, 트윈 폴리오가 한창 주가를 날릴 때였다. 따라서 개업 때부터 조영남과 트윈 폴리오가 코스모스 살롱에 출연하면서 단박에 장안의 명소로 떠오를 수 있었다. 재수생 시절이던 1970년 양희은이 데뷔한 곳도, 서유석·한대수·조동진·김세환 등이 마음껏 팝송을 불러제낀 곳도 오비스 캐빈이었다.

2층의 코스모스 살롱이 통기타 음악의 메카였다면, 3층의 코스모스룸은 록음악의 메카였다. 출연진으로는 '정성조와 메신저스', 히식스의 전신인 'HE-5', '신중현 밴드' 등이 활약했다. 펄시스터즈, 김추자, 이정화, 박인수, 히파이브, 라스트챤스, 키보이스 등 당대의 사이키델릭 음악인과 장안을 주름잡던 록밴드들도 모두 여기에 출연했다. 이종환과 박원웅 등이 DJ로 활동해 짧은 시간에 명성을 쌓았다.

조영남 TV에서 '딜라일라' 불러 가수 데뷔

영국 가수 톰 존스의 '딜라일라'를 신나게 불렀더니 다음날 일약 스타가 되어 있었다.

조영남(1945~)은 한국의 대표적인 르네상스인이다. 돈키호테식 삶을 즐기는 진정한 자유인이다. 자타칭 '화수'(화가 겸 가수)이고 '딴짓 애호가'이며 '재미 추구자'인 그는 가수, 화가, 방송인, 작가 등을 가볍게 넘나들며 분야마다 전문가 수준을 뽐냈다. 드라마와 연극 출연은 물론 멜로영화에서도 두 번이나 주연을 맡았다.

조영남은 황해도 남천에서 태어나 1951년 1·4후퇴 때 가족과 함께 충남 예산군 삽교면으로 이사해 살다가 고교 입학을 앞두고 홀로 서울로 올라왔다. 용문고 3학년 때 한양대가 주최한 전국 고교생 성악 콩쿠르에서 1등으로 입상한 덕에 1964년 장학금을 받고 한양대 음대에 입학했다. 그러나 약혼자가 있는 연상의 여학생과 교제한 것이 학교 내 스캔들로 비화되어 2학년 때 자퇴하고 1966년 다시 시험을 쳐 서울대 음대에 입학했다.

조영남은 등록금과 생활비 마련을 위해 무교동의 '쎄시봉'에서 아르바이트 가수로 활동했다. 쎄시봉에서 만난 사람들이 훗날 그의 삶에 깊숙이 개입하게 될 윤형주, 송창식, 이장희, 이상벽, 윤여정 등이다. 미8군 전속 가수로도 활동하던 조영남에게 결정적인 변화가 찾아온 것은 1968년이었다. 당시 최고 인기를 구가하던 TBC TV의 '쇼쇼쇼'에 출연, 그해 초 영국 가수 톰 존스가 부른 '딜라일라'를 우리말 가사로 바꿔 신나게 불렀는데 다음날 일어나 보니 일약 스타가 되어 있었던 것이다.

조영남은 딜라일라 말고는 변변한 히트곡 하나 없고 앨범도 한 장 낸 적 없는 초년 가수였는데도 이후 쇼쇼쇼에 매주 출연하는 행운을 잡았다. 1968년 9월 드라마센터에서 '조영남 리사이틀'까지 열고 곧 3장의 번안곡 음반을 취입했다. 서울대도 자퇴한 그는 번안곡 '내 생애 단 한 번만', '고향의 푸른 잔디', '물레방아 인생' 등도 잇따라 히트시키며 인기가수로 급부상했다.

이처럼 승승장구하던 조영남에게 시련이 닥친 것은 1970년이었다. 1970년 5월 말 시민회관에서 열린 김시스터즈의 귀국 공연에 게스트로 출연, '신고산 타령'을 부르던 중 '신고산이 우르르 함흥차 떠나는 소리에' 가사 대신에 '신고산이 우르르 와우아파트 무너지는 소리에'로 바꿔 부른 것이 화근이었다. 와우아파트는 그해 4월 8일 붕괴되어 당시 정권에는 뼈아픈 상처였다.

조영남(1945~)

조영남은 3개월 뒤 병역법 위반 혐의로 검거되어 1970년 9월 군에 입대했다. 군에서 조영남은 틈틈이 그림을 그렸고 1973년 7월 제대하자마자 안국동의 한국예술화랑에서 1973년 11월 첫 개인전을 열었다. 그의 또 다른 재능이 발휘된 이 개인전 이후 조영남은 수십 년간 수십 차례의 국내외 작품전시회를 열어 화가로서 입지를 굳혔다. 처음에는 화투를 주 오브제로 사용하다가 1980년대 말부터는 바둑판, 초가집, 바구니, 태극기 등으로 소재를 넓혔다.

"나만큼 행운의 사나이도 없다"

조영남은 1973년 11월 미국행 비행기를 탔다. 그해 5월 세계적인 부흥사 빌리 그레이엄 목사가 여의도의 5·16광장에서 전도대회를 할 때 군인 신분으로 특송을 불렀는데 그레이엄이 조영남의 성가 솜씨에 반해 그를 미국으로 초청한 것이다.

그 무렵 조영남과 사귀고 있던 윤여정은 영화와 드라마에서 최고의 활약을 펼치고 있었는데도 세속의 인기를 과감히 포기한 채 1974년 2월 미국으로 건너가 그해 4월 미국에서 조영남과 결혼했다. 조영남은 플로리다에 있는 트리니티 신학 전문학교를 다니면서도 틈틈이 귀국해 음반 취입은 물론 공연까지 하다가 1982년 3월 영구 귀국했다.

조영남이 글쓰기 재능을 보인 첫 번째 책은 1982년 6월 펴낸 '어느 한국 청년이 본 예수'였다. 이후 '조영남 양심학'(1983), '놀멘 놀멘'(1994), '예수의 샅바를 잡다'(2000) 등을 발간한 조영남은 2005년 '맞아 죽을 각오로 쓴 100년 만의 친일 선언'을 출간했다. 그러나 제목이 자극적인데다 일본 산케이신문과의 인터뷰에서 "(독도 문제에 냉정히 대처하는) 일본의 대응이 한 수 위"라고 한 말이 오해를 불러일으켜 여론의 뭇매를 맞았다. 7년 동안 계속 방송해온 KBS TV의 '체험 삶의 현장'까지 그만둘 정도로 곤욕을 치렀던 그때 조영남은 생애 처음으로 자살을 생각했다.

한동안 자숙기를 보낸 조영남은 2007년 '현대인도 못 알아먹는 현대미술'에 이어 2010년 시인 이상 평론집인 '이상(李箱)은 이상(異常) 이상(以上)이었다'를 출간하고 방송에서도 예의 솔직함과 겸손함을 변함없이 보여 시련을 딛고 화려하게 부활했다.

윤여정과의 결혼은 조영남에게 20살 어린 여성이 나타나면서 파경을 맞았다. 1987년 1월 전 재산을 윤여정에게 내주고 이혼한 조영남은 그 젊은 여성과 결혼했다가 1997년 또다시 이혼했다. 조영남의 노래는 대부분이 번안곡이고 '화개장터'(1988)만이 사실상 유일한 히트곡인데도 여전히 노래 잘하는 가수로 분류되어 유명세를 타고 있다. 그래서 그는 "나만큼 행운의 사나이도 없다"고 자랑한다.

김자경 오페라단 창단

오페라 '토스카'의 아리아 '노래에 살고 사랑에 살고'처럼 살다간 한국 최초의 '프리마 돈나'였다.

우리나라 음악가 중에서 수십 년 동안 예술적 '끼'를 마음껏 발산하다가 눈을 감은 음악가를 꼽으라면 김자경(1917~1999)만한 사람이 없다. 김자경은 한국 오페라의 역사였고, 초대 성악계의 큰 별이었다. 그는 오페라 '토스카'의 유명한 아리아 '노래에 살고 사랑에 살고'처럼 살다 간 한국 최초의 '프리마 돈나'였으며, 자신의 일생을 송두리째 음악 속에 묻어버린 정열의 여인이었다.

김자경은 경기도 개성에서 무남독녀로 태어났다. 약방을 운영하던 부친이 신학을 공부하기 위해 원래의 고향인 서울로 이사오면서 김자경도 세 살 때부터 서울에서 자랐다. 부친이 전도사가 된 후 전국으로 목회활동을 떠났기 때문에 김자경은 보통학교 6학년까지는 춘천에서 보내고 원산의 루씨여자고등보통학교를 졸업했다. 이렇듯 전국을 전전하는 생활 속에서도 김자경은 찬송가를 부르고 피아노를 배우며 음악적 재능을 키웠다.

김자경(1917~1999)

김자경은 재주가 많은 팔방미인이었다. 무엇이든 일단 시작하면 끝을 보아야 직성이 풀리는 열정적인 성격 덕에 육상을 비롯 정구와 탁구 선수로 활약하고 스케이트와 스키에도 능숙했다. 미술, 수학, 물리, 화학 등에서 최고 성적을 유지한 것은 물론 자수를 놓는 것까지 뛰어났다.

김자경은 1935년 이화여전 피아노과에 입학했다가 각종 음악회에서 독창을 도맡는 등 성악에 발군의 기량을 보여 1년 뒤 성악과로 옮겨 1940년 수석 졸업했다. 이화여전을 졸업한 그해 조선일보사가 주최하는 제3회 신인음악회에 출연, 벨리니의 오페라 '노르마' 중 '정결한 여신'을 열창해 만장의 갈채를 받았다.

평생의 반려자가 될 심형구를 만난 것은 1941년 이화여고의 음악교사로 부임하고서였다. 당시 심형구는 상처한 후 혼자서 두 아들을 키우고 있던 이화여고의 미술교사였다. 김자경은 1941년 11월 5일 제1회 독창회를 마련한 후 그해 12월 심형구와 결혼했다. 그러나 결혼은 고행길이었다. 전실 자식 두 아들과 심형구와의 사이에 낳은 자신의 남매 등을 뒷바라지하느라 고생이 이만저만이 아니었다.

광복 후 남편과 함께 이화여전 교수로 부임한 김자경에게 생애 최고의 순간이 찾아온 것은 1948년 1월이었다. 베르디의 오페라 '라 트라비아타'(한국명 춘희)의 여주인공 비올레타 역이 주어진 것이다. 임원식이 지휘하고 고려교향악단이 연주를 맡은 '라 트라비아타' 공연은 1월 16일부터 5일 동안 10회로 예정되어 있었다.

그런데 공동 여주인공으로 선정된 마금희의 목에 이상이 생겨 사흘째부터는 김자경 혼자 노래를 불러야 했다. 이런 악조건 속에서도 10회 공연은 성공리에 끝이 났다. 4월 1일부터 시작된 앙코르 공연에서도 김자경 혼자 전 공연을 소화해 관객을 놀라게 했다. '라 트라비아타'는 이후 김자경이 '영원한 춘희', '한국 오페라의 여왕'으로 불리게 될 출발점이었다.

'성은 오씨, 이름은 페라'인 오 서방과 결혼

공연을 마친 뒤 김자경은 미국 유학길에 올라 1948년 줄리아드 음악학교에 입학했다. 김자경은 생전 처음 경험하는 서양 오페라의 높은 벽에 심한 좌절감을 느끼면서도 이를 악다물었다. 그 결과 1950년 5월 5일 뉴욕 카네기홀에서 한국인 최초로 독창회를 열었고, 미국의 80여 개 도시를 돌며 100회 이상의 순회 공연을 펼쳤다.

1958년 귀국 후 이화여대 교수로 부임해 한동안 안정된 생활을 하던 김자경의 삶에 깊은 슬픔이 드리운 것은 1962년 8월 6일이었다. 남편 심형구가 동해안 화진포 해수욕장에서 수영 중 심장마비로 어이없이 세상을 떠난 것이다. 김자경은 전신마비 증세를 일으킬 정도로 큰 충격을 받았으나 제2의 오페라 인생을 차근차근 준비했다.

1968년 1월에는 '성은 오씨, 이름은 페라'인 오 서방과 결혼했다는 굳은 의지를 갖고 '김자경 오페라단'을 창단했다. 김자경 오페라단이 창단되기 전까지 '이인선 오페라단', '서울오페라단', '프리마오페라단' 등 민간 오페라단이 있긴 했으나 본격적인 체제를 갖춘 오페라단은 김자경 오페라단이 처음이었다.

김자경 오페라단은 창단 기념 공연 작품으로 20년 전 김자경이 최초로 출연했던 '라 트라비아타'를 1968년 5월 9일부터 이틀 동안 서울시민회관에 올렸다. 연출만 일본인으로 바뀌었을 뿐 지휘와 여자주인공 비올레타 역은 20년 전의 임원식과 김자경 그대로였다.

1990년 어느 날 김자경은 "너는 28년 전 남편과 함께 죽고, 그해 다시 태어났으니 이제 28세다"라는 음성을 하늘로부터 듣고 그날부터 "28세로 살겠다"며 젊은 마음을 가졌다. 1991년 "진짜 성악가라면 우리 노래를 먼저 알아야 한다"며 74세 나이로 한양대 대학원 국악과에 입학한 것도 '28세 선언'의 연장이었다. 그러나 2000년이 채 2개월도 남지 않은 1999년 11월 9일 하늘이 그를 데리고 가, 말년에 하고자 했던 많은 일로부터 손을 놓아야 했다.

그때까지 김자경 오페라단은 정기공연 56회, 소극장 공연 600여 회 등을 통해 한국 오페라를 이끌었으며 김자경 자신은 오페라와 독창회를 합쳐 300여 무대에 출연했다. 그가 죽기 3개월 전인 1999년 8월 김자경 오페라단이 마지막으로 공연한 작품도 '라 트라비아타'였다.

박동진 판소리 '흥보가' 완창

이후 판소리의 흐름이 '토막 소리'에서 '완창'으로 넘어가 한국 판소리사가 새롭게 쓰였다.

판소리는 해방 전까지 대중적인 예술이었다. 그러나 해방 후 서구 문화의 유입과 더불어 점점 인기를 잃더니 1950년대 후반 무렵부터는 사실상 쇠락기에 접어들었다. 판소리꾼들의 무대는 점점 좁아지고 이 때문에 판소리를 배우려는 소리꾼들도 줄어들었다.

게다가 판소리를 듣는 이도 몇 시간 동안 지루하게 이어지는 것보다 재미있는 하이라이트 부분만 듣기를 원하다 보니 10~20분 동안 소리를 하는 이른바 '토막 소리'만 유행했다. 자칫 판소리의 '완창'이 사라질지도 모를 문화적 위기상황에서 다시 판소리 중흥의 기초를 세운 이가 박동진(1916~2003)이다.

박동진은 충남 공주에서 태어났다. 대전중학 3학년이던 16세에 이동백,

송만갑, 이화중선 등 당대 명창이 소속된 협률사의 대전 공연을 보고는 자신의 말대로 "인간인가 신선인가 눈깔이 홀랑 뒤집혀지는" 체험을 한 뒤 소리를 배우겠다는 일념으로 무작정 집을 나갔다.

박동진(1916~2003)

충남 청양의 한 소리꾼의 집에서 사실상 머슴살이를 하면서 '사랑가', '옥중가' 등의 소리를 배웠지만 스승은 토막 소리만 할 줄 알았지 완창을 하지 못했다. 결국 1년 4개월 만에 새로운 스승을 찾아 나선 박동진은 1년 동안 시골의 뜨내기 공연 단체에서 공연을 하거나 대구에서 기생들 소리 선생을 하며 밥벌이를 했다.

1934년 박동진은 서울로 올라가 '조선성악연구회'에서 정정렬로부터 '춘향가'를 배웠다. 이후 유성준에게는 '수궁가'를, 조학진에게는 '적벽가'를, 박지홍에게는 '흥보가'를, 김창진에게는 '심청가'를 차례로 배워 기초를 단단히 했다. 그에게 시련이 닥친 것은 무절제한 생활로 목이 망가진 25세 때였다. 절망한 박동진은 자살하려고 약을 먹기도 했으나 결국 마음을 가다듬고 망가진 목을 살리는 데 진력했다.

해방 후 30대가 된 박동진은 고향집으로 내려가 토굴에서 생쌀을 씹어 먹으며 온종일 독공에 열중했다. 40여 일 동안 소리만 질러댔더니 목소리를 되찾기는커녕 전신이 붓고 죽을 지경이었다. 그때 토굴을 찾아온 아버지에게 박동진은 똥물을 퍼 달라고 했다. 소리를 하다 죽게 될 때는 똥물이 최고라는 말이 생각났던 것이다. 똥물을 60그릇 이상 마시자 언제 그랬냐는 듯 몸이 회복되었다. 다만 목소리는 나아지지 않았다.

그렇게 100일을 채우고 토굴에서 내려온 박동진은 여성국극단을 따라다니며 고수와 무대감독 등의 일을 하며 보냈다. 그러던 중 재혼한 부인의 격려로 하루 10시간 동안 방에 틀어박혀 공부에 전념한 끝에 국립국악원(1962)과 국립창극단(1967)에 들어갈 수 있었다.

판소리 열두 마당 모두 완성해

박동진의 존재가 비로소 세상에 알려지게 된 것은 완창이란 개념조차 없던 시절에 장장 5시간 10분에 걸쳐 '흥보가'를 완창한 1968년 9월 30일이었다. '흥보가' 완창 후 한국 판소리사는 새롭게 쓰였다. 판소리의 흐름이 토막 소리에서 완창으로 넘어간 것은 물론 박동진도 일약 국악계의 스타가 되었다.

박동진의 완창 시리즈는 거침이 없었다. 1969년 5월 '춘향가'를 명동 국립극장에서 8시간에 걸쳐 완성했으며, 1970년 4월 '심청가'(6시간), 1971년 4월과 11월 '적벽가'(6시간)와 '수궁가'(4시간)를 각각 완창함으로써 전승 판소리 다섯 마당을 모두 완창하는 데 성공했다. 박동진은 그동안 사설로만 전해오던 '변강쇠 타령'(1970), '배비장전'(1972), '숙영낭자전'(1974), '장끼타령'(1974), '강릉매화전'(1975), '무숙이 타령'(1976) 등에도 곡을 붙여 발표함으로써 판소리 열두 마당을 모두 완성했다.

박동진은 전승 판소리 복구에 이어 '예수전', '팔려간 요셉', '치악산', '논개전', '권율전' 등 현대에 맞는 새로운 판소리도 만들어 불렀다. 특히 1973년 창작 판소리 '충무공 이순신전'을 9시간 40분에 걸쳐 완창한 것은 지금도 깨지지 않는 판소리계의 최장 기록으로 남아 있다. '이순신전'에서 박동진은 고수가 5명이나 바뀌는 동안 화장실 한 번 가지 않고 물만 마시며 꼿꼿이 무대를 지켜 큰 화제가 되었다. 그러나 그의 이러한 완창 기록 경신을 두고 "판소리의 정도를 벗어난 미친 짓", "스타의식에 사로잡힌 센세이셔널리즘"으로 이단시하거나 비판하는 목소리도 있다.

박동진이 기독교를 믿게 된 것도 판소리가 계기가 되었다. 1968년 '흥보가' 완창 후 조향록 목사와 극작가 주태익이 자신들이 쓴 '예수전' 대본에 박동진이 곡을 붙여 방송에서 소리를 해달라고 요청해왔다. 박동진은 무신론자였지만 승낙을 하고 연습을 하다 결국 기독교 신자가 되었다. 5시간용으로 만들어진 '예수전'은 1970년 기독교방송에서 10여 회에 걸쳐 방송되어 감동의 물결을 만들어냈다.

박동진은 80대의 나이 때도 "내 머릿속에는 판소리 18마당 350시간 분량이 정리되어 있다. 연습을 게을리하면 가사를 잊어버린다"며 매일 새벽 2~3시간씩 새벽창을 거르지 않았다. "무대에서 피를 토하고 죽는 날까지 소리를 하고 싶다"던 생전의 바람대로 타계 전날까지 북과 소리를 놓지 않고 있다가 2003년 7월 타계했다. 소리를 통해 국악정신을 대중과 국악계에 두루 전파한 이 시대의 진정한 광대가 눈을 감은 것이다.

주민등록증 첫 발급

'성인식의 전주곡' 대접을 받고 상시 휴대해야 할 '외출 필수품'이었으며 '불심검문의 상징'이기도 했다.

주민등록제도는 멀리 조선시대로 거슬러 올라간다. 조선 태종 13년에 도입된 호패가 이 땅에 도입된 첫 신분증이었다. 호패는 16세 이상이 소지했던 신분증명서로, 호구와 직업과 신분을 명확히 해 군역과 요역(노동력 징발)의 기준을 밝히기 위한 목적에서 도입되었다.

일제 때인 1942년 9월에는 인력과 물자의 원활한 공급을 위해 강력한 식민지 통제정책인 '조선기류령'이 시행되었다. 일제는 조선기류령과 부속 규칙을 공포해 90일 이상 거주할 목적으로 본적지 외의 일정한 장소에 주소 또는 거소를 정한 자는 부·읍·면에 비치한 기류부에 등록하도록 했다.

주민등록증을 교부받아 꼼꼼히 살펴보고 있는 박정희 대통령(1968.11.21)

6·25 때는 18세 이상 국민에게 서울시와 각 도가 발급한 시민증과 도민증이 있었다. 시·도민증은 본적, 출생지, 주소는 물론 직업, 신장, 체중, 특징, 혈액형까지 적게 되어 있어 신상명세서나 다름없었다. 모양과 수록사항은 시·도별로 조금씩 달랐다. 5·16 군사정권은 조선기류령을 모태로 삼아 시·군 거주 주민을 등록하게 하는 '기류법'을 1962년 1월 15일 공포했다가 기본적인 인적사항과 주소, 본적을 등록하고 이동 시 퇴거와 전입신고를 의무화한 전문 22조의 '주민등록법'을 1962년 5월 8일 또다시 공포했다.

주민등록법은 주민의 거주사항을 등록케 함으로써 주민의 거주관계를 파악하고 상시 인구의 동태를 명확히 하는 데 그 목적이 있었다. 이로써 주민등록제도의 첫 윤곽이 드러났으나 실질적으로는 잘 운영되지 않았다. 그러다가 1968년 1월 북한의 특수부대가 청와대를 습격하려던 1·21 무장공비 침투사건이 터지면서 주민등록법 개정이 현안 과제로 떠올랐다. 박정희 정권은 주민의 동태를 파악하고 남파간첩 등의 불온분자 색출이 용이하도록 모든 국민에게 주민등록증을 발급한다는 내용의 개정안을 마련했다.

주민의 동태 파악과 불온분자 색출이 목적

1968년 5월 10일 국회를 통과한 개정안의 주요 내용은 주민등록증과 주민등록번호 도입이었다. 11월 21일부터 18세 이상 모든 국민에게 주민등록증이 발급되면서 시민증과 도민증은 자동 폐지되었다. 그해 12월 말까지 군인과 재소자를 제외한 18세 이상의 국민 1,574만여 명이 고유한 주민등록번호가 새겨진 주민등록증을 발급받았다.

주민등록번호는 주민등록증 발급과 함께 각 개인에게 부여되었다. 번호는 앞뒤 6자리씩 모두 12자리로 구성되었는데 예를 들면 박정희 대통령과 육영수 여사 부부의 경우는 110101-100001, 110101-200002였다. 앞 6자리는 시·구·동, 뒤 6자리는 개인번호였다. 주민등록증 앞면에는 사진, 이름, 주민등록번호, 생년월일, 본적, 병역, 특기번호 등이 들어갔고 뒷면에는 주소, 직업, 지장(指章)이 들어갔다.

주민등록번호는 1975년 6월의 개정으로 12자리에서 13자리로 바뀌었다. 앞 일련번호는 각 개인의 생년월일로 바뀌었다. 또한 주민등록증 발급 대상자 연령을 민방위대 및 전시 동원 대상자 연령과 일치시키기 위해 18세에서 17세로 낮췄다. 주민등록증 상시 휴대도 의무화되었다.

1970년대에 주민등록증 발급은 '성인식의 전주곡' 대접을 받았다. 문밖에선 상시 휴대해야 할 '외출 필수품'이었으며 한동안은 술값이 없거나 책을 빌릴 때 맡기는 '외상 담보물'이었다. 때와 장소를 가리지 않고 꺼내 보여야 하는 '불심검문의 상징'이기도 했다.

1996년엔 정부가 IC칩이 부착된 전자주민카드로 바꿔 발급하려 했으나 개인 사생활 침해 논란이 일어 유보되었다. 현재 사용되고 있는 플라스틱 주민등록증은 1999년 9월에 도입되었다.

프랑스 '5월 혁명'

성공이랄 것도 실패랄 것도 없었다. 계급투쟁이나 체제 전복이 아닌 문화혁명이었다.

1960년대의 서구 사회는 높은 경제성장률과 낮은 실업률을 자랑하는 경제적 황금기였다. 소득은 크게 늘었고 대학생은 급증했다. 독일은 '라인강의 기적'으로 경제 부흥이 눈부셨고 프랑스는 드골의 진두지휘로 호황을 구가했다. 하지만 젊은이들은 경제적 호황에 만족하지 않고 기성세대의 공적을 부정했다.

독일의 젊은이들은 경제 부흥을 역사의 진보로 보지 않고 나치 독일의 잔재를 덮어버린 대가로 얻은 역사의 퇴행으로 여겼다. 그들의 관심사는 경제발전이 아니라 나치 독일 잔재의 청산, 베트남전쟁 반대, 정부 통제의 언론조작 철폐, 대학 개혁 등이었다. 미국의 대학가는 베트남 반전운동과 함께 1968년 4월 흑인 민권운동가 마틴 루터 킹 목사의 암살로 몸살을 앓았다.

프랑스 경제 호황의 주역은 샤를 드골(1890~1970)이었다. 드골은 1958년 프랑스 대통령이 되고 1962년 알제리 사태를 해결한 후 "나는 프랑스"라며 자신만만한 모습으로 프랑스의 현대화에 박차를 가했다. 그러나 이 가부장적인 가장이 귀를 막은 채 늘 자신이 옳다고 믿는 바람에 의회는 무시되기 일쑤였고 법보다는 손쉬운 포고령이 우선시되었다.

젊은이들도 점점 보수화되고 꽉 짜인 사회 질서를 답답하게 여겼으나 아무도 드골 정권의 권위주의적인 통치 스타일에 반기를 들지 않았다. 소통 부재 속에서 불만은 쌓여갔고 불만은 누구라도 건드리기만 하면 곧 터질 풍선처럼 팽팽해졌다. 프랑스의 대학생들은 1960년 20만 명에서 1968년 55만 명으로 급증했다. 하지만 이를 뒷받침해줄 시설과 요원이 부족했다. 비좁은 건물, 구태의연한 강의 내용 등 사정은 모든 대학이 마찬가지였다.

그중에서도 파리대 낭테르 캠퍼스(파리10대학)는 환경이 더 열악했다. 낭테르 캠퍼스는 파리대가 팽창하는 대학생 수요를 감당할 수 없게 되자 파리 서부 외곽 지역인 낭테르에 신설한 캠퍼스였다. 황량한 그곳에는 유리와 강철로 만들어진 '끔찍한' 건물만 들어섰을 뿐 편의시설과 위락시설이 없어 학생들의 원성이 높았다. 남학생들이 여학생 기숙사에 접근하지 못하도록 하는 등 지나치게 엄격한 기숙사 규정과 시대착오적인 학교 행정도 학생들의 불만을 키웠다.

낭테르 캠퍼스에서 시작된 소폭의 진동이 파리의 전 대학으로 빠르게 확산되어 대폭발을 일으킨 것은 이러한 대학 내의 열악한 환경과 그 무렵 전 세계적으로 부글부글 끓으며 비등점을 향해 줄달음치고 있던 1968년이라는 시대상황이 상호 작용해 일어난 결과였다. 레닌, 모택동, 체 게바라, 호찌민 등이 우상으로 떠받들어지고 있을 때 일어난 베트남민족해방전선의 '테트 공세'(1968.1)는 유럽의 대학생들을 고무시켰다.

드골 정권의 수명이 다한 것처럼 보였으나…

1968년 3월 21일 8명의 학생이 "미 제국주의를 타도하자"며 파리에 있는 아메리칸 익스프레스의 진열장을 박살내는 사건이 벌어졌다. 수 명의 학생이 체포되자 다음날인 3월 22일, 다니엘 콩방디를 비롯한 과격파 학생들은 당국의 과잉진압에 항의하며 낭테르대 본부 건물에 무단 침입한 뒤 자신들을 '3·22운동'이라고 명명했다. 그때까지도 일반 학생들의 참여율은 저조했다.

하지만 5월 2일 낭테르대 당국이 학교를 폐쇄하자 이에 분노한 학생들은 5월 3일 파리대의 본부 격인 소르본대(파리4대학)로 몰려갔다. 경찰이 곤봉을 휘두르며 500여 명을 체포하자 학생들은 거리로 뛰쳐나갔다. 거리에는 돌과 최루가스가 난무했다. 5월 6일에도 수만 명이 시위에 가담해 800여 명이 다쳤다는 소식이 라디오 방송을 타고 전국으로 퍼져나갔다.

급기야 파리에서 베트남전 평화회담이 열린 5월 10일 밤에는 노동자들까지 가세한 시위대가 바리케이드를 치고 해방구를 만들었다. 최루탄을 쏘며 해방구로 다가간 경찰과 보도블록 등을 던지며 경찰에 맞선 시위대

5월 혁명 당시 샹젤리제 거리 시위(1968.5.30)

의 난투극이 있고서야 해방구는 11일 새벽 경찰에 의해 진압되었다. 5월 13일 공산당·사회당계 노조까지 24시간 총파업에 들어간 가운데 수십만 명의 학생과 노동자가 파리 시가지를 휩쓸었다. 프랑스 역사상 최초의 노학(勞學)연대였고 파리가 나치로부터 해방된 1944년 이래 최대 규모의 저항시위였다.

사회 시스템도 하나둘 멈춰섰다. 기차와 버스의 운행이 중단되었고 은행은 문을 닫았으며 우편 업무는 중단되었다. 그러던 중 노조 지도부는 정부와의 협상을 위해 학생들과 연대를 단절했다. 5월 27일 노조지도부가 "최저임금은 35% 인상하고 임금은 7% 인상한다"는 정부와의 '그르넬 협상'에 서명한 뒤, 시위를 중단하려 했으나 젊은 노동자들의 항의로 파업은 한동안 계속되었다.

드골 정권의 수명은 다한 것처럼 보였다. 공산당이 마지막 세 과시를 위해 50만 명을 동원했던 5월 29일, 갑자기 드골이 사라져 프랑스 정국이 혼란에 빠졌다. 나중에야 밝혀졌지만 드골은 몰래 헬기를 타고 서독 주둔 프랑스 사령부로 피신했다가 현지 사령관의 격려를 듣고 5월 30일 파리로 돌아왔다.

드골은 곧 '의회 해산'이라는 초강수를 들고 나왔다. 그러자 거의 한 달 동안 숨죽이며 사태를 관망하던 50만 명의 드골 지지자가 길거리로 뛰쳐나왔다. 드골은 노조와 좌파 정치인들을 향해 "내전과 총선거 중 하나를 선택하라"며 압박했다. 공산당은 그렇지 않아도 발을 뺄 생각이었다. 처음부터 5월 혁명의 주도권을 쥐지 않았던 터라 더 이상 시위를 확대할 생각이 없었던 것이다.

공산당이 '5월 혁명'을 프티부르주아적 모험주의라고 비난하며 돌아선 가운데, 노동자들도 임금 인상과 최저임금 상향조정이 이뤄진 마당에 애써 운동을 지속해야 할 이유가 없었다. 일부 혁명적 학생들만 기운이 넘쳤으나 그들 역시 인습과 제도에 우발적으로 저항한 것일 뿐 구체적인 프로그램이 없었다. '5월 혁명'은 그렇게 막을 내렸다.

"금지하는 것을 금지하라"

성공이랄 것도 실패랄 것도 없었다. 계급투쟁이나 체제 전복이 아니라 일상생활의 '참여와 자치', 새로운 자아실현의 가치를 고양시켰다는 점에서 그것은 차라리 문화혁명이었다. 실제로 5월 혁명은 과거의 사회운동이나 사회혁명과는 달리 주장이 선명하지 않았다. 시위에 등장한 구호도 어지럽고 산만했다.

"우리는 그 무엇도 주장하지 않는다. 우리는 아무것도 요구하지 않는다. 우리는 단지 점거한다", "지루함은 반혁명이다", "행복은 살 수 없다. 그것을 훔쳐라", "금지하는 것을 금지하라" 등의 구호에서 알 수 있듯 5월 혁명에는 계급적이거나 혁명적인 주의·주장이 보이지 않았다. 그들이 연호한 것은 "체(체 게바라) 체 체", "마오(모택동) 마오 마오"뿐이었다.

5월 혁명은 굶주림과도 거리가 멀었다. 5월 혁명에 참여한 한 노동자는 "나는 TV와 냉장고 그리고 폴크스바겐을 가지고 있다. 하지만 나는 쓰레기 같은 삶을 살았다"며 경제적 요구 때문에 5월 혁명에 동참한 것이 아님을 내비쳤다. 6월 말에 실시된 총선에서 드골은 485석 중 358석을 획득하는 유례없는 대승을 거둬 5월 혁명 주체들을 머쓱하게 만들었다. 하지만 혁명의 불씨는 유럽 전역으로 옮겨 붙었고, 대서양을 건너 미국으로 그리고 태평양을 넘어 일본으로 번졌다.

이후 서구의 현대사는 1968년이 분기점이 되었다. 프랑스에는 "정치권력을 획득하지 않고도 세계를 변화시킨 유일한 혁명"이라는 평가와 함께 사회에 많은 영향을 끼쳤다. 세계적으로는 여성운동, 녹색운동, 동성애운동 등 신가치와 신사회를 추구하는 움직임이 이때를 기점으로 본격적으로 발전하기 시작했고, 현대문명도 탈 근대쪽으로 물꼬를 터 포스트모던의 새 시대로 접어들었다.

하지만 부정적인 평가도 많았다. '제3의 길'을 쓴 영국의 사회학자 앤서니 기든스는 "1968년 이전까지 마리화나와 히피는 접하지도, 들어본 적도 없었다"며 부정적인 평가를 내렸다. 기성세대는 5월 혁명을 자기밖에 모르는 철부지 대학생들과 배부른 노동자들이 어우러진 난장판으로 바라보았다.

반면 운동 세력들은 "정말 미친 것은 낡은 세계의 틀 속에 갇혀 그 하찮은 체제 가치를 목숨처럼 소중하게 생각하는 기성세대"라며 항변했다. 시위대는 외쳤다. "나이 서른이 넘은 사람과는 이야기하지도 말라", "도망쳐라. 동지여, 낡은 세계가 너를 뒤쫓고 있다!"

베트남전 '케산 전투'와 '테트 공세'

전쟁이 인공위성을 타고 정글에서 안방으로 파고들어 가면서 전쟁 양상은 안방전쟁으로 변모했다.

1968년의 '케산 전투'와 '테트 공세'는 베트남전의 흐름을 바꾼 분수령이었다. 케산 전투는 1968년 1월 21일 새벽, '호찌민 루트'를 따라 내려온 2만 명 규모의 북베트남 정규군이 미 해병대 3,500명과 남베트남 특수부대 2,100명이 지키고 있는 케산을 향해 장거리포를 쏘아대면서 시작되었다. 케산은 남북 베트남의 비무장지대 부근 남쪽에 위치한 곳으로, 1962년 미 공수부대 1개 중대가 북베트남 병력과 물자보급을 차단하기 위해 기지로 삼은 이래 6년 동안 별다른 전투가 없었던 곳이었다. 케산을 포위한 북베트남군의 첫날 포격으로 미 해병대는 18명이 전사하고 40명이 부상했다.

미군은 포위된 병사를 구하기 위해 엄청난 양의 폭탄을 3개월 동안 무차별적으로 케산 주변에 떨어뜨려 북베트남군의 접근을 막았다. 매일 평균 400여 기의 미군 폭격기가 출격해 폭탄을 마구 퍼붓는 과정에서 미군도 900여 명이 전사하고 1,600여 명이 부상했으나 북베트남군은 미군 피해의 4배나 되는 1만여 명이 죽거나 다쳤다.

미국의 관심이 온통 케산으로 집중되고 있던 1월 31일 새벽 2시 30분, 19명의 베트남민족해방전선(베트콩) 게릴라들이 사이공 주재 미 대사관의 담을 폭파하고 영내로 들어가 5명의 미군을 사살했다. 이른바 테트 공세의 시작이었다. '테트'는 음력설인 구정을 뜻한다. 헬리콥터를 타고 현장에 투입된 미 공수부대원들이 게릴라 전원을 살해하면서 대사관 방어에는 성공했지만 이를 신호탄으로 남베트남의 100여 개 도시와 마을이 8만여 명의 베트콩으로부터 동시 공격을 받았다.

민간 복장을 한 4,000여 명의 게릴라는 대사관 공격에 이어 사이공의 탄손누트 공항, 남베트남 정규군 사령부, 대통령궁 등 주요 시설을 잇따라 공격했다. 북베트남은 남베트남이 음력설을 맞아 36시간의 휴전 제안을 해놓고 안심하고 있는 사이 테트 공세를 단행했다. 구정을 맞아 사이공에서는 남베트남 정규군의 절반이 휴가 중이었다. 미군도 1967년의 대규모 폭격으로 전황이 불리해진 북베트남이 이렇게까지 대규모로 공격해 오리라고는 미처 예상하지 못했다.

"도대체 무슨 일이 일어나고 있습니까"

테트 공세로 인해 특히 비무장지대 부근의 옛 베트남 왕조의 아름다운 도시 후에의 피해가 컸다. '후에 전투'는 1만 2,000명의 게릴라들이 후에를 점령했다가 오히려 미군에 포위되어 26일 동안 가해진 미군의 탱크와 비행기 공격으로 5,000여 명의 베트콩들이 죽었을 만큼 처절했다. 미군 147명이 전사한 '후에 전투'는 미 해병대의 완전한 승리로 끝났다.

후에를 제외하고 대부분의 테트 공세는 10일쯤 지나서 진정되었다. 2월 하순경 미국의 웨스트모얼랜드 베트남원조군 사령관은 베트콩 게릴라 가운데 3만 7,000여 명을 사살하고 5,800명을 생포했다고 발표했다. 이는 8만 명 게릴라의 절반이나 되는 엄청난 숫자였다. 테트 공세는 이처럼 미군의 완벽한 승리로 끝났는데도 언론은 미군 전사자 534명과 부상자 2,547명만을 부각시켰다.

평소 승리를 확신하고 있던 미국인들은 갑작스러운 사태에 처음에는 경악하더니 뒤이어 냉소와 반전으로 반응했다. 미국인들이 가장 신뢰하는 뉴스캐스터 월터 크롱카이트도 "도대체 무슨 일이 일어나고 있습니까. 저는 미국이 베트남전에서 이기고 있다고 생각했습니다"라며 믿기지 않는다는 반응을 보였다. 77일간이나 포위되어 여론의 관심이 집중된 케산 전투로 인해 미국인의 사기는 곤두박질쳤다. 언론은 북베트남이 프랑스에 패배를 안겨준 1954년 '디엔비엔푸 전투'의 망령을 상기시키며 끊임없이 불안감을 자극했다.

초기에는 케산 전투를 "대규모 테트 공세를 위한 양동작전에 지나지 않는다"고 생각했던 미국인들은 매일 저녁 TV로 케산 전투의 잔혹한 장면을 목격하면서 전쟁에 환멸을 느꼈다. 그런 점에서 북베트남의 목표는 성공한 셈이다. 그들의 목표가 케산의 포위작전을 장기전으로 끌고감으로써 미국 내에 반전운동을 확산시켜 전쟁에 대한 부정적 여론을 조성하는 데 있었기 때문이다. 그래서 북베트남은 디엔비엔푸처럼 물샐틈없는 포위망을 만들지도 않았고, 몰아치지도 않았다.

끝까지 우울한 전쟁

서구 전쟁 사상 처음으로 전쟁이 인공위성을 타고 정글에서 안방으로 파고들어 가면서 전쟁 양상은 안방전쟁으로 변모했다. TV에 나오는 병사들의 얼굴은 멀리서 싸우는 군인이 아니라 옆집 아들이고 자기 자식이었다. 언론이 반전만을 크게 취급하는 바람에 여론이 급변하자 존슨 대통령은 양자택일의 상황에 놓였다. 3월 25일의 여론조사는 미국 국민의 60%가 미국의 패배를 인정하는 것으로 나타났다.

3월 31일 케산의 포위작전이 해제되었을 때 수척해진 존슨이 TV 앞에 나와 "미군을 현 수준에서 동결하고 북베트남에 대한 공습은 제한하며 평화협상을 모색하겠다"는 대국민성명을 발표했다. 또한 자신은 대통령 선거에 나가지 않겠다고 말해 국민들을 놀라게 했다. 7년 동안 국방부 장관으로 전쟁을 총지휘했던 맥나라마 장관도, 베트남 현지 주둔 미군을 지휘했던 웨스트모얼랜드 장군도 높아진 반전 여론에 밀려 2월과 3월 각각 현직에서 물러났다. 그때까지 미군 피해는 전사 1만 9,000명, 부상 11만 5,000명으로 베트남전쟁 전 기간에 걸친 피해의 40%나 되었다.

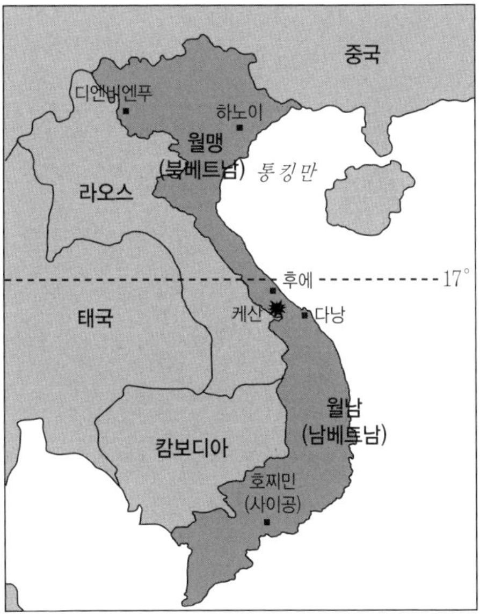

베트남

미국의 베트남전 참전은 그해 8월 초 닉슨 공화당 대통령 후보가 "명예로운 평화협상을 추구한다"고 발표함으로써 터널의 끝이 보이는 듯했다. 그러나 미국이 마지막 자존심을 지키기 위해 터널을 더디게 빠져나오는 바람에 또다시 애꿎은 베트남인들과 미군이 목숨을 잃어야 했다. 이후 4년 동안 파리에서 평화조약을 논의하면서 미국은 "우리가 이 빠진 호랑이가 아니다"라는 사실을 과시하기 위해, 혹은 주도권을 장악하기 위해, 공식적으로 휴전에 이르기 전까지 폭탄을 마구 떨어뜨려 죽지 않아도 될 사람들까지 죽음으로 내몬 어처구니없는 결과가 일어난 것이다.

1973년 1월 27일 체결된 파리평화조약은 4년 전 회담을 처음 시작할 때 논의한 내용과 별반 차이가 없었다. 끝까지 우울한 전쟁이었다.

호찌민 루트 전장이 5,645km나 되고 도로 총길이가 1만 3,000km나 되는 '호찌민 루트' 가운데 수천 킬로미터는 북베트남을 기점으로 라오스와 캄보디아, 남베트남 국경을 따라 마치 자동차의 연료 파이프처럼 구불구불하게 이어져 있다. 남북 간 군사분계선인 북위 17도선에서 호찌민 루트를 따라 남쪽으로 11도까지 내려가면 사이공 서쪽 끝 지역에 도착하게 되고 거기서부터는 다시 작은 도로와 연결된다.

북베트남군이 17도선에서 사이공 근처까지 도달하는 데는 거의 6개월이 걸린다. 험난한 산악지대, 농촌지역, 허약한 대나무 다리들을 건너는 데 시간이 지체되기도 하지만 미군의 공습도 침투시간을 더디게 했다. 말라리아도 극성을 부렸다.

1959년부터 건설하기 시작한 호찌민 루트는 이 지역에서 활동하는 북베트남군의 주요 통로였다. 전쟁 기간 내내 북베트남의 하노이 지도자들은 북베트남 병력의 남베트남 침투를 부인했지만 미국의 전투병력이 상륙해 전쟁이 본격화되었던 1965년 한 해 동안 호찌민 루트를 통해 3만

6,000명의 북베트남군이 남파되었고 이듬해에는 9만 명의 병력이 이 루트를 이용해 침투했다. 한 기록에 의하면 북베트남군은 이 루트를 통해 약 15만 명을 남파했다. 미국은 이곳을 집중 폭격했다.

호찌민 루트를 지나는 적군 1명을 사살하는 데 100톤 또는 300개의 폭탄을 투하할 정도로 대규모 물량공세를 펼쳤다. 북베트남에게는 호찌민 루트야말로 베트남 전쟁을 승리로 이끈 최대 공로자였다.

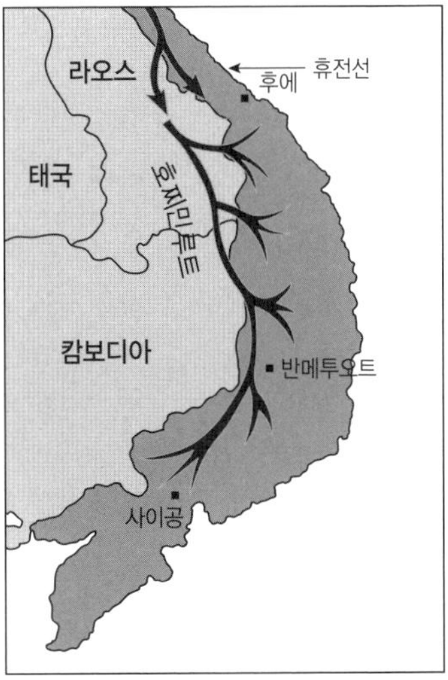

호찌민 루트

베트남전 '밀라이 학살'

"나는 착한 아들을 군대에 보냈으나 미국은 내 아들을 살인자로 만들어버렸다"며 분노를 터뜨렸다.

1968년 3월 16일 아침 8시쯤, 미 아메리칼사단 제1대대 3소대(찰리중대)원 30여 명이 헬리콥터로 베트남 꽝응아이성(省) 밀라이 마을에 착륙했을 때, 주민들은 여느 때처럼 아침 준비에 여념이 없었다. 소대장 윌리엄 캘리 중위는 도착 하루 전에 지시받은 작전명령을 상기했다. "250여 명가량의 베트콩이 밀라이 마을에 진주하고 있으니 신속한 기습 공격으로 마을의 모든 건물을 파괴하고 도망치는 자가 있으면 지체없이 사살하라"는 명령이었다.

찰리중대원들은 그전 4개월 동안 병력의 3분의 1이 베트콩과의 전투로 살해되거나 부상한 터여서 극도로 예민해 있었다. 사건 전날도 지뢰를 밟아 부대원 일부가 죽거나 다쳐 복수심으로 가득 차 있었다. 살기등등한 병사들의 눈빛을 본 주민들이 "노! 노!" 하며 애원했지만 이미 병사들의 손가락은 방아쇠에 가 있었다. 이윽고 캘리 중위의 명령이 떨어졌고 무장 병사들의 총구에서 불이 뿜어나왔다. 무차별 학살이었다.

주민들이 피를 흘리며 곳곳에 쓰러지고 쓰러진 시신에는 난도질이 가해졌다. 4시간에 걸친 광란의 학살극이었다. 정오 무렵, 밀라이에는 아무것도 남지 않았다. 집들은 파괴되고 오두막은 불에 타 잿더미가 되었다. 자유와 민주주의를 위해 싸운다는 미군은 온데간데없었고 광기와 살육만이 난무했다.

정찰 중이던 헬리콥터에서 학살 광경을 목격한 톰슨 준위가 곧바로 밀라이 마을에 착륙해 아직 살아 있는 주민들을 군병원으로 옮긴 것이 이날 작전의 마지막 양심이었다. 이미 수백 명의 주민이 영문도 모른 채 죽어간 뒤였다. 다음날 아메리칼사단지(紙)는 '제11 보병여단이 포병과 헬기의 지원 아래 밀라이 마을을 공격, 베트콩 128명을 사살하고 용의자 13명을 생포했다"고 보도했다. 캘리 중위는 이 공로로 무공훈장을 받았다.

캘리에게만 죄를 뒤집어 씌운 것은 '편파'

증거가 없어 자칫 진실이 봉인된 채 영원히 지하창고에 갇힐 것 같았던 사건의 진상이 밝혀진 것은 학살 현장에 있던 병사에게서 이 사실을 전해 들은 로널드 리드나워가 있었기에 가능한 일이었다. 그는 이듬해 3월 전역한 뒤 "미군이 밀라이에서 부녀자와 어린이 등 많은 베트남 민간인을 무차별 살해하는 만행을 저질렀다"는 내용의 편지를 닉슨 대통령과 펜타곤 등 군 요로에 보냈다. 육군성이 비밀리에 사건을 조사하던 중 이 사실을 눈치챈 시모어 허시 기자가 1969년 11월 17일자 뉴욕타임스에 이 사건을 보도하면서 세상에 진실이 드러났다.

미군 당국은 몇 개월에 걸쳐 약 400명의 증언을 들은 뒤 캘리 중위와 중대장, 여단장 등을 살인 혐의로 기소하고 사단장은 보직에서 해임했다. '베트콩으로부터 양민을 보호하기 위한 전투'로 은폐되었던 사건 내막이 의회와 국방부 조사에 의해 서서히 사실로 드러나자 미국인은 충격에 휩싸였다.

밀라이 학살 현장

결국 여단장 등 25명이 개입한 것으로 밝혀져 12명에게는 방조죄가 적용되고 13명은 전쟁범죄자 처리를 받았다. 기소된 한 병사의 어머니는 "나는 착한 아들 1명을 미 육군에 보냈으나 미국은 내 아들을 살인자로 만들어버렸다"며 분노를 터뜨렸다.

유일하게 재판에 회부된 캘리에게 1971년 3월 31일 미 군법회의가 부녀자와 노인 등 22명을 살해한 혐의로 종신노동형을 선고했다. 반전파들은 "밀라이 사건은 베트남 군사령관 웨스트모얼랜드 장군이나 닉슨 대통령이 책임을 져야 한다"며 유죄 판결을 반대했다. 반면 재향군인회 등 매파는 "그 상황에서 캘리의 행동은 정당했다"며 무죄를 주장했다.

복역 사흘째 날 결국 여론의 압력에 못 이긴 닉슨 대통령의 석방 명령으로 캘리는 가택 연금되어 3년 반을 집에 갇혀 지냈다. 캘리가 석방된 직후 행해진 여론조사에서는 79%가 캘리 유죄를 반대했고 83%가 석방 조치를 찬성했다. 이 여론조사는 캘리의 '죄 없음'을 미국인들이 인정했다는 뜻은 아니다. 캘리 혼자에게만 죄를 뒤집어씌운 것을 '편파'라고 보았기 때문에 나타난 결과였다.

마틴 루터 킹 목사 피살

그의 이름을 딴 국가 공휴일이 제정되고 미 전역의 730개 도시에 그의 이름을 딴 거리가 생겼다.

흑백 차별과 맞서 싸우다 비운에 간 마틴 루터 킹 주니어(1929~1968)는 살아서는 '위인'으로, 죽어서는 미 성공회와 루터교회로부터 '성인'으로 추대된 비폭력·불복종 운동의 상징이다. 레이건 대통령은 그의 살신성인 정신을 기려 미국인 중 처음으로 그의 이름을 딴 국가 공휴일을 제정했다. 1986년부터 해마다 1월 셋째 월요일에 지켜지는 '마틴 루터 킹 2세의 날'이다. 미 전역의 730개 도시에도 그의 이름을 딴 거리가 있을 정도로 그는 죽어서도 찬사와 추앙을 받았다.

미 조지아주 애틀랜타의 침례교 목사 집안에서 태어났을 때 마틴 루터 킹의 이름은 마이클 킹 주니어였다. 하지만 아버지가 1934년 독일을 방문하고 돌아와 종교개혁가 마틴 루터를 기리는 뜻에서 '마틴 루터 킹'으로 바꾸었다. 킹은 유명 목사 집안에서 태어난 덕에 흑인 엘리트 교육과정을 밟았다. 크로저 신학교를 졸업하고 1954년 앨라배마주 몽고메리의 교회에 부임했다. 그것은 민권운동가로서의 험난한 여정의 시작이었다.

1955년 12월 1일 버스 안에서 백인에게 자리 양보를 거부한 흑인 여성 로자 파크스의 체포와 함께 불이 붙은 몽고메리 버스 보이콧 투쟁은, 킹의 집에 폭탄이 터지는 등 몽고메리시 당국과 백인들의 계속되는 위협에도 불구하고 멈출 줄 몰랐다. 킹은 선두에서 운동을 이끌며 무려 382일간의 투쟁 끝에 '버스에서의 좌석 분리는 위헌'이라는 연방 대법원의 판결을 끌어냈다. 대학시절부터 믿어온 간디의 비폭력 투쟁의 가치를 확인했다는 점에서 몽고메리 투쟁은 킹에게 승리 그 이상의 것이었다.

킹의 비폭력 투쟁 노선은 흑인에게는 자긍심을, 백인에게는 부끄러움을 가르치며 1950년대 말부터 1960년대 초까지 미국 남부의 인종차별 폐지 투쟁에 상당한 힘을 발휘했다. 몽고메리 흑인들의 비폭력운동이 성공을 거둔 후 남부 도시 곳곳에서는 비슷한 운동이 다양하게 전개되었다.

흑인에게는 자긍심, 백인에게는 부끄러움 가르쳐

남부에서 가장 인종차별이 심하다는 앨라배마주 버밍햄시에서도 1963년 4월 평화적인 행진이 시작되었다. 시 공안국장 유진 불 코너는 흑인을 2,500여 명이나 체포하며 시위 저지에 나섰다. 그는 가슴에 '네버(Never)'라고 쓴 큼지막한 단추를 달고 다닐 만큼 적극적인 인종분리주의자였다. 그러나 5월 초 버밍햄시 경찰에게 붙들린 흑인 소년을 개들이 물어뜯고, 강력한 소방호스 물줄기에 시위대가 땅에 쓰러지는 모습이 신문과 방송을 통해 미 전역에 알려지면서 분노와 비난의 소리가 높아졌다.

5월 20일 연방 대법원이 버밍햄의 인종차별법은 위헌이라고 판결하고 동 법령 위반으로 체포된 흑인들이 무죄로 풀려나면서 사태는 흑인들에게 유리하게 전개되었다. 그러나 극렬 인종분리주의자들은 아랑곳하지 않고 더욱 잔인하게 폭력을 구사했다.

전미유색인종지위향상협회(NAACP)의 미시시피주 지방 연락원이 집 현관에서 사살되고 교회 주일학교에 참석한 4명의 흑인 소녀가 다이너마이트 폭발로 목숨을 잃었다. 민권집회가 열리는 교회는 파괴되었으며 민권운동 지도자들은 구타를 당했다. 흑인들의 투쟁도 더욱 격렬해져 10주일 만에 전국 180군데의 도시에서 758회의 데모가 벌어졌고 8개월 동안 1만 4,733명이 체포되었다.

이런 상황에서 미 집회 사상 최대 인원이 참석한 대행진이 미국의 수도 워싱턴에서 열렸다. 말콤 엑스가 "얼간이 행진", "백인광대와 흑인광대가 함께 출연한 소풍이자 서커스"라고 비아냥댄 것과 달리 케네디 대통령은 "당연히 자랑스러워할 만한 사건"이라고 치켜세운 대행진이었다.

여름 햇살이 뜨거웠던 1963년 8월 28일, 25만 명의 군중이 링컨기념일을 맞아 워싱턴기념탑 광장에 모였다. '직업과 자유를 위한 워싱턴 행진'으로 불린 이날의 집회는 여느 시위와는 사뭇 분위기가 달랐다. 질서정연했고 백인들의 모습도 5명 중 1명꼴로 눈에 띄었다. 전국 400여 개 이상의 단체에서 온 참석자를 실어나르기 위해 1,500여 대의 임대버스와 21편의 특별열차가 동원되었다.

"나에겐 꿈이 있습니다"

1.6km 앞의 링컨기념관을 향한 참가자들의 대행진은 오전 11시 15분 시작되었다. 참석자들 손에는 '공립학교 인종차별 철폐', '일과 자유를 달라'라는 문구의 플래카드가 들려 있었다. 노벨평화상 수상자 랠프 번치, 작가 제임스 볼드윈, 영화배우 말런 브랜도와 버트 랭커스터, 가수 밥 딜런과 조앤 바에즈 등도 행진에 참여했다.

링컨기념관에서 백인 자유주의자 등과 필립 랜돌프, 로이 윌킨스 등을 포함한 흑인 지도자들의 감동적인 연설이 끝나고 행진이 막바지에 다다랐을 즈음, 마틴 루터 킹이 연단 위에 섰다. 그리고 저 유명한 연설 "나에겐 꿈이 있습니다"를 토해냈다. 연설은 노여움에 차 있었으나 감동적이었고, 특유의 호소력과 설득력이 묻어났다. 그날은 마틴 루터 킹의 날이었다.

그 무렵 "비폭력 투쟁으로는 본질적인 변화를 가져올 수 없다"며 '흑인 권력'을 통한 흑인국가 건설을 주장하는 말콤 엑스 등 흑인 이슬람 세력이 도시 빈민층에 급속히 영향력을 키워가고 있었다. 말콤 엑스는 킹을 가리켜 "백인 악마에게 영혼을 파는 20세기의 샘 아저씨"라고 조롱하고 비폭력 투쟁에 대해서는 "흑인의 목줄을 짓밟고 있는 가장 잔인한 짐승인 백인 앞에서 무방비 상태로 있으라는 것일 뿐"이라고 신랄하게 비판했다.

이런 비판에 대해 킹은 "폭력은 악을 증가시키고 목표 그 자체를 거부하는 것이기 때문에 부도덕하고 비실용적"이라고 맞섰다. 킹은 "미국 인구의 10%도 안 되는 흑인들이 백인들의 가공할 힘에 맞서 흑인 국가를 건설한다는 주장은 허황된 것일 뿐"이라며 "흑백 통합만이 흑인이 미국 사회에 뿌리내릴 수 있는 길"이라고 주장했다.

마틴 루터 킹(1929~1968)

1964년은 마틴 루터 킹에게 생애 최고의 해였다. 그해 1월 '타임'지가 선정한 올해의 인물에 뽑히고 10월 역대 최연소 노벨평화상 수상자로 선정되었기 때문이다. 그러나 1964년과 1965년 도시 빈민지역에서 잇따라 일어난 인종폭동을 지켜보면서 인종차별에만 관심을 쏟아온 킹의 생각에도 변화가 생겼다.

흑인 차별만을 위해 운동하는 것은 다른 가난한 사람들의 적이 되는 것이라는 데 생각이 미친 그의 저항운동은 점차 흑인의 울타리를 벗어나 가난한 사람들의 사회적 혜택을 위해 노동조합과 손을 잡는 쪽으로 선회했다. 미 정부가 베트남 참전을 결정했을 때 킹은 도시빈민의 문제가 베트남전과 무관하지 않다며 1967년 베트남 반전운동에도 가담했다.

피살 후 FBI와 군부 배후설 등 음모론 무성

1968년 2월 4일, 마틴 루터 킹은 고향 애틀랜타의 에버니저 교회에서 마치 자신의 죽음을 예견하기라도 한 듯 비장한 설교를 했다. "내가 죽거든 나를 위해 긴 장례를 할 생각을 하지 마십시오. 긴 조사도 하지 말아주십시오. 또 내가 노벨상 수상자라는 것과 그 밖에 많은 상을 탄 사람이라는 것도 언급하지 마십시오."

그로부터 두 달이 지난 1968년 4월 4일 오후 6시 1분, 테네시주 멤피스의 한 모텔에서 총성이 울렸다. 청소원들의 파업을 지원하기 위해 멤피스로 가 로레인모텔 306호 발코니에서 모텔 밖의 군중과 얘기를 나누고 있던 마틴 루터 킹의 목숨을 겨냥한 죽음의 총성이었다. 총탄은 그의 오른쪽 뺨을 뚫고 들어가 턱을 지나 척수를 망가뜨리고 어깨에 박혔다. 킹은 7시 5분 공식 사망했다.

현장을 벗어나 영국 런던으로 피신한 범인은 무장강도죄로 20년 징역형을 선고받고 복역 중 탈옥한 제임스 얼 레이로 밝혀졌다. 킹의 죽음에 분노한 흑인들은 미 전역 168개 도시에서 폭동을 일으켰다. 46명이 죽고 2만 1,000여 명이 부상했으며 2,600여 곳이 불에 탄 대규모 폭동이었다.

존슨 대통령이 국장일로 선포한 4월 9일 애틀랜타의 에버니저 교회에서 열린 영결식에서는 두 달 전 녹음된 설교 테이프가 틀어졌다. 시신은 백인들까지 죽음을 애도하는 가운데 조지아주 애틀랜타 묘지에 묻혔다. 그해 6월 8일 영국 런던의 공항에서 체포된 범인은 범행을 부인하며 "자신은 단지 '거대한 음모'의 한 부분일 뿐"이라며 횡설수설했다. 킹의 피살을 둘러싸고 FBI와 군부 배후설 등 온갖 음모론이 제기되었지만 결국 아무것도 밝혀지지 않은 채 레이는 99년형을 선고받고 복역 중 1998년 감옥에서 숨졌다.

마틴 루터 킹과 에드거 후버

몽고메리 버스 보이콧 운동(1955) 후, 마틴 루터 킹 목사가 흑인 참정권을 쟁취하고 흑백 차별을 철폐하기 위한 목적으로 애틀랜타에 남부기독교지도자회의(SCLC)를 결성하자 FBI 애틀랜타 지부도 전국적인 인물로 부상한 킹을 감시하느라 바빠졌다. 그것은 마틴 루터 킹과 FBI 국장 에드거 후버 간에 10년 동안 펼쳐질 갈등과 대립의 서막이었다.

당시 후버는 정치인, 법조인은 물론 연예인과 운동선수, 심지어 대통령에 이르기까지 각계 각층의 비밀을 꿰뚫고 있어 후버의 비밀 파일은 워싱턴 정가에서 하나의 전설로 취급되고 있었다. 후버가 48년 동안 그 막강한 자리를 보전할 수 있었던 것도 이 비밀 파일 덕분이었다. 게다가 후버는 체질적으로 인종주의자였다. 흑인에 대한 편견은 말할 필요도 없었다.

이런 후버에게 기껏해야 흑인에 불과한 킹의 급부상은 미국의 평온한 일상생활에 중대한 도전으로 받아들여졌다. 더구나 킹이 1960년 11월 대통령에 당선된 케네디와 그의 동생 로버트 법무장관과 연이 닿는다는 사실을 알고부터는 킹을 무력화시키는 데 더욱 안간힘을 썼다. 그가 제일 싫어하는 골칫덩어리가 자신의 상급자들과 긴밀한 관계를 유지한다는 것을 참을 수 없었던 것이다.

1961년 FBI가 "킹이 미국 공산당과 관련되어 있다"는 정보를 언론에 흘렸다. 그것은 킹을 향한 후버의 견제구였다. 후버가 본격적으로 자신에게 싸움을 걸어오고 있음을 간파한 킹의 반격도 만만치 않았다. 1962년 11월 뉴욕타임스와의 회견에서 "수백 명의 인권운동가가 투옥될 때 현지 경찰 옆에는 늘 FBI가 있었다"며 후버를 겨냥했다.

후버는 킹을 도청할 수 있게 해 달라고 꾸준히 케네디에게 요청했다, 케네디는 한동안 후버의 요구를 묵살했으나 여자문제 등으로 약점이 많이 잡혀 있어 후버의 요구를 끝까지 거부하지 못하고 결국 도청을 허락했다. 후버는 도청을 하며 집요하게 킹과 미국 공산당과의 관계에 현미경을 들이댔으나 연결 고리를 찾지 못했다.

그러다 생각해낸 것이 킹의 여성 편력이었다. 당시 킹 주변에는 여성들이 넘쳐났다. 1년 중 대부분의 시간을 집 밖에서 생활하고 있던, 아직 혈기왕성한 30대 초반의 킹 역시 반복되는 지방 출장의 고단함을 달래기 위해 여자를 원했다. 그 내밀한 부분을 포착하지 못할 후버가 아니었다.

겨우 생각해낸 것이 킹의 여성 편력

1963년 8월 28일 워싱턴 대행진이 있던 그날 밤에도 킹은 여자와 함께 있었다. 그날 밤 워싱턴의 한 호텔에서 성적 쾌락에 빠져 있는 킹의 모습은 고스란히 FBI에 의해 녹음되었다. 녹음 테이프는 다음날 주요 신문사에 배달되었다. 그러나 미묘한 시기에 녹음 테이프를 보도하려는 신문사는 없었다. 그렇다고 포기할 후버도 아니었다. 1964년 2월 22일 한 모텔에 투숙한 킹과 동료들이 나누는 농담을 녹음하는 데 성공한 것이다.

후버는 1963년 11월 케네디 대통령 장례식 때 미망인 재클린 케네디가 무릎을 꿇고서 관의 중간 부분에 키스한 것을 두고 킹이 "그 부분이야말로 그녀가 가장 아쉬워하는 부분이지"라고 했던 농담을 도청하는 데 성공했다. 후버는 회심의 미소를 지으며 케네디의 동생 로버트 법무장관에게 테이프를 보냈다. 테이프를 확인한 로버트는 점차 킹과 거리를 두기 시작했고, 후버는 로버트로부터 더욱 많은 도청 허가를 받아냈다.

FBI의 반대공작에도 불구하고 킹은 1964년 9월 바티칸의 교황으로부터 환대를 받고 1964년 10월 노벨평화상 수상자로 선정되었다. 후버의 속은 새까맣게 타들어갔다. 지난 수년간 자신이 받으려고 애써왔던 노벨상이었기에 더욱 그랬다. 후버는 더욱 노골적으로 킹을 깎아내렸다. "가장 악명 높은 거짓말쟁이", "가장 비열한 사람 중 한 명" 등 후버의 인신공격 발언들이 연일 신문 1면을 장식했다. 후버는 킹이 노벨상을 받기 위해 오슬로로 떠나기 하루 전 킹을 만나, "당신이 나쁜 일을 하고 있으면 내가 알고 있다는 것을 기억하라"고 말하는 것으로 분을 풀었다. 킹은 손톱을 깨무는 등 불안한 모습을 보였다.

에드거 후버(1895~1972)

후버는 농담 테이프를 신문사에 전달한 것만으로는 성이 안 찼는지 여성과 희희낙락하는 녹음 테이프와 협박편지를 킹의 부인에게 보냈다. 여러 호텔방에서 채집한 목소리를 짜깁기한 테이프에는 한숨소리, 신음소리, 여성들의 교성 등 남녀가 성적 쾌감에서 내지르는 온갖 소리들이 담겨 있었다. 편지에는 "킹, 너의 지저분하고 비정상적인 추문이 전 국민 앞에 폭로되기 전에 네 놈이 스스로 결단을 내리기 바란다"고 쓰여 있었다.

후버의 공격은 1968년 킹의 피살 후에도 멈추지 않았다. 킹의 생일이 국경일로 지정될 기미를 보이자 그것을 막기 위해 의회에 로비를 하고 킹의 섹스 스캔들을 의원들에게 브리핑하기까지 했다. 결국 국경일 지정은 연기되었고 1972년 후버가 죽고 레이건 정부 때인 1983년에야 이뤄졌다.

알렉산드르 둡체크와 '프라하의 봄'

둡체크는 '인간의 얼굴을 한 사회주의'라고 했고 사람들은 '프라하의 봄'이라 불렀다.

1956년 소련의 공산당대회에서 흐루시초프가 스탈린을 비판하자 이에 고무된 폴란드와 헝가리에서 소련의 굴레를 벗어나기 위한 봉기가 잇따랐다. 그러나 '작은 스탈린'으로 불리는 안토닌 노보트니가 당 제1서기로 있는 체코슬로바키아는 '공산권의 우등생'답게 조용했다. 체코에 변화가 찾아온 것은 1960년대였다. 공업 성장률이 떨어지고 농업 성장이 둔화되는 등 경제가 악화되면서 변화의 바람이 불가피했던 것이다.

1967년 가격 메커니즘을 도입한 경제개혁안이 제시되고 이를 추진할 개혁파에 힘이 실렸다. 결국 노보트니는 개혁파와의 당 노선경쟁에서 패배해 1968년 1월 당 제1서기에서 쫓겨나 대통령으로 물러났다. 그 자리

알렉산드르 둡체크(1921~1992)

는 슬로바키아 제1서기였던 알렉산드르 둡체크(1921~1992)가 차지했다. 곧 체코슬로바키아에 불어닥칠 대변혁의 서곡이었다.

둡체크는 체코를 공포의 도가니로 몰아넣었던 비밀경찰을 해체하고, 봉해 있던 국민의 입을 열어주었다. 검열은 폐지되었고 언론은 만개했다. 노보트니가 3월에 대통령 자리에서마저 물러나고 국민들로부터 신망을 받고 있는 루드비크 스보보다 장군이 대통령에 오르면서 자유화·민주화 바람은 누구도 거역할 수 없는 대세가 되었다.

둡체크는 당 요직을 개혁파 위주로 다시 짜고 4월에는 새로운 행동강령을 선언해 개혁을 제도화했다. 사법부 독립, 의회제도 확립, 사전검열제 폐지, 민주적 선거제도 도입, 언론·출판·집회 자유 보장 등 어느 것 하나 중요하지 않은 것이 없었다. 국민은 더 큰 자유를 누리게 되었고 스탈린 시대에 숙청된 사람들은 복권되었다. 지식인들은 6월 27일 작가동맹 기관지 등 4개 신문에 '2000어 선언'을 발표해 더 빨리 더 많은 개혁을 촉구했다. 선언은 체코의 육상 영웅 에밀 자토펙을 포함해 70명의 진보적 지식인의 서명으로 국내외에 커다란 반향을 불러일으켰다.

동구권 5개국 군대 20만 명 동원해 침공

둡체크는 이 같은 일련의 개혁을 '인간의 얼굴을 한 사회주의'라고 했고 사람들은 처음 경험하는 훈풍을 '프라하의 봄'이라 불렀다. 그러나 소련의 브레즈네프 서기장이 동유럽 전역으로 파급될 것이 분명한 체코 사태를 방관할 리 없었다. 그에게 체코 사태는 자신이 제창한 '브레즈네프 독트린'에 위배되는 것이었다. 브레즈네프 독트린은 "공산국 전체의 이익이 개별 국가의 이익에 우선한다"는 이른바 제한주권론이다.

브레즈네프는 체코에 경고 메시지를 보낸 데 이어 소련, 폴란드, 헝가리, 불가리아, 동독으로 구성된 바르샤바 조약기구 5개국 정상회담을 열어 체코 사태를 논의했다. 7월 29일에는 브레즈네프가 둡체크와 단독회담을 하고, 8월 3일에는 동구 5개국 수뇌가 둡체크와 재차 회동을 했으나 둡체크의 완강한 의지를 꺾지는 못했다.

소련은 방향을 바꾸어 체코 내부의 반란을 유도했다. 친소파 당 중앙위원들이 궁정 쿠데타를 일으켜 둡체크를 축출한 뒤 소련에 군사개입을 요청하면 그에 응하는 형식으로 체코를 침공한다는 시나리오였다. 그러나 8월 20일 한밤중이 되도록 당 중앙위 간부회의에 참석한 친소파들로부터 아무런 연락이 없었다. 소련은 궁정 쿠데타가 실패한 것으로 판단하고 8월 20일 밤11시 동구권 5개국 군대 20만 명을 동원해 체코를 침공했다. 체코 전역이 삽시간에 점령되고 당 중앙위 건물은 포위되었다.

분노하고 저항했으나 찻잔 속의 태풍

1956년 헝가리 봉기를 짓밟았던 소련제 탱크와 장갑차를 앞세운 소련군이 프라하로 들이닥쳤을 때 시민들은 화염병을 던지며 저항했다. 프라하 방송은 "우리는 점령당했다. 방송국은 수라장이다. 이것이 우리의 마지막 말이다"라는 방송을 끝으로 중단되었다. 통신사는 "외국 군대가 통신사를 점령하고 있다. 이제 자유로운 뉴스활동은 중단된다. 만일 앞으로 우리가 기사를 보낸다 하더라도 그것은 우리의 기사가 아니다"라는 21일 오전 8시 40분발 기사를 마지막으로 두절되었다.

방송국을 지키려는 시민들이 침략군의 발포로 쓰러지고 전국 곳곳에서 산발적인 저항이 있기는 했으나 1956년의 헝가리 봉기만큼 격렬하지는 않았다.

소련은 8월 23일 둡체크와 스보보다 대통령 등 개혁파 지도자들을 체포해 모스크바로 강제 송환했다. 날개가 꺾인 둡체크는 체코를 정상화시켜야 군대를 철수하겠다는 브레즈네프의 최후통첩을 받아들였다. 둡체크는 프라하로 돌아와 "자유화 조치를 철회하지 않을 수 없다"며 눈물로 국민들에게 호소했다. 시민들은 분노하고, 청년들은 무릎을 꿇기 싫다며 외쳐댔으나 찻잔 속의 태풍이었다.

둡체크가 당 제1서기 자리를 그대로 유지한 가운데 다시 검열과 언론통제가 부활하고 집회는 금지되었다. '프라하의 봄'은 이렇게 침략자 군홧발에 짓밟혀 제대로 꽃도 피우지 못한 채 파국을 맞았다. 둡체크는 1969년 4월 17일 당 제1서기에서 해임되고 1970년 1월 터키 대사로 추방되었다가 공산당으로부터 당적을 박탈당한 뒤 고향으로 쫓겨나 산림노동자로 일하며 20년의 세월을 보냈다.

1989년 벨벳혁명이 성공했을 때 프라하로 돌아와 대통령 물망에 올랐으나 둡체크가 유배생활을 하고 있는 동안 자유화운동을 벌이며 현실정치에 확실한 기반을 굳힌 바츨라프 하벨의 적수가 되진 못했다. 냉엄한 현실 앞에서 어쩔 수 없는 '구시대의 인물'일 수밖에 없던 그는 결국 공산당 몰락 뒤 실시된 첫 대통령 선거에서 하벨에게 고배를 마셔야 했다.

8인의 배신자, 인텔 창업, 앤디 그로브

'80386' CPU의 성공 후, PC 시장에서 주도권을 쥐게 되었고 인텔의 신화를 시작할 수 있었다.

최고 전성기 때는 세계시장 점유율 90% 이상을 차지하며 세계 CPU 시장을 좌지우지해 온 인텔의 역사적인 항해가 시작된 것은 1968년 7월 18일이었다. 출항지는 미국 캘리포니아 마운틴뷰 페어차일드 부근이었다. 그러나 인텔의 진정한 출발은 실리콘밸리에서 가장 드라마틱한 사건으로 기록되는 '8인의 배신자'에서 비롯된다.

이야기는 1947년 12월 23일로 거슬러 올라간다. 그날 벨연구소의 윌리엄 쇼클리, 존 바딘, 월터 브래튼 3명은 연구소 안에서 트랜지스터를 공개 시연함으로써 20세기의 반도체 혁명을 견인할 트랜지스터 개발에 성공했음을 공표했다. 세 사람은 이 공로로 1956년 노벨물리학상을 공동 수상했다. 이후 쇼클리(1910~1989)는 직접 반도체 사업을 하기 위해 1956년 고향인 샌프란시스코의 팰로앨토 근처 마운틴뷰에 '쇼클리 반도체연구소'를 세웠다. 실리콘밸리 내 최초의 반도체 기업이었다.

쇼클리는 당시 과학계의 샛별로 불리는 로버트 노이스(1927~1990)와 고든 무어(1929~) 등을 영입했다. 노이스는 MIT에서 박사학위를 취득한 뒤 고주파 트랜지스터를 연구하고 있었고, 무어는 존스홉킨스대 응용물리학연구소에서 무기 추진력을 연구하고 있었다. 노이스와 무어는 쇼클리 사단의 쌍두마차로 활약했다. 문제는 창업주 쇼클리였다.

그는 과학적 재능은 뛰어났지만 자기중심적이고 오만한 탓에 조직을 이끌 만한 위인이 못되었다. 회사에 불미스러운 일이 생겼을 때는 범인을 색출한다며 직원들에게 거짓말탐지기를 들이댔다. 쇼클리의 이런 독선적인 경영 스타일은 연구진의 불만을 샀고, 결국 직원들은 하나 둘 짐을 싸 쇼클리를 떠났다.

노이스와 무어를 비롯한 핵심적인 8명의 연구원도 1957년 9월 18일 연구소를 떠났다. 쇼클리는 그들을 향해 '8인의 배신자'라며 거센 비난을 퍼부었다. 쇼클리에게는 배신자였겠지만 세계 반도체 산업과 실리콘밸리로서는 새 역사의 시작이었다.

첫 메모리칩을 출시했으나 시장 반응은 시큰둥해

'8인의 배신자'는 1957년 셔먼 페어차일드 등과 합작해 '페어차일드 반도체'를 세웠다. 페어차일드는 승승장구했다. 그러나 뉴욕의 본사가 끊임없이 간섭하고 투자에 인색하자 8인의 배신자는 또다시 짐을 쌌다. 페어차일드를 그만둔 무어는 1968년 노이스와 회사를 설립했다. 회사 이름은 '노이스·무어 일렉트로닉스'라고 정했다가 통합(Integrate)과 전자공학(Electronics)이란 단어를 합친 '인텔(Intel)'로 바꾸었다.

두 사람은 페어차일드에서 함께 일했던 앤디 그로브(1936~)와 8인의 배신자 중 나머지 사람들도 끌어들였다. 그로브는 헝가리에서 유대인으로 태어나 1956년 10월 헝가리에서 반소 폭동이 일어나고 이를 진압하기 위해 소련이 헝가리를 무력 점령한 12월 어느 날 밤 오스트리아를 거쳐 1957년 미국으로 망명했다. 식당에서 접시를 닦아가며 뉴욕시립대 공학과를 수석으로 졸업한 그는 캘리포니아대에서 화학공학 박사학위를 따고 페어차일드에 입사해 노이스·무어 두 창업자와 인연을 맺었다.

인텔은 1969년 봄 첫 메모리칩 '3101'을 출시했으나 시장의 반응은 시큰둥했다. 1970년 10월 '1103 D램'으로 다시 도전해 수십억 달러를 벌어들였다. 1971년 11월에 선보인 첫 CPU '4004'는 손톱만한 크기인데도 1946년에 개발된 30톤 무게의 에니악과 맞먹는 성능을 자랑했다.

1972년에는 '4004'보다 10배나 빠르면서 값은 비슷한 8비트의 '8008'을 선보였고 1974년에는 세 번째 CPU '8080'을 출시함으로써 매출액이 급증했다. 인텔은 이후 10여 년 동안 승승장구했다.

일본의 저가 공세에 메모리 반도체 포기

인텔에 위기가 찾아온 것은 일본의 반도체 회사들이 저가 공세를 펼친 1980년대였다. 두 창업자와 그로브는 고심 끝에 메모리 반도체를 포기하기로 했다. 메모리 말고도 CPU가 있었기 때문에 가능한 결정이었다. 인텔은 메모리 생산라인은 모두 폐쇄하고 두 곳에서만 CPU를 생산했다. 이 과정에서 7,000명 이상을 해고하고 1982년에는 1억 7,000만 달러의 적자를 냈다. 그런데도 인텔은 또다시 모험을 감행했다.

인텔 창업의 주역인 앤디 그로브, 로버트 노이스, 고든 무어(왼쪽부터)

당시 인텔의 최대 고객은 PC 제조사였기 때문에 이들 대형 PC 메이커들이 주도권을 쥐고 있었다. 인텔은 이런 역학구도를 깨기 위해 1985년 야심작 '80386'을 선보였다. 이후 소비자들의 관심은 80386으로 쏠렸고 PC 제조사들은 이 80386을 탑재한 '386PC'를 내놓을 수밖에 없었다. 이로써 인텔은 PC 시장에서 주도권을 쥐었고 인텔의 신화를 시작했다.

1979년 사장으로 취임한 그로브의 경영 실적은 놀라웠다. 두 창업자가 자유로운 생각을 기반으로 신제품 개발에 전념하는 동안 그로브는 조직을 매섭게 다그쳤다. 조직을 비정하게 이끌어 직원들은 피도 눈물도 없는 사람이라고 손가락질했지만 그로브는 흐트러지기 쉬운 조직에 팽팽한 긴장감을 불어넣었다. 이로 인해 인텔은 실리콘밸리에서 드물게 강한 조직력을 자랑했다.

그로브는 운전기사를 두지 않고 사무실도 일반 직원들과 같은 크기를 사용했으며 출퇴근 때도 직원들과 함께 줄을 서서 검색대를 지났다. 이런 그의 수평적 사고는 이후 인텔의 기업문화로 자리잡았다. 그로브는 1987년 최고경영자(CEO), 1988년 회장을 거치며 20세기 최고경영자로 각광받았고, 1997년 타임지에 의해 '올해의 인물'로 선정되었다.

헨리 키신저 국가안보담당 특별보좌관 임명

자신이 역사에 어떻게 기록되는지를 늘 의식하며 행동했다.

헨리 키신저(1923~)가 미국 외교의 전권을 틀어쥐기 시작한 것은 1968년 12월 2일 닉슨(1913~1994) 대통령 당선자에 의해 국가안보담당 특별보좌관으로 임명되고부터였다. 이후 "닉슨 없는 키신저 없고 키신저 없는 닉슨 없다"는 말이 생겨날 정도로 둘은 밀착했다. 심지어 닉슨을 두고 '키신저의 또 다른 얼굴'이라거나 닉슨 정부를 가리켜 '닉슨·키신저 공동정부'라는 말까지 등장했다.

키신저는 독일에서 유대인으로 태어나 히틀러의 유대인 박해를 피해 1938년 가족을 따라 미국으로 건너온 이민자였다. 명석한 유대인 이민자녀들의 집합소였던 뉴욕시립대 야간부에 입학해 밤에는 회계학을 공부하고 낮에는 돈을 벌었다.

그러던 중 1943년 입대한 군에서 만난 16살 연상의 프리츠 크래머 이등병을 통해 자신이 훌륭한 정치적 두뇌의 소유자임을 알게 되었다. 키신저는 그때까지의 목표였던 공인회계사 대신 학구적인 방향으로 자신의 삶을 새롭게 설정했다.

키신저는 1946년 제대 후 하버드대에 입학해 철학과 외교를 전공했다. 주요 연구대상은 19세기 유럽 세력 균형의 외교를 주도했던 오스트리아 외무장관 메테르니히였다. 1954년 박사학위를 받고 1957년 34세의 젊은 나이로 '핵무기와 외교정책'이라는 명저를 써 언론과 외교정책가들로부터 극찬을 받았다. 14주 동안 베스트셀러로 기록된 책의 성공으로 키신저는 외교가에 이름을 떨치고 정치의 계단으로 한 걸음 더 접근했다.

1958년 하버드대 교수가 되고, 1961년엔 케네디 정부에서 외교 보좌관을 맡았다. 그러나 케네디 정부에서 뜻을 펼칠 기회가 좀처럼 주어지지 않자 1962년 자의반 타의반으로 케네디 정부와 인연을 끊었다.

이후 존슨 정부로부터 베트남전을 현지에서 분석 평가하는 임무를 맡아 1965년부터 3년 동안 베트남 현지를 드나들면서 베트남에 정통한 전문가가 되었다. 이때 만들어진 인맥과 비밀 외교채널은 장차 닉슨 대통령의 밀사로 미국과 북베트남 간의 직접 회담을 주도하는 발판이 되었다.

닉슨과 달리 탈이데올로기적 외교 지향해

키신저가 외교에 관한 실무 경험을 넓히는 동안 닉슨은 1960년 케네디와의 대통령 선거 대결에서 패하고 1962년 캘리포니아 주지사 선거에서도 고배를 마셨다. 1968년 닉슨이 또다시 공화당의 대통령 후보 경쟁에 뛰어들었을 때 키신저는 닉슨의 공화당 내 경쟁자인 넬슨 록펠러의 외교정책담당 수석고문으로 활동하고 있었다. 공화당 내 선거운동 기간 중 키신저는 닉슨을 통렬하게 비판했다. 하지만 닉슨은 록펠러를 물리치고 공화당의 후보가 되어 1968년 대통령에 당선되었다.

키신저가 닉슨을 부정적으로 평가한 것과 달리 닉슨은 수년 전부터 키신저의 저서와 사고에 관심이 많았다. 1960년 케네디와 대통령 선거전을 벌일 때도 키신저에게 외교문제 보좌관으로 일해 달라고 요청했다가 거절당한 적이 있었다. 그런데도 닉슨은 1968년 11월 대통령에 당선되자 또다시 키신저에게 손을 내밀었다. 그때까지도 키신저는 닉슨을 정치적으로는 불순하고 지적으로는 2류 이하의 인물로 여기고 있었다. 하지만 결국에는 닉슨의 요청을 받아들여 대통령 특별보좌관으로 임명되었다.

그 무렵은 "자유를 지키려면 어떤 희생도 감수하고 적과 싸워 이겨야 한다"는 생각이 미국 사회를 지배하고 있던 미소 냉전기였다. 하지만 키신저는 편견이 없고 과거의 잘못에 구애받지 않는 실용주의자였다. 그가 관심을 가진 것은 '힘과 힘의 조화에 의한 세계질서의 창조'였지 '무력에 의한 강제'가 아니었다. '전부' 아니면 '전무' 식의 대결을 가져올 가능성이 높은 이데올로기가 외교에 개입해서는 안 된다고 믿었다.

철저한 반공주의자였던 닉슨과 달리 키신저는 탈이데올로기적인 외교를 지향했기 때문에 초기에는 두 사람 간의 정치적 견해가 날카롭게 대립할 때가 많았다. 하지만 닉슨이 점차 키신저에게 설득당하면서 외교에 관한 한 키신저의 독무대가 되었다.

키신저의 외교전략은 첫째도 국익, 둘째도 국익이었다. 평소 "역사의 한 페이지를 기록한다", "역사의 한 페이지를 넘긴다"는 말을 즐겨 사용한 데서 알 수 있듯 키신저는 역사에 자신이 어떻게 기록되는지를 의식하며 행동했다.

잠행 비밀외교는 트레이드 마크

잠행 비밀외교는 키신저의 트레이드 마크였다. 1969년 8월 파리 근교에서 레둑토 북베트남 대표와 비밀협상을 할 때도 비행기를 수차례 바꿔 타며 파리에 도착하는 잠행을 보였고, 1971년 7월 첫 중국 방문도 미국의 부통령과 국방장관조차 모르게 완벽한 비밀로 성사시켰다.

중국 방문 후 파리로 날아가서도 공개적으로 CBS 방송 프로듀서와 데이트를 즐기는 것처럼 해 보도진을 방심하게 해놓고는 파리에 와 있던 북베트남 대표와 비밀리에 만나 교착상태에 빠져 있던 문제들을 타결지었다.

1972년 4월의 모스크바 방문도 007작전을 방불케 할 정도로 비밀리에 진행했다. 그가 모스크바를 방문하고 있는 동안 백악관은 키신저가 대통령의 별장에서 닉슨과 함께 주말을 보내고 있다고 발표해 키신저의 모스크바 방문을 감쪽같이 숨겼다. 닉슨이 별장을 떠날 때 키신저와 함께 헬리콥터를 타는 모습을 공개함으로써 키신저는 지난 5일 동안 국내에 있었던 사람이 되었다.

헨리 키신저(1923~)

이런 잠행외교를 통해 중국과는 1971년 7월 핑퐁외교를 성사시켰고 소련과는 1972년 5월 전략무기제한협정(SALT)을 체결하도록 해 미·소 간 데탕트를 완수했으며 1973년 1월 27일엔 북베트남과 파리평화협정을 체결해 그해 노벨평화상을 수상했다.

미모의 여성들과 벌인 염문도 늘 화제를 뿌렸다. 워싱턴이나 해외 여행길에서 종종 미모의 아가씨들과 데이트를 즐기는 것도 사실은 비밀행적을 감추기 위한 연막작전의 일환이라는 분석도 있지만 이유가 무엇이든 그의 주변엔 늘 007영화 주인공, 탤런트, 모델 등 다양한 여성들이 줄을 지었다.

1973년 8월 국무장관이 되고 1974년 닉슨이 워터게이트 사건으로 대통령직에서 물러난 뒤에도 후임 대통령 포드와 호흡을 맞추며 계속 국무장관직을 유지하다 1977년 1월 포드가 물러날 때 함께 물러났다.

오늘날 그에 대한 평가는 극명하게 갈린다. 미소 데탕트와 미·중 관계 정상화를 실현한 '20세기 최고의 외교전략가', '살아 있는 외교 교과서'라는 찬사가 있는가 하면 미국의 이익을 위해 약소국쯤은 쉽게 짓밟아버리는 책략가라는 평가도 있다. 베트남전 평화협상을 고의로 지연시켜 많은 양민을 죽음으로 내몰고, 칠레의 아옌데 정권을 무너뜨려 피노체트 군사독재정권의 수립을 돕는 등 국제적으로 많은 범죄를 저질렀다는 것이다.

1969년

3선 개헌안 변칙 통과

제3한강교 준공… '강남 개발'의 시작

_ *김현옥 서울시장*

김수환 한국인 첫 추기경 서임

이병철 삼성전자 설립

조중훈 대한항공공사 인수

_ *우리나라 민간항공사(史)*

구봉서와 MBC TV '웃으면 복이 와요' 첫 방송

_ *배삼룡*

이수근의 남·북 탈출과 죽음

아폴로 11호 달 착륙

_ *아폴로 프로젝트*

미 국방부 'ARPANET' 구축… 인터넷의 태동

우드스톡 축제

존 레넌과 오노 요코의 결혼

무아마르 카다피 쿠데타 집권

야세르 아라파트 PLO 의장 선출

중국·소련 진보도 충돌

미 동성애자 스톤월 폭동

_ *하비 밀크*

3선 개헌안 변칙 통과

의회정치와 정당정치가 실종되었다는 점에서 우리 정치에 끼친 폐해가 컸다.

1967년 5월 3일의 제6대 대통령 선거에서 박정희 대통령이 51.4%를 득표해 41.0%를 얻은 윤보선을 누르고 두 번째 대통령에 당선되었다. 6월 8일의 제7대 총선에서도 공화당이 개헌선인 117석을 13석이나 초과하는 압승을 거두면서 박정희와 공화당은 4년 뒤 그들의 앞을 가로막을 제도적 장애물을 제거하는 데 거칠 것이 없었다. 헌법에 규정된 '3선 금지'를 폐지한다고 해도 43석에 불과한 신민당의 반대는 크게 문제될 것이 없었다.

문제는 내부에 있었다. 가장 심각한 문제는 박정희의 후계를 둘러싼 공화당 내의 파벌과 갈등이었다. 중심에는 김종필이 있었다. 김종필은 5·16 후 자신이 설계한 중앙정보부의 초대 부장이 되어 자타가 공인하는 2인자였다. 1963년 공화당 창당 때도 물밑 작업으로 창당 준비에 주도적인 역할을 했다.

이처럼 김종필의 독주가 계속되자 반김종필계의 반발이 적지 않았고 이 때문에 김종필은 1963년 2월 공화당 창당 하루 전 "자의반 타의반"이라는 유명한 말을 남기고 외유를 떠났다. 8개월 만에 귀국한 김종필은 1963년 12월 국회의원에 당선되어 내심 포스트 박정희를 노렸다.

1967년의 대선과 총선 당시 공화당과 정부에는 김종필에 맞서는 두 개의 세력이 있었다. 공화당에는 이효상, 백남억, 김성곤, 김진만 등 영남 출신의 자유당계 구정치인들이 있었고, 정부 쪽에는 이후락 대통령 비서실장과 김형욱 중앙정보부장이 있었다.

이들끼리 사이가 좋은 것은 아니었지만 김종필을 견제하고 박정희의 집권을 계속 유지해야 자신들의 설 자리가 있다는 사실을 이심전심으로 알고 있었기에 서로 연대하는 모습을 취했다. 이들의 이해관계는 은근히 집권 연장을 바라는 박정희의 생각과도 맞아떨어졌다.

공화당이 개헌의 필요성 제기하면 박 대통령이 장단 맞춰

박정희의 본격적인 개헌 공작은 1969년 신년 벽두부터 진행되었다. 공화당 당직자들이 연이어 개헌의 필요성을 제기하면 박 대통령이 장단을 맞췄다. 그러다가도 야당이 결사반대하면 슬그머니 발을 빼는 식으로 한쪽에서는 거부하는 듯한 제스처를 취하고 다른 한쪽에서는 찬성하는 양동작전을 펼쳤다.

김종필계가 아직 건재했기 때문에 공화당 의원들의 협조가 없으면 개헌이고 뭐고 쉽지 않은 상황에서 공화당 의원들의 충성도를 파악할 수 있는 시험대가 된 것은 권오병 문교부 장관의 해임건의안이었다.

1969년 4월 초 신민당이 국회에서의 폭언 등을 이유로 권오병 장관 해임건의안을 냈을 때 일부 공화당 의원들도 해임에 동조하고 있었다. 김종필계 의원들도 "해임건의안을 통과시켜야 박 대통령도 국회의원들을 마음대로 할 수 없다고 느낄 것이고 그래야 3선 개헌도 다시 생각하게 될 것"이라며 해임건의안을 통과시켜야 한다는 분위기였다.

朝鮮日報

號外

1969年 9月 14日

改憲案 122票로 可決

第3別館서 變則통과

오늘새벽2時50分 野議員들 몰래

国民投票法案도

與 責任과 使命感통감

野 唖然할 新版쿠데타

3선개헌안 변칙 통과 호외(1969.9.14 조선일보)

결국 해임안은 4월 8일 총 투표수 152표 중 가 89표, 부 57표, 무효 3표, 기권 3표로 가결되었다. 투표에 참가한 100여 명의 공화당 의원 중 최소한 40

여 명이 당명을 어기고 신민당에 동조한 것으로 나타났다. 박 대통령은 분통을 터뜨렸다. 자칫 개헌까지 물 건너갈 것을 우려한 박 대통령은 길재호 공화당 사무총장에게 강경한 지시를 내렸다. 결국 양순직, 예춘호, 박종태, 김달수, 정태성 등 5명의 의원이 공화당에서 제명되었다.

이른바 '4·8항명' 사건의 여파로 3선 개헌을 반대해 온 김종필계의 목소리는 눈에 띄게 위축되었다. 반면 개헌파의 행보에는 탄력이 붙었다. 이후락, 김형욱, 길재호, 김성곤, 백남억 등은 개헌 반대 의원들의 각개격파에 나섰다. 회유와 협박을 병행했다.

영구집권을 노린 유신헌법으로 이어져

"지금은 개헌할 시기가 아니다"라며 숨을 고르던 박 대통령이 마침내 복심을 드러낸 것은 7월 8일이었다. "찬반은 국민의 자유의사"라며 3선 개헌의 추진을 사실상 공표한 것이다. 7월 25일에는 "3선 개헌을 위한 국민투표를 실시할 것입니다. 만일 국민이 지지하지 않으면 나와 정부는 미련 없이 물러나겠습니다"라며 배수진을 쳤다.

3선 개헌에 반대하던 김종필계 의원 상당수도 김종필이 박 대통령을 면담한 후 찬성으로 돌아섰다. 신민당의 조흥만, 성낙현, 연주흠 의원까지 개헌지지 성명을 내면서 개헌은 시간문제가 되었다. 1969년 8월 7일 공화당 의원 108명과 신민당 의원 3명을 비롯, 총 122명이 대통령의 3기 연임을 허용한다는 내용의 3선 개헌안을 국회에 제출하면서 정국은 개헌 소용돌이로 빠져들었다.

9월 9일 마침내 개헌안이 국회 본회의에 회부되었다. 야당 의원들은 개헌안 저지를 위해 국회 본회의장에서 취침농성을 벌였다. 하지만 장소를 옮기고 새벽의 허점을 노린 공화당의 술수를 당해낼 수는 없었다. 1969년 9월 14일 새벽 2시 반, 공화당 의원 등 122명이 국회 제3별관에서 참석의원 전원의 찬성으로 3선 개헌안을 통과시킨 것이다. 밖에는 기동경찰 1,200여 명이 통행을 차단하고 있었다. 10월 17일의 국민투표에는 77.1%의 국민이 참가해 65.1%가 찬성했다.

3선 개헌이 한국 정치에 끼친 영향은 실로 막대했다. 박정희 개인의 집권기간이 연장되었을 뿐만 아니라 의회정치와 정당정치가 실종되었다는 점에서 우리 정치에 끼친 폐해가 컸다. 이후 당내에는 어떤 파벌도 존재하지 않게 되었고 반대 의견도 사라졌다. 모든 결정은 청와대에서 내려왔다. 결과는 영구집권을 노린 1972년의 유신헌법 개정으로 귀결되었다.

제3한강교 준공… '강남 개발'의 시작

제3한강교 준공과 경부고속도로 개통은 '강남 개발'이 궤도에 올랐음을 알려주는 신호탄이었다.

서울 강남구와 서초구가 서울시로 편입된 것은 1963년 1월 1일이다. 그렇다고 뭐가 달라진 건 아니고 여전히 논밭으로 이뤄진 시골이었다. 한적하고 조용하기만 했던 이곳에 상전벽해의 변화가 시작된 것은 1966년이었다. 1월 19일, 제3한강교(한남대교)의 착공과 함께 강남이 꿈틀거리기 시작한 것이다.

제3한강교를 세우려 했던 이유는 두 가지였다. 넘쳐나는 서울의 인구를 강 건너로 분산하기 위한 것이 첫 번째요 안보상의 목적이 두 번째였다. 6·25 때 서울시민이 겪어야 했던 피란의 쓰라린 아픔을 또다시 겪지 않으려면 한강을 건널 수 있는 또 하나의 다리가 필요했다.

당시 한강에는 제1한강교(한강대교), 제2한강교(양화대교), 광진교 이렇게 3개뿐이었다. 인구 급증에 따른 교통난은 물론 주택난 해결을 위해서도 강남과 강북을 이어줄 다리가 절실했다.

1966년은 '강남 신화'가 시작된 첫해였다. 소설가 이호철이 '서울은 만원이다'를 동아일보에 연재한 것도, 조선일보에 '강남'이라는 단어가 처음 등장한 것도 1966년이었다. 40살의 '불도저 시장' 김현옥이 서울시장으로 취임한 것도 1966년 4월이었다.

서울시가 건설부에 영동지구 토지구획정리사업 지구 지정을 요청한 것은 1966년 9월이었다. 경부고속도로의 재원을 마련하기 위한 목적도 있었고 강남에 뉴타운 도시를 만들려는 도시행정상의 필요도 있었다. 제3한강교에서 남쪽으로 7.6km, 9만 2,000평에 달하는 고속도로 용지를 무상으로 확보하기 위한 목적도 컸다.

토지구획정리사업은 서울시가 자연상태에 있는 지주들의 땅에 길을 내고 공공시설을 만들어 구획을 정리해주는 대신 개발이익의 수혜자가 될 지주들로부터 일정한 토지를 제공받을 수 있다는 점에서 누이 좋고 매부 좋은 방식이었다. '영동'은 영등포의 동쪽을 의미하는 것으로 반포동, 잠원동, 압구정동, 청담동, 도곡동, 신사동 등이 여기에 속한다.

제3한강교 건립은 '땅투기'와 '복부인'을 등장시켰다. 징후는 제3한강교 착공 1년 뒤부터 나타났다. 착공 때만 해도 평당 200~300원에 불과하던 강남 일대의 땅값이 착공 1년 만에 평당 3,000~4,000원으로 급등한 것이다. 길이 915m, 너비 27m의 제3한강교가 준공된 것은 1969년 12월 26일이었다. 제3한강교와 이어지는 경부고속도로는 1970년 7월 7일 준공되

막바지 공사 중인 제3한강교
(아래쪽이 강남대로)

었다. 제3한강교의 준공과 경부고속도로의 개통은 강남 개발이 본격적으로 궤도에 올랐음을 알려주는 신호탄이었다. 제3한강교가 강남 땅값 상승에 불을 붙였다면 경부고속도로는 그 불에 뿌려진 기름이었다.

서울의 강남이 아니라 대한민국의 강남특별시

365만 평의 영동 1지구에서 토지구획 정리사업이 시작된 것은 1968년 봄이었다. 472만 평의 영동 2지구는 이보다 4년 늦은 1972년부터 시작되었다. 허허벌판이던 영동에 도로를 내고 상하수도와 전기시설 등을 설치하는 토지구획 정리사업은 수년간 계속되었다.

구획정리를 마친 압구정지구, 청담지구, 도곡지구, 신반포지구 등에 건설부가 아파트를 짓겠다고 발표한 것은 1976년 8월이었다. 한동안 땅 파는 소리와 망치 소리가 영동 전역에서 끊이질 않았다. 강남에서 영동지구보다 먼저 개발된 곳은 구반포지구였다. 구반포지구 개발은 소양강 다목적댐 등으로 홍수위험이 사라진 한강 하류의 유수지나 둔치 등의 공유수면을 매립하는 방식으로 진행되었다.

1970년 7월부터 1972년 6월까지 공유수면 매립공사를 한 결과 지금의 동작대교 남단에 16만 평의 택지가 조성되었다. 주택공사가 이곳에 22~42평 규모의 5~6층 아파트 3,700여 호를 지은 것은 1973~1974년이었다. 지금의 구반포다. 영동아파트 단지는 아파트값 프리미엄과 아파트 가수요라는 새로운 현상을 만들고 또 국민의 주생활이 개인주택에서 아파트로 전환하는 분기점이 되었다.

강남 고속터미널이 강북에서 강남으로 이전해 영동개발을 촉진한 것도 그 무렵이었다. 강남 고속터미널은 1976년 4월 착공되어 9월 1일부터 승객을 실어날랐다. 1977년 7월 1일을 기해 강북의 터미널이 모두 폐쇄되면서 고속터미널의 강남시대가 시작되었다.

강남 개발의 또 다른 축은 잠실 개발이었다. 잠실은 오랫동안의 모래 퇴적으로 생겨난 하중도였다. 이곳 역시 다목적댐 건설로 홍수 걱정이 사라지자 1971년 6월부터 공유수면을 매립하는 방식으로 개발을 진행했다. 공유수면 매립지와 국공유 하천부지를 합친 땅은 340만 평이나 되었다.

주택공사가 잠실 1~4단지에 5층 높이의 7.5~17평 아파트 334개 동(1만 5,250가구)을 짓기 시작한 것은 1975년 2월이었고, 잠실 5단지에 15층짜리 34~36평의 중형아파트 30동을 짓기 시작한 것은 1976년 8월이었다. 입주는 1978년 7월 1~5단지에서 동시에 진행되었다. 7.5~36평 아파트 364개 동 1만 9,180가구분을 3년 9개월 만에 완성해 10만 명의 주거단지를 조성한 것은 한국 아파트공사 사상 최대 규모였다. 세계적으로도 10위권 안에 들었던 대역사였다.

개발이 완료될 당시만 해도 강남은 전 국토의 0.1%에 불과한 서울의 강남이었다. 그러나 점차 땅값이 폭등하고 부와 권력이 집중되면서 강남은 서울의 강남이 아니라 대한민국의 강남특별시로 신분 상승을 했다.

김현옥 서울시장 1960년대 들어 서울의 인구가 급증하기 시작했다. 1960년 244만 명이던 인구가 불과 6년 만인 1966년 379만 명으로 늘어났으니 서울은 가히 초만원이었다. 인구는 이처럼 급격하게 불어났는데도 공간은 6·25전쟁 전후와 별반 다르지 않았다. 도로는 좁은데다 그것마저 느려터진 전차가 점거해버리고 보행자들의 무단횡단으로 자동차는 제 속도를 내지 못했다. 한마디로 무질서의 시대였다.

이처럼 서울시 전체가 열악한 도로 사정과 교통난으로 몸살을 앓고 있을 때, 해결사를 자임한 이가 제14대 서울시장 김현옥(1926~1997)이었다. 그는 일에 미친 사람이었다. 무슨 일이건 결심만 서면 저돌적으로 밀어붙이는 돌격대장이었다. 부산 항만사령관 시절, 부산 군수기지사령관

김현옥(1926~1997)

이던 박정희를 만난 것이 인연이 되어 5·16 후인 1962년 36세 나이로 부산시장에 발탁되었다. 김현옥은 '불도저'로 불리며 부산의 모습을 크게 바꿔놓았고 부산을 직할시로 승격시켰다. 박정희 대통령이 그를 서울시장으로 불러들인 것은 부산을 새롭게 건설한 공을 인정했기 때문이다.

1966년 4월 4일 40세의 서울시장으로 부임한 김현옥은 서울의 교통난 해소를 위해 도로의 신설·확장을 최우선 과제로 삼았다. 문제는 돈이었다. 다리 하나, 지하도 하나를 건설하려고 해도 늘 비용이 문제였다.

그러나 개발시대의 리더십은 성숙사회의 리더십과 다를 수밖에 없고 또 달라야 했다. 후진 사회의 빠른 성장과 발전을 위해서는 다소의 부작용과 무리가 따르더라도 지도자의 카리스마와 추진력이 필수적이었다. 각 시대마다 그 시대에 맞는 인물이 필요했고, 그 시대에는 김현옥 같은 사람을 원했다.

목표 달성을 위해서라면 원칙도 무시하고 절차도 건너뛰는 김현옥에게 박정희 대통령은 든든한 버팀목이었다. 두 사람은 명콤비였다. 이런저런 이유로 제동이 걸리면 김현옥은 박 대통령에게 직보해 매듭을 풀었다. 거침없는 행보에 적이 많아졌지만 누군가를 욕하기보다 누군가로부터 욕을 먹는 사람이 일을 하는 법 아닌가. 예산이 책정되지 않았는데도 기공식부터 서두른 경우가 많아 예산 부서는 추가경정예산을 세우는 등 곤욕을 치르는 경우가 많았다. 서울시의 행정비와 문화복지 예산은 대부분 삭감되거나 삭제되었다.

시대마다 그 시대에 맞는 인물 필요해

그의 재임 중 독립문~구파발, 돈암동~수유리, 왕십리~광나루, 청량리~망우리 등 서울의 외곽 간선도로가 너비 8~10m에서 35~40m로 확장되었다. 조선왕조 500년간 그리고 근대화된 이후에도 전혀 손대지 못했던 좁은 외곽 간선도로가 부임 4~5개월 만에 모두 확장된 것이다.

세종로 사거리와 명동에는 지하도를 만들고 지상에는 144개의 육교를 세웠다. 사직터널을 파고 삼각지 입체도로와 강변도로를 만들었으며 북악스카이웨이도 개설했다. 재임 중 완공은 보지 못했지만 삼청터널과 남산 1호·2호 터널, 마포대교도 착공했다. 세운상가, 낙원상가, 대왕코너 등 민자 유치사업을 추진했으며 버려진 땅 여의도를 뉴욕의 맨해튼처럼 만들겠다며 윤중제를 쌓았다.

그는 기공식에 앞서 준공일을 약속했고 이 약속은 밤낮 없는 행군으로 반드시 지켰다. 박정희 대통령이 그랬던 것처럼 그 역시 기공·준공 테이프를 끊은 가위를 시장실 벽면에 진열하는 것을 보람이자 자랑으로 여겼다. 그러나 브레이크 없는 질주는 반드시 사고를 부르게 마련이었다. 결국 1970년 4월 8일 와우아파트가 무너져 시장직에서 물러나야 했다.

그가 만든 서울의 얼개는 한동안 그대로 이어지고 보존되었다. 그러나 시대가 바뀌면 서울도 그에 걸맞은 모양새로 바뀌어야 하는 것이 세상의 이치였다. 이명박 시장에게 그 역할이 맡겨졌고 이 시장은 김 시장이 세운 것을 부수고 없앴다. 성장의 시대에는 서울의 동서교통 흐름을 이어줄 고가도로가 절실했지만 환경 복원을 위해 수명이 다한 고가도로는 철거하는 게 마땅했다. 시대가 그걸 요구했다. 육교를 없애고 삼일고가도로 등 고가도로를 부쉈으며 청계천을 복원했다.

김현옥은 박정희 대통령의 신임에 힘입어 1971년 10월부터 1973년 12월까지 내무부 장관으로도 활약했다. 1997년 1월 9일 가래가 기관지를 막아 질식사했을 때 조문객들은 "그렇게 많은 도로를 뚫은 사람이 자신의 목은 뚫지 못했는가"라며 애도했다고 한다.

김수환 한국인 첫 추기경 서임

추기경의 삶은 영광이자 동시에 '행복한 고난'이었다.

김수환 추기경(1922~2009)은 한국 천주교계의 큰 별이었다. 종교의 울타리를 넘어서 우리 사회의 큰 어른이었고 정신적 지주였다. 1970~1980년대 민주주의가 억압받던 군사정권 시절엔 국민의 민주화 열망을 대변했으며, 우리 사회가 반미 친북으로 심하게 요동치던 2000년대에는 자유민주주의의 중심을 잡아주는 조타수 역할을 했다. 사회가 정파와 이념의 갈등과 대립 속에서 혼돈을 겪을 때면 국민들은 언제나 추기경을 바라보았고, 그럴 때마다 내던진 그의 한마디는 갈등과 대립을 조용히 잠재우는 묘약이었다.

김수환은 대구의 가난한 옹기장수 집안에서 태어났다. 조부는 1868년 무진박해 때 순교하고 부모 역시 신자였던 독실한 가톨릭 집안이었다. 세례명은 스테파노이지만, 영욕의 한국 교회와 사회를 온전히 보듬어 담는 그릇이 되고자 '옹기'를 호로 삼았다. 순교자의 후손답게 깊은 신앙심을 지닌 그는 모친의 권유에 따라 1933년 11살 때 대구 성유스티노 신학교 예비과에 진학해 성직자의 길을 선택했다.

1941년 서울의 동성상업학교(현 동성고)를 졸업하고 그해 4월 당시 교장이던 장면 박사의 추천으로 일본 조치대 철학과로 유학을 떠났으나 1944년 태평양전쟁에 학병으로 끌려가 남태평양의 한 섬에서 광복을 맞았다. 일본에서 나머지 학업을 마친 그는 1946년 12월 귀국해 서울의 성신대(가톨릭대) 신학부를 졸업하고 1951년 9월 15일 대구에서 사제로 서품되었다. 사제가 될 때 택한 성경 구절은 시편 51편의 '주여, 이 죄인을 불쌍히 여기소서'였다.

추기경 서임 후 첫 미사를 집전하기 위해 명동성당으로 입장하고 있는 김수환 추기경

독일 뮌스터대에서 1956년부터 7년간 신학과 사회학을 전공하고 돌아온 뒤에는 1966년 2월 주교로 서품되어 초대 마산교구장에 임명되었다. 1968년 노기남 대주교가 사임한 뒤를 이어 서울대교구장으로 착좌했으며 대주교 승품 후인 1969년 마침내 한국인 최초로 추기경에 임명되었다.

추기경에 서임되었다는 3월 28일의 로마 교황청 발표에 이어 4월 28일 로마에서 정식으로 서임식을 가짐으로써 그는 당시 생존했던 136명의 전 세계 추기경 가운데 아시아에서는 5번째, 나이로는 최연소 추기경이 되었다. 그러나 추기경으로서의 삶은 영광과 동시에 '행복한 고난'이었다.

박정희 정권의 폭압정치 공개 비판해

조용히 구도자의 삶을 살고자 했던 그를 흔들어 깨운 것은 10월유신을 전후로 한 박정희 정권의 폭압정치였다. 1971년 12월의 성탄절 자정 미사는 박정희 정권을 향한 비판의 신호탄이었다. TV로 생중계된 그날의 미사에서 "정부와 여당에 묻겠습니다. 비상대권을 대통령에게 주는 것이 나라를 위해 유익한 일입니까?"라며 박정희 정권을 향해 공개 비판했다.

1972년 8월의 광복절을 앞두고는 "언론 출판 집회 결사의 자유를 보장하는 민주주의의 실현을 촉구하고 사회 안정과 질서를 흔드는 비상조치를 남발하는 권력의 폭주를 엄계한다"라는 '현 시국에 부치는 메시지'를 발표했다. 1974년 민청학련사건으로 지학순 주교가 중앙정보부에 끌려갔을 때는 박 대통령을 만나 "풀어달라"고 담판을 지었으며 1976년 3·1절 기도회 등으로 사제들이 잇따라 영어의 몸이 되었을 때는 성명과 강론을 통해 인권과 민주 회복을 강조했다.

1980년 5·18민주화운동 때는 광주사태의 평화적 해결을 촉구하는 시국성명을 발표하고 1982년 부산 미국문화원 사건의 주범들을 보호해준 최기식 신부를 "사제의 양심에 따른 당연한 행동"으로 옹호했으며, 1986년의 부천 성고문 사건의 진상 규명을 촉구했다. 1987년 1월 고문으로 숨진 박종철 추모미사에서는 "이 정권에 '하느님이 두렵지도 않으냐?'고 묻고 싶습니다. 이 정권의 뿌리에 양심과 도덕이라는 게 있습니까?"라고 목소리를 높였다.

1987년 6·10항쟁 때 명동성당에 들어온 시위대를 연행하기 위해 경찰이 투입되려 하자 "경찰이 들어오면 맨 앞에 내가 있을 것이고, 그 뒤에 신부들, 그 뒤에 수녀들이 있을 것이오. 그리고 그 뒤에 학생들이 있을 것이오"라고 버틴 것도 그였다.

자신을 비판하는 사람들의 근시안적 허물까지 덮어줘

이 땅에 그토록 소망하던 민주화가 이뤄졌으나 친북 반미의 목소리가 점점 강해지는 것은 차마 그냥 지나칠 수 없어 국가보안법 폐지 반대 입장을 취했다. 그러자 한때 자신이 지원했던 이른바 민주화 세력들 가운데 일부가 감정적인 비판의 목소리를 쏟아냈다. 손석춘 한겨레 논설위원은 '추기경의 근심, 백성의 걱정'이란 제목의 칼럼에서 "추기경의 정치적 발언이 현실을 호도할 뿐만 아니라 민족의 내일에 심각한 걸림돌로 불거졌다"고 주장하기까지 했다.

추기경은 이런 비판에 대해서도 "지금까지 너무 칭찬만 듣고 살아서 은근히 걱정이었는데, 그런 비판을 한 분들께 감사드린다"며 되레 그들의 근시안적 허물을 덮어주었다. '세상 속의 교회'를 지향하면서 현대사의 주요 고비마다 종교인의 양심으로 바른 길을 제시한 그였으나 이념과 철학이 다르다는 이유로 자신을 매도하는 사람들이라도 이처럼 개의치 않았던 것이다. 자신에게 쏠린 관심과 기대, 오해에 따른 부담 때문에 그는 "교구장 시절 이후 의사가 처방해준 약에 의지해 잠들 때가 많았다"고 털어놓기도 했다.

김 추기경은 한국의 민주화뿐만 아니라 한국 교회의 위상을 높이는 데도 큰 역할을 했다. 테레사 수녀의 첫 방한을 성사(1981)시켰고, 조선교구 150주년 기념 신앙대회(1981), 교황 요한 바오로 2세가 처음으로 방한한 한국 천주교회 창립 200주년 기념행사(1984), 제44차 서울 세계성체대회(1989) 등 굵직한 행사들이 그의 재임기간 동안 치러졌다.

이런 김 추기경의 노력 덕에 서울대교구는 그가 교구장으로 임명된 1968년의 48개 본당, 신자 14만여 명에서 그가 교구장을 그만둔 1998년에는 197개 본당, 신자 121만여 명으로 눈부시게 성장했다. 하지만 세월은 어쩔 수 없어 2009년 2월 16일 하느님의 부르심을 받아 마침내 무거운 짐을 내려놓았다.

이병철 삼성전자 설립

경외와 지탄의 대상이었지만 20세기 한국의 대표적인 경영인이라는 데 이론을 달 사람은 없다.

이병철(1910~1987)은 해방 후 40여 년 동안 한국 최고의 부를 쌓아 거대한 삼성그룹을 형성한 '재벌'의 대명사였다. 이병철은 경남 의령에서 태어나 경남 진주의 보통학교와 서울의 중동고, 일본의 와세다대를 모두 중퇴해 졸업장이 없다. 1938년 3월 1일 대구에서 과일과 건어

이병철(1910~1987)

물을 취급하는 삼성상회를 설립해 사업에 투신한 것이 오늘날 삼성그룹의 모태가 되었다. 삼성의 '삼(三)'은 '크고 많고 강한 것'을 뜻하며 '성(星)'은 '밝고 높고 깨끗이 빛나는 영원한 것'을 의미한다.

이병철은 1948년 서울에 삼성물산공사를 세워 기반을 닦고, 6·25전쟁이 막 끝난 1953년 8월 피란지 부산에 설립한 제일제당을 성공시켜 2년 만에 '거부' 소리를 들었다. 1954년 9월에는 제일모직을 설립해 상업자본을 산업자본화하는 데 성공했으며 1969년 1월에는 삼성그룹의 오늘을 있게 한 삼성전자를 설립했다. 삼성전자는 당시 가전업계 최강자 금성사와 경쟁하면서 한국 전자산업의 발전을 견인했다. 1983년에는 반도체 VLSI(초대규모 집적회로) 진출을 결정, 삼성전자가 세계적인 기업으로 성장하는 데 결정적인 발판을 마련했다.

1987년 11월 19일 그가 77세로 숨졌을 때, 삼성은 연간 외형 17조 원이 넘는 36개 기업군에 15만 명의 종업원을 거느린 국내 최대기업으로 성장해 있었다. 삼성전자는 1988년 삼성반도체와 통합한 뒤 지금까지 글로벌기업으로 승승장구하고 있다. 2012년 현재 D램은 세계시장의 40%를 넘나들고 있고, TV는 30~40%를 점하고 있으며 휴대폰은 27%(스마트폰은 55%)의 점유율을 기록하고 있다.

이병철의 경영이념은 사업보국, 인재제일, 합리추구로 요약된다. 특히 "기업의 존립기반은 국가이며 기업은 국가 발전에 공헌해야 한다"는 사업보국을 강조했다. 그에 따르면, 기업이 적자를 낸다는 것은 사회악이고 부실기업인은 죄인이었다. 그가 손을 댄 것은 최고가 되어야 하고 그의 손을 거친 물건은 반드시 믿음을 주어야 한다는 제일주의 추구도 사업보국의 연장선에 있었다.

"일생의 80%는 인재를 모으고 교육하는 데 시간을 보냈다"

이병철은 "나는 일생을 통해 80%는 인재를 모으고 교육하는 데 시간을 보냈다"고 말할 정도로 인재발굴에도 열정을 쏟았다. 1957년 민간기업 최초로 공채 제도를 도입하고 아무리 바빠도 신입사원 면접만은 빠뜨리지 않았다. 인재제일의 사풍은 삼성을 삼성사관학교로 불리도록 했고, 삼성맨이 어디서나 환영을 받도록 했다.

이병철은 생전에 노조를 인정하지 않았다. 이를 바라보는 따가운 시선에 대해 삼성 측은 일부 계열사를 제외하고 무노조 전통이 유지될 수 있는 것은 삼성 내부에 의사소통이 제대로 되고 있고 노조 없이도 복지면에서 앞서가고 있다는 반증이라고 주장한다. 오늘날에는 기업의 투명성이 많이 높아져 기업의 사업다각화에 대해 비판의 날이 많이 무뎌졌지만 그 전까지는 정경유착을 통한 기업의 무분별한 사업확장을 두고 '문어발식 기업'이라는 질타의 목소리가 적지 않았다. 그런 점에서 삼성은 1980년대까지 업종을 가리지 않는 한국의 대표적인 문어발식 기업이었다.

또한 삼성은 국가 기간산업이나 생산재를 기반으로 하는 현대그룹과 비교되어 주로 먹고 입는 소비재 위주의 기업으로 인식되었다. 실제로 삼성은 설탕, 모직, 백화점, 호텔, 골프장, 레저산업 등의 소비재 위주로 사업을 일으켜 전자산업, 조선업, 반도체, 항공업으로 업종을 확대하는 양상을 보였다. 다행히 반도체, 휴대폰, 조선업이 삼성의 주력산업이 되고 우리나라 수출의 상당부분을 담당하게 되면서 삼성의 이미지는 21세기형 첨단 기업으로 탈바꿈한 상태다.

50년 동안 삼성을 이끌었으니 개인사에 고비와 파란이 없을 리 없었다. 5·16 때는 부정축재자 제1호로 몰렸다. 일본에서 5·16쿠데타 소식을 접한 그는 "전 재산을 국가에 헌납하겠다"고 발표한 후 입국했다. 박정희 의장으로부터 국가 발전을 위해 힘써 달라는 부탁을 받고 1961년 8월 전경련의 전신인 '한국경제인협회'를 창설, 회장에 취임함으로써 혁명정부의 경제개발계획에 주도적으로 참여해 위기를 모면했다.

사색적이고 금욕적이며 위엄을 갖춘 인물

1966년 한국비료의 사카린 밀수사건은 두 번째 위기였다. 이 사건으로 차남인 이창희 상무가 감옥에 들어가고 자신은 공장을 짓고 있던 한국비료를 통째로 국가에 바쳐야 했으며 한때 경영 일선에서 물러나는 등 곤욕을 치렀다. 1980년 신군부가 권력을 잡았을 때는 동양방송(TBC)을 빼앗겨 또 한 번 끓어오르는 분노를 삼켜야 했다.

이 같은 부침에도 불구하고 삼성이 오늘날 세계 최고의 기업으로 성장한 데는 이병철 회장의 탁월한 경영능력이 밑바탕이 되었다는 것은 주지의 사실이다. 1970년대 한국 수출의 산실이던 구로공단도 경공업제품 수출자유지역을 만들자는 그의 제안에 따라 조성된 것이고, 1975년 우리나라에 종합무역상사 제도가 신설된 것도 그가 일본의 전설적인 상사맨 세지마 류조와 박정희 대통령 간의 가교 역할을 맡아 이뤄낸 결과였다.

이병철은 사색적이고 금욕적이며 위엄을 갖춘 인물이었다. 자기관리에 철저해 평생을 오전 6시에 기상해 밤 10시에 취침했고, 20년 동안 주중 같은 날 같은 시각에 어김없이 같은 골프장 코스를 돌았다. 특히 손에서 책을 놓지 않고 메모하는 습관은 꼼꼼하기로 정평이 났다. 모든 일을 구두 결재하는 이 회장이 그 방대한 조직을 움직일 수 있었던 것도 철두철미한 메모 습관 덕이었다. 어느 재계 인사보다 경외와 지탄의 대상이기도 했지만 한 시대 한국의 대표적 경영인이라는 데 이론을 달 사람은 없다.

조중훈 대한항공공사 인수

다른 재벌그룹이 문어발식으로 기업을 확장할 때도 수송 외길만을 고집했다.

조중훈(1920~2002)은 중고 트럭 1대로 시작해 하늘과 땅과 바다를 망라한 세계적인 종합수송물류 그룹을 키워낸 한국 수송산업계의 거목이었다. 다른 재벌그룹이 문어발식으로 기업을 확장할 때도 수송 외길만을 고집했다. 조중훈은 서울에서 태어나 가세가 기울자 1935년 휘문고보를 중퇴하고 국비 교육기관이던 경남 진해의 해원양성소에 입학, 수송과 물류의 기초 지식을 쌓았다.

일본에서의 수습기간을 거친 후에는 수송선을 타고 일본, 중국, 홍콩 등지를 돌아다니며 세상에 대한 안목을 키웠다. 해방 후에는 인천의 적산가옥을 인수해 1945년 11월 1일 물류회사 '한진상사' 간판을 내걸었다. 수송수단이라곤 중고트럭 1대뿐이었다. 한진상사는 창업 5년 만에 트럭 24대를 보유한 견실한 중소기업으로 성장했으나 6·25전쟁 발발로 차량을 모두 징발당해 사업이 원점으로 되돌아가는 시련을 겪었다.

휴전 후에는 지인들로부터 빌린 돈으로 다시 수송사업을 시작해 1955년 말쯤에는 트럭 30대를 보유한 중견업체로 발돋움했다. 조중훈에게 본격적인 성장의 기반을 마련해준 것은 1956년 11월 주한 미군과 체결한 군수물자 수송계약이었다. 이 계약으로 조중훈은 큰돈을 벌었다. 하지만 진짜 큰 소득은 10년 후 베트남에서 사업을 벌일 때 결정적으로 도움을 주게 될 '신용'과 '인맥'의 구축이었다.

조중훈(1920~2002)

베트남전 발발 후인 1965년 12월 말, 조중훈은 베트남 경제시찰단의 일원으로 베트남을 방문했다. 조중훈은 항공기가 공항에 착륙하기 전 퀴논항에 정박해 있는 수십 척의 미국 화물선이 인력과 장비 부족으로 군수물자를 부두에 내려놓지 못하는 것을 하늘에서 보게 되었다. 순간 머릿속에 새로운 사업 아이템이 떠올랐다.

1966년 1월 조중훈은 미국 버클리대 출신의 동생 조중건을 데리고 다시 베트남으로 가 그곳 미군 사령부에 사업안을 제시했다. 조중훈은 미군과 협상 끝에 1966년 3월 10일 계약을 체결했다. "1년간 하역 및 수송 용역을 담당하되 작업에 차질이 생길 경우 하루 1만 달러의 벌금을 미군에 지급한다"는 불리한 조건의 계약이었다. 계약금액은 790만 달러였다.

대한항공공사 인수는 일생일대의 승부

한진의 임무는 퀴논항에서 군수물자를 하역해 인근의 한국군과 미군에 보급하는 것이었다. 하지만 전투와 테러가 빈발하는 곳에서의 수송은 전투나 다름없었다. 사업 초기에는 수송 도중 베트콩의 공격으로 3명이 사망하고 5명이 부상하는 사고가 발생하기도 했다. 조중훈은 직원들의 사기를 높이기 위해 현장감독으로 직접 나서 총탄을 뚫고 수송단을 지휘했다. 당시 베트콩에 대항하는 전투 장면은 기록화로 그려져 지금도 미 국방부 군사박물관에 보관되어 있다.

죽음을 무릅쓴 이런 필사적인 노력 덕에 1967년 5월 한진의 2차 계약은 3,400만 달러로 늘어났다. 이런 식으로 1966년부터 1971년까지 5년 반 동안, 한진이 베트남에서 벌어들인 외화는 총 1억 5,000만 달러나 되었다. 1965년도 우리나라 총 수출액이 1억 7,000만 달러인 점을 감안하면 이 금액이 얼마나 큰 액수인지 짐작할 수 있다.

1966년 6월, 조중훈은 집채만 한 컨테이너 상자들이 하나씩 퀴논항 부두 위에 내려지는 것을 보고 충격을 받았다. 그는 컨테이너가 시간과 비용을 절감하는 해상운송의 혁명이라는 것을 깨닫고 1967년 7월 대진해운을 설립했다. 뒤이어 1969년 인천항에 한진 컨테이너 터미널을 착공하고, 1972년 일본에서 컨테이너 화물선을 들여와 국내 최초로 부산~고베 항로에 투입했다. 1977년 5월에는 컨테이너 전용 해운사인 한진해운을 설립했다.

이처럼 해운수송에 전념하고 있던 1968년 여름 박정희 대통령이 조중훈을 불러 곧 문을 닫아야 하는 처지에 놓인 국영 항공사 대한항공공사(KAL) 인수를 요청했다. 당시 대한항공공사는 동남아 11개국 항공사 가운데 꼴찌일 정도로 재정과 경영면에서 최악이었다. 잦은 기체 고장과 결항 및 연착 등으로 공신력은 땅에 떨어져 있었고, 보유 항공기라야 수명이 다했거나 임차한 프로펠러기 7대에 'DC-9' 제트기 1대가 고작이었다.

1962년 설립 이래 누적된 부채는 이미 자본을 잠식한 상태였다. 정부는 국내 기업들을 상대로 대한항공공사를 인수해 줄 것을 요청했지만 누구 하나 응하지 않았다. 조중훈 역시 누차 거부했으나 박 대통령의 간곡한 요청을 거절할 수 없어 1968년 11월 '대한민국의 하늘'을 접수하기로 결심했다. 10년 분할 상환에 14억 5,300만 원에 불하받는 나쁘지 않은 조건이었지만 그것은 일생일대의 승부였다.

사실 조중훈에게 항공사업이 처음은 아니었다. 1960년 8월 미국에서 들여온 4인승 세스나 비행기 1대로 '에어 택시' 사업을 시작했고, 그해 11월 '한국항공'을 설립·운영한 경험이 있었다. 그러나 그때는 큰 적자를 내고 수개월 만에 접었다.

집무실의 취항도는 거미줄처럼 새카맣게 변해가

조중훈은 1969년 2월 28일 열린 주주총회에서 대한항공공사 사장에 선임되었다. 3월 6일에는 김포공항에서 '대한항공공사 인수식'을 열고 8월

4일에는 대한항공공사의 명칭을 '주식회사 대한항공'으로 바꾸었다. 조중훈이 가장 먼저 관심을 쏟은 것은 국제선이었다.

인수 당시 국제선은 서울~도쿄, 서울~오사카, 부산-후쿠오카 노선이 고작이었다. 미주노선은 한미 항공협정에 따라 알래스카를 경유해 시애틀까지 가는 북태평양 노선으로 제한되어 있었다. 한국인들이 주로 이용하는 하와이의 호놀룰루나 로스앤젤레스 등 중부 태평양 노선에는 운항권조차 없었다. 동남아 노선도 2년 전부터 중단 상태였다.

조중훈은 1969년 10월 서울~오사카~타이베이~홍콩~사이공~방콕을 연결하는 동남아 최장 노선을 개설한 뒤 한시름 놓고 있었다. 그러던 중 1969년 12월 11일 승객 47명을 태우고 강릉에서 서울로 향하던 'YS-11'기가 북으로 피랍되는 사건이 일어났다. 2개월 뒤 대부분의 승객은 돌아왔지만 승무원과 일부 승객은 돌아오지 못했다. 기체 또한 되돌려받지 못해 대한항공은 큰 손해를 보았다.

이런 시련 속에서도 1971년 4월 26일 서울~도쿄~로스앤젤레스를 잇는 태평양 횡단 노선이 뚫려 대한항공 화물기가 태평양 상공을 날고, 1972년 4월 19일 승객을 태운 대한항공 여객기가 호놀룰루 공항에 안착하는 감격을 누렸다. 1973년 10월에는 서울과 파리를 잇는 북극항로도 열었다. 이듬해 중동전쟁과 더불어 1차 석유 파동이 시작되면서 대한항공도 위기를 맞는 듯했으나 조중훈은 오히려 공격적인 경영을 펼치며 위기를 이겨냈다.

석유 파동 후 다행히 중동 건설 붐이 시작되었다. 대한항공은 1976년 5월 바레인에 최초의 정기여객 노선을 개설한 것을 시작으로 사우디아라비아 노선(1977)과 쿠웨이트 노선(1978)을 개설했다. 대한항공의 날개는 중동의 하늘을 정신없이 날았고, 해를 거듭할수록 조중훈의 집무실에 걸린 대한항공 노선 취항도는 거미줄처럼 새카맣게 변해갔다. 2002년 11월 조중훈이 타계했을 때 대한항공의 항공기는 117대로 늘어나 있었고, 세계 29개국 85개 도시에 정기노선이 개설되어 있었다. 당시 성적은 전 세계 항공사 가운데 화물수송 3위, 여객수송 15위였다.

우리나라 민간항공사(史) 우리나라 민간항공의 역사는 1948년 순수 민간기업으로 설립된 '대한국민항공사(KNA)'로 거슬러 올라간다. KNA는 1948년 10월 30일 서울~부산 노선에 민간여객기를 취항시켜 대한민국 최초의 정기항로를 열었다. 서울~부산 노선에 투입된 비행기는 2차대전 때 미군이 정찰·관측용으로 사용했던 경비행기 '스틴슨'으로, 이것을 5인승으로 개조해 하늘로 띄운 것이다. 우리나라 '항공의 날'은 이 10월 30일을 기념하고 있다. 이후 정기항로 노선은 서울~강릉, 광주, 제주, 옹진으로 확대되었다.

첫 정기항로 개설의 으뜸 공로자는 신용욱(1901~1962)이었다. 일본의 오쿠리 비행학교와 동아항공전문학교를 졸업하고 1930년 국내에 조선비행학교를 설립한 그는 1933년 미국의 실라헬리콥터학교 조종과까지 졸업한 이론과 실제를 겸비한 '조선 최고의 비행사'였다. 신용욱이 비행사에서 항공사업가로 변신한 것은 '조선항공사업사'를 설립한 1936년 9월이었다.

신용욱 전에 국내 첫 정기항공 노선을 개척한 것은 일본항공회사였다. 1929년 4월 도쿄~중국 대련 간 정기항로를 개설하면서 중간 기착지로 후쿠오카~대구~서울~평양~신의주를 운항한 것이 국내 정기항로의 시작이었다. 신용욱은 조선항공사업사 설립 후 일본보다 한참 늦긴 했지만 1936년 10월 13일 4인승 쌍엽기를 서울~이리 간 하늘에 띄웠다. 한국인에 의한 민간항공 시대의 개막이었다.

신용욱은 일본군으로부터 구형 군용기를 불하받아 중일전쟁 당시 중국 해남도에까지 군인과 상인을 실어 날랐으며 1941년 12월 태평양전쟁 발발 후에는 일본군 수송을 맡아 일본군의 침략전쟁을 도왔다. 그러다가 해방 후 KNA를 설립하고 국내 첫 정기항로를 연 것이다. 1950년 6·25 때 보유한 비행기를 모두 징발당해 빈털터리가 되는 시련을 겪기도 했으나 항공사업을 향한 신용욱의 집념은 꺾이지 않았다. 전쟁이 한창인데도 1950년 12월 더글러스 항공사의 'DC−3'기 2대를 임차해 부산에서 광주, 군산, 후쿠오카 등지로 취항시켰다.

신용욱은 초기 항공산업의 으뜸 공로자

신용욱은 전쟁이 끝난 후인 1953년 10월에는 72인승 'DC−4'기를 도입해 서울~부산 정기운항은 물론 서울~홍콩 간도 임시 취항시켰다. 1954년 8월 29일에는 72석 규모의 'DC−4'기로 우리나라 항공사상 최초로 서울~타이베이~홍콩을 연결하는 등 국제항로까지 영역을 넓혔다. 하지만 1958년 2월 16일 KNA의 창랑호가 북한으로 피랍되는 바람에 큰 피해를 입었다. 결국 회사의 적자는 쌓여가고 운명의 여신은 그를 멀리하기 시작했다. 1961년 5·16 때 부정축재자로 몰려 투옥되었다가 풀려난 후 8월 25일 한강에 투신자살함으로써 파란만장한 일생을 마쳤다.

5·16 후 등장한 군사정부는 KNA를 구제하기보다 국영항공사를 설립하는 쪽으로 의견을 모았다. 이에 따라 1962년 4월 '대한항공공사법'이 공포되고 1962년 6월 9일 대한항공공사(KAL)가 설립되었다. 신용욱의 KNA는 1962년 11월 30일 공식적으로 해체되고 대한항공공사에 흡수·합병되었다.

대한항공공사는 일본의 항공사로부터 'DC−3' 1기와 'DC−4' 1기를 빌려와 국내선에 투입했다. 일본과의 정기노선은 1965년 6월 한일 간 국교정상화 협정 체결에 따라 재개되었다. 대한항공공사는 1967년 91인승 제트여객기 'DC−9'기 1대를 들여와 서울~오사카 노선에 투입하고 같은 해

8월 14일에는 KNA의 경영 부실로 그동안 중단된 서울~타이베이~홍콩 간 국제선을 재개하는 등 외형적으로는 성장하는 모습을 모였다.

신용욱(1901~1962)

'DC-9'기의 도입은 우리나라를 '초음속 제트 여객기 시대'에 진입시켰다는 데 그 의미가 있었으나 취항 40일 만에 오사카 공항에 비상착륙하는 사고가 일어났다. 비록 사상자는 없었지만 오사카 공항에서 7개월 동안 수리 작업을 하는 동안 이미지는 실추될 대로 실추되었다. 게다가 기체가 낡아 다른 비행기도 고장이 잦았고 빈번한 연·발착으로 공신력도 가파르게 하락곡선을 그렸다. 당시 대한항공공사가 보유한 비행기는 DC-4(1대), DC-3(2대), F-27(4대) 등 프로펠러기 7대에 DC-9 제트기 1대가 고작이었다. 그나마도 완전 자체 보유기는 5대뿐이었고 나머지는 빌려온 것이었다.

대한항공공사는 계속되는 누적적자와 재정난으로 경영난을 면치 못하고 결국 1969년 3월 한진그룹으로 넘어가 민간항공사로 재탄생했다. 한진은 1969년 8월 대한항공공사의 명칭을 '주식회사 대한항공'으로 바꾸고 세계적인 항공사로 키워나갔다.

구봉서와 MBC TV '웃으면 복이 와요' 첫 방송

'웃으면 복이와요'를 계기로 구봉서는 당대 코미디계의 아이콘이 되었다.

구봉서(1926~)는 한국 코미디의 짧은 역사와 튼튼하지 못한 기반에도 불구하고 무대와 스크린에서, 라디오와 TV에서 수십 년 동

구봉서(1926~)

안 팬들에게 웃음을 선물한 한국 코미디계의 대부다. 평양에서 태어나 돌이 지날 무렵 어머니 품에 안겨 서울로 온 구봉서는 외아들인 데다 부유한 사업가 아버지 덕에 어릴 적부터 남부럽지 않게 자랐다.

어려서부터 음악에 관심이 많았던 그는 유치원과 초등학교 시절 줄곧 학예회 무대와 방송에서 노래를 부르며 어린 시절을 보냈다. 초등학교 시절에는 라디오에 출연해 '국어 독본'이란 프로그램에서 책 낭송을 했고, 청소년기에는 풍금과 기타, 아코디언, 드럼 등 악기를 두루 섭렵해 못하는 연주가 없었다.

대동상고 3년생이던 1945년 어느 겨울날, 구봉서는 친구들과 밴드 연습을 마친 후 아코디언을 지고 집으로 돌아가고 있었다. 그때 한 중년 신사가 그를 불러세웠다. 나중에 알고 보니 신사는 '눈물 젖은 두만강'을 부른 김정구의 형 김용환으로, 유명 악극단인 '태평양가극단'의 단장이었다. 구봉서는 "함께 일해보자"는 제안을 받아들여 가극단에 입단했다.

무대에서 주로 아코디언을 연주하고 있던 1946년 어느 봄날, 단장으로부터 "무대 위로 올라가라"는 느닷없는 지시가 내려졌다. 당시 가극단은 나운규 원작의 가극 '아리랑'을 마포의 도화극장에서 공연하고 있었는데 바보총각 역을 맡은 배우가 연락도 없이 사라져 급한 대로 구봉서를 대타로 올린 것이다. 구봉서는 하도 떨려 무대 위에서 무슨 이야기를 했는지도 모르게 떠들었는데도 관중은 박장대소했다. 코미디언 구봉서의 인생은 이렇게 시작되었다. 이후 무대에서 바보스러운 몸짓과 익살스러운 표정을 짓기만 하면 관객은 자지러지며 웃음을 터뜨렸다.

출세작은 영화 '오부자'

구봉서는 세 번이나 군에 입대했던 특이한 경력의 소유자다. 1949년 장병들을 위문하는 군예대에 들어갔다가 몇 달 후 나온 것이 첫 입대였고 1950년 6·25전쟁 때 피란을 가지 못해 북으로 끌려가다가 겨우 탈출해 제주도 육군 제1훈련소에서 2년 동안 훈련병을 위한 위문공연을 한 것이 두 번째 입대였다. 1954년에는 해병대 군예대를 창설해 달라는 요청을 받고 해병대 상사로 입대해 군인 겸 민간인의 신분으로 1957년까지 군예대에서 활동한 것이 세 번째 입대가 되었다. 당시 그는 군예대와 일반 공연단 활동을 병행했다.

악극단이 마지막 전성기를 보내고 영화 붐이 시작되던 1950년대 중반 무렵 구봉서는 비록 조연이었지만 영화 '애정 파도'(1956)에 출연했다. 구봉서의 출세작은 1958년 4월 19일 국도극장에서 개봉한 '오부자'였다. 아버지 역에 이종철, '영·웅·호·걸' 4형제 역에 양훈, 양석천, 김희갑, 구봉서가 출연한 '오부자'는 공전의 히트를 쳤고 이 땅에 희극영화의 붐을 일으켰다. '오부자'의 성공 덕에 뚱뚱이(양훈)와 홀쭉이(양석천), 합죽이(김희갑)가 등장했고 구봉서도 평생의 별명 '막둥이'를 얻었다.

'오부자'의 성공 후 구봉서에게 영화 출연 교섭이 쇄도했다. 구봉서는 이후 10여 년 동안 400여 편의 영화에 출연했다. 그중 주역은 40여 편이고 나머지는 조역이거나 얼굴만 슬쩍 비쳤다. 구봉서가 영화와 멀어지게 된 것은 촬영 중에 겪은 부상 때문이었다. 1965년 '광야의 결사대'에 출연했다가 절벽에서 떨어져 관절이 박살난 것이다. 1년 만에 부상을 털고 일어나 몇 편의 영화에 출연했으나 다리도 예전 같지 않고 밤샘 촬영이 잦은 영화에 싫증을 느껴 방송 문을 노크했다.

라디오에서 활동하고 있던 즈음, 텔레비전이라는 새로운 영상매체가 붐을 일으키기 시작했다. 1961년 12월에 개국한 KBS TV에 이어 TBC TV

(1964.12)와 MBC TV(1969.8)가 개국하면서 TV 시대가 개막된 것이다.

한국 코미디 최초의 프로듀서

구봉서는 막 개국한 MBC TV가 야심차게 준비하던 국내 첫 TV 코미디 프로그램인 '웃으면 복이와요'에 참여했다. 그는 1969년 8월 14일(목) 첫 방송을 시작한 '웃으면 복이 와요'에서 자신의 재주를 맘껏 발휘했다.

초창기에는 '비실이' 배삼룡, 실눈이 트레이드 마크인 김희자, 빠른말 솜씨로 사람을 웃긴 이순주, 콤비 플레이가 강점인 송해·박시명 등이 출연해 웃음을 선사했다. 지방 악극단을 떠돌던 배삼룡은 물론 서영춘, 남철·남성남 콤비, 남보원, 이기동, 이상용을 발굴해 TV에 데뷔시킨 것도 구봉서였다. 그런 점에서 구봉서는 코미디언이라기보다 '한국 코미디 최초의 프로듀서'라고 해야 맞을지도 모른다.

'웃으면 복이 와요'는 1970년대 코미디 간판 프로그램으로 자리 잡았다. 시청자는 어린 아이부터 노인까지 남녀와 세대를 가리지 않았다. 구봉서는 '웃으면 복이 와요'를 통해 당대 코미디계의 아이콘이 되었다. 쌍꺼풀진 눈매에 살짝 얹혀 있는 웃음기와 다소 처진 양쪽 볼에 끼어 있는 심통기가 어울린 그의 얼굴을 떠올리는 것만으로도 시청자들은 웃음을 터뜨렸다.

'웃으면 복이 와요'는 한국 코미디 프로그램의 대명사로 군림하다가 1985년 4월 17일 방송을 마지막으로 사라졌다. 구봉서는 '웃으면 복이 와요'가 방송되던 16년 동안 786회 모두 개근하는 진기록을 세웠다. '웃으면 복이 와요'를 통해 최정상의 인기를 구가하던 1970년대 중반, 10년 전 다친 다리가 다시 도졌다. 진통제가 없이는 한시도 살 수 없을 정도로 통증이 심했다.

구봉서는 고통을 이겨내기 위해 1974년 자신의 집에서 코미디언 곽규

석 부부와 예배를 보기 시작했다. 이후 소문을 들은 남진, 서수남, 윤복희, 정훈희, 김자옥 등 연예인들이 속속 늘어나 광화문에 사무실을 얻어 성경 공부를 하다가 서대문에 있는 아세아연합신학대학 2층 방 하나를 빌려 1976년 3월 7일 '연예인 교회'란 간판을 걸고 창립예배를 보았다. 그 후 새로 건물을 지어 1981년 1월 첫 예배를 본 교회가 종로구 평창동의 연예인 교회(현재는 예능교회)다.

배삼룡 배삼룡(1926~2010)은 동갑내기 구봉서와 함께 1960~1970년대 코미디계를 주름잡은 '바보 연기의 원조'다. 그는 우스꽝스럽게 흔드는 일명 '개다리춤'과 몸을 사리지 않고 엎어지고 구르는 '슬랩스틱' 코미디로 서민에게 기쁨과 위안을 주던 '한국의 찰리 채플린'이었다. 그의 개다리춤은 당시 남녀노소가 따라하는 국민 댄스였다.

동료·후배들은 "어떤 순간에 관객들 웃음이 터지는지를 치밀하게 계산해 슬랩스틱 연기를 보여준 천재적 바보 코미디언"(코미디언 이용식), "망가지는 연기는 영리하지 않으면 못한다. 배삼룡은 한국 희극의 길이요, 개척자요, 할아버지"(송해), "배삼룡 이후 어떤 코미디언도 그처럼 진실한 바보 역할을 해내지 못했다"(구봉서)고 평했다.

배삼룡은 강원도 양구에서 태어나 초등학교를 졸업한 후 가족과 함께 일본으로 건너갔다가 광복 후 귀국했다. 1946년 유랑 악극단 '민협'에 입단해, '삼룡'으로 불리며 코미디와 인연을 맺었다. 1950년대 말까지 계속되던 유랑 악극단 생활은 1960년대 들어 동네 극장마다 쇼가 성행하면서 중단되었다. 악극단 생활을 정리한 그는 서울 국도극장에서 재일교포로 구성된 '자이언트 쇼'의 사회를 맡은 것을 시작으로 사람들을 포복절도하게 만드는 명사회자로 이름을 날렸다.

1964년 HLKV 문화방송에서 라디오 방송을 시작하고 1969년 8월

배삼룡(1926~2010)

MBC TV 개국과 함께 시작된 '웃으면 복이 와요'에 출연, 폭발적인 사랑을 받았다. 비틀비틀 걷는 걸음 때문에 '비실이'로 불리며 구봉서, 서영춘, 이기동 등과 함께 1970년대 코미디 전성시대를 이끌었다.

개다리춤은 남녀노소가 따라하는 국민 댄스

1973년 12월 TBC, MBC, KBS 등 방송 3사가 그를 출연시키기 위해 대낮에 납치극 소동을 벌일 정도로 그의 인기는 하늘을 찔렀다. '배삼룡 쟁탈전'의 결말은 백지수표를 내놓은 TBC의 설득에도 불구하고 MBC의 승리로 끝이 났다. 이후 배삼룡은 타 방송에 한 번도 눈을 돌리지 않고 줄곧 MBC 프로그램에만 출연했다.

TV 코미디의 간판스타로 한창 주가가 오르자 영화 출연 제의가 쇄도했다. '배삼룡의 나는 울었네'를 비롯 14편의 영화에 출연했다. 1976년 11월 닷새 동안 치러진 첫 리사이틀을 성공리에 끝내고 1977년 2월 '배삼룡 자선쇼'에 2만여 명의 관객을 끌어들여 식지 않는 인기를 과시했다.

그의 코미디 인생이 내리막길을 걷기 시작한 것은 개인사업으로 벌였던 '삼룡사와'가 1980년 부도가 나고, 신군부가 그해 8월 '저질 코미디언 출연 규제'란 명목으로 배삼룡, 이주일, 이기동 등에게 방송 출연을 정지하고부터였다. 배삼룡의 출연정지 후 한국의 슬랩스틱 코미디는 급격히 쇠퇴했다. 방송 출연이 정지되자 배삼룡은 1980년 미국으로 건너갔다가 1983년 귀국했다.

그러나 왕년의 인기를 되찾지 못했고 재기를 위한 사업에도 실패하면서 생활고를 겪었다. 1997년 유랑악극 '눈물의 여왕'으로 어렵사리 재기에 성공하고 '그때 그 쑈를 아십니까'로 인기를 누렸으나 그 기간은 3년여에 불과했다. 2007년 흡인성 폐렴에 걸려 병원 신세를 졌을 때 병원비를 구하지 못해 주위를 안타깝게 했다. 그렇게 마지막까지 고생하다가 2010년 2월 23일 팬들의 곁을 떠나갔다.

이수근의 남·북 탈출과 죽음

이수근과 배경옥이 간첩이 아니라는 증거는 많다.

1967년 3월 22일 오후 5시 23분, 영국 대표 밴 코프트 준장이 판문점에서 열린 군사정전위 회담을 끝내고 자신의 승용차로 걸어가고 있었다. 그때 갑자기 중년의 한 사내가 미리 열려 있는 차의 뒷자리로 뛰어들었고 그와 거의 동시에 북측 경비원들이 사내를 끌어내기 위해 달려들었다.

하지만 사전에 탈주계획을 알고 있던 미군 중령은 차 안에서 북한 경비병을 밀쳐냈고 운전병은 남쪽으로 차를 몰았다. 차 뒤쪽에서 권총 소리가 요란했으나 다행히 자동차에는 맞지 않았다. 북한의 중앙통신사 부사장이자 판문점 출입기자 이수근(1924~1969)의 탈출은 이렇게 15초 만에 극적으로 이뤄졌다. 이수근의 첫 마디는 "자유를 찾아 기쁘다"였다.

정부는 "그해 2월 8일의 북한군 창립 기념행사 취재 책임자였던 이수근이 김일성의 연설 내용을 제대로 보도하지 않아 숙청을 피할 수 없게 되자 탈북했다"고 발표했다. 곧 각지에서 성금이 답지하고 환영 담화가 잇따랐으며 '자유대한의 승리'라는 언론의 찬사가 쏟아졌다. 이수근은 영웅이 되었고 자유와 부를 만끽했다. 최고급이던 코로나 승용차가 주어지고 우석대 의과대 여교수와 재혼했다.

문제는 중앙정보부 간부의 지나친 감시와 모욕이었다. 가족까지 포기하고 내려온 남한이 언젠가부터 또 다른 감옥처럼 느껴졌다. 중앙정보부 김형욱 부장이 추천 글까지 써준 자신의 수기 '장막을 헤치고'가 출간되자마자 김형욱의 압력으로 회수된 것도 그를 상심케 했다.

이수근은 북에 있는 부인의 조카로 남한에 살고 있는 배경옥에게 "자유를 찾아 귀순했는데 남한에서도 자유를 찾을 수 없다"며 "중립국으로 가서 자신이 경험한 남·북한 체제의 장단점을 글로 쓰고 싶다"고 심정을 토로했다. 당시 배경옥은 베트남 미1사단 기술자로 일하다가 가족을 만나기 위해 일시적으로 한국에 와 있었다. 이수근은 "제3국으로 가서 북한에 있는 가족을 데리고 와서 살고 싶다"며 위조여권을 만들어줄 것을 처조카에게 부탁했다. 배경옥은 이수근의 청을 거절하지 못하고 위조여권을 만들어주었다.

이수근이 콧수염을 달고 가발을 쓴 채 배경옥과 함께 홍콩행 CPA 여객기를 타고 김포공항을 빠져나간 시간은 1969년 1월 27일 오후 5시 30분이었다. 홍콩에 도착해 유럽행 비행기편을 알아보았으나 표를 구하지 못하자 스위스로 가려던 당초 계획을 바꿔 중립국인 캄보디아 프놈펜으로 가 그곳에서 배경옥과 헤어지기로 했다.

북한을 탈출한 후 기자회견을 하는 이수근

1월 29일 오후가 되어서야 이수근이 위조여권을 갖고 해외로 나간 사실을 알게 된 중앙정보부는 즉각 홍콩과 베트남의 사이공 대사관에 이 사실을 알렸다. 중앙정보부가 우왕좌왕하는 동안 두 사람은 홍콩에서 이틀을 묵은 뒤 1월 29일 오후 캄보디아로 가기 위해 홍콩 카이탁 공항으로 갔다. 탑승을 위해 개찰구로 가고 있을 때 한국 영사관 직원들이 나타나 몸싸움이 벌어졌다.

홍콩 경찰은 소란을 피운 영사관 직원들과 이수근·배경옥을 경찰서로 연행했으나 두 사람이 홍콩법을 위반한 건 아니어서 1월 31일 아침 베트남 사이공을 경유해 캄보디아 프놈펜으로 가는 CPA기에 태워 출국시켰다. 이에 따라 중앙정보부의 체포 장소도 중간 기착지인 사이공 탄손누트 공항으로 변경되었다. 이 사실을 통보받고 공항으로 달려간 사이공 주재 이대용 공사는 1월 31일 오전 10시쯤 비행기로 뛰어올라 한국 대사관 직원들과 함께 이수근을 비행기 밖으로 끌어냈다. 이수근은 한국 공군기 전용기편에 실려 2월 1일 아침 김포공항에 도착했다.

남·북이 아닌 제3국행을 원한 것으로 밝혀져

중앙정보부는 이수근을 김일성의 지령을 받고 다시 북으로 들어가려다 발각이 난 위장간첩으로 발표했다. 배경옥은 지독한 고문 끝에 북한의 지령을 받아 공작활동을 한 간첩으로 둔갑시켰다. 이수근과 배경옥은 1969년 5월 10일 1심에서 사형을 선고받았다. 이수근은 항소하지 않아 7월 3일 사형이 집행되었다. 항소를 통해 고등법원에서 무기형으로 감형된 배경옥은 20년 11개월 동안 감옥에 갇혀 있다가 1989년 12월 자유의 몸이 되었다.

사람들 머릿속에 각인된 '이수근=위장간첩' 도식은 월간조선 조갑제 기자에 의해 무너졌다. 조 기자는 월간조선 1989년 3월호 '이수근은 간첩이 아니다'란 제목의 기사를 통해 이수근이 위장간첩이 아니었음을 조심스럽게 추론했다. 사이공에서 12시간을 함께 보낸 이대용 공사와 중앙정보부 관련자들의 육성증언을 통해 이수근이 남도 북도 아닌 제3국으로 가기를 원했다는 사실을 밝혀낸 것이다.

이대용 공사는 이수근으로부터 "북한은 인간이 살 수 없는 생지옥이다.

그러나 남한에도 자유가 없다. 중앙정보부 요원이 나를 일일이 감시하고 수시로 불러서 북쪽과 연락하지 않았느냐고 추궁하면서 때리고 내 발을 향해 권총을 쏴 위협했다"는 말을 들었다고 했다.

이수근과 배경옥이 간첩이 아니라는 증거는 이밖에도 많다. 특히 재판 과정에서 유일한 물증 자료로 채택된 암호문이 중앙정보부의 1차 수사 발표에는 빠져 있다가 한 달도 더 지나 검찰이 내놓은 공소장에 나타난 점이 가장 큰 의혹을 샀다.

2007년 1월 진실·화해를 위한 과거사정리위원회는 ▲이수근이 위장 귀순했다는 근거가 이수근의 자백뿐이고 ▲홍콩에 도착한 이수근이 중국을 통해 북한으로 탈출할 수 있었으나 베트남을 경유해 캄보디아로 가려고 했다는 점 ▲중앙정보부의 심한 감시와 통제를 받아 기밀 탐지·수집이 현실적으로 불가능한 점 등을 들어 이수근을 간첩으로 단정할 수 없다고 판단했다. 배경옥은 2008년 12월 재심을 통해 "이수근은 위장간첩이 아니었다"는 판결을 끌어냈다. 당시 김형욱 중정부장이 자신의 실수를 감추기 위해 이수근을 위장간첩으로 몰아 죽였다는 것이다.

아폴로 11호 달 착륙

지구에서 온 최초의 인간이 서기 1969년 7월 여기 발을 내딛다.

1969년 7월 20일 오후 10시 56분(미국 케이프 케네디 기지 기준 시간, 이하 동일), 미국의 아폴로 11호 우주비행사 닐 암스트롱(1930~2012)이 바위로 뒤덮인 달 표면의 '고요의 바다'에 인류 최초로 발을 내디뎠다. 1957년 소련의 스푸트니크 1호 발사와 함께 시작된 미·소 간의 우주개발 경쟁에서 미국이 전세를 역전시키는 순간이었다. 이날이 있기까지 미국은 첫 유인우주선 발사, 첫 지구궤도 선회, 첫 우주 유영 등에서 소련에 뒤져 패배감과 열등감에 시달리고 있었다. 아폴로 11호는 미국에서 쏘아올린 21번째 유인우주선이자 인간의 달 착륙 탐사선으로는 세계 최초였다.

아폴로 11호가 불꽃을 뿜으며 우주를 향해 힘차게 날아오른 시간은 7월 16일 오전 9시 32분이었다. VIP석에는 린든 존슨 전 대통령과 스피로 애그뉴 부통령, 그리고 최초로 대서양 단독비행에 성공한 찰스 린드버그 등이 앉아 있었다. "못 먹고 못 입는 사람들을 대신해 왔다"며 달 착륙 프로젝트에 소요된 엄청난 비용에 항의하는 침묵 시위대도 역사적인 순간에 동참했다.

아폴로 11호 로켓을 개발한 베르너 폰 브라운은 "생명체가 처음 등장한 이후 가장 멋진 순간"이라며 역사적인 장도를 축하해 주었다. 소련은 샘이 났는지 아폴로 11호가 발사되기 1주일 전인 7월 13일 달 탐사 무인우주선 루나 15호를 발사해 미국의 심기를 불편하게 했다.

역사적인 순간의 세 주인공은 닐 암스트롱과 버즈 올드린(1930~), 마이클 콜린스(1930~)였다. 암스트롱은 미 퍼듀대에서 항공공학을 전공하던 중 해군 비행사로 입대해 1951년 8월 6·25전쟁에 참전했다. 그해 9월 북한 지역 상공을 비행하다 전투기 오른쪽 날개가 대공 케이블에 걸려 긴급 탈출했다가 미 해병대에 구출되었다. 그는 6·25전쟁 중 총 78회 출격했다.

올드린은 미 웨스트포인트를 졸업하고 한국과 독일에서 제트전투기 조종사로 복무했다. 6·25전쟁 때는 F-86 세이버 전투기 조종사로 참전해 66회 출격하고 소련기 2대를 격추시켰다. 이후 매사추세츠공과대에서 우주항행학 박사학위를 받고 1963년 NASA(항공우주국) 우주인으로 선발되었다. 콜린스는 1952년 웨스트포인트를 졸업한 뒤 테스트 파일럿으로 활동하다가 1963년 제3기 우주비행사로 선발되었다. 1966년 7월 제미니 10호로 우주 도킹에 성공하고 28분 동안 우주유영을 했다.

한 인간에게는 작은 걸음에 불과하지만 인류에게는 거대한 도약

아폴로 11호가 4일 동안 38만 킬로미터를 날아 달 표면에 접근한 뒤, 모선(컬럼비아호)과 달착륙선(이글호)으로 분리된 것은 지구를 떠난 지 100시간 12분이 지난 후였다. 암스트롱과 올드린이 착륙선을 타고 모선을 떠나자 모선의 콜린스는 달 주위를 110km 상공에서 계속 돌았다. 그는 암스트롱과 올드린이 달에서 임무를 끝내고 오기까지 28시간 내내 달 궤도를 돌았다. 이글호가 달 표면에 착륙한 시간은 20일 16시 17분이었다.

이글호 다리에는 기자들 사이에서 '닉슨 대통령의 명판'이라 불린 철제 원통형 명판이 붙어 있었다. 명판 위쪽에는 국경의 구분 없이 대륙과 대양을 드러낸 지구의 두 반구가 그려져 있었고, 글귀가 새겨져 있었다. "지구에서 온 최초의 인간이 서기 1969년 7월 여기 발을 내딛다. 우리는 온 인류의 평화 속에서 왔다." 명판 아래에는 세 비행사의 서명이 있었고 가장 아래쪽에는 '미국 대통령'이라고 적힌 닉슨의 서명이 작은 글씨로 새겨져 있었다.

암스트롱과 올드린이 우주선 밖으로 나가기 위해 해치를 열었을 때는 달 착륙 후 5시간 23분이 지난 뒤였다. 20일 22시 56분 인류 최초로 달에 첫발을 내디딘 암스트롱은 TV 생중계를 통해 벅찬 감회를 표현했다. "달 표면은 미세한 가루로 덮여 있는 것으로 보인다… 이것은 한 인간에게는 작은 걸음에 불과하지만 인류에게는 거대한 도약이다." 착륙선 조종사 올드린은 선장 암스트롱보다 18분 늦게 달에 발을 디디면서 "아름답군, 아름다워, 정말 거칠고 메마른 곳이군"이라며 그 느낌을 지구에 전했다.

달에 머문 2시간 30여 분 동안 두 우주인은 예정된 임무를 수행했다. 암스트롱은 달 표면의 흙과 돌을 특별 제작된 보관 상자에 넣었고 올드린은 이글호의 모습을 여러 각도에서 찍었다. 잠시 후 닉슨이 우주인을 향해 축하 메시지를 보냈다. "이것은 제가 하는 가장 역사적인 통화가 될 것입니다… 여러분 덕분에 이제 하늘도 인간의 영역이 되었습니다."

왼쪽부터 닐 암스트롱, 마이클 콜린스, 버즈 올드린

이륙을 위해 사다리에 오르기 전 올드린은 패치(수를 놓은 견장 같은 것)를 꺼내 인간의 발자국이 어지럽게 찍힌 달 표면에 던졌다. 패치에는 2년 전 사고로 숨진 버질 그리섬, 로저 채피, 에드워드 화이트의 이름이 적혀 있었다. 세 사람은 미 최초의 유인 우주비행선인 아폴로 1호 조종사였으나 발사 3주를 앞두고 최종 시뮬레이션을 하는 중에 전기 쇼트가 일으킨 화재로 사망한 사람들이다.

세계 최초의 우주비행사 유리 가가린을 기념하는 메달도 그 옆에 놓았고, 73개국 정상의 메시지를 녹음한 실리콘 디스크 '행성 지구로부터'도 달 표면에 놓아두었다. 배낭과 부츠, 소변주머니, 지진계도 이륙 무게를 줄이기 위해 달 위에 버려졌다. 온갖 물품이 버려진 달 표면이 쓰레기장이 된 유원지를 연상시키자 한 과학자는 "환경 미화에 대한 인식을 대폭 후퇴시켰다"고 비판했다.

달 위의 사람 사진은 올드린뿐

달에서 모두 21시간 38분을 보낸 이글호는 21일 13시 55분, 역(逆) 분

달 위를 걷고 있는 버즈 올드린
(1969. 아폴로 11호)

사 로케트를 작동시켜 수직으로 날아올랐다. 달 주위를 26회나 회전하며 기다리던 모선 컬럼비아호와 도킹한 후 세 우주인이 지구로 향한 시간은 22일 13시 57분이었다. 그들이 달에서 이륙하기 2시간 전, 소련의 무인우주선 루나 15호는 아폴로 착륙지점으로부터 500마일 떨어진 '위기의 바다'에 추락했다.

24일 오후 12시 50분, 아폴로 11호는 하와이 남서쪽 1,700km에 위치한 태평양에 무사히 착륙했다. 발사 이래 119시간 18분이 소요된 120만 킬로미터의 우주여행이었다. 그동안 세계에서는 중국, 북한, 북베트남, 알바니아 사람들만이 이 소식을 알지 못했다.

세 우주인은 철저한 방역을 하느라 20여 일 후 집으로 돌아갔다. 혹시라도 달에서 묻혀 왔을지도 모를 외계인의 박테리아 따위가 지구로 와서 세상을 휩쓸어버린다는 공포스러운 이야기가 계속 떠돌았기 때문이다. 올드린은 귀환 회견에서 "둘째로 달에 내려 서운한가"라는 질문을 받자 웃으며 말했다. "지구에 돌아와서는 내가 맨 먼저 내렸다. 다른 별에서 지구로 온 첫째 사람이 나다."

오늘날 우리가 우주 관련 책들에서 보는 달 위의 사람 사진은 올드린뿐이다. 암스트롱만 올드린을 찍었을 뿐, 올드린은 암스트롱 사진을 한 장도 찍지 않았기 때문이다. 정확히 말하면 암스트롱의 사진이 전혀 없는 건 아니다. 암스트롱이 찍은 올드린의 헬멧에 반사된 사진 한 장이 있기 때문이다.

조종사들이 지구로 귀환한 후에도 모두 들뜬 분위기에 취해 있던 탓에 달에 첫발을 내디딘 암스트롱의 사진이 단 한 장도 없다는 사실을 아무도 눈치채지 못했다. 이 때문에 처음으로 달에 발을 내딛은 영광을 암스트롱에게 빼앗긴 것에 화가 난 올드린이 고의적으로 그렇게 한 것 아니냐는 의혹이 제기되었다. 통신기록에도 그런 추측을 뒷받침할 만한 언급이 있다.

그러나 올드린은 "고의성은 절대 없었으며 단지 임무에 바빠 사진 촬영에 신경 쓰지 못했을 뿐"이라고 수차례 해명했다. 그 점에 대해 암스트롱은 '불평도 설명도 하지 않는다'라는 군대 수칙에 따라 단 한 번도 공개적으로 개인 의견을 밝히지는 않았다.

아폴로 프로젝트 미국의 달 탐사 역사는 1961년 5월 25일 케네디 미 대통령이 상하 양원 합동회의에서 발표한 "나는 미국이 1960년대가 끝나기 전에 인간을 달에 착륙시키고 다시 무사히 지구로 돌아오게 하는 목표에 헌신적인 노력을 기울여야 한다고 생각한다"라는 특별교서로부터 시작되었다.

그해에는 미국의 자존심과 자신감을 송두리째 뒤흔들었던 두 가지 사건이 있었다. 4월 12일 소련의 유리 가가린이 108분 동안 지구를 일주하는 우주비행에 성공하고, 1주일 뒤 미국의 쿠바 피그만 침공이 참담한 실패로 끝난 것이다.

미국은 우주비행사를 달에 착륙시켰다가 지구로 안전하게 귀환시키는 '아폴로 계획'을 세웠으나 해결해야 할 문제가 한두 가지가 아니었다. 무엇보다 무게 45톤의 아폴로 우주선이 지구의 중력을 벗어날 수 있게 해줄 강력한 로켓을 개발하는 것이었다. 또 하나는 적당한 착륙 지점을 선정하기 위해 달 자체에 관한 충분한 사전지식을 모으고 달의 환경에 적합한 장비를 개발하는 일이었다.

그래서 아폴로계획을 본격적으로 가동하기 전 두 차례의 유인 우주계획(머큐리, 제미니)과 세 차례의 무인 달 탐사 계획(레인저, 서베이어, 루나 오비터)을 실시했다. 1961년 5월 5일 앨런 셰퍼드가 미국인 최초로 우주 비행을 하고, 9개월 뒤 존 글렌이 무게 1,660kg의 우주캡슐 프렌드십 7호를 타고 미국인 최초로 궤도비행에 성공한 것도 달 탐사에 자신을 갖게 해주었다.

1963년 5월 고든 쿠퍼가 지구궤도를 22회 선회했던 '머큐리 계획'은 우주인들이 가속도의 압력을 견뎌내고 무중력 상태에서 기동하는 능력을 시험했다. 모두 10차례에 걸친 '제미니 계획'을 통해서는 궤도를 마음대로 수정하고 다른 캡슐과의 랑데부 또는 도킹을 위해 궤도 위의 적당한 위치로 우주선을 조종하는 법을 경험했다. 제미니 5호의 연료전지 고장이나 제미니 8호의 연료점화 실패 같은 긴급사태에 대처하는 법도 익혔다.

제미니 계획이 1966년 11월 완료되었을 때 제미니가 소련 우주선 보스호트보다 우수한 우주선이라는 것이 입증되었다. 그러나 1966년 초 소련의 루나 9호가 달 표면에 연착륙하고 루나 10호가 최초로 달의 이면사진을 촬영해 지구로 전송하는 데 성공함으로써 우주 개발에 관한 한 소련은 여전히 미국보다 우위에 있었다. 미국의 서베이어 우주선도 1966년부터 7회에 걸쳐 달 표면에 연착, 토양의 성분을 검사하고 달 표면에서 본 달의 풍경을 찍었다.

아폴로 11호 발사 모습

아폴로 1호 모의시험 중 3명 불에 타 죽어

아폴로 계획은 1961년 10월 우주인이 탑승하지 않은 새턴 1호 로켓 발사와 함께 시작되었다. 우주인을 태운 새턴 5호

로켓이 처음 시험발사된 것은 1967년에 이르러서였다. 높이가 100m도 넘고 무게도 3,000톤이나 되는 3단계 로켓의 새턴 5호는 지상에서 발사된 것 중 가장 무겁고 복잡하고 돈이 많이 든 발사체였다.

아폴로 1호의 첫 유인 궤도비행은 1967년 2월로 예정되어 있었다. 그런데 1월 27일 비행을 앞둔 모의훈련 중 캡슐에서 불이 나 미국인 최초로 우주 유영을 한 에드워드 화이트 소령, 머큐리 계획 창단 멤버인 버질 그리섬 중령, 1,800시간 제트기 조종 경력의 로저 채피 소령 등 3명의 우주비행사가 불에 타 죽는 사고가 발생했다.

이후 1968년 10월 아폴로 7호가 3인의 우주인을 싣고 지구궤도를 11일 동안 돌고, 1969년 3월 아폴로 9호의 우주인들이 달 착륙선과의 랑데부와 도킹 연습을 했다. 1969년 5월에는 10호의 착륙선 스누피호가 '평온의 바다' 상공 14.5km까지 내려가는 데 성공했다. 그리고 마침내 아폴로 11호가 인류 최초로 인간을 달에 내려놓은 것이다.

'최초'라는 점 때문에 아폴로 11호가 모든 찬사를 독차지하고 있지만 이후에도 계속 인간이 달에 내려 총 6차례에 걸쳐 12명이 달에 발을 디뎠다. 아폴로 13호는 달 궤도에서 고장을 일으켜 자칫 달에 추락할 뻔했으나 극적으로 생환했고 1961년 미국인 최초로 우주비행을 했던 앨런 셰퍼드는 아폴로 14호의 우주인으로 달에서 골프를 치기도 했다.

아폴로 계획의 마지막호(17호)로 1972년 12월 12일 달에 발을 디딘 지질학자 해리슨 슈미트 박사는 달 표면을 걷어차면서 "사방이 주황색이다"라고 외쳤고 어린아이처럼 흥분해서 껑충껑충 뛰어다니는 모습이 지구에 생중계되었다. 슈미트 박사는 20세기 달을 탐험한 마지막 지구인이자 유일한 민간인으로 기록되었다.

미 국방부 'ARPANET' 구축… 인터넷의 태동

이후 수많은 우연과 필연이 씨줄과 날줄로 연결되는 과정을 통해 민주적이고 시장경제적으로 발전했다.

1957년 소련이 인류 최초의 인공위성 스푸트니크호를 발사하자 미국은 소련의 핵미사일이 미국 본토에 떨어질지 모른다는 공포에 휩싸였다. 만일 소련의 핵 공격에 미국의 통신 시스템이 파괴될 경우 국방과 관련된 모든 통신수단이 일시에 마비된다는 두려움도 그중의 하나였다. 국방부가 이 문제로 골머리를 앓고 있는 동안 민간 연구진에서는 관련 기술들이 하나둘 개발되고 있었다.

레너드 클라인록은 1961년 7월 다발 단위로 데이터를 교환하는 패킷 교환방식에 관한 논문을 발표하고, 랜드사 연구원 폴 배런은 1964년 하나의 루트에만 의존하지 않는 분산 형태의 새로운 컴퓨터 통신 시스템에 대한 아이디어를 냈다.

분산시스템은 중앙에서 통제하는 단일 루트망이 아닌 수많은 노드(네트워크의 분기점이나 단말장치의 접속점)로 구성되기 때문에 시스템 내의 모든 노드에서 메시지를 보내고 받는 작업이 가능하도록 한 것이 특징이다. 이렇게 되면 일부 노드가 파괴되더라도 다른 노드들은 기능을 계속 수행할 수 있어 통신망 전체가 일시에 마비되는 위험은 피할 수 있다.

이런 민간 연구 결과를 현실화하기 위해 1969년 국방부가 설립한 것이 '고등연구계획국(ARPA)'이다. 국방부가 UCLA를 개발의 전초기지로 삼은 가운데 1969년 9월 2일, UCLA 교수 레너드 클라인록이 컴퓨터를 스탠퍼드대 컴퓨터와 연결하고 'LO'라는 단어를 최초로 전송하는 데 성공함으로써 ARPA의 네트워크 즉 '아르파넷(ARPANET)'이 비로소 세상에 태어났다. 클라인록은 당초 'LOG IN(접속)'을 전송하려다가 'LO' 두 글자만 보내는 데 성공한 것으로 알려졌다. 그해 말 캘리포니아대와 유타대까지 네트워크로 연결되면서 ARPANET은 본격적인 인터넷 시대의 발판이 되었다.

레너드 클라인록(1934~)

한동안 ARPANET이 독주하는 가운데 1981년 연구소와 대학을 중심으로 ARPANET과 비슷한 방식의 CSNET, 비트넷, 유즈넷 등이 등장했다. 유럽에서도 EUNET 등 별도의 통신망이 생겨났다. 그러자 분리되어 있는 서로 다른 통신망 간의 호환성이 새로운 문제로 제기되었고, 이 문제를 해결하기 위해 1970년에 개발된 호스트-호스트 프로토콜인 'NCP'가 사용되었다.

그러다가 ARPANET을 위성 및 무선 네트워크와 연결할 수 있는 네트워킹 프로토콜을 발전시키는 과정에서 'TCP/IP' 통신 프로토콜이 개발되어 TCP/IP가 산업표준으로 자리 잡았다. TCP/IP는 상대 네트워크의 구조나 특성을 몰라도 데이터를 주고받을 수 있다는 게 장점이었다.

놀랍게도 수많은 네트워크가 자발적으로 묶이기 시작해

스탠퍼드대 빈튼 서프와 그의 동료 밥 칸이 스탠퍼드대의 한 세미나에서 'TCP'라는 새로운 프로토콜을 제안한 것은 1973년 6월이었다. 초기의 TCP는 전송방법을 통제하는 기능과 주소를 찾아가는 기능까지 포함되어 있었지만 1978년 주소를 찾아가는 기능을 'IP'라는 새로운 프로토콜이 수행하게 되면서 오늘날의 TCP/IP로 발전했다. TCP/IP는 1983년 1월 ARPANET의 기본 프로토콜로 정해진 후 짧은 시간에 전 세계로 확장되었다.

한편 각 네트워크를 구성하는 노드들이 크게 늘어나면서 호스트 이름과 주소를 기억하는 데 어려움을 겪게 되자 1983년 위스콘신대에 네임 서버가 구축되었고 1984년 'DNS(도메인 네임 시스템)'가 도입되었다. ARPANET은 1983년 군사전용 네트워크인 'MILNET'과 연구용 ARPANET으로 분리된 후 연구용 ARPANET은 1986년 미 국립과학재단(NSF)에 흡수되었다가 1990년 폐지되었다.

미 국립과학재단(NSF)은 1987년 ARPANET과는 별도로 다양한 교육기관을 서로 연결하는 'NSFNET'을 구축, 전국의 대학과 연구소의 네트워크를 묶는 작업을 했다. NSFNET은 TCP/IP를 사용한 고속회선과 슈퍼컴퓨터를 사용했기 때문에 ARPANET보다 사용이 쉬웠다.

이 때문에 컴퓨터 산업 종사자나 연구원, 공무원들의 전유물로 여겨지던 인터넷을 일반인도 손쉽게 사용할 수 있었다. 이 새로운 민간용 정보망이 점차 활성화되면서 인터넷의 주도권도 자연스럽게 ARPANET에서 NSFNET으로 넘어갔다.

TCP/IP 덕분에 네트워크끼리 소통이 가능해지자 놀랍게도 수많은 네트워크가 자발적으로 묶이기 시작하더니 순식간에 얽히고 설킨 거대한 그물망이 만들어졌다. 본격적인 인터넷 시대가 개막된 것이다. 속속 민간 인터넷 서비스 제공업자들이 등장하고 새로운 프로그램과 서비스들이 생겨났다.

그런 가운데 1990년 12월 스위스 입자물리연구소 연구원 팀 버너스-리가 공개한 '월드와이드웹(www)'이 인터넷을 확산시키는 데 기폭제 역할을 하고, 미국의 마크 앤드리슨이 1993년 4월 개발한 웹브라우저 '모자이크'가 인터넷의 대중화에 불을 붙였다. 앤드리슨은 넷스케이프를 설립, '네비게이터'라는 쓰기 쉬운 웹브라우저를 개발해 인터넷 붐을 촉발했다. 이처럼 인터넷은 수많은 우연과 필연이 씨줄과 날줄로 연결되는 과정을 통해 '민주적이고 시장경제적'으로 발전해 나갔다.

우드스톡 축제

'우드스톡 축제' 후 젊은이들은 스스로를 '우드스톡 세대'라고 불렀다.

1969년 8월 15일, 미국의 젊은이들이 뉴욕주 설리번 카운티의 베델에 위치한 맥스 야스거 농장으로 몰려들었다. '3일간의 평화와 음악'이라는 슬로건을 내걸고 15일부터 18일까지 3일 밤 4일 낮 동안 펼쳐질 '우드스톡 아트 앤드 뮤직 페어'가 그들의 목적지였다.

일명 '우드스톡 축제'는 당초 뉴욕주 얼스터 카운티의 우드스톡에서 펼쳐질 예정이었다. 그러나 공연 안내광고가 각종 매체에 실린 직후 우드스톡 주민들이 "더러운 히피들에게 마을을 점령당할 수 없다"며 난색을 표명하는 바람에 결국 팸플릿과 포스터, 입장권에 우드스톡 지명이 그대로 인쇄된 채 갑작스럽게 장소만 바뀌어 우드스톡으로부터 43마일 떨어진 베델에서 진행되었다.

이런 사실도 모르고 우드스톡으로 몰려든 인파만 5만 명이나 되었다. 결과적으로 우드스톡은 축제와 아무 상관이 없는 곳인데도 얼떨결에 '20세기 록음악의 성지'로 기록되는 영광을 안았다.

우드스톡 축제는 순전히 상업적인 의도에서 기획된 축제인 만큼 준비는 철저했다. 대형 무대가 세워지고 최대 규모의 음향시설이 설치되었으며 당대 최고의 록가수들도 최고의 개런티를 보장받고 출연을 약속했다. 워너브러더스도 영화 제작을 맡아 축제의 성공을 뒷받침했다. 축제는 3일간 24달러라는 적지 않은 입장료에도 불구하고 공연 전 18만 6,000장의 티켓이 팔려나갈 정도로 대성황을 이뤘다.

15일 첫째 날의 무대를 장식한 것은 포크 음악이었다. 오후 5시에 시작될 공연에는 조앤 바에즈가 첫 주자로 무대에 설 예정이었으나 구름처럼 몰려든 관중으로 교통체증이 빚어져 바에즈는 제 시간에 무대에 서지 못

우드스톡 축제 현장

했다. 실제로 개막 첫날 행사장으로 가는 주변 도로는 축제 참가자들이 타고 온 승용차와 트럭, 자전거 등으로 몸살을 앓았고, 이 때문에 많은 사람이 차를 팽개친 채 10km를 걸어서 축제에 참가해야 했다. 뮤지션들 역시 오도가도 못하는 신세가 되어 연도에서 헬리콥터를 타고 행사장으로 향하기도 했다.

바에즈 대신 오후 5시 7분 처음 무대에 오른 가수는 포크 음악의 베테랑 리치 하벤스였다. 그는 우드스톡 축제의 개막을 알리는 첫 노래로 '프리덤'을 불렀다. 이어 멜라니 사프카, 밴드 소마, 팀 하딘 등이 노래를 하고 바에즈는 가장 늦게 무대에 올랐다.

바에즈가 마지막 노래 '우리 승리하리라'를 마칠 무렵 천둥이 치고 3시간 동안 폭우가 쏟아져 공연장은 진창이 되었다. 그런데도 관중은 슬리핑백이나 텐트에서 잠을 자거나 밖에서 밤새도록 젊음을 구가했다. 우드스톡으로 향하는 도로 위에도 여전히 많은 수의 젊은이가 공연장을 향해 발걸음을 옮기고 있었다.

재니스 조플린, 제퍼슨 에어플레인, 더 후 등이 출연한 8월 16일의 둘째 날 공연은 히피들이 좋아하는 사이키델릭 록의 무대로 꾸며졌다. 셋째 날인 8월 17일에는 조 코커, 자니 윈터 등이 출연해 자정을 넘기면서까지 공연을 이어나갔다. 8월 18일 오전의 마지막 무대를 장식한 주인공은 전기기타를 저항의 무기로 이용할 줄 아는 지미 헨드릭스였다. 그는 미국 국가를 늘어지게 변주하면서 위대한 미국의 이상에 야유를 보냈다.

축제 참가자들은 사흘 밤낮 동안 반라 상태로 강렬한 비트에 몸을 맡긴 채 평화를 노래하고 반전을 부르짖었다. 순식간에 축제장은 무정부 상태로 변했고, 미국 속의 또 다른 미국이 되었다. 정치적 저항과 순수한 낭만주의 그리고 퇴폐적 쾌락주의가 음악과 결합한 절정의 자리이기도 했다. LSD와 마리화나가 공공연하게 매매되었고, 노상에서 출산한 여성도 있었으며 헤로인 과다복용으로 죽은 사람도 있었다. 5,000여 건의 의료사고도 발생하고 환각제와 관련한 사건도 790여 건이나 되었다.

'우드스톡 축제'는 '우드스톡'(지명)과 관계없어

이처럼 기이하고 무질서한 축제를 기성세대들이 좋게 볼 리 없었다. 그러나 축제는 전반적으로 성공적이었다. 240만 달러의 수입을 올리고 그때까지 전 세계에서 열린 음악축제 중 최대 규모라는 기록을 세웠다. 경찰은 유료든 무료든 축제장에 몰려든 인파를 45만 명으로 추산했으나 주최 측은 40만 명의 히피를 포함 100만 명에 가깝다고 밝혔다.

젊은이들은 생애 최고의 체험을 하고는 훗날 '평화운동의 전설'로 불릴 축제의 추억을 가슴에 안고 돌아갔다. 그들이 축제에서 본 것은 미국의 전통적 가치와 목표들을 거부해온 한 세대의 힘의 가능성이었다. 일찍이 스스로를 고독한 소수라고 생각해온 젊은이들은 자기들이 이룬 사건을 보고 행복감을 체험했다. 그리고 축제의 성공을 그들 모두의 승리로 해석했다. 바에즈가 "1960년대 진흙탕의 반영"이라고 평한 것처럼 축제는 반항적이고 낙관적이며 방종한 1960년대를 상징했다.

젊은이들은 우드스톡 축제를 자신 세대의 연대(連帶)의 상징으로 받아들였고, 스스로를 '우드스톡 세대'라고 불렀다. 법정에 선 한 젊은이는 "나는 미국인이 아니다. '우드스톡 네이션의 일원'일 뿐"이라고 진술했다. 그러나 우드스톡은 반항하는 청춘이라는 1960년대 정신의 집약이면서도 한편으로는 몰락의 시작이기도 했다. 지미 헨드릭스, 재니스 조플린, 짐 모리슨이 약물 과용으로 1970년과 1971년에 사망한 것이 이를 상징했다.

존 레넌과 오노 요코의 결혼

두 사람의 삶은 시대의 허구와 반예술성을 폭로하기 위한 퍼포먼스였고 해프닝의 연속이었다.

존 레넌(1940~1980)과 오노 요코(1933~)의 만남은 흔히 서구 대중음악사를 뒤흔든 세기의 만남으로 꼽힌다. 둘의 첫 만남은 1966년 11월 9일 오노 요코의 작품 전시회가 열리고 있는 런던의 '갤러리 인디카'에서 이뤄졌다.

개막 오프닝 1시간 전에 갤러리를 찾은 존 레넌이 오노 요코의 작품 '못을 박기 위한 페인팅'에 참여하고, 사다리를 타고 올라가 돋보기를 이용해서 천장에 쓰인 'YES'라는 단어를 확인하는 작품 등을 감상한 것이 이날 만남의 전부였지만 훗날 레넌은 그 순간을 "눈길이 서로에게 멈추었는데 그 뒤 역사가 이루어졌다"고 술회했다.

영국 리버풀의 노동자 출신 가정에서 태어나 아버지가 가정을 버려 어린 시절을 불우하게 보낸 레넌과 달리 오노는 일본의 유명 은행가 집안에서 태어나 대저택에서 유복하게 자랐다. 어려서부터 자유로운 예술가를 꿈꾸던 오노는 일본의 가쿠슈인(學習院)대 철학과에 다니던 중 뉴욕의 도쿄은행 지점으로 발령받은 아버지를 따라 1953년 미국으로 건너가 세라 로런스 칼리지에 입학했다.

1956년 일본인 피아니스트와 미국에서 결혼한 후 본격적으로 작품활동을 시작한 그는 미술가 로버트 라우션버그, 마르셀 뒤샹, 백남준, 작곡가 존 케이지, 무용가 머스 커닝햄 등과 교류하면서 국제적인 전위예술 운동인 플럭서스 예술가로 활동했다. 1966년에는 엉덩이 맨살을 보여준 영화 '넘버4'를 비롯해 벗은 남성의 하반신을 노출하는 선정적 영화를 계속 발표하고 관객에게 자신의 옷을 가위로 자르게 하는 해프닝을 연출했다.

1967년에는 런던의 트래펄가 광장에 설치되어 있는 웅장한 사자상을 흰 천으로 모두 덮어버리고 자기 몸을 사자상에 쇠사슬로 묶는 해프닝을 선보였다. 이 사자상은 넬슨 제독이 프랑스 함대를 물리친 전승 기념비였다. 이 세상에서 가장 비극적이고 어리석은 전쟁을 벌이고 기념하는 남성들의 세계에 대한 조롱이었으나 영국 국민들은 "미친 여자"라며 욕설을 쏟아냈다.

반면 반전운동 진영과 여성운동가들은 열렬한 찬사와 환호로 화답했다. 오노의 자유로운 성향은 결혼에서도 그대로 드러났다. 법적으로 이혼 절차를 마치지 않은 상태에서 1962년 영화제작자인 앤서니 콕스와 결혼식을 올리고 딸을 낳았다.

호텔 침대에서 하루 종일 '베드 인' 퍼포먼스 벌여

둘의 첫 만남 후 레넌은 7살 연상의 오노를 어머니 같은 존재로 여겼고, 오노는 레넌의 예술적 영감을 자극했다. 본격적으로 연인이 된 두 사람은 서로의 집과 작업실, 스튜디오를 드나들며 교감을 나누고 사랑을 확인했다. 이 과정에서 오노는 비틀스 멤버와 몇몇 친밀한 동료 외에는 어느 누구도 스튜디오에 들어와서는 안 된다는 무언의 규칙을 깨뜨렸다.

그런데도 "오노가 항상 자기 곁에 있어야 한다"는 레넌의 고집 때문에 멤버들 간의 틈이 벌어졌다. 당시 비틀스는 꼭 오노 때문만은 아니었지만 해체의 길을 걷고 있었다. 팬들은 비틀스의 해체가 마치 오노의 잘못이기라도 한 듯 "영국의 국보를 훔쳐간 무서운 마녀", "못생기고 젖가슴은 늘어진 창녀", "영어도 제대로 못하는 히피"라는 비난을 쏟아냈다. 팬들이

존 레넌과 오노 요코

뭐라고 하든 레넌은 "나에게는 요코밖에 없다", "요코는 내 스승"이라며 감쌌다.

두 사람은 1968년 5월 '투 버진스'라는 전위음반을 발표했다. 기분 나쁜 소음과 불협화음들로 이루어진 아방가르드 풍의 이 앨범은 누드 사진이 실린 재킷 커버 때문에 유명세를 탔다. 앨범은 오노에게는 예술이었고 레넌에게는 선동이었으며 여론에는 스캔들이었다.

두 사람은 각각 배우자와 자식을 뒤로한 채 1969년 3월 20일 지브롤터에서 결혼식을 올렸다. 그리고 신혼지인 네덜란드 암스테르담의 힐튼호텔 침대에 누워 하루 종일 '베드 인(Bed In)' 퍼포먼스를 벌였다. 언론이 몰려오고 수백 회의 인터뷰 덕에 '베드 인' 평화시위는 전 세계에 반전 분위기를 전달하는 데 효과가 있었다. 5월에도 캐나다 몬트리올 퀸엘리자베스 호텔에서 1주일간 반전 퍼포먼스를 펼쳤다.

훗날 오노는 "레넌과 결혼함으로써 사랑하는 사람은 얻었을지 모르지만 예술가로서의 이름은 잃었다"며 결혼 뒤에 가려진 또 다른 의미를 되새겼다. 결혼 후 두 사람의 삶은 시대의 허구와 반예술성을 폭로하기 위한 퍼포먼스였고 해프닝의 연속이었다.

레넌의 죽음과 함께 1960년대의 음악도 막 내려

두 사람은 1971년 미국으로 건너가 애인과 동지를 넘나들었다. 레넌은 오노에 더욱 종속되면서도 뉴욕에서 연애행각을 벌였다. 화가 난 오노가 레넌을 아파트에서 쫓아내자 극심한 자아해체 현상이 레넌을 엄습했다.

1973년 10월부터 1975년 1월까지의 결별 기간에 레넌은 술에 취해 난동을 부리고 상실감에 빠져 발작을 일으켰다. 오노가 공황상태에 빠진 레넌에게 구원의 손길을 내밀어 1975년 1월 재결합했을 때 레넌은 그 헤어진 기간을 '잃어버린 주말'이라고 불렀다.

1975년 10월 9일 자신의 생일에 아들 션이 태어나자 오노는 사업을 맡고 레넌은 집안에 틀어박혀 빵을 구우면서 아이에게 헌신했다. 레넌은 이렇게 5년간 평범하게 살다가 자신의 음악적 재능을 다시 발휘하기 위해 서로에 대한 사랑을 솔직히 담은 앨범 '더블 판타지'를 함께 제작하고 1980년 11월 발매했다.

그러나 한 달도 안된 1980년 12월 8일 밤 10시 50분, 오노와 함께 뉴욕 맨해튼 자택으로 들어가다가 정신병자 마크 채프먼이 쏜 총탄을 맞고 쓰러졌다. 당시 25살의 채프먼은 레넌 살해 이유를 종교적 배경에서 찾았다. "존 레넌은 '비틀스야말로 예수보다 더 유명하다'고 말했다. 그는 종교와 신을 믿지 않는 가짜 평화주의자였다. 그래서 내가 처단한 것이다." 천국이 없다고 말한 노래 '이매진'에서 돈도 갖지 말라고 말하면서도 자신은 수백만 달러짜리 집에서 호화로운 생활을 즐기는 위선자이기 때문에 신의 이름으로 살해했다는 것이다.

레넌의 죽음을 애도한 한 음악인의 표현처럼 그의 죽음과 함께 1960년대의 음악도 막을 내렸다. 오노의 슬픔은 그칠 줄 몰랐다. 레넌을 화장한 재를 단지에 보관하고 사진과 앨범으로 집을 장식했다. 그리고 피범벅이 된 레넌의 안경을 재킷 사진으로 내세운 앨범 '유리의 계절'을 1981년 6월 발표했다. 이 앨범에 수록된 곡 중 하나인 '나는 이유를 모르겠어요'는 레넌을 죽인 암살범에 대한 격렬한 욕설을 담고 있다.

무아마르 카다피 쿠데타 집권

아랍권에서는 인기가 높았으나 서방 국가로부터는 '중동의 미친개' 등의 낙인이 찍혔다.

1969년 9월 1일 새벽, 북아프리카 리비아의 비밀청년장교 단체 '자유통일장교단'이 군사 쿠데타를 일으켜 전권을 장악했다. 병 치료를 위해 터키에 체류 중이던 이드리스 국왕 대신에 하산 황태자가 퇴위를 선언함으로써 이드리스 왕조는 18년 만에 붕괴되었다. 쿠데타의 주역은 무아마르 카다피(1942~2011) 대위였다.

그는 중부 지중해 도시 시르테에서 베두인 유목민의 아들로 태어나 1965년 육군사관학교를 졸업하고 영국에서 6개월간 군사 연수를 받았다. 이후 아랍 통일을 추구했던 가말 압델 나세르(1918~1970) 이집트 대통령을 롤 모델로 삼아 자유장교단을 결성하고 쿠데타를 성공시켰다. 정권을 장악한 후에는 쿠데타 동지들을 차례로 숙청하고 저항 세력은 철저히 응징해 1인 독재체제를 구축했다.

카다피가 추구한 것은 '이슬람식 사회주의' 건설이었다. 아랍 민족주의와 반제국주의, 반시오니즘을 기치로 내세워 '리비아식 문화혁명'에 착수했다. 펩시콜라와 GM의 간판은 떼어내고 상가 간판, 도로표지판, 여권은 아랍어로 교체했다. 영국군과 미군 기지도 철수시켰다. 특히 강대국의 노리갯감이 되다시피 한 석유 이권의 확보와 석유회사의 국유화에 심혈을 기울였다.

그가 "석유 없이도 5,000년 동안 건재했다. 새로운 계약을 체결할 의향이 없으면 리비아를 떠나라"라고 배수진을 쳤을 때 오일 메이저들은 이익금의 상당부분을 리비아 몫으로 돌리는 파격적인 조건으로 항복했다. 중동 최초로 산유국 몫이 석유회사보다 많아진 초유의 이 사건을 계기로 다른 중동 산유국에도 도미노 현상이 일어났다. 이런 카다피에게 "자원민족주의에 초석을 쌓은 인물"이라는 평가가 쏟아졌다.

1970년 나세르 이집트 대통령의 사후에는 '반제·반미의 선봉장', '아랍 민족주의 기수' 역할을 자임했다. 모든 아랍인을 하나의 민족국가로 통일시키겠다는 아랍민족주의는 나세르 생존 시부터 중동을 지배해온 강력한 이데올로기였다. 카다피는 서구의 정당 민주주의, 선거 민주주의, 의회 민주주의가 진정한 민주주의를 파산시키는 제도로 규정했다. 그에게 서구의 민주주의는 허상이고 법은 비논리적이었다. 서구식 성문법보다는 종교와 관습에 의해 사회가 유지되어야 한다고 믿었다.

왕정보다 더 강력한 1인 독재체제 구축

카다피의 철학이 드러난 것은 1977년 3월에 선포한 '자마히리야(인민권력)' 체제였다. 사회주의와 이슬람주의, 범아랍주의가 혼합된 자마히리야 체제 유지를 위해 카다피는 국명을 '리비아 아랍공화국'에서 '리비아 사회주의 아랍인민공화국'으로 바꿨다.

자마히리야 체제는 모든 국민이 각종 위원회에 참여해 직접 국가정책을 수립하고 결정짓는 이슬람식 직접 민주주의를 표방했다. 모든 국민은 기본 인민회의 멤버가 되고 기본 인민회의에서 뽑힌 서기들로 구성된 전체 인민회의가 국민의 대표로서 최고 통치권을 행사한다는 구상이었다.

그러나 이 사회주의 실험은 적지 않은 부작용을 남겼다. 행정기구는 부실해지고 사법제도는 사실상 존재하지 않았다. 카다피는 왕정보다 더 강력한 1인 독재체제를 구축했다. 이 때문에 "자마히리야 체제는 장기독재를 합리화하는 도구"라는 비난도 적지 않았다. 그러나 리비아 국민들은 이슬람 율법을 철저히 지키고 경건하며 금욕적인 생활을 하는 카다피를 신뢰했다.

경제적으로 리비아를 부흥시키려는 카다피의 원대한 꿈은 '리비아 대수로'에 집약되었다. 후일의 석유자원 고갈에 대비해 자원부국 못지않게 농업대국으로 거듭나겠다는 이 야심찬 '녹색혁명' 프로젝트는 1983년 동아건설에 맡겨졌다. 외교적으로 카다피는 반제국주의와 반식민주의를 표방했다. 공개 석상에서도 거리낌없이 미국과 서방의 대아랍 정책을 비난하고 서방국가들을 경원시했다. 이 때문에 아랍권에서는 인기가 높았으나 서방 국가들로부터는 '국제사회의 이단아', '무자비한 독재자', '중동의 미친개', '국제 테러의 배후인물' 등으로 낙인이 찍혔다.

카다피가 결정적으로 미국 등 서방 세계와 틀어진 시기는 1980년대 중반이었다. 1985년 12월 이탈리아 로마와 오스트리아 빈 공항에서 무차별 총격과 수류탄 투척으로 5명의 미국인을 포함 16명을 죽게 한 사건의 배후로 카다피가 떠오르자 미국은 1986년 1월 리비아와 모든 경제관계를 끊고 군사적으로 압박했다. 미국과의 끈질긴 악연이 시작된 것이다.

그의 철권을 무너뜨린 것은 민주화 바람

1986년 3월 리비아 북쪽 지중해에 속한 시드라만에서 전개된 양측의 군사적 충돌은 리비아에 일방적인 패배를 안겼다. 1986년 4월 주로 미군이 출입하는 서베를린의 디스코텍에서 폭탄테러가 발생해 미군 2명과 터키인 1명이 사망하고 미군 50명을 포함해 230명이 부상하는 대형 사고가 일어난 것에 대해서도 미국은 리비아의 복수라고 믿었다. 레이건 대통령은 카다피를 '미친개'로 지칭하며 1986년 4월 15일, 리비아 수도 트리폴리와 제2도시 벵가지 주변의 군사시설들을 초토화했다.

리비아는 테러로 맞섰다. 1988년 12월 스코틀랜드 로커비 상공에서 미팬암기를 폭파해 259명의 탑승자(미국인 189명) 전원과 기체 잔해에 맞은 지역주민 11명 등 모두 270명을 죽게 했다. 이 로커비 사건 때문에 리비아는 1992년 유엔으로부터 경제제재를 받았다. 리비아의 경제는 점점 수

렁으로 빠져들었다. 석유 매장량 세계 3위이면서도 원자재 부족으로 공장은 거의 가동하지 못했고 국민생활은 피폐했다. 계속되는 경제난은 카다피에게 변화를 강요했다.

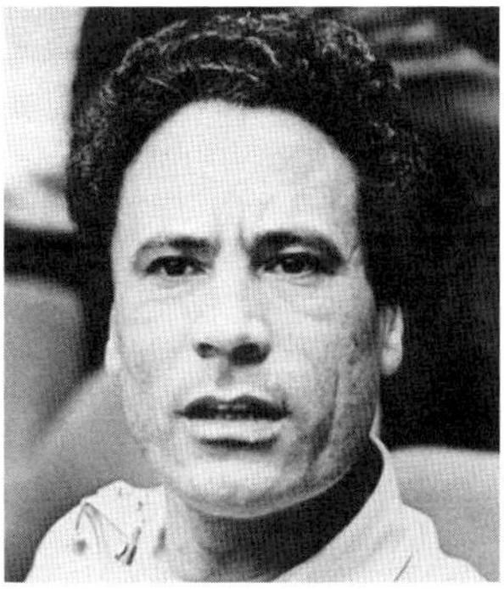
무아마르 카다피(1942~2011)

변화의 첫 신호는 1997년에 나타났다. 석유와 천연가스를 제외한 모든 분야의 국영기업에 민간이 투자할 수 있게 하고 주요 항구도시와 국경지대에 자유무역지대를 설치했다. 문을 꼭꼭 잠그던 정책을 내던지고 세계를 향해 빗장을 연 것이다. 카다피의 변신은 팬암기 폭파 사건의 범인 2명을 서방에 인도(1999.4)하고, 팬암기 희생자 270명의 가족들에게 각각 1,000만 달러씩 모두 27억 달러(약 3조 2,000억 원)의 배상금을 지불하는 보상안에 합의(2003.8)하는 것에서 두드러졌다.

2003년 6월엔 전체 인민회의를 소집해 "혁명 이후 유지해온 사회주의 경제 체제가 효율적으로 작동하지 않고 있다"고 자아비판했다. 2003년 12월 마침내 '대량살상무기(WMD) 포기와 국제원자력기구의 핵사찰 수용'까지 선언함으로써 2006년 5월 테러지원국 명단에서 빠지고 미국과 국교를 정상화했다.

영원할 것 같던 그의 철권을 무너뜨린 것은 아랍권에서 불어온 민주화 바람이었다. 2010년 말 튀니지에서 점화되어 이집트에서 타오른 민주화의 불길은 2011년 2월 한 리비아 인권운동가의 체포를 도화선으로 카다피를 정조준했다. 결국 2011년 2월 동부 벵가지에서 시작된 반정부 시위가 내전으로 발전해 8개월 동안 계속되다가 카다피가 2011년 10월 20일 고향 시르테에서 살해되면서 42년 카다피 시대도 종언을 고했다.

야세르 아라파트 PLO 의장 선출

"권총과 올리브나무 가지를 함께 갖고 다닌다. 손에서 올리브나무 가지가 떨어지지 않도록 해달라"

야세르 아라파트(1929~2004)의 삶은 그 자체가 '팔레스타인 투쟁의 역사'였다. 팔레스타인 해방운동의 상징이었으며 정신적 지주였다. 아라파트가 팔레스타인 해방운동의 구심점으로 떠오른 것은 1969년이었다. 그해 2월 3일 PLO(팔레스타인 해방기구) 의장에 선출됨으로써 이후 35년간 PLO는 아라파트의 또 다른 이름이 되었다.

나세르 이집트 대통령의 주도로 1964년 5월 28일 결성된 PLO의 초대 의장은 아마드 슈케이리였다. 그러나 그가 당초 기대했던 것만큼 지도력을 발휘하지 못하고 각 세력 간의 단결도 지지부진한 모습을 보임에 따라 점차적으로 PLO의 주도권을 장악해온 아라파트가 전면에 나서 PLO 의장에 선출된 것이다. 아라파트의 트레이드 마크가 된 카키색 유니폼, 머리에 쓴 흑백두건, 목에서 앞 셔츠까지 휘감은 스카프, 엉덩이 부분에 찬 권총집 등이 등장한 것도 그 무렵이었다.

이집트에서 태어나 학생운동 때부터 두각을 나타낸 아라파트는 1958년 팔레스타인 독립국가 건설을 목표로 한 '파타당'을 결성해 본격적으로 무장투쟁에 뛰어들었다. 아라파트의 존재가 서방세계에 알려지게 된 것은 1968년 3월 21일의 '카라메 전투' 때였다. 아라파트는 시리아의 국경 도시 카라메에서 450명의 파타대원을 이끌고 전차를 앞세운 이스라엘군과 전투를 벌여 150명의 대원을 잃고 이스라엘군 28명을 죽이는 전과를 올렸다. 내용상으로는 분명 패전이었으나 전투 중 이스라엘군이 철수한 덕에 승리의 주역이 되는 행운을 안았다.

1년 전 '6일 전쟁'의 패배로 실의에 빠져 있던 아랍 세계는 1948년 이스라엘 건국 이래 아랍이 거둔 최초의 승리에 환호와 갈채를 보냈다. 타임지는 그해 12월 아라파트를 표지에 실어 아라파트의 얼굴을 아랍권 밖에 알렸다. 그때까지 팔레스타인 무장 조직들은 요르단 안에서 사실상 '국가 안의 국가' 역할을 하고 있었다. 그러나 카라메 전투 후 요르단 땅의 통제권을 되찾으려는 요르단 정부와, 그곳을 떠나지 않으려는 팔레스타인 무장세력들과의 관계가 악화되면서 양측 간에는 긴장이 감돌았다.

야세르 아라파트(1929~2004)

1971년 9월 요르단 정부의 토벌작전과 함께 팔레스타인이 말하는 이른바 '검은 9월'이 시작되었다. 양측의 치열한 전투 후 수세에 몰린 아라파트는 결국 근거지를 레바논으로 옮겼다. 중앙정부의 장악력이 약했던 레바논에서 아라파트가 이끄는 PLO는 사실상 준정부 기능을 하며 이스라엘을 상대로 테러활동을 펼쳤다.

'인티파다(민중봉기)' 계기로 잃어버린 지도력 회복해

1972년 9월 팔레스타인의 '검은 9월단'이 뮌헨 올림픽에 출전한 11명의 이스라엘 선수를 살해하자 전 세계가 분노했다. 아라파트는 자신과 무관하다고 주장했으나 아라파트를 의심하는 국제적 비난 여론은 좀처럼 가라앉지 않았다. 반면 팔레스타인 사람들에게 아라파트는 우상이자 영웅으로 추앙받았다.

PLO는 1974년 10월에 열린 5개국 아랍 정상회담을 통해 팔레스타인의 유일 합법기구로 승인받고 유엔의 옵서버 자격을 얻었다. 이를 계기로 유엔 총회에 참석한 아라파트는 1974년 11월 13일 총회 연설에서 "나는 항상 권총과 올리브나무 가지를 함께 갖고 다닌다. 내 손에서 올리브나무 가지가 떨어지지 않도록 해달라"며 자신이 평화 옹호자임을 부각시켰다.

그러나 1979년 이스라엘과 이집트 간에 체결된 '캠프 데이비드 평화협정문'에, 이스라엘이 시나이반도는 이집트에 반환하면서도 요르단강 서안과 가자지구를 팔레스타인에 돌려준다는 조항이 빠져 있자 아라파트는 이스라엘을 상대로 무장투쟁을 벌였다.

이스라엘은 1982년 8월 PLO의 근거지 레바논을 맹폭격했고 아라파트는 레바논에서 튀니지로 피신했다. 아라파트는 위기에 빠졌으나 1987년 12월 팔레스타인 땅에서 시작된 제1차 '인티파다(민중봉기)'를 계기로 새로운 지도력을 회복해 1988년 11월 알제리에서 독립을 선포하고 정식 망명정부를 수립했다.

1988년 12월 유엔에 초대된 아라파트는 총회 연설에서 이스라엘을 국가로 인정하고 테러 포기를 선언해 무장투쟁에서 외교 협상으로 투쟁방향을 바꾸었음을 천명했다. 1990년대 들어 든든한 배경이던 소련이 붕괴하고 걸프전 때 이라크를 지원하는 자충수로 국제사회는 물론 아랍 세계에서마저 고립되자 아라파트는 돌파구를 평화협정에서 찾았다.

이러한 노력은 1993년 9월 13일 오슬로 평화협정으로 나타났다. ▲팔레스타인 평의회가 이스라엘의 점령지역인 가자지구 및 요르단강 서안 예리코시를 1993년 12월부터 향후 5년간 통치하고 ▲이스라엘은 1994년 4월까지 가자지구와 예리코시의 팔레스타인 거주지역으로부터 이스라엘군을 철수시키며 ▲팔레스타인인은 1994년 7월까지 팔레스타인 평의회 구성을 위한 선거를 치른다는 오슬로 평화협정을 체결한 공로로 아라파트는 이츠하크 라빈 이스라엘 총리와 함께 1994년 노벨평화상을 받았다.

1994년 7월 자치정부 출범과 함께 팔레스타인 땅으로 귀향한 아라파트는 1996년 1월 반대파의 불참 속에 치러진 선거에서 압도적인 지지를 받아 자치정부 초대 수반에 올랐다. 그러나 1995년 11월 라빈 총리가 이스라엘 극우파 손에 암살당하고 이스라엘의 강경 점령정책에 맞선 팔레스타인의 보복 공격이 되풀이되면서 평화가 점점 멀어지는 듯했다.

공식 사인은 '미확인 혈액 질환'

2000년 9월 두 번째 인티파다가 시작된 가운데 2001년 12월, '6일 전쟁의 영웅' 아리엘 샤론 이스라엘 총리가 자치정부 청사 내 아라파트 집무실에 포격을 하면서 "밖으로 나오면 생명을 보장받지 못한다"고 위협해 아라파트는 사실상 연금 상태에 놓였다. 이때부터 아라파트는 내부의 강한 도전에 직면했다. 자신의 권력기반인 파타당의 핵심 인사들조차 수십 년 동안 이어져온 아라파트의 권력 독점과 부패를 지적하면서 개혁을 요구했다.

아라파트는 2004년 10월 25일 갑작스러운 구토와 설사 증세로 팔레스타인 자치구의 병원에 입원했다. 당시 그는 70대였지만 건강한 편이었다. 아랍권 최고의 의사들이 아라파트를 치료했으나 아무도 병명을 확신하지 못했다. 체중이 급격히 줄고 머리카락이 빠졌다. 며칠 후 아라파트는 파리의 군 병원에 이송되었다. 프랑스 의사들이 에이즈, 암, 백혈병 등 발병 가능한 모든 질병을 염두에 두고 진찰했지만 모두 아닌 것으로 판명났다. 아라파트는 결국 11월 11일 평생의 염원인 팔레스타인 독립을 보지 못하고 숨을 거뒀다. 병원은 공식 사인에 '미확인 혈액 질환'이라고 기록했다.

이에 대해 2012년 7월 카타르 방송사 알자지라는 아라파트의 생전 소지품들을 스위스 로잔대 병원 등 연구기관에 의뢰해 9개월간 조사한 결과 이 소지품들에서 자연발생하는 폴로늄 함유량의 10~30배에 달하는 폴로늄이 검출되었다고 보도하며 '방사능 테러' 의혹을 제기했다.

중국·소련 진보도 충돌

바야흐로 "만국의 프롤레타리아는 단결하라"는 마르크스의 호소는 허망스러운 것이 되었다.

1956년 2월에 단행한 흐루시초프의 스탈린 비판은 소련을 포함한 공산권 전체에 엄청난 변화를 불러왔다. 하지만 그동안 스탈린을 '국제공산주의 운동의 위대한 지도자'로 간주하며 '공적 7할에 과오 3할'로 평가해온 모택동과 중국 공산당은 이를 받아들일 수 없었다. 모택동은 절대 권력자를 비판하는 움직임이 중국에까지 미칠 경우 자신의 입지까지 불안해질 수 있다는 점에서 본능적으로 거부 반응을 보였다.

그러나 아직은 소련에 비해 군사·경제적으로 열세에 놓여 있어 불편한 속내를 드러내놓지는 못했다. 그때까지만 해도 중국은 소련의 지도에 따라가는 식이었다. 민족의식과 자존심이 허락하지 않았지만 아직 힘이 없었던 터라 선택의 여지가 없었다.

그러던 중 1958년 여름, 중국을 방문한 흐루시초프가 중국 내에 장파(長波)무선국 건설과 연합 잠수함대 창설을 제안함으로써 새로운 갈등을 촉발했다. 모택동이 중국의 주권을 위협하는 것이라며 강력하게 반발해 소련의 제안은 없던 일로 되었지만 이 일은 중국과 소련 모두에게 앙금으로 남았다. 불편한 관계를 반영하듯 소련은 1959년 6월 '국방 신기술에 관한 협정'을 파기했다. 1957년 10월 소련이 원폭의 견본과 제조기술의 자료를 제공하기 위해 체결한 협정이었다.

소련은 더 나아가 경제기술 원조를 위해 그동안 중국에 파견한 소련 기술자 1,390여 명 전부를 1960년 7월 불러들이고 12가지 협정과 260개 과학기술협력을 파기함으로써 양국 간의 관계는 더욱 혼미 속으로 빠져들었다.

1961년 10월의 제22차 당대회에서 소련 공산당이 평화 공존, 평화적

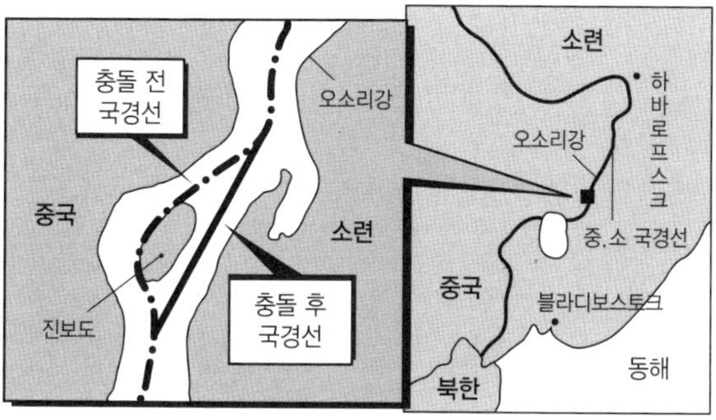

진보도와 중·소 국경

경제 갱생, 평화적 전환을 3대 지주로 한 국제전략과 전 인민의 국가, 전 인민의 당이라는 새로운 사회주의 국가론을 공식화하자 중국 공산당은 이를 '3화양전(三和兩全)의 수정주의 노선'이라며 비난을 퍼부었다. '3화양전'은 결코 공산주의 운동 전체의 총노선이 될 수 없으며 마르크스·레닌주의의 입장에서 볼 때 있을 수 없는 것이라고 비판했다. 이런 중국을 가리켜 소련은 교조주의라고 맞받아쳤다.

일사불란했던 공산권도 분열 양상 보여

이데올로기를 둘러싼 논쟁이 이처럼 격화되면서 일사불란했던 공산권도 분열되는 양상을 보였다. 소련을 중심으로 단일대오를 형성해오던 공산권에서 알바니아와 일부 동남아 공산당 등이 중국에 동조하면서 종주국을 둘러싼 주도권 쟁탈도 본격화했다. 동서냉전의 미소 양극 구조가 미·중·소 3극 구조로 변모하다 보니 바야흐로 "만국의 프롤레타리아는 단결하라"는 마르크스의 호소는 허망스러운 것이 되었다.

중국은 1962년 쿠바 미사일 위기 때 소련을 "무책임한 모험주의"라고 비난했다. 1963년 소련이 미국과 부분핵실험 금지조약을 체결했을 때도 "세계적인 혁명세력에 대한 배반"이라며 맹비난했다. 양국 간의 긴장 해소를 위해 1963년 7월 중국의 등소평이 모스크바를 방문했으나 성과가 없었다. 1964년 흐루시초프가 실각하고 브레즈네프가 소련 공산당을 장악한 뒤로는 양국 간의 갈등이 더욱 첨예한 양상으로 전개되었다.

가장 심각한 문제는 국경 분쟁이었다. 당시 4,380km에 걸친 양국 간의 국경선에 소련군 66만 명, 중국군 81만 명이 대치하고 있다 보니 소소한 분쟁이 적지 않았다. 중국 측 기록에 따르면 1964년 10월부터 1969년 3월까지 총 4,189건의 국경 분쟁이 있었다. 중국은 문화혁명기의 광적인 분위기를 이용해 소련의 수정주의에 대한 투쟁을 선언했다. 1968년 8월 소련이 체코슬로바키아를 무력침공하는 이른바 '프라하의 봄' 사건으로 중국의 신경은 더욱 날카로워졌다.

모택동은 소련의 침공에 대비해 방위계획을 세웠다. 대도시에는 지하호를 파고, 군사시설과 주요 전략도로에는 요새 같은 흙더미를 쌓았다. 외교적으로도 고립을 피하기 위해 1968년 11월 새 대통령에 당선된 닉슨에게 평화 서신을 보내 관계 회복을 꾀했다.

소련·중국 모두 민심 이반 수습하기 위해 돌파구 필요해

그런 가운데 1969년 마침내 터질 것이 터졌다. 3월 2일 4시 10분, 양국의 국경을 이루는 오소리강(소련명 우수리강)의 진보도(소련명 다만스키섬)에서 중소 양군이 무력충돌한 것이다. 이로써 이데올로기 차원에서 머물던 갈등이 군사적 충돌로 발전했다. 소련은 동유럽의 반소운동과 경제 파탄에 따른 국민의 불만을 외부의 위협에 따른 긴장감으로 대체할 필요가 있었고, 중국은 문화대혁명으로 혼란한 정국과 민심의 이반을 수습하기 위해 돌파구가 필요했다.

진보도는 오소리강 한가운데에 위치한 0.74㎢의 작은 섬에 불과하지만 소련으로서는 극동전략의 거점이었다. 중국으로서도 공업지대와 유전지대에 근접해 있어 양보할 수 없는 요충지였다. 세계를 놀라게 한 첫 전투

후 소련의 타스통신은 중국군의 침공으로 소련군 31명, 중국군 300명이 전사했다고 보도하고, 북경방송은 장갑차로 무장한 소련 국경경비대가 침입했다고 서로 다른 주장을 펴며 비난전을 펼쳤다.

양국은 3월 15일 다시 대규모의 전투를 치렀다. 5시간에 걸친 대접전 끝에 중국은 수백 명이 전사하는 큰 피해를 입었다. 소련 프라우다지도 소련군 240명이 전사했다고 발표했지만 서방 측은 피해가 더 클 것으로 관측했다. 이후에도 7월 8일 오소리강 팔분도(소련명 고르진스키섬)에서, 8월 13일 신강자치구 지역에서 충돌이 벌어졌다. 사태가 확대될 것을 우려한 양국이 곧 국경회담을 열었으나 진보도 문제가 완전히 해결된 것은 고르바초프가 등장한 뒤였다. 1988년 소련이 '우호의 상징'으로 진보도를 중국에 이관해 현재 진보도는 중국령에 속해 있다.

미 동성애자 스톤월 폭동

숨어 지내던 그들은 이 사건을 계기로 세상 밖으로 뛰쳐나와 동성애자임을 떳떳이 밝혔다.

고대 그리스의 철학자 소크라테스와 여성 시인 사포는 기록에 나타난 최초의 동성애자다. 역사적으로 유명한 인물 중에도 동성애자는 많다. 레오나르도 다빈치, 미켈란젤로, 아르튀르 랭보, 오스카 와일드, 버지니아 울프, 앙드레 지드, 미셸 푸코, 마거릿 미드, 루스 베네딕트, 앤디 워홀, 존 케이지, 앨런 긴즈버그 등이 그들이다. 가수 엘튼 존과 리키 마틴도 동성애자였고 천재 수학자 앨런 튜링은 동성애자라는 사실이 드러나 여성호르몬을 정기적으로 주사하는 화학적 거세형을 받아 스스로 목숨을 끊었다.

소크라테스와 사포가 활동하던 고대 그리스에는 동성애를 터부시하지 않았다. 흔히 여성 동성애자를 일컫는 '레즈비언'은 사포가 살았던 에게해의 섬 레스보스에서 따온 말이다. 고대 그리스인들은 동성애 욕구를 자연스러운 것으로 보았다. 이처럼 예외적인 시대가 있긴 하지만 인류 역사 전체적으로는 동성애를 금기시하고 단죄했다.

현대 서구 문명의 정신적 기초를 이루고 있는 초기 기독교는 간음과 매춘은 물론이고 출산을 목적으로 하지 않는 부부의 성관계까지 죄악시했다. 남색을 의미하는 '소도미'라는 용어도 창세기에 등장하는 도시 소돔에서 유래된 것이다. 중세에도 유럽 국가들은 동성애를 금기시하고 규범을 어긴 성행위는 엄격히 처벌했다. 20세기 들어서도 '동성애 혐오증(호모포비아)'은 흔히 '유대인 혐오증', '공산주의 혐오증'과 더불어 20세기 최대의 집단혐오증으로 분류되고 있다.

조직적인 동성애자 해방운동의 첫걸음을 내디딘 사람은 마그누스 히르슈펠트라는 독일인이었다. 1897년에 최초의 게이 권리조직인 '과학·인도주의 위원회'를 발족시켰던 그는 1만여 명의 표본 집단을 대상으로 동성애에 대한 자료를 모은 뒤 그것을 기초로 동성애자들은 이성애 남성과 여성과는 다른, 오히려 그들끼리 생물학적으로 동일한 제3의 성이라는 가설을 내세웠다. 그는 동성애자가 자연에 의해 형성된 인류의 변종이며 그래서 그들의 성적 행동이 비윤리적인 것이 아니라는 것을 입증하기 위해 동성애자와 이성애자 사이의 생물학적 차이들을 강조했다.

동성애자들에게 1917년의 러시아혁명은 희망이었다. 새로운 소비에트 헌법에 따라 여성들에게 완전하고 동등한 투표권이 보장되고 동성애와 낙태가 합법화되었기 때문이다. 이처럼 동성애자들은 잠시 차별에서 벗어나긴 했으나 스탈린 치하이던 1934년에 동성애를 포함한 '성적 일탈 행위'가 범죄행위로 규정되면서 줄줄이 형사처벌을 받았다. 히틀러 역시 동성애자를 유대인과 같은 범주로 인식해 22만 명의 동성애자를 학살한 것으로 알려지고 있다.

미국의 동성애자들이 폭발한 것은 1969년 6월

서구 민주국가라고 해서 동성애자들이 법률적 차별과 사회적 편견으로부터 자유로웠던 것은 아니다. 1950년대 초반의 미국에서 동성애자들에 대한 탄압은 낯선 풍경이 아니었다. 미국에 빨갱이 사냥 선풍을 불러일으킨 매카시즘이 무정부주의자와 공산주의자는 물론 동성애자들까지 그들의 적출 대상에 포함시켰기 때문이다.

1947년부터 1950년까지 '동성애자로 의심된다'는 이유로 줄잡아 4,300여 명의 현역 군인이 강제 전역을 당했고 420여 명의 연방정부 공무원이 파면되었다. 전미정신과의사협회(APA)는 1952년 의료진의 임상 처방에 도움을 주기 위해 제작한 '진단통계 매뉴얼'에서 동성애를 '반사회적 인격 장애'로 규정했다.

미국의 동성애자들이 본격적으로 자구책을 마련한 것은 1950년대였다. 1950년 LA에서 동성애자들의 인권을 위한 '매타친 협회'가 조직되고 1955년에는 최초의 레즈비언 인권단체 '빌리티스의 딸들'이 결성되었다. 1965년에는 백악관 앞에서 동성애자 차별 종식을 위한 시위를 벌이기도 했다.

미국의 동성애자들이 마침내 폭발한 것은 1969년 6월 27일 밤이었다. 6월 27일은 미국의 게이들에게는 각별한 날이었다. '오즈의 마법사'의 여주인공이자 오랫동안 게이들로부터 추앙을 받고 있던 주디 갈랜드의 장례식 날이었기 때문이다. 게이들은 그녀를 추모하기 위한 행렬에 참가했고 몇몇 게이바에서는 검은 깃발을 내걸고 그녀의 죽음을 애도했다.

6월 27일 밤 뉴욕 그리니치 빌리지에 있는 게이바 '스톤월'에는 장례식을 마치고 몰려온 200여 명의 젊은이로 북적거렸다. 경찰이 스톤월에 들

게이바 스톤월

이닥친 것은 6월 28일 토요일 새벽 1시 20분께였다. 당시 뉴욕에서는 게이바를 운영하는 것이 불법이었기 때문에 게이바들이 경찰에 정기적으로 상납을 하지 않으면 경찰이 게이바를 단속하는 일이 빈번하게 일어나고 있었다. 그날도 경찰은 동성애자들을 비하하는 발언을 퍼부으며 손님들의 신분증을 검사한 뒤 한 명씩 밖으로 내보냈다.

폭동은 '공개된 동성애자' 1세대 등장 의미

그런데 이날 따라 분위기가 심상치 않게 돌아갔다. 신분증 제시를 거부하는 이들이 여기저기서 눈에 띄었다. 다른 때라면 순순히 신분증을 보여준 뒤 조금이라도 빨리 현장을 뜨는 게 상례였는데 이날은 평소와 달리 스톤월 주변을 금방 떠나지 않고 주위에서 웅성대기 시작했다.

의례적인 단속을 마친 경찰이 동성애자들을 경찰차로 끌고 가려 하자 여기저기서 항의하는 소리가 들려왔다. 사람들도 하나둘 몰려들기 시작했다. 삽시간에 100~200명으로 불어난 군중 속에서 야유가 터져나왔다. 500~600명으로 불어난 구경꾼은 시위대로 돌변했다. 새벽 4시쯤 상황이 종료되었을 때, 스톤월은 아수라장으로 변해 있었다. 현장에서 시위대 13명이 연행되고, 경찰 4명을 포함해 여러 명의 시위대가 다쳤다.

사상 첫 '게이 폭력시위'에 대한 흥분은 쉽게 가라앉지 않았다. 날이 밝자 시위 소식을 듣고 더 많은 사람들이 스톤월로 모여들었다. 수백 명의 동성애자와 경찰이 대치하여 싸움을 벌였다. 이후 나흘 동안 스톤월 일대에서는 격렬한 시위가 벌어졌고, 거리는 동성연애자들의 해방구로 바뀌었다. 사회의 지탄과 경멸을 받으며 숨어 생활하던 동성연애자들은 이 사건을 계기로 비로소 세상 밖으로 뛰쳐나왔다. 자신이 동성애자임을 떳떳이 밝히고 사회의 편견에 맞서 싸우는 데 선구적 역할을 했던 '공개된 동성애자' 1세대가 등장한 것이다.

몇 주 후 뉴욕의 게이들과 레즈비언들은 '게이해방전선'이라는 단체를 조직해 동성애자 해방을 선언했다. 그 후 동성애 단체들이 속속 설립되고 신문과 잡지도 발행되었다. 동성애자 권리운동은 동성애자임을 공개 선언하고 샌프란시스코 시의원에 당선된 하비 밀크(1930~1978)의 등장으로 새로운 전기를 맞았다. 그러나 1978년 11월 27일 밀크가 전직 경찰이자 시의원인 댄 화이트에게 살해되면서 동성애자들에게 큰 충격을 던져주었다.

동성애 혐오증은 1980년대 들어 에이즈가 창궐하면서 더욱 기승을 부렸다. 1981년 에이즈가 처음 보고되었을 때 의사들은 에이즈의 발병 및 감염 경로를 발표하면서 주로 동성애자를 거론했다. 이후 동성애자와 에이즈의 관련성이 크게 부각되었고 사람들은 이 원인불명의 질환을 동성애를 단죄하기 위해 신이 내린 형벌이라고 믿었다. 동성애자는 잠재적 에이즈 환자라는 인식이 확산되었다.

서양은 동성 결혼·결합 허용하는 추세

동성애에 대한 인식에 변화가 생기기 시작한 것은 1990년대 들어서였다. 세계보건기구는 1990년 5월 17일 동성애를 질병 분류 목록에서 제외했고 캐나다 하원의원은 1996년 5월 연방정부기관 및 연방정부 규제하에 있는 민간기업에서 동성애자 차별을 금지하는 것을 골자로 하는 법안을 가결했다. 2000년 12월 네덜란드가 세계 최초로 동성애자의 결혼을 합법화한 것을 시작으로 벨기에, 스페인, 캐나다, 남아공, 노르웨이, 스웨덴,

포르투갈, 아르헨티나, 아이슬란드 등 2012년 현재 전 세계 10개국에서 동성결혼이 합법적으로 이뤄지고 있다.

다른 유럽 국가들은 동성결혼 대신 동성결합을 허용하고 있다. 덴마크, 그린란드, 프랑스, 독일, 핀란드, 룩셈부르크, 영국, 뉴질랜드, 스위스, 헝가리, 우루과이, 오스트리아, 브라질 등이 그런 국가인데 동성결혼과 동성결합의 차이는 단지 '결혼'이라는 단어를 쓰느냐 쓰지 않느냐의 차이에 불과할 뿐 배우자로서의 상속·연금·세금·입양 등 이성 간 결혼을 한 부부와 같은 권리가 보장된다.

동성결혼이나 동성결합을 하는 유명 인사들도 늘어나고 있다. 아이슬란드에서는 2009년 2월 세계 최초로 동성애자 총리가 탄생하고, 영국 가수 엘튼 존과 독일의 자민당 당수는 동성결합 상대와 2005년과 2010년 각각 결혼식을 올렸다.

미국에서는 2004년 5월 매사추세츠주가 동성결혼을 합법화한 것을 시작으로 아이오와, 코네티컷, 버몬트, 메인, 뉴욕주와 워싱턴DC 등에서 '합법화 도미노'를 이어갔다. 동성결합도 2012년 현재 캘리포니아, 워싱턴주 등 12개 주에서 시행되고 있다.

서구 사회와 달리 성에 대해 보수적인 아시아와 아랍 지역에선 동성결혼은 물론 동성결합도 허용하지 않고 있다. 우리나라 헌법재판소는 군인의 동성애 행위를 처벌토록 한 군형법 조항이 헌법에 위배되지 않는다고 2011년 4월 결정했다. 우리나라에서 동성애에 대한 인식이 바뀌려면 아직은 요원해 보인다.

하비 밀크 하비 밀크(1930~1978)는 미국 뉴욕주 롱아일랜드의 유대인 중산계급 가정에서 태어났다. 14살 때 자신이 동성애자임을 자각했으나 가족이나 친구들에게는 감추고 살았다. 그의 사춘기는 나치의 홀로코스트 시기와 겹쳤다. 1945년 2차 대전이 끝난 후 유대인뿐 아니라 동성애자들까지 나치에 의해 대량학살된 사실이 미국의 유대인 사회에 전해졌기 때문이다. 10대 시절 알게 된 이 악몽은 그의 마음 속에 이중의 짙은 그림자를 드리웠다. 그는 유대인인 동시에 게이였기 때문이다.

하비 밀크(1930~1978)

뉴욕주립대 올버니 캠퍼스에서 수학을 전공한 그는 1951년 졸업 후 해군에 입대하여 6·25전쟁에 참전하고 1955년 제대했다. 그 후 월가에서 잘나가는 애널리스트로 일했는데 그때까지도 그는 자신이 동성애자라는 사실을 감추고 이중생활을 계속했다. 베트남 반전운동과 히피 문화로 대표되는 1960년대의 물결은 이런 그를 서서히 변화시켰다.

밀크는 1970년 자신보다 18살 어린 미남청년 연인 스콧 스미스에게서 사랑의 감정을 느끼게 되자 1972년 월가를 떠나 샌프란시스코 카스트로 거리에 카메라 가게를 열었다. 밀크는 타고난 친화력으로 가게를 동성애자들의 인권을 세상에 알리는 구심점으로 만들었다. 그 거리는 이윽고 미국 전역에서 모인 게이들의 해방구가 되었다.

샌프란시스코가 게이들의 수도가 된 데는 2차대전이라는 시대적 상황도 한몫했다. 2차대전 당시 샌프란시스코 군항은 태평양전쟁으로 출병하는 최대 집결지였다. 전쟁은 그들을 가족으로부터 떼어내 남성만이 존재하는 환경을 만들어주었고, 수많은 남성은 자신이 오랫동안 감춰왔던 또는 자신도 깨닫지 못했던 자기 본래의 성적 기호에 눈을 뜨게 되었다. 하지만 그들은 동성애라는 이유로 군에서 불명예 제대를 당했다.

그들은 고향으로 돌아가지 않고 샌프란시스코에 머물렀다. 1960년대에는 히피들은 물론 다른 동성애자들도 샌프란시스코로 몰려들었다. 샌프란시스코는 이렇게 자연스럽게 히피와 동성애자들의 집결지가 되었다.

2편의 영화로 만들어져

밀크는 평등한 인간으로서의 권리를 효과적으로 주장하기 위해 조직적이고 정치적인 힘의 필요성을 절감했다. 동성애자 등 사회적 소수자의 문제를 근본적으로 해결하기 위해서는 현실정치를 바꿔야 한다는 사실을 자각하고 1973년, 1975년, 1977년 세 번이나 시의원 선거에 출마했지만 그때마다 낙선했다.

그 무렵 동성애 권리운동에 찬물을 끼얹는 법안이 통과되었다. 1977년 유명 가수 애니타 브라이언트가 주창한 '게이 차별금지 철폐'가 주민투표로까지 이어져 '게이라는 이유로 공무원 채용을 거부하거나 주택 임대를 거절하더라도 위법이 아니다'라는 차별법안이 통과된 것이다. 밀크는 분노했다. 1977년 11월 마침내 네 번째 도전 만에 시의원에 당선되자 샌프란시스코 '게이권리 조례안'을 추진해 10명 의원의 찬성으로 통과시켰다.

유일한 반대자 1명은 전직 경찰 출신의 댄 화이트 의원이었다. 조례 통과를 계기로 밀크와 화이트 간의 갈등의 골은 깊어졌다. 1978년 6월 존 브리그스 상원의원이 캘리포니아주의 공립학교에서 게이 교사를 축출하는 법안을 제출했을 때도 밀크는 법안 부결을 위해 진력했다. 그 결과 법안은 그해 11월 부결되었다.

그로부터 얼마 지나지 않은 11월 27일 오전 11시경, 시의원 직을 떠난 화이트가 시청 청사로 들어가 조지 모스콘 시장에게 4발의 총을 쏘았다. 그는 뒤이어 밀크의 집무실로 들어가 그에게도 5발의 총알을 퍼부었다. 밀크는 이렇게 세상과 하직했다. 그날 밤 시청 앞과 거리에는 촛불을 든 3만 명의 동성애자들이 모여 그를 애도했다. 평소 암살을 예감하고 있던 밀크는 자신의 죽음까지도 활용해야 한다는 생각에 유언을 녹음으로 남겨두었다. “게이들 모두가 떳떳하게 자신의 이름을 밝히면 그 효과는 예상을 훨씬 뛰어넘어 하룻밤에 편견을 깨뜨릴 수 있을 것입니다. 부디 커밍아웃해주기 바랍니다.”

화이트의 재판은 보수와 진보가 충돌하는 장이자 주류사회의 견고함을 상징했다. 재판에는 “설탕이 많이 들어간 과자를 계속 먹어 판단력이 훼손되어 정신착란으로 살해했다”는 기막힌 변론까지 등장했다. 배심원단은 1979년 5월 21일 두 건의 살인 모두에 대해 화이트의 살해 의도를 부정하고 우발적인 살인으로 간주하는 평결을 내렸다. 화이트에게 선고된 형량은 7년 8개월이었다. 화이트는 5년 후인 1984년 1월 출옥했지만 1985년 10월 자택에서 자살했다.

밀크는 동성애자들의 인권만이 아니라 백인 남성의 주류사회에 의해 차별을 받던 유색인종과 장애인 등 사회적 소수자의 인간다운 삶을 위해 행동한 양심의 상징으로 부각되었다. 1999년 타임지가 20세기의 중요 인물 100명을 선정할 때도, 2009년 버락 오바마 대통령이 수여하는 ‘대통령 자유메달’의 수상자 16명에도 하비 밀크의 이름이 포함되었다.

2003년에는 동성애자, 양성애자, 성전환자 학생들을 위한 공립고등학교 ‘하비 밀크고’가 뉴욕에서 문을 열었으며 2009년 10월 캘리포니아주는 밀크의 생일인 5월 22일을 ‘하비 밀크의 날’로 제정했다. 그의 생은 다큐멘터리 영화 ‘하비 밀크의 시대’(1985)와 ‘밀크’(2010)를 통해 세상에 알려졌다.

| 후기 |

'20세기 이야기'가 나오기까지

2000년 3월 5일 조선일보가 개최한 '21세기 한민족 대항해시대' 특별전이 예술의전당에서 열렸습니다. 제목만 보면 마치 21세기 해양대국을 기치로 내세운 전시회 같지만 실은 20세기를 회고하는 전시회였습니다. 당시 저는 실무자로 전시회에 참여했습니다. 그런데 준비 과정에서 20세기에 대해 모르는 것이 너무 많다는 것을 알게 되었습니다. 알고 있는 것도 깊이가 없어 결국 총체적으로 자괴감에 빠졌습니다.

사실 그 몇 년 전부터 시오노 나나미의 '로마인 이야기'를 계기로 세계사에 푹 빠져 있었는데도 정작 제가 숨 쉬고 있는 20세기에 대해 무지했던 겁니다. 전시회가 끝난 후 20세기에 관심을 가졌습니다. 관련 책만 편식했습니다. 그렇게 1년 반 정도가 지나고 나니 20세기를 정리하고 싶다는 욕심이 생겼습니다. 1~2권짜리 분량의 '20세기 소사전'이 목표였습니다. 그런데 관련 자료를 모으고 있던 2002년 11월 어느 날 신문사에선 '흔치 않은 일'이 일어났습니다.

김태익 당시 조선일보 문화부장이 '오늘의 소사' 성격의 글을 신문에 연재하면 어떻겠냐고 제안한 것입니다. '흔치 않은 일'이라고 한 것은 취재기자도 아니고 신문에 글을 써 본 적도 없는 사람에게 전국의 수백만 독자를 상대로 '오늘의 소사'를 연재하라고 했기 때문입니다. 이 결정은 누가 보아도 상식에서 벗어난 모험이었습니다. 변용식 당시 편집국장이 문화부장의 결정을 받아들인 것도 뜻밖이었습니다.

'흔치 않은 일'은 '역사 속의 오늘'이란 제목으로 구체화되어 2002년 12월 2일부터 조선일보 지면의 한 귀퉁이에서 매일 독자와 만났습니다. 준비가 충분치 않은 상태에서 갑작스럽게 시작되고, 연재 말고도 고유의 업무를 따로 수행해야 했기 때문에 하루하루가 고역이었습니다. 시간에 쫓겨 내용이 만족스럽지 않은 날도 있었습니다. 결국 '역사 속의 오늘'은 회사의 결정에 따라 연재를 시작한 지 2개월도 채 지나지 않은 2003년 1월 29일자를 끝으로 중단되었습니다.

그런데 다음날부터 놀라운 일이 벌어졌습니다. '역사 속의 오늘'을 계속 연재하라는 독자들의 전화가 연일 빗발쳤던 것입니다. 결국 회사는 십수 일이 지난 2월 10일 '역사 속의 오늘'을 부활했습니다. 그때 전화를 했던 독자가 이 책을 읽고 있다면 이 자리를 빌려 진심으로 감사하다는 말씀을 전합니다. 이 분들이 없었다면 필시 글에 대한 흥미를 잃어버렸거나 역사에 대한 관심을 접었을 테고 결국 '20세기 이야기'(전 10권)도 세상에 나오지 못했을 겁니다.

연재 중 답답한 것은 또 있었습니다. 원고지 7~8장 안에 매일 두 꼭지씩의 국내외 사건·사실이나 인물을 소개해야 했는데 그럴 때마다 발단, 전개과정, 의미, 영향 등을 제대로 짚어주기에는 지면이 부족했던 겁니다. 그러다 보니 꼭 소개해야 할 부분조차 포기할 때도 많았습니다. 그렇다고 신문 특성상 지면을 늘릴 수도 없어 나중에 꼭 보완하리라 마음먹고 연재를 이어갔습니다. 조선일보 연재는 이런 우여곡절을 거쳐 1년 만인 2003년 11월 29일에 끝을 맺었습니다. '역사 속의 오늘'은 2004년 9월부터 2006년 8월까지 2년 동안 또다시 주간조선의 지면을 통해 독자들과 만났습니다.

'20세기 소사전'을 정리해보고 싶다는 당초의 구상을 실천에 옮긴 것은 조선일보 연재가 끝난 후인 2004년 초부터였습니다. 본격적으로 자료를 수집하고 원고를 쓰는데 그동안 알지 못했던 새로운 사실들이 불쑥불쑥 튀어나왔습니다. 내공이 부족했던 겁니다. 점차 욕심이 커지고 범위가 넓어졌습니다. 결국 '20세기 소사전'은 '20세기의 모든 것'으로 확장되었습니다. 책 권수는 1~2권에서 10권으로 늘어나고 2~3년이면 끝날 줄 알았던 작업 기간은 그 몇 배인 8년을 훌쩍 뛰어넘었습니다.

마지막으로 이 책이 나오기까지 심적·물적으로 도움을 주신 분들께 감사의 말을 전합니다. 글을 쓸 수 있도록 계기를 마련해 준 김태익 당시 조선일보 문화부장과 변용식 편집국장, 원고를 꼼꼼히 읽고 격려해준 이희용 연합뉴스 부장과 김정일 외환은행 지점장, 책을 출판하는 과정에서 여러모로 도움을 준 김애숙 한길합동법무사사무소 대표, 장진한 A플러스어문연구소 대표, 서필봉 새터출판사 대표, 이민재 제이소프트 대표, 최중홍 문화일보 부국장, 김남호 나모에디트 대표 등이 그들입니다. 종로·정독도서관의 사서, 교보문고 매장 직원들께도 감사의 뜻을 전합니다.

2012년 12월 1일

김정형 _ 대표 저자

찾아보기

ㄱ

ㄴ

ㄷ

ㄹ

ㅁ

ㅂ

ㅅ

ㅇ

ㅈ

ㅊ

ㅋ

ㅌ

ㅍ